PROBLEME DER MODERNE

PROBLEME DER MODERNE

Studien zur deutschen Literatur
von Nietzsche bis Brecht

Festschrift für Walter Sokel

Herausgegeben von
Benjamin Bennett, Anton Kaes, William J. Lillyman

Max Niemeyer Verlag
Tübingen

Die Drucklegung des Bandes wurde ermöglicht durch großzügige Unterstützung von Vice Chancellor William J. Lillyman, University of California, Irvine, Dean Merrill Petersen, Faculty of Arts and Sciences, University of Virginia und Director W. Dexter Whitehead, The Center for Advanced Studies, University of Virginia.

CIP-Kurztitelaufnahme der Deutschen Bibliothek

Probleme der Moderne :
Studien zur dt. Literatur von Nietzsche bis Brecht ; Festschr. für Walter Sokel / hrsg. von Benjamin Bennett ... – Tübingen : Niemeyer, 1983.
NE: Bennett, Benjamin [Hrsg.]; Sokel, Walter H.: Festschrift

ISBN 3-484-10449-X

© Max Niemeyer Verlag Tübingen 1983
Alle Rechte vorbehalten. Ohne Genehmigung des Verlages ist es nicht gestattet, dieses Buch oder Teile daraus auf photomechanischem Wege zu vervielfältigen.
Printed in Germany
Photo: Hill Ewald (U.Va.)
Satz und Druck: Allgäuer Zeitungsverlag GmbH, Kempten
Einband: Heinr. Koch, Tübingen

Walter Sokel erzählt heute noch gern von seiner Begegnung mit dem im amerikanischen Exil weilenden Thomas Mann. Dem angehenden Germanisten sei es erst nachher klar geworden, daß das, was ihm als ein anregendes und lehrreiches Gespräch vorgekommen war, in Wirklichkeit fast nur aus seinen eigenen Worten und Gedanken bestanden habe. Der Dichter habe hin und wieder freundlich kommentiert, im übrigen aber den jungen Studenten einfach reden lassen.
Diese Anekdote möge der vorliegenden Festschrift als eine Art Motto vorangeschickt werden, denn aus dem Blickpunkt der behandelten Schriftsteller ist es die Generation der Studenten, die hier allein zu Wort kommt, aber auf eine Weise, daß die Gelegenheit ihres Sprechens, der Gegenstand ihres Studiums, ihr dennoch unmittelbar gegenwärtig ist. Der Gegenstand dieses Bandes, die moderne deutsche Literatur von Nietzsche bis Brecht, bedeutet nämlich für uns – für die Herausgeber wie auch für die Autoren – *unsere Literatur*, eine Literatur, die nicht nur gelegentlich, im Zitat, sondern unentwegt, in unseren eigenen Worten und Gedanken lebendig ist, eine Literatur, die uns selber das eigentliche geistige Element bildet. Dieser Literatur gegenüber sind für uns Zuhören und Sprechen, passiv und aktiv, so nahe verwandt, daß es uns, wie damals Walter Sokel, manchmal schwer fällt, das eine vom andern zu trennen.
Andererseits ist aber nicht zu leugnen, daß in einer Zeit, in der schon längst über die »Moderne« und die »Post-Moderne« diskutiert wird, diese unsere »moderne Literatur« weitgehend zum wissenschaftlichen Objekt geworden ist. Wir befinden uns daher in einem eigentümlich zwiespältigen Verhältnis zu unserem Gegenstand, den wir zugleich unmittelbar erleben und kritisch beobachten müssen. Vielleicht ist dieser Zwiespalt am Ende gar nichts Ungewöhnliches für eine Generation, die ein gewisses Alter erreicht hat; aber er ist doch etwas Neues für die moderne Literaturwissenschaft, die erst in der zweiten Hälfte unseres Jahrhunderts zur vollen Blüte gekommen ist, und sich noch nicht ganz daran gewöhnt hat, sich selbst als generationsbedingt zu denken.

Was dem Studium der Literatur überhaupt als Ziel vorschwebt, eine möglichst objektive Wissenschaftlichkeit, die aber gleichzeitig das lebendige Ursprüngliche der Dichtung selber beibehält, ist uns durch unsere geschichtliche Lage, sofern wir uns mit dem besagten Gegenstand befassen, direkt auferlegt. Die Erfüllung gerade dieser äußerst wichtigen Aufgabe scheint uns ein Hauptverdienst Walter Sokels zu sein. Seine Schriften sind alle einerseits von einer unbeirrbaren Wissenschaftlichkeit und überzeugenden Klarheit, andererseits aber von einer eigenartigen geistigen Intensität gekennzeichnet, die eben das überträgt, was keiner bloßen Argumentation zugänglich ist: das unmittelbar Lebendige der modernen deutschen Literatur.

Die Essays, die wir in diesem Band vereinigt haben, behandeln literarische Tendenzen, Theorien, Autoren und Werke der Epoche des frühen 20. Jahrhunderts, einer Epoche, in der sich durch die »Entbindung der Moderne« (Hermann Bahr) ein höchst differenziertes literarisches Leben herausgebildet hat, das sich aus heutiger Sicht durch literarische Periodisierungsbegriffe wie Neuromantik, Expressionismus, Neue Sachlichkeit usw. nur noch annähernd umschreiben läßt. Wir haben uns deshalb im Titel des Bandes für den umfassenderen Begriff »Moderne« entschieden und ihn analog zu dem Wortgebrauch des angelsächsischen Begriffs »modernism« auf das erste Drittel unseres Jahrhunderts eingegrenzt. Die im Untertitel genannten Autoren »Nietzsche« und »Brecht« sollen dabei nicht nur den historischen Rahmen abstecken, sondern auch den form- und funktionsgeschichtlichen Entwicklungsprozeß andeuten, den die Literatur der Moderne von ihren Anfängen bei Nietzsche bis zu ihrer Krise im Exil durchläuft. Als (wie auch immer fragmentarische) Literaturgeschichte der Moderne gelesen beschreibt die Abfolge der Essays einen Bogen, der sich von Nietzsches Betonung der schöpferischen Individualität zu Brechts Erkenntnis der politisch-sozialen Funktion der Literatur ziehen läßt. Daß wir heute dem Werk Franz Kafkas eine zentrale Bedeutung für die Bestimmung der literarischen Moderne zumessen, ist nicht zuletzt das Verdienst der Arbeiten Walter Sokels; so soll Kafkas Werk auch in dieser Festschrift besondere Würdigung finden.

Da die Literaturwissenschaft, wie wir sie verstehen wollen, immer auch ein persönliches Moment aufweist, so sei zum Schluß eine weitere Anekdote angeführt. Am letzten Tag des Frühjahrssemesters 1982 in Virginia ließen die Studenten in dem Kurs »Nietzsche and Modern Literature« ihrem Lehrer Walter Sokel Blumen überbringen, mit einem kleinen Dankbrief, in dem die Hoffnung auf eine »ewige Wiederkehr« seiner Vorlesungen ausgesprochen wurde. Gewiß haben jene Studenten den intellektuellen Wert des Kurses ganz klar erkannt; ebenso gewiß geht aber aus der Form ihres Geschenks

hervor, daß sie auch das intime Verhältnis zwischen Geist und Person, zwischen Wissenschaft und Menschlichkeit würdigen wollten, das Walter Sokel besonders charakterisiert.
Die vorliegende Festschrift, an der Kollegen, Freunde und ehemalige Studenten mitgearbeitet haben, sei Walter Sokel, dem Wissenschaftler und Lehrer, zu seinem 65. Geburtstag am 17. Dezember 1982 gewidmet.

Die Herausgeber

Inhalt

Vorwort der Herausgeber V

Martin Esslin
Anfänge in Wien 1

Ernst Behler
Ansätze zu einer literarischen Hermeneutik bei Friedrich Nietzsche . 15

Wilhelm Emrich
Freiheit und Nihilismus in der Literatur des frühen 20. Jahrhunderts . 33

Helmut Arntzen
Philosophie als Literatur: Kurze Prosa von Lichtenberg bis Bloch . . 51

Bernhard Böschenstein
Theatralische Miniaturen. Zur frühen Prosa Robert Walsers 67

Anna K. Kuhn
The Romantization of Arthur Schnitzler: Max Ophuls' Adaptations
of *Liebelei* and *Reigen* 83

Hartmut Steinecke
»Verwandlungskünstler«? Zur Literaturkritik des Jungen Wien . . . 101

Marie-Louise Roth
Essay und Essayismus bei Robert Musil 117

Joseph P. Strelka
Claudine und Veronika. Zur weiblichen Doppelfigur von
Robert Musils »Vereinigungen« 133

Reinhold Grimm
Das einzige Gesetz und das bittere: Hofmannsthals ›Schicksalslied‹ . 143

Käte Hamburger
Theodor A. Meyers Sprachtheorie der Dichtung 165

Helmut Koopmann
Heinrich Manns Felix Krull 185

Hans Wysling
Thomas Manns Rezeption der Psychoanalyse 201

Dorrit Cohn
The Second Author of »Der Tod in Venedig« 223

Hartmut Binder
Metamorphosen: Kafkas ›Verwandlung‹ im Werk
anderer Schriftsteller 247

Winfried Kudszus
Verschüttungen in Kafkas »Der Bau« 307

Frank G. Ryder
Kafka's Language ›Poetic‹? 319

David H. Miles
›Pleats, Pockets, Buckles, and Buttons‹: Kafka's New Literalism
and the Poetics of the Fragment 331

Peter Beicken
Kafkas ›Prozeß‹ und seine Richter. Zur Debatte Brecht-Benjamin
und Benjamin-Scholem 343

Karl S. Guthke
The King of the Weimar Republic. Gerhart Hauptmann's Role
in Political Life, 1919–1933 369

Rainer Rumold
Ein kleines Ja und ein großes Nein. George Grosz im Spiegel seiner
Begegnung mit Gottfried Benn und Bertolt Brecht 389

Egon Schwarz
Reiseliteratur und Ideologie: Zum Deutschlandbild Julio Cambas . . 405

Helmut Kreuzer
Biographie, Reportage, Sachbuch. Zu ihrer Geschichte seit
den zwanziger Jahren 431

Walter Hinderer
»Ist das epische Theater etwa eine ›moralische Anstalt‹?«
Bemerkungen zu Brechts kritischer Aneignung von
Schillers Dramaturgie 459

Herbert Lehnert
Realismus, Symbolismus, Demokratie und Faschismus.
Zur Interpretation des frühen deutschen Exilromans 477

Tabula gratulatoria 495

Martin Esslin

Anfänge in Wien

Es muß in der fünften oder sechsten Klasse gewesen sein – 1932 oder 1933 – da erhielten wir plötzlich und unerwartet Zuwachs aus einer anderen Schule. Das Gymnasium in der Zirkusgasse (allgemein als G II bezeichnet: nämlich ›Bundesgymnasium im zweiten Wiener Gemeindebezirk, der Leopoldstadt‹) war weder sozial noch intellektuell das, was man eine ›Eliteschule‹ nennen könnte. Die Leopoldstadt war damals noch zum Teil das Ghetto Wiens. Hier wohnten, zwischen Taborstraße und Praterstraße die ärmeren Juden der Stadt: jene, die es zu nichts gebracht hatten und hier kleben geblieben waren, während die erfolgreicheren in die bürgerlicheren Bezirke oder gar die Villenviertel am westlichen Stadtrand übersiedelt waren; und jene, die erst vor verhältnismäßig kurzer Zeit, während oder unmittelbar nach dem ersten Weltkrieg aus dem Osten – Galizien, Polen, Rumänien – nach Wien gekommen waren. Andere Teile des Bezirks waren zumeist proletarisch: um den Nordbahnhof wohnten Eisenbahner, am Donau-Ufer um die Reichsbrücke Arbeiter der Elektrizitätswerke und Lagerhäuser am Fluß; und im Prater Artisten und fahrendes Volk.
Unsere Schule war demgemäß hauptsächlich von Kindern der unteren sozialen Schichten besucht, den Söhnen von Kleingewerbetreibenden oder strebsamen Arbeitern, die ihren Kindern eine klassische Bildung und Zugang zu akademischen Berufen vermitteln wollten; und – auf der jüdischen Seite – von Sprößlingen kleiner Kaufleute und Handelsreisenden. Nur wenige meiner Mitschüler stammten aus den Familien von bescheidenen Intellektuellen, den lokalen Ärzten, Anwälten oder Beamten.
Die fünf oder sechs neuen Mitschüler, die nun, mitten im Schuljahr, zu uns kamen, stammten offensichtlich aus einer weit gehobeneren sozialen Schicht als unserer; sie waren überdies sämtlich Juden, Juden aus wohlhabenderen Familien in vornehmeren Bezirken. Warum sie zu uns transferiert worden waren, blieb rätselhaft. Vielleicht waren andere Schulen überfüllt und unsere hatte noch Platz; vielleicht wollte man aber auch jene anderen Schulen als weniger verjudet erscheinen lassen; in der Leopoldstadt, die ohnehin als verjudet galt, spielten einige Juden mehr oder weniger keine Rolle.

Daß diese neuen Mitschüler sich in dem neuen Milieu fremd und deklassiert vorkommen mußten, liegt auf der Hand. Für mich, dessen Vater Journalist und sehr arm war, dessen Familie aber dennoch einen intellektuellen, und damit wohl bürgerlicheren, Lebensstil hatte, war diese Injektion von Kollegen, mit denen ich viel mehr gemeinsam haben mußte, ein großes und willkommenes Ereignis. Und sie selbst spürten wohl, daß ich aus einem dem ihren ähnlichen Milieu stammte. So war die Grundlage zur Annäherung und Freundschaft mit all den Neuen gleich gegeben. Einer von ihnen war Walter Sokel.

Er war etwas älter als ich; groß, etwas hager; sein Gesicht war demgemäß weniger knabenhaft, männlicher als das meiner meisten Altersgenossen; er hatte große, seelenvolle Augen, die ihm einen melancholisch wehmütigen Ausdruck verliehen; er war still und sehr schüchtern, aber offensichtlich sehr intelligent. Bald waren wir enge, fast unzertrennliche Freunde.

Das Gymnasium war ein dunkles, deprimierendes, kasernenhaftes Gebäude in einer schmalen Gasse, die schräg zur Praterstraße parallel lief und schließlich in sie mündete, an der Stelle wo das alte Carl Theater stand (Raimunds und Nestroys Theater in der Leopoldstadt, das nach dem Krieg barbarisch abgerissen wurde). Den Namen gab dem Gäßchen der alte Zirkus Renz, der damals noch gelegentlich in Betrieb war.

Die »Professoren«, die uns eine klassische Bildung vermitteln sollten, kamen uns als ein wahrer Zoo von seltsam grotesken Käuzen vor – exzentrische Gestalten aus einer versunkenen Welt, nah verwandt mit jenen Zungenschlags und Ziegenbeins aus Wedekinds *Frühlings Erwachen* oder Heinrich Manns *Professor Unrat*; viele von ihnen waren offensichtlich von ihrem Kriegserlebnis gezeichnet, mit nervösen Ticks und gelegentlichen nostalgischen Reminiszenzen an das herrliche Fronterlebnis. Viele von ihnen waren offen antisemitisch; aber wir hatten auch einen jüdischen Lateinlehrer, Professor Wander, der zwar ganz stark mauschelte, aber dabei ein enragierter Wagnerianer war, der uns verbilligte Karten in die Oper (oder wie er sagte »de Opper«) vermittelte. Bei allen ihren Verschrobenheiten und Fehlern aber hatten diese Lehrer auf die intelligenteren unter ihren Schülern einen durchaus positiven Einfluß, weil sie nämlich zu ständigem Widerspruch reizten und jene von uns, die wirklich interessiert waren, dazu trieben selbst mehr herauszufinden und zu korrigieren was uns an ihren *obiter dicta* als falsch und reaktionär vorkam. Je altmodischer ihre Ansichten uns erschienen, desto größer wurde unsere Entschlossenheit so modern, fortschrittlich und *au fait* zu sein als irgend möglich. Dazu kam, daß die rein technische Seite des Lehrstoffs – Grammatik, Vokabeln, Fakten aller Art, so rigoros eingetrichtert wurden und der Lehrstoff bis in die oberste Klasse so umfassend war (es gab da keine Absonderung von humanistischen und naturwissenschaftlichen Fächern) daß die Grundlage für eine recht umfassende allgemeine Bildung gelegt wurde. Vor allem aber war die Schule nicht übermäßig anstrengend. An den meisten Tagen erstreckte sich der Unterricht nur von acht Uhr früh bis ein Uhr mittags; dann war man, wenn die nicht allzu anstrengenden Hausarbeiten gemacht waren, den ganzen Nachmittag und Abend frei.

So hatten wir Zeit: Zeit zu lesen und zu diskutieren; und da wir nicht gern zu Hause herumhocken wollten, weil wir frei sein wollten von den beobachtenden Augen und Ohren unserer Eltern, und weil wir kein Geld hatten, ins Kaffeehaus zu gehen, verbrachten wir einen großen Teil dieser freien Zeit auf Spaziergängen, im Sommer wie im Winter. Für die Stadt, in der wir lebten, entwickelten wir eine komplizierte Haßliebe – Haß auf ihre Armut und Deprimiertheit, ihre Spießigkeit, ihren Antisemitismus, und ihre weinselig-sentimentale Selbstgefälligkeit (»Wien, Wien, nur Du allein«) und ihren heuchlerischen Stolz auf ihre angebliche Gutmütigkeit (»das goldene Wiener Herz«); Liebe zu ihrer barocken Schönheit, den Resten von jetzt herabgekommenem Glanz, den nur wirklichen Enthusiasten bekannten wunderbaren geheimen Winkeln in alten Parks und engen Seitengassen oder Höfen. Fast an der Schwelle unserer Schule lag der Eingang zum Prater, jenem damals noch wirklich poetischen Vergnügungsviertel, mit alten Panoptiken, Schaubuden, Ringelspielen und Grottenbahnen am Rande einer riesigen alten Aulandschaft, durchzogen von der berühmten Hauptallee. Mit wenigen Schritten konnte man so aus einem Gewühl von Menschen in kreischend vulgär erleuchteten Budenstraßen in einsame Wälder und Wiesen treten. Das war unser Wien: Barocke Schlösser, gotische Gäßchen, Kathedralen, Kirchen und Paläste, Rummelplatz und Donau-Auen – man kann sich kein poetischeres Milieu denken.

Endlos waren die Spaziergänge, die Gespräche, die sich vor diesem Hintergrund abspielten. Wer etwas gelesen hatte, berichtete dem anderen darüber; dann las der andere es und dann wurde darüber diskutiert: Karl Marx, Nietzsche, Thomas Mann, Ludwig Klages, Rilke, Hölderlin, Freud, Jung, Spengler, H. G. Wells, Bernard Shaw. Mein Vater, der als Journalist viele Freikarten ins Theater erhielt, überließ mir oft Plätze in Aufführungen, die ihn nicht interessierten. Das gab uns die Möglichkeit, manches im Theater zu sehen. Ich erinnere mich an Strindberg-Aufführungen in den Kammerspielen mit Peter Lorre und Luise Rainer; Grabbes »Scherz, Satire, Ironie und tiefere Bedeutung« und andere seltene Klassiker.

Walter Sokel wohnte ziemlich weit von mir. Wenn einer den anderen besucht hatte, oder wenn wir im Theater gewesen waren, dann hieß es: »Begleit' mich nach Hause« und der eine oder andere übernahm diesen Freundschaftsdienst. Aber wenn wir am Ziel angelangt waren, war das Diskussionsthema noch nicht erschöpft, so daß der Begleitende sagte: »Jetzt begleit' mich Du ein Stück zurück!« und so ging das oft hin und her bis in die späte Nacht, bis wir uns schließlich auf halbem Wege, in neutralem Gebiet, nämlich auf dem Stephansplatz im genauen Stadtzentrum trennten.

Diese Diskussionen, davon bin ich überzeugt, stellten einen wesentlichen Teil unserer Erziehung dar, wesentlicher vielleicht als die eigentliche Schule. Wir beide hatten einen echten Drang nach Wissen und Bildung. Dazu kamen aber auch praktische Erwägungen. Hitler war in Deutschland bereits an der Macht. Mein Vater, ein alter erfahrener Publizist, der schon eine Emigration (von Ungarn nach Wien nach der Niederwerfung des Bela Kun Regimes) hinter sich hatte, hatte mir bereits am 30. Januar 1933, als Hitler zur Macht gelangte, gesagt: ›Mein Sohn, jetzt heißt es Sprachen lernen‹. Walter Sokel und ich trachteten danach, uns im Englischen (das in unserem klassischen Gymnasium nur Wahlfach war; wir lernten nur Griechisch und Latein als Hauptfächer) zu vervollkommnen. Da wir überdies beide Gedichte schrieben, kamen wir überein, zur Übung jede Woche ein englisches Gedicht zu wählen, das wird dann beide im Laufe der nächsten Tage, jeder für sich, ins Deutsche und zwar mit Reim und Versmaß des Originals, übersetzen sollten. Ich besaß eine Anthologie englischer Lyrik – ich glaube es war das *Albatross Book of English Verse*, herausgegeben von Louis Untermeyer – und so übersetzten wir Sonette von Shakespeare, schottische Balladen, Keats, Shelley aber auch *poetae minores* wie Ralph Hodgson (»The Bull«). Es war eine gute Übung. Und der Vergleich verschiedener Lösungen des gleichen Übersetzungsproblems war interessant und lehrreich und sicher nicht ohne Einfluß auf ein Stilgefühl, das künftigen Literaturkritikern nützlich sein mußte.

Es waren dies natürlich politisch aufgeregte Zeiten. Nach Hitlers Machtergreifung in Deutschland, war es in Österreich ebenfalls zur Errichtung eines pseudo-faschistischen Einheitsstaats gekommen, nachdem unter dem Bundeskanzler Dollfuß die Sozialdemokraten in einem blutigen Coup eliminiert worden waren (Februar 1934) und bald danach (im Juli 1934) Dollfuß selbst bei einem mißglückten Naziputsch ermordet worden war. In unserer Klasse waren die meisten nichtjüdischen Schüler Nazis in der illegalen Hitlerjugend, während die meisten Juden zu der Jugendbewegung des zionistischen Revisionisten Jabotinsky gehörten, was bedeutete, daß sie

Anfänge in Wien

genau wie die Hitlerjungen illegale militärische Übungen machten, mit dem einzigen Unterschied, daß sie statt brauner Hemden blaue trugen. Einige wenige von uns schlugen sich zu den jetzt illegal gewordenen Sozialisten und Kommunisten. Das war die Richtung, in die ich tendierte. Walter Sokel blieb, zumindest soweit ich es wußte, politisch recht neutral. Offiziell allerdings mußten wir alle der neuen faschistischen Partei, der Vaterländischen Front beitreten, die aber kaum wirklich von sich überzeugte Mitglieder besaß.

Was Walter Sokel und mich betrifft, so ergab sich für uns bald eine Entwicklung, die auf unsere künftige Laufbahn einen wesentlichen Einfluß ausübte und in vieler Hinsicht die politischen Engagements überschattete. Wir gerieten in den Bannkreis eines Mannes, der uns in die Peripherie der damaligen Wiener literarischen Welt hineinzog und daneben eine viel originellere und anregendere Ideologie predigte als die politischen Parteien und Strömungen unserer unmittelbaren Umgebung.

Es muß im Sommer 1934 gewesen sein. Wochen lang, als wir um ein Uhr die Schule verließen, bemerkten wir eine groteske Gestalt in schäbigen Kleidern, die stumm am Schulausgang stand und auf jemand zu warten schien. Man redete über diesen jungen Mann, es hieß er sei verrückt oder pervers, ein Verführer der Jugend jedenfalls, vor dem man sich in Acht nehmen sollte. Er schien aber alles andere als ein Verführer (»Kinderverzahrer« nannte man das in der Wiener Mundart), denn er war offensichtlich riesig schüchtern. Dazu kam, daß er abschreckend häßlich aussah. Sein Gesicht war rot-fleckig; er hatte eine Hakennase und dicke Lippen, große dunkle, stechende Augen. Aufs erste schien er mir wie eine Inkarnation von Bildern des Teufels in gotischen Tafelbildern. Er machte einem Angst.

Aber allmählich gelang es ihm, den einen oder anderen von unseren Mitschülern anzusprechen und in ein Gespräch zu ziehen. Und nachdem er mit einem gesprochen hatte, war es ihm leichter mit anderen ins Gespräch zu kommen. Wir erfuhren von einander bald, daß er ein Dichter sei, bereits einen Band veröffentlicht hätte, ja sogar mit einem Preis der Stadt Wien ausgezeichnet worden war. Und wenn man mit ihm in persönlichen Kontakt kam, merkte man, daß er hochgebildet, originell, witzig und idealistisch war – und mit einem Mal schien er gar nicht mehr so häßlich, sondern eher ein Mann von ausgeprägter Persönlichkeit und faszinierendem Charakter.

So gerieten Walter Sokel und ich in den Kreis des Dichters Marcell Pellich. Pellich, der damals etwa 25 Jahre alt war, hieß eigentlich Pellichower. Seine Eltern waren im ersten Weltkrieg aus Galizien nach Wien geflüchtet. Sein

Vater war Uhrmacher. Was uns besonders beeindruckte war, daß er so von seiner Mission als Dichter überzeugt war, daß er sich weigerte irgendeinen Beruf auszuüben. Die einzige Einnahmequelle, die er hatte, war der Verkauf von Exemplaren seines Gedichtbandes, *Bilderbuch der Seele*, einer Broschüre von 32 Seiten, erschienen als Band 3 einer Reihe »Österreichische Dichtung« – aber doch wohl auf Kosten des Verfassers gedruckt. Er hatte also offensichtlich auch den einen oder anderen Gönner oder Mäzen (er sprach machmal von einem Förderer), der die Druckkosten erstellt hatte. Die einzige Tätigkeit neben der eines Dichters, die Pellich nicht unter seiner Würde fand, war die eines Bibliothekars der Volkshochschule, die abends im gleichen Gebäude wie dem unseres Gymnasiums für Vorlesungen und Kurse offen stand. Diese Stellung als Volkshochschulbibliothekar, die sicher unbezahlt war, gab ihm Zugang zu Büchern und sogar die Möglichkeit, Bücher, die ihn interessierten, für die Bibliothek zu erwerben. So konnte er nicht nur Kafka, Joyce (in der Goyert-Übersetzung des Rhein-Verlags), Proust, Trakl, George, oder auch bald nach dem Erscheinen Canettis *Die Blendung* kaufen; er konnte sie auch uns leihen. Die Bibliothek betrachtete er als sein persönliches Eigentum, mit dem er tun konnte, was er wollte.
So wurden wir, als siebzehn- und achtzehnjährige mit Kafka, Joyce und Proust bekannt, lasen mit Pellich Hölderlin, George, Trakl, seine Lieblingsdichter.
Natürlich waren wir nicht die einzigen Mitglieder seines Kreises. Er hatte bereits eine beträchtliche Anzahl von Anhängern aus allen möglichen Milieus, anderen Schulen, aber auch junge Männer, die bereits als Lehrlinge oder Praktikanten in Büros und Geschäften tätig waren.
Daß Pellich homosexuell war, lag auf der Hand. Auch machte er daraus kein Geheimnis. Walter Sokel und ich, die wir beide von unseren Eltern gegen die Gefahren des Kontakts mit solchen Leuten gewarnt worden waren, waren jedoch beeindruckt von dem Zartgefühl und Takt, mit dem er sich jeder physischen Annäherung an Leute enthielt, die offensichtlich nicht geneigt waren in dieser Richtung zu experimentieren. Stefan George war Pellichs Idol. Wie George fröhnte er einem im wahrsten Sinne des Worts *platonischen* Schönheitsideal. Die jungen Dichter, die er seinem Kreis gewinnen wollte, sollten nicht nur begabt, sie mußten vor allem auch *schön* sein. Davon war in seinen Gedichten und auch in seinen Gesprächen immer wieder die Rede. Begabt, schön, aber vor allem auch *jung* mußten seine Neophyten sein. Denn Pellich war ein Kind seiner Zeit und ihrer Ideologie. War Marx' Weltanschauung auf dem Begriff der erlösenden Klasse, die

Anfänge in Wien

Hitlers auf dem der Rasse, an der die Welt genesen sollte, aufgebaut, hatte Peter Altenberg (ein anderer Fixstern auf dem Himmel von Pellichs Idealfiguren, ein anderer heiliger Vagabund) die Weltgeschichte als den Kampf der Leute mit guter Verdauung gegen die Verstopften gesehen, so drehte sich Pellichs Geschichtsauffassung um den ewigen Kampf der Jungen gegen die Alten. Menschen über dreißig seien tot, meinte er. In jungen Leuten zirkuliere der Saft grüner geschmeidiger Schößlinge, über dreißig *verholze* der Mensch, werde starr, verbürgerlicht, verheiratet, tödlicher Gewohnheit verfalle, verblödet, unfähig zu weinen und damit jeder spontanen Wallung des Gefühls verschlossen – mit anderen Worten: Menschen – und damit meinte er ausschließlich Männer; Frauen spielten in seiner Welt überhaupt keine Rolle – über dreißig verdienten nicht, weiterzuleben. Und was die Weltgeschichte angeht: die Heilung der Welt könnte nur erfolgen, wenn die Jungen eine Revolution machten und die Macht übernähmen.
Wir wußten, daß diese Ideologie Unsinn war. Aber er trug sie mit solcher Überzeugung vor und sprach mit solcher wilder Phantasie von der utopischen Welt nach jener Revolution, daß wir sie als eine Dichtung schätzen lernten, eine Traumwelt, in die sich dieser bettelarme und schwerkranke Mensch flüchten mußte, weil die Wirklichkeit für ihn zu grausam war. Seine fleckig-rote Gesichtsfarbe, so erfuhren wir nämlich bald, war das Symptom einer tödlichen Krankheit. Ich glaube, er sprach von Leukämie. Wenn wir ihn daher darauf hinwiesen, daß er Leute über dreißig nicht leben lassen wollte, aber selbst schon in kurzer Zeit dreißig Jahre alt sein werde, antwortete er immer, daß er dieses Alter eben nicht erreichen würde.
Pellich las uns seine Gedichte vor, wir brachten ihm unsere Gedichte. Wenn er vorlas, leuchteten seine Augen, seine Stimme, die einen stark wienerischen Anklang hatte, war tenoral aber höchst modulationsfähig; vor allem aber las er mit hypnotischer rhythmischer Leidenschaft, mit der Inkantation eines Zaubersprüche rezitierenden Magiers. Er glaubte – mit George – an den Dichter als Priester, *vates* und Prophet. Die Art seines Vortrags ließ seine Gedichte besser erscheinen als sie vielleicht, schwarz auf weiß, auf den Seiten eines Buches erscheinen mögen:

>Wir gehen durch das schwarze Tor,
>wir gehen durch das große Tor,
>die Schatten sind gefangen.
>Wir tragen unsern Himmelsstern,
>–die Perle eines wunden Herrn –
>und still ein Todverlangen.

> Wir wollen schmerzhaft freudig sein,
> wir wollen schmerzlich tröstend sein
> und wollen uns verkünden.
> Wir gehen durch das schwarze Tor,
> wir gehen durch das Todestor
> und niemand wird uns finden ...[1]

Die Wiederholung fast gleichlautender Zeilen und der starke Rhythmus wirkten durchaus feierlich-sakral und inkantatorisch.
Pellich war begeisterungsfähig; er war aber auch ein großer Hasser. Dichter, die er nicht mochte, überschüttete er mit Hohn. Er konnte Shakespeare nicht leiden, fand Rilke sentimental und larmoyant und machte sich über Schiller lustig. Mit besonderer, fast an Paranoia gemahnender Bitterkeit verfolgte er seine engeren Rivalen in der damaligen lokalen Lyrik. Ernst Waldinger war einer von diesen; aber sein besonderer Haß galt einem Dichter, mit dem er scheinbar in einer früheren Phase seiner Laufbahn befreundet oder verbündet gewesen sein mochte, Hermann Hakel. Dieser Name tauchte in seiner Konversation immer wieder auf, er war eine Art Buh-Mann, der immer wieder herangezogen wurde wenn es darum ging, ein abschreckendes Beispiel an die Wand zu malen oder eine besonders dumme oder spießige Haltung zu verhöhnen.
Pellich hatte die meiste Zeit keine eigene Wohnung – nur ganz kurz besaß er einmal sein eigenes Zimmer; aber bald ging ihm dazu das Geld aus und er mußte zurück zu seinem Vater – und so spielte sich das Leben seines Kreises hauptsächlich unter freiem Himmel, gelegentlich in den Wohnungen einiger Mitglieder (zuweilen auch in der meiner Eltern) ab. Der Prater war das Zentrum dieser Welt: eine poetische Region wie keine zweite. Pellich schrieb an einem großen, von Joyce und seinem *Ulysses* inspirierten Roman, der *Die Grottenbahn* heißen sollte. Damals gab es noch solche Grottenbahnen, die wirklich dämonisch sein konnten. Gezogen von einem riesigen Drachenkopf, ähnlich dem des Fafner im *Siegfried* in der Oper, verschwand der Zug von kleinen Wägelchen im dunklen Rachen eines Tunnels – und dann plötzlich weitete sich der Raum – ein Ballett von schönen Wachspuppen tanzte in einem von Kristalleuchtern glitzernden Spiegelsaal; oder die Stadt Lissabon wurde vom Erdbeben erschüttert und verwandelte

---

[1] Marcell Pellich, Bilderbuch der Seele. In: Österreichische Dichtung, Nr. 3. Wien 1935, S. 29. Auf dem Verso der Titelseite: »Österreichische Dichtung Eigentümer, Verleger u. Herausg.: Hans Beer, X. Quellenstraße 24 b. Verantwortlicher Schriftleiter: Hermann Hakel, II. Novaragasse 44 Druck: Leop. Leudas Nachf., IX. Kolingasse 15.«

Anfänge in Wien

sich vor unseren Augen in Schutt, Asche und Ruinen (wenige Jahre später widerfuhr dieses Schicksal dem Prater selbst, mitsamt seiner Grottenbahn); Engel und Götter spielten ihre Rollen in diesem mechanischen Theater, das geradewegs aus dem achtzehnten Jahrhundert stammte. Im Prater gab es Buden mit allen möglichen Artisten und Monstren. Um das Publikum anzuziehen stand außerhalb dieser Buden eine Plattform unter freiem Himmel auf dem zwei Komiker witzige Dialoge zum besten gaben, bis genug Volk angesammelt war, und der Ausrufer die Wunder ankündigen konnte, die im Innern zu sehen waren: eine tätowierte Frau, »kein Körperteil ohne Bild, überzeugen Sie sich selbst, durch persönliche Inspektion aller Körperteile!«, ein starker Mann, eine Dame ohne Unterleib und was es sonst noch an Jahrmarktssensationen geben mochte. Der Prater hatte aber auch anderes zu bieten. So arm war Pellich und die meisten seiner Freunde, daß sie sich nie eine Opernkarte leisten konnten, aber auch nicht einmal einen Radioapparat. Pellich aber war ein großer Opernfreund und Wagnerianer. In der Hauptallee nun gab es eine Reihe von Restaurants mit Garten. Dort kam die Musik über Lautsprecher. Wenn man auf benachbarten Bänken saß, konnte man so das Radioprogramm kostenlos hören. »Heute abend ist Rheingold aus der Oper im Radio«, hieß es dann, »wir treffen uns um halb sieben an der Bank beim zweiten Kaffeehaus«. So berauschten sich die pauperisierten Jünger der Kunst als Zaungäste an den Festen der Reichen. So sehr Pellich selbst nur am Rande des literarischen Lebens, des Kulturbetriebs von Wien existierte, war er für uns dennoch eine Verbindung zu dieser damals noch vitalen Welt. Noch lebte Freud in der Berggasse; Hofmannsthal und Schnitzler waren erst vor kurzem gestorben; noch gab es Menschen, die Kafka gekannt hatten, als er in Wien lebte; Musil und Broch (auch mit diesen machte Pellich Walter Sokel und mich bekannt) lebten noch unter uns; Karl Kraus war noch da. Wenn wir uns – was sehr selten vorkam – ein Kaffeehaus leisten konnten, konnte man das Gefühl haben, in der Welt dieser Giganten zu atmen.

Die Weltuntergangsstimmung jener Tage – denn wir alle wußten, daß es nicht mehr lange dauern konnte, bis Hitler dem ganzen Spuk ein Ende machte, verstärkte noch die Intensität der Gefühle. Noch das Gymnasium hinter uns zu bringen, so daß wir wenigstens mit einer *Matura* in die weite Welt gehen könnten, war unser Nahziel. Dann, als wir 1936 so weit waren: wird es noch bis zum Abschluß des Universitätsstudiums reichen?

Nach dem Abschluß des Gymnasiums trennten sich unsere Wege naturgemäß. Walter Sokel studierte Germanistik; ich ging ins Reinhardt-Seminar als Regieschüler und inskribierte an der Universität Anglistik und Philosophie. Gelegentlich sah ich Walter Sokel und Pellich, wenn ich – aus Interesse, weil er eben so berühmt wie berüchtigt war – zu Nadlers germanistischen Vorlesungen im Auditorium Maximum ging. Pellich kibitzte da mit. Ich arbeitete überdies eine Zeitlang als Faktotum in einem Verlag, den ein Bekannter meines Vaters im Hinterzimmer einer Buchhandlung, die er führte, – gegenüber der Oper – gestartet hatte. Ich vermittelte Pellich hier die Publikation seines zweiten Gedichtbandes *Die Nachtjagd*. Auf dem Umschlag dieses Heftes prangt ein Kreis mit den Worten »Der Kreis« darunter. Auf der inneren Titelseite aber steht bloß Franz Leo & Comp. G.m.b.H. Wien–Amsterdam–Leipzig, 1937. Der 64 Seiten umfassende Band enthält einige sehr charakteristische Gedichte, charakteristisch nicht nur für Pellich, sondern auch für die damalige Stimmung in Wien; zum Beispiel

WIEN IM HERBST

So traurig ist der Nebeltag,
so traurig ist der Nebeltag
in dieser Stadt im Herbst.
Die Nässe glitzert himmelgrau
und vor mir geht die fremde Frau
und in mir bleibt der Herbst.

Die Bäume sehn wie Kerzen aus
– verlöscht – sie sehn wie Kerzen aus
und sind vom Tod entlaubt.
Auf Marterkronen sitzen steif
die Krähen, bis der Tag ist reif
und sonnenhell dein Haupt.

Wo ist der Adel unserer Zeit,
wo ist der Adel unserer Zeit,
verloren ist mein Gruß,
der meinen Tag mit Schuld bedeckt,
der meinen Armenschritt versteckt,
da jeder sterben muß.

Die schwarzen Nonnen drehn den Kreis
die schwarzen Nonnen drehn den Kreis
und trippeln zu dem Gott.
Der Knabe pfeift sein Frühlingslied,
das alte Mädchen ist verblüht
und jemand flucht auf Gott.

> Von fernher klingt der Straßenlärm
> von fernher klingt der Straßenlärm,
> zwei Priester gehn vorbei.
> Der Tod ist violett und dick,
> für mich hat niemand einen Blick,
> wann kommt der blaue Mai.
>
> Hört, aus dem Tor der Kaiserburg
> seht, aus dem Tor der hohen Burg
> marschiert das kalte Sein.
> Trilla-trilla-trombombombom,
> das Sterben ist so groß und fromm
> und jeder ist allein.
>
> Mit Takt, Montur, Paradeschritt,
> mit Takt, Montur, Paradeschritt
> verliert man sein Gesicht.
> So wird das Kind, der Spießer satt
> und neblig ist die Heldenstadt,
> sich selbst nur sieht man nicht.
>
> Das ist der Krähentag der Stadt,
> das ist der Krähentag der Stadt –
> o gib uns einen Ort
> wo man sich nah ist, heimatnah
> und wirklich für den Freund ist da,
> so geh ich schweigend fort.[2]

Die Schwächen dieser Verse liegen auf der Hand. Und dennoch durchzieht sie für den, der den Dichter und jene Zeit erlebt hat, sehr stark die Atmosphäre jener Untergangsepoche.

Manche der Gedichte des Bandes sind verschiedenen Mitgliedern des Kreises gewidmet. Manche sind für mich heute bloß Namen, mit anderen verbindet sich das Bild des einen oder anderen knabenhaften Dichters. Eins der Gedichte »Abend im Wald« auf Seite 33 ist »für Walter Sokel«. Leider ist es ein besonders schwaches Gedicht. Es zu zitieren täte dem armen toten Dichter unrecht.

Im März 1938 marschierte Hitler in Österreich ein. Der Untergang unserer Welt war – lange vorhergesehen, befürchtet und erwartet – endlich gekommen. Ich hatte das Reinhardt-Seminar gerade noch absolviert und es gelang mir schon sehr bald, im April 1938, nach Belgien zu entkommen. 1939 kam

---

[2] Marcell Pellich, Die Nachtjagd. Gedichte. Franz Leo & Comp. Ges.m.b.H. Wien–Amsterdam–Leipzig 1937, Seite 7–8.

ich nach England. Walter Sokel verlor ich für viele Jahre aus den Augen. Mein Vater, dem es gelungen war, in Zürich prekär Fuß zu fassen, schrieb mir dann während des Kriegs, daß Pellich in Zürich aufgetaucht sei und die Verbindung mit ihm aufgenommen habe. 1944 starb er dann in der Schweiz. Er hatte tatsächlich sein Versprechen eingelöst, daß er sein dreißigstes Jahr nicht lange überleben würde. Er war dreiunddreißig Jahre alt. Posthum erschien dann, dank der Bemühungen einiger seiner Freunde in der Schweiz, im Verlag Oprecht in Zürich sein dritter Gedichtband *Dom des Herzens*, 1946.[3]

Viele Jahre später – es muß 1959 gewesen sein – sah ich, bei meinem ersten Besuch in New York in Brentanos Buchladen in New York ein Buch *The Writer in Extremis* von W. H. Sokel. Konnte das mein alter Schulfreund sein? Ich wollte es nicht glauben. So scheu und weltfremd hatte ich ihn in Erinnerung, daß es mir schwer war, mir vorzustellen, er habe die Härte und Zähigkeit besessen, sich in der kalten Welt eine solche Laufbahn zum Universitätsprofessor zu erkämpfen. Ich kaufte mir das Buch jedoch und nach wenigen Seiten waren alle Zweifel verflogen. Hier war die direkte Fortsetzung und Weiterführung unserer Diskussionen auf den nächtlichen Straßen Wiens zwischen Praterstern und Stefansplatz, hier waren die Echos der Anregungen und Lehren Pellichs und der Lesestoffe aus seiner Volkshochschulbibliothek. Zur gleichen Zeit las Walter Sokel mein erstes Buch – über Brecht – und erkannte mich – trotz meines veränderten Namens – aus den gleichen Gründen wieder.

Pellichs literarischer Nachlaß, umfangreiche Romanmanuskripte und Gedichtsammlungen, gelangte über verschiedene frühere Mitglieder jenes Kreises in Sokels und meine Hände. So sehr wir uns darüber einig waren, daß wir Pellichs Anregungen Entscheidendes für unsere spätere Laufbahn verdankten, mußten wir uns darüber klar werden, daß er als Dichter wohl doch zu derivativ und undiszipliniert gewesen war, als daß eine Herausgabe dieses Nachlasses der Mühe wert sein mochte.

Das kann jedoch nichts daran ändern, daß er eine zutiefst charakteristische Erscheinung war für das literarische Wien jener Tage: für jene Vagabunden des Geistes, Bohemiens am Rande der Gesellschaft, die sich selbstlos und total, unter Hintansetzung aller eigennütziger Motive dem reinen Ideal eines Lebens für den Geist und die Kunst verschrieben hatten. Marcell

---

[3] Marcell Pellich, Dom des Herzens. Gedichte. Zürich: Oprecht o. J. Auf dem Verso der Titelseite: Alle Rechte vorbehalten. Copyright 1946 by Europa Verlag A.G. Zürich.«

Pellich war ein Mann von seltener Reinheit, ein Narr Gottes, begabt, verspielt, begeistert, von Zweifeln und Krankheit gequält, grotesk und bewundernswert. Er sollte nicht ganz vergessen werden. Es ist vielleicht nicht das schlechteste was man über einen Menschen sagen kann, daß er als Dichter vielleicht wenig Nachhall zu finden verdienen mag; daß er aber als Persönlichkeit, als Charakter großen und guten Einfluß auf jüngere Menschen gehabt hat, die dann ihrerseits, wie Walter Sokel, als Lehrer bedeutende Anregungen und Einflüsse auf Generationen von Menschen jüngerer Generationen ausüben konnten. So seltsam sind die Wege des Geistes von Mensch zu Mensch, von Land zu Land, von Kontinent zu Kontinent, von Epoche zu Epoche.

Ernst Behler

Ansätze zu einer literarischen Hermeneutik bei Friedrich Nietzsche

Obwohl Nietzsches Denken von Reflexionen über das Verstehenwollen und Interpretieren geradezu beherrscht ist, haben die Theoretiker der modernen Hermeneutik diesen Philosophen bei der Ausbildung ihrer Disziplin nur gelegentlich berücksichtigt und sich dabei auf eine ungewöhnlich schmale Textbasis gestützt, die oft nur in der Frühschrift *Vom Nutzen und Nachteil der Historie für das Leben* bestand. Wilhelm Dilthey, der Begründer der Hermeneutik als universaler geisteswissenschaftlicher Methodologie, hat sich noch zu Lebzeiten Nietzsches mit einigen Aspekten seines Werkes vertraut gemacht. Als er Nietzsche aber in der Abhandlung *Die drei Grundformen der Systeme in der ersten Hälfte des 19. Jahrhunderts* von 1898 zum ersten Mal erwähnte, deutete er ihn als einen Gegner des geschichtlichen Selbstbewußtseins, der von Basel aus »seine Absage an die Historie« geschrieben habe und in »immer neuer Qual des Brütens über sich selber«, also in subjektivistischer Introspektion, zu einem Selbstverständnis zu gelangen suchte.[1]

In der *Jugendgeschichte Hegels* von 1905–06 entwickelte Dilthey eine umfassendere Sicht des Verstehens bei Nietzsche, ohne daß er aber die beherrschende Stellung dieses Themas im Denken dieses Philosophen genügend hervorhob. Bei dem Versuch, die Bedeutung von Schellings Identitätsphilosophie für den Gang der deutschen Philosophie zu bestimmen, erblickte Dilthey ihren zentralen Impuls darin, daß sie alle Jenseitigkeit aufgehoben hatte und die Welt völlig in sich selber zentrierte. Die Welt konnte damit nicht mehr aus dem Begriff der göttlichen Vollkommenheit abgeleitet und verstanden werden, sondern jetzt galt der Anspruch, »das Universum aus sich selber auszulegen« und »sich einsinnend, einfühlend« zu ihm zu verhalten, »wie sich der Ausleger zu einem Kunstwerk verhält.« Diese »Interpretation der Welt aus sich selber« wurde nach Dilthey im Verlauf des 19. Jahrhunderts »zum Stichwort aller freien Geister« und nach dem Ende des

---

[1] Gesammelte Schriften IV, S. 528–529.

Hegelschen Systems »in freierer Form« von Schopenhauer, Feuerbach, Richard Wagner und Nietzsche weiterentwickelt.[2] Auch bei anderen Gelegenheiten, wie zum Beispiel in dem Aufsatz *Das Wesen der Philosophie* von 1907, sah Dilthey den Wesenszug von Nietzsches Denkweise in dieser unsystematischen »subjektiveren, formloseren Art, das Lebens- und Welträtsel aufzulösen«, die für Dilthey zweifellos eine entscheidende Ergänzung zum systematischen Denken bildete.[3] Hiermit ist der lebensphilosophische Aspekt der Hermeneutik berührt, in dem sich Nietzsche und Dilthey ursprünglich verwandt sind und den Max Scheler in einer bekannten Studie von 1913 über *Versuche einer Philosophie des Lebens* charakterisiert hat als »eine Philosophie aus der Fülle des Erlebens des Lebens heraus.«[4]

Auch bei den Vertretern der sogenannten neuen oder philosophischen Hermeneutik hat Nietzsche keine richtungweisende Rolle gespielt. Dabei handelt es sich um den Versuch, die Hermeneutik von einer geisteswissenschaftlichen Methodologie zu einer universalen philosophischen Reflexion auf das Verstehen auszuweiten, wobei die Philosophie selbst essentiell zur Hermeneutik wird oder, umgekehrt, Hermeneutik die Philosophie in unserer Zeit darstellt. Hans-Georg Gadamer zieht Nietzsche bei wichtigen Partien von *Wahrheit und Methode* in die Debatte, obwohl dessen »Perspektivismus des Willens zur Macht« für ihn nicht aus der Tradition des deutschen Idealismus, sondern dem »Historismus des 19. Jahrhunderts« erwachsen ist[5], den Gadamers philosophische Hermeneutik bekanntlich aus den Angeln zu heben sucht. Auch in Nietzsches Aufweis des »Nachteils der Historie für das Leben« und in seinem Postulat, sich ständig in wechselnde historische Horizonte und andere Perspektiven zu versetzen, erblickt Gadamer ein entfremdetes historisches Bewußtsein, das zur »eigenen Gegenwart« nicht das richtige Verhältnis gewonnen hat.[6] Dennoch sieht Gadamer

---

[2] Gesammelte Schriften IV, S. 210–211.
[3] Gesammelte Schriften V, S. 369–370.
[4] Gesammelte Werke III, S. 314. Zum Verhältnis Diltheys zu Nietzsche siehe W. Mauer, Diltheys Kritik an Nietzsche, in: Berliner Hefte 4 (1949), S. 458–463; J. Kamerbeek, Dilthey versus Nietzsche, in: Studia philosophica 10 (1950), S. 52–84; G. Misch, Dilthey versus Nietzsche. Eine Stimme aus den Niederlanden, in: Die Sammlung 7 (1952), S. 378–395; H. Pfotenhauer, Mythos, Natur und historische Hermeneutik. Nietzsches Stellung zu Dilthey und einigen ›lebensphilosophischen‹ Konzepten um die Jahrhundertwende, in: Literaturmagazin 12 (1980), S. 329–372; J. Figl, Nietzsche und die philosophische Hermeneutik des 20. Jahrhunderts. Mit besonderer Berücksichtigung Diltheys, Heideggers und Gadamers, in: Nietzsche-Studien 10–11 (1981–1982), S. 408–430.
[5] Wahrheit und Methode. 3. Aufl., Tübingen 1972, S. 119
[6] Wahrheit und Methode, S. 286, 289.

einen wichtigen Zusammenhang zwischen Nietzsche und dem spekulativen Idealismus, der die »Unangemessenheit des Substanzbegriffes für das geschichtliche Sein und Erkennen« betrifft. Damit ist ein entscheidender Aspekt der Gadamerschen Hermeneutik berührt. Gadamer bezieht sich auf Diltheys meisterhafte Herausarbeitung von Fichtes Lebensbegriff und die damit verbundene Zersetzung des Substanzbegriffes, auf Hegels Auffassung des Geistes als »Lebendigkeit« und einige Zeitgenossen Diltheys: »Nietzsche, Bergson, dieser späte Nachfahr der romantischen Kritik an der Denkform der Mechanik, und Georg Simmel.«[7] Diese Entwicklung kulminiert für Gadamer in Heideggers Philosophie, in der seine eigene Hermeneutik ihren Ausgangspunkt hatte. Ja, Gadamer erblickt nicht in Dilthey oder Husserl, sondern in Nietzsche den »wahren Vorbereiter der Heideggerschen Stellung der Seinsfrage«[8], womit Nietzsche wiederum in eine große Nähe zur Hermeneutik Gadamers rückt. Aber ebensowenig wie bei Dilthey hat Nietzsche, trotz dieser Affinitäten, eine ausschlaggebende Position in der neuen Hermeneutik eingenommen.

Profilierter tritt Nietzsche in der Hermeneutik von Paul Ricoeur auf, der ihn zusammen mit Marx und Freud unter die »drei Meister des Zweifels« rechnet, mit denen eine neue Epoche im Verstehen begonnen habe, deren Potentialität aber bis heute noch nicht voll entfaltet sei. Zu sehr seien wir noch von den Unterschieden dieser Denker befangen und den Einschränkungen, die ihnen ihre Epoche auferlegte: »Marx wird in den Ökonomismus und die absurde Widerspiegelungstheorie verbannt, Nietzsche in einen Biologismus und Perspektivismus gedrängt, der unfähig ist, sich ohne Widersprüche auszudrücken, und Freud auf die Psychiatrie beschränkt und mit einem simplizistischen Pansexualismus ausstaffiert.« Durch drei konvergierende Verfahren der Entmystifizierung hätten diese Kritiker den Cartesianischen Zweifel in das Zentrum der Cartesianischen Festung, nämlich das Bewußtsein selbst getragen. Nach dem Zweifel an den Sachen hätten sie den Zweifel am Bewußtsein selbst aufgenommen, indem sie dieses als falsches Bewußtsein auffaßten, oder jedenfalls als ein Bewußtsein, das nicht so ist, wie es zu sein glaubt.[9] Diese durch Marx, Nietzsche und Freud reprä-

---

[7] Wahrheit und Methode, S. 229
[8] Wahrheit und Methode, S. 243–244
[9] Paul Ricoeur, Die Interpretation. Ein Versuch über Freud, Frankfurt a. M. 1974 (suhrkamp taschenbuch wissenschaft, 76), S. 38: Ricoeur vertritt auch den Standpunkt, daß mit Nietzsche die gesamte Philosophie Interpretation, ja zu einer »Interpretation der Interpretationen« werde.

sentierte entlarvende Tendenz des Gottes Hermes und der »Tiefenhermeneutik« zeigt sich ebenfalls in den ideologiekritischen und hermeneutischen Arbeiten von Jürgen Habermas.[10]
Trotz dieser zahlreichen Bezüge zwischen der modernen Hermeneutik und Nietzsche wird man aber Johann Figl recht geben müssen, der die Meinung vertritt, »daß die interpretationstheoretisch eminent bedeutsamen Reflexionen Nietzsches von den großen Theoretikern der Hermeneutik praktisch nicht berücksichtigt und aufgenommen sind.« Indem er »das Leben aus ihm selber zu deuten« unternahm, transzendierte Nietzsche nach Figl jede auf bloße geisteswissenschaftliche Phänomene konzentrierte Hermeneutik und bezog sie auf die »Gesamtheit menschlicher Existenz in ihrer universalen geschichtlichen Weite«. Damit sprengte er sie aber auf »zur Methode der Philosophie insgesamt« und vollzog bereits die hermeneutische Grundlegung der Ontologie, wie sie Heidegger in *Sein und Zeit* durchführte, sowie die von Gadamer herbeigeführte Wendung zur hermeneutischen Philosophie.[11] Diese These ist vielleicht dadurch zu spezifizieren, daß die Reflexion auf das Verstehen als grundlegender Akt des Philosophierens bei Nietzsche nicht den aus der »Krisentheologie« und »Existentialontologie« herrührenden Charakter besitzt, den sie bei Heidegger und Gadamer annimmt, sondern sich im Spiel von Masken und Ironie mit einer »Artistik des Lebens« bekundet, die untypisch für die sogenannte neue Hermeneutik ist. Wie Figl richtig bemerkt, »überbietet« Nietzsche in bezug auf das Thema der Universalität der Sprache sogar Gadamer an Radikalität, wenn er in den nachgelassenen Fragmenten sagt: »Das vernünftige Denken ist ein Interpretieren nach einem Schema, welches wir nicht abwerfen können.«[12]

---

[10] Besonders in dem Aufsatz Der Universalitätsanspruch der Hermeneutik, in: Hermeneutik und Ideologiekritik, Frankfurt a. M. 1971 (Suhrkamp, Theorie-Diskussion).
[11] Johann Figl, Nietzsche und die philosophische Hermeneutik des 20. Jahrhunderts. Mit besonderer Berücksichtigung Diltheys, Heideggers und Gadamers, in: Nietzsche-Studien 10–11 (1981–1982), S. 408–430.
[12] KGW (Nietzsche, Werke. Kritische Gesamtausgabe, hrsg. von G. Colli und M. Montinari, Berlin 1975ff.) VIII, Bd. 1, S. 198:5 [22]. Zum Thema der Sprache bei Nietzsche siehe J. Simon, Grammatik und Wahrheit, in: Nietzsche-Studien 1 (1972), S. 1–26; J. Hennigfeld, Sprache als Weltansicht: Humboldt–Nietzsche-Whorf, in: Zeitschrift für philosophische Forschung 30 (1976), S. 435–451; S. Sonderegger, Friedrich Nietzsche und die Sprache, in: Nietzsche-Studien 2 (1973), S. 1–30; K. Schlechta, Nietzsche über den Glauben an die Grammatik, in: Nietzsche-Studien 1 (1972), S. 353–358; R. Thurnher, Sprache und Welt bei Friedrich Nietzsche, in: Nietzsche-Studien 9 (1980), S. 38–60; W. Gerhard, Zur Gleichnissprache Nietzsches, in: Nietzsche-Studien 9 (1980), S. 61–90. Ferner die Kapitel 7–9 des in der nächsten Anmerkung genannten Buches.

In seiner Monographie über Nietzsches universale hermeneutische Theorie hat Johann Figl diesen grundlegenden Aspekt der Philosophie Nietzsches eingehend dargestellt.[13] Leider hat er seine Untersuchung auf die Aufzeichnungen des späten Nachlasses beschränkt, weil hier seiner Ansicht nach »Titelentwürfe und Konzeptionen von Einleitungen für geplante Werke«, vor allem der Untertitel zu »Der Wille zur Macht« anzeigten, »daß Nietzsche eine ›Auslegung alles Geschehens‹ anstrebte.«[14] Damit kommt leicht eine besondere Note in die Nietzscheauslegung hinein, die sich hier, beim Thema der philosophischen Hermeneutik, darin äußert, in Nietzsches »nur Ansatz und Entwurf gebliebenem Denken« sei das »der Sache nach schon vorweggenommen«, was Heidegger dann in *Sein und Zeit* voll ausführte.[15] Nietzsche wird dann an einem Maßstab gemessen, nach dem er vielleicht selbst gar nicht beurteilt werden wollte. In einer Anmerkung zu der gedruckten Ausgabe seines Werkes hat Figl diese Tendenz aber negiert und die Auffassung ausgesprochen, daß Nietzsches Auseinandersetzung mit hermeneutischen Problemen so weitreichend und grundlegend sei, daß zu ihrem Verständnis das gesamte von ihm veröffentlichte Werk wie auch die anderen Teile des Nachlasses herangezogen werden müßten.[16]

Einer solchen Aufgabe kann hier natürlich nur mit einem kleinen Beitrag vorgearbeitet werden. Es soll insbesondere darum gehen, die Herkunft des weiten philosophischen Begriffs der Hermeneutik bei Nietzsche aus der Tradition der literarischen Hermeneutik, insbesondere der Philologie nachzuweisen. Ein solcher Nachweis ist für das Verständnis des philosophischen und universalen Begriffs der Hermeneutik nicht unwesentlich. Es stellt sich nämlich dabei heraus, daß Nietzsche nicht nur in terminologischer, sondern auch in struktureller Hinsicht wesentliche Merkmale aus der Literatur und Philologie in den philosophischen Begriff der Hermeneutik projizierte und seine philosophische Konzeption der Hermeneutik umgekehrt ein Modell für das Verfahren der literarischen Hermeneutik bilden kann.

Drei Beispiele können dies vorweg veranschaulichen. Beim Verständnis eines grundlegenden Themas seiner späten Philosophie, nämlich des »Niedergangs« und »Verfalls-Symptoms«, das er nach seiner Bekanntschaft mit

---

[13] Interpretation als philosophisches Prinzip. Friedrich Nietzsches universale hermeneutische Theorie in den Fragmenten des späten Nachlasses. Diss. phil., Wien 1980. Dies Werk erscheint nun als eigener Band in der Reihe »Monographien und Texte zur Nietzsche-Forschung« (Berlin 1982), und sein Erscheinen steht bevor.
[14] Nietzsche und die philosophische Hermeneutik des 20. Jahrhunderts, S. 428.
[15] Ebd.
[16] S. 10.

Paul Bourget als »décadence« bezeichnete, hat Nietzsche den Gedanken entwickelt, »daß sich das Leben aus dem Ganzen *zurückgezogen* hat und im Kleinsten *luxuriert*« (III, 1312).[17] Entsprechend besteht das Wesen der décadence für ihn darin, »daß das Leben nicht mehr im Ganzen wohnt. Das Wort wird souverän und springt aus dem Satz hinaus, der Satz greift über und verdunkelt den Sinn der Seite, die Seite gewinnt Leben auf Unkosten des Gedankens - das Ganze ist kein Ganzes mehr« (II, 917). Es ist offensichtlich, daß hier ein literarisches Modell zur Illustrierung eines grundlegenden Lebensphänomens – »Anarchie der Atome, Disgregation des Willens« – verwandt wird. – Für Nietzsches kritische Analyse von Beweggründen ist es eine grundlegende Tatsache, daß der Mensch die Tendenz hat, etablierte Gewohnheiten und Gesetze, sobald sie bezweifelt werden, durch selbsterfundene Gründe zu rechtfertigen, »bloß um sich nicht einzugestehen, daß man sich an die Herrschaft dieser Gesetze *gewöhnt* habe und es nicht anders haben wolle«. Dies Phänomen, das er vor allem in herrschenden Moralen und Religionen untersucht, veranschaulicht er in dem *Die Hinzu-Lügner* betitelten Aphorismus aber mit der Rechtfertigung der dramatischen Einheiten im neoklassizistischen Frankreich: »*man log sich Gründe vor*, um derenthalben jene Gesetze bestehen sollten« (II, 60). – Das vielleicht deutlichste Beispiel für die Herkunft des von Nietzsche verwandten Verstehensbegriffes aus den Literaturwissenschaften und der Philologie besteht in seiner Auseinandersetzung mit der physikalischen Lehre von der Gesetzmäßigkeit der Natur. Er sagt in diesem Zusammenhang: »Man vergebe es mir als einem alten Philologen, der von der Bosheit nicht lassen kann, auf schlechte Interpretations-Künste den Finger zu legen: aber jene ›Gesetzmäßigkeit der Natur‹, von der ihr Physiker so stolz redet, wie als ob - besteht nur dank eurer Ausdeutung und schlechten ›Philologie‹ – sie ist kein Tatbestand, kein ›Text‹, vielmehr nur eine naiv-humanitäre Zurechtmachung und Sinnverdrehung.« Auch der sich gleich daran anschließende Gedanke, daß ein Interpret »mit der entgegengesetzten Absicht und Interpretationskunst« aus demselben Text der Natur eine völlig andere Auslegung »herauszulesen« vermöchte, ist bewußt in literarischer Terminologie formuliert (II, 586).
Nun ist die Analogie zwischen dem Philosophen der Natur, der die Welt wie ein Buch entziffert, und dem Philologen keineswegs ein neuer Einfall

---

[17] Die Stellennachweise sind der Einfachheit halber in den Text selbst eingetragen und folgen der Ausgabe: Friedrich Nietzsche. Werke in drei Bänden. Hrsg. von Karl Schlechta, München 1956.

Nietzsches, sondern ein Grundgedanke in der Geschichte der Hermeneutik. Dilthey verwandte dies Bild, als er in der oben zitierten Stelle die »Interpretation der Welt aus sich selber« veranschaulichen wollte. Schelling verglich die Begabung des Naturphilosophen, die Hieroglyphen der Natur zu deuten, mit der »Philologie im höhern Sinne«, die »Sprachkenntnis« erfordert, um die »ausgestorbene Rede« der Natur zu deuten.[18] In einem fingierten Briefwechsel zwischen Shaftesbury und Bayle von J. A. Eberhard aus dem Ende des achtzehnten Jahrhunderts[19] erläutert Shaftesbury Bayle den Glauben an eine göttliche Regierung, die wir zwar nicht voll verstehen, die aber den Menschen bestimmt: »... so können wir die ganze Welt als den Brief eines weisen Mannes in geheimer Schrift auffassen, wozu wir den Schlüssel erraten müssen.« In seiner Enzyklopädie vertritt Diderot den Gedanken, daß dem Menschen ein allgemeinverbindliches System nicht möglich sei, weil dieses mit der in Gott existierenden Ordnung identisch sein müßte und folglich in einem Buche enthalten sei, aus dem der Mensch immer nur Ausschnitte lesen könne.[20] Dieser Gedanke über die Welt als Buch Gottes geht bis in die Renaissance zurück und bekundet sich in dieser Zeit in der berühmten Analogie zwischen Gott und dem Künstler. Bei Nietzsche ist natürlich darauf zu achten, daß Gott als schöpferischer Künstler der Welt nicht mehr existiert. Von entscheidendem Einfluß auf seinen Verstehensbegriff scheint aber gewesen zu sein, daß er in seiner Jugend eine gründliche Ausbildung in der klassischen Philologie erhalten hatte.

Nietzsche hat es selbst für seine geistige Statur als richtungsweisend angesehen, daß er in der letzten Zeit seiner Ausbildung auf Schulpforta die ursprünglich gehegten künstlerischen Ambitionen in der Musik aufgab und sich der Philologie zuwandte. »Ich verlangte nämlich nach einem Gegengewicht,« sagte er, »gegen die wechselvollen und unruhigen bisherigen Neigungen, nach einer Wissenschaft, die mit kühler Besonnenheit, mit logischer Kälte, mit gleichförmiger Arbeit gefördert werden könnte, ohne mit ihren Resultaten gleich ans Herz zu greifen. Dies alles aber glaubte ich damals in der Philologie zu finden« (III, 151). Aus dieser Äußerung geht bereits deutlich hervor, welchen allgemeinen Eindruck Nietzsche von der Philologie hatte. Wie Novalis sah Nietzsche nämlich in der Philologie eine Disziplin kritischer Zersetzung und Zerstörung von Illusionen. Luther lie-

---

[18] Sämtliche Werke. Hrsg. von K. F. A. Schelling, Erste Abteilung, Bd. 5, S. 246–247.
[19] In: Joh. Jak. Engels, Der Philosoph für die Welt, Leipzig 1787.
[20] In dem Artikel Encyclopédie.

ferte die heiligen Bücher an jedermann aus, meinte er, »damit gerieten sie endlich in die Hände der Philologen, das heißt der Vernichter jeden Glaubens, der auf Büchern ruht« (II, 230). Auf Grund dieser Entlarvungstendenz, die positiv ausgedrückt »die Zucht des Geistes, die Lauterkeit und Strenge in Gewissenssachen des Geistes« ist, erblickte er in der Philologie und Medizin »die beiden Gegnerinnen alles Aberglaubens«, die insbesondere den Glauben an Gott zuschanden machen. »In der Tat,« sagt er, »man ist nicht Philolog und Arzt, ohne nicht zugleich auch *Antichrist* zu sein. Als Philolog schaut man nämlich *hinter* die ›heiligen Bücher‹, als Arzt *hinter* die physiologische Verkommenheit des typischen Christen. Der Arzt sagt ›unheilbar‹, der Philolog ›Schwindel‹« (II, 1212).

Allgemeiner gesprochen konzentriert sich das Wesen der Philologie für Nietzsche auf die »Kunst gut zu lesen«, und darunter versteht er: »Tatsachen ablesen können, *ohne* sie durch Interpretation zu fälschen, *ohne* im Verlangen nach Verständnis die Vorsicht, die Geduld, die Feinheit zu verlieren« (II, 1218). An anderer Stelle wird die Philologie auch als »Kunst des *lento*« bezeichnet, die von ihrem Vertreter neben dem »langsamen Lesen« vor allem eins verlangt, nämlich »beiseite gehen, sich Zeit lassen, still werden, langsam werden –, als eine Goldschmiedekunst und Kennerschaft des *Wortes*, die lauter feine vorsichtige Arbeit abzutun hat und nichts erreicht, wenn sie es nicht *lento* erreicht« (I, 1016). Der von Nietzsche häufig als Vorwurf verwandte Terminus »Mangel an Philologie« bedeutet demnach ein Fehlen des kritischen Sinnes, der dazu führt, daß man moralische Vorurteile »in den Text und Tatbestand hineinsah, hineinlas, hinein*deutete*«, wie dies seiner Ansicht nach zum Beispiel bei der religiösen Auffassung des Wunders der Fall ist, das von hier aus betrachtet als ein »Fehler der Interpretation«, als ein »Mangel an Philologie« erscheint (II, 612). In diesem übertragenen Sinne der Philologie kann Nietzsche dann auch die metaphysische oder »pneumatische« Erklärung der »Schrift der Natur« in Analogie setzen zur Interpretationsweise, »wie die Kirche und ihre Gelehrten es ehemals mit der Bibel taten« und daraus auch für die Beschäftigung mit der Natur die Forderung einer »strengen Erklärungskunst« erheben, »wie die Philologen sie für alle Bücher geschaffen haben: mit der Absicht, schlicht zu verstehen, was die Schrift sagen will, aber nicht einen *doppelten* Sinn zu wittern, ja vorauszusetzen« (I, 451).

Hier zeigt sich eine grundlegende Voraussetzung, die Nietzsche in bezug auf die Philologie, die Hermeneutik und überhaupt alle Arten kritischen Erkennens macht. Deren primäre Funktion besteht für ihn kurz darin, einem ursprünglich tätigen Hang des menschlichen Geistes entgegenzuwirken, der danach drängt, etwas in einen Text hineinzulesen, einer Sache hinzuzulügen oder diese verschönern zu wollen. Da aber das Leben nach einer Voraussetzung Nietzsches nur unter den Bedingungen derartiger Illusionen existieren kann, übt der kritische Sinn notwendiger Weise eine entwurzelnde und dekonstruierende Wirkung aus: »weil er die Illusionen zerstört und den bestehenden Dingen ihre Atmosphäre nimmt, in der sie allein leben können«.[21] Nietzsche führt die Religion als Beispiel für diesen Vorgang an. Sobald diese in historisches Wissen übertragen wird, droht ihr Vernichtung, meint er und fügt hinzu: »Der Grund liegt darin, daß bei der historischen Nachrechnung jedesmal so viel Falsches, Rohes, Unmenschliches, Absurdes, Gewaltsames zutage tritt, daß die pietätvolle Illusions-Stimmung, in der alles, was leben will, allein leben kann, notwendig zerstiebt: nur in Liebe aber, nur umschattet von der Illusion der Liebe, schafft der Mensch« (I, 252). In gesteigerter Form drückt sich diese in jedem Akt des Verstehens angelegte zerstörerische Tendenz in dem aus, was Nietzsche in *Die Geburt der Tragödie* die »Hamletlehre« nannte, die sich in den drei lapidaren Sätzen manifestiert: »Die Erkenntnis tötet das Handeln, zum Handeln gehört das Umschleiertsein durch die Illusion... Die wahre Erkenntnis, der Einblick in die grauenhafte Wahrheit überwiegt jedes zum Handeln antreibende Motiv... In der Bewußtheit der einmal geschauten Wahrheit sieht jetzt der Mensch überall nur das Entsetzliche und Absurde des Seins« (I, 48). In *Jenseits von Gut und Böse* hat Nietzsche diesen Gedanken bis zum Zugrundegehen am absoluten Verstehen der Welt weitergetrieben und gesagt: »Etwas dürfte wahr sein: ob es gleich im höchsten Grade schädlich und gefährlich wäre; ja es könnte selbst zur Grundbeschaffenheit des Daseins gehören, daß man an seiner völligen Erkenntnis zugrunde ginge – so daß sich die Stärke eines Geistes danach bemäße, wieviel er von der ›Wahrheit‹ gerade noch aushielte, deutlicher, bis zu welchem Grade er sie verdünnt, verhüllt, versüßt, verdumpft, verfälscht *nötig hätte*« (II, 602). Hier scheint sich nun eine absolute Antinomie in Nietzsches Konzeption der Hermeneutik zu ergeben, insofern der »Nachteil der Historie für das Leben« in letzter Analyse darin besteht, daß das ganz vollendete und vollkommene Verstehen konsequent in einer völligen Dekonstruktion und Vernichtung, sowohl des zu verstehenden Gegenstandes als auch seines Betrachters, aufzugehen scheint. An dieser Stelle empfiehlt es

---

[21] Paul de Man kritisiert diese in Vom Nutzen und Nachteil der Historie für das Leben entwickelte Ansicht in Blindness and Insight: Essays in the Rhetoric of Contemporary Criticism, New York 1971, S. 151.

sich, Nietzsches Auffassung der Philologie und des historischen Verstehens schärfer zu analysieren.

Genauer besehen hat Nietzsche einen doppelten Begriff der Philologie, einen niederen und einen höheren, wobei er dem niederen ein schroffes Nein entgegensetzt. Dies Nein richtet sich, wie es in einem frühen Brief an Paul Deussen von 1868 aus Leipzig heißt, gegen den »gegenwärtigen Stand der Philologie«, ihre »herrschenden Methoden«, die »Entwicklung der jetzigen Philologen« und ihre »Stellung zu den Schulen« (III, 993). Ein Jahr vorher hatte er bereits an Carl von Gersdorff geschrieben, daß jene »erhebende Gesamtanschauung des Altertums«, die er als die höchste Errungenschaft der klassischen Philologie ansah, den meisten Philologen doch fehlt, »weil sie sich zu nah vor das Bild stellen und einen Ölfleck untersuchen, anstatt die großen und kühnen Züge des ganzen Gemäldes zu bewundern und was mehr ist – zu genießen« (III, 977). Alles, was Schopenhauer über die »Universitätsweisheit« gesagt hatte, so teilte er Erwin Rohde am 15. Dezember 1870 mit, war buchstäblich wahr: »Es ist ein ganz radikales *Wahrheits*wesen hier nicht möglich« (III, 1035).

In diesen Briefen spricht der junge Bildungskritiker über den Zustand der damaligen Bildungsanstalten in Deutschland, und da er sich dabei beinahe ausschließlich auf die Humaniora beschränkt, sind diese Ausführungen für Nietzsches Auffassung einer literarischen Hermeneutik von großem Interesse.[22] Nietzsche meint, daß von einer wirklich geistigen Beziehung zu den Klassikern und der klassischen Bildung »freilich kaum ein Laut in die altertümlichen Mauern unserer Gymnasien gedrungen« sei (III, 208). Dort ist das Ziel der Bildung, »ein bloßes Reagens zu werden«, und Nietzsche bringt als Gleichnis den Verkehr mit Büchern: »Der Gelehrte, der im Grunde nur noch Bücher ›wälzt‹ – der Philologe mit mäßigem Ansatz des Tags ungefähr 200 – verliert zuletzt ganz und gar das Vermögen, von sich aus zu denken. Wälzt er nicht, so denkt er nicht. Er *antwortet* auf einen Reiz (– einen gelesenen Gedanken), wenn er denkt – er reagiert zuletzt bloß noch« (II, 1094). In einer radikaleren Wendung gegen diese Art des Gymnasialbetriebs im damaligen Deutschland formulierte er die rhetorischen Fragen: »›Was ist die Aufgabe alles höheren Schulwesens?‹ – Aus dem

---

[22] Von diesen Gesichtspunkten kommt in der Arbeit von Viktor Pöschl: Nietzsche und die klassische Philologie, in: Philologie und Hermeneutik im 19. Jahrhundert. Zur Geschichte und Methodologie der Geisteswissenschaften, Göttingen 1979, S. 141–155 aber herzlich wenig vor, was um so bedauerlicher ist, da sich dieser Sammelband das Ziel gesetzt hat, die in Gadamers Historiographie der Hermeneutik bemerkbaren Lücken aufzufüllen.

Menschen eine Maschine zu machen. – ›Was ist das Mittel dazu?‹ – Er muß lernen, sich zu langweilen. – ›Wie erreicht man das?‹ – Durch den Begriff der Pflicht. – ›Wer ist sein Vorbild dafür?‹ – Der Philolog, der lernt ochsen« (II, 1006). Nietzsche bezieht sich hier auf die entsetzliche Langeweile und Einförmigkeit, »welche alle machinale Tätigkeit mit sich bringt« und die »bisher die Aufgabe alles höhern Schulwesens« gewesen zu sein scheint, um dadurch die Zöglinge für die zukünftige »machinale Pflichterfüllung« als »Staats-Beamter, Ehegatte, Büro-Sklave, Zeitungsleser und Soldat« vorzubereiten (III, 630). Auf Seiten der Philologen selbst bemerkte Nietzsche eine zu große »Zudringlichkeit«, die darin bestand, »sich als Jüngling schon nachahmend zu den erlauchtesten Werken aller Zeiten mit der Vertraulichkeit des Du und Du zu gesellen«, oder die auch aus Ignoranz hervorging: »sie wissen nicht, mit wem sie es zu tun haben – so nicht selten junge und alte Philologen im Verhältnis zu den Werken der Griechen« (I, 766). Den ausschlaggebenden Grund für diese niedere Ausdrucksweise der Philologie erblickte Nietzsche aber in ihrer Loslösung von der Philosophie, in der »Unabhängigkeitserklärung des wissenschaftlichen Menschen« und seiner »Emanzipation von der Philosophie« (II, 663), womit die Philologie ihre Verwurzelung in den Humaniora aufgab und eine Aufgabe übernahm, die sie von sich aus gar nicht einlösen konnte.

Damit ist bereits ausgesprochen, daß die Philologie, wie Nietzsche es tatsächlich in der frühen Studie *Homer und die klassische Philologie* von 1869 ausdrückte, »umschlossen und eingehegt sein soll von einer philosophischen Weltanschauung, in der alles Einzelne und Vereinzelte als etwas Verwerfliches verdampft und nur das Ganze und Einheitliche bestehen bleibt« (III, 174). In diesem Zusammenhang behält die Philologie den Charakter einer autonomen »Lebensaufgabe« und eines eigenen »Studiums, bei dem es manchen Tropfen Schweißes kostet« (III, 972). Aber Nietzsche wußte nur zu gut, daß er selbst in einem wie hoch auch immer angesetzten Begriff der Philologie nicht völlig aufging. In seinem Geburtstagsbrief an Richard Wagner vom 21. Mai 1870 bedauerte er es, daß er dem Meister »zeitweilig durch die grauen Nebel der Philologie hindurch« etwas entfernt erscheinen möchte und versicherte dem Künstler: »ich bin es nie, meine Gedanken sind immer um Sie herum« (III, 1023), d.h. mit der Kunst beschäftigt. In seiner Autobiographie sieht er »Reflexion«, vielleicht sogar »Resignation« als Gründe dafür an, daß er nicht zu jenen Menschen gehört, »denen die Natur mit ehernem Griffel auf die Stirn zeichnet: das ist ein Philolog, und die in vollster Ungebrochenheit, mit der Naivität eines Kindes den ihnen vorgezeichneten Weg gehen« (III, 150). In der Schrift *Vom Nutzen und*

Nachteil der Historie für das Leben aber unterscheidet Nietzsche zwischen zwei verschiedenen Haltungen in der Betrachungsweise historischer Vorgänge, nämlich die sogenannte Objektivität der Philologen und eine vom Künstlerauge hervorgebrachte Objektivität. In dieser direkt auf das historische Verstehen bezogenen Unterscheidung scheint der eigentliche Grund dafür zu bestehen, warum er sich selbst letztlich nicht rückhaltlos als Philologen einstufte.

Bei der Objektivität der Philologen handelt es sich nach dieser Ausführung nur um eine »Affektation der Ruhe«, in der sich »der Mangel an Pathos und moralischer Kraft als schneidende Kälte der Betrachtung zu verkleiden pflegt«. Manchmal ist es auch bloß »Banalität der Gesinnung« oder eine Art von »Jedermanns-Weisheit, die nur durch ihre Langweiligkeit den Eindruck des Ruhigen, Unaufgeregten macht«. Von dieser Art Objektivität gilt, daß sie nur der, »den ein Moment der Vergangenheit *gar nichts angehe*, berufen sei, ihn darzustellen«. Nietzsche fügt sarkastisch hinzu: »So verhalten sich häufig Philologen und Griechen zueinander: sie gehen sich gar nichts an«. Die andere Art der Objektivität erfordert demgegenüber »eine große künstlerische Potenz, ein schaffendes Darüberschweben, ein liebendes Versenktsein in die empirischen Data, ein Weiterdichten an gegebenen Typen«. Nietzsche spricht von der »innerlich blitzenden, äußerlich unbewegten und dunklen Ruhe des Künstlerauges« und vergleicht diese Art historischen Verstehens mit der Zuwendung zu einem Drama. Ebensowenig wie der Wert eines Dramas nur in den »Schluß- und Hauptgedanken« liegen kann, läßt sich die Bedeutung geschichtlichen Verstehens in den »allgemeinen Gedanken, als eine Art von Blüte und Frucht, erkennen«. Ihr Wert besteht vielmehr darin, »ein bekanntes, vielleicht gewöhnliches Thema, eine Alltags-Melodie geistreich zu umschreiben, zu erheben, zum umfassenden Symbol zu steigern und so in dem Original-Thema eine ganze Welt von Tiefsinn, Macht und Schönheit ahnen zu lassen« (I, 249).

Indem er sich nur auf eins der vielen Modelle historischen Verstehens im Werke Nietzsches bezieht, hat Gadamer den historischen Horizont bei Nietzsche so verstanden, als bringe er nur die »Gebundenheit des Denkens an seine endliche Bestimmtheit« zum Ausdruck. Über den für Nietzsche charakteristischen Versuch, sich ständig in wechselnde Horizonte zu versetzen, hat Gadamer dann wegwerfend gesagt: »Wer derart von sich selber wegsieht, hat gerade keinen historischen Horizont, und Nietzsches Aufweis des Nachteils der Historie für das Leben trifft in Wahrheit nicht das historische Bewußtsein als solches, sondern die Selbstentfremdung, die ihm widerfährt, wenn es die Methodik der modernen historischen Wissenschaft für sein eigentliches Wesen hält.«[23] Die gerade dargestellte Kritik Nietzsches am isolierten Begriff der Philologie, am deutschen Gymnasialwesen, an der »machinalen Tätigkeit«, der »Vertraulichkeit des Du und Du« mit den Werken des Altertums, der »Unabhängigkeitserklärung des wissenschaftlichen Menschen« und der sogenannten Objektivität der Philologen, aber umgekehrt auch seine Berufung auf die vom Künstlerauge hervorgebrachte Objektivität zeigen dagegen deutlich, daß sich dieser Denker nicht auf eine Position festlegen läßt, wie dies in der Bemerkung Gadamers geschieht. Gleichzeitig kommt hier auch zum Ausdruck, daß die oben entwickelte zerstörerische und ins absolute Vernichten auslaufende Tendenz der Philologie und historischen Kritik von dem mit einer »großen künstlerischen Potenz« ausgestatteten Verstehen gleichsam aufgefangen und in eine Balance gebracht wird. Nietzsche hat diese dialektische Gegenbewegung von Vernichten und Schaffen im Verstehen nirgendwo deutlicher ausgesprochen als in dem Schlußabschnitt seiner Einleitung zur *Fröhlichen Wissenschaft* von 1886, wo er den »Willen zur Wahrheit um jeden Preis« als »Jünglings-Wahnsinn in der Liebe zur Wahrheit« bezeichnet und ihm den Willen zum Schein gegenüberstellt, der darin besteht, »an Formen, an Töne, an Worte, an den ganzen Olymp des Scheins zu glauben!« (II, 15). In *Jenseits von Gut und Böse* sah er in der Tendenz, »Menschen und Dinge mit Ja und Nein« zu überfallen, eine jugendliche Haltung, die noch nicht jene »Kunst der Nuance« erlangt hat, mit der die »rechten Artisten des Lebens« etwas Kunst in ihre Gefühle zu legen verstehen (II, 596).

Natürlich hat Nietzsche die Kunst des Verstehens nicht im Sinne einer besonderen geisteswissenschaftlichen Methodologie, etwa als Theorie der Philologie oder der literarischen Hermeneutik ausgebildet. Vielmehr hat er grundsätzlich auf das philosophische Verstehen im allgemeinen reflektiert, sich dabei aber sehr häufig des Mediums der Literatur bedient. Seine Kenntnisse in der Literaturwissenschaft, selbst in der klassischen Philologie, waren freilich in außerordentlichem Maße von persönlichen Sympathien und Antipathien geprägt, die sich nicht einmal so sehr von den betroffenen Autoren und ihren Werken herleiteten, sondern eher noch aus seinen eigenen philosophischen Überzeugungen herrührten. Nietzsches »Feldzug gegen die Romantik« und alles, was er als »Pessimismus« ansah, sind gute Beispiele dafür. Dennoch sind ihm selbst in der modernen Literaturwissenschaft einige bedeutende kritische Einsichten gelungen, so daß man durch-

---

[23] Wahrheit und Methode, S. 286, 289.

aus von einer »Stellung Nietzsches in der Entwicklung der modernen Literaturwissenschaft« sprechen kann.[24]
Dasselbe gilt auch für die literarische Hermeneutik im engeren Sinne. Es gibt kaum einen Autor, der so von der Literarität seines Werkes durchdrungen war und so permanent über das Verstandenwerden durch sein Publikum reflektiert hat, wie Nietzsche. Das äußert sich nicht allein in kokettierenden Überlegungen über sein Nichtverstandenwerden bei den Deutschen und die Gründe, die er unternommen hatte, »um selbst schwer verstanden zu werden« (II, 593). Intensiver bekundet sich das Thema des literarischen Verstehens in Klagen über die Unmöglichkeit des Selbstverstehens des eigenen Seins oder der eigenen Gedanken, wie diese etwa im ersten Aphorismus der Vorrede zur *Genealogie der Moral* (II, 765) und im letzten Aphorismus von *Jenseits von Gut und Böse* (II, 756) auf ergreifende Weise ausgedrückt sind. Nietzsche war sich eben als Autor akut der Tatsache bewußt, daß seine »alten geliebten – *schlimmen* Gedanken«, sobald er sie in die Welt entlassen hatte, ihr eigenes Leben annahmen und schon zur Zeit ihres Entstehens der Satz galt: »Wir bleiben uns eben notwendig fremd, wir verstehen uns nicht...« (II, 756, 765). In einem Brief an Carl Fuchs vom 26. August 1888 hat er diese Verhältnisse des Verstehens am Beispiel der Edition musikalischer Werke erörtert und dabei die Überzeugung vertreten, daß das, »was ›unrichtig‹ ist«, sich in der Tat in den meisten Fällen bestimmen lasse, das Richtige aber »*fast nie*« und die Annahme, »*daß* es überhaupt eine richtige, d.h. *eine* richtige Auslegung gibt«, psychologisch und erfahrungsmäßig falsch sei. Nietzsche verweist auf die durch Zufall und Labilität bedingte Situation des Komponisten im Zustande des Schaffens und kommt zu der Schlußfolgerung: »Kurz, der *alte Philologe* sagt, aus der ganzen philologischen Erfahrung heraus: *es gibt keine alleinseligmachende Interpretation*, weder für Dichter, noch für Musiker (ein Dichter ist absolut *keine* Autorität für den Sinn seiner Verse: man hat die wunderlichsten Beweise, wie flüssig und vag für sie der ›Sinn‹ ist –)« (III, 1312).
Auf Grund der Überzeugung, daß »das Vergewaltigen, Zurechtschieben, Abkürzen, Weglassen, Ausstopfen, Ausdichten, Umfälschen« alles zum Wesen des Interpretierens gehört (II, 890), sah Nietzsche die ständige »Umkehrung der Perspektive« (II, 597), d.h. die Auswechslung der Horizonte durch immer neue als durchaus notwendig an. Schließlich war der

---

[24] Siehe Elrud Kunne-Ibsch: Die Stellung Nietzsches in der Entwicklung der modernen Literaturwissenschaft, Assen 1972 und René Wellek, A History of Modern Criticism: 1750–1950, Bd. 4: The Later Nineteenth Century, New Haven/London 1965, S. 336–356.

Mensch das einzige unter allen Tieren für ihn, für den es »keine ewigen Horizonte und Perspektiven gibt« (II, 135). Ein ebenso wichtiges Thema dieser mit der Vieldeutigkeit des Sinnes befaßten Hermeneutik ist die Maske, die sich einmal im klassischen Sinne der *dissimulatio* als Spiel der Ironie deuten läßt, aber ebenfalls den Charakter des Selbstschutzes hat.[25] Eng damit verwandt ist die Demaskierungstendenz im Prozeß der Interpretation, womit das alte hermeneutische Motiv, einen Autor besser zu verstehen, als er sich selbst verstanden hat, eine radikalisierte Form gewinnt. Nietzsche hat diese Entlarvung in bezug auf die Literatur in dem Aphorismus *Von der Geschwätzigkeit der Schriftsteller* aus der *Fröhlichen Wissenschaft* vorgeführt, wo er die »Geschwätzigkeit des Zorns« mit Luther und Schopenhauer, die »Gechwätzigkeit aus einem großen Vorrat an Begriffsformen« mit Kant, die »Geschwätzigkeit aus Lust an immer neuen Wendungen derselben« mit Montaigne, oder die »Geschwätzigkeit aus Lust an großen Worten und Sprachformen« mit Goethes Prosa illustrierte (II, 102). Auf verbissenere Weise hat er das entlarvende Interpretieren mit der Auslegung von philosophischen Werken illustriert, die auf keinen Fall von der Voraussetzung ausgehen soll, daß ein Philosoph »seine eigentlichen und letzten Meinungen in Bücher ausgedrückt habe«, um statt dessen lieber die Überlegung anzustellen, »ob bei ihm nicht hinter jeder Höhle noch eine tiefere Höhle liege, liegen müsse – eine umfänglichere fremdere reichere Welt über einer Oberfläche, ein Abgrund hinter jedem Grunde, unter jeder ›Begründung‹« (II, 751). Bei der Anwendung auf die Interpretation moralischer und religiöser Phänomene gewinnt diese Entlarvungshermeneutik direkt masochistische Züge.

Schließlich ist die Kunst der literarischen Auslegung nach Nietzsche im wesentlichen Maße davon abhängig, was bereits im Zusammenhang seines Philologiebegriffs als »die Kunst zu lesen« in Erscheinung getreten war. Diese ist »Voraussetzung zur Tradition der Kultur, zur Einheit der Wissenschaft« (II, 1231), denn durch sie hat alle Wissenschaft »erst Kontinuität und Stetigkeit gewonnen« (II, 613). Gleichzeitig ist diese Kunst nach Nietzsches Auffassung aber die Voraussetzung dafür, daß seine Schriften verstanden werden und zur »Lesbarkeit« gelangen. Denn »ein Aphorismus«, so sagt er mit seiner ausgeprägten literarischen Empfindlichkeit, »rechtschaffen geprägt und ausgegossen, ist damit, daß er abgelesen ist,

---

[25] Zu diesen Interpretationsweisen siehe Ernst Behler: Nietzsches Auffassung der Ironie, in: Nietzsche-Studien 4 (1975), S. 1–35 und Walter Kaufmann, Nietzsches Philosophie der Masken, in: Nietzsche-Studien 10–11 (1981–1982), S. 111–131.

noch nicht ›entziffert‹; vielmehr hat nun erst dessen *Auslegung* zu beginnen, zu der es einer Kunst der Auslegung bedarf« (II, 770).
In seiner vollen Ausprägung manifestiert sich dieser Begriff des Verstehens aber erst, wenn Nietzsche seine charakteristischen Auslegungs- und Interpretationstechniken – das unendliche Interpretieren, den Gebrauch der Maske, die Demaskierung oder die Aufdeckung von Fehlinterpretationen – auf die großen Themen seines philosophischen Nachdenkens anwendet. Bei der Beschäftigung mit dem Phänomen der »inneren Erfahrung« zum Beispiel gelangt er zu der Beobachtung, daß diese erst ins Bewußtsein treten kann, nachdem sie eine Sprache gefunden hat, die das Individuum versteht, und daß Verstehen, naiv ausgedrückt, bloß heißt: »etwas Neues ausdrücken können in der Sprache von etwas Altem, Bekanntem«, wobei immer zugleich Gründe, d.h. Interpretationen miteingeführt werden. Und in der Reminiszenz einer bereits im Bereich des literarischen Verstehens geäußerten Wendung fährt Nietzsche dann fort: »Das nenne ich *Mangel an Philologie*; einen Text *als Text* ablesen können, ohne eine Interpretation dazwischen zu mengen, ist die späteste Form der inneren Erfahrung« (III, 805). Die beim Kunstwerk in Erscheinung getretene unendliche Auslegbarkeit führt bei der Betrachtung des Daseins zu der Überlegung, ob es überhaupt einen anderen Charakter des Daseins als den perspektivischen geben könne, d.h. »ob nicht ein Dasein ohne Auslegung, ohne ›Sinn‹ eben zum ›Unsinn‹ wird, ob, andererseits, nicht alles Dasein essentiell ein *auslegendes* Dasein ist«. Dabei handelt es sich freilich um eine Frage, die auch bei der gewissenhaftesten Selbstprüfung nicht beantwortet werden kann, »da der menschliche Intellekt bei dieser Analysis nicht umhin kann, sich selbst unter seinen perspektivischen Formen zu sehen und *nur* in ihnen zu sehen«: »Wir können einfach nicht um unsere Ecke sehen«. Jedoch führt dieser perspektivische Grundcharakter alles Daseins damit zu dem Ergebnis, daß die Welt noch einmal »unendlich« wird, »insofern wir die Möglichkeit nicht abweisen können, daß sie *unendliche Interpretationen in sich schließt*« (II, 249–250).
Das aus dem Schutzbedürfnis bei der literarischen Mitteilung hervorgehende Phänomen der Maske veranlaßt Nietzsche zu der merkwürdigen Spekulation: »Alles, was tief ist, liebt die Maske; die allertiefsten Dinge haben sogar einen Haß auf Bild und Gleichnis. Sollte nicht erst der *Gegensatz* die rechte Verkleidung sein, in der die Scham eines Gottes einherginge?« (II, 603). Und die in der Philologie wirksame kritische Prüfung der wahren Tatbestände verdichtet sich zum »intellektuellen Gewissen«, zum »Verlangen nach Gewißheit« um jeden Preis (II, 36). Dies Verlangen kann sich

darin bekunden, den Anspruch auf »Welt-Erklärung« in physikalischen Theorien auf bloße »Welt-Auslegung und Zurechtlegung« zu reduzieren (II, 578), die »*Fälschung* des Tatbestandes« in logischen Thesen aufzudecken (II, 580), oder sogar die Furcht im Hintergrund des Verstehensprozesses zu identifizieren. Diese führt nämlich zum Ausdeuten alles Seins »auf Absichten«. Diese Art der Interpretation hat der Mensch »sogar auf die Natur der unbeseelten Dinge angewendet«, so daß nun »alles, was wir *Natur*gefühl nennen, beim Anblick vom Himmel, Flur, Fels, Wald, Gewitter, Sternen, Meer, Landschaft, Frühling« in der Furcht seine Herkunft hat. Dies führt zu dem Paradox, daß ohne »die uralte Übung der Furcht, dies alles auf einen zweiten dahinter liegenden Sinn hin zu sehen«, wir keine Freude an der Natur hätten und die Furcht sich so als eine große »Lehrmeisterin des Verstehens« erweist (I, 1111, 1113).

Meist handelt es sich bei diesen kritischen Analysen um Aufdeckungen von Anthropomorphismen in der Weltauslegung. Die frappierendste Untersuchung dieser Art hat Nietzsche in der kleinen Schrift *Über Wahrheit und Lüge im außermoralischen Sinn* vorgelegt, wo er die These entwickelt, daß der Naturforscher gewöhnlich »nur die Metamorphosen der Welt in den Menschen« sucht, nach einem »Verstehen der Welt als eines menschenartigen Dinges« ringt und sich bestenfalls das »Gefühl einer Assimilation« erkämpft. »Sein Verfahren ist«, sagt Nietzsche, »den Menschen als Maß aller Dinge zu halten: wobei er aber von dem Irrtum ausgeht, zu glauben, er habe diese Dinge unmittelbar, als reine Objekte vor sich. Er vergißt also die originalen Anschauungsmetaphern als Metaphern und nimmt sie als Dinge selbst« (III, 316). Auch in der *Fröhlichen Wissenschaft* warnt Nietzsche davor, »unsere ästhetischen Menschlichkeiten« an das Universum heranzutragen und meint: »Es strebt durchaus nicht danach, den Menschen nachzuahmen! Es wird durchaus durch keines unserer ästhetischen und moralischen Urteile getroffen« (II, 115–116). Am vehementesten äußert sich Nietzsches Kritik bekanntlich dort, wo in der Auslegung der Welt christliche Motive wirksam sind. Dieser Rückweis der »christlichen Interpretation« ist aber zugleich eines der verblüffendsten Beispiele seiner Perspektiven umsetzenden Auslegungskunst, da Nietzsche seine eigene Kritik am Christentum als zugespitzten Ausdruck des Christentums versteht und diesen dann definiert als: »die christliche Moral selbst, der immer strenger genommene Begriff der Wahrhaftigkeit, die Beichtväter-Feinheit des christlichen Gewissens, übersetzt und sublimiert zum wissenschaftlichen Gewissen, zur intellektuellen Sauberkeit um jeden Preis« (II, 2281).

Die Schraube der unendlichen Reflexion, die Nietzsches Willen zum Verstehen und seine Interpretation der Interpretationen kennzeichnet, findet hier keineswegs ihr Ende. Aber die angeführten Beispiele haben vielleicht schon zur Genüge gezeigt, daß Nietzsche, wenn er auch von den Theoretikern der neuen Hermeneutik bei der Theoriebildung ihrer Disziplin nicht genügend berücksichtigt wurde, durch diese breit rezipierten Gedanken eine der lebendigsten Gestalten in der Literatur des zwanzigsten Jahrhunderts geworden ist.

Wilhelm Emrich

Freiheit und Nihilismus in der Literatur des frühen 20. Jahrhunderts

Freiheit und Nihilismus – diese Wortverbindung hätte vermutlich bei klassischen Autoren, etwa bei Immanuel Kant, einen heftigen Schock oder auch Empörung oder Verachtung angesichts einer grenzenlosen Geistesverwirrung ausgelöst. Denn Freiheit ist für Kant nichts geringeres als »die Bedingung des moralischen Gesetzes«[1], da »das moralische Gesetz nichts anderes ausdrückt als die Autonomie der reinen praktischen Vernunft, d.i. der Freiheit, und diese ist selbst die formale Bedingung aller Maximen, unter der sie allein mit dem obersten praktischen Gesetze zusammenstimmen können«.[2] Und wenn er in seiner *Kritik der praktischen Vernunft* in den berühmten emphatischen Ausruf ausbricht: »Pflicht! du erhabener, großer Name« und hierbei die Frage stellt: »welches ist der deiner würdige Ursprung, und wo findet man die Wurzel deiner edlen Abkunft?« so antwortet er mit der ebenso emphatischen Feststellung: »Es ist nichts anderes als die Persönlichkeit, d.i. die Freiheit und Unabhängigkeit von dem Mechanism der ganzen Natur«.[3]

Pflicht und Freiheit werden hier zu absolut identischen Phänomenen. Der Begriff der Pflicht ist bei Kant alles andere als der Ausdruck eines preußischen Obrigkeitsdenkens oder Untertanengeistes. Pflicht und Pflichtbewußtsein werden nicht von außen dirigiert, sondern entspringen der freien sittlichen Selbstbestimmung und Selbstgesetzgebung des einzelnen Menschen und entsprechen damit allerdings einer edelsten preußischen Tradition, wie sie etwa Heinrich von Kleist in seiner Gestaltung des Großen Kurfürsten im Schauspiel *Prinz Friedrich von Homburg* dargestellt hat, der sofort sein Todesurteil gegen den anscheinend pflichtvergessenen Prinzen aufhebt, als er hört, der Prinz selbst halte dieses Urteil für ungerecht: »Wenn er den Spruch für ungerecht kann halten / Cassir' ich die Artikel: er ist frei!« (IV, 1).

---

[1] Immanuel Kant, Kritik der praktischen Vernunft, in: I. Kants Werke, hg. von Ernst Cassirer, Bd. V, Berlin: Bruno Cassirer 1914, S. 4.
[2] ebd. S. 38
[3] ebd. S. 95

Der freie Wille des Menschen ist die bestimmende Kraft alles sittlichen Handelns, und zwar darum, weil er sich per definitionem über den »Mechanism der ganzen Natur« erhebt, d.h. aber auch und gerade sich gegen die sogenannten natürlichen Interessen des jeweils sittlich Handelnden richtet und richten muß, wenn durch sie das Gute bedroht wird.

Daher kann nach Kant sogar »das höchste Gut«, das summum bonum, die göttliche Einheit von Tugend und Glückseligkeit, vom Menschen hervorgebracht werden kraft der Freiheit seines Willens: »Es ist a priori (moralisch) notwendig, das höchste Gut durch Freiheit des Willens hervorzubringen... In dem höchsten für uns praktischen, d.i. durch unseren Willen wirklich zu machenden, Gute werden Tugend und Glückseligkeit als notwendig verbunden gedacht«.[4]

Und nun halte man dagegen folgende Formulierung, die sich in Thomas Manns Novelle *Mario und der Zauberer* aus dem Jahre 1930 findet. Da gelingt es dem Cavaliere Cipolla, Illusionist, Zauberkünstler und Anhänger Mussolinis, seine gesamte Zuschauerschaft, darunter auch und gerade geistig hochstehende, sogenannte gebildete Persönlichkeiten, durch Suggestion und Hypnose unter seinen Willen zu zwingen, sie wie Marionetten tanzen zu lassen, sie zu den entwürdigendsten Handlungen zu nötigen, und zwar mit einer Begründung, die genau das, was wir soeben von Immanuel Kant vernommen haben, widerruft, bzw. auf den Kopf zu stellen scheint: Als zu Beginn der Vorstellung Cipolla bei einem Kartenspiel die Zuschauer dermaßen suggestiv beeinflußt, daß sie genau immer die von ihm gewünschten Karten ziehen, und sich »ein junger Herr in vorderster Reihe... mit stolz geschnittenem Gesicht... meldete und erklärte, er sei entschlossen, nach klarem Eigenwillen zu wählen und sich jeder wie immer gearteten Beeinflussung bewußt entgegenzustemmen«, da »antwortete der Cavaliere: ›Sie werden mir damit meine Aufgabe etwas erschweren. An dem Ergebnis wird Ihr Widerstand nichts ändern. Die Freiheit existiert, und auch der Wille existiert; aber die Willensfreiheit existiert nicht, denn ein Wille, der sich auf seine Freiheit richtet, stößt ins Leere. Sie sind frei, zu ziehen oder nicht zu ziehen. Ziehen Sie aber, so werden Sie richtig ziehen (d.h. nach den Wünschen Cipollas, W. E.), – desto sicherer, je eigensinniger Sie zu handeln versuchen«.[5] Tatsächlich zieht dann der selbstbewußte, »nach klarem Eigenwillen« handelnde junge Mann genau die Karten, die Cipolla ihm

---

[4] ebd. S. 123
[5] Thomas Mann, Gesammelte Werke, Bd. IX: Erzählungen, Berlin: Aufbau-Verlag 1955, S. 742

suggerierte. »Der Freiheitskämpfer setzte sich zornig, unter dem Beifall des Saales«.[6] Und das wiederholt sich im Laufe der Vorführung ohne jede Einschränkung, so, als »ein hoch und breit gebauter Herr militärischen Ansehens den Arm nicht mehr heben konnte, nur weil der Bucklige (Cipolla, W. E.) ihm ankündigte, er werde es nicht mehr tun können, und einmal seine Reitpeitsche dazu durch die Luft pfeifen ließ. Ich sehe noch immer das Gesicht dieses schnurrbärtig stattlichen Colonnello vor mir, dies lächelnde Zähnezusammenbeißen im Ringen nach einer eingebüßten Verfügungsfreiheit. Was für ein konfuser Vorgang! Er schien zu wollen und nicht zu können; aber er konnte wohl nur nicht wollen, und es waltete da jene die Freiheit lähmende Verstrickung des Willens in sich selbst, die unser Bändiger vorhin schon dem römischen Herrn höhnisch vorausgesagt hatte«.[7]
Der Wille wird hier als in sich selbst verstrickt und damit auch seine Freiheit lähmend beschrieben. Er richtet sich auf pure Negation, nämlich darauf, nicht zu wollen, oder wie man heute so ahnungslos beschönigend sagt, »Widerstand zu leisten«, »Nonkonformist« zu sein, auszusteigen, auszuflippen, zu protestieren oder wie diese tapferen Termini sonst noch alle lauten mögen. Der Wille wird dadurch definiert, daß er nichts Bestimmtes mehr will, d.h. aber überhaupt nicht mehr will, sich selbst also aufhebt. Und zwar immer im Namen der Freiheit. Wie hatte Cipolla es formuliert? »Ein Wille, der sich auf seine Freiheit richtet, stößt ins Leere«. Eine positive Ziel- und Wertsetzung, die – wie bei Kant – aus der Freiheit des Willens die moralische Gesetzgebung, das summum bonum, das höchste Gut, hervorgehen läßt, ist nirgends in Sicht.
Damit aber verfällt der sogenannte freie Wille des Einzelnen automatisch und zwangsläufig der suggestiven Willenskraft der die ihn umgebende Wirklichkeit regelnden und regierenden Menschen sowie der Machtmittel, über die sie verfügen. Der Mensch ist nicht mehr Herr über sich selbst, er steht nicht mehr frei über dem »Mechanism der ganzen Natur« wie bei Kant, sondern umgekehrt, er verfällt völlig der Gewalt dieser Natur, nämlich den Triebmächten der unterbewußt in ihm hausenden und ihn dirigierenden psychophysischen Emotionen. Mit Hilfe von Hypnose und Reitpeitsche gelingt es Cipolla, sein Publikum in ein ekstatisches Rasen und Tanzen zu versetzen. Als der Herr aus Rom sich wieder meldet und nun äußersten Widerstand leisten will, denn »dieser Brave wollte die Ehre des Menschengeschlechtes heraushauen«[8], versagt er prompt wieder: »Verstand

---

[6] ebd. S. 743
[7] ebd. S. 751f
[8] ebd. S. 755

ich den Vorgang recht, so unterlag dieser Herr der Negativität seiner Kampfposition. Wahrscheinlich kann man von Nichtwollen seelisch nicht leben; eine Sache nicht wollen und überhaupt nicht mehr wollen, also das Geforderte dennoch tun« – denn die völlige Abwesenheit des Willens muß zwangsläufig in sklavische Unterwerfung unter den Willen des Anderen umschlagen – »das liegt vielleicht zu benachbart, als daß nicht die Freiheitsidee dazwischen ins Gedränge geraten müßte, und in dieser Richtung bewegten sich denn auch die Zureden, die der Cavaliere zwischen Peitschenhiebe und Befehle einflocht, indem er Einwirkungen, die sein Geheimnis waren, mit verwirrend psychologischen mischte. ›Balla!‹ sagte er. ›Wer wird sich so quälen? Nennst du es Freiheit – diese Vergewaltigung deiner selbst? Una ballatina! Es reißt dir ja an allen Gliedern. Wie gut wird es sein, ihnen endlich den Willen zu lassen! Da, du tanzest ja schon! Das ist kein Kampf mehr, das ist bereits das Vergnügen!‹... Man sah nun das Gesicht des Unterworfenen... Er lächelte breit, mit halb geschlossenen Augen, während er sich ›vergnügte‹. Es war eine Art von Trost, zu sehen, daß ihm offenbar wohler war jetzt als zur Zeit seines Stolzes...«[9]

Die totale Preisgabe eigener sittlicher Handlungsfähigkeit ist verbunden mit vitalem Wohlbefinden. Mit Genuß fühlt sich der Mensch aller Bande und Verantwortlichkeiten ledig, stürzt sich ins rauschhafte Leben. Die Novelle schildert die historische und zugleich psychologische Schwelle, auf der die europäische Geistigkeit zum Faschismus hinüberwechselte, auf den permanent angespielt wird, so wenn das im Unterbewußten erotische Wechselverhältnis zwischen »Volk und Führer« beschworen wird im plötzlichen Rollentausch zwischen Cipolla und seinem Publikum: »Die Rollen schienen vertauscht, der Strom ging in umgekehrter Richtung... Der leidende, empfangende, der ausführende Teil, dessen Wille ausgeschaltet war, und der einen stummen in der Luft liegenden Gemeinschaftswillen vollführte, war nun er, der solange gewollt und befohlen hatte; aber er betonte, daß es auf eins hinauslaufe. Die Fähigkeit, sagte er, sich seiner selbst zu entäußern, zum Werkzeug zu werden, im unbedingtesten und vollkommensten Sinne zu gehorchen, sei nur die Kehrseite jener anderen, zu wollen und zu befehlen; es sei ein und dieselbe Fähigkeit; Befehlen und Gehorchen, sie bildeten zusammen nur ein Prinzip, eine unauflösliche Einheit; wer zu gehorchen wisse, der wisse auch zu befehlen, und ebenso umgekehrt; der eine Gedanke sei in dem anderen einbegriffen, wie Volk und Führer ineinander einbe-

---

[9] ebd. S. 756

griffen seien… Er tappte seherisch umher, geleitet und getragen vom öffentlichen, geheimen Willen«.[10]
Deutlicher kann man das Wechselspiel zwischen ekstatischer Massenberauschung und unumschränkter Führerherrschaft im Faschismus nicht beschreiben, bis hin zur fürchterlichen Tatsache, daß diejenigen, die schrankenlos dem Führer gehorcht haben, auch schrankenlos zu befehlen und zu morden verstanden in Form eines möglicherweise ihnen selber unbewußten hypnotischen Deliriums, das trotz allem glasklaren Wachbewußtsein, mit dem sie ihre Taten und Untaten begingen, ihre Vorstellungswelt bestimmte und – wie es in der Novelle heißt – trübte, ihr sittliches Verantwortungsbewußtsein außer Kraft setzte. Die Novelle wurde daher in der Forschung mit Recht als eine erstaunlich frühe, hellsichtige Vorausschau dessen gewertet, was dann tatsächlich nach 1933 in Deutschland geschah.
Dennoch scheint mir ihre Bedeutung über das Phänomen des Faschismus im engeren Sinne hinauszuweisen auf eine Problematik, die noch heute so aktuell ist wie 1930 (als die Novelle erschien), und zwar darum, weil der Faschismus selbst in dieser Novelle begründet und erklärt wird aus einem Geisteszustand, genauer einem Zustand des Ungeistes, der für unser gesamtes Jahrhundert charakteristisch ist, ganz gleich, welcher politischen Ideologie die jeweiligen Vertreter dieses Ungeistes huldigen, einem Zustand, den Friedrich Nietzsche in seiner Analyse des »europäischen Nihilismus« folgendermaßen bestimmte: »Was bedeutet Nihilismus? – Daß die obersten Werte« (also das summum bonum, der Glaube an Gott, an die Unsterblichkeit, an die ethischen Prinzipien) »sich entwerten. Es fehlt das Ziel; es fehlt die Antwort auf das ›Warum‹«.[11] »Arten der Selbstbetäubung. – Im Innersten: nicht wissen, wo hinaus? Leere. Versuch, mit Rausch darüber hinwegzukommen… Versuch, besinnungslos zu arbeiten«.[12]
Die Rat- und Ziellosigkeit des Geistes, die hier beschrieben wird, ergreift auch auf merkwürdige und erschreckende Weise den Ich-Erzähler der Thomas Mannschen Novelle. Trotz seiner ständigen kritischen Kommentare gegenüber dem Zauberkünstler Cipolla und dessen ihm verfallenden Publikum fragt er sich verblüfft: »Unterlagen wir (er und seine Frau, W. E.) einer Faszination, die von diesem auf so sonderbare Weise sein Brot verdienenden Manne auch neben dem Programm, auch zwischen den Kunststük-

---

[10] ebd. S. 744f
[11] Friedrich Nietzsche, Der Wille zur Macht. Versuch einer Umwertung aller Werte, in: Friedrich Nietzsche Werke, Auswahl in zwei Bänden, mit einer Einleitung von Gerhard Lehmann, Bd. 2, Stuttgart: Alfred Kröner Verlag 1938 S. 318
[12] ebd. S. 325

ken ausging und unsere Entschlüsse lähmte?«[13] Diese Faszination verhinderte es, daß er, was er eigentlich wollte, rechtzeitig mit seinen kleinen übermüdeten Kindern die Schaustellung verließ. Er kann sich das »nur mit einer gewissen Ansteckung durch die allgemeine Fahrlässigkeit erklären, von der zu dieser Nachtstunde auch wir ergriffen waren. Es war nun schon alles einerlei«.[14]
Damit wird auch der höchst problematische Schluß der Novelle, das Ja zur Ermordung Cipollas, verständlich. Als der in seinen Liebesgefühlen von Cipolla geschändete junge Mario den faschistischen Zauberkünstler erschießt, fragen die Kinder: »War das auch das Ende?«. »›Ja, das war das Ende‹, bestätigten wir ihnen. Ein Ende mit Schrecken, ein höchst fatales Ende. Und ein befreiendes Ende dennoch, – ich konnte und kann nicht umhin, es so zu empfinden!«[15]
Es steht zu vermuten, daß die meisten heutigen Leser ebenso empfinden werden wie der Ich-Erzähler. Gerade darum aber ist um so rigoroser zu fragen, was sich in einer solchen überaus weit verbreiteten Empfindung eigentlich ausdrückt. Der Mord als »befreiendes Ende«? Werden dadurch nicht in Wahrheit Barbarei und Unfreiheit perpetuiert? Kann und darf dem Sturz in die blinden Emotionen nur der ebenso blinde Sprung in den Mord folgen? Wer solche Fragen stellt, pflegt mit dem Vorwurf der Weltfremdheit oder Feigheit belegt zu werden. Auf die Ausübung von Macht könne und dürfe nur ebenso rigorose Ausübung von Gegenmacht antworten. Es kann keinem Zweifel unterliegen, daß eine solche realistische Haltung, die zudem moralisch gerechtfertigt erscheint durch den entrüsteten Hinweis auf die unmenschlichen Praktiken des Gegners jede positive ethische Zielsetzung preisgegeben hat, das Gute, das summum bonum, das höchste Gut, nicht mehr zu definieren und damit auch nicht mehr zu erstreben vermag. Was der Ich-Erzähler dem Zauberkünstler Cipolla in den Mund legt, trifft auch auf ihn selbst zu: Die Willensfreiheit ist ziellos, richtungslos geworden, stößt ins »Leere«.
Es sei dies kurz an einigen Beispielen aus der Literatur unseres Jahrhunderts demonstriert:
Bereits in Thomas Manns Frühroman *Buddenbrooks* aus dem Jahr 1901 besteht die wahre Freiheit in der Selbstauflösung des Menschen, im Tod. »Was war der Tod?« so reflektiert Thomas Buddenbrook während seiner berühmten Schopenhauer-Lektüre, die man mit Recht das zentrale geistige

---

[13] a. a. O. (s. Anm. 5) S. 748
[14] ebd. S 757
[15] ebd. S. 765

Kapitel des Romans genannt hat. »Was war der Tod?... Der Tod war ein Glück, so tief, daß es nur in begnadeten Augenblicken wie dieser, ganz zu ermessen war. Er war... die Befreiung von den widrigsten Banden und Schranken... War nicht jeder Mensch ein Mißgriff und Fehltritt? Geriet er nicht in eine peinvolle Haft, sowie er geboren ward? Gefängnis! Gefängnis! Schranken und Bande überall! Durch die Gitterfenster seiner Individualität starrt der Mensch hoffnungslos auf die Ringmauern der äußeren Umstände, bis der Tod kommt und ihn zur Heimkehr und Freiheit ruft...«[16] Thomas Buddenbrook vergißt zwar bald wieder das, was er bei Schopenhauer gelesen hat und reflektierte. Aber er überwindet keineswegs sein Todesverlangen, sondern verfällt nur einem sinnlosen, ihn zermürbenden Alltagsleben, obgleich oder gerade weil er sich an ein längst leer und hohl gewordenes bürgerliches Ethos der Pflichterfüllung klammert.

Im Roman *Der Zauberberg* aus dem Jahr 1924 wird die Problematik der Todessehnsucht verstärkt wieder aufgenommen und gleichfalls mit dem Ethos der Pflicht, der sogenannten Forderung des Tages konfrontiert, so etwa in der Figur von Hans Castorps Vetter Joachim Ziemßen oder des Humanisten Settembrini, der »immer nur auf dem Vernunfthörnchen bläst« und sich einbildet, »sogar die Tollen ernüchtern zu können.«[17] Obgleich Hans Castorp im Schneekapitel seiner Faszination durch den Tod eine Absage erteilt, verharrt die Problematik bis zum Schluß in der bekannten ironischen Schwebehaltung Thomas Manns, so wenn Hans Castorp trotz seiner sittlichen Bedenken immer noch auf dem Schlachtfeld das todessüchtige Zauberlied singt, das er doch eigentlich längst hätte überwinden sollen.[18]

Mit anderen Worten: Thomas Manns Freiheitsbegriff richtet sich primär auf eine absolute Loslösung von allen irdischen Bedingungen, deren Folge tödlich wäre, würde sie nicht ausgeglichen durch ein mehr oder weniger resignierendes Sicheinfügen in die schlichten und notwendigen Forderungen des Tages. Beide Positionen, die der Freiheit und die der bürgerlichen Pflichten, die bei Kant noch identisch waren, sind bei Thomas Mann auseinander getreten und zugleich höchst fragwürdig geworden, so daß sie in einem endlosen ironischen Wechselspiel ständig gegeneinander ausgespielt werden, ohne daß sie jedoch jemals ganz ernst genommen werden dürfen.

---

[16] Thomas Mann, Gesammelte Werke, Bd. I: Buddenbrooks. Verfall einer Familie, Berlin: Aufbau-Verlag 1955, S. 676f.
[17] Thomas Mann, Gesammelte Werke, Bd. II: Der Zauberberg, Berlin: Aufbau-Verlag 1955, S. 700
[18] ebd. S. 1013 u. 926

Denn das würde zur Selbstvernichtung oder zum Spießertum führen, wie die Antinomie zwischen Künstler und Bürger bereits beim jungen Thomas Mann eindeutig zeigt. Beim späten Thomas Mann, so im Faustusroman und im Roman *Der Erwählte*, wird die Problematik in eine undurchschaubare Mystik des Ästhetischen projiziert, so wenn Adrian Leverkühn im Faustusroman über die geheime Identität von absoluter Freiheit und absoluter Determination im »magischen Quadrat« und im sogenannten »strengen Satz« seiner Zwölftonmusik reflektiert oder wenn im Roman *Der Erwählte* die Schuld des ästhetischen Menschen in der undurchdringlichen Einheit von absoluter Freiheit und absoluter Prädestination gesehen wird.

Betrachten wir einen so ganz andersartigen Autor wie Franz Kafka. Zu Beginn seines großen Romanfragments *Das Schloß* aus dem Jahr 1922 sagt der Landvermesser K.: »Auch fürchte ich, daß mir das Leben oben im Schlosse nicht zusagen würde. Ich will immer frei sein«.[19] Als er später in dem ihm verbotenen Hinterhof des Herrenhofes hartnäckig, aber vergeblich auf den Beamten Klamm wartet, der nicht kommt, weil er K.s Anblick nicht ertragen kann, »da schien es K., als habe man nun alle Verbindung mit ihm abgebrochen und als sei er nun freilich freier als jemals und könne hier auf dem ihm sonst verbotenen Ort warten, solange er wolle, und habe sich diese Freiheit erkämpft, wie kaum ein anderer es könnte, und niemand dürfe ihn anrühren oder vertreiben, ja, kaum ansprechen; aber – diese Überzeugung war zumindest ebenso stark – als gäbe es gleichzeitig nichts Sinnloseres, nichts Verzweifelteres als diese Freiheit, dieses Warten, diese Unverletzlichkeit«.[20]

Freiheit besteht hier in der totalen Abwesenheit jedes menschlichen Kontaktes. Sie ist identisch mit dem Nihil.

Das hängt damit zusammen – so paradox das auch zunächst klingen mag – daß Freiheit im 20. Jahrhundert ständig als eine existenziell zu erstrebende Realität angesehen wird, so wie es soeben der Landvermesser K. formulierte: »Ich will immer frei sein«, um dann mit Schrecken erleben zu müssen, daß die schließlich erreichte Freiheit den höchsten Grad der Sinnlosigkeit, das absolute Nichts repräsentiert.

Für Immanuel Kant dagegen ist Freiheit das schlechthin Irreale, nirgends in der Erscheinungswelt Nachweisbare. Der Begriff der Freiheit, so schreibt Kant, ist »eine bloße Idee, deren objektive Realität auf keine Weise nach Naturgesetzen, mithin auch nicht in irgendeiner möglichen Erfahrung dar-

---

[19] Franz Kafka: Das Schloß, Frankfurt a. M.: S. Fischer 1951, S. 15
[20] ebd. S. 145

getan werden kann, die… niemals begriffen oder auch nur eingesehen werden kann«.[21] Sie ist jedoch ein unabdingbares Postulat der praktischen Vernunft, ohne das kein sittliches Handeln möglich ist. Das Ziel des menschlichen Denkens, Wollens und Handelns kann für Kant daher niemals die Freiheit sein, die es nirgends gibt und nirgends geben kann. Das Ziel ist für Kant die gute Tat. Die Voraussetzung dieser guten Tat ist Freiheit. Ohne sie kann es keine guten Taten geben. Aber diese Voraussetzung ist eine reine, intelligible Idee, nirgends in concreto in einer möglichen Erfahrung anzutreffen. Und sie darf auch nichts anderes sein als Idee. Wird sie selbst zum Ziel des Handelns, landet der Mensch unweigerlich im Leeren, im Nichts, in der Auflösung der menschlichen Existenz, wie es Cipolla und Thomas Buddenbrook bei Thomas Mann und der Landvermesser K. bei Franz Kafka völlig zutreffend formulierten. Freiheit als reale Existenz ist zugleich die Vernichtung dieser Existenz, dies sollten gerade diejenigen modernen Kulturkritiker, die mit Recht über die Verdinglichung des Geistes in der modernen Konsumgesellschaft und Kulturindustrie klagen, in ihr Bewußtsein aufnehmen, wenn sie permanent nach Verwirklichungsmöglichkeiten menschlicher Freiheit rufen. Das besagt keineswegs, daß wir nicht dazu verpflichtet wären, der Menschheit möglichst große Freiheitsräume zu schaffen. Kant selbst hat unermüdlich für solche Freiheitsräume sich eingesetzt, das Ziel der Menschheitsgeschichte darin gesehen, die Möglichkeiten freien Denkens und Handelns so zu erweitern, daß jeder Mensch zum selbständigen, mündigen Wesen sich entwickeln kann. Aber er wußte auch, daß ein verdinglichter Freiheitsbegriff unweigerlich in die Barbarei, das Verbrechen, den Mord einmünden muß.

Welche grotesken Züge der moderne existenzialistische Freiheitsbegriff tatsächlich annehmen kann, mögen folgende Beispiele veranschaulichen:

In Franz Kafkas Erzählung *Ein Bericht für eine Akademie* sagt der zum Menschen gewordene Affe Rotpeter: »Mit Freiheit betrügt man sich unter Menschen allzu oft. Und so wie die Freiheit zu den erhabensten Gefühlen zählt, so auch die entsprechende Täuschung zu den erhabensten«.[22] Als Affe habe er das »große Gefühl der Freiheit nach allen Seiten« gekannt, »und ich habe Menschen kennen gelernt, die sich danach sehnen«.[23] »Oft habe ich in den Varietés vor meinem Auftreten irgendein Künstlerpaar oben an der Decke an Trapezen hantieren sehen. Sie schwangen sich, sie schau-

---

[21] Immanuel Kant, Grundlegung zur Metaphysik der Sitten, in: Immanuel Kants Werke, hg. von Ernst Cassirer, Bd. IV, Berlin: Bruno Cassirer 1913, S. 319
[22] Franz Kafka, Erzählungen, Frankfurt a. M.: S. Fischer 1946, S. 188
[23] ebd. S. 188

kelten, sie sprangen, sie schwebten einander in die Arme, einer trug den anderen an den Haaren mit dem Gebiß. ›Auch das ist Menschenfreiheit‹, dachte ich, ›selbstherrliche Bewegung‹. Du Verspottung der heiligen Natur! Kein Bau würde standhalten vor dem Gelächter des Affentums bei diesem Anblick«.[24]

Freiheit ist hier eindeutig ein existenzielles, bis tief ins Körperliche hineinreichendes Phänomen. Tiere und Kinder und Narren leben nach Kafka noch im Gefühl einer grandiosen Freiheit nach allen Seiten, da ihre Vorstellungs- und Gefühlswelt noch nicht durch das Bewußtsein eingeengt, vergegenständlicht, gebrochen ist. Welt und Wirklichkeit sind für sie noch unendlich, weil noch keine Zeit und kein Raum gemessen wird und auch der Tod für sie noch nicht existiert. Rotpeter drückt dies in dem Bilde aus, daß durch seine Menschwerdung, durch »dieses Eindringen der Wissensstrahlen von allen Seiten ins erwachende Gehirn«[25] »das ganze Tor, das der Himmel über der Erde bildet... immer niedriger und enger« wurde.[26]

Der Begriff der Gedankenfreiheit wird hier absurd. Denn das Denken selbst tötet die Freiheit.

Kafka hat diesen Sachverhalt extrem ausreflektiert in seiner fragmentarischen Spätererzählung *Forschungen eines Hundes* aus den Jahren 1919 bis 1924.

Der Hund dieser Erzählung repräsentiert nicht wie der ursprüngliche Affe Rotpeter eine vorrationale tierische oder kindliche Existenz, sondern »Hund« ist bei Kafka stets eine Metapher für die hündische, gleichsam versklavte menschliche Existenzweise, so wie Josef K. im Roman *Der Prozeß* am Schluß »wie ein Hund« zugrundegeht.[27]. Der Hund der Erzählung »Forschung eines Hundes« will aus seiner versklavten in eine neue, freie Existenz, jedoch nicht durch Regression zurück in die Kindheit, sondern im Gegenteil durch äußerste Progression, durch höchste Steigerung des Bewußtseins, so wenn er am Schluß seiner Forschungen ausruft, er habe »gerade um der Wissenschaft willen... die Freiheit höher« geschätzt »als alles andere«. Allerdings habe es sich hierbei um »eine andere Wissenschaft« gehandelt, »als sie heute geübt wird, eine allerletzte Wissenschaft«.[28] Was ist das für eine »allerletzte Wissenschaft«, die den hündisch

---

[24] ebd. S. 188f.
[25] ebd. S. 195
[26] ebd. S. 184
[27] Franz Kafka, Der Prozeß, Frankfurt a. M.: S. Fischer 1953, S. 272
[28] Franz Kafka, Forschungen eines Hundes, in: Beschreibung eines Kampfes, Novellen, Skizzen, Aphorismen aus dem Nachlaß, Frankfurt a. M.: S. Fischer 1954, S. 290

versklavten Menschen in »Freiheit« versetzen soll? Wie schon ihr Name sagt, stößt diese Wissenschaft an die Grenzen menschlich-hündischen Seins und Denkens und versucht sie zu sprengen oder zu überschreiten. Der experimentierende Hund gibt ihr in seinen Forschungen die verschiedenartigsten Formen und Bedeutungen, so wenn er etwa versucht, in den innersten, schweigenden Kern der Hundeschaft einzudringen, um ihn zu öffen und endlich zum Sprechen zu bringen. Er scheitert an der furchtbaren Tatsache, daß dieser innerste Kern niemals zum Sprechen zu bringen ist: »Nun könnte man sagen: ›Du beschwerst dich über deine Mithunde, über ihre Schweigsamkeit hinsichtlich der entscheidenden Dinge, du behauptest, sie wüßten mehr, als sie eingestehen, mehr, als sie im Leben gelten lassen wollen, und dieses Verschweigen, dessen Grund und Geheimnis sie natürlich auch noch mitverschweigen, vergifte das Leben, mache es dir unerträglich, du müßtest es ändern oder es verlassen, mag sein, aber du bist doch selbst ein Hund, hast auch das Hundewissen, nun sprich es aus, nicht nur in Form der Frage, sondern als Antwort. Wenn du es aussprichst, wer wird dir widerstehen? Der große Chor der Hundeschaft wird einfallen, als hätte er darauf gewartet. Dann hast du Wahrheit, Klarheit, Eingeständnis, soviel du nur willst. Das Dach dieses niedrigen Lebens, dem du so Schlimmes nachsagst, wird sich öffnen und wir werden alle, Hund bei Hund, aufsteigen in die hohe Freiheit«.[29]

Der innerste Kern der hündisch-menschlichen Existenz läßt sich jedoch nicht in Worte fassen. Daran scheitert der Hund. Es bliebe also nichts anderes übrig, als diesen innersten Kern selbst zu vernichten oder genauer: aufzubrechen durch eine totale Verwandlung und Neugeburt der gesamten menschlichen Existenz.

Auch dies versucht der Hund, indem er sich wie ein Eremit der extremsten Einsamkeit und Verlassenheit aussetzt, asketisch hungert und fast zugrundegeht: »Hatte ich nicht diese Verlassenheit gewollt? Wohl, ihr Hunde, aber nicht um hier so zu enden, sondern um zur Wahrheit hinüber zu kommen, aus dieser Welt der Lüge, wo sich niemand findet, von dem man Wahrheit erfahren kann, auch von mir nicht, eingeborenem Bürger der Lüge«.[30] Und dann folgt eine – wenn auch nur vorübergehend ekstatische – Wiedergeburtsszene durch einen »fremden« Jägerhund, der nach ihm zielt, ihn »wegtreibt« und in einen Gesang ausbricht, der »keine Grenzen« kennt, vor dessen »Erhabenheit der Wald verstummte«[31] und durch den der for-

---

[29] ebd. S. 256
[30] ebd. S. 284
[31] ebd. S. 287

schende Hund in ein »neues Leben« versetzt wird, »Leben, wie es der Schrecken gibt«.[32] »Schlotternd erhob ich mich, sah an mir hinab; so etwas wird doch nicht laufen, dachte ich noch, aber schon flog ich, von der Melodie gejagt, in den herrlichsten Sprüngen dahin«.[33] Aber dieser Durchbruch zu einem neuen, freien Leben bleibt nur flüchtige Ekstase oder – wie die Existenzphilosophie zu sagen pflegte – ein »Grenzerlebnis« ohne allgemeine Verbindlichkeit: »Meinen Freunden erzählte ich nichts, gleich bei meiner Ankunft hätte ich wahrscheinlich alles erzählt, aber da war ich zu schwach, später schien es mir wieder nicht mitteilbar. Andeutungen, die zu unterdrücken ich mich nicht bezwingen konnte, verloren sich spurlos in den Gesprächen. Körperlich erholte ich mich übrigens in wenigen Stunden, geistig trage ich noch heute die Folgen«.[34]

Das ist die Resignation eines Zeitalters, für das religiöse Erfahrungen keine Verbindlichkeit mehr besitzen. Entsprechend resignativ zweideutig endet das Erzählfragment mit den Worten: »Die Freiheit! Freilich, die Freiheit, wie sie heute möglich ist, ist ein kümmerliches Gewächs. Aber immerhin Freiheit, immerhin ein Besitz«.[35]

Die Paradoxie des Freiheitsbegriffs Franz Kafkas besteht darin, daß die von ihm intendierte Freiheit eine Verwandlung der gesamten Menschennatur voraussetzt, eine Verwandlung jedoch, die aus konkreten geschichtlichen Gründen heute nicht mehr möglich zu sein scheint. Es bleibt bei jenem verzweifelten Ausruf Kafkas: »Sein eigener Stirnknochen verlegt ihm den Weg, an seiner eigenen Stirn schlägt er sich die Stirn blutig«.[36] Kein Mensch kann heute mehr dem rational-vergegenständlichenden Denken entrinnen, auch keine religiös ekstatische Alternativgruppe. Freiheit wird zum »kümmerlichen Gewächs«, zum vermeintlichen »Besitz«, mit dem man ungeheuer prahlt in West und Ost und von dem sogar die Faschisten gesungen haben im Horst-Wessel-Lied mit der Behauptung, sie kämpften »für Freiheit und Brot«.

Es wird daraus deutlich, daß der Begriff der Freiheit in unserem Jahrhundert sich ausnahmslos von jeder Ideologie gebrauchen und mißbrauchen läßt. Er kann »Besitz« aller werden. In diesem Sinne ist er engstens mit dem Nihilismus, mit der Aufhebung aller verbindlichen Wertsetzungen verschwistert.

---

[32] ebd. S. 286 [33] ebd. S. 287 [34] ebd. S. 287f. [35] ebd. S. 290
[36] Franz Kafka, »Er«, Aufzeichnungen aus dem Jahre 1920, in: Beschreibung eines Kampfes, Novellen, Skizzen, Aphorismen aus dem Nachlaß, Frankfurt a. M.: S. Fischer 1954, S. 292

Jedoch gerade aus diesem negativen Tatbestand schöpfte ein anderer bedeutender Autor unseres Jahrhunderts seine große Hoffnung. Am Schluß seiner Romantrilogie *Die Schlafwandler* – erschienen 1931/1932 –, in der Hermann Broch in Form des Erzählens, aber auch in Gestalt geschichtsphilosophischer Traktate, die er in den Roman einfügte, den völligen »Zerfall der Werte« im modernen Europa schilderte, die Auflösung des absoluten christlichen Wertorganons, des »summum bonum«, in lauter isolierte Partialwerte, die sich jeweils selbst wieder absolut setzen – »Krieg ist Krieg, l'art pour l'art, in der Politik gibt es keine Bedenken, Geschäft ist Geschäft«[37] usw. – gelangte er zu einer höchst merkwürdigen positiven Kehrtwendung. Die Tatsache, daß in allen partialen Wertsystemen, auch in den unmenschlichsten und satanischsten, die »Freiheit« beschworen und intendiert werde, berechtige zur Hoffnung auf die Gewinnung eines »neuen Wertsystems«, das mit Notwendigkeit aus dem »Pathos des absoluten Nullpunktes«, gleichsam dem Exzeß des modernen Nihilismus durch Umschlag aus der äußersten Negation in die Position entspringen müsse.[38] »Denn in allem und jedem kommt es auf das Verhältnis zur Freiheit an, und selbst die kleinste und engste Theologie, deren Reichweite gerade noch auslangt, die schäbigsten Handlungen eines empirischen Ichs zu plausibilisieren, also selbst die Privattheologie eines Huguenau (des Helden des dritten Bandes der Romantrilogie: ›Huguenau oder die Sachlichkeit‹, eines Geschäftsmannes, der ausschließlich an seinen Profit denkt und auch rücksichtslos mordet, wenn es seinen Interessen dient, ohne dabei das geringste Schuldgefühl zu haben, W. E.) sie dient noch der Freiheit, selbst für sie ist die Freiheit das eigentliche, das eigentlich mystische Deduktionszentrum (und dies gilt für Huguenau zumindest seit jenem Tage, da er im Morgengrauen den Schützengraben verlassen und eine anscheinend irrationale, nichtsdestoweniger sehr rationale Handlung im Dienste der Freiheit begangen hatte...), ja fast ist es, als ob die Freiheit wie eine besondere und erhabene Kategorie über allem Rationalem und Irrationalem schwebe, wie ein Ziel und wie ein Ursprung, dem Absoluten gleichend, mit dem sie aufleuchtet und das sie dennoch überleuchtet, ein letztes und mildes Strahlen in den Feuerschluchten des aufgerissenen Himmels... die Idee der Freiheit ist es, in der die ewige Erneuerung des Humanen sich rechtfertigt, denn im Irdischen unerreichbar muß der Weg zu ihr stets von neuem beschritten

---

[37] Hermann Broch, Die Schlafwandler, in: Gesammelte Werke, Bd. I, Zürich: Rhein-Verlag, o. J. S. 475.
[38] ebd. S. 685.

werden. Oh, schmerzliche Pflicht zur Freiheit! schreckliche und ewig erneute Revolution der Erkenntnis«.[39] »Kein Wertsystem, das sich nicht der Freiheit unterwürfe, und sogar das kleinste noch, es fahndet nach der Freiheit, sogar der in irdischeste Einsamkeit und Autonomie verfallene Mensch, er, der nicht weiter als bis zur Freiheit des Mordes gelangt, zur Freiheit des Kerkers, bestenfalls zur Freiheit des Deserteurs, sogar er, der wertentblößte Mensch, auf dem der Zwang alles Irdischen lastet –, preisgegeben dem Atem des Ewigen, gibt es keinen, für den das Himmelszeichen der Freiheit nicht in der Nacht seiner Einsamkeit einmal aufgeglommen wäre: jeder muß seinen Traum erfüllen, böse und heilig zugleich, und er tut es, um der Freiheit teilhaftig zu werden in der Dunkelheit und Dumpfheit seines Lebens«.[40]

Wir vermögen heute, fünfzig Jahre nach dem Erscheinen dieser Romantrilogie, kaum mehr an Hermann Brochs Vision vom dialektischen Umschlag des extremsten Nihilismus in ein neues ethisches oder gar religiöses Wertorganon kraft der unausrottbaren Idee der Freiheit zu glauben, es sei denn, wir reduzierten diese emphatische Vision auf Brochs bescheidene, aber um so dringlichere Formulierung: »im Irdischen unerreichbar muß der Weg zu ihr (zur Freiheit, W. E.) stets von neuem beschritten werden. Oh, schmerzliche Pflicht zur Freiheit!«

Was besagt »Pflicht« zur Freiheit? Wir begannen unsere Analyse des modernen Freiheitsbegriffs mit den beklemmenden Ängsten, mit denen Thomas Mann die hohnvolle Demontage der geistigen Freiheit durch den Faschismus beobachtete und beschrieb. Wir beschließen sie mit Möglichkeiten, die sein brüderlicher Gegenspieler Heinrich Mann entwickelt hat. »Pflicht zur freien sittlichen Tat«, damit könnte man das Gesamtwerk Heinrich Manns, vor allem seit etwa 1910, überschreiben.

Es sei dies kurz demonstriert an dem Drame *Madame Legros*, das 1913 entstand und 1917 in München uraufgeführt wurde. Da fängt eine einfache Pariser Putzmacherin, Madame Legros, zufällig auf der Straße vor der Bastille im Jahre 1789 einen Zettel auf, den ein Strafgefangener aus seiner Zelle im Turm heruntergeworfen hat und in dem er um Hilfe bittet, da er seit 43 Jahren unschuldig eingekerkert und von den Richtern längst vergessen worden sei. Madame Legros fühlt sich aufgerufen zur Tat. Sie will dem Gefangenen helfen. Aber die gesamte Pariser Gesellschaft von den untersten bis zu den obersten Klassen versucht diese Hilfe zu verhindern, sei es wie in

---

[39] ebd. S. 681
[40] ebd. S. 681 f.

den unteren Schichten aus Motiven der Angst, der Sorge um das eigene Fortkommen, sei es wie in den oberen Schichten, indem man Madame Legros die eigenen gesellschaftlichen Motivationen unterstellt: Eitelkeit, Auffallenwollen, sich Interessantmachen, die Tugendhafte spielen, bestimmte handfeste Interessen durchsetzen usw. Man verleumdet sie, die Geliebte des Gefangenen zu sein. Man bezweifelt natürlich auch die Unschuld des Gefangenen selbst. Man versucht, Madame Legros zu kaufen, zu bestechen, mit ihrer Hilfe sogar Einfluß auf die Königin zu gewinnen, da die Zähigkeit, mit der sie dem Gefangenen zu helfen versucht und dafür die ganze Stadt schließlich in Bewegung setzt, riesiges Aufsehen erregt, so daß sie von der französischen Akademie wegen ihres mutigen Eintretens für die Gerechtigkeit den »Tugendpreis« erhält und vom Volk und ihren Nachbarn, die sie zuvor verhöhnt und für verrückt erklärt hatten, wie eine Heilige verehrt wird. Das gleiche Volk stürmt nun im Namen ihrer Heiligkeit die Bastille und schlägt dabei den einzigen Mann tot, der sie begriffen hat, den adeligen Chevalier, der zunächst ihre gute Tat für Schwindel und Maskerade gehalten hatte, sie dann auf die Probe stellte und erkannte, daß sie völlig uneigennützig, ohne jedes eigene Interesse handelte. Den Sinn des Dramas formuliert Madame Legros bereits im ersten Akt im Gespräch mit dem Chevalier: »Sie verdienen Mitleid, mein Herr. Es ist wohl sehr schwer, das Gute zu glauben und zu wollen, wenn man so klug ist wie Sie. Tun Sie es dennoch!«[41]

Kluge Einsicht in die Vergeblichkeit, vielleicht sogar in die Sinnlosigkeit einer sittlichen Tat enthebt nicht von der Pflicht, sie zu tun. Die gesamte menschliche Geschichte vollzieht sich in Untaten oder in Perversionen guter Taten. Jede Tat wird problematisiert, verdächtigt, böswillig motiviert oder auch tatsächlich in eine verbrecherische Tat verwandelt. Das hat Heinrich Mann unermüdlich in seinen Werken zu verdeutlichen versucht, am eindringlichsten z.B. in den beiden großen Romanen: *Die Jugend des Königs Henri IV* (1935) und *Die Vollendung des Königs Henri IV* (1938). Aber er hat ebenso eindringlich an der unabdingbaren »Pflicht« festgehalten, trotz allem das Gute zu tun, so wenn er seine Madame Legros sagen läßt: »Ihr lieben Kinder! Ich hätte euch die Tugend gelehrt? Das kann ich nicht. Ihr werdet sie vielleicht einmal erfahren wie ein schreckliches Geheimnis, das euch nicht mehr ruhen läßt. Und dann werdet ihr zweifeln lernen, ob es

---

[41] Heinrich Mann, Ausgewählte Werke in Einzelausgaben, Bd. X: Schauspiele, hg. im Auftrag der Deutschen Akademie der Künste zu Berlin von Alfred Kantorowicz, Berlin: Aufbau-Verlag 1956, S. 274

wirklich die Tugend ist. Aber ihr müßt an sie glauben, hört ihr? Wie könnte sonst der Unschuldige befreit werden.«[42]

Erst eine solche sittliche Haltung macht den Menschen wirklich »frei«, erhebt ihn – wie es Kant formulierte – über den »Mechanism der ganzen Natur«, mag er auch als Naturwesen ihm ständig verhaftet bleiben. In dieser Paradoxie besteht das unauflösliche, unergründliche »Geheimnis« der Tugend, das uns »nicht mehr ruhen lassen« darf, gerade weil es allem widerspricht, wozu uns die Natur, die Konvention, der praktische Verstand, aber auch unsere innersten Empfindungen nötigen, ja weil es sogar dem zuwiderläuft, was unsere extremen, absoluten Freiheitswünsche sich erträumen, einem Leben in völlig tabufreien Zonen, in denen wir uns vollkommen selbst verwirklichen können. Das Geheimnis der Tugend ist für Heinrich Mann darum ein »schreckliches« Geheimnis, weil es noch nicht einmal die Gewähr dafür gibt, »ob es wirklich die Tugend ist«, was ein Tugendhafter jeweils tut, weil die Zweifel, die Skepsis, unvermeidbar mit jeder sogenannten guten Tat verknüpft bleiben und weil auch äußerlich im Leben dessen, der die gute Tat tut, sich überhaupt nichts ändert. Am Schluß des Dramas nimmt die Putzmacherin Legros genau die gleiche alltägliche Arbeit wieder auf, mit der sie zu Beginn beschäftigt war. Nichts hat sich in ihrem gesellschaftlichen Leben verändert. Und doch ist alles grundsätzlich anders geworden. Heinrich Mann berichtet, daß eine Zuschauerin, die das Drama mehrere Male in München im Jahre 1917 gesehen hatte, äußerte: »Endlich kann man einander wieder in die Augen sehen«. Dieses Wort sei ihm »unvergessen« geblieben.[43]

Und in einem Brief an Lucia Dora Frost hat Heinrich Mann seinen »Glauben« folgendermaßen formuliert: »Wir wollen glauben: an die Zunahme der Menschlichkeit glauben, trotz unserem Wissen vom Menschen, an die Zukunft des Volkes, trotz seiner Vergangenheit. Wir wollen uns nicht über das Thierische weglügen; nur wollen wir auch mit den guten Stunden der Geschichte rechnen, in denen das Tier, von einem Funken des Geistes getroffen, wie in dunkler Ahnung vom Menschen, der es werden soll, den Kopf ein wenig höher vom Boden aufhebt. Ist das zuviel?«[44]

---

[42] ebd. S. 307f.
[43] Heinrich Mann, Ein Zeitalter wird besichtigt, rororo-Taschenbuch Nr. 1986, Reinbeck bei Hamburg: Rowohlt Taschenbuch-Verlag 1976, S. 163
[44] Heinrich Mann, Brief an Lucia Dora Frost in der Zeitschrift »Die Zukunft«, wieder abgedruckt in: David Roberts: Artistic Consciousness and Political Conscience. The Novels of Heinrich Mann 1900–1938, Australisch-Neuseeländische Studien zur deutschen Sprache und Literatur, Bd. 2, Frankfurt a. M. und Bern 1971, S. 57f.

Für Realisten ist es zuviel, für Utopisten zu wenig. Heinrich Mann war in stärkerem Grade Realist als Utopist. Er wußte: die guten Stunden der Geschichte sind äußerst selten, die bösen zahllos wie der Sand am Meer. Und doch gab und gibt es gute Stunden, z. B. der Ausgang des Dreyfus-Prozesses, der der unermüdlichen guten Tat eines Émile Zola zu verdanken war. Mit anderen Worten: ganz ohnmächtig ist der Geist nicht gegenüber den politischen und wirtschaftlichen Mächten. Oder wie es Heinrich Mann in seinem Essay »Geist und Tat« (1910) formulierte: »Das Mißtrauen gegen den Geist ist Mißtrauen gegen den Menschen selbst, ist Mangel an Selbstvertrauen«.[45] Denn der Geist »haßt alles Herkömmliche, unbewußt Gewordene, das sich dem Gedanken, der Kritik entziehen möchte. Er fragt nicht nach dem Willen der Natur und ihrer Tochter, der Überlieferung; er nimmt nicht ihre Befehle hin; er fordert selbst, kraft der Gesetze, die in ihm sind: kraft der Gerechtigkeit und Wahrheit«.[46]

Allen Verwirrungen, die der Freiheitsbegriff in der modernen Welt durch seine naive realistische Absolutsetzung und damit nihilistische Wendung ausgelöst hat, kann sinnvoll nur entgegengewirkt werden durch eine Besinnung auf den einzigen Rechtsgrund, der den Begriff der menschlichen Willensfreiheit legitimiert, auf das Postulat des moralischen Gesetzes in uns selbst, in der Autonomie unserer Person.

---

[45] Heinrich Mann, Ausgewählte Werke in Einzelausgaben, Bd. XI: Essays, erster Band, hg. im Auftrag der Deutschen Akademie der Künste zu Berlin von Alfred Kantorowicz, Berlin: Aufbau-Verlag 1954, S. 10f.
[46] ebd. S. 18 (in dem Essay: »Voltaire – Goethe«, 1910).

Helmut Arntzen

Philosophie als Literatur:
Kurze Prosa von Lichtenberg bis Bloch

Wenig ist bisher darüber nachgedacht worden, ob und wieweit der Umfang von Texten Indiz für ihre Zugehörigkeit zur modernen Literatur sein könnte. Immerhin müßte sofort auffallen, daß eine Reihe von voluminösen Werken besondere Bedeutung für die Literaturgeschichte des 20. Jahrhunderts hat und daß diese Reihe im 19. Jahrhundert eingeleitet wird durch die beiden Großtexte des alten Goethe: die *Wanderjahre* und den zweiten Teil des *Faust*. Aus dem 20. Jahrhundert sind Arno Holz' *Phantasus*, Karl Kraus' *Letzte Tage der Menschheit*, Prousts *A la recherche du temps perdu*, Joyces *Ulysses*, Musils *Der Mann ohne Eigenschaften*, Thomas Manns Josefs-Romane und schließlich noch Arno Schmidts *Zettels Traum* zu nennen, ohne daß damit eine vollständige Liste gegeben ist.
In eigentümlicher Entsprechung dazu kennt die moderne Literatur auch eine Fülle kurzer und kürzester Prosatexte, die keinesfalls als ephemer zu betrachten sind, vielmehr eine erhebliche literarische Bedeutung haben: etwa die Glossen und Aphorismen von Karl Kraus, die parabolischen Texte Kafkas, die Skizzen Robert Walsers und die Keuner-Geschichten Brechts, welche Reihe etwa mit Lichtenbergs Aphorismen und J. P. Hebels Kalendergeschichten eröffnet wird.
Es scheint dennoch kühn zu sein, wenn man behauptet, daß sich im Mittleren mehr und mehr das Mittelmäßige ansiedelte, die Romane von 300 bis 400 Seiten, Texte also, die den Leser weder durch ihre Länge überanstrengen noch durch ihre Knappheit zur Konzentration zwingen. –
Von der Philosophie läßt sich eher sagen, daß mit dem Ende der Epoche der Systeme auch das Ende der sehr langen Texte gekommen ist bzw. daß häufig schon der große Umfang die Epigonalität der so ausgebreiteten Philosophie anzeigt (wenngleich hier alsbald Ausnahmen wie etwa Blochs *Prinzip Hoffnung* oder Liebrucks' *Sprache und Bewußtsein* eingeführt werden müssen). Kants *Kritik der reinen Vernunft* und Hegels *Logik* scheinen auf jeden Fall die letzten umfangreichen Philosophien in systematischer Absicht zu sein, die zählen. Sie durchlaufen, als die grundlegenden Texte des subjektiven und des objektiven Idealismus, die Totalität bisherigen phi-

losophischen Denkens und heben sie auf, indem sie die Sprache des Begriffs vollkommen durchdringen und aller Verbindung mit nichtbegrifflichem Sprechen entsagen. Wenn aber Kant in der Einleitung zur *Kritik der reinen Vernunft* auf die Differenz zwischen der für seine Philosophie beispielhaften Mathematik als Ideal reiner Anschauung (die »von einem bloßen reinen Begriff kaum unterschieden wird«[1]) und dem platonischen Ideendenken abhebt, so tut er das in folgender Weise:

> Die leichte Taube, indem sie im freien Fluge die Luft theilt, deren Widerstand sie fühlt, könnte die Vorstellung fassen, daß es ihr im luftleeren Raum noch viel besser gelingen werde. Eben so verließ Plato die Sinnenwelt, weil sie dem Verstande so enge Schranken setzt, und wagte sich jenseit derselben auf den Flügeln der Ideen in den leeren Raum des reinen Verstandes.[2]

Kant also, inmitten einer für die Darstellung seines eigenen philosophischen Standorts wichtigen Differenzierung, bedient sich eines Gleichnisses, um seine Kritik an der »menschlichen Vernunft in der Speculation«[3] erscheinen zu lassen. Aber wäre nicht gerade hier eine ganz auf strenge Begrifflichkeit sich stützende Unterscheidung zu erwarten gewesen?

In einem vergleichbaren Zusammenhang verfährt Kants großer Antipode Hegel ähnlich, wenn er in der *Phänomenologie des Geistes* im Gegensatz zu Kant von einer *Kritik* der ganz unphilosophischen Mathematik, deren »Zweck oder Begriff« nichts anderes als die »Größe« sei, ausgeht: »Dies ist gerade das unwesentliche, begrifflose Verhältnis.«[4] Der Philosophie gehe es dagegen um das Wesentliche als »das Wirkliche, sich selbst Setzende und in sich Lebende, das Dasein in seinem Begriffe«.[5] Dieses Wirkliche sei aber nur als Bewegung und Prozeß, in dem alle Momente an der Wahrheit des Ganzen teilhätten. »Das Wahre«, fährt Hegel fort, »ist so der bacchantische Taumel, an dem kein Glied nicht trunken ist; und weil jedes, indem es sich absondert, ebenso unmittelbar [sich] auflöst, ist er ebenso die durchsichtige und einfache Ruhe«.[6]

An einer zentralen Stelle seines Denkens führt Hegel, wie es auch Kant getan hatte, poetisch-literarische Vorstellungen ein. Dialektik wird in der

---

[1] Immanuel Kant, Kritik der reinen Vernunft (2. Aufl. 1787). In: I. K., Werke Bd. 3. Berlin 1968. S. 32. (Akademie-Textausgabe).
[2] A. a. O.
[3] A. a. O.
[4] Georg Wilhelm Friedrich Hegel, Phänomenologie des Geistes. In: G. W. F. H., Werke. Bd. 3. Frankfurt a. M. 1970. S. 44. (Suhrkamp Theorie Werkausgabe).
[5] A. a. O. S. 46.
[6] A. a. O.

Vorstellung des »bacchantischen Taumels«, der in einem »durchsichtige und einfache Ruhe« ist, zu erfassen versucht. Wenn also auch hier gerade nicht strenge und eindeutige Begrifflichkeit gebraucht wird, so scheint es zumindest möglich, daß die literarischen Gleichnisse und Vorstellungen dort wie hier nicht bloß illustrativen Charakter haben, sondern das Denken an dem jeweiligen Punkte darstellen sollen.

Dann aber erschienen inmitten der beiden großen philosophischen Systementwürfe der Neuzeit wichtige Stellen literarischen Sprechens als Moment des Denkens selbst.

Das wäre um so erstaunlicher, als sowohl Kants wie Hegels Absicht die philosophische Darstellung des Ganzen als des allein Wahren ist, wenngleich es sich einmal um die Erkenntnis theoretischer Grenzbestimmungen hinsichtlich des dem menschlichen Bewußtsein zugänglichen Ganzen, einmal um das dialektische Denken dieses Ganzen selbst als wahrer Wirklichkeit handelt. Denn die literarische Darstellung ist ja nie auf das Ganze als allgemeines Ganzes, sondern immer auf das Einzelne und Besondere oder allenfalls auf das Ganze als Mannigfaltigkeit aus. So sind die Gleichnisse von der frei fliegenden Taube und vom bacchantischen Taumel ja eben als jeweils in sich bestimmte und für sich verstehbare poetische Vorstellungen nicht unmittelbar wie Teile bezogen auf das Ganze des Textes, in dem sie stehen, wie es für jeden diskursiven Satz innerhalb eines Textes zu fordern ist und wie es Hegel für die Philosophie indirekt fordert, wenn er die Sätze der Mathematik kritisch als »fixierte, tote Sätze« charakterisiert, für die gelte, daß »bei jedem derselben kann aufgehört werden«.[7]

Die Beziehung zwischen dem literarischen Gleichnis und dem Kontext wird erst dadurch geschaffen, daß das Gleichnis als ein solches (z. B. durch eine Vergleichspartikel) eingeführt wird. Denn anders als beim diskursivphilosophischen Text bedeutet dies nicht ein Über- oder Unterordnungsverhältnis von Sätzen mittels der Herrschaft der Logik, sondern ein Assoziationsverhältnis mittels der sprachlichen Möglichkeit der Analogie.

Was hat das mit kurzer Prosa zu tun? Nun, die literarischen ›Einschübe‹ sind, anders als Teile einer Argumentation, durchaus aus dem Zusammenhang des Ganzen zu lösen und für sich les- und verstehbar. Dies gilt für literarische Texte, auch sehr umfangreiche, durchweg und in einem eminenten Maße: herauslösbar sind aus ihnen, ohne daß man ihnen Gewalt antäte, kurze Texte: Szenen, Bilder, Gedanken etc., wie dies um so weniger bei einem philosophischen Werk möglich ist, je dichter das Ganze als Ganzes

---

[7] A. a. O. S. 44.

gefügt ist. Ich lasse hier die Frage unerörtert, wie dennoch in der Literatur solches Einzelne Teil eines Ganzen sei, ja sein müsse. Doch ist zu beachten, daß dieses literarische Ganze selbst ganz unvergleichbar mit dem philosophischen Ganzen ist, insofern es ja um eine bestimmte Geschichte, um eine bestimmte Handlung bzw. deren Fiktion geht, also um ein Ganzes als etwas Bestimmtes und nicht, wie in der Philosophie, um eine (metaphysische, ethische, logische etc.) Bestimmung des Ganzen.

Kurze Prosa (als einfachster Oberbegriff für sehr mannigfaltige literarische genera) scheint also eo ipso eine Tendenz zur Literatur zu haben, da sie dank ihrer selbst als Form eher das Einzelne, das Besondere erscheinen läßt als das Ganze.

Wie es mit dem Verhältnis von kurzer Prosa und Literatur stehe, sollen einige Beobachtungen an solchen kurzen Texten zu erkennen helfen, die nicht nur von philosophischen Schriftstellern stammen, sondern auch Philosophie oder doch Denken selbst zum Thema haben.[8]

Georg Christoph Lichtenberg hat sich in seinen Bemerkungen ziemlich häufig und durchaus zustimmend mit der Kantschen Philosophie beschäftigt. Seiner wissenschaftlichen Herkunft nach müßte er das als Empiriker, der schriftstellerischen Form nach müßte er es in der Tradition der französischen Moralisten tun, deren Maximen eben darum kurze und kürzeste Texte sein konnten, weil sie das Ganze der (systematischen) Ethik zur Sammlung skeptischer Lebensregeln verändert haben. Doch haben wir in dem folgenden Satz weder eine empirische Beobachtung noch eine moralische Maxime:

> Die *reine* Philosophie pflegt (und kann es nicht vermeiden) noch immer unvermerkt der Liebe mit der – unreinen. Und so wird es gehn bis an das Ende der Zeit.[9]

Die beiden Sätze sind der ganze Text. Sie sind durchaus literarisch, insofern sie durchaus metaphorisch sind. D.h. sie illustrieren nicht etwas anderes: eine These, eine Reflexion oder dergleichen. Doch geht es offenbar auch nicht um ›Gefühl‹ oder ›Bild‹, sondern um Gedanken, also nicht allein dem Thema nach um Philosophie. Wie aber kann das Allgemeine von Philosophie dieses Allgemeine bleiben und doch in einen literarischen Text eingehen, für den das bestimmte Einzelne als Besonderes im Vordergrund steht?

---

[8] S. dazu Max Bense, Literaturmetaphysik. Der Schriftsteller in der technischen Welt. Stuttgart 1950. S. 50–52.

[9] Georg Christoph Lichtenberg, Schriften und Briefe. Hrsg. von Wolfgang Promies. Bd. 1: Sudelbücher. 2. Aufl. München 1973. L 35. S. 856.

Das scheint auf den ersten Blick eine etwas rabulistische Frage zu sein, denn spricht Literatur nicht auch ständig von Allgemeinem: von Leben, Tod, Freiheit z. B. und auch von Philosophie? Ja und nein. Spräche sie von Philosophie z. B. definitorisch, wäre dies keine Literatur mehr. Spricht aber in einem Drama, einem Roman, einer Erzählung jemand Sätze, die Philosophie als Allgemeines zum Gegenstand haben, so geht es eben nicht um Wahrheit oder Unwahrheit dieser Sätze als solcher, sondern um diese Sätze als Sätze von Figuren eines Dramas oder einer Erzählung. Sie wären darum auch nicht als definitive Sätze z. B. herauszulösen, sondern allenfalls etwa als Teil einer Szene o. ä. Sonst bekämen sie sofort das problematische Air von Büchmann-Sentenzen. –
Philosophie als das Allgemeine erscheint in der Lichtenbergschen Bemerkung ebenfalls in einem literarischen Zusammenhang. Einmal indem reine Philosophie, was doch nur ein Terminus für Transzendentalphilosophie zu sein scheint, nicht definiert oder als Gegenstand einer Argumentation eingeführt wird, sondern als lexikalische Opposition: als Gegensatz zu »unreiner« Philosophie nämlich. Zum anderen, als gerade dadurch die Möglichkeit auftaucht, die Vorstellung »unreine« Liebe zu evozieren. Und damit ist das Material für eine literarische Vorstellung bereitgestellt, die nicht etwa zu einem müßigen Wortspiel führt, vielmehr einen (philosophischen) Gedanken in sich trägt, der diskursiv oder argumentativ gar nicht oder nur auf die umständlichste Weise zu erreichen wäre. Der Gedanke wäre nicht einfach auf die These zu bringen: »reine« und ›wilde‹ Philosophie sind untrennbar. Die Bemerkung spricht ja von einem Liebesverhältnis, das in der Parenthese als ein für die »reine« Philosophie unvermeidbares und das in dem Nachsatz, der sich durch die Konjunktion als offener Satz ankündigt, als unauflösbares bedeutet wird.
Ohne daß wir über Andeutungen hinauskommen, mag sichtbar werden, daß durch Metaphorik, durch syntaktische Verhältnisse, ja sogar durch Rhythmus (hier den ›Stau‹ der Parenthese), also durch literarisches Sprechen nicht eine Aussage *über* Philosophie allein, vielmehr ein philosophischer Gedanke erscheint.
Lichtenberg hat für dieses literarische Denken Hinweise gegeben, als er sich mit einem Zeitungsautor als dem Repräsentanten des gesunden Menschenverstandes folgendermaßen auseinandersetzte:

> In einer gewissen Zeitung, ich weiß nicht mehr in welcher, tut ein Rezensent einen Ausfall auf die in philosophischen Schriften heutzutage überall hergeholte Metapher wodurch sich die Verfasser das Ansehen eines tiefen Durchdenkens zu geben wüßten. Dieses ist eine mechante Art zu räsonieren, wenn sie nicht mit

> Beispielen belegt wird. Ich denke der Rezensent der so spricht hat einmal gelesen, daß ein Mann, den er unter sich geglaubt hat, einen Gedanken, der tiefsinniger war, als er sie selbst zu haben pflegte, gleichsam in einer Metapher die auf einmal so viel faßte als des Rezensenten ganzer Vorrat wert war weggeworfen hat, und nun weiß er sich auf keine andere Art mehr zu trösten, als daß er annimmt, seichte Denker könnten sich das Ansehen, als wären sie tiefsinnige, vermittelst Metaphern geben. Lieber hätte er sagen sollen, einem feurigen Denker sind oft die Verhältnisse, welche schwachnervige allzu behutsame Philosophen für sehr schwer zu finden und einzusehen halten, Kinderspiel. Solche Regeln wie die obigen, wodurch man mit einem Anstand von philosophischer Gewissenhaftigkeit alle Wege verdächtig zu machen sucht, die nicht der unsrige sind, sind so viel mir bewußt, das Mittel wodurch oft Rezensenten ihrer Seichtigkeit den Anstrich des Durchgedachten zu geben wissen. Nur noch ein paar solche Regeln gemacht, so wird Shakespear, nach ihnen gerichtet, nichts als ein witziger Metaphern-Placker, weil er vermutlich zu seinen Bemerkungen nicht durch den Weg des hypochondrischen Grübelns gekommen ist.[10]

Lichtenberg reflektiert das Verhältnis diskursiven und metaphorischen Denkens so, wie es in dem eben behandelten Aphorismus erscheint: als gewissermaßen ›kontraktes‹ Denken, das in einer Metapher eine lange Gedankenkette zusammenpreßt.

Doch geschieht das nicht allein um der Kürzung des Langen oder Allzulangen willen, sondern weil auf diese Weise allein – dafür steht bei Lichtenberg der Name Shakespeares als Repräsentant von Literatur – eine neue, bisher unbekannte Seite eines Allgemeinen sichtbar wird, ja selbst als ein Besonderes zutage treten kann. Statt »Liebe« kann ja in dem zuerst zitierten Aphorismus nicht etwa ›Verbindung‹, ›Vermittlung‹, ›Synthese‹ o.ä. eingesetzt werden. Der Witz von »rein« und »unrein« wäre dahin, aber damit auch Wesentliches vom Sinn des Aphorismus. –

Was in der zuletzt zitierten Bemerkung apologisiert wird, die Leistung des Metaphorischen für das Denken, das wird auch – und darin liegt ein ständiger Zwiespalt Lichtenbergs – als mit dem Problem des Denkens zusammenfallendes Problem der Sprache in dem folgenden Text apostrophiert:

> *Ich* und *mich. Ich* fühle *mich* – sind zwei Gegenstände. Unsere falsche Philosophie ist der ganzen Sprache einverleibt; wir können so zu sagen nicht raisonnieren, ohne falsch zu raisonnieren. Man bedenkt nicht, daß Sprechen, ohne Rücksicht von was, eine Philosophie ist. Jeder, der Deutsch spricht, ist ein Volksphilosoph, und unsere Universitätsphilosophie besteht in Einschränkungen von jener. Unsere ganze Philosophie ist Berichtigung des Sprachgebrauchs, also, die Berichtigung einer Philosophie, und zwar der allgemeinsten. Allein die gemeine

---

[10] S. Anm. 9. Bd. 2: Sudelbücher II, Materialhefte, Tagebücher. 2. vermehrte und verbesserte Aufl. München 1975. H 146. S. 197f.

Philosophie hat den Vorteil, daß sie im Besitz der Deklinationen und Konjugationen ist. Es wird also immer von uns wahre Philosophie mit der Sprache der falschen gelehrt. Wörter erklären hilft nichts; denn mit Wörtererklärungen ändere ich ja die Pronomina und ihre Deklination noch nicht.[11]

In einem wird die Apostrophierung des Problems zur Beschreibung seiner Unlösbarkeit. »Reine« Philosophie, nein alle Philosophie ist mit Sprache, also mit der »Unreinheit« von Sprache nicht bloß als ihrem ›Ausdruck‹ verbunden, sondern als ihrem Gehalt selbst.

Kurze Prosa als philosophische Literatur hat bei Lichtenberg also einen doppelten Aspekt: zum einen rückt sie dem Ganzen als dem Abstrakten zu Leibe, das seine wahre Gestalt erst in der »Liebe« zum »Unreinen« gewinnt, abstrakt gesprochen, daß erst im Eingehen auf Einzelnes, nicht Begriffliches, ja im Durchdringen des Einzelnen sich als das bewähren kann, was es zu sein behauptet. Das kann nur geschehen, indem Sätze, die von dieser Verwandlung des allgemeinen Ganzen ins besondere Ganze sprechen – und eben dies sind literarische Sätze – nicht im Ganzen eines langen und systematischen Textes untergehen.

Unter dem zweiten Aspekt reduziert sich in der kurzen Prosa das Ganze auf einfache Sätze, in denen immer schon Aporien stecken. Die müssen an sich selbst noch nicht literarisch sein. Doch zeigt sich, daß, indem diese einfachen Sätze nicht mehr ephemer bleiben, sondern auf sich gestellt sind, sie eine Qualität bekommen, die sie immerhin in die Nähe von literarischen Sätzen stellt.

»Neue Irrtümer zu erfinden«[12] notiert Lichtenberg z. B. Und das ist ein so unauffällig kurzer Teilsatz, daß erst dadurch, daß er ganz für sich steht, seine erstaunliche Paradoxie erscheinen kann. Diskursiv gelesen, wäre dies nichts anderes als eine resignierte Gebärde, die den Verzicht auf Denken anzeige. Als Literatur, nämlich als zitathafte Opposition zu der neuzeitlichen Forderung, es seien neue *Wahrheiten* zu *finden*, und durch Assoziation des alten Verdikts, daß Fiktionen als *Erfindungen*, *Erdichtungen* Lügen seien, sagt die Bemerkung ungleich mehr: nämlich daß die Königswege der Philosophie zwar Holzwege geworden seien, aber daß das Negative darum gerade philosophische Möglichkeiten enthalte.[13] –

---

[11] A. a. O. L 886. S. 517
[12] Georg Christoph Lichtenberg, Aphorismen. Hrsg. von Albert Leitzmann. Fünftes Heft: 1793–1799. Berlin 1908. L 726. S. 131. (Deutsche Literaturdenkmale des 18. und 19. Jahrhunderts 141). (Nachdruck: Nendeln/Liechtenstein 1968).
[13] Zum Problem des metaphorischen Sprechens bei Lichtenberg s. meinen Aufsatz »Die

Die Dichotomie Lichtenbergs: kurze philosophische Prosa als denkendes Eingehen auf Einzelnes und als Reduktion auf einfache Sätze kennt Friedrich Schlegel in den Athenäum-Fragmenten und -Ideen nicht. Die haben vielmehr (wieder) die Struktur von Maximen, also von Regeln als Lebensregeln etwa, aber indem ihnen nicht mehr das Verhalten des Einzelnen Gegenstand wird, sondern z. B. Allgemeines als Philosophie, wird dieses Allgemeine individualisiert. Gleichzeitig kann es mit überraschenden, sich über die (philosophische) Tradition bewußt hinwegsetzenden Postulaten konfrontiert werden.

Die Philosophie geht noch zu sehr grade aus, ist noch nicht zyklisch genug.[14]

Oder es wird gänzlich Disparates zusammengebracht und behauptet:

Ein Regiment Soldaten en parade ist nach der Denkart mancher Philosophen ein System.[15]

Das sind zweifellos Sätze, die auf Wirkung zielen, literarische, ja rhetorische Sätze. Aber sie sind auch philosophisch, und zwar gerade darum, weil sie das Denken über Philosophie nicht zu einer Angelegenheit von Fachleuten einengen lassen wollen, das sich in einer bestimmten Struktur des Sprechens und in einer bestimmten Terminologie zu vollziehen habe. Dementsprechend deutet Schlegel an, daß Philosophie nicht zu denken sei ohne das Individuelle des einzelnen Philosophen:

Sollte die zyklische Natur des höchsten Wesens bei Plato und Aristoteles nicht die Personifikation einer philosophischen Manier sein?[16]

Das Dinghafte der Philosophie wird aufgelöst, indem Philosophie auf ihre Denker zurückgeführt wird.

Mit dieser Individualisierung der Philosophie hängt aufs engste Schlegels weiteres Postulat der Beziehung zwischen Philosophie und Kunst zusammen:

---

exakte Subjektivität. Beobachtung, Metaphorik, Bildlichkeit bei Lichtenberg«. In: H. A., Literatur im Zeitalter der Information. Aufsätze, Essays, Glossen. Frankfurt a. M. 1971. S. 65–78. Zum Problem der Kürze bei Lichtenberg s. meinen Aufsatz »Aphorismus und Sprache. Lichtenberg und Karl Kraus«. In: a. a. O. S. 323–338.

[14] Friedrich Schlegel, Athenäums-Fragmente. In: F. Sch., Charakteristiken und Kritiken. Bd. 1 (1796–1801). Hrsg. und eingeleitet von Hans Eichner. München/Paderborn/Wien/Zürich 1967. S. 171. (Kritische Friedrich-Schlegel-Ausgabe. Hrsg. von Ernst Behler. Abt. I. Bd. 2).

[15] A. a. O. S. 172

[16] A. a. O. S. 190.

> Vermischte Gedanken sollten die Kartons der Philosophie sein. Man weiß, was diese den Kennern der Malerei gelten. Wer nicht philosophische Welten mit dem Crayon skizzieren, jeden Gedanken, der Physiognomie hat, mit ein paar Federstrichen charakterisieren kann, für den wird die Philosophie nie Kunst, und also auch nie Wissenschaft werden. Denn in der Philosophie geht der Weg zur Wissenschaft nur durch die Kunst, wie der Dichter im Gegenteil erst durch Wissenschaft ein Künstler wird.[17]

Die Beziehung zwischen Philosophie und Kunst besteht nach Friedrich Schlegel in der Bedingtheit jener durch diese, die die Philosophie überhaupt erst zur Wissenschaft, also zum Erkenntniszusammenhang macht.

Friedrich Schlegels Fragmente haben als kurze Prosa aber auch die Funktion zu zeigen, wie »vermischte Gedanken« als »Kartons der Philosophie«, also als Skizzen künstlerischer Reflexion aussehen sollen. Sie wollen das, wovon sie sprechen, selbst sein.

Bezeichnend dafür ist, daß sie v. a. in ihrer kürzesten Form, nämlich als einzelner Satz, immer ganz bestimmt, eben in der Struktur der Maxime erscheinen, aber keineswegs wie ein Lehrsatz übernehmbar sind, sondern zu einem Denken auffordern, das der Phantasie bedarf.

Darin gerade, nicht in einem poetischen Duktus, liegt ihre Literarizität: sie sind wie eine Skizze, die zum Bild werden will; sie sollen wie ein literarischer Text im Verstehen erfüllt und vollendet werden.

Als einander ergänzende Beispiele, die die Relation Philosophie – Kunst zur Relation Philosophie – Poesie verändern, sind die folgenden zu lesen:

> Ein Philosoph muß von sich selbst reden so gut wie ein lyrischer Dichter.[18]
>
> Sinn für Poesie oder Philosophie hat der, für den sie ein Individuum ist.[19]
>
> Man hat nur so viel Moral, als man Philosophie und Poesie hat.[20]

Abstrakt gesprochen: Das zu denkende Ganze ist vom Individuellen, das Allgemeine vom Besonderen aus zu begreifen, wodurch Philosophie zu einem Korrelat von Poesie wird.

Strukturell gesprochen: an die Stelle des Systems tritt der einzelne Satz, der aber nicht – nach Wittgensteins Forderung – den Sachverhalt abbildet, sondern in dem das Ganze als nur in individueller Perspektive zu denkendes erscheint.

Hier deutet sich nicht wie in den positiven Wissenschaften eine Gegenbewegung zur Philosophie an, die nur noch auf das aus ist, was ›der Fall ist‹,

---

[17] A. a. O. S. 216.   [18] A. a. O. S. 243.   [19] A. a. O. S. 244.
[20] A. a. O. S. 262.

vielmehr eine Gegenbewegung innerhalb der Philosophie, die das Einzelne nicht mehr bloß als Fall des Allgemeinen denkt, vielmehr sogar das Allgemeine als Individualität ›begreift‹, was aber bedeutet, daß an die Stelle des Gedankens als Begriff, der Gedanke als Metapher und als literarische Darstellung tritt.
Es ist sicher nicht verwunderlich, dennoch wenig beachtet worden, daß schon im 19. Jahrhundert in zunehmendem Maß die kurze Prosa als literarische Darstellung eine authentische Form der Philosophie wird. Ebensowenig verwunderlich ist es, daß sie bei den Antipoden Hegels bzw. des Hegelianismus zu finden ist: bei Schopenhauer, Kierkegaard und Nietzsche. Dennoch sind die Unterschiede in den Intentionen kurzer Prosa bei diesen Philosophen offenkundig.
Schopenhauer zumal scheint die kurze Prosa nur als Ergänzung seines systematischen Hauptwerkes zuzulassen. Aber die *Parerga und Paralipomena*, in denen seine kürzere und kurze Prosa versammelt ist, hat er andererseits nicht nur selbst noch zusammengestellt und als ein Ganzes verstanden, sie sind nicht nur dem Gesamtumfang nach neben *Die Welt als Wille und Vorstellung* zu stellen, sie sind Ergänzung dieses Werks nicht so sehr im Sinne des bloßen Anhangs als vielmehr einer anderen Methode und Perspektive hinsichtlich der gleichen Gegenstände. Diese Methode ist literarisch in einem eher anachronistischen Sinn, der Literatur als Medium für den philosophischen Gedanken auffaßt, weil er dem Leser so leichter zugänglich ist. So sind z. B. in dem Paralipomenon über den Unterschied von Dichter und Philosoph die sogenannten poetischen Vergleiche so zahlreich, wie dies in einem bedeutenderen literarischen Text der Zeit gar nicht mehr denkbar wäre. Der Dichter wird mit dem, der Blumen bringt, verglichen, die Dichtwerke in ihrer gegenseitigen Duldung mit Lämmern. Der Philosoph hingegen sei wie jemand, der die Quintessenz der Blumen bringe, das philosophische System sei wie ein Brudermörder, wie ein asiatischer Despot. Die herrschende Philosophie wird mit der *einen* Königin im Bienenstock verglichen, dann mit der Spinne inmitten ihres Netzes, die philosophischen Werke gar mit reißenden Tieren, dann mit Skorpionen, Spinnen und einigen Insektenlarven, die ihre Zerstörungssucht gegen die eigene Species richten, schließlich mit geharnischten Männern »aus der Saat der Drachenzähne des Iason«.[21] Wenngleich ein wesentlicher Teil des Paralipo-

---

[21] Arthur Schopenhauer, Parerga und Paralipomena. Kleine philosophische Schriften. Bd. 2. Stuttgart/Frankfurt a. M. 1965. S. 12. (Sämtliche Werke. Textkritisch bearbeitet und hrsg. von Wolfgang Frhr. von Löhneysen. Bd. 5).

menons davon bestimmt ist, den Philosophen über den Dichter zu stellen, obgleich (oder weil) jener ein kleineres Publikum habe als dieser, wird dies eben nicht philosophisch bewiesen, sondern mit aller Gewalt eines rhetorisch genutzten Metaphernapparats dargestellt. Die poetische Gleichstellung von Dichter und König bei Schiller wird hier am Ende zugunsten des Philosophen geändert: »[...] seit Jahrtausenden [geht] die Geschichte der Philosophen neben der der Könige her und zählt hundertmal weniger Namen als diese«.[22] Die Philosophen werden damit gar über die Könige gestellt, aber dennoch mit ihnen verglichen; nicht etwa wird, wie bei Plato, an Stelle der Königs- oder Volksherrschaft die des Weisen gefordert.

Doch geht es mir nicht so sehr um die geschichtsphilosophische Aussage des Textes als eben um dessen rhetorisch-literarische Struktur zugunsten von Philosophie. Literaturtheoretisch bleibt das eher hinter dem, was Lichtenbergs Aphorismen und Schlegels Fragmente leisten, zurück und gehört noch unter die Ägide einer rationalistisch begriffenen Literatur.

Ganz anders steht es bei Kierkegaard, der als Denker geradezu den Anspruch der zeitgenössischen Philosophie in toto literarisch destruiert. So beginnt Kierkegaards erstes Hauptwerk *Entweder/Oder* mit den Aphorismen der *Diapsalmata*. Deren erster hebt mit der Frage an »Was ist ein Dichter?«[23] Ja, das Buch vermittelt seine Gedanken im ganzen wie im einzelnen in literarischer Struktur und über eine Reihe literarischer Fiktionen. Kurze Prosa hat in diesem Zusammenhang vor allem die Funktion literarischer Polemik gegen Denkhaltungen. Und im genauen Gegensatz zu Schopenhauer dient in den *Philosophischen Brocken* die Vorbemerkung zu der »Erzählung« *Johannes Climacus oder De omnibus dubitandum est* nicht der rhetorischen Apotheose der Philosophie, sondern der Ankündigung, literarisch, eben in einer Erzählung den unaufhebbaren Widerspruch zwischen dem gedanklichen Anspruch der Philosophie und dem existentiellen Versagen der Philosophen erscheinen zu lassen. Die Erzählung soll aber nicht allein das Konkrete dieses Widerspruchs kenntlich machen, sie wird als Literatur auch zum Widerspruch gegen (hegelianische) Philosophie als System. So beginnt die kurze Vorbemerkung: »Wer da annimmt, die Philosophie sei niemals in der Welt so nahe daran gewesen ihre Aufgabe zu lösen, d.h. alle Rätsel zu erklären, wie jetzt, dem mag es wohl sonderbar erscheinen, gesucht, ärgerlich, daß ich die Form einer Erzählung wähle und nicht gemäß dürftigem Vermögen mit Steine[n] zulange, um dem System die

---

[22] A. a. O. S. 12 f.
[23] Sören Kierkegaard, Entweder/Oder. T. 1. 5.–7. Tsd. Düsseldorf 1964. S. 19. (Gesammelte Werke. Bd. 1).

Spitze aufzusetzen.«[24] Doch weil die Philosophie – nach Kierkegaard – so verschroben ist wie eine jahreszeitlich durcheinandergeratene Natur, muß »auch durch die Form der widerwärtigen Unwahrheit entgegenzuarbeiten« versucht werden, »welche das Kennzeichen ›der neuern Philosophie‹ ist«.[25] Diese Unwahrheit besteht für Kierkegaard in dem oben erwähnten Widerspruch von Anspruch des Denkens und Existenz der Denker. Literatur hat also hier im allgemeinen wie im besonderen der kurzen Prosa eine kritische Funktion gegenüber der Philosophie. Doch kommt diese Funktion der Literatur in dem Augenblick im Werke Kierkegaards an ihr Ende, da der »Sprung« in den Glauben erfolgt. An die Stelle literarischen Sprechens und literarischer Fiktion treten nun die *Erbaulichen Reden* und die *Einübung im Christentum*.

Wird Literatur bei Schopenhauer in den Dienst der Philosophie gestellt, so bei Kierkegaard in den Dienst von Antiphilosophie genommen. Doch ist trotz dieser Funktionalisierung von Literatur die kurze Prosa der *Parerga und Paralipomena* wie der Stil von *Entweder/Oder* bis zur *Unwissenschaftlichen Nachschrift* bei beiden Denkern ein Medium, das ihnen – von unterschiedlichen Voraussetzungen aus – unerläßlich für die Vermittlung ihres Denkens ist und sei es nur, um dessen Wirkung zu extensivieren.

Nietzsche schließlich macht die kurze Prosa zum fast ausschließlichen Medium seines Denkens. Das Asystematische, Kaleidoskopische seines Philosophierens soll im Ganzen die Absurdität eines systematischen Denkens des Ganzen erweisen, ihr Literarisches als Stil die Absurdität des Begriffs als solchen, d.h. eines unabhängig vom Denkenden, unabhängig von dessen Psychologie bestehenden Begriffs. An die Stelle von Philosophiegeschichte treten in Nietzsches Aphorismen die Psychoanekdoten von Philosophie bzw. Philosophen. So z.B. im zweiten Buch von *Menschliches, Allzumenschliches* der Aphorismus »Jede Philosophie ist Philosophie eines Lebensalters«.[26] Es geht darin nicht um Exemplifizierung einer anfangs statuierten These, es geht um das Nebeneinander von allgemeinem Satz und besonderen Charakterisierungen, die durch eine bestimmte Metaphorik aufeinander bezogen sind (»Herausklingen«, »Spiegelbild«, »Regenbogen-

---

[24] Sören Kierkegaard: Johannes Climacus oder De omnibus dubitandum est. Eine Erzählung. In: S. K., Philosophische Brocken. De omnibus dubitandum est. 4.–5. Tsd. Düsseldorf/Köln 1960. S. 110. (Gesammelte Werke. Bd. 10).

[25] A. a. O.

[26] Friedrich Nietzsche, Menschliches, Allzumenschliches. Bd. 2. In: F. N., M., A. Bd. 2. Nachgelassene Fragmente (Frühling 1878 bis November 1879). Berlin 1967. Nr. 271. S. 130. (Werke. Kritische Gesamtausgabe. Hrsg. von Giorgio Colli und Mazzimo Montinari. Abt. 4. Bd. 3).

bild«²⁷). Dadurch, nicht durch die Beweisform, entsteht der Zusammenhang, der ein ganz und gar literarischer ist.
Bei Nietzsche kann man nicht eigentlich mehr von einer Funktionalisierung von Literatur für das Denken sprechen, sondern von einem literarischen Denken, durch das im günstigen Fall die Vielgestaltigkeit, der Nuancenreichtum eines Gedankens zu erscheinen vermag, das im schlimmsten Fall rhetorisches Reden als Gedanken ausgibt.
Bei Nietzsche bedeutet Philosophie als literarische kurze Prosa die Konsequenz, die sinnvolle und die gefährliche Konsequenz aus Lichtenbergs erstmals begriffenem Doppelaspekt am ›kurzen Philosophieren‹ des Aphorismus. Das Einzelne, als Gegenstand oder als Aspekt, auf das sich die kurze Prosa bei Lichtenberg wie bei Nietzsche konzentriert, wird nun nicht mehr als »Unreines« erst philosophisch gemacht, sondern es ist das einzig Wirkliche und kann vermöge seines Nuancenreichtums an die Stelle des Ganzen und seiner Allgemeinheit treten. Philosophie kann nun nur gedacht werden als Philosophie eines Lebensalters, empirischer Wirklichkeit und Besonderheit also. Aber gedacht heißt hier nicht mehr, daß eine These bewiesen, sondern daß der Gedanke als in sich vielfältiger literarisch dargestellt wird. Die gefährliche Konsequenz aber ist, daß an die Stelle der Einsicht Lichtenbergs in die Aporien einfacher Sätze die auftrumpfende rhetorische Geste tritt, die die einfachen Sätze mittels eines rhetorischen Apparats z. B. in Zarathustras Hymnik zu Lehrsätzen macht, welche nicht mehr aus dem Ganzen einer Ethik, sondern von ihrem Glänzen allein leben. Zarathustra rügt, daß die Dichter um der Wirkung willen »zuviel lügen«[28], aber er sagt, daß er selbst ein Dichter sei, und zwar eben von der Art, die er rügt: »Zuschauer will der Geist des Dichters«.[29]
Von völlig gegenteiliger Art wie der fiktive Weise und Dichter Zarathustra ist der Denker Ludwig Wittgenstein. Doch zeigt sich auch sein Denken im *Logisch-philosophischen Traktat* und in den *Philosophischen Untersuchungen* durchgängig als eines in kurzer Prosa. Ja, Wittgenstein stellt die *Philosophischen Untersuchungen* sogar unter ein literarisches Motto, nämlich den Satz Nestroys: »Überhaupt hat der Fortschritt das an sich, daß er viel größer ausschaut, als er wirklich ist«.[30]

---

[27] A. a. O.
[28] Friedrich Nietzsche, Also sprach Zarathustra. Ein Buch für Alle und Keinen (1883–1885). Berlin 1968. S. 159. (Werke. [S. Anm. 24]. Abt. 6. Bd. 1).
[29] A. a. O. S. 162.
[30] Ludwig Wittgenstein, Philosophische Untersuchungen. In: L. W., Tractatus logico-philosophicus. Tagebücher 1914–1916. Ph. U. Frankfurt a. M. 1960. S. 283. (Schriften. Bd. 1).

Wittgenstein sucht die Aporien selbst der einfachen Sätze, wie sie Lichtenberg zum ersten Mal bemerkt, dadurch zu überwinden, daß er zu beschreiben sucht, wie Worte innerhalb einfacher Sätze gebraucht werden. Und er sucht diese Beschreibung auch auf philosophische Sätze anzuwenden. Diese Reduktion des Denkens auf Beschreibung ist sicher nicht nur von der Rhetorik, die sich bei Nietzsche als autonome literarisch-philosophische Macht meldet, weit entfernt, sondern sie scheint trotz ihrer Form auch weit entfernt von Literatur zu sein. Aber plötzlich erscheint inmitten der Beschreibungsversuche ein Satz wie dieser: »Der Philosoph behandelt eine Frage; wie eine Krankheit.«[31] Das aber ist ein literarischer Aphorismus, insofern er aus der Mehrdeutigkeit von »Behandeln« gewonnen wird. Ein anderer Sprachweg als der der Beschreibung wird hier plötzlich eingeschlagen gemäß der Einsicht: »Die Sprache ist ein Labyrinth von Wegen. Du kommst von *einer* Seite und kennst dich aus; du kommst von einer andern zur selben Stelle, und kennst dich nicht mehr aus.«[32]

Mit einer metaphorischen Wendung entdeckt sich der sprachliche Beschreibungsversuch Wittgensteins als ein Sich-Verlaufen im Sprachlabyrinth, das selbst nicht beschrieben werden kann, sondern allein in der literarischen Darstellung des Aphorismus einsichtig zu machen ist. Die Wendung vom »Labyrinth von Wegen« ist die gedanklich-literarische Erlösung aus der Situation, in die es den Beschreibenden verschlagen hat. Ein Zauberwort, das die Verwirrung der immer nur kreisenden Beschreibung stillstellt.

Während hier aspekulatives Philosophieren von der Beschreibung in literarische Darstellung umschlägt, weil es sich der Sprache als Erscheinung und als Problem offenhält, befreit sich spekulatives Denken im 20. Jahrhundert in der kurzen literarischen Prosa von dem Zwang zum System. Als dialektisches Denken will es, so bei Benjamin, Bloch und Adorno, nicht Hegel-Exegese in der Nachfolge des 19. Jahrhunderts treiben, sondern sich am Einzelnen und Unauffälligen bewähren, das als Bedeutung aufgeschlossen und dennoch in seiner Eigentümlichkeit erhalten werden soll.

Philosophie wird hier mit Literatur nahezu eins, zumal Literatur ja längst den Gedanken als ein Moment der literarischen Darstellung in sich aufgenommen hat. Und es wird nun in der Tat schwierig festzustellen, ob in der kurzen Prosa die Intention des philosophischen Gedankens oder die der literarischen Darstellung leitend ist.

In dem Text *Das Staunen* aus Ernst Blochs Buch *Spuren* ist der Ausgang gar

---

[31] A. a. O. Nr. 255. S. 393.
[32] A. a. O. Nr. 203. S. 382.

ein Gespräch in Hamsuns *Pan*. Doch wird dieses literarische Gespräch nicht interpretiert, sondern in einem Monolog aufgenommen und weitergeschrieben. Aufgenommen werden die scheinbar alltagssprachlichen Wendungen »[...] der mir [...] zu denken gibt« und »denken Sie nur«.[33] In der reflektierten Aufnahme wird ihre Latenz entdeckt. »Und ist es eine Fichte«, sagt der Leutnant Glahn bei Hamsun, »die ich betrachte, so hat sie vielleicht einen Zweig, der mir auch ein wenig zu denken gibt«.[34] Bloch fährt mit diesem Satz so fort: »Gibt der Ast nicht nach wie vor genau so namenlos viel zu denken, dies Stück Alles, das man nicht nennen kann?«[35] Aus dem beiläufig Einzelnen in der beiläufigen Wendung wird das Ganze, aus dem Besonderen das Allgemeine herausgetrieben, das immer in jenem schon steckt. Das vermag aber nur ein Staunen, das am Anfang und Ende der Philosophie steht und das sich hier auf das kleine fiktive und literarische Gespräch richtet, in dem es bereits erscheint. »Dann werden«, schließt der Text Blochs, »die vielen großen Rätsel der Welt ihr eines unscheinbares Geheimnis nicht gänzlich zudecken«.[36] Das Sprechen vom Ganzen und vom Einzelnen, vom Allgemeinen und vom Besonderen kehrt sich hier um. Im Staunen vor dem Beiläufigen wird in diesem das unscheinbare Ganze entdeckt, in dem die großen Metaphysica sämtlich konvergieren. Die kurze Prosa ist wie bei J. P. Hebel, Robert Walser, wie bei Kafka die angemessene Form, die Tiefe und Fülle des Beiläufigen, unscheinbaren Einzelnen merklich, ja erkennbar zu machen, ohne es in seiner Fragilität zu verletzen.
Erst dieses Denken, das die Dinge so wenig wie die Worte zu Objekten des eigenen Verfügens macht, kann wohl einem Anspruch noch genügen, den Adorno am Ende der *Minima Moralia* stellt, und zwar unter der Überschrift *Zum Ende*. Die ersten Sätze dieses Aphorismus lauten:

> Philosophie, wie sie im Angesicht der Verzweiflung einzig noch zu verantworten ist, wäre der Versuch, alle Dinge so zu betrachten, wie sie vom Standpunkt der Erlösung aus sich darstellten. Erkenntnis hat kein Licht, als das von der Erlösung her auf die Welt scheint: alles andere erschöpft sich in der Nachkonstruktion und bleibt ein Stück Technik. Perspektiven müßten hergestellt werden, in denen die Welt ähnlich sich versetzt, verfremdet, ihre Risse und Schründe offenbart, wie sie einmal als bedürftig und entstellt im Messianischen Lichte daliegen wird. Ohne Willkür und Gewalt, ganz aus der Fühlung mit den Gegenständen heraus solche Perspektiven zu gewinnen, darauf allein kommt es dem Denken an.[37]

---

[33] Ernst Bloch, Das Staunen. In: E. B., Spuren. Frankfurt a. M. 1969. S. 216. (Gesamtausgabe der Werke. Bd. 1).
[34] A. a. O.
[35] A. a. O. S. 217.
[36] A. a. O. S. 218.

Wie seltsam, daß dieser als kurze Prosa vorgetragenen Forderung gerade ein Text entspricht, der ihr darin widerspricht, daß er statt von den »Rissen und Schründen« der Welt auf scheinbar magische Weise von der Vermählung von Sprache und Baum spricht. Ich meine Benjamins Denkbild *Der Baum und die Sprache*. Doch was diese Vermählung möglich macht, ist die Vermählung von Denken und Poesie, von der Friedrich Schlegel schon gesprochen hatte. Aber erst, wo Sprache als Gedanke und Gedicht die vielen »Risse und Schründe« der Welt offenbart, hat sie die Chance, in kurzer Prosa »ohne Willkür und Gewalt« die Dinge als Ganzes zu sagen wie folgt:

> Ich stieg eine Böschung hinan und legte mich unter einen Baum. Der Baum war eine Pappel oder eine Erle. Warum ich seine Gattung nicht behalten habe? Weil, während ich ins Laubwerk sah und seiner Bewegung folgte, mit einmal in mir die Sprache dergestalt von ihm ergriffen wurde, daß sie augenblicklich die uralte Vermählung mit dem Baum in meinem Beisein noch einmal vollzog. Die Äste und mit ihnen auch der Wipfel wogen sich erwägend oder bogen sich ablehnend; die Zweige zeigten sich zuneigend oder hochfahrend; das Laub sträubte sich gegen einen rauhen Luftzug, erschauerte vor ihm oder kam ihm entgegen; der Stamm verfügte über seinen guten Grund, auf dem er fußte; und ein Blatt warf seinen Schatten auf das andre. Ein leiser Wind spielte zur Hochzeit auf und trug alsbald die schnell entsprossenen Kinder dieses Betts als Bilderrede unter alle Welt.[38]

---

[37] Theodor W. Adorno, Minima Moralia. Reflexionen aus dem beschädigten Leben. Hrsg. von Rolf Tiedemann. Frankfurt a. M. 1980. Nr. 153. S. 281. (Gesammelte Schriften. Bd. 4).

[38] Walter Benjamin, Der Baum und die Sprache. (Denkbilder: Kurze Schatten [II]). In: W. B., Gesammelte Schriften. Bd. IV, 1. Hrsg. von Tillmann Rexroth. Frankfurt a. M. 1972. S. 425 f.

Bernhard Böschenstein

Theatralische Miniaturen

Zur frühen Prosa Robert Walsers

Ich zähle innerhalb der frühen Prosa Robert Walsers, die zwischen 1902 und 1912 erschien, etwa 50 Stücke[1], in denen, in direktem thematischem Bezug oder in indirekter, perspektivischer Analogie, das Theater eine zentrale Rolle spielt. Viele dieser Texte handeln von Schauspielern oder von Theateraufführungen. Um diese geht es mir hier am wenigsten. Dagegen richtet sich meine Aufmerksamkeit auf solche Beispiele, in denen die Darstellung einer »wirklichen« Szene in bewußt verwischtem Übergang in eine theatralische Darbietung hinüberzuwechseln scheint, oder auf solche, die aus dem Innenraum der Träume in gleichfalls verwischter Transposition auf die Außenwelt einer Bühne hinübergeleitet werden. In beiden Fällen ist entscheidend, wie die Theatersphäre sich einer vom Dichter beschriebenen

---

[1] In der Prosasammlung »Fritz Kochers Aufsätze« (1904), in der Unterabteilung »Der Commis«: Lebendes Bild, in: Robert Walser, Das Gesamtwerk, hrsg. von Jochen Greven, (edition suhrkamp), Zürich und Frankfurt a. M. 1978, I, 60ff. Nach dieser Ausgabe werden sämtliche Stellen aus Walsers Werken zitiert.
In der Sammlung »Geschichten« (1914): Mehlmann. Ein Märchen (I, 131 ff.); Seltsame Stadt (I, 133 ff.); Der Waldbrand (I, 139 ff.); Illusion (I, 145 ff.); Theaterbrand (I, 147 ff.); Kerkerszene (I, 152 ff.); Lustspielabend (I, 154 ff.); Katzentheater (I, 160 ff.); Die Schauspielerin (I) (I, 166 ff.); Die Talentprobe (I, 171 ff.); Wenzel (I, 185 ff.); Paganini. Variation (I, 196 ff.); Die Schlacht bei Sempach (I, 199 ff.).
In der Sammlung »Aufsätze« (1913): Eine Theatervorstellung (I, 235 ff.); In der Provinz (I, 241 ff.); Frau und Schauspieler (I, 247 ff.); Entwurf zu einem Vorspiel (I, 252 f.); Tell in Prosa (I, 258 ff.); Berühmter Auftritt (I, 260 ff.); Gebirgshallen (I, 264 ff.); Auf Knien (I, 266 f.); »Guten Abend, Jungfer!« (I, 267 ff.); Porträtskizze (I, 269 ff.); Ein Genie (I) (I, 271 f.); Don Juan (I, 272 ff.); Wanda (I, 277 f.); Fanny (I, 279 f.): Lebendes Bild (I, 280 ff.); Ovation (I, 284 f.); Birch-Pfeiffer (I, 329 f.).
Im Band »Verstreute Prosa I (1907–1919)«, in der ersten Abteilung ›Prosa aus der Berliner Zeit (1907–1912)‹: Das Theater, ein Traum (I) (VIII, 7 ff.); Einer, der neugierig ist (VIII, 11 ff.); Was ist Bühnentalent? (VIII, 14 ff.); Beitrag zur Psychologie des Talents (VIII, 17 ff.); Was braucht es zu einem Kleist-Darsteller? (VIII, 19 ff.); Lenzens Soldaten (VIII, 22 f.); Tell (VIII, 23 ff.); Bedenkliche Geschichte (VIII, 28 f.); Lüge auf der Bühne (VIII, 30 f.); Beantwortung einer Anfrage (VIII, 31 ff.); Kennen Sie Meier? (VIII, 34 ff.): Was macht mein Stück? (VIII, 37 ff.); An eine angehende Künstlerin (VIII, 41 ff.); Berlin und der Künstler (VIII, 45 ff.); Kutsch (VIII, 48 ff.); Fabelhaft (VIII, 50 ff.); Dilettanten (VIII, 52 ff.); Über den Charakter des Künstlers (VIII, 55 ff.); Über das russische Ballett (VIII, 60 ff.); Ein Schauspieler (I) (VIII, 97 ff.).

äußeren oder inneren Realität bemächtigt, so daß diese ausgehöhlt und ihres Ernstes, ihrer Eigenständigkeit beraubt, ja manchmal sogar einem übermütigen, selbstzerstörerischen Spiel ausgeliefert wird. Gerade diese Unsicherheit der Zugehörigkeit zur einen oder anderen Sphäre bildet den Ausgangspunkt dieser Studie.

Zur allerfrühesten Prosa Walsers rechnen zehn Prosastücke, die die Gruppe *Der Commis* bilden und im Band *Fritz Kochers Aufsätze* Platz fanden. Einer dieser zehn Texte, 1902 veröffentlicht, trägt den Titel *Lebendes Bild*.[2] Am Anfang wird »eine Bühne« erwähnt, am Ende »der tote, grausame, alles tötende Vorhang.« Fielen diese Bestimmungen weg, gäbe es kaum eine Möglichkeit, diesen Aufsatz von den neun andern zu unterscheiden. Das Thema des Commis bleibt dasselbe. Der Bühnencharakter des Dargestellten ist hier genauso deutlich oder undeutlich erkennbar wie bei den andern Beispielen, die nicht auf einer Bühne angesiedelt sind. So stellt sich die Frage, warum nur hier und warum überhaupt eigens als Theaterwirklichkeit bezeichnet wird, was in den Nachbartexten dieser Einkleidung nicht bedarf. Wenn kein deutlicher Unterschied hervortritt, sind zwei Schlüsse erlaubt: *Lebendes Bild* gibt einen Hinweis darauf, daß auch die andern Prosastücke des *Commis* auf einer Bühne gedacht werden könnten. Oder umgekehrt: die Bühne, auf der dieses *Lebende Bild* aufgeführt wird, ist entbehrlich.

Hier setzt unsere Fragestellung ein: Vielleicht ist das Entscheidende an einem solchen Text, daß der Charakter der Theatralität für ihn sowohl konstitutiv als nicht konstitutiv ist. Wie aber nimmt sich die Bühnenperspektive aus, wenn sie auch unsichtbar werden kann?

Lebendes Bild ist ein paradoxer Titel. Er hebt das Leben ebenso auf wie das Bild. Gestelltheit scheint den einzelnen Auftritten, Gebärden, Aktionen und Reaktionen eigen zu sein, aber der gestellte Auftritt geht zugleich in ›wirkliches‹ Leben über, ohne daß eine Grenzlinie gezogen werden könnte. Treten wir auf das gewählte Beispiel näher ein: Die Sätze zu Anfang sind unvollständig, bloße Regieanmerkungen: »Eine Bühne! Ein kahles, peinlich sauberes Bureau. Pulte, Tische, Stühle, Sessel. Im Hintergrund ein großes Fenster, durch welches ein Stück Landschaft mehr hineinfällt, als hineinsieht. Rechts im Hintergrund die Tür. Links und rechts einfache Wände, an denen die Pulte stehen.« In diese wenig charakteristisch bezeichnete Sphäre werden mehrere Commis hineingestellt, die nur als Kollektiv gewürdigt werden. Von ihnen hebt sich der eine ab, von dem von nun an fast aus-

---

[2] I, 60–62.

schließlich die Rede sein wird. Das Wichtigste an ihm ist seine Stummheit. So gibt es nur den Blick des Betrachters auf ihn und die daran anschließenden Fragen, Hypothesen, Deutungen, die ihm gelten, gelegentlich sogar Anreden, dazwischen die Beschreibung seines Weinens.
Die Bühne erlaubt es dem Erzähler, den Commis zu beobachten und einseitig anzusprechen, ohne daß dieser davon weiß. Er wird der Gegenstand eines teilnehmenden Interesses, das ihn doch ganz allein läßt. Die Teilnahme mündet ausschließlich in Literatur, ja, die hier vorliegende Literatur ist überhaupt nur möglich geworden, weil ein Gespräch, eine Begegnung mit dem Commis anders nicht als in der Form eines fiktiven Zuredens, in Worten, die ihn nicht erreichen, zustandekommt. Und damit natürlich nicht zustandekommt.
Ein solcher Text zeigt, aus welchen Voraussetzungen er entsteht: das Leben, dem er sich zuwendet, darf nirgendshin münden als in ihn selbst zurück. Wir wohnen einem schmerzlich verhinderten Dialog bei, dessen Nichtzustandekommen aus dem Angeredeten ein Bild macht.
Dieses Bildwerden nun geht einher mit der Ausnahmestellung, die der Commis einnimmt: »Merkwürdig, man muß ihn unbedingt für einen Künstler halten, oder dann für ein armes Aristokratenkind. Beides ist fast das gleiche.« Dieser junge Künstler, dessen Adel mit seiner Kunst oder vielleicht auch mit seiner Herkunft zu tun hat, steht natürlich in enger Verbindung zu dem, der diesen Text erzählt.[3] Dieser stellt sich außerhalb seiner selbst hin, um die Nichtkommunikation, deren Opfer er ist, zum Anlaß einer fiktiven Kommunikation zu machen. Die Motivation zu diesem Text liegt in der Isoliertheit, die das unmögliche Gespräch herausfordert.[4]
Auf der Bühne gibt es, nach der Vorstellung der Hauptfigur, den Auftritt des Chefs, der den nicht versteht, der sich nicht aus seiner natürlichen Verhaltensweise herausreißen läßt. Dieses ununterworfene Leben aber wird dem »Künstler« nicht erlaubt. Fortan ist alles an ihm Ausdruck eines

---

[3] Vgl. Robert Mächler, Das Leben Robert Walsers, (suhrkamp taschenbuch), Frankfurt a. M. ²1976, S. 37f.: »Insofern blieb das bürgerliche Prestige gewahrt, als er sich auf amtlichen Papieren stets als Commis eintrug. Dieser Beruf, den er mit Unterbrüchen zehn Jahre lang [1895–1905] ausgeübt hat, wurde ihm zum Gegenstand eines beinahe forschermäßigen literarischen Interesses. Die Gestalt des Commis erscheint in seinem Werk mannigfach abgewandelt, meistens als Selbstbildnis, manchmal auch als Konterfei des einen oder anderen Arbeitskollegen.«
[4] Die hier verfolgte Thematik behandelt Dierk Rodewald, Robert Walsers Prosa. Versuch einer Strukturanalyse, Literatur und Reflexion I, Bad Homburg v. d. H., Berlin, Zürich 1970, S. 124–126, insbesondere Anm. 1.

schmerzlich erfahrenen Andersseins. Er bleibt zuletzt allein auf der Bühne, »in seinem Nachdenken versunken«. Und diese Gebärde wird nicht mehr abgelöst. Der fallende Vorhang erfüllt den Zweck, das Bild dieses Nachdenklichen vor uns stehen zu lassen.
Diese Schluß-Szene wurde so eingeleitet: Der Weinende »stützt den Kopf und versinkt in Nachdenken«. Das erinnert an den Schluß von Kafkas *Auf der Galerie*: »... legt der Galeriebesucher das Gesicht auf die Brüstung und, ... wie in einem schweren Traum versinkend, weint er, ohne es zu wissen.«[5] Das Weinen, Sich-Stützen, Versinken findet in beiden Texten etwa gleichzeitig statt. Beidemale haben wir eine Szene mit Zuschauern. Der Platz des Weinenden ist freilich vertauscht: vom angeschauten szenischen Bild bei Walser wechselt er bei Kafka zum Zuschauer hinüber. Da aber der Walsersche Zuschauer letztlich eines ist mit der betrachteten Hauptperson, gibt es auch da eine Übereinstimmung. In beiden Fällen ist jedenfalls eine durch die Bühne (bzw. Manege) gekennzeichnete Situation ohnmächtigen Zuschauens gegeben, die das Geschehen in Posen mechanischer Fixierung einfriert. Darauf weist bei Walser bereits das »Anprobieren« der Federn, erst recht dann das Festgebanntsein der Commis in »ihren momentanen lächerlichen Haltungen«, auch das wie nach übertrieben stimmiger Vorschrift erfolgende Hinausschießen des Chefs. Wenn die Commis am Schluß davonspringen, ist es so, als wären sie automatisch regierte Puppen, deren Bewegungen mechanisch gesteuert werden. Dem entspricht bei Kafka der Vergleich der Beifall klatschenden Hände mit »Dampfhämmern«. Bei Kafka handelt es sich um eine einstudierte Zirkusszene, bei Walser um einen täglich sich wiederholenden Routineverlauf. Auch dieser Unterschied kann hinfällig werden, wenn bei Kafka Szenen des Alltags, bei Walser klassische Theaterstücke nach dem gleichen Verfahren behandelt werden. Gerade die Unmerklichkeit des Übergangs zwischen ›wirklichem‹ und gestelltem Bild, zwischen lebendiger und mechanischer Handlung ist bei beiden Autoren eine entscheidende Neuerung. Und bei beiden sind die Tränen – des einen, herausgehobenen Commis oder des Galeriebesuchers – das Zeichen der Durchbrechung dieser automatischen Szene, das den Text

---

[5] Franz Kafka, Sämtliche Erzählungen, hrsg. von Paul Raabe, (Fischer Bücherei), Frankfurt a. M. 1970, S. 129.
Die genaueste und ergiebigste Arbeit zur Berührung Kafkas mit Walser hat Karl Pestalozzi vorgelegt: Nachprüfung einer Vorliebe. Franz Kafkas Beziehung zum Werk Robert Walsers, in: Über Robert Walser II, (suhrkamp taschenbuch), Frankfurt a. M. 1978, S. 94–114. Pestalozzi behandelt darin ausführlich Walsers ›Ovation‹, zu der Kafkas ›Auf der Galerie‹ eine Kontrafaktur bildet.

motivierende Moment, das die Gestelltheit der andern Vorgänge erst ganz ins Bewußtsein hebt: angesichts des Weinens erscheint alles, was von ihm unberührt bleibt, wie ein leerer geometrischer Tanz, der das Leben, das in repetitiver Abfolge und im Zeichen totaler Unterwerfung unter eine Befehle erteilende Macht vor sich geht, nur simuliert.
Der Schöne Walsers »scheint keine Ahnung von seiner Schönheit zu haben«. Der Galeriebesucher Kafkas weint, »ohne es zu wissen«. Beide werden so herausgenommen aus dem Kontext, der sie umgibt, und stehen durch ihre Unschuld in Verbindung zu dem, der dieses Geschehen aufzeichnet: er ist der wissende Partner des unwissenden Helden, dessen Stummheit ihn zum Sprechen bringt.
Einen weiteren Schritt der Entwirklichung macht Walser, wenn er nicht nur eine kleine Gruppe Gleichartiger, sondern eine ganze Stadt von lauter kraft unangefochtener Harmonie tödlich gleichförmigen Bewohnern erfindet: in der märchenhaften Geschichte der *Seltsamen Stadt*, die 1905 erscheint.[6]
»Die Menschen darin waren bloß Puppen.« Auch sie sind völlig abgerichtet, nicht in der Unterwerfung unter die Macht eines Autoritären, sondern unter die Norm der »Manier und Bildung«, an der alle gleichermaßen teilhaben. An diesen Städtebewohnern ist alles ausnahmslos anziehend, sie beherrschen Anstand und Sitte in vollkommener Weise. Und wie in der Welt der Commis alle abhängig waren, so sind hier alle frei und ebendadurch auf andere Art gleichfalls abhängig, nämlich vom gleichmäßig schön und erfolgreich geführten Leben. Ihre »Geschicklichkeit zu allerhand Künsten« erlaubt ihnen, kein Bedürfnis ungestillt zu lassen. Die edlen Neigungen dieser Menschen erinnern an den Firnis aus Edellack, den Walser über manche seiner Erzählungen streicht, um eine Widerstandslosigkeit hervorzurufen, die die Kehrseite einer unausgesetzten Widerborstigkeit bildet. Die Glätte e contrario ist eine von der Erzählerstrategie aus dem Leser zugedachte Provokation.
Witzig ist die Erfindung hosentragender Frauen als Zeichen einer Anpassung der Kleider an den Körper, der darum einen sprechenden Gang darbieten kann. Dies ›Sprechende‹ wird als »Sprache« verfremdet, die die Frauen »in ihren Gang legten«. Die Frauen gleichen den Männern, wie die Sonntage den Werktagen, wie die Kirchen andern Versammlungsorten, wie die Alltagsmenschen den Künstlern.
Daß die Künstler in dieser paradoxen Welt des märchenhaften Alltags überflüssig sind, ist nicht zu trennen von der Aufhebung jeglicher aus Differen-

---

[6] I, 133–136.

zen abzuleitenden Spannung. Wo der Unterschied zwischen Normalität und ausnahmehafter Feinheit, Schönheit und Kostbarkeit dahinfällt, entsteht jener Glanz aus trügerischer Affirmation, der das tödliche Hindernis zur Subversion bildet, als die allein die Perspektive des Künstlers sich artikulieren kann.

Die Geschlossenheit einer solchen märchenhaft in Erfüllung gehenden Wunschwelt läßt alles Ungereimte, Zweifelnde, Fragende endgültig verstummen. Bis der Text aus dieser Sackgasse der Vollendung heraus deren Urheber beschimpft: »Fahr ab, Bursche!« Der Vertreter der Wirklichkeit entmachtet die Stadt und ihre Puppen, um dann aber selber zum Teil eines Bildes zu werden, dem sich alle Elemente einer besonnten Szene aus Menschen, Vögeln und landschaftlicher Natur einpassen: »Es war wie ein Traum, wie ein bloßes Spiel, wie ein Bild. Der Bursche lehnte seinen Kopf in seinen Ellenbogen und ging auf in dem Bild. Plötzlich stand er auf und ging weg. Nun, das ist seine Sache. Dann kam der Regen und verwischte das Bild.«

Traum, Spiel und Bild entsprechen hier dem vorhin behandelten »lebenden Bild«. Und wie bei diesem besteht immerzu die Möglichkeit, daß der Betrachter dem Bild so weit verfällt, daß er seine Eigenständigkeit verliert. Die Folge von Unterwerfung unter das Bild und Bezweiflung des Bildes beleuchtet die Ambivalenz der Betrachterrolle. Da das Betrachtete ihm entspringt, läuft der Beobachter jederzeit Gefahr, die Freiheit des Außenstehenden angesichts seiner Schöpfung einzubüßen, zumal diese den Charakter eines geschlossenen, autonom ablaufenden, aus idealer Künstlichkeit kunstfeindlich gewordenen Bereichs anzunehmen droht. Eine solche Emanzipation der zweiten von der ersten Wirklichkeit wird dann aber vom Erzähler aufs neue hintertrieben. Der Bursche geht weg. Der Regen verwischt das Bild. Am Ende ist dieses aufgehoben.

Gibt es nun einen prinzipiellen Unterschied zwischen einem solchen Puppen-Märchen, einem Traum, einem Spiel, einem Bild und der Szene der Commis? Die Struktur des sowohl Wirklichen als Unwirklichen, sowohl Lebendigen als Unlebendigen, sowohl Unwillkürlichen als Gestellten, sowohl Offenen als Geschlossenen, sowohl Fremdbezogenen als Selbstbezogenen verunsichert den Leser als den Zeugen dieser steten Eingrenzung und Entgrenzung. Wenn jeweils eine automatische, puppenhaft perfekte Szenerie abläuft, ist allein schon der Blick des Betrachters auf solches Übermaß an geregeltem Verlauf ein Indiz für subversives Sehen, das die Puppengeometrie entmachtet. Wer dann mit der thematisierten Rolle dieses Entmachtens beauftragt wird, ist in jedem Text verschieden. Im ersten war es der mit dem herausgehobenen »Künstler«-Commis sympathisierende Blick dessen, der ihn anredete. Hier ist es gleichfalls der Erzähler, der – sich selber? – als Burschen aufrüttelt und dem Bild bald entreißt, bald wiederum zuführt, um sich schließlich in einem Finale noch einmal abzuspalten, wenn der Bursche die Szene verläßt. Die Dialektik von Außenseiterblick und Komplizität kann sich innerhalb der »lebenden Bilder« selber artikulieren oder aber im Bezug des Erzählers zur beschriebenen Szene. Die Polarität zwischen finiter Perfektion und radikaler Bezweiflung der Scheinperfektion erhält sich bis zum Ende dieser Texte und motiviert ihre Struktur.

Durch die märchenhafte Leichtigkeit, schauspielerische Verspieltheit und durchgängige Verklärtheit gleichen die Figuranten der 1908 erschienenen *Schlacht bei Sempach* durchaus den Bewohnern der *Seltsamen Stadt*.[7] Zunächst denkt der Leser, es handle sich um einen historischen Umzug zur Erinnerung an die Schlacht von 1386, der in der Tat alljährlich stattfindet. Denn die »tanzenden« mittelalterlichen Rüstungen, die »tanzenden Rosse«, die »Zieraten und Büsche und Steigbügel« wirken so dekorativ, als wären sie einer Theatergarderobe entliehen worden. Auch die Hintergrundslandschaft besitzt Kulissencharakter: »Hügel..., die aus der blauduftenden, halb verschwommenen Ferne wie leise und behutsam gemalte Dekorationen winkten und wirkten.«[8] Vielleicht denkt Walser auch an die Malerei seines Bruders, der bekanntlich Theaterdekorationen schuf und eine Ritterschlacht gemalt hat, die ein Aufsatz, 1915 erschienen, so beschreibt: »Überaus säuberlich legte der Maler seine schönen Schlachtopfer auf die da und dort mit Blumen geschmückte, von einem artigen und lieblichen Bächlein durchrieselte Wiese, eine Veranstaltung, die lebhaft an mittelalterliche Kunst erinnerte.«[9] Dieses Jugendstil-Mittelalter mit seinen Tendenzen zur Archaisierung, Verkindung und Idyllisierung ist auch in der ästhetisierenden Schilderung der vornehmen Ritter gegenwärtig, von denen sich der Haufen der Hirten umso schmuckloser und wilder abhebt.

Wenn der vorwärts sich schleppende Zug »einem großen Stück Tuch, reich von Figuren und farbigen Formen durchwoben«, gleicht, ja einer Da-

---

[7] I, 199–208.
[8] Vgl. dazu die von Dierk Rodewald, a.a.O., S. 168, Anm. 2, zitierte Parallele aus ›Kleist in Thun‹, wo die Berge »wie die Mache eines geschickten Theatermalers« aussehen (I, 175). Dieser Stelle widmet Jens Tismar (Gestörte Idyllen. Eine Studie zur Problematik der idyllischen Wunschvorstellungen am Beispiel von Jean Paul, Adalbert Stifter, Robert Walser und Thomas Bernhard, München 1973, S. 87) eine eingehende Betrachtung.
[9] VIII, 338. Walser hatte 1899 vor, die Schlacht bei Sempach zu dramatisieren, wovon ihm ein Bekannter abriet. Vgl. dazu Robert Mächler, a.a.O., S. 50f.

menschleppe verglichen wird, so ist die Stilisierung ins Unverbindliche und Abgewertete überdeutlich. Vor allem mit dem Metall, das die Ritter umhüllt, wird vom Erzähler übermütig gespielt: »Schnödes schönes Gerassel«, »stählerne Mäuler«, Liebkosung »manchen Blechs und feineren Metalls« durch die Sonne. »Blutige, höhnische, schauspielerische Dinge« werden von den jungen Rittern erwartet, von denen einige wie ein »niedergeflogener männlicher Engel« aussahen. »...es glich einem Scheinmanöver, wie man jetzt aus den Sätteln sprang, um Stellung zu nehmen.« Während der Schlacht dann wurde, »was auf Pferden saß, ... wie Papier hinuntergeworfen, daß es krachte, wie mit Luft gefüllte Tüten krachen, wenn man sie zwischen zwei Händen zusammenschlägt«. Die »Eingemummelten« heißen »Hampelmänner«. Und selbst im Sterben tönen ihnen Theatertiraden aus dem Mund: »›Ich kämpfe mit Sklaven, o Schande!‹ rief ein schöner Junge mit gelblich vom Haupt niederquellenden Locken und sank, von einem grausamen Hieb ins liebe Gesicht getroffen, zu Boden, wo er, zu Tode verwundet, ins Gras biß mit dem halb zerschmetterten Munde.« Hier wird der pathetische Aufführungsstil der Jahrhundertwende in Sprache und Gebärde nachgebildet, wodurch der schauspielerische Charakter des Ritterheers, ja der gesamten Schlachtschilderung fast überdeutlich zutage tritt. Zur kontrastiven Betonung dieses ihres Gegenbilds sind die »Nacktbrüstigen und Nacktarmigen« der Gegenseite in ihrem realen und werktäglichen Sinn dargestellt, die nach dem Sieg sich sofort wieder den Geschäften, dem Nötigen zuwenden, ohne viele Worte und fast ohne Feier.

Aus einer Theaterszene erwächst eine als Wirklichkeit ausgegebene Schilderung, die aber weiterhin eine Vielzahl von Theaterindizien vorweist. Den Hintergrund dazu bildet das Theatralischwerden der historisch zelebrierten Vergangenheit, die die Erinnerung wie ein Kostümfest heimsucht und durch die Form unwirklicher Verklärung und zutraulich angemaßter falscher Nähe zu solchen Verfahrensweisen der Entwirklichung anregt. Dabei ist die Behauptung der Wirklichkeit angesichts der theatralisch gestalteten Szene ein übermütiges Spiel mit dem Leser, der stets in die Rolle des Zuschauers hinüberzugleiten meint.[10]

---

[10] Jochen Greven hat deswegen unrecht, diesem Stück bis zu einem gewissen Grad eine Ausnahmestellung in Walsers Prosawerk zuzuweisen, indem er darin die Darstellung einer »objektivierten substanzhaltigen Welt-Realität mit vollwertigen handelnden Personen« vermutet (Existenz, Welt und reines Sein im Werk Robert Walsers. Versuch zur Bestimmung von Grundstrukturen, Diss. Köln, Köln 1960, S. 28). Dies hat schon George C. Avery richtiggestellt, in: Inquiry and Testament. A. Study of the Novels and Short Prose of Robert Walser, University of Pennsylvania Press, Philadel-

Der Antrieb zum Schreiben ist also verknüpft mit einer der Spielzeugperspektive verpflichteten Disposition ästhetisierender Zitate aus klischeeartigen Mittelalterdarstellungen, denen als Gegennorm die »Seite der ›Menschen‹«, d.h. die Schweizer Hirten entsprechen, die den Ritter-»Engeln« als »Unterwelt« begegnen und die dunstige Landschaft »in ein Festes« verwandeln. Hitzig, zornig, toll werfen sie sich in die »stupide Wand von Spitzen«, als träte der Befehl »Fahr ab, Bursche!«, der die Unwirklichkeit der *Seltsamen Stadt* bloßlegte, auch hier mit aller Direktheit zwischen die Kulissen.

Ähnlich der *Schlacht bei Sempach* ist die Zerstörung einer gleichförmigen Luxuswelt durch eine elementare Gewalt: Theaterbesucher, selber zur Theatralität erstarrte Puppen, werden plötzlich von einer wildgewordenen Unterwelt in raubtierartigem Zorn bedrängt, nämlich von der allvernichtenden Flamme eines *Theaterbrands*.[11] Der Himmel des Genusses wird von unten her angegriffen. Auch hier wird mit einer scheinhaften, pseudomittelalterlichen Vergangenheit in unhistorischer Formelhaftigkeit eine Theatersphäre verknüpft. Und das Schauspiel spiegelt selber den Geist seiner Besucher, wenn »die Schauspieler ... edlen, gewandten Rittern von Geblüt« glichen; »mit soviel ausgesuchter Feinheit wußten sie sich auf der Bühne zu bewegen«. »Verschwendungs- und Genußsucht« ging dort mit völliger Rechtlosigkeit zusammen und bildete die Voraussetzung zu einer Theaterkultur, die auch die Todesgefahr zunächst bloß als Schauspiel begriff. Die Reaktionen der Schauspieler und des Publikums werden so geschildert, als ob eine weitere Theateraufführung folgte: »Der Tod verzerrte sein Gesicht sowohl zu den komischsten wie zu den traurigsten Fratzen.« »... unterdessen fingen auch die Menschen an zu brennen, zu brennen, wie Papier brennt.« Diese papierene Welt findet das ihr zukommende Ende. Nur Josef Wirsich, wie »ein schicksalwendender Gott«, rettet sich und einige aus den Fenstern Stürzende, um sich dann sogleich zu einem Gastmahl bei seiner Freundin, der Gräfin Nidau, einzufinden. So genießt er am Schluß den Wein, den der Erzähler, indem er die Schlemmerwelt vergangenen feudalen Zuschnitts aufgebauscht und spektakulär vernichtet hat, als

---

phia 1968, S. 202. Daß es sich im Gegenteil hier um einen »extrem uneigentlichen Text« handelt, zeigt auch Alois Brandstetters Aufsatz: Robert Walsers Österreicher. Überlegungen zu ›Die Schlacht bei Sempach‹, in: Über Robert Walser II, S. 45–50, insbesondere S. 49. Wohl als erster hat Siegfried Lang auf dieses Stück aufmerksam gemacht, indem er es 1938 in sein ›Lesebuch schweizerischer Dichtung‹ aufnahm und mit einer kurzen Einleitung versah (Über Robert Walser I, S. 151 f.).

[11] I, 147–152.

posierender kulinarischer Komplize dieser Gesellschaft eingenommen zu haben schien.

Der kitschig üppige Charakter der hier geschilderten Welt gehört von vornherein einem Schmierentheater an, so daß der Brand nicht anders als ein Theaterbrand erscheinen kann, was um so deutlicher wird, je betonter der Gegensatz zwischen Schauspiel und Wirklichkeit herausgestrichen wird. Das feudale Amüsement entzündet sich an dem Walsers Heimatstadt Biel benachbarten mittelalterlichen Schloß Nidau, dem der Erzähler eine Gesellschaft ästhetischer Prasser aus der Sphäre des letzten Fin de siècle zuordnet. Ein neuromantischer Märchen-, Traum- und Theaterkitsch kann indes, indem er zu realen Erfahrungen hin oszilliert, den Ausgangspunkt zu einer fundamentalen Verunsicherung der Ebenen bilden.[12]

Von dieser Textgruppe, die vom Blick auf eine entwirklichte, theatralisch erstarrte Gesellschaft bestimmt wird, deren Abstraktheit sich widerstandslosem Funktionieren verdankt und, außer im ersten Beispiel, mit dem unwahren Glanz der Verwöhntheit und des Wohllebens überfirnißt ist, hebt sich eine zweite Gruppe ab, die, reflektierter, den Status des Dichters-Regisseurs-Schauspielers als einer schwebenden Einheit befragt, deren Verhältnis zur Außenwelt stets von der unsicheren Grenze zur Innenwelt betroffen wird.

Ein Jahr vor *Theaterbrand* und vor der *Schlacht bei Sempach* erschien *Das Theater, ein Traum*[13], ein Text, dessen Eigentümlichkeit darin liegt, daß der Gesichtspunkt sich bald nach innen, bald nach außen wendet, bald den Traum als Theater, bald das Theater als Traum begreift. Gerade die Möglichkeit, die diesen stets oszillierenden Wechsel der Perspektive begründet, wird hier nun thematisiert. Es kommt alles darauf an, den Unterschied zwischen Innen- und Außenbühne, Traumstaffage und Theaterkulisse zunichtezumachen. Interiorisierung und Entäußerung gehen stets ineinander über, da das Äußere nur ein umgestülptes Inneres, das Innere jedoch ein Ort der ›Selbstregie‹ ist, von Beleuchtungs-, Entformungs-, Verzauberungskünsten abhängig, die zur Schau stellen, was selbstbefangen zu sein schien. Diese ›Exhibition‹ setzt eine Spaltung des sprechenden Ich von den ihm entspringenden, nach außen tretenden Erscheinungen voraus, deren Farben und Formen sich verselbständigen, ja bis zur Absolutheit emanzipieren.

---

[12] Über jene Verunsicherung schreibt Robert Musil 1914 im Zusammenhang dieser einen Erzählung, in einer Rezension der »›Geschichten‹ von Robert Walser« (Über Robert Walser I, S. 89ff.).

[13] VIII, 7–11.

Die Verwandlung der ›Wirklichkeit‹ in Traum entspricht also derjenigen in Theater, wobei beide aus dem Innenraum des Ich geschöpft werden. Diese Verwandlung wird durch Oxymora wiedergegeben: der »erschütternd bestimmte Ausdruck« deutet zugleich auf Bewegung und Fixierung hin, bringt eine ›übernatürliche‹, gesteigerte Realität hervor, die zugleich beglückt und erschreckt, in jedem Falle aber konzentriert. Scharf geschliffen und weich zerfließend sind die zwei einander stets ergänzenden Äußerungsweisen des ›Theater-Traums‹. Die plastische und die musikalische Darbietungsform verschränken sich. Dem entspricht in der Thematik ein gleichfalls jäher Wechsel vom dramatischen zum idyllischen, vom höllisch-mörderlichen zum paradiesischen Bereich. Konzentrierteste, auf ihr ontologisches Grundmaß reduzierte Szenen werden durch die geringst mögliche Zahl von sprechenden Zeichen evoziert. In allen Szenen herrscht gleichzeitig Setzung und Aufhebung, wird ein Sachverhalt eingegrenzt und aufgelöst.

An Jean Paul, genauer an den neuromantisch rezipierten Jean Paul gemahnen die einsam expressive Farbe, der isolierte Ton, die Verbindung des Schauererregenden mit dem Friedlichen, die aus ununterbrochener Metamorphose hervorgehenden Gestaltenreihen, aus gesteigerter Bangnis und Süße zugleich sich nährend.[14] Zu der symbolistischen Tradition der durch den Traum gesteigerten Realität[15] tritt also deren Vorform, das Jean Paulsche magische Entstalten, in neuromantischer Fassung hinzu und leitet zu expressionistischen Weltuntergängen über: zu Erdbeben, die Häuser fallen machen, zu Schreien und Morden, die aber theatralisch verkleinert und zurückgenommen werden, zu Hereinstürzendem, das die Kontinuität des Raums und der Zeit einerseits unterbricht, andererseits bestätigt. Eine rokokohaft ästhetisierende Beleuchtung und Klangfarbe umspielt gerade die heftigsten, lautesten, traumfeindlichsten Szenen: ein Bluten, einen Eisenbahnzug, zwei Schurken, die »laut brüllend miteinander flüstern«: diese

---

[14] Vgl. Walsers Essay zu Jean Pauls 100. Todestag, in dem er bekennt, das ›Schulmeisterlein Wuz‹ »schon bis zu zwanzigmal« gelesen zu haben, »das vielleicht der schönste kleine Roman ist, der aus dem Schoß des erzählenden Deutschland hervorging«. Gleichfalls im Superlativ wird von den ›Flegeljahren‹ gesprochen, »die ich für so ziemlich das schönste deutsche Belletristikbuch halte, wenn man etwa von Goethe rasch absieht«. (IX, 362 und 364)
Auch Max Rychner nennt Walser »einen Nachfahren aus Jean Pauls Geschlecht« (Über Robert Walser I, S. 149).
[15] In einer 1926 erschienenen ›Studie (I)‹ evoziert Walser das Dreigestirn Baudelaire-Verlaine-Rimbaud, das ihm wie in einem Spiegel drei Etappen der Entwicklung Frankreichs vorhielt (X, 245–247).

paradoxe Zusammenkunft sich ausschließender Gegensätze, die den gespielten, posierten Charakter alles hier Geschilderten verraten, läßt auf eine fundamentale Distanz schließen, die den Spielzeug- und Illusionscharakter dieser kohärent verkürzten Welt des Traumtheaters ermöglicht. Zuletzt entspringt diese der Dichtung, die hier gleichzeitig ihre Innen- und ihre Außenansicht preisgibt, ihre sowohl dem Ich als seinen äußeren ›Correspondances‹ hörige Regie. »O, wie der Traum göttlich schauspielert!« Alle Bezeugung von Wirklichkeit ist zugleich Überführung sich selber entgegengesetzter Szenen aus dem Innenraum, der »Schlafstubenluft«, in die bühnenhafte Exhibition. Darum fällt an den evozierten Szenen der übergängliche, blitzhaft hervortretende und blitzhaft sich wieder auslöschende, zugleich aber fortdauernde Charakter auf, der Wellenlinien, Stimmen, Schimmer in langsam-schnellen, fern-und-nahen Windungen vorüberführt. Das solchermaßen sich ausstellende Innen-Oxymoron ist ein Versuch, Totalität darzustellen, mit Hilfe einer an neuromantisches Traumtheater des Ich erinnernden Verfahrensweise, jedoch verspielter, selbstkritischer, sich selbst entfremdeter. Man könnte hier den Übergang von Hofmannsthalschen zu Kafkaschen Strukturen ansiedeln, die Wende von magischer Universalität zu fragmenthaften Teilen.[16]

Die gleiche oxymorische Struktur, diesmal aber auf den Urheber des ›Traum-Theaters‹ bezogen, den Dichter selber, wird in radikalerer und konzentrierterer Gestaltung erkennbar im Aufsatz *Über den Charakter des Künstlers*, der 1911 erschien.[17] Statt auf die Hervorbringungen des Dichters zu achten, untersucht der Schreibende deren Voraussetzungen. Die stets mit sich selber in Gegensatz befindliche Einstellung eines sich zugleich fassenden und fahrenlassenden Ich bleibt in der Schwebe verschiedenster, sich je nacheinander aktualisierender Möglichkeiten. Der Künstler gibt sein realitätsnahes Ich zugunsten eines Doppelgängers seiner selbst, eines »fast gespenstischen Geists«, auf. Um über die Menschen und zu den Menschen sprechen zu können, muß er aus der ›condition humaine‹ aussteigen, ohne sie ganz zu verlassen. Er ist einem »Fortlaufenden« anheimgegeben, das sich als das Weitergehen seiner raumzeitlichen Arbeit erweist, die immer wieder sich von ihm emanzipiert und immer neu von ihm her ihren Sinn empfängt. Dieses »Fortlaufende« hat also die doppelte Bedeutung des Ichverlusts und des Fortgangs in der Zeit, welche für Walser zusammenfallen.

---

[16] Vgl. zu diesem Übergang meine Arbeit ›Der junge Hofmannsthal heute – Das Erbe einer Erbschaft‹, in: Leuchttürme. Von Hölderlin zu Celan, Wirkung und Vergleich, Frankfurt a. M. 1977, S. 247–270, hier besonders S. 261.
[17] VIII, 55–58.

Er ist stets an der Grenze zwischen ›Normalität‹ und Verrückung, da der Fortgang auch immer ein Nichtbeisichsein meint. »Mit sich selber stets im Unklaren«, dies bezeichnet für den Künstler den angebrachten Standort, dem das Hölderlinische »Dämmern« entspricht. Der Fortgang der Produktion darf aus diesem Zwischenzustand nie heraus in eine Fixierung führen. Immer bleibt der Mangel für seine Tätigkeit konstitutiv. Der »Reiz«, der ja auch, in jedem Sinn des Worts, Walsers ›reizenden‹ Bildern eine Anziehungskraft verleiht, die der Sattheit Hohn spricht, ist die Folge des Mangels, der dem Ich sein gespenstisches Doppel zugesellt. Dieses Sichstetsabhandenkommen ist zweifellos eine Grundfigur, die den sprunghaften, fragenden, zweifelnden, oft selbstzerstörerischen Charakter dieser Prosa erklärt. Ihr ist die Erhaltung eines ›zollfreien‹ Raums lebensnotwendig, die grenzgängerische Freiheit nimmt oft den Schein der Willkür an, um vor jeder Eingemeindung geschützt zu sein. Das Nichtich im Ich ist die Ermöglichung des poetischen Fortgangs, der dem Selbstverlust je und je zu begegnen hat, ohne ihn zu verlieren. Denn der Verlust des Verlusts wäre zugleich der Verlust des Künstlertums.

Von hier aus wird, im Rückblick, das Bedürfnis nach dem Oszillieren zwischen Traum und Bühne, zwischen Märchen und Wirklichkeit, zwischen Puppenspiel und Realität neu verständlich, als ein Zwiegespräch zwischen Ich und Nichtich. Die theatralische Zweitwelt, die bisher betrachtet wurde, ist eine Verwandlung der Icherfahrungen in Fremderfahrungen, des Eigenen in das Abgestoßene, Entfernte. Das Ich als ein fernendes begreift sich aus dieser Distanz zu seinem doppelgängerischen Gesprächspartner.

Schließlich gibt es einen Text, in dem eine Synthese aller bisherigen Perspektiven erscheint. Ein Dichter, der zugleich ein Schauspieler seiner selbst wäre und ein Publikum vor sich hat, eine aus Ichbesitz und Ichferne gemischte Gestalt, elementar und stilisiert zugleich, ein reales, aber auch irreales Wesen, das aus sich selbst und zugleich für die andern lebt, aber niemals weiß, wie es um es selber bestellt ist, ein Ausnahmegeschöpf, Herr über seine Kundgebungen und doch zugleich abhängig von einer ihm unbekannten Natur, von größter Ausdruckskraft und unberechenbar in seiner Sprunghaftigkeit, ein solches inkarniertes Oxymoron ist der »abessynische Löwe im Zoologischen Garten« Berlins, der *Ein Schauspieler*[18] heißt. Er illustriert die Lehre vom unstillbaren Mangel, aber, im Gegensatz zum Künstler, kennt er auch sein Gegenteil, die Sattheit. Von dieser Eigenheit aus kann nun der ganze Unstillbarkeitstopos des Künstlers sowohl bestätigt

---

[18] VIII, 97–99.

als ironisch desavouiert werden. Gleichfalls wird dem Königlichen des Löwen eine der Theatralik anstehende ironische, ebenfalls theatralische Reverenz erwiesen. Der »Tiermaler« antwortet in gespielter, sich selbst zurücknehmender Theatralik auf den Schauspieler Löwen. Dessen ›Welt-Fremdheit‹ läßt ihn kaum je, und nur mit einem »Götterblick«, auf die Menge schauen. Das Eindrucksvollste ist seine Unruhe in der Gefangenschaft, das nie endende Hin und Her, das »Fortlaufende« seiner Bewegungen, die Vergeblichkeit ausdrücken. Der gefangene König, zum Schauspieler herabgekommen, so präsent wie abwesend, gesammelte Kraft und doch zugleich außerhalb seiner selbst, nicht von dieser Welt, der er doch als Fürst vorsteht: die bekannten Widersprüche treten, explizit und vor allem implizit, wieder auf, aber nun als zugleich innere und ausgestellte.
In einer und derselben Tiergestalt erscheint die Fremdheit nicht mitteilbarer Innenwelt nach außen gewandt, zugleich aber den Außenstehenden dargebracht, die daran teilnehmen. Dieser Künstler hat sein Publikum, wenn es auch die Sonderart des Schauspielers zu verkennen scheint, weil es ihn ernst nimmt, während der Erzähler mit ihm ein Spiel treibt, das er ihm halb zuspricht, halb abspricht: eine Unsicherheitsmarge begleitet jede Kennzeichnung, die Problematik des von seinem eigenen Doppelgänger abgezogenen Dichters erneut sich in den nur ›scheinbaren‹ Aussagen, die hier gemacht werden können.
Damit verläßt Walser den Boden der reinen Fiktion und denjenigen der reinen Reflexion, um sich an einem Gegebenen zu orientieren, das seine Macht dem entmachtenden Blick des Schreibenden aussetzen muß. Dieses Innewerden eines Mächtigen, der in der Evokation seine Macht einbüßt, weil das Schreiben seinen Antrieb aus der Subversion empfängt, kann als eine neue Orientierung in Walsers Arbeit gelten: als ein Darstellen fragwürdiger Autorität. Die Dichter und Schauspieler vereinigende Seinsweise ist, vom echten Dichter aus gesehen, eine Pose, deren dieser bedarf, um sich als der Nichtschauspieler zu begreifen, der er gerade auf Grund seines Spiels mit seiner eigenen Schriftstellerrolle ist: ein Spiel der Selbstentblößung, gegenüber dem Spiel der Selbstmaskierung.
Die Theatralität führt zuletzt zu ihrer ironischen Ablösung durch die demaskierende Perspektive, kraft deren den Masken ein konstitutiver Mangel an Defizit zugesprochen wird. Der Löwe ist derjenige, der seine Defizite stolz überspielt. Der Dichter ist derjenige, der sie sich stets erhält, um weiterschreiben zu können.
Insofern ist mit diesem Schauspieler das Spiegelbild des Dichters schließlich in das karikierte Gegenbild eines unwirklichen Märchenhelden überführt

worden, der sich den verwöhnten Luxusgeschöpfen der *Seltsamen Stadt*, der *Schlacht bei Sempach* und des *Theaterbrandes* zugesellt.

Das Theater, indem es darauf verzichtet, sich abhanden zu kommen, wird abgestoßen von demjenigen, der nur als sich abhanden Kommender zu schreiben vermag.

Anna K. Kuhn

The Romantization of Arthur Schnitzler: Max Ophuls' Adaptations of *Liebelei* and *Reigen*

The closing scene of Schnitzler's only tragic play, *Liebelei*, presents us with the playwright at his most melodramatic. We encounter a distraught Christine, desolate at her lover's death, convinced that Fritz's duel for the sake of another woman totally negates their relationship. Christine's suffering is twofold. Personally it arises out of the sudden, shattering recognition that for Fritz, Christine's *große Liebe*, she was nothing more than a *Liebelei*. On the social level it stems from the injustice of having been excluded from Fritz's funeral.[1] The funeral, according to Theodor, was a quiet affair, with only the closest of kin and most intimate friends present. Christine's response makes clear her frustration and despair:

> CHRISTINE: Nur die nächsten – ! Und ich? ... Was bin denn ich?
> MIZI: Das hätten die dort auch gefragt.
> CHRISTINE: Was bin denn ich –? Weniger als seine Verwandten, weniger als ... Sie. (67)[2]

As Christa Melchinger has pointed out, Christine's question, »Was bin denn ich« reflects an existential[3] disorientation and alienation. Fritz's death

---

[1] Exclusion is, of course, a common motif in Christine's and Fritz's relationship. In one of their first conversations, Christine reprimands Fritz for having neglected her in the theater the previous evening in order to spend time with friends in a private box. And although, as Martin Swales points out, Christine's social role demands that she »accept the few hours allotted to her, ... accept that she is accorded only a peripheral role in the life of her lover,« she finds it difficult to reconcile herself to this role. Christine wants to know everything about him. When he is evasive, she »articulates what she feels about their entire relationship – that she only knows a tiny segment of Fritz's experience, that she is relentlessly excluded from whole areas of his life.« Martin Swales, *Arthur Schnitzler: A Critical Study* (Oxford: Oxford University Press, 1971), pps. 182 and 193.

[2] All textual quotations and references are from the edition: Arthur Schnitzler, *Liebelei/Reigen* (Frankfurt am Main/Hamburg: Fischer Bücherei, 1960). The numbers in parentheses refer to the pages in this text.

[3] For a discussion of Schnitzler and Existentialism, cf. also Adolf Klarmann, »Arthur Schnitzler und der Existenzialismus«, *Journal of the IASRA*, 2,2 (1963) pps. 35–37.

forces her to self scrutinization, yet what she sees is not her own image of herself, but rather Fritz's perception of her as *süßes Mädl*. »Wie gut sie die Rolle begreift, die sie in Fritz' Leben gespielt hat, beweist ihre letzte Frage: ›Und wann kommt der nächste Liebhaber?‹«[4] Implicit in her question is her intuitive understanding of Theodor's famous articulation of the concept of »Liebelei« (Act I):

> Zum Erholen sind sie da. Drum bin ich auch immer gegen die sogenannten interessanten Weiber. Die Weiber haben nicht interessant zu sein, sondern angenehm. Du mußt dein Glück suchen wo ich es bisher gesucht und gefunden habe, dort, wo es keine große Szenen, keine Gefahren, keine tragischen Verwicklungen gibt, wo der Beginn keine besonderen Schwierigkeiten und das Ende keine Qualen hat, wo man lächelnd den ersten Kuß empfängt und mit sehr sanfter Rührung scheidet. (11)

Christine's trauma is as much precipitated by her loss of sense of self, which is inextricably bound to her belief in unconditional love, as it is to the loss of her lover. Because her love for Fritz is unconditional, and because she feels her love to have been betrayed, she is inconsolable. Unlike Theodor, she cannot conceive of a time when she will be more calm. Since Theodor refuses to take her to Fritz's grave, she resolves to go alone, not, she maintains, to pray, but rather, as indicated by her ominous words and gestures (»Ich will dort nicht beten ... nein ... *Sie stürzt ab*«) [68], to join her lover in death.

The ultimate irony of this scene lies in the fact that in death, as in life, Christine and Fritz have failed to understand each other. Christine goes to her death convinced that Fritz has died for another woman. She is as incapable of understanding his adventurer nature as he is of understanding her unconditional love.

In Schnitzler's *Liebelei* the personal tragedy of Christine's and Fritz's *Aneinandervorbeilieben* assumes socio-critical implications through Christine's ostracism from the funeral. Both personally, as the casual lover of Fritz, and socially, as a member of the *petite bourgeoisie*, Christine's presence at the funeral of the member of the *haute bourgeoisie* would have been intolerable. Thus Christine, mistakenly regarded by Fritz and Theodor as a *süßes Mädl*, is a victim both of upper class sexual exploitation of women and of rigid, inhumane social conventions. However, as Rolf-Peter Janz notes:

---

[4] Christa Melchinger, *Illusion und Wirklichkeit im dramatischen Werk Arthur Schnitzlers* (Heidelberg: Carl Winter Universitätsverlag, 1968), p. 38.

Nicht Christines tragischer Irrtum, Fritz habe eine andere Frau geliebt, sondern die soziale Deklassierung, der sie sich nach der Todesnachricht ausgesetzt sieht, führt zur Katastrophe des Stücks. *Liebelei* endet nicht mit Christines Erschütterung über den Tod des Geliebten, der, wie sie meint, für eine andere starb, sondern mit ihrer Erfahrung, nicht gesellschaftsfähig zu sein.[5]

As Janz has convincingly shown, *Liebelei* belongs to the genre of the *bürgerliches Trauerspiel*.[6] Both the *bürgerliches Trauerspiel* and much of Schnitzler's œuvre employ stock types. Indeed, much of Christine's tragedy lies in being misapprehended as a turn-of-the-century stock figure of the *süße Mädl* when, in fact, she has more in common with the virtuous but passionate heroines of earlier *bürgerliche Trauerspiele*. Christine is closer to Luise Müllerin than she is to Mizi Schlager.

Had Schnitzler left his drama open-ended, had he concluded it with Christine's departure, her tragedy would have been readily manifest and poignant. Instead, he heavy-handedly explicates the obvious. Weiring's reaction to Christine's exit, appended to the play, is patently gratuitous:

---

[5] Rolf-Peter Janz/Klaus Laermann, *Arthur Schnitzler: Zur Diagnose des Wiener Bürgertums im Fin de siècle* (Stuttgart: J. B. Metzlersche Verlagsbuchhandlung, 1977), p. 39.

[6] Janz persuasively makes a case for *Liebelei* as a fin de siècle variant of the prototypical *bürgerliche Trauerspiel*, *Kabale und Liebe*. Based on Peter Szondi's theory of the *bürgerliches Trauerspiel*, Janz argues that the social rank of the protagonists alone does not determine whether a work belongs to this genre. Instead he maintains that the essential constitutive element of the *bürgerliches Trauerspiel* is thematic. Thus, while acknowledging the sociological similarity between the father figures Miller and Weiring, Janz points out that their artistic careers place them on the periphery of the *Bürgertum*. It is rather the *theme* of *Kabale und Liebe*, the »morality of the *Bürger* and the attacks upon that morality, arising from the feudal conditions« (36) of the time which make *Kabale und Liebe* a *bürgerliches Trauerspiel*. The same theme, he maintains, is also at the core of *Liebelei* and thus we are justified in considering Schnitzler's play an impressionistic, but nonetheless legitimate example of a *bürgerliches Trauerspiel*. »Both Miller and Weiring are indebted to the *Bürger* morality: it is the morality of the socially inferior.« (36) Juxtaposed to this morality is the amorality of the nobility in *Kabale und Liebe* and that of the *haute bourgeoisie* in *Liebelei*. Christine, like her predecessor Luise Miller, has all the virtues required of a member of her class: »industriousness, decency, love of family and ›humility‹.« (36) The essential difference between *Liebelei* and Schiller's drama lies in Schnitzler's conception of Weiring. In contrast to Miller, Weiring's behavior is decidedly *unbürgerlich*. He renounces the typical role of the father in the *bürgerliches Trauerspiel*, that is, his function as the guardian of his daughter's virtue. Rejecting the marriage of convenience offered by Binder, he urges Christine to enjoy herself with Fritz. In so doing, Weiring indicates that for him chastity-as-virtue has become problematical. This shift indicates that, for Schnitzler, a classic conflict of the *bürgerliches Trauerspiel* has become outdated. Janz, pps. 34–40 (My translation). Pagination of direct quotes above are given in parenthesis.

WEIRING: Eilen Sie ihr nach.
Theodor und Mizi ihr nach.
WEIRING: Ich kann nicht, ich kann nicht ...
Er geht mühsam von der Tür bis zum Fenster. Was will sie ...
Was will sie ...
Er sieht durchs Fenster ins Leere. Sie kommt nicht wieder – sie kommt nicht wieder!
Er sinkt laut schluchzend zu Boden. Vorhang. (68)

Martin Swales has taken issue with Schnitzler's melodramatic conclusion, pointing out that one »can only regret that the curtain falls just a few lines too late. Weiring's last words ... are superfluous, one of those moments which in their thematic underpinning amount to melodramatic explicitness.«[7]

It is, however, precisely the overstated mood of the closing appendage of Schnitzler's *Liebelei* which provides the point of departure for Max Ophuls' 1932 cinematic adaptation of the play. Indeed, Ophuls' film is a melodramatic, romanticized version of the original.

The opening shot sets the tone for the entire film and establishes the film-maker's *modus operandi vis-à-vis* his literary source. The initial medium shot shows the stage director of the Vienna Opera, backstage, watch in hand, about to signal the lowering of the curtain on the second act of Mozart's *Die Entführung aus dem Serail*. The camera then cuts to a close-up of the stage log with the precise entries of curtain times, thereby underscoring the prominent role time will play in the film.

The structure of Schnitzler's *Liebelei* is inherently undramatic. The source of dramatic conflict, Fritz's trysts with a married woman, and the discovery of their affair, occur before the play begins. What unfolds on stage is merely the unraveling of the *denouement*. Ophuls dramatizes Schnitzler's exposition.[8] Exploiting the inherent tension in the adultery plot, he creates a suspense film.

To this end he introduces the Baroness von Eggersdorf as a pivotal character in the film and fleshes out the role of her husband. The sense of urgency, the race-against-time-theme is central to the Fritz-Baroness plot line. It is inherent in the forbidden, clandestine nature of their affair. Ophuls exploits this to the fullest when he has Fritz leave the opera at the beginning of the third act, pursued by a suspicious Baron. Cutting from the shot of the

---

[7] Swales, p. 198f.
[8] Ophuls however fails to address himself to an essential component of Schnitzler's exposition, namely the elucidation of the concept of *Liebelei*. This concept is, as will be shown, inconsequential for Ophuls' interpretation of Schnitzler.

Baron driving off in his carriage from the opera house, we see the stage director furnishing the Baroness precise information as to the time of the final curtain of *Die Entführung*. Since the viewer, unlike the lovers, is privy to the fact that the Baron is no longer at the opera, he knows that this information is inconsequential. Adroitly manipulating viewer identification, Ophuls cuts to the Eggersdorf villa, where we witness Fritz's departure from the Baroness which coincides with the Baron's arrival. The tension reaches its climax in the following cloak-and-dagger scene in which a furtive Fritz, stealing down the grand staircase, encounters the returning Baron. In one of the most tensely suspenseful shots in the film, Fritz is able to hide in an opening behind a pillar in the right-angled staircase until Eggersdorf passes by.

The use of dramatic tension serves a dual function. It actively engages the audience in the action and, by stressing the deceit and danger inherent in Fritz's affair with the Baroness, it enables Ophuls to effectively render the daemonic component of their affair, to which Schnitzler has Theodor allude.[9] Thus it serves as a point of comparison to Fritz's relationship with Christine.

In contrast to Schnitzler's play, Theodor and Fritz are not yet acquainted with Mizi and Christine at the outset of the film.[10] The opening scenes at the Opera (Ophuls' invention) serve the purpose of implementing their meeting. Since culture in turn-of-the century Vienna was the great social equalizer, the Opera House is a plausible and respectable backdrop against which to engineer the meeting between two *petite bourgeois* girls and two k.u.k. officers.[11] Ophuls, in fact, consciously plays with the broad cross-class culture appeal of Mozartian opera in Viennese society by having the immediate cause for their meeting be the appearance of the Kaiser at the opera. In her excitement at seeing the Emperor, Christine drops the opera glasses from the balcony. They land in the orchestra below, causing Theodor to drop his helmet. Initial contact thus having been made, Ophuls

---

[9] »Schau, Fritz, wenn du eines Tages ›jenes Weib‹ nicht mehr anbetest, da wirst du dich wundern, wie sympathisch sie dir sein wird. Da wirst du erst drauf kommen, daß sie gar nichts Dämonisches an sich hat, sondern daß sie ein sehr liebes Frauerl ist, mit dem man sich sehr gut amüsieren kann ...« (8f.)

[10] In the original version of Schnitzler's play, the characters are not yet acquainted either. They meet at a dance school in the suburbs. Janz, p. 29.

[11] In another departure from the original text, Fritz and Theodor are cast in a far more favorable light. They are seen as responsible members of the military, with all the obligations attendant upon that rank. Thus the dilettantism and the irresponsibility of the rentier life-style underlying Schnitzler's conception of Fritz is circumvented.

can subsequently have Theodor meet Mizi and Christine when he turns in the glasses to a stage hand.

In addition, the theatrical setting allows Ophuls to introduce the topos of *theatrum mundi* which plays such an important role in Schnitzler's *œuvre*. From the outset, Ophuls consciously plays with the appearance-reality theme. We get our first glimplse of the characters from the perspective of back stage, or rather we observe the stage director observing the audience through the huge eye of a rather grotesque mask which serves as a prop for the opera. In relegating the viewer to the role of voyeur, watching the stage director engaged in a voyeuristic act, Ophuls ironically counteracts viewer identification. This counterbalance between viewer identification and distanciation has been regarded as a hallmark of Ophuls' cinematic style.[12]

In a typically Ophulsian shot,[13] the camera then, seemingly randomly, pans the audience, concentrating initially on those seated in the orchestra section, lingering to catch snatches of conversation during the intermission and finally comes to rest on Fritz, who is apprehensively staring up at the boxes. The subsequent cut to the boxes with its menacingly low angle shot of Baron von Eggersdorf (played with chilling iciness by a monocled Gustav Gründgens) at once establishes the personal and social relationship of the players. The spatial delineation of social stratification is further underscored by a cut to the audience in the balcony. Thus the social parameters of the drama about to ensue are set: they include nobility, *haute bourgeoisie*, military and *petite bourgeoisie*. A final long shot of the Opera House interior reiterates the sociological position of the various groups. The shot shows the entire audience rising as the Austrian anthem announces the

---

[12] Fred Camper, »Distance and Style. The visual rhetoric of Max Ophuls: Letter from an Unknown Woman,« *Monogram* 5 (1974), p. 21.

[13] Robin Wood, in describing the opening sequence of *Letter from an Unknown Woman* (foyer of the Vienna Opera which is performing Mozart's *Zauberflöte*), aptly describes this aspect of Ophuls' camera work:
> The camera tracks right, revealing the spectators during the interval between the two acts, moving about, talking. It picks up first one pair, now another, moving with each a little way, then transferring to the next as if its attention had been distracted. The effect is dual, arising, one might say, out of a tension between content and style: the movement looks arbitrary, as if it did not matter which group or person the camera focused on (and none is a character with whom the fiction is concerned) or where it moved next; yet the movement (both of people and of camera) is so meticulously choreographed, so graceful and fluent, that we cannot but feel (even if subconsciously) that everything in the shot has been predetermined.

Robin Wood, »Ewig in der Liebe Glück: *Letter from an Unknown Woman*,« *Personal Views: Explorations in Film*, (London: Gordon Fraser, 1976), p. 116.

arrival of the Kaiser, thereby indicating the subservience of all these classes to the Emperor. This unifying use of music, underscoring the hierarchial structure of Viennese society, stands in sharp contrast to the earlier dissonant sounds of the orchestra tuning up, a dissonance adumbrating the tensions incurred by the interaction of these social groups (cf. Fritz-Eggersdorf plot).

Music, as an acoustic, non-verbal carrier of meaning, plays an important role in Ophuls' cinematic art. In *Liebelei* Ophuls uses Mozart's opera to underscore themes in his own work.[14] Thematically the *Entführung aus dem Serail* offers significant points of comparison with the situation of the lovers in the film. Just as Mozart's opera juxtaposes a pair of ideal, aristocratic lovers (Konstanze and Belmonte) with the ordinary proletarian couple (Blonde and Pedrillo), so too Ophuls contrasts the ideal lovers Christine-Fritz with the frivolous pair Mizi-Theodor.

The essential difference between Schnitzler's play and Ophuls' film lies in the characterization of Fritz and in the conception of Fritz's and Christine's love. If, in Schnitzler's play, Fritz is seen as the melancholic adventurer à la Anatol, he becomes in Ophuls' film a philanderer with a heart of gold. Not only is the ennobled Fritz riddled with pangs of conscience at deceiving the Baron[15], he is capable of recognizing Christine's uniqueness and individuality. Responding to her gentleness and concern on their first walk home together[16], he is immediately drawn to her. Taking the initiative, it is he who first confesses his love. In Ophuls' hands he becomes a man transformed and redeemed by the love of a virtuous woman: »Seit ich dich kenne, bricht für mich eine ganz neue Zeit an«, he confesses to Christine. In short, their relationship, far from a *Liebelei*, takes on the dimensions of a great love affair.

---

[14] Cf. Wood, pps. 118f. for further discussion of Ophuls' use of music.
[15] In the boudoir scene with the Baroness, Fritz, in fact, articulates his anguish at deceiving the Baron, whom he has to confront daily, whom he must look in the eye.
[16] Fritz, joining his friend Theodor in the café directly after his close call with the Baron, finds Christine and Mizi there with him. Somewhat reluctantly he agrees to accompany Christine home. Their long walk is undertaken in almost total silence. When Christine notices the preoccupied Fritz touch his head, she offers him a handkerchief with *Eau de Cologne* as an antidote for headache. At this moment, a responsive and touched Fritz becomes aware of her. The slow, quiet pace of this sequence stands in sharp contrast to the hectic tempo of the Fritz-Baroness encounter. Significantly, all of Fritz's encounters with the Baroness, the *mondaine*, occur indoors, whereas important scenes between Christine and Fritz, e.g., the walk home and the sleigh ride during which they confess their love for one another, occur out-of-doors.

It is, moreover, seen as a transcendent affair. The basis for this interpretation is laid in the sleigh ride scenes, in which the lovers transverse a winter landscape. Fritz entreats Christine to repeat after him: »Ich schöre, daß ich dich liebe.« To this she responds, »Ich schwöre, daß ich dich ewig liebe.« When asked what »eternity« means, Christine pauses and then says, »Ewig? – Das ist noch länger als man lebt.«[17] Shortly thereafter, in an ominous, fatalistic abdumbration of what is to come, the sleigh passes by a snow-covered cemetery. After Fritz's death and Christine's suicide[18], there is a flashback to the cemetery shot, then a cut back to Fritz's room, accompanied by the voice-over of Christine's »ich schwöre, daß ich dich ewig liebe«. Through this flashback, the lovers' deaths become transfigured, their love becomes apotheosized. Ophuls' conclusion is a visual approximation of Mozart's concluding recitative and duet in the *Entführung aus dem Serail*. Here the two lovers, convinced they must die, freely accept their lot, thereby transcending it.[19]

---

[17] This dialogue stands in sharp contrast to Schnitzler's text in which Fritz consistently rejects any commitment. When Christine's confesses that she will love him as long as she lives:
Du bist aber mein Alles, Fritz, für dich könnt ich ...
Sie unterbricht sich. Nein, ich kann mir nicht
denken, daß je eine Stunde käm, wo ich dich nicht
sehen wollte. Solange ich leb, Fritz –«
he interrupts »Kind, ich bitt dich ... so was sag
lieber nicht ... die großen Worte, die hab ich
nicht gern. Von der Ewigkeit reden wir nicht ...« (19)

[18] In an intensification of Schnitzler's melodramatic conclusion, Ophuls actually shows us Christine's demise. In one shot we see her open the window wide, the next shot shows her on the pavement below.

[19] KONSTANZE
    Laß, ach Geliebter, daß dich das nicht
      quälen.
    Was ist der Tod?
    Ein Übergang zur Ruh!
    Und dann, an deiner Seite
    Ist er Vorgeschmack der Seligkeit.
    BELMONTE
    Engelsseele! Welch' holde Güte!
    Du flößet Trost in mein erschüttert
      Herz!
    Du linderst mir den Todesschmerz,
    Und ach! ich reiße dich in's Grab!
    Ha! du solltest für mich sterben,
    Ach, Konstanze! kann ich's wagen,
    Noch die Augen aufzuschlagen?
    Ich bereite dir den Tod!

Thus what in Schnitzler is the tragedy of *Aneinandervorbeilieben*, predetermined by the irreconcilable value system of the lovers, becomes in Ophuls' adaptation a *grande passion*, thwarted not by problems inherent in the relationship itself, but by external, extenuating circumstances. The tragic irony of the film is not, as in the play, that Christine dies in a misapprehension of Fritz's death, but rather, that Fritz must die for an affair that is clearly past, precisely at the moment when through Christine's love he has been granted a new reason for living.

To underscore this irony, Ophuls, in another radical departure from his source, has Theodor appear before his commanding officer and refuse to second for Fritz on the grounds that duelling per se is immoral and that, in this instance, it is particularly reprehensible since Fritz has formed a new, serious liaison.

Theodor's idealistic condemnation of the duel, his disavowal of the *Ehrenkodex* (which has no precedent in Schnitzler's play) is the closest Ophuls comes to making a socio-critical statement in the film.[20] Yet, the thrust of

---

    KONSTANZE
    Ach! für mich gibst du dein Leben;
    Ich nur zog dich ins Verderben,
    Und ich soll nicht mit dir sterben?
    Wonne ist mir dies Gebot!
    BEIDE
    Ach Geliebte(r)! Dir zu leben
    war mein Wunsch und all mein Streben!
    Ohne dich ist mir's nur Pein,
    länger auf der Welt zu sein.
    BELMONTE
    Ich will alles gerne leiden,
    KONSTANZE
    Ruhig sterb ich und mit Freuden,
    BEIDE
    Weil ich dir zur Seite bin.
    Für dich, Geliebte(r),
    Geb ich gern mein Leben hin!
    O welche Seligkeit!
    Mit der (dem) Geliebten zu sterben
    Ist seliges Entzücken!
    Mit wonnevollen Blicken
    Verläßt man da die Welt!

W. A. Mozart, *Die Zauberflöte/Die Entführung aus dem Serail* (London: Cassells Opera Guide, 1971), pp. 56ff.

[20] Yet even this is romanticized. Informed by his commanding officer that his failure to second the duel will result in dismissal from the military, Theodor accepts this sentence. When asked what he will do, he responds that he will go to Brazil and work on a sugar plantation.

Ophuls' criticism violates the tenor of Schnitzler's criticism. By confining itself to an attack on intra-class conventions of the military[21], it brackets out the exploitative component of the inter-class conflict so germane to Schnitzler's play.[22] By romanticizing Fritz and Christine's love into an atemporal and transcendent affair, Ophuls has divested it of its historical specificity. Ophuls' *Liebelei* is no longer a *bürgerliches Trauerspiel*.

The concluding scenes of the film (Fritz's death and Christine's suicide) rival the opening scenes of the Eggersdorf-Fritz adultery plot in suspense. The viewer does not witness the duel itself; instead, he, along with Theodor and Mizi, must await the outcome from a distance. Knowing that Eggersdorf has the first shot, we wait in ever-mounting anticipation for the second shot to be fired. We wait in vain. The tension of the silence is heightened by an anxious Theodor, who demands, »Wo bleibt der zweite Schuß.« Finally, as Theodor feverishly runs off through the snow, accompanied by the loudly threatening opening chords of Beethoven's *Fifth Symphony*, the truth has become manifestly clear, both to him and to us.

In a rapid succession of shots, Ophuls has Theodor and Mizi search out Weiring at the Opera to inform him of the catastrophe and to beseech him to accompany them to break the news to Christine. The unifying element in these shots is the music, which reaches its crescendo as the three (Weiring, Theodor and Mizi) breathlessly arrive in Fritz's apartment to confront an unsuspecting Christine, who is in the midst of cleaning up from the party the previous evening. Upon learning of Fritz's death, Christine does not, as in Schnitzler's play, reflect upon the nature of her love affair. Instead, in a daze, she silently walks out of the room. Her response is, in fact, so understated, that her suicide (she throws herself out of the window) is unexpected. The penultimate scene has a shot of the frantic Weiring leaning precipitously out of the window as passers-by stoop over the inert body of Christine.

The technique of using music as a means of transition is employed to great advantage in *Liebelei*. In an earlier sequence of shots, Strauss' *Emperor's Waltz* had served a similar function. Ophuls had cut from a shot of Christine and Fritz dancing in a café to the tinny sound of the waltz played on a nickelodeon to a ball at the Eggersdorf villa, where Fritz and the Baroness dance to the same waltz, played this time by a full orchestra. Just as there is a disparity in the quality of sound between these two dance shots, so too in

---

[21] Theodor's remarks (reminiscent of ideas expressed in the Wüllersdorf-Innstetten dialogue in Fontane's *Effi Briest*) are totally out of character for the k. u. k. officer.

the concluding scenes of the film the full, rich sounds of the Beethoven's *Fifth* in the duel scene stand in contrast to the unpolished sound of the Vienna Opera orchestra rehearsal of the Beethoven symphony in the second (Weiring) shot.

Yet, despite the seeming similarity of these two musical transition sequences, there is an important difference between them. In the first case, the music serves not only as a transition but also as a means of contrasting the *haute* and *petite bourgeoisie milieux*. Whereas the waltz transition in the dance sequences is smooth, the Beethoven transition in the duel-suicide sequence is rough, purposefully dissonant. In so repeating with variation a technique successfully employed earlier on, Ophuls self-consciously points to his own *modus operandi*, that is, he ironizes his own devices.

Thus, despite the high degree of viewer identification fostered in *Liebelei*, Ophuls in this early film already employs distanciation techniques which are a hallmark of his cinema. In the Weiring scenes of the duel-suicide sequence, Ophuls again picks up the *theatrum mundi*[23] topos. Having learned of Fritz's death, Weiring, anxious to console Christine, rushes off with Theodor and Mizi. Accompanied by the ominous sound of Beethoven's music, they hasten their steps and suddenly break out into a run. As the camera tracks them, it catches sight of a cluttered array of seemingly randomly placed stage props. While the backstage setting of the scene could account for such props, they are placed in such a manner as to counteract the principle of *vraisemblance*. They are intended to draw attention to themselves, to make the viewer aware of the aesthetic construct of the film he is watching, to make him aware that it is illusion, not reality. This play with illusion and reality is a favorite Ophulsian device. He »shows us his sets as sets, his objects as mere props and simultaneously shows us a process whereby he creates a feeling that these things are ›real‹. We are always aware of seeing this illusion, this feeling of the reality of the construction, in the process of being created.«[24] Thus, from the onset of his career, Ophuls seems as intent on reflecting upon the medium of film as he is in rendering his interpretation of a literary work of art.

---

[22] Indeed the implicit social criticism inherent in the title of Schnitzler's *Liebelei* becomes meaningless for Ophuls' film. The retention of the play's title is, in fact, a misnomer.

[23] The introduction of the *theatrum mundi* topos in the concluding scenes also serves to point to the inevitability of Christine's fate. Given her character, she must respond to Fritz's death by joining her lover in death; she must play out the role predestined for her.

[24] Camper, p. 22f.

This self-reflective stance is particularly apparent in Ophuls' *La Ronde* (1950). If, in adapting *Liebelei*, Ophuls chose Schnitzler's most popular play, he chose for his other Schnitzler adaptation the playwright's most disreputed, most scandal-ridden work, *Reigen*.[25]

Yet here again the filmmaker's proclivity for romantization becomes apparent. The bitter cynicism, the relentless, mechanical repetitiousness of the ten sexual encounters in Schnitzler's play is offset in Ophuls' film by the introduction of the framing device of the rondeley of love and the figure of the *meneur de jeu* (Ophuls' term) who has a variety of functions. He is at once the *metteur-en-scène* and a narrator-commentator in the Brechtian mode.

In his introduction to the ten scenes, the *meneur de jeu* reflects both on the nature of what is to follow and on his own function:

> La Ronde? ... Et moi, qu'est-ce que je suis dans cette histoire? ... L'auteur? ... Le compère? ... Un passant? Ah! bon ... Je suis vous! Enfin ... je suis n'importe lequel d'entre vous ... Je suis l'incarnation de votre désir ... de votre désir de tout connaître. Les hommes ne connaissent jamais qu'une partie de la réalité. Et pourquoi? ... Parce qu'ils ne voient qu' *un seul* aspect des choses. Moi, je les vois tous ... parce que je vois (*il dessine un cercle en marchant*) ... ›en rond‹ ... Cela me permet de passer inaperçu sous tous les deguisements et d'etre partout à la fois ...[26]

Thus once again Ophuls, at the very outset, introduces the appearance/reality theme. Unlike *Liebelei*, however (cf. opening scenes at the opera), the *theatrum mundi* topos is not plausibly embedded into the narrative of *La Ronde*.

The use of distanciation techniques in *Liebelei* remains subordinated to the needs of a melodramatic suspenseful love story, predicated on viewer identification with the characters and events. In *La Ronde*, on the other hand, Ophuls actively and consistently mitigates against viewer identification. His chief vehicle of alienation in the film is the *meneur de jeu* who, by directly addressing the audience, by interrupting and commenting on the action, by self-consciously pointing to himself, breaks the aesthetic appearance (*aesthetischer Schein*) of the work of art.

The identification between the *meneur de jeu* and the viewer (»je suis vous

---

[25] For a discussion of the scandal and trial of *Reigen*, see Ludwig Marcuse, *Obszön: Geschichte einer Entrüstung* (München: Paul List Verlag, 1962), pps. 207–263. Presumably one of the reasons Schnitzler chose to adapt this particular play during his Paris exile years was that in France he was exempted from the ban which had been placed on the work on Germany.

[26] »Script of *La Ronde* by Max Ophuls,« *Avant-Scène du Cinema* 3 (1963), p. 7.

... je suis l'incarnation de votre désir«), which sees the *meneur de jeu* as an expressionistic projection of the viewer's desire, elevates the viewer to the omniscient authorial perspective enjoyed by the *meneur de jeu* himself. Ophuls thereby makes immediate and explicit the viewer perspective earned by the audience over the course of a performance of Schnitzler's play. In *Reigen*, the audience, privy to the succession of *ten* sexual pairings on stage, gains a broader, more complete perspective, a deeper insight into the nature of »love,« than any of the characters in the play (who are always only involved in two scenes) themselves possess. By the end of the play, the viewer *has* achieved a perspective »*en ronde.*« Ophuls, however, posits this perspective from the outset as a given. At the same time, this identification casts the viewer into the voyeur role: he is forced to assume the perspective of the probing camera eye.

La Ronde opens with a long tracking shot of the *meneur de jeu*, shot against the backdrop of patently artificial film props.[27] Lest the viewer overlook this iconic signifier, Ophuls has the *meneur de jeu* emphatically refer to it: »Mais où sommes-nous ici? (*Il regarde autour de lui.*) Dans la rue! Non, sur une scène .. (*Il se dirige vers la coulisse*).«[28]

Setting the stage, he informs us that: »Nous sommes dans le Passé. J'adore le Passé. C'est tellement plus reposant que le Présent! Et tellement plus sur que l'Avenir ... Nous sommes à Vienne! En 1900! Changeons de preóccupations ... et changeons de costume.)«[29] Changing into the top hat and tails, which will characterize his role as *meneur de jeu*, he leads us into the fictitious world of the past.

Ironically, the Vienna that is conjured up is filtered through the rose-colored glasses of nostalgia.[30] It is the popular myth of fin-de-siècle Vienna as a city of wine, women and song. In keeping with the theme of Vienna 1900, the commentator feels that the *ronde de l'amour* cannot begin without a waltz. (»Pour que l'amour commence sa ronde, que manque-t-il?«) He then proceeds to turn the symbol of *La Ronde*, the carrousel[31], which

---

[27] There are indeed several shots in *Reigen* which call to mind the backstage shot (Weiring component of the duel-suicide sequence) in *Liebelei*.
[28] Quoted by Claude Beylie, *Max Ophuls, Cinema d'Aujourd'hui* 16 (Paris: Editions Seghers, 1963), p. 133.
[29] Ibid.
[30] It is also ironic that Ophuls should have chosen to specify the time of the action of this play, which is arguably the most universal, least historically specific of Schnitzler's œuvre.
[31] The carrousel is, of course, a perfect symbol for *La Ronde*, at once representative of the circularity and futility of love as shown in Schnitzler's play and at the same time capturing the more light-hearted mood of Ophuls' interpretation.

emits waltz music of Oscar Straus. To this the commentator sings the following song as a prelude to initiating the action:

> Tournent, tournent mes personnages
> La terre tourne jour et nuit
> La pluie se transforme en nuage
> La nuage retombe en pluie.
> Femme honnête, grisette tendre
> Aristocrate ou bien soldat
> Lorsque l'amour vient les surprendre
> Tournent, dansent d'un même pas.
> Maintenant la ronde commence
> Voici venir la fin de jour ...
> C'est un fille qui s'avance
> Pour ouvrir la Ronde d'amour.[32]

As Allan Williams has pointed out, the film itself has, formally, the characteristics of a circle. One important pun in this respect is, alas, lost in translation. The French expression for ›to shoot a film‹ is *tourner un film*. ... Thus when Wolbrook [*meneur de jeu*] sings at the beginning ›Tournent, tournent mes personnages‹, he refers both to their turning on the carrousel (in their own ›lives‹) and to their turning a film, which will itself proceed in large and small circles.[33]

That *La Ronde* ist indeed in part about film-making can be seen by the fact that a shot of the *meneur de jeu* as filmcutter is anachronistically interjected into the scene between the poet and the actress.

Both formally, by pointing to the fictionality of what is to follow, and in terms of content, the *meneur de jeu's* song counteracts the stark realism of Schnitzler's *Reigen*. The lyrics and the music, which reappear as *leitmotifs* throughout the film, lend a levity and gaiety to the action which is not commensurate with the original. In lieu of Schnitzler's *danse macabre*, we are confronted with a *danse gaie*.

In addition to his role as *metteur en scène*, the *meneur de jeu* also acts as an announcer for most of the ten scenes. Nor is his activity solely extra-scenic. He does, in fact, often »change costumes« to assume a variety of identities within the action.

In many of his roles, he functions as a catalyst to keep the *ronde d'amour* going. Thus, in the scene between the prostitute and the soldier, he serves as a bugle player who summons the soldier back from his rendez-vous. As

---

[32] Quoted by Beylie, p. 133f.
[33] Allan Williams, »The Circles of Desire: Narration and Representation in *La Ronde*,« *Film Quarterly* 27/1 (Fall 1973), p. 39.

such, he articulates his concern that the soldier return to his barracks in time so as to circumvent any possible disciplinary action which might prevent him from leaving the barracks on the following Saturday, thereby holding up his future role on the merry-go-round of love. Similarly, in the scene between the young woman and the young man, he expedites their affair by serving as the coachman who brings her to her tryst. In the sequence between the husband and the *süße Mädl*[34], he appears as a *maître d'* and leads the couple to the hotel's *chambre separée* where they consummate their desire. Entering the final scene as a *flaneur*, he intervenes in the action by having the count greet the soldier (»Don't soldiers greet each other anymore these days?«). Through this deviation from the original, Ophuls takes the themes of circularity and repetitiousness one step further than Schnitzler.

In other scenes, the costumed *meneur de jeu* functions merely as an observer, for example, the sequence between the poet and the actress. Here he appears both as a servant and as a stage hand, working with lighting, yet in neither role does he actively intervene in the action.

Common to all the scenes mentioned above is the fact that the guises the *meneur de jeu* takes on, the *personae* he assumes are commensurate with the fictionality of the scenes in which he appears. This is, however, not always the case. In the scene with the prostitute he appears as the main *persona* he has assumed in *La Ronde*, the *meneur de jeu*.[35] Dressed in his *meneur de jeu* costume of top hat and tails, he offers her his hand, helps her down from the carrousel and asks her to initiate *la ronde*. He also appears as this *persona* in the scene between the soldier and the chambermaid. In a gesture reminiscent of the omnipotent romantic poet, who disposes over time and space at will, he offers her his hand and escorts her out of this unhappy affair into the next one, two months in the future.

In a particularly playful sequence, Ophuls attributes the young man's temporary impotence to a short-circuit in the carrousel. Cutting from the bedroom to the carrousel, we see an explosion, followed by a cut back to the bedroom. The ensuing dialogue regarding Stendhal's *De l'amour* is

---

[34] Ophuls does not offer a French equivalent for the German expression *süßes Mädl*, although *grisette* (a term in fact used in the *meneur de jeu's* song) would clearly have been an appropriate equivalent. Instead he has the *maître d'* correct the waiter who labels her a coquette, »No,« he admonishes him, »she isn't a coquette.«

[35] It must be not overlooked that this is also merely a role, a conscious assumption of a fictional *persona*, as witnessed by the change of costumes which opens the film.

interrupted by a cut back to the *meneur de jeu*, who has succeeded in repairing the damage. The carrousel of love can thus continue, and the affair between the young man and the young woman is consummated.

Just as in the scene between the young man and the young woman, we witness the *meneur de jeu* in »his own« role and in an »assumed« role (coachman), so too he appears in a dual role in the sequence between the chamber maid and the young man. After the shutters have closed on the young lovers, there is a long tracking shot of the *meneur de jeu*, dressed in his top hat and tails costume, walking through the outer courtyard. The next shot finds him as the Algerian *portier* in a fez who diverts Dr. Schueller from his intended visit by informing the good Dr. that the young man is not at home but has accompanied his parents to the country.

It has been suggested that the function of the *meneur de jeu vis à vis* the characters in the film is such that there is a »tendency to identify the men with the level of narration and the women with that of meta-narration.«[36] This view, predicated on the fact that the narrator addresses the prostitute and the chamber maid dressed as the *meneur de jeu* (that is, he »speaks to them from outside the narrations, when he speaks to the other (male) characters, it is in the costumes and roles of the various narratives«[37]) seems overstated. Certainly it cannot lead us to concur with the conclusion that the »idea that Ophuls' filmic universe is somehow ›feminine‹ is thus true for this aspect of *La Ronde*.«[38]

This thesis furthermore does not sufficiently emphasize the role of the *meneur de jeu vis à vis* the audience, which is, in my opinion, more essential to an understanding of the film. With his original change of costume, he signals his invitation to the viewer to suspend his disbelief, to follow him into the realm of fictionality. And yet, whether operating within or without the narratives of the film, the chief function of the playful *meneur de jeu* created by Ophuls is to continually shatter the aesthetic appearance of the fictional world he has conjured up. At the end of the film, after the characters have played out their parts and have come full circle, the viewer is also brought full circle. Escorting us out of the past, we watch the *meneur de jeu* discard his fictional *persona* (»La ronde est fermée,« he says), return to the present and walk off into the fog.

His assumption of a multiplicity of roles within the narrative, his parenthet-

---

[36] Williams, p. 40.
[37] Ibid.
[38] Ibid.

ical remarks to the audience[39] (serving to implicate the viewer in the events), his manipulation of the action – all have the effect of persuading us that there is an informing consciousness at work, guiding the events on the screen and thereby undercutting the cynicism of Schnitzler's play.[40] The sense one has in Ophuls' film that what we are watching is just a game lends credence to Eugene Archer's statement that »*La Ronde*« can be appreciated only as a romance.«[41]

---

[39] These parenthetical remarks usually concern the inevitable nature of the *ronde*. It can however also be comments on the figures in the drama. For instance, in introducing the scene between *das süße Mädl* and the poet, he says of the poet »that he is one of those blasé types who can't love like ordinary people.«
En off, on entend le meneur de jeu
LE MENEUR DE JEU, *chantant*
»Bienvenue! C'est pour la grisette
Que ce mot orne le tapis!
Car elle a suivi un poète
Plus séduisant que le mari.«
LE MENEUR DE JEU, *off* ... Plus compliqué aussi, car avec lui entrent la Ronde ceux qui, blasés, ne savent plus aimer comme tout le monde.
»Script of *La Ronde*,« op. Cit., p. 31.

[40] This is not to deny that quintessential Schnitzlerian elements are not also represented in Ophuls' film. Time, which has been shown to be at the core of Schnitzler's work, (cf. Hunter G. Hannum, »»Killing Time«: Aspects of Schnitzler's *Reigen*,« *German Review*, 37 (1962), pps. 190ff.), also features prominently in Ophuls' film. As in his adaptation of Stefan Zweig's novella *Letter from an Unknown Woman* (1948), Ophuls shows that for the couples in *La Ronde* the time is never right for love, that it is always too late. Cf. Williams, op. cit., pps. 39ff. for a discussion of time in *La Ronde*.

[41] According to Archer:
The film's ten episodes comprise ... a single romantic thread: the beginning of momentary desire, rising to exaggerated youthful passion, gliding through mature consummation to a poignant attempt to recapture the adolescent fervor, fading ultimately into the bored familiarity which breeds over-sophisitcation.
Eugene Archer, »Ophuls and the Romantic Tradition,« *Yale French Studies 17, The Art of Cinema*, p. 4.

Hartmut Steinecke

»Verwandlungskünstler«?
Zur Literaturkritik des Jungen Wien

Hermann Bahr entwirft in dem Essay »Kunst und Kritik«, der seinen berühmten Sammelband *Zur Überwindung des Naturalismus* (1891) beschließt, ein Porträt des Kritikers, das in den Sätzen gipfelt:

> »Der Kritiker muß ein Verwandlungsmensch sein, ein Kautschukmann und Schlangenmensch des Geistes, der immer aus seiner Haut und in jede fremde Natur kriecht, um aus ihr heraus zu berichten, was in ihr drin geschieht und wie es da aussieht. Der Kritiker muß sich des Eigenen völlig entäußern, seine Instinkte abthun, um die fremden zu erspähen, seinen Willen unterdrücken, um den fremden in Herkunft, Entwicklung und Absicht zu erforschen. Der Kritiker muß ein Entsagender und Verzichtender sein, der Herrschaft verschmäht und lieber zum Dienste der anderen lebt ...«[1]

Es ist nicht verwunderlich, daß mit diesen pointierten Formulierungen Hermann Bahr selbst als Kritiker festgelegt war: bereits 1891 nannte ihn sein Kollege Friedrich Michael Fels einen »Verwandlungskünstler«[2] und dieses Etikett kehrt in schöner Einheitlichkeit in zahlreichen Beiträgen über ihn ebenso wieder wie das Wort vom »Kautschukmann«, das in den Literaturgeschichten von Soergel bis Just zu finden ist.[3]

Es ist ferner kaum verwunderlich, daß mit diesen Schlagwörtern auch die gesamte Literaturkritik des Jungen Wien auf einen griffigen Nenner gebracht wurde: denn Hermann Bahr galt mit einigem Recht als der unbestreitbare Wortführer der Wiener Kritik in den neunziger Jahren, meistens war er der einzige aus diesem Kreis, auf dessen Arbeiten die Literaturgeschichtsschreibung überhaupt einging.

---

[1] Zitiert nach: Das Junge Wien. Österreichische Literatur- und Kunstkritik 1887–1902. Ausgewählt, eingeleitet und hg. von Gotthart Wunberg. 2 Bände, Tübingen 1976. Zitat S. 152f. Diese grundlegende, kenntnisreich zusammengestellte Sammlung wird in der Folge zitiert als DJW.

[2] DJW, S. 225.

[3] Vgl. Albert Soergel, Dichtung und Dichter der Zeit. Eine Schilderung der deutschen Literatur der letzten Jahrzehnte. Leipzig 1911, S. 455. Klaus Günther Just, Von der Gründerzeit bis zur Gegenwart. Geschichte der deutschen Literatur seit 1871. Bern, München 1973, S. 210.

Allerdings auch auf ihn nur am Rande: denn Bahr selbst hatte ja mit seiner Charakterisierung des Kritikers zugleich dessen geringe Bedeutung festgehalten, seine dienende, mithin sekundäre Rolle gegenüber dem Dichter. Mit diesem Bilde des Kritikers unterstützte Bahr die in den Augen der meisten Literarhistoriker ohnehin üblichen Vorstellungen vom Verhältnis von Kunst und Kritik. Und er rechtfertigte – gewiß wider Willen – die Ansicht, es lohne nicht, bei der Beschäftigung mit der österreichischen Literatur vor der Jahrhundertwende auch der Kritik einige Aufmerksamkeit zu schenken. So ist es durchaus erklärlich, daß trotz der intensiven Erforschung des Jungen Wien in den vergangenen Jahrzehnten – sei es nun unter den Schlagwörtern Impressionismus oder Symbolismus, Fin de siècle oder Jugendstil[4] – die Literaturkritik kaum beachtet wurde. Als Gotthart Wunberg 1976 die erste Sammlung *Österreichische Literatur- und Kunstkritik 1887–1902* veranstaltete, mußte er im Vorwort konstatieren: bei der Beschäftigung mit dieser Epoche sei »bisher die außerordentlich reichhaltige und für das literarische Leben Wiens um die Jahrhundertwende so bezeichnende literatur*kritische* Produktion gänzlich außer acht gelassen worden«.[5]

Da Wunberg die Wichtigkeit der Kritik zwar betonte, aber eigentlich kaum begründete[6], hat die Forschung es allerdings bisher nicht für notwendig gehalten, sich mit dem Vorwurf auseinanderzusetzen, sie habe ihr Bild der Epoche auf einer einseitigen Materialauswahl aufgebaut.[7] Kritik gilt vielen

---

[4] Aus der Fülle der neueren Literatur, die sich mit den Epochenbegriffen und ihren Abgrenzungen beschäftigt, nenne ich nur die wichtigsten: Richard Hamann und Jost Hermand, Impressionismus. Berlin 1960. – Hugo Sommerhalder, Zum Begriff des literarischen Impressionismus. Zürich 1961. – Adalbert Schmidt, Die geistigen Grundlagen des »Wiener Impressionismus«. In: Jahrbuch des Wiener Goethe-Vereins 78, 1974, S. 90–108. – Wolfgang Nehring, Hofmannsthal und der Wiener Impressionismus. In: Zeitschrift für deutsche Philologie 94, 1975, S. 481–498. – ders., Möglichkeiten impressionistischen Erzählens um 1900. In: ebd. 100, 1981, S. 161–176. – Manfred Diersch, Empiriokritizismus und Impressionismus. Über Beziehungen zwischen Philosophie, Ästhetik und Literatur um 1900 in Wien. Berlin/DDR ²1977. – Werner Kohlschmidt, Impressionismus und Jugendstil als literarhistorische Begriffe. In: Konturen und Übergänge. 12 Essays zur Literatur unseres Jahrhunderts. Bern, München 1977, S. 30–36. – Jost Hermand, Jugendstil. Ein Forschungsbericht. Stuttgart 1965. – Fin de siècle. Zu Literatur und Kunst der Jahrhundertwende. Hg. von Roger Bauer u.a. Frankfurt 1977. – Jens Malte Fischer, Fin de siècle. Kommentar zu einer Epoche. München 1978. Vgl. den zusammenfassenden Forschungsbericht von Ralph Michael Werner, Impressionismus als literarhistorischer Begriff. Untersuchung am Beispiel Arthur Schnitzlers. Frankfurt, Bern 1981, bes. S. 16 ff.
[5] DJW, S. VII.
[6] Vgl. DJW, S. LXXXVI ff.
[7] Das gilt auch noch für die Arbeit von Werner (Anm. 4); sie zitiert zwar gelegentlich aus den abgedruckten Texten, geht jedoch nicht auf die Existenz der Literaturkritik ein.

offensichtlich auch heute noch als ein untergeordnetes Genre, das gegenüber der Literatur bestenfalls eine vermittelnde und damit – wie bei Bahr zu lesen – dienende Funktion hat.

In den beiden letzten Jahrzehnten setzt sich allerdings auch in der deutschen Literaturwissenschaft – wie lange zuvor in der französischen und englischen – eine andere Auffassung der Literaturkritik allmählich durch. Ausgehend von einer Erweiterung des Literaturbegriffs wird die Kritik nun selbst als Teil der Literatur angesehen; ein verstärktes Interesse für die Funktion von Literatur rückte die Kritik mit ihrer Mittelstellung zwischen Werk und Publikum ebenfalls in den Vordergrund.[8]

Von diesem Ansatz her wäre auch die Kritik des Jungen Wien neu zu betrachten, in ihrer Eigenart und ihrer Bedeutung näher zu bestimmen: was meint die Bezeichnung »Verwandlungskünstler« eigentlich und wieweit trifft sie auf die Kritiker dieser Epoche zu?

Wunberg stellt in seiner Dokumentation, der man gewiß repräsentativen Charakter zusprechen kann, rund 80 Kritiker vor; davon sind in dem hier interessierenden Zeitraum – im Jahrzehnt vor der Jahrhundertwende – 8 Kritiker mit mehr als 10 Arbeiten vertreten: nach Bahr, der mit 130 Beiträgen weit an der Spitze steht, Hugo von Hofmannsthal, Rudolf Lothar, Marie Herzfeld, Friedrich Michael Fels, Otto Stoeßl, Alfred Gold; dazu kommt noch Karl Kraus, der als Gegner der Jungwiener eine Sonderstellung einnimmt. Diese Kritiker veröffentlichen ihre Arbeiten in insgesamt 35 Zeitungen und Zeitschriften. Von den 10 wichtigsten Organen erschienen allein 8 in Wien selbst: die *Moderne Dichtung* (1890) und ihre Fortsetzung, die *Moderne Rundschau* (1891), die *Neue Wiener Bücher-Zeitung* (1890–1891) mit ihren Fortsetzungen, der *Wiener Literatur-Zeitung* (1891–1893) und der *Neuen Revue* (ab 1893), die 1898 mit der kurz zuvor gegründeten *Wage* zusammengelegt wurde, die *Zeit* (ab 1894) und die *Wiener Rundschau* (ab 1896). Bereits diese Hinweise deuten an, wie sehr die quantitative Blüte der Kritik mit dem prosperierenden Zeitungs- und Zeit-

---

[8] Vgl. Vf., Literaturkritik des Jungen Deutschland. Entwicklungen – Tendenzen – Texte. Berlin 1982, bes. Einleitung, S. 9ff. – Zu dieser Sicht gehört auch, daß man über die in Deutschland immer wieder anzutreffende Verengung auf die Buchrezension oder Theaterkritik hinausgeht und ein – in komparatistischer Sicht übliches – weites Verständnis des Begriffs zugrundelegt: Er umfaßt die »Charakteristik«, das »Zeitbild«, das Feuilleton, den Essay – eine breite Skala von nichtfiktionalen Formen der Prosa.

schriftenmarkt zusammenhängt, ihn befruchtete, andererseits durch ihn erst ermöglicht wurde.⁹

Ein gemeinsamer Zug der Jungwiener Kritik ist die Ablehnung der »alten« Kritik, die nach »Grundsätzen«, »Dogmen«, vorgegebenen Normen urteilte. Diese Kritik wird als unzeitgemäß abgetan; einen Glauben an »ewige« Schönheit und Wahrheit, und demnach an ästhetische Gesetze, gibt es nicht mehr: In der »modernen« Kritik dominiere das Individualistische. Gerade diese Grundeinstellung macht es naturgemäß unmöglich, das von diesen ›individualistischen‹ Kritikern Erstrebte auf einen Nenner zu bringen. Immerhin lassen sich aber – bei allen Unterschieden im einzelnen – durchaus eine Reihe von dominanten Zügen, vor allem in der Auffassung vom Ziel und von den Methoden der Kritik, erkennen.

Gemeinsamkeiten liegen darin, daß man eine Kritik bevorzugt, die auf das Einzelwerk gerichtet ist, von Details ausgeht. Man versucht, sich in das Werk einzufühlen, es so zu verstehen und zu interpretieren. Man spricht eher das Empfindungsvermögen des Lesers an als den Verstand; dadurch tritt das Rationale, Argumentative stark hinter die Wiedergabe von Empfindungen und Eindrücken zurück. Die Psychologie dominiert, und zwar die »neue Psychologie«, die »aus dem Verstande in die Nerven verlegt« ist.¹⁰

Gemeinsam ist schließlich die Galerie der Vorbilder, die für diese neue Kritik angeführt werden: es sind in erster Linie Franzosen, vor allem Jules Lemaître, Engländer und der Däne Georg Brandes.

Diese allgemeinen Hinweise sollen nun konkretisiert und differenziert werden durch eine genauere Betrachtung der beiden Kritiker, die in Wunbergs Dokumentation quantitativ am stärksten vertreten sind und die ohne jeden Zweifel auch qualitativ am gewichtigsten sind: Bahr und Hofmannsthal. Es schien mir aber wichtig, zunächst nachhaltig auf die Breite der Kritik hinzuweisen, um die Isolierung Bahrs als eines ›Sonderfalls‹ – wie das bisher meistens geschehen ist – zu vermeiden. Erst die Fülle der ›Tageskritik‹ (auch der eher mediokren Vertreter dieser Zunft) macht aus der Kritik das, was ihre Bedeutung in den neunziger Jahren in Wien wesentlich mitträgt: sie ist eine Institution des literarischen Lebens, der literarischen Öffentlichkeit.

---

[9] Lothar, Mitarbeiter der *Neuen Freien Presse* und später Herausgeber der *Wage*, wies mit Nachdruck auf diese Wechselwirkung und die bis dahin unbekannte Bedeutung der »Zeitungskritik« hin: Der Historiker werde aus den Zeitungen entnehmen können, »wie in unseren Zeitläuften Kritik getrieben und gehandhabt wurde«. (DJW, S. 214).
[10] DJW, S. 96.

Ein Bild von Hermann Bahr als Kritiker zu gewinnen, ist der Forschung bisher, wie bereits eingangs erwähnt, nicht sehr schwer gefallen.[11] An der Etikettierung als »Verwandlungskünstler« ist sicher einiges richtig; aber gerade wenn »Beweglichkeit« ein Hauptmerkmal Bahrs ist, wäre es inkonsequent, ihn auf diese Rolle ein für allemal festzulegen. Ein genaueres Bild von Bahr als Kritiker zu gewinnen, ist jedoch durchaus schwierig. Ein Hauptproblem bildet die Quantität seiner Produktion – allein in dem hier interessierenden Jahrzehnt schrieb er mehrere hundert Kritiken, Rezensionen, Essays, Feuilletons, von denen nur ein kleiner Teil in die verschiedenen Sammelbände eingegangen ist. Der ständige Bezug auf den Essay »Kunst und Kritik« hängt sicher entscheidend mit der Tatsache zusammen, daß er als einzige programmatische Äußerung leicht zugänglich war, da er in Bahrs bei weitem bekanntesten Sammelband steht.

Bereits in seinen frühen Aufsätzen[12] finden sich bei Bahr neben den üblichen Angriffen gegen die dogmatisch-starre, alte Kritik Vorstellungen von Wesen und Aufgabe der »modernen Kritik«. Ihr Kennzeichen sei zunächst, daß sie »wissen« wolle, »was gegenwärtig ist«[13], sich damit der Zeit anschließe, »zeitgemäß« sei. Da das Signum dieser Zeit – der »Moderne« – »Bewegung« sei, müsse auch die Literatur »Bewegung ohne Unterlaß« sein, die Kritik infolgedessen »wofern sie modern werden will, muß sich an die Bewegung der Schönheit gewöhnen, an ihr Wachstum in unablässig wechselnder Erscheinung, und, um die Ursachen der Richtung zu begreifen, welche diese Bewegung jeweilig nimmt, ihren Zusammenhang mit ihrer Nachbarschaft suchen«.[14] Statt ewige Gesetze als Maßstäbe anzulegen, soll Kritik also aus den Kunstwerken ablesen und ableiten, was die gegenwärti-

---

[11] Aus der Fülle der älteren Literatur ist noch brauchbar: Peter Wagner, Der junge Hermann Bahr. Limburg 1937. – Um ein neues, ausgewogenes Bild Bahrs bemühen sich insbesondere Donald G. Daviau und Gotthart Wunberg in verschiedenen Arbeiten; siehe bes.: Daviau, Einleitung zu The Letters of Arthur Schnitzler to Hermann Bahr. Chapel Hill 1978, S. 1–53; Wunberg: Einleitung zu DJW, bes. S. LXVIff.

[12] Für die Vorstellungen Bahrs von der Kritik um 1890 sind neben zahlreichen verstreuten Äußerungen vor allem drei programmatische Arbeiten von Bedeutung. Außer dem immer wieder zitierten Essay »Kunst und Kritik« (der wohl bereits 1889 entstanden ist, denn er behandelt Huysmans' *Certains* als sein eben erschienenes »letztes Buch«) die Arbeit »Zur Kritik der Kritik« (1889) und die kurz nach der Übersiedlung nach Wien im Frühjahr 1891 erschienene Studie »Das kritische Wolbehagen«, die, obwohl am wenigsten bekannt, die wichtigsten Vorstellungen enthält und deutlich über die früheren Arbeiten hinausgeht. – Bereits die Existenz derartiger programmatischer Arbeiten steht in einem gewissen Widerspruch zu der von Wunberg konstatierten Theoriefeindlichkeit.

[13] DJW, S. 26.

[14] DJW, S. 27.

ge Ästhetik ist, und das Verständnis dafür verbreiten; schließlich soll sie aus dieser Einsicht heraus die Entwicklung der Literatur prognostizieren.
Aufgabe der Kritik ist es also nicht, zu urteilen oder gar zu verurteilen, sondern zu interpretieren, und zwar »aus dem Willen heraus des Künstlers selbst, indem sie seine Absicht annimmt«.[15] Diese Vorstellung hat Bahr zu dem zitierten, sein Image als Kritiker so bestimmenden Bild des Kautschukmannes zugespitzt. Es ist teilweise bedingt durch den Anlaß: die Beobachtung, daß der von ihm hochgeschätzte Huysmans bei der Kritik eines Künstlers »von der eigenen Rasse« Kongeniales leiste, aber daß sein Begriff »nicht über seine Natur« hinausreicht; »er versteht an den Anderen nur, was er selbst ist, und was er an sich nicht vorfindet, das empört und erbittert ihn, wenn es in anderen erscheint«.[16]
Bahr macht aus diesem offenkundigen Defizit nun eine Tugend und argumentiert, gerade damit erweise sich Huysmans als Künstler, da dieser sensitiv nur das in ihm selbst Liegende sehen und entwickeln könne und dürfe. Im Gegensatz dazu entwirft Bahr das Bild des Kritikers, der genau das Gegenteil machen müsse: »Der Kritiker ist derjenige, der an sich selbst und durch sich selbst... immer bloß die Anderen darstellt«.[17]
Ehe man derartige Äußerungen als Credo Bahrs betrachtet, sollte man auf den Kontext und auf die für Bahr übliche Argumentationsstruktur der bildhaften Übersteigerung achten. Bahr wird durch den Anlaß, die Notwendigkeit der Erklärung von Kritiken so unterschiedlicher Qualität bei Huysmans, zu immer weitreichenderen Schlüssen gebracht; die Freude an der Pointierung führt ihn zu immer extremeren Formulierungen.
In jedem Fall steht die Äußerung zumindest in dieser Zuspitzung isoliert; sie befindet sich zu den genannten allgemeinen Kriterien der »modernen Kritik« sogar in einem gewissen Widerspruch, denn es ist nach den dafür entwickelten Vorstellungen ja nicht Aufgabe des Kritikers, sich allem und jedem anzuverwandeln, er hat durchaus Maßstäbe, denen er verpflichtet bleibt: zum einen, wie bereits erwähnt, die Moderne, die Zeitgemäßheit, zum anderen: die Form. Dies zu erspüren, setzt aber eher Kongenialität und ästhetischen Spürsinn als Anverwandlung voraus.
In einem wichtigen programmatischen Aufsatz von 1891, »Das kritische Wolbehagen«, setzt Bahr denn auch einige Akzente deutlich anders. Dazu skizziert er den geistigen und kulturellen Hintergrund der Zeit als Vorbedingung: Ziel sei es, den Berührungspunkt »zwischen dem Menschen und

---

[15] DJW, S. 27.
[16] DJW, S. 152.
[17] DJW, S. 154.

der Welt« zu finden, den »Funken, der aus ihrer Reibung sprüht, keinem angehört und von beiden enthält«, und der »*impression* oder *sensation*« heiße.[18] »Das charakterisirt die neue Phase des Geistes. Er verlässt das Sein; mit dem Materialismus, mit dem Naturalismus ist's aus. Aber er flüchtet nicht in das Ich zurück; er wird die alte Romantik nicht wiederholen. Sondern in das Werden des Seins zum Ich hinüber, in dem Prozess vom Wirklichen zum Denken hin, wo er nicht mehr draussen und noch nicht drinnen ist – da will er eindringen«.[19]

So gesehen, muß die Kritik zwar weiterhin, wie zuvor gefordert, in die Künstler hineingehen, »sich ihre Nerven, ihre Sinne, ihre ganze Natur anzueignen, sich völlig in sie zu verwandeln. Aber wenn es früher geschah um der Künstler willen, um ihrer gerechten Würdigung zu helfen, so soll es jetzt um ihrer selbst willen geschehen, um den eigenen Genuss zu vermehren«.[20]

In der ihm eigenen Weise entwickelt Bahr auch hier wiederum etwas Neues; aber wie stets pointiert er es, um darauf aufmerksam zu machen, in einer so. zugespitzten Weise, daß es fast wieder mißverständlich wird. Denn nimmt man den letzten Satz wörtlich, dann wäre dies ja ›critique pour la critique‹ – ein bei dieser Gattung eigentlich kaum vorstellbares Phänomen. Relativiert man die Übertreibungen – wie Bahr es andernorts selbst tut - so heißt dies: Entwicklung der Kritik zur »produktiven« Kritik, damit zur Kunst.

Nach Bahr soll der Kritiker sensitiv sein, aufnahmefähig für die Besonderheiten der Zeit, für die subkutanen Veränderungen; Reize wahrnehmen, mit allen Nerven – in diesem Sinne »nervös« sein –, die Sensationen erspüren – das heißt auch hier wieder wörtlich sowohl die Empfindungen und Gefühle als auch das Sensationelle. Wieweit Bahr dieser Vorstellung selbst entsprochen hat, zeigen seine Arbeiten hinreichend deutlich; dies wurde bereits von den Zeitgenossen klar gesehen. Sie attestierten ihm »die zartesten geistigen Tastgefühle«, die »reizbarsten Schleimhäute[n]« und »anempfindende Geschmeidigkeit«.[21]

Mit all diesen Eigenschaften hat sich Kritik weitgehend dem Tun des Künstlers angenähert, die frühere Entgegensetzung ist überwunden. Das wird insbesondere in Stil und Sprache der Kritik deutlich: sie unterscheidet sich kaum noch von eben der Prosa der Zeit, die sie als »zeitgemäß« rühmt.

---

[18] DJW, S. 420f.
[19] DJW, S. 421.
[20] Ebd.
[21] DJW, S. 243 (E. M. Kafka), 225 (Fels), 251 (Herzfeld).

Bahr selbst entwickelte seine Vorstellungen »Vom Stile« in einem programmatischen Aufsatz bereits 1890:[22] Ein guter Stil müsse »persönlich« sein, damit ein jeder Satz charakteristisch für den Autor ist; er müsse »sachlich« sein, dem jeweiligen Gegenstand angeglichen, ja anverwandelt: das gelte für jeden Schreibenden, den Künstler wie den Kritiker; schließlich: er müsse »suggestiv« sein, um die »jeweilige Stimmung« des Künstlers »in den Zuhörer .. hineinzubringen«.[23]

Eine der frühesten Würdigungen Bahrs stammt von dem jungen Hofmannsthal, es ist dessen zweite Publikation überhaupt, 1891 geschrieben. Sie ist interessant zum einen, weil sie einige Aspekte der Bahrschen Kritik treffend charakterisiert. So schreibt Hofmannsthal etwa über die *Kritik der Moderne* u.a.: »Diese Kritik ist Mitempfinden, stürmisches Erobern, frei und zugänglich für alles Lebendige, athemloses Mitjubeln bei fremden Siegen, klirrendes Mitkämpfen fremder Kämpfe... es ist die starke Bewegung der Zeit darin«.[24]

Der Artikel ist zum anderen interessant, weil er in Bahrs Drama *Die Mutter*, dem die Besprechung eigentlich gilt, die gleichen Eigenschaften des Künstlers Bahr erkennt, die er am Kritiker herausgestellt hatte: er sei ein Künstler der »raffinirten Empfindung, der potenzirten Sensation... modern und romantisch zugleich«.[25] Damit bestätigt auch Hofmannsthal die Nähe des Kritikers zum ›Dichter‹ Bahr.

Hofmannsthals Gesamturteil über das Drama ist deutlich negativ. Dennoch schrieb Hermann Bahr eine begeisterte Kritik über diese Kritik, die erste Würdigung Hofmannsthals überhaupt. Bahr bewundert die Art des Umgangs mit Dichtung, die kritische Methode: Der Kritiker, der ihn an Lemaître erinnert – und den er zunächst für einen Franzosen gehalten habe –, habe »nicht aus der zufälligen Stimmung seines besonderen Geschmackes« geschrieben, sondern sei »in den Künstler« gegangen, habe »auf seine wirren Dränge« gehorcht. Er sei »Psychologe«:[26] »Da war eine feinhörige Empfindsamkeit für die leisesten und leichtesten Nuancen«, verbunden mit »der Liebe des farbigen Wortes«, »der Empfänglichkeit für den Geruch der Dinge«.[27]

In dieses Bild von Hofmannsthal als Kritiker ist viel von dem eingegangen, was Bahr selbst erstrebte; deshalb ist er auch ohne weiteres bereit, das Ergebnis dieser Kritik zu akzeptieren. Da es sich andererseits um eine Kritik mit den Qualitäten handelt, die sie an Hofmannsthal rühmt, enthält

---

[22] DJW, S. 127–134. [23] DJW, S. 131f. [24] DJW, S. 193.
[25] DJW, S. 194. [26] DJW, S. 294. [27] DJW, S. 295.

sie eine Reihe von zutreffenden Hinweisen, die für ein Bild Hofmannsthals als Kritiker wichtig sind.

Hofmannsthal als Kritiker behandelt zu sehen, wird manchem widerstreben; in der kaum noch übersehbaren Sekundärliteratur taucht diese Bezeichnung kaum einmal auf.[28] Der junge Hofmannsthal gilt noch heute vielfach als der lyrische, Stimmungen hingegebene, schwermütige, altersweise Jüngling »Loris« – ein Bild, an dem bekanntlich die Kritik Hermann Bahrs entscheidenden Anteil hat.[29]

So mag es überraschen, daß Hofmannsthal der Kritiker ist, der in Wunbergs Dokumentation nach Bahr am häufigsten mit Arbeiten aus den neunziger Jahren vertreten ist. Die wenigen Studien, die sich mit dem nichtfiktionalen Prosawerk Hofmannsthals befassen, bevorzugen dafür die anspruchsvollere Benennung »Essay«; die bisher fundierteste Untersuchung dazu von Ernst-Otto Gerke setzt die Schriften, wie der Titel »Der Essay als Kunstform« zeigt, deutlich von der offensichtlich als schlichter, da unkünstlerisch empfundenen Kritik ab – ein weiteres Beispiel für die tiefe Verwurzelung der abfälligen Sicht von »Kritik« in der Literaturwissenschaft bis heute.[30]

Eine derartige Unterscheidung ist jedoch keineswegs einsichtig, da der Begriff »Kritik« auch noch feuilletonistische und essayistische Formen umfaßt. Klaus Günther Just schlägt mit Recht als einzig sinnvolles Unterscheidungskriterium für »essayistische Prosa« die Publikationsweise und den Publikationsort vor.[31] Dabei ergibt sich – und das mag für die Anhänger des »Loris«-Bildes ebenfalls eine Überraschung sein –, daß Hofmannsthal in

---

[28] Die Studie von Ernst-Otto Gerke »Der Essay als Kunstform bei Hugo von Hofmannsthal« (Lübeck und Hamburg 1970) verarbeitet die nicht sehr umfangreiche ältere Literatur. Trotz der einseitigen Zielsetzung, Hofmannsthals kritische Prosa als »formvollendet« und damit als Kunst zu erweisen, ist dies die beste Untersuchung des kritischen Frühwerks. Vgl. bes. S. 38 ff., 94 ff.

[29] Vgl. Hofmannsthal im Urteil seiner Kritiker: Dokumente zur Wirkungsgeschichte Hugo von Hofmannsthals in Deutschland. Hg., eingeleitet und kommentiert von Gotthart Wunberg. Frankfurt 1972, bes. S. 462. – Zum Verhältnis Bahrs zu Hofmannsthal vgl. ferner Gotthart Wunberg, Der frühe Hofmannsthal. Schizophrenie als dichterische Struktur. Stuttgart u.a. 1965, bes. S. 125 ff.

[30] Hofmannsthal selbst war übrigens weit weniger empfindlich als seine Interpreten: er hat den Begriff »Essay« eher etwas abschätzig gebraucht, seine Arbeiten als »Feuilletons« und als erstrebenswert den Typus des »kulturellen Journalisten« bezeichnet (Ges. Werke in Einzelausgaben, hg. v. Herbert Steiner, Frankfurt 1956 ff.; Prosa, Bd. 2, S. 262).

[31] Vgl. Just (Anm. 3), S. 208.

denselben Zeitungen und Zeitschriften wie Bahr und die anderen Wiener Kritiker publizierte.

Hofmannsthal teilt mit Bahr die scharfe Ablehnung jeder an ästhetischen Regeln und Dogmen orientierten Kritik und bekennt sich zur verstehenden Kritik. In einem Porträt des englischen Kritikers John Ruskin rühmt Hofmannsthal, seine »Kritik« sei »ein Nachbeben, ein dithyrambisches und hellsichtiges Auflösen und Wiederschaffen«.[32] Und an dessen Landsmann Walter Pater hebt er die bewunderungswürdige Fähigkeit hervor, eine bestimmte Art von Menschen und Kunst kongenial zu »erfassen und suggestiv heraus[zu]bringen«: eine bestimmte Art – aber eben nur diese Art: »Alles andere entgeht ihm«.[33] Hofmannsthal trifft also die gleiche Feststellung wie Bahr über Huysmans. Was Bahr – zumindest in den frühesten Äußerungen – als Anzeichen für den wahren Künstler (und umgekehrt: negativ für einen Kritiker) anführte, sieht Hofmannsthal, bei aller Anerkennung, als einseitig auch für den Künstler an. Diesem »Ästhetismus«, der einseitigen Fixierung auf das Ästhetische als Selbstzweck, erteilt er eine Absage – obwohl er weiß, daß er selbst eine Neigung dazu hat. An Kritikern wie Ruskin rügt er daher: »Die Luft ihres Lebens ist die Atmosphäre eines künstlich verdunkelten Zimmers«. Sie »kommen ... nicht vom Leben her: was sie schaffen, dringt nicht ins Leben«.[34]

Der ästhetische Kritiker isoliert die Kunst vom Leben und vermag das Leben nur noch unter dem Aspekt der Kunst zu sehen. Demgegenüber fordert Hofmannsthal mit Nachdruck die Öffnung der Kritik (und der Literatur) auf das »Leben« hin, »die Kunst ausschließlich vom Standpunkt des Lebens« anzusehen.[35] Daß »Leben« zwar mit »Realität« zu tun hat, aber doch keineswegs mit Inhalten und Materiellem gleichzusetzen ist, hat Hofmannsthal – etwa in dem Vortrag »Poesie und Leben« (1896) – sehr deutlich gemacht. In seinen Kritiken nehmen oft Erörterungen über die ästhetische Gestalt, die Form, die Komposition literarischer Werke einen großen Raum ein, in den Augen mancher Interpreten stehen diese Aspekte sogar im Mittelpunkt seiner Kritiken. Diese Ansicht ist nach dem Entwickelten jedoch nicht haltbar, der Bezug zum Leben bildet in jedem Fall – auch wenn dies nicht expressis verbis betont wird – die notwendige Grundlage.

---

[32] DJW, S. 380.
[33] DJW, S. 466.
[34] DJW, S. 380.
[35] DJW, S. 628. Vgl. auch: Ges. Werke (Anm. 30), Prosa I, 1956, S. 334.

Das »Leben« ist also der Kernpunkt für den Kritiker wie für den Künstler.³⁶ Damit ist eine weitgehende Annäherung der Aufgabenstellung erreicht, die sich schließlich auch in Sprache und Stil zeigt. Das von der Forschung festgestellte Faktum, daß es zwischen den verschiedenen Arten der Prosa bei Hofmannsthal keine gravierenden sprachlichen und stilistischen Unterschiede gibt, läßt sich also nicht nur mit der schlichten Formel erklären, daß auch die Essayistik eben ein »Werk des *Dichters*«, »seines *poetischen* Geistes« sei³⁷, sondern man kann es auch begründen: das Ziel des Kritikers ist das gleiche wie das des Künstlers.

Die Art und Weise der Kritik, die Bahr, Hofmannsthal und die Jungwiener in den neunziger Jahren ausüben, könnte man – wenn man einen der Epochenbegriffe auf die Kritik anwenden wollte – am ehesten als »impressionistisch« bezeichnen.
Obwohl der Begriff selbst nur selten fällt, wird in den Beschreibungen der eigenen Methode das Wortfeld »Impression« bzw. »Eindruck« immer wieder herangezogen³⁸, denn: »der impressionistische Kritiker giebt den Eindruck und nichts als den Eindruck wieder, den er empfangen«.³⁹ Als Haupteigenschaft des großen Kritikers gilt daher »die Kunst, ... den leisesten Impressionen des Kunstwerkes willig zu gehorchen«.⁴⁰
Als Begründer und wichtigster Repräsentant der »impressionistischen« Kritik gilt in der Geschichtsschreibung der Literaturkritik der Franzose Jules Lemaître. Er übertrug als erster programmatisch den Begriff »Impressionismus« von der Malerei auf die Literatur und die Kritik. Er vertrat die Ansicht, ein Werk bringe bei jedem Betrachter und ebenso beim gleichen Betrachter zu verschiedenen Zeiten verschiedene Bilder hervor. Der Kritiker könne nur »définir l'impression que fait sur nous, à un moment donné, telle œuvre d'art où l'écrivain a lui-même noté l'impression qu'il recevait du monde à une certaine heure«.⁴¹ Der Kritiker ist für Lemaître damit nicht

---

³⁶ Da »Leben« ein Kernbegriff in der Weltsicht des jungen Hofmannsthal ist, hat sich eine umfangreiche Sekundärliteratur darum bemüht, ihn und seine Beziehung zur »Lebensphilosophie«, vor allem Nietzsches, differenziert zu erfassen; vgl. z.B. Otto Friedrich Bollnow, Der Lebensbegriff beim jungen Hofmannsthal. In: Unruhe und Geborgenheit, Stuttgart 1953, S. 15–30; und Gerke (Anm. 28), Kap. »Kunst und Leben«, S. 29 ff.
³⁷ Gerke (Anm. 28), S. 6.
³⁸ Vgl. z.B. DJW, S. 212 (Lothar), 421 (Bahr), 465 (Hofmannsthal).
³⁹ DJW, S. 214 (Lothar).
⁴⁰ DJW, S. 243 (E. M. Kafka).
⁴¹ Les Contemporains. Paris o. J.; Bd. 2, S. 85.

Kunstrichter, sondern ›nur‹ ein mit besonders viel Empfindung, Sensibilität und Eindruckskraft versehener Leser. Kritik – so heißt es in einem Aufsatz über Bourget – »tend peut-être à devenir simplement l'art de jouir des livres et d'enrichir et d'affiner par eux ses impressions«.[42]

Lemaître wurde auch im deutschen Sprachraum rasch bekannt. Bei seiner Vermittlung spielten die Jungwiener eine besondere Rolle. So stellte Rudolf Lothar Lemaître etwa in einem großen Übersichtsartikel »Zur Geschichte der Kritik in Frankreich« 1891 ausführlich vor (und faßte seine Beschreibung der Methode in dem Satz zusammen: »Lemaître ist mit einem Wort Impressionist«).[43] Im gleichen Jahr bekennt sich Bahr enthusiastisch zu dem Franzosen und feiert ihn als Schöpfer einer neuen Kritik. Im Anschluß an die oben zitierten Formulierungen Lemaîtres schreibt er: »Diese ... Sätze könnten mich rein verrückt machen vor Vergnügen ... eine lange Zukunft [der Kritik] steckt darin, mit den holdesten Versprechungen. Sie brechen eine dritte Phase der Kritik an ...«[44]

Es gibt also gute Gründe dafür, die Jungwiener Kritik als »impressionistisch« zu bezeichnen und in den europäischen Kontext dieser Methode zu stellen. Allerdings findet diese Art, mit Dichtung umzugehen, keineswegs nur Zustimmung. René Wellek etwa sieht darin in seiner großen »History of Modern Criticism« den Triumph des Gefühls und des persönlichen Geschmacks, der sich jeder wissenschaftlichen Nachprüfbarkeit entziehe.[45] Diese prinzipielle Feststellung trifft gewiß zu: Der »Eindruck«, den ein Werk macht, ist eben etwas extrem Subjektives, das Nachempfinden und Einfühlen eine individuelle, nicht erlernbare Fähigkeit. Die Grenze zwischen subjektiver Empfindung und Willkür ist jedoch fließend; damit hat »impressionistische« Kritik stets etwas Willkürliches an sich. Anzeichen einer Kritik, die sich der Dichtung anempfindet und damit angleicht, ist, wie bereits festgestellt, ihre Sprache und ihr Stil. Erstrebt wird eine Prosa von dichterischem Rang, die nicht rational argumentiert, sondern mit ›poetischen‹ Stilmitteln, vor allem einer gesuchten Metaphorik, arbeitet, die, auf einer gehobenen sprachlichen Ebene angesiedelt, »nachdichtende« Kritik ist. Zwar schätzten nicht nur die Zeitgenossen, sondern auch zahlreiche Leser des 20. Jahrhunderts eine derartige Kritik; sie konnten sich darauf berufen, daß eben diese Art und Weise, mit Dichtung umzugehen, zu einer

---

[42] Ebd., Bd. 3, S. 342.
[43] DJW, S. 203–214; Zitat S. 212.
[44] DJW, S. 417.
[45] René Wellek, Geschichte der Literaturkritik 1750–1950. Bd. 3: Das späte 19. Jahrhundert. Berlin, New York 1977; vgl. S. 21 f., 24, 59 f., 188, 357, 387.

lange Zeit und teilweise noch heute sehr angesehenen Art der literaturwissenschaftlichen Interpretation weiterentwickelt wurde. Wenn man allerdings der Ansicht ist, daß das Rational-Argumentative ein Grundelement jeder Literaturkritik (und jeder literaturwissenschaftlichen Methode) ist, wird man – mit Wellek – die Einwände jedoch als sehr gravierend bezeichnen und feststellen müssen: »Impressionistische« Kritik stellt einen Sonderfall und in gewisser Weise eine Sackgasse in der Geschichte der Literaturkritik dar.

Diese Bedenken gelten zwar zweifellos auch der Jungwiener Kritik, aber sie treffen sie doch nur zum Teil. Die Kritiker selbst haben die skizzierten Gefahren durchaus erkannt und bereits in den frühen neunziger Jahren zu einer Kritik der »impressionistischen« Kritik gefunden. So schrieb etwa Lothar 1891: »Wo impressionistische Betrachtungsweise sich mit dem Theater beschäftigt, mag sie am Platze sein, denn die Schauspielkunst will impressionistisch wirken, will uns die Gedanken des Dichters auf dem Umwege über unsere Gefühle vermitteln; wo sie aber – und zwar meist die dilettantische Methode im Gefolge – an ein Buch, an ein Kunstwerk herantritt, zeigt sie sich in ihrer wissenschaftlichen Wertlosigkeit.«[46] Wertlos – weil eben nur subjektiv; nicht nachweisbar, nur nachfühlbar; nur auf das Einzelne, nicht auch auf Zusammenhänge gerichtet. Unter dem Einfluß Nietzsches und vor allem Bourgets wurde der Dilettant als Ästhetizist und Dekadent und damit zunehmend kritisch gesehen. Hofmannsthal bezeichnete den »Dilettantismus« als »Anempfindungsvermögen« und damit als die »Krankheit« des so hoch geschätzten »Empfindungsvermögens«.[47] Dieses Verdikt trifft selbst Lemaître: er neige zur »dilettantischen Methode« – heißt es über ihn –, »*weil* er Impressionist ist«.[48] Aus dieser Einsicht erwächst der Versuch, über die impressionistischen Ansätze hinauszugelangen. So setzt sich bei Bahr nach der Phase der Begeisterung für Lemaître seine soziologische Schulung durch Taine und den Naturalismus[49] wieder durch; das Zeitgemäße blieb für ihn eine zentrale Kategorie. Daher versuchte er eben nicht nur, die Eindrücke zu sammeln und zu registrieren, sondern auch aus den Werken den Zeitgeist, die Bewegungen des geistigen

---

[46] DJW, S. 214.
[47] DJW, S. 194. Kraus verspottete Bahr als »Nachempfinder« (DJW, S. 655).
[48] DJW, S. 212.
[49] Vgl. DJW, S. 486f.: Nach dem Naturalismus hätten sich die Jungen »den Sinnen und den Nerven« anvertraut, sie »wollten fühlen, nur noch fühlen, alles fühlen«, es war die »Zeit der ›Sensationen‹«: »Es hieß Impressionismus, hieß Décadence«. Die »Gabe, noch die leisesten und zartesten Nuancen ... zu haschen – das nannten wir damals Kunst. Wir irrten ...«. (geschrieben 1895).

und auch des sozialen Lebens abzuleiten, das Gemeinsame von auf den ersten Blick heterogenen Erscheinungen zu erkennen. Gerade dieser ständige Versuch befähigte ihn dazu, stets treffende Schlagworte für den Zeitgeist zu finden.

Für Hofmannsthal ist der Eindruck, der von einem Teilaspekt des Kunstwerks ausgeht, die Voraussetzung der Kritik: »Irgend ein Vers, ein Stückchen Ornament, eine Art, Augenlider und Lippen zu malen, impressioniert uns sehr stark, erzeugt in uns für einen Augenblick jenes aus Sehnsucht und Befriedigung gemischte Glücksgefühl, das vom ästhetisch Vollkommenen hervorgerufen wird.«[50] Aber mit diesem »Impressionistischen« hat es nicht sein Bewenden; er fährt fort: Jeder dieser Eindrücke stamme von einem verirrten Bruchstück eines großen Ganzen. Es handle sich nun darum, »aus dem verirrten Bruchstück durch eine große Anspannung der Phantasie für einen Augenblick eine Vision dieser fremden Welt hervorzurufen, im Leser hervorzurufen: wer das kann und dieser großen Anspannung und Verdichtung der reproducierenden Phantasie fähig ist, wird ein großer Kritiker sein«.[51]

Es kann also nicht genügen, das »Besondere eines Künstlers« zu erfassen, sondern es muß das Ziel der Kritik sein, daraus das »Seelenleben« einer Epoche abzulesen; und ebenso geht es nicht um das einzelne Kunstwerk, sondern auch, und letzten Endes immer, um das »Ganze«.[52] Darin liegt die eigentliche Aufgabe des Dichters und damit auch des Kritikers: nicht nur einzelne Eindrücke besonders sensitiv aufzunehmen und sie mit bildlichen Mitteln auszudrücken, sondern auch zu spüren, für welches Ganze das Detail steht, worauf es verweist.

Versucht man Bedeutung und Leistung der Jungwiener Kritik zusammenzufassen, so wird man demnach sagen können: Diese Kritik hat zum einen die nachempfindende, einfühlende Methode in einer in der deutschen Literatur bis dahin nicht bekannten Intensität ausgebildet und angewandt; der verstehende Ansatz wird durch die Einbeziehung der Psychologie vertieft; vor allem die Sensibilität für das Detail führt zu Einsichten, die bis heute nicht überholt sind. Die Jungwiener Kritik hat zum anderen jedoch auch versucht, die Einseitigkeiten des »impressionistischen« Umgangs mit Literatur zu überwinden, zumindest einzuschränken. Zwar werden dadurch die

---

[50] DJW, S. 465.
[51] Ebd.
[52] DJW, S. 466.

generellen Einwände gegen die Subjektivität, ja Willkürlichkeit und gegen die begrifflich unscharfe, ›nachdichtende‹ Sprache nicht gegenstandslos – zumal Wollen und Vermögen sich ja keineswegs stets decken –; aber es wird doch deutlich, daß die bloße Übernahme der Einwände gegen die »impressionistische« Kritik dem Jungen Wien nicht gerecht wird.

Für die historische Bedeutung der Jungwiener Kritik ist ferner ihre komparatistische Weite wichtig, die ihr einen entscheidenden Anteil an der Einbürgerung der »Moderne« im deutschen Sprachraum gibt. Und schließlich ist festzuhalten, daß im Jungen Wien Kritik in einer in Österreich bis dahin nicht gekannten Breite betrieben wurde: trotz der unbestreitbaren Dominanz von Hermann Bahr trägt die Kritik nicht das Signum einer einzelnen Persönlichkeit. Dies führte dazu, daß sie eine Institution mit einem festen Platz im literarischen Leben und in der literarischen Öffentlichkeit werden konnte. Damit bestimmte sie das Umfeld, in dem die »Dichtungen« entstanden – und das keineswegs nur durch das Ergebnis ihres Urteils, sondern eher durch die literarische Atmosphäre, die sie vermittelte, durch das Rezeptionsfeld, das sie prägte.

Wie auch immer man die historische Bedeutung der Jungwiener Kritik sehen mag, eines bleibt festzuhalten: von dem Bild des Kritikers und der Aufgabe der Kritik, wie es im Umkreis des Jungen Wien entstanden ist, ging eine große Wirkung auf die Anschauung von Schriftstellern auch außerhalb Österreichs aus, wie sich aus zahlreichen direkten und indirekten Zeugnissen erkennen läßt. Noch der junge Thomas Mann bewegt sich mit seinen Ansichten über Kunst und Kritik ganz in den Bahnen Jungwiens, wenn er etwa in einem Aufsatz von 1896 den Kritiker als »Verwandlungskünstler«, als »vollendeten Typus des ›Dilettanten‹« beschreibt, dessen Kunst es sei, »in fremden Persönlichkeiten zu verschwinden, durch sie die Welt zu sehen«.[53]

Es ist bezeichnend, daß sich in den meisten Rezeptionszeugnissen dieses Bild von den Jungwiener Kritikern als »Verwandlungskünstlern« wiederfindet, das später ins Negative gewendet wurde und zum Klischee erstarrte. Das gleiche gilt für die Charakterisierung als »impressionistisch«, die bereits 1896 von Karl Kraus in einer Polemik gegen Bahr in die Aburteilung des »seichte[n] Impressionismus« verwandelt wurde.[54] Diese Bezeichnungen können sich zwar auf Kernbegriffe der Jungwiener Kritik berufen, übersehen aber – unbewußt oder bewußt – andere wichtige, oben im einzel-

---

[53] Ges. Werke, Frankfurt 1974, Bd. XIII, S. 520f.
[54] DJW, S. 650.

nen herausgearbeitete Aspekte. Erst durch ihre Berücksichtigung kann man der Kritik des Jungen Wien historisch gerecht werden, ohne daß das hieße, ihre problematischen Seiten zu verschweigen.

Wenn man – der Ausgangsthese über die Bedeutung der Kritik folgend – das Bild der Literatur dieser Epoche um die Literaturkritik erweitert, wird es komplexer, vielfältiger. Wenn man die Literaturkritik jenseits der gängigen Klischees sieht, wird es zugleich differenzierter werden.

Marie-Louise Roth

Essay und Essayismus bei Robert Musil

Musil schreibt in einer nachgelassenen Schrift: »Für mich knüpfen sich an das Wort Essay Ethik und Ästhetik.« (GW II, S. 1334)
Essayismus bedeutet für ihn ein ästhetisches wie ethisches Experiment. Es ist im Zusammenhang mit dem Schreiben wie mit einer Denk- und Lebenshaltung zu verstehen. Er erwächst aus dem Bewußtsein einer Zeitkrise, die es zu überwinden gilt, in dem neue Möglichkeiten und Lösungen sowohl für das Schreiben, wie für die Moral intendiert werden. Literatur wird als ein experimentelles Feld betrachtet, als Essayismus, d. h. Möglichkeit des Versuchs, als Laboratorium, prospektiver Entwurf, Verschiebung und Neuverteilung von Elementen und Situationen. Essayismus bedeutet »experience« im französischen Sinne des Wortes, Testen von Möglichkeiten, Ausprobieren und Ausspielen von Gedanken, Versuch, wie man noch mehr Mensch sein kann. Das Experimentieren bedeutet das Sprengen und die Auflösung des a priori einer in ihren Beziehungen festgefahrenen und starr gewordenen Wirklichkeit; sie wird mit Hilfe von Dichtung vollzogen. So versteht man die Wichtigkeit, die Musil der Dichtung beimißt, sie ist es, die ihm das Ausprobieren von neuen Strukturen erlaubt, es gestattet, über die Wirklichkeit eine andere, gleichnishafte Welt zu konstruieren, die aber »in den Spitzen, wenn nicht Auswüchsen« (MOE, S. 1206) die Geschichte des Lebens widerspiegelt, ihr »Vor und Zurück«, ihr »Hin und Her«.
»Ich messe der Dichtung eine Wichtigkeit bei, die weit über die Wichtigkeit anderer menschlicher Tätigkeiten emporragt. Sie setzt nicht nur Erkenntnis voraus, sondern setzt die Erkenntnis über sich hinaus fort, in das Grenzgebiet der Ahnung, Mehrdeutigkeit, der Singularitäten, das bloß mit den Mitteln des Verstands nicht mehr zu fassen ist.« (GW II, S. 1327)
Dichtung erlaubt das Eindringen in eine Mittelzone, wo Idee und Leben sich berühren, optische und geistige Tätigkeit sich vermischen. So sucht Musil, um die Starrheit, die die Literatur seiner Zeit charakterisiert, und um die »innere Beweglichkeit des literarischen Diskurses zurückzuerobern«[1],

---
[1] Walter Moser, Diskursexperimente im Romantext zu Musils ›Der Mann ohne Eigenschaften‹, in: Robert Musil by Uwe Bauer, Elisabeth Castex. Athenäum 1980, S. 188.

eine Strategie des Schreibens, »eine experimentelle Schreibpraxis«[2]. Die literarische Gattung des Essays wird ihm zum Symbol für eine intendierte Schreib- Denk- und Lebenshaltung, die »geistige Bewegung, Offenheit, Wandelbarkeit« impliziert. So heißt es in einem unveröffentlichten Fragment: »Essayismus. Enthält noch einmal Notwendigkeit der Zersetzung. Alles nur für Partiallösungen ansehen. Schwebende Denkwelt und feste Gestaltwelt usw.« (Mappe I/1, 13 (E 7).
So stellen wir Musils Auffassung des Essays als Gattungsbegriff, als einen Zwitterbegriff fest – er spricht von den Zwitterreizen des Essays (GW II, S. 1317) – der zwischen zwei Gebieten liegt, wenn der Autor in derselben nachgelassenen Schrift erläutert, daß der Essay zwischen dem wissenschaftlichen Gebiet liegt, dem Gebiet des objektiven Denkens, wo eine geistige Ordung herrscht und dem Gebiet des Lebens und der Kunst, in welchem sich die moralischen Kräfte *nicht* einordnen lassen. Er schreibt: »Zwischen diesen beiden Gebieten liegt der Essay. Er hat von der Wissenschaft Form und Methode. Von der Kunst die Motive.« Musil macht also gleich in seinem Definitionsversuch auf die *nicht übliche*, nicht formelle, auf eine *andere* Perspektive der Essaybetrachtung aufmerksam. Jene Grenzsituation des Essays, seine ambivalente Lage, seine Situation als Polarität ist es aber gerade, was Musil an ihm anzieht. Nicht der formelle Begriff steht im Zentrum seines Interesses, sondern seine inhaltliche Einstellung, die Art seiner Aussage, seine Fähigkeit »ungefähr wie ein Essay in der Folge seiner Abschnitte ein Ding von vielen Seiten zu nehmen ohne es ganz zu erfassen – denn ein ganz erfaßtes Ding verliert mit einem Male seinen Umfang und schmilzt zu einem Begriff ein« (MOE, S. 257), so der Ausspruch im *Mann ohne Eigenschaften*.
Der Essay ist für Musil eine der Zeit verwandte Kunstform, weil er vieldeutig ist, und offen bleibt, nicht abgrenzbar und unsystematisch ist. So heißt es im Tagebuch: »Ich erinnere mich, schon sehr früh den Eindruck erhalten zu haben, daß die theoretisch-essayistische Äußerung in unserer Zeit wertvoller ist als die künstlerische (...)« (Tb. I, S. 652).
Betrachten wir zunächst Musils Verhältnis zum Essay als dem Gebiet der Wissenschaft angehörenden, also als *Methode, Form-* und *Stilmöglichkeit*. Weiter untersuchen wir, was Essayismus, über den Form- und Gattungsbegriff hinweg, für Musil bedeutet, den Essayismus also als *Denkmethode*, die ein anderes *menschliches Verhalten dem Leben gegenüber, ja eine Weltanschauung* nach sich zieht.

*

---
[2] Walter Moser, op. cit. S. 175 u. S. 188.

In seinem nachgelassenen Aufsatz *Über den Essay* definiert Musil den Essay wie folgt: »Er sucht eine Ordung zu schaffen. Er gibt keine Figuren, sondern eine Gedankenverknüpfung, also eine logische und geht von Tatsachen aus, wie die Naturwissenschaft, die er in Beziehung setzt. Nur sind diese Tatsachen nicht allgemein beobachtbar und auch ihre Verknüpfung ist in vielen Fällen nur eine singuläre. Es gibt keine Totallösung, sondern nur eine Reihe von partikularen. Aber er sagt aus und untersucht.« (GW II, S. 1335).

Durch seine strukturelle Anlage zwischen wissenschaftlichen Ordnungselementen und dichterischen Materialien bedeutet der Essay eine Möglichkeit der Gestaltung und der Erkenntnis.

Musil hat schon vor dem ersten Weltkrieg die Form des Essays für seine Aussagen gewählt, vielleicht unter dem Einfluß der Essays Emersons und Ellen Keys, die er öfters im Tagebuch zitiert. Aber besonders am Anfang des ersten Weltkrieges und unmittelbar danach sind seine wichtigsten Essays entstanden (GW II, S. 975–1203). Der letzte Essay erscheint 1931 mit dem Titel *Literat und Literatur*. Er erfindet mehrmals mögliche Titel für seine Essays »Vernunft und Affekt in der Politik« (Tb I, S. 826) »Dünkelshausen – Essays« (Tb I, S. 684) »Fern vom Heute« (Tb I, S. 825) »Lerne lesen u. schreiben« (Tb I, S. 684) »Rychtarschow Aufsätze« (nach dem Geburtsort seines Großvaters (Tb I, S. 346). Er spricht von seinen Essays als »Skizzen in der Art von Denkmale über die verschiedenen Erscheinungen des heutigen Lebens, z. B. Sport« (Tb I, S. 818). Sie berühren also Fragen der Zeit, der Literatur, der Kultur, der Politik.

Aber das Verhältnis Musils zum Essay als Gattung ist nicht sehr präzis, ja man könnte sagen, sogar unscharf. Diese »sogenannten« Essays umfassen auch kleinere Formen, Aufsätze, Abhandlungen, Vorträge, Rundfragen und Reden, sogar eine Aphorismensammlung, das *Rapial*, nennt er Essay. So heißt es im Tagebuch der Schweizer Jahre: »Kleine Erzählungen habe ich jetzt keine: nur Essays in Aphoristenform.«

Auch meint er, daß er seine Aufzeichnungen in Form eines »großen Essays« niederschreiben möchte, aber mit »Unterteilung in Aphorismen«. (Tb I, S. 952)

Musils essayistische Schriften sind aber nicht durch die Form oder durch einen bestimmten Stil zum Gattungsbegriff erhoben, sondern eher inhaltlich bestimmt. Er gesteht 1922/1923 (Tb I, S. 643 f.), daß sie Arbeiten sind, zu denen ihn bestimmte Gelegenheiten und Umstände reizten, deshalb sind sie mindestens zur Hälfte durch den Anlaß bestimmt und höchstens zur Hälfte durch ihn. Die Essays sind, wie er sagt, »Versuche, Umwege« um das, was ihn denkerisch bewegt und was seine Phantasie am Aktuellen entzündet, auszusagen.

»So wie ein schlechter Mensch mit fremdem Geld kühner spekuliert als mit eigenem, will ich meinen Gedanken auch über die Grenze dessen nachhängen, was ich unter allen Umständen verantworten könnte; das nenne ich Essay, Versuch« (Tb I, S. 643).

Im Tagebuch und in den unveröffentlichten Nachlaßmappen des Dichters findet man einen Hinweis auf einen Aufsatz, in dem Musil vielleicht versucht hätte, die Gebiete abzugrenzen. Der Titel eines geplanten Aufsatzes »Dichtung–Essay–Philosophie« deutet auf eine mögliche Auseinandersetzung mit dem Problem hin (Tb I, S. 471).

Aber so wie die Dinge liegen, hat man den Eindruck, daß Musil dem Essay als Form, wegen seiner Auflösungskraft, eher skeptisch, reserviert, ja vorsichtig gegenüber steht.

Negativ steht er auf jeden Fall dem essayistischen Journalismus gegenüber. So schreibt er in dem Aufsatz *Über den Essay*: »Ein weiteres Grenzgebiet der Essayistik ist das politische Tagesschrifttum. Es ist eine Exploitation ohne den Schatz zu mehren.« So sieht er auch am Beispiel Rathenaus, den er in seinem Essay *Anmerkungen zu einer Metapsychik* kritisiert, die »Entartung eines Essayisten in einen philosophischen Dilettanten«.

Musil selbst wehrt sich, ein Essayist zu sein: »Ich bin kein Philosoph, ich bin nicht einmal ein Essayist, sondern ich bin ein Dichter« (Tb I, S. 665), schreibt er im Tagebuch.

Auch versteht er das Essayistische als Gefahr für seinen Roman, den *Mann ohne Eigenschaften*, und sucht dagegen anzukämpfen. Im Jahre 1926, in einem Interview mit O. M. Fontana, antwortet er auf die Frage »Fürchten Sie nicht bei der Struktur Ihres Romans das Essayistische?« – »Ich fürchte es schon. Ebendarum habe ich es durch zwei Mittel bekämpft. Zuerst durch eine ironische Grundhaltung, wobei ich Wert darauf lege, daß mir Ironie nicht eine Geste der Überlegenheit ist, sondern eine Form des Kampfes. Zweitens habe ich meiner Meinung nach allem Essayistischen gegenüber ein Gegengewicht in der Herausarbeitung lebendiger Szenen, phantastischer Leidenschaftlichkeit« (GW II, S. 941).

So sieht er auch in Knut Hamsuns Roman ein Beispiel, um dieser Gefahr aus dem Wege zu gehen, durch Hineinarbeitung lebendiger Szenen: »Der Roman ist ihm (Knut Hamsun) ein Mittel, sich über alles auszusprechen: Tolstoi, Sozialismus, Religion ... Wunderbar versteht er es aber, dem das Essayistische zu nehmen, die Diktion ist stets belebt, persönlich aus den jeweils Sprechenden heraus.« (Tb I, S. 218) Auch der humoristische Roman, meint Musil, so antiquiert er aussieht, ist ein Stück künstlerischer Wirkung, im Gegensatz zu den Wirkungen der Philosophen und Essayisten.

Er äußert sich immer wieder kritisch in seinen Tagebüchern über die Überladenheit seiner Werke mit Essayistischem. Anläßlich der *Versuchung der stillen Veronika* schreibt er: »Schöne Partien, aber zu sehr Essay, aneinandergefädelte Betrachtungen, intellektuelle (Phantasien) Paraphrasen über den Vorwand eines Themas« (Tb I, S. 213). 1930, bei der Arbeit am *Mann ohne Eigenschaften* gesteht er: »Ich mußte gestern rasch die Korrekturen von 300 Seiten überprüfen und war ganz niedergeschlagen von der Überladenheit des Romans mit Essayistischem, das zerfließt und nicht haften bleibt.«

Aber paradoxerweise, gerade diese Niedergeschlagenheit erwirkt seine Hoffnung auf das Essayistische als solches außerhalb der Dichtung. So schreibt er zur gleichen Zeit im Tagebuch: »Was mich trotzdem bestimmt, ist, daß ich auf meine Zukunft als Dichter gar nichts mehr gebe und annehme, daß ich nach Ende des Romans und von ihm etwas gehoben, mein Brot als Essayist suchen werde.«

Musil hat die Form des Essays stets als einen »Umweg« zum Roman betrachtet. Auch waren sie ihm eine Möglichkeit des Broterwerbs.

Sind aber Musils Essays wirkliche Essays, so wie sie Lukács in seiner Schrift *Über das Wesen und die Form des Essays. Ein Brief an Leo Popper* (1910) zu definieren versuchte?

In seiner Untersuchung *Essay und Essayismus: Benjamin, Broch, Kassner, H. Mann, R. Musil, Rychner* (Kohlhammer Verlag 1969) hat Dieter Bachmann am Beispiel des Essays *Das hilflose Europa* (1921) nachgewiesen, was diesen Essay als essayistisch charakterisiert.

Zunächst *sprachlich*. In ihm vereinigen sich Provokation und Beispiel im Zitat, auch in der aphoristischen Aussage. Die Verwendung der Fremdwörter und der Metapher als stilbildendes Element ist charakteristisch für den Essay. *Thematisch* gehört zu dieser Kunstgattung das Zeitbewußtsein, die aktuelle Themenwahl, der Hang zum Pragmatischen, die Spekulation über die Möglichkeiten, der Essayismus als Lebensform. *Methodisch* ist die Argumentation mit Abschweifungen typisch. Musil argumentiert mit Beispielen, zitiert ohne zu begründen, assoziiert Gedankengänge. In diesem Sinn gibt der Essay eine Übersicht der Verknüpfungen menschlicher Motive und Handlungen »die Summe all der widerstrebenden Strömungen und Einflüsse und Bewegungen« (GW II, S. 941) und entspricht somit Musils Forderung der Ordnung, »der rationalen Verarbeitung der verschiedenen Resultate«. Dieter Bachmann ist aber auch der Meinung, daß sehr viel *Unessayistisches* in den Essays festzustellen ist: z. B. die mangelhafte Komposition, die Zerfahrenheit der Argumentation, »das Willkürliche« (Tb I, S. 667), das »Unvollkommene« (Tb I, S. 667), die Musil selbst bemängelt. »Er setzt an, und man fühlt, hier will ein Mensch sprechen; aber es vergeht nicht viel Zeit, und es sprechen Sachen. Er kommt in soziologische oder sozialphilosophische Gedanken« (Tb I, S. 666).

Die Einteilung in Abschnitte und die Lässigkeit der Sprache sind unessayistisch. Das Spielerische fehlt ihnen, sie sind nicht straff und methodisch. Man könnte Musils Essays eher als Abhandlungen, als Aufsätze bezeichnen.

Doch Musils Infragestellung des Essays, das Bruchstückhafte an ihnen, das nicht Abgerundete, Vollendete, das Annähernde, Fragwürdige in der Form, weist auf eine Verwandtschaft Musils mit der essayistischen Aussage hin.

Strukturell, ideell, aber besonders *inhaltlich* — wir werden noch darauf zurückkommen — ist Musils Kunst essayistisch. Seine Kunst als Ganzes ist Essayismus, weil sie eine geistige Tätigkeit voraussetzt, die das Ausgesagte immer wieder in Frage stellt, zu Nichts ohne Vorbehalt ja sagt, sich von der Welt frei hält, alles relativiert; sie ist eine geistige Tätigkeit, die auf Umbildung, auf Umwandlung des Menschen gerichtet ist.

Musils Einbildungskraft entzündet sich am Aktuellen, er steht ihm aber ohne Illusion gegenüber, skeptisch, kritisch, mit Vorbehalt, abwartend. Von dem Zeitgenössischen ausgehend ist seine Haltung die des »anderen Menschen«, die der Opposition. So betrachtet er in der geplanten Einführung zu seinen Essays im Jahre 1921 die Sammlung als eine Kampfschrift: »(...) so sehr habe ich mich zeit meines Lebens innerhalb des heutigen Deutschlands als ein anderer Mensch gefühlt und weiß, daß ich auch innerhalb der Gegenwartsliteratur als ein Fremdes bekämpft, mißverstanden oder gering geschätzt werde. Dieses Buch ist daher auch eine Kampfschrift, obgleich ich keine Namen (nenne) bekämpfe, sondern Zustände« (Tb I, S. 665).

Es stellt sich nun die Frage, ist das Hauptwerk Musils der *Mann ohne Eigenschaften* — wie man es des öfteren behauptet hat, ein »überdimensionaler Essay«? Im Roman sind essayistische Komponenten vorhanden, aber als Ganzes ist er ein Roman und kein Essay. Der denkreiche, geistige Ansatz ist essayistisch. Ulrich repräsentiert einen essayistischen Typ, auch ist die Krise der Gesellschaft im Zentrum des Romans. Die Denkhaltung Ulrichs ist essayistisch. Der Stil ist in vielen Kapiteln nicht der der Erzählung, das Fehlen des »primitiv Epischen«, die Abneigung des Autors gegen den »Faden der Erzählung«, gegen das Lineare, und seine Vorliebe für die »unendliche verwobene Fläche« (– alles ist auf einmal da –), die dem Leben gerechter bleibt als die tradierte Form, ist charakteristisch für den Roman. Die Scheidungen zwischen erzählender Wirklichkeit und geistigem Gehalt, das Begriffliche, Theoretische machen den Roman nicht unbedingt essayistisch. Musil hat sich selbst darüber Fragen gestellt. Er meint in einem Brief an Guillemin im Jahre 1931 (P. D., S. 726): »Ich will ja eigentlich gar nicht einen ›intellektuellen‹ Roman schreiben, sondern einen traditionellen, der Intellekt hat.«

Doch der Versuchscharakter, der experimentierende Charakter des Romans, wie auch die Zerstörung der epischen Form, das Problem, »wie komme ich zum Erzählen« (P. D., S. 726), der Verzicht »auf die Dimension der Zeit, des Ablaufs, der zeitlichen Entwicklung« (P. D., S. 724) sind dem Essayistischen verwandt.

Walter Moser hat in dieser Hinsicht richtig und einleuchtend von »interdiskursiven Experimenten« gesprochen; er meint, daß es im Roman darum geht, »diskursive Experimente vorzunehmen: Verschiedene Diskursarten unter wechselnden Bedingungen auszuprobieren und zu prüfen, ihre Bildungselemente und -gesetze herauszulösen, auf diesen Elementen aufbauend neue Kombinationen vorzuschlagen, ungewohnte Interaktionen und Interferenzen aller möglichen Diskursarten zu provozieren, die Möglichkeiten neuer diskursiver Haltungen und Bildungen zu erforschen«.[3]

Schreiben hat eine utopische Ausrichtung, denn eine Als-ob-Haltung liegt der Aussage zugrunde. So bekommt Sprache etwas Schwebendes, auch etwas Subversives, Dynamisches. In Musils Roman findet man keine lineare Stabilität mehr, sondern Verschiebungen, Diskontinuität, Spiegelung und In-Beziehung-Setzung verschiedener Situationen. Die Perspektiven wechseln beständig. Aus der Wechselbeziehung zwischen Idee und Gestalt, Fühlen und Denken entsteht eine umwälzende Kraft, die aus dem Gewohnten herauslöst und eine Veränderung der Sicht bewirkt. Musil spricht von »lebenden Gedanken« im Gegensatz zu »toten Gedanken«. Dies ist auch im Zusammenhang mit dem Schreiben zu verstehen. »Lebende Gedanken ›leuchten ein‹. Ein Satz leuchtet mir ›ein‹, heißt, er dringt verändernd in mein Inneres. Wenn ich ihn ›verstehe‹ ist es, als wäre ich nur an der Oberfläche von ihm beleuchtet, und ebensosehr er von mir.« (Tb II, S. 856) Schreiben ist in diesem Sinne Essayismus, Versuch, den Dingen durch eine

---
[3] Walter Moser, op. cit. S. 178.

durch die Gedanken »erhöhte« Wirklichkeit, Bedeutung zu geben, den Leser an ihnen teilnehmen zu lassen, Versuch, den Menschen zu motivieren. Die Sprache ist somit Mut zur Erforschung und Erfahrung neuer Möglichkeiten »der Erleuchtung«, die auf Umwandlung des inneren Menschen gerichtet ist.

Wenn auch der Roman essayistische Züge hat und seine Struktur essayistisch angelegt ist, so kann man ihn nicht in den Gattungsbegriff »Essay« einreihen. Der *Mann ohne Eigenschaften* bleibt Werk, ein Roman, in dem wohl das kommentierend-analysierende Moment dem erzählerisch-darstellenden übergeordnet ist, aber die Romanfiguren traditionell sind. Sie bleiben narrative Protagonisten, obwohl ihre Situation in einer Krise dargestellt wird und sie schließlich zu experimentellen Typen werden. Sie sind – um mit Walter Moser zu sprechen[4] – »Hauptträger der interdiskursiven Beweglichkeit«.

Wenn Musil in seinen Tagebüchern von Essayismus spricht, so meint er nicht den Begriff »Essay« als solchen, als Gattungsbegriff, sondern eher das Essayistische als eine Schreib- und Denkpraxis. Der *Mann ohne Eigenschaften* entspricht Musils Utopie des Essayismus als ein mögliches Programm für eine denkerische Haltung und für eine Lebenshaltung. Er hat sie in dem Kapitel 62 des Romans: »Auch die Erde, namentlich aber Ulrich, huldigt der Utopie des Essayismus«, definiert. Ulrich vertritt die Haltung des Menschen, der sich denkerisch nicht fixieren will, sich frei hält, um sich jeder Zeit neu zu setzen, neu zu erfinden. In dieser Anlage, die man essayistisch nennen könnte, liegt auch der Zerfall der Romanform, ja die Zerstörung des Epischen. Das Krisenhafte, Unsichere, die Struktur des Denkens als Versuch, als Hypothese, als vorläufiger Essay, überträgt sich auf die formelle Aussage. So zerfällt auch der Stilbegriff bei Musil. Der Aphorismus entspricht schließlich viel mehr seiner Kunstform als der Essay; der Aphorismus wird ihm immer gemäßer, je älter er wird, so daß er in den letzten Jahren die Fragen stellt: »Aphoristisch als Epos dieses Mannes«? oder »der Aphoristiker, ein Schicksal«.

Wir würden also schlußfolgern, daß für Musil das Leben und die Kunst selbst essayistisch sind, vorläufig, offen für das, »was der Mensch noch sein

---

[4] Walter Moser, op. cit. S. 186.
Robert Musil, *Der Mann ohne Eigenschaften*. Rowohlt, Reinbek bei Hamburg, 1952 (MOE).
Robert Musil, *Prosa und Stücke, Kleine Prosa, Aphorismen, Autobiographisches, Essays und Reden, Kritik*. Rowohlt, Reinbek bei Hamburg, 1978 (GW II).
Robert Musil, *Prosa, Drama, späte Briefe*. Rowohlt, Reinbek bei Hamburg 1957 (PD).
Robert Musil, *Tagebücher*. Rowohlt, Reinbek bei Hamburg 1976 (Tb I, II).

kann«, für jede andere Möglichkeit. Es gibt für ihn keine Kunsttheorie, sondern eine in jedem Augenblick neu zu erfindende Gestaltungsmöglichkeit. Der Schriftsteller bringt den Begriff »Essayismus« zu seiner extremen Konsequenz, indem er die Literatur, ja die Kunst selber als Essayismus betrachtet. Der Begriff »Essayismus« dehnt sich bei ihm aus, indem er über die Kunstgattung hinweg, eine existenzielle Tendenz, eine Lebensform und eine Poetik darstellt. Essayismus ist mehr als eine Form und Stilhaltung, er ist eine Denkstruktur, eine Lebens- und Weltanschauung, eine Ethik und eine Poetik.

Essayismus ist Utopie im Sinne von Möglichkeit, Aufgabe, eine auf ethische »Hebung« ausgerichtete Denk- und Lebenshaltung, er ist Moral des höchsten Schrittes.

*

Essay und Essayismus ist aber nicht allein Formproblem, sondern hängt mit einer anderen Art zu denken zusammen. Musils Denkhaltung wurzelt in dem Wunsch, »aus der Denkgewohnheit herauszutreten« und hat ihren Ursprung in der Situation eines mit seiner Zeit in Konflikt stehenden Dichters, der eine andere Welt über die gegebene Wirklichkeit hinaus zu projizieren versucht.

Musil hat sich selbst immer wieder als einen »Querkopf«, einen »Außenseiter«, und ärgerlichen »Störenfried der Weltanschauung« bezeichnet. Das Andersgeartete, das die »Welt anders denken« hat Musil öfters in seinem Tagebuch als spezifisch für seine Konstitution betont, die er auf den Helden seines Romans, Ulrich, überträgt: »Die Menschen haben keine Ahnung, wie man schon denken kann, wenn man sie neu denken lehren könnte, würden sie auch anders leben.« (MOE, S. 41) Anders denken führt zu einer anderen Lebenshaltung und -perspektive, zu einer Ethik, die für sein Werk richtunggebend ist.

Mit Ernst in seinen ersten Werken, mit der ambivalenten Form des Essays als Gattung, mit Ironie im *Mann ohne Eigenschaften* und der Ambivalenz seiner literarischen Gestalten, wie Verbrecher und Geisteskranke, mit der Darstellung der Geschwisterliebe stellt Musil dem »hilflosen Europa« eine mögliche Welt entgegen und sucht die Wahrheit zu äußern, nicht systematisch und abstrakt, sondern tastend, testend, versuchsweise, essayistisch.

Es handelt sich also bei diesem Vorgehen um eine experimentelle Denkmethode, die Ulrich im *Mann ohne Eigenschaften* vertritt. Es ist die Haltung eines Menschen, der sich in abwartender Stellung befindet, jeden Denkansatz als »Versuch« betrachtet. Es heißt im Roman: »Seine Meinung war, man befinde sich in diesem Jahrhundert mit allem Menschlichen auf einer

Expedition, der Stolz verlange, daß man allem unnützen Fragen ein ›Noch nicht‹ entgegensetze und ein Leben mit Interimsgrundsätzen, aber im Bewußtsein eines Ziels führe, das später Kommende erreichen werden.« (MOE, S. 47)

Dieses Denken, das ein Distanzgefühl und ein sich Freihalten von der Welt impliziert, entsteht aus dem hohen Bewußtsein der Vorläufigkeit der Dinge, der Lebensunsicherheit und dem Ungenügen an den gewöhnlichen, scheinbar feststehenden Sicherungen. Ulrich ahnt: diese Ordnung ist nicht so fest, wie sie sich gibt; kein Ding, kein Ich, keine Form, kein Grundsatz sind sicher, alles ist in einer unsichtbaren, aber niemals ruhenden Wandlung begriffen, im Unfesten liegt mehr von der Zukunft als im Festen, und die Gegenwart ist nichts als eine Hypothese, über die man noch nicht hinausgekommen ist (MOE, S. 257).

Es handelt sich um ein »Möglichkeitsdenken«, um ein »Funktionsdenken« (MOE, S. 234), um eine nicht statische, sondern ständig in Bewegung sich befindende geistige Tätigkeit, die die Annahme voraussetzt, daß es ebenso »anders« sein könnte und somit neue Kombinationen aufstellt, sie durchspielt und in einem produktiven Spiel weiter ausbaut.

Der Wert einer Handlung oder Eigenschaft, ja sogar deren Wesen und Natur erschienen ihm abhängig von den Umständen, die sie umgeben, von den Zielen, denen sie dient, mit einem Wort, von dem bald so, bald anders beschaffenen Ganzen, dem sie angehört (MOE, S. 257).

Dieses Denken beinhaltet also den Relativitätsbegriff, setzt Dynamismus, Verwandlung, Aufgabe, Ziel voraus.

Es ist ein Denken, das in Beziehung mit der Lebensdynamik steht, also nicht systematisch, abstrakt, methodisch, eindeutig, quantifizierend ist, sondern lebendig, dynamisch, assoziativ folgernd, kombinatorisch und weitergehend. Ein solches nicht kausalmechanisches Denken, das im Leben selbst seine Wurzeln hat, nennt Musil das »lebende Denken« im Gegensatz zum »toten Denken«.

Schon in den »*Verwirrungen des Zöglings Törless*« entscheidet er zwischen toten und lebenden Gedanken (GW II, S. 136). In seiner Schrift *Politisches Bekenntnis eines jungen Mannes* weist er auf das trennende und das verbindende Denken hin: »Es gibt ein Denken, das Wahrheit schafft; klar wie eine Nähmaschine setzt es Stich neben Stich. Und es gibt ein Denken, das glücklich macht. Das ungeduldig in dich hineinfährt, so daß deine Beine zittern; das im Flug und Sturm Erkenntnisse vor dir auftürmt, an die zu glauben dein Seelenleben in den nächsten Jahren ausfüllen wird, und von denen du doch nie wissen wirst, ob sie richtig sind.« (GW II, S. 1009) 1921 in dem Essay: *Geist und Erfahrung, Anmerkung für Leser, welche dem Untergang des Abendlandes entronnen sind* kommt er auf das gleiche Problem zurück: »(...) Genauigkeit, Richtigkeit töten; was sich definieren läßt, Begriff ist, ist tot, Versteinerung, Skelett (...). In Geistesgebieten aber, wo der Satz gilt: Erkennen ist Wiedererinnern, macht man diese Erfahrung bei jedem Schritt. Das Wort soll dort nicht Fixiertes bezeichnen. Es ist das lebendige Wort, voll Bedeutung und intellektueller Beziehung im Augenblick, von Wille und Gefühl umflossen; eine Stunde später ist es nichtssagend, obwohl er alles sagt, was ein Begriff sein kann. Ein solches Denken mag man wohl lebend nennen« (GW II, S. 1051). (CF. *Mann ohne Eigenschaften*, Kapitel 34, *Ein heißer Strahl und erkaltete Hände*).

Ein solches Denken erwirkt eine plötzliche Erkenntnis, die zu einem anderen Verstehen der Welt führt und eine neue Lebenshaltung verursacht. Die innere Reaktion, die durch das Denken ausgelöst wird, nennt Musil Essayismus. Es ist eine Denkhaltung, die als Ziel nicht die Erkenntnis, sondern menschliche *Umbildung* hat. Umbildung ist Loslösung des Menschen aus seiner erstarrten Beziehung zur Umwelt, auf daß neue Beziehungen zwischen den Menschen entstehen können. Er schreibt im Tagebuch: »Wir stehen vor einer Neuteilung der geistigen Tätigkeit. Solche, die auf Erkenntnis und solche, die auf Umbildung der Menschen gerichtet ist.« (II, 1137) So heißt es auch im *Mann ohne Eigenschaften*: »Die Übersetzung des Wortes Essay als Versuch, wie sie gegeben worden ist, enthält nur ungenau die wesentlichste Anspielung auf das literarische Vorbild; denn ein Essay ist nicht der vor- oder nebenläufige Ausdruck einer Übersetzung, die bei besserer Gelegenheit zur Wahrheit erhoben, ebensogut aber auch als Irrtum erkannt werden könnte (von solcher Art sind bloß die Aufsätze und Abhandlungen, die gelehrte Personen als Abfälle ihrer Werkstätte zum besten geben); sondern ein Essay ist die einmalige und unabänderliche Gestalt, die das innere Leben eines Menschen in einem entscheidenden Gedanken nimmt.« (MOE, S. 260) Oder auch der charakteristische Satz: »Es gab so etwas in Ulrichs Wesen, das in einer zerstreuten lähmenden entwaffnenden Weise gegen das logische Ordnen, gegen den eindeutigen Willen, gegen die bestimmt gerichteten Antriebe des Ehrgeizes wirkte, und auch das hing mit dem seinerzeit von ihm gewählten Namen Essayismus zusammen« (MOE, S. 253).

Es ist die Denkhaltung, in der der Mensch, wie im Falle der »intuitiven Erkenntnis im mystischen Sinn«, nach allen Seiten offen ist, jeglichen verhärteten Standpunkt abwirft, anders versteht, »ins Herz der Welt gerät« und plötzlich sieht, wie die »Dinge in Wahrheit sind«. Nicht die Ratio allein ist im Spiel, sondern die Gefühle; die »ganze« Person wird in diesem Prozeß der Erhellung mitgerissen – Musil nennt es »ein ganz Begreifen«. Er sagt in der Schrift »*Über den Essay*«: »Dieses plötzliche Lebendigwerden eines Gedankens, dieses blitzartige Umschmelzen eines großen sentimentalen Komplexes (eindringlichst versinnlicht in der Pauluswerdung des Saulus) durch ihn, so daß man mit einemmal sich selbst und die Welt anders versteht: Das ist die intuitive Erkenntnis im mystischen Sinn. In kleinerem Maße ist es die ständige Bewegung des essayistischen Denkens; Gefühle, Gedanken, Willenskomplexe sind daran beteiligt. Es sind keine Ausnahmsfunktionen, sondern die normalen. Aber der Faden eines Gedankens reißt die anderen aus ihrer Lage und ihre – wenn selbst nur virtuellen – Umlagerungen bedingen das Verständnis, das Klingen, die zweite Dimension des Gedankens.« (GW II, S. 1336s)

Musil hebt immer wieder die dynamisch, magnetisch neu ordnende Kraft des essayistischen Denkens hervor, das im Zusammenspiel des *einen* zentralen Gedankens mit *anderen*, die zweite Dimension des Gedankens hervorruft. Musil verwendet auch – um diesen Augenblick der radikalen Änderung, der Perspektivenverschiebung, oder wie er ihn in einem früheren Artikel *Moralische Fruchtbarkeit*, »den Zustand vehementer moralischer Reaktion« nennt, zu umschreiben – die Ausdrücke: *Erschütterung, Motivierung, Erweckung, Umkehrung, Umstülpung, Umbildung, Umkehr, Inversion, Conversion*. Diese Situation der von dem Mittelpunkt des Wesens ausgehenden Reaktionsfähigkeit erleben die meisten Helden im Werke Musils: z.B. der Freund Tonkas am Ende der Novelle, nach dem Tod der Partnerin: »(...) die Binde der Blindheit schien von seinen Augen gesunken zu sein; einen Augenblick lang, denn im nächsten schien ihm bloß schnell etwas eingefallen zu sein.« (GW II, S. 306). Auch in der Novelle *Die Amsel* wird dieser plötzliche wichtige Erkenntnisaugenblick beschrieben. »Es ist schwer zu beschreiben« – meint A_2 –, »aber wenn ich daran denke, ist mir, als ob mich etwas umgestülpt hätte; ich war keine Plastik mehr, sondern etwas Eingesenktes. Und das Zimmer war nicht hohl, sondern bestand aus einem Stoff, den es unter den Stoffen des Tages nicht gibt, einem schwarz durchsichtigen und schwarz zu durchfühlenden Stoff, aus dem auch ich bestand« (GW II, S. 552).

Diesen Augenblick der »Revolution der Gesinnung«, wo das »Geschehen Sinn gewinnt«, nennt Musil den »anderen Zustand«; er ist die Folge der essayistischen Denkhaltung, des Eintretens in ein Gebiet, in welchem die Dinge anders sind, wo ein vollkommenes anderes Verhältnis zur Welt entsteht. Die Episode mit der Frau Majorin in Kapitel 32 des MOE weist schon auf die wesentlichsten Züge dieses Erlebnisses hin, er ist der denkerische Ansatz zu dem in den nachgelassenen Kapiteln des Romans in die Praxis gehobenen »anderen Zustand«, den die Geschwister Ulrich und Agathe auf der Insel und im Garten erleben. Neue Beziehungen zwischen den Menschen entstehen; alles nimmt eine veränderte Bedeutung an, Perspektiven, die auf Besitz und Eigentum, auf Eigenschaften verzichten, eröffnen sich, »Inngefühl verbindet Wesen ohne Raum«. Es ist die Erfahrung der Entgrenzung und der Vereinigung, die den Menschen auf das Abenteuer »des rechten Lebens« hinweist, wie das bei Ulrich oder A_2 in der ersten Episode der *Amsel* im *Nachlaß zu Lebzeiten* oder Homo in der Novelle *Grigia* geschieht. So meint auch Ulrich, im *Mann ohne Eigenschaften*, »daß nur eine Frage das Denken wirklich lohne, und das sei die des rechten Lebens« (MOE, S. 259).

Essayismus als Lebenshaltung, so wie ihn Musil versteht, steht also in Verbindung mit ethischen und geistigen Werten. Er ist Träger eines anderen Verhaltens, das auf Mehrung des Geistigen, auf die Erfindung weiterer menschlicher Möglichkeiten gerichtet ist, auf Steigerung, Hebung, Wandlung.

Essayismus bedeutet eine Lebenshaltung, die eine wirkliche Determination des Handelns und ein ethisches Ziel voraussetzt: der Wille, den Dingen eine Richtung zu geben, der Wille zur Sinngebung. Essayismus fordert eine neue Lebensperspektive. So meint Musil 1926 in seinem Interview mit O. M. Fontana über den *Mann ohne Eigenschaften*: »Ich mache mich darin (im Roman) über alle Abendlandsuntergänge und ihre Propheten lustig« (– er meint damit Oswald Spengler –) »Urträume der Menschheit werden in unseren Tagen verwirklicht. Daß sie bei der Verwirklichung nicht mehr ganz das Gesicht der Urträume bewahrt haben – ist das ein Malheur? Wir brauchen auch dafür eine neue Moral. Mit unserer alten kommen wir nicht aus. Mein Roman möchte Material zu einer solchen neuen Moral geben. Es ist ein Versuch einer Auflösung und Andeutung einer Synthese.« (GW II, S. 942) In einigen Vorstufen des MOE und im Tagebuch ist die Rede von der »Moral des nächsten Schrittes, der Moral des Dichters, der Moral des Mystikers«, von »der Moral des Schöpferischen und des Geistes«, von einer dynamischen, wachsenden, unstarren, von einer funktionalen Moral.

Den Terminus, den Musil schließlich gebraucht, um den Gegensatz zum metrisch-moralischen Verhalten, zu der Moral als Hilfsmittel, die Gesetze voraussetzt ohne sie zu schaffen, im gleichen Sinn wie der Gegensatz zwischen totem und lebendigem Gedanken – hervorzuheben, ist das Wort »*Ethik*«. Dies bedeutet aktives Ethos, stärkste »geistige Bewegung«, ein Verhalten, das »moralische Phantasie schafft«, das Böse aber nicht ausschließt, sondern aus der Auseinandersetzung mit ihm Spannkraft und Bewegung zieht. Diese Ethik läßt den Menschen aus sich heraus und über sich hinauswachsen im Gegensatz zu der Moral als System, die den gegebenen Werten keinen neuen Wert hinzufügt. Sie ist »zentrale Motivation«, sie fordert persönliche Entscheidung, sie bedeutet Freiheit, Wille, die Welt umzugestalten, sie ist schöpferische Kraft, geistige Dynamik. »Ethik als Spezialfall des anderen Verhaltens«, ist somit auch Kritik des spezifizierenden, systematisch-fixierten Verhaltens, Kritik gegen die Schablone, die Rollenfunktion des Menschen, gegen das geschlossene System, gegen das, was Musil im *Mann ohne Eigenschaften* »Seinesgleichen geschieht« nennt, gegen jede Art fester Wesensart (MOE, S. 256), gegen das, was er »Konstante«, »Beruf«, »Charakter«, »Ideale«, »Wirklichkeit«, »Niederschrift«, »Eigenschaften« nennt. Ethik in diesem Sinne fordert Anpassung und Anschmiegung an die Beweglichkeit der Tatsachen, sie wächst aus der jeweiligen Situation, aus den Umständen. Sie ist »motiviertes Leben«. Sie ist Essayismus, »expérience«, d. h. funktionales Verhalten, »Verhalten auf Widerruf«. So heißt es im *Mann ohne Eigenschaften*: »Aber was sein Verhalten schließlich entschied, war noch etwas anderes. Es gab etwas in Ulrichs Wesen, das in einer zerstreuten, lähmenden, entwaffnenden Weise gegen das logische Ordnen, gegen den eindeutigen Willen, gegen die bestimmt gerichteten Antriebe des Ehrgeizes wirkte, und auch das hing mit dem seinerzeit von ihm gewählten Namen Essayismus zusammen« (MOE, S. 260).

Ulrich ist ein Essayist, ein Ethiker, ein Meister des innerlichen, schwebenden Lebens – Musil setzt diese Termini gleich – im gleichen Sinne wie »Maeterlinck, Emerson, Nietzsche, zum Teil Epikur, die Stoiker, unter Abstraktion vom Transzendenten, die Mystiker, aber auch Dilthey, Taine, die nomothetische Geschichtsforschung«, die in den Kreis des Essays gehören – so Musils Aufzählung in seiner Schrift *Über den Essay* (GW II, S. 1337.

Was die Lebenshaltung dieser Menschen charakterisiert ist dieses »Dazwischen«, das »bewegliche Gleichgewicht« zwischen zwei aufeinander bezogenen Bereichen, dem Denken und dem Leben, das für den Essayismus charakteristisch ist: »Ihr Reich liegt zwischen Religion und Wissen, zwischen Beispiel und Lehre, zwischen amor intellectualis und Gedicht, sie sind Heilige mit und ohne Religion, und manchmal sind sie auch einfach Männer, die sich in einem Abenteuer verirrt haben« (MOE, S. 261). Diese essayistische Lebenshaltung kommt auch dem gleich, was Musil den Möglichkeitssinn genannt hat: »Wer ihn besitzt, sagt beispielsweise nicht: »Hier ist dies oder das geschehen, wird geschehen, muß geschehen, sondern er erfindet: Hier könnte, sollte oder müßte geschehen /... / So ließe sich der Möglichkeitssinn geradezu als die Fähigkeit definieren, alles, was ebensogut sein könnte, zu denken, und das, was ist, nicht wichtiger zu nehmen als das, was nicht ist (...)« (MOE, S. 16).

Musil skizziert hier den geistig offenen, beweglichen Menschen, der aus dem Gefühl der Lebensunsicherheit heraus und aus Angst vor den Illusionen, kühn und *bewußt* handelt. Musil spricht von einem bewußten, menschlichen Essayismus (MOE, S. 258), der die Fahrlässigkeit in einen Willen verwandeln möchte, durch erneutes Infragestellen, durch eine geistige Tätigkeit, welche die starren Satzungen sprengt zugunsten eines motivierten Lebens: es geht ihm um das Verhalten eines Menschen, der in jedem Augenblick Leistungen zu seiner geistigen Hebung und Erneuerung fordert (MOE, S. 259), der wie Ulrich »sich anders zu verstehen sucht, eine Neigung hat zu allem, was ihn innerlich mehrt, und sei es auch moralisch und intellektuell verboten, sich wie einen Schritt fühlt, der nach allen Seiten frei ist, aber von einem Gleichgewicht zum nächsten und immer vorwärts führt«. Essayismus hat eine dynamische Funktion: er ist auf »Umbildung« des Menschen gerichtet. Er ist eine Lebenslehre, der aber nur als Beispiel, im Augenblick, nicht als System wirksam ist. Wollte man die ›Lebenslehre‹ in ein ›Lebenswissen‹ umwandeln, so würde die ›Bewegung der Bewegung‹ in Staub zerfallen, sich in Unsinn und Widerspruch umkehren. Man kann ihr keinen ›Inhalt‹ abgewinnen.« (MOE, S. 261)
So Musils Ausdruck im *Mann ohne Eigenschaften.*
Nur in dem sich jeweils aufhebenden und neuentstehenden nächsten Schritt, in dem »noch nicht«, in dem »status nascendi« liegt das Wesen dieser schöpferischen, geistigen Kraft, die Musil Essayismus nennt: er ist ein Wagnis des Menschen, ein immer wieder erneuter Versuch, das »schwebende Gleichgewicht« neu zu erschaffen, das zu einem weiteren neuen Schritt führt. Er ist »Erweckung« und »Aufstieg«, Dynamik und Entwicklung.

Joseph P. Strelka

Claudine und Veronika

Zur weiblichen Doppelfigur von Robert Musils »Vereinigungen«

Claudine, die Protagonistin aus der »Vollendung der Liebe« und Veronika, die Heldin aus der »Versuchung der stillen Veronika« sind zwei Variationen eines weiblichen Gegenentwurfs zum *Törless*-Roman, und nicht zufällig hat Musil einmal notiert, daß die beiden »Novellen aus dem gleichen Reservoir geschrieben sind« wie der *Törless*.[1]
Wenn die beiden Erzählungen der *Vereinigungen* in Technik und Form verschieden vom Törless wirken, wenn hier die Reflexionen über Gefühle die Entfabelung noch weiter treiben als im *Törless*, wenn hier die bildhafte Analyse der Stimmungen langatmig wirkt gegenüber den direkten Darstellungen und der auch in den Reflexionen größeren Dichtheit und Wortkargheit im *Törless*, dann nicht, weil es Musil im *Törless* nicht auch um die »leidenschaftliche Energie des Gedankens« gegangen wäre[2], sondern weil die »Haltung«[3] eine andere ist. Das heißt, daß die rechtfertigende Darstellung des aus Musils eigener Person literarisch stilisierten Törless aus größerer Sicherheit und Überzeugungskraft floß als die rechtfertigende Darstellung der aus Martha Musil stilisierten Figuren Claudine und Veronika. Daß es sich bei Törless um eine Stilisierung Musils selbst handelt, bezeugt nahezu alle Literatur über diesen Roman. Daß Claudine und Veronika Stilisierungen seiner Gattin Martha sind, kann gleichfalls nicht mehr bezweifelt werden: Claudines Treubruch bezieht sich auf den Vorfall zwischen Martha und ihrem ehemaligen Verlobten Martin Cohn (= Carbo), die Stellung Veronikas zwischen Johannes und Demeter auf die chronologisch noch früher festzulegende Stellung Marthas zwischen Fritz und Edmund Alexander[4], bzw. zwischen Fritz Alexander und Martin Cohn.
Bei Törless war sich Musil des inneren Gewinns und der positiven Bedeutung der »Verwirrungen« sicher: seine »Erniedrigung« verging nicht nur,

---

[1] Robert Musil, *Tagebücher*. Reinbek bei Hamburg, 1976, Band I, S. 233
[2] *Tagebücher*, op. cit., Bd. I, S. 214
[3] *Tagebücher*, op. cit., Bd. I, S. 233
[4] Vgl. Karl Corino, *Robert Musils »Vereinigungen«*. München-Salzburg 1974, S. 44–45 und 34–40

sie vermittelte ihm jene kleine Menge Giftes, »die nötig ist, um der Seele die allzu sichere und beruhigte Gesundheit zu nehmen und ihr dafür eine feinere, zugeschärfte, verstehende zu geben«.[5] Gewiß, Musil findet verführerische Formulierungen auch für die Verwirrungen Claudines und Veronikas: Bei Claudine spricht er von diesem »wie zwischen zwei Spiegeln Gleitendem der Liebe, hinter denen man das Nichts weiß ...« und er läßt sie förmlich warten auf das »wunderbare, gefahrvolle, steigernde Wesen der Lüge und des Betruges in der Liebe«, das heimlich Aus-sich-heraustreten »ins nicht mehr dem andern Erreichbare, ins Gemiedene, in die Auflösung des Alleinseins, um der großen Wahrhaftigkeit willen in die Leere, die zuweilen, einen Augenblick lang, sich hinter den Idealen auftut«.[6]

Nicht daß er die Novelle mit Martha genau bespricht, zeigt seine Unsicherheit – eine solche Beratung[7] ist durchaus natürlich bei einer Erzählung, die zumindest indirekt aus ihrer Perspektive heraus geschrieben ist, wie der *Törless* aus der seinen. Aber der Umstand zeigt sie, wie er dem Ministerial-Rat und Verführer in einer die kühlen und nüchternen Proportionen Musilscher Darstellung in jeder Weise sprengender Weise die pathetischen Plattheiten und abgegriffensten Klischees bei seinen Bemühungen in den Mund legt. Noch deutlicher zeigt sie das Faktum, daß er in der Erzählung die Entwicklung bis zum Vollzug des Treubruchs auf vier Tage streckt, was er in späteren Jahren vergaß und in der Fehlleistung eines Sich-Versprechens bemerkte, er hätte den Treubruch als Vollendung der Gattenliebe innerhalb von 24 Stunden dargestellt.[8]

In der »Versuchung der stillen Veronika«, in welcher das Leitmotiv der Verwirrung die Sodomie darstellt – auch Claudine erfährt übrigens diese Versuchung für einen Augenblick – bezeichnet Musil einmal die Wahlsituation Veronikas zwischen Johannes und Demeter als eine Wahl zwischen zwei Demütigungen, und da er sie monologisieren läßt, warum man im Märchen an Tiere denken darf, die Prinzessinnen bewachen, läßt er sie sofort daranfügen: »War sie krank«?[9] Zuletzt aber ist nichts als eine Unruhe

---

[5] Robert Musil, *Gesammelte Werke* in neun Bänden, Reinbek bei Hamburg 1978, Bd. 6, S. 112
[6] Robert Musil, Gesammelte Werke, op. cit., Bd. 6, S. 188
[7] Tagebücher, op. cit., Bd. I, S. 225
[8] Peter Henninger hat sich vielleicht unter dem Antrieb einer ähnlichen, jedoch reziproken Fehlleistung, da ihm der Treubruch nicht rasch genug geschehen kann, verzählt und hat 72 anstatt 96 Stunden dafür angesetzt. Vgl. Peter Henninger, *Der Buchstabe und der Geist*, Bern 1980, S. 208
[9] Gesammelte Werke, op. cit., Bd. 6, S. 216

in ihr, »die unter der Haut wie Tausende kleiner Tiere herauswollte«[10], und auch da sie zu allerletzt der Versuchung Demeters widersteht, findet sich kein Wort, das eine Parallele zur positiven kleinen Dosis Gift oder zum positiv gedeuteten, neu angesetzten Jahresring der Seele im Törless darstellte.
Ja, man könnte fast sagen, daß sich in einem gewissen Sinn geradezu das Gegenteil findet. Denn in der ersten Eintragung Musils in sein Tagebuch nach der Fertigstellung der zweiten Erzählung bemerkt er, daß man zwar das Thema der Neigung zu einem Tier, die partiell etwas von der Hingebung zu einem Priester hat oder das Thema, daß eine Untreue in einer tieferen Zone eine Vereinigung sein kann, psychologisch mit subtiler Mannigfaltigkeit füllen kann, daß jedoch solche eine Vertiefung des Problems »ethisch belanglos bleibt«.[11]
Es scheint nicht so zu sein, daß die Verschiedenheit, die bis in Technik und Stil reicht, in einem Mangel Musils, sich auch in eine weibliche Psyche zu versetzen, herrührt, sondern einfach aus der Sexualmoral der Zeit, die männliche »Verwirrungen« grundsätzlich positiv und weibliche grundsätzlich negativ wertete. Nun hat sich Musil zwar in der realen Lebenspraxis und auf der Bewußtseinsebene mit der ihm eigenen Unabhängigkeit und Freiheit ohne weiteres über solche Vorstellungen hinweggesetzt, da er Martha zu seiner Gattin machte und ihr zeitlebens engstens verbunden blieb. Es fragt sich indessen, ob er auf der literarischen Ebene, auf welcher neben der bewußten Stilisierung vor allem auch das Unbewußte oft deutlicher zum Ausdruck kommt, eine ebensolche Haltung nicht nachvollziehen konnte oder wollte. An der notwendigen Kühnheit hat es ihm gewiß nicht gefehlt. Aber der Ellbogenraum aktiver Handlungsfreiheit selbst solcher Kühnheit erweist sich im Bereich des Unbewußten offenkundig als sehr begrenzt.
Nicht dieser Frage und überhaupt nicht der Frage des Unterschiedes, sondern der Frage der Gemeinsamkeiten von *Törless* und den *Vereinigungen* soll jedoch hier nachgegangen werden. Bezeichnenderweise resultieren auch die Gemeinsamkeiten, um die es hier geht, aus derselben geheimnisvollen Kraft des Unbewußten oder der »Seele«, wie es in einem diesbezüglich besonders aufschlußreichen Nachlaßtext von Musil heißt, der auf der Rückseite eines erhaltenen Briefes Marthas an Robert Musil notiert ist und in den »Anmerkungs-Nachträgen« zu den Tagebüchern veröffentlicht wurde. Eine ganze Reihe von Aufzeichnungen in diesen »Anmerkungs-Nach-

---

[10] Gesammelte Werke, op. cit., Bd. 6, S. 222
[11] Tagebücher, op. cit., Bd. I, S. 232–233

trägen« zu »Heft 5« sind für das Verständnis der *Vereinigungen* von bedeutendem Interesse, sowohl die Bemerkungen über Entfremdungs- und Depersonalisationszustände, über die Erhaltung eines bestimmten Wertgefühls als vitaler Frage der menschlichen Persönlichkeit und die möglichen positiven Aspekte erlittener Demütigungen[12] wie auch über das »Schreiben an den Novellen«, das von außen erklärt wird aus einem Menschen, dem Autor, »der nur sich selbst beobachtet hat durch zwei Jahre.«[13] Der in Frage stehende Text selbst aber, ein autobiographisch kaum verhüllter Entwurf zu einer Stelle einer der frühen Versionen des großen Romans aber lautet: » ... Er liebt M. nicht ... er will sie trotzdem heiraten, bloß von ihrer Unsicherheit angezogen, um über den Eifersuchtsgründen einen gewölbten Bau aufführen zu können. Von ihrer beider Einsamkeit angezogen. Um dem Leben sein Symbol entgegenzuhalten (wie einen Namenszauber).

―――――――

Ein Mensch, der pervers ist infolge einer Vergangenheit. Seine Lüste zu teilen ist ein Tiefseereiz, zugleich aber ein beständiges Lebendigsein der Vergangenheit und dadurch erst recht ein Tiefseereiz.
In dem Maße als er sieht, daß er selbst diesen einfachsten Menschen Tonka nicht durchschauen und halten kann, fühlt er die Sendung des Raben[14] für sein Leben → zB. erhöht es die Unsicherheit der Reaktion den perversen Einfällen eines sonst wundervollen Menschen gegenüber. ← Sie denken fortan zu zweien darüber nach ... Der Rabe fühlt, daß solche Zweifel und Unzufriedenheiten mehr wert sind als alle frühere doch konventionelle Erotik. Er fühlt, daß erst die Seele etwas Schönes zustandebringt, sie sind in allen Perversionen Idealisten. Doch bringt auch alles Unglück nur die Seele. Ebenso unbegreiflich. Wir haben etwas Herrschaft über sie, aber wir wissen nicht, wie wir diese anwenden sollen. Wir wissen gar nichts über die Berechtigung und über die Grenzen dieser Kraft.«[15]
Es ist hier nicht das Problem von Interesse, ob es bei Robert und Martha Musil in ihrer realen Existenz tatsächlich eine so weitgehende Gemeinsamkeit und Parallelität der Erfahrungen gegeben hat oder ob Musil manches davon in die literarische Stilisierung der Darstellungen Claudines und Veronikas projiziert hat, sondern es geht hier lediglich um eine vergleichende

---

[12] Tagebücher, op. cit., Bd. II, S. 928–929
[13] Tagebücher, op. cit., Bd. II, S. 944
[14] Der »Rabe« ist Martha
[15] Tagebücher, op. cit., Bd. II, S. 946–947

Betrachtung der literarischen Erscheinungen des Törless auf der einen, Claudines und Veronikas auf der anderen Seite.

Beide, Törless[16] sowohl wie die beiden Frauenfiguren werden als außerordentlich sinnlich und starken erotischen Spannungen unterworfen dargestellt. Beide, Törless sowohl wie die beiden Frauenfiguren haben sexuelle Erfahrungen auch ungewöhnlicher Art und tiefer Intensität gesammelt. Beide schließlich verhalten sich trotz aller Leidenschaftlichkeit und Demütigungen geistig und psychisch kalt und distanziert. Törless, von Basini verführt, denkt zunächst gar nicht daran, ihn dafür zu schützen[17], Claudine wird von all der Stärke ihrer Leidenschaft bis zur Demütigung nicht berührt und findet, daß es sie im Grunde nicht berühre[18], und Veronika erscheinen einmal die Männer überhaupt nur als ein Vorwand, bei demselbst man sich nicht aufhalten soll.[19]

Törless sowohl wie die beiden Frauenfiguren fühlen sich versucht, in die niederste und tiefste Schicht vorzustoßen. Törless erliegt nicht nur der paradoxen Faszination der herabgekommenen, alten und häßlichen Prostituierten Božena, er erlebt auch bei der sadistischen Folterung Basinis einen Zustand geschlechtlicher Erregung.[20] Claudine kniet sich in einem masochistischen Ansturm nackt auf einen zerschabten alten Teppich, um die ekligen Spuren der Füße der vorigen Hotelzimmerbenützer zu küssen, und »wie eine schnuppernde Hündin« sich an ihnen zu erregen.[21] Veronika aber fühlt, da sie unter dem sexuell erregten Bernhardiner liegt, wie sich etwas in ihr ganz heiß zusammenduckt und hat ein anderes Mal einen seltsamen, exhibitionistischen Entkleidungsdrang.[22]

Die Versuche, in die niedersten Tiefen vorzustoßen, sind indessen in beiden Fällen, in dem von Törless wie in jenem der beiden Frauenfiguren nicht nur durch negative Aspekte gekennzeichnet, sondern auch durch positive. Sie stellen Ausbruchsversuche aus der in beiden Fällen besonders extrem und tief empfundenen Einsamkeit dar und erscheinen darüber hinaus noch seltsam indirekt verbunden mit dem Erstreben und relativem Erreichen eines höchsten, jenseits des Verstandes liegenden Pols geheimnisvoller Erhebung und eines Doppelaspekts des Blicks auf die Dinge und das Leben.

---

[16] Gesammelte Werke, op. cit., Bd. 6, S. 17
[17] Gesammelte Werke, op. cit., Bd. 6, S. 123 und 125
[18] Gesammelte Werke, op. cit., Bd. 6, S. 160
[19] Gesammelte Werke, op. cit., Bd. 6, S. 209
[20] Gesammelte Werke, op. cit., Bd. 6, S. 70
[21] Gesammelte Werke, op. cit., Bd. 6, S. 189
[22] Gesammelte Werke, op. cit., Bd. 6, S. 205 und 218

Diese Törless wie den beiden Frauenfiguren eigene Passivität oder besser: innere Unbeteiligtheit dem äußeren Geschehen gegenüber, das damit verbundene kontemplative Anschauen der Dinge und Ereignisse mit anderen Augen als jenen des Verstandes, dies alles stellt im Grunde nichts anderes dar als eine frühe Vorform des »anderen Zustandes« im *Mann ohne Eigenschaften*. Die Gemeinsamkeit geht bis in einzelne Motive wie etwa den Erweckungs-Ton oder das Erweckungs-Motiv am Beginn eines solchen besonderen Erfahrungsaktes.

Im Törless ist beispielsweise die Rede von dem, was manchmal erwacht, »wenn irgendeine einsame, eigenwillige Melodie von uns fortgeht und – ins Ferne schreitend – mit fremden Bewegungen an dem dünnen, roten Faden zerrt, unseres Blutes, den sie hinter sich herzieht ...«[23] Claudine hört in einem ganz kalten, stillen Augenblick, in dem sie der »steinernen Stirn der Leere« innewird, wieder den »eigentümlichen Ton: wie ein Punkt, ein Vogel schien er in der Leere zu schweben«.[24] Veronika aber hatte »plötzlich einen Vogel rufen gehört« und mit diesem Erweckungs-Ruf endet das eine und beginnt das andere, »was nur mehr für sie war«.[25] In der »Amsel« sollte solcher Vogel-Erweckungs-Ruf genauer ausgeführt und in vertiefter Weise wiederkehren.

Dieser besondere Erfahrungsakt wird aber auch schon in der frühen Vorform im *Törless* wie in den *Vereinigungen* vergleichsweise sehr präzise beschrieben. Etwa wenn Törless versucht, ihn in seinem Tagebuch festzuhalten, indem er schreibt: »Aber nicht nur das Leblose wirkt so auf mich; nein, was mich viel mehr in Zweifel stürzt, auch die Menschen. Vor einem gewissen Zeitpunkt sah ich sie, wie sie sich selbst sehen. Beineberg und Reiting zum Beispiel, ... Heute aber erscheinen sie mir manchmal, als hätte ich einen Traum und sie seien Figuren darin ...«

Da aber Törless versucht, dem untersuchenden Lehrer-Konsilium sein Verhalten zu erklären, wird er noch deutlicher: »Nein, ich irrte mich nicht, wenn ich von einem zweiten, geheimen, unbeachteten Leben der Dinge sprach! Ich – ich meine es nicht wörtlich, – nicht diese Dinge leben, nicht Basini hat zwei Gesichter, – aber in mir war ein zweites, das dies alles nicht mit den Augen des Verstandes ansah. So wie ich fühle, daß ein Gedanke in mir Leben bekommt, so fühle ich auch, daß etwas in mir beim Anblicke der Dinge lebt, wenn die Gedanken schweigen.«[26]

---

[23] Gesammelte Werke, op. cit., Bd. 6, S. 111–112
[24] Gesammelte Werke, op. cit., Bd. 6, S. 166
[25] Gesammelte Werke, op. cit., Bd. 6, S. 204
[26] Gesammelte Werke, op. cit., Bd. 6, S. 89 und 137

Claudine, deren Treubruch keineswegs einfach ein Rückfall in ihre Vergangenheit ist, – wie sie es in manchen Augenblicken gerne sehen möchte –, gewinnt durch ihn nicht nur ein neues und tieferes Verhältnis zum geliebten Gatten, sondern kommt gerade im entscheidenen Augenblick einem solchen besonderen, inneren Erfahrungsakt näher denn je zuvor. Gerade das, was sie zuletzt und im Hinblick auf ihr Verhältnis zum Verführer »zwecklos ..., unpassend, vielleicht wertlos ...« anspricht, ist im Hinblick auf sie selbst und das Erreichen jenes Zustandes überaus sinnvoll, passend und von höchster Bedeutung: »... es ist wie wenn man durch einen schmalen Paß tritt; Tiere, Menschen, Blumen, alles verändert; man selbst ganz anders. Man fragt, wenn ich hier von Anbeginn gelebt hätte, wie würde ich über dies denken, wie jenes fühlen? Es ist sonderbar, daß es nur eine Linie ist, die man zu überschreiten braucht. Ich möchte Sie küssen und dann rasch wieder zurückspringen und sehen; und dann wieder zu Ihnen. Und jedesmal beim Überschreiten dieser Grenze müßte ich es genauer fühlen. Ich würde immer bleicher werden; die Menschen würden sterben, nein, einschrumpfen; und die Bäume und die Tiere. Und endlich wäre alles nur ein ganz dünner Rauch ... und dann nur eine Melodie ... durch die Luft ziehend ... über einer Leere ...«[27]
Veronika aber, in einer Art von Komplementär-Erscheinung äußerer Umkehrung, empfindet gerade beim Denken an den fernen, totgeglaubten Johannes, von dem sie indessen ahnt, daß er doch lebt, als ob sich eine letzte Grenze zwischen ihnen öffnete. Der ferne Johannes hat für Veronika dieselbe katalysatorische Wirkung wie der nahe Ministerial-Rat für Claudine, und im Grunde wären sie wohl austauschbar und haben mit dem eigentlichen, wesentlichen Erfahrungsakt selber im Grunde nicht das geringste zu tun: »Sie dachte es nicht von ihm, sie fühlte es nicht, nicht von diesem gleichgültigen Johannes, es war etwas bleichgrau Gespanntes in ihr, und wenn die Gedanken gingen, säumten sie sich hell wie dunkle Gestalten vor einem Winterhimmel. Bloß so ein Saum war es. Von tastender Zärtlichkeit. Es war ein leises Herausheben, ... ein stärker werden und doch nicht da sein, ... ein nichts und doch alles ...«[28]
Bemerkenswert erscheint dabei vor allem der Umstand der vergleichsweise tief reichenden Präzision der Beschreibung dieser Erfahrungsakte. Von Maeterlinck, Novalis und Emerson kann dies kaum stammen. Den ersten hat er in späteren Jahren nicht zufällig als »mystischen Eklektiker« empfun-

---

[27] Gesammelte Werke, op. cit., Bd. 6, S. 193
[28] Gesammelte Werke, op. cit., Bd. 6, S. 220

den und zu einer geistigen Autorität Diotimas im *Mann ohne Eigenschaften* abgewertet[29], den zweiten allzusehr mit der nicht unproblematischen Psyche Gustls in den *Tagebüchern* immer wieder in Beziehung gesetzt[30] und die Idee der »Selbstkultur« des dritten eher distanziert und im Sinn von Begrenztheit als »statisch« bezeichnet.[31] Woher, wenn nicht und nicht nur aus eigenen Erfahrungsakten stammen die literarischen, philosophischen, religiösen Einflüsse, die solches erklären helfen vor Karl Girgensohn und Martin Buber[32], vor der Erwähnung von Swedenborg und Meister Eckhart, von Nikolaus von Kues und Thomas a Kempis, vor der Befassung mit Rosenkreuzertum und Templergnosis, Syneisaktentum und Taoismus?

Was die Relativierung aller dogmatisch exoterischer Regeln und nicht zuletzt auch der Moral betrifft, gegen deren allzu grobe Starrheit Törless später eine »gelangweilte Unempfindlichkeit« an den Tag legen sollte, da es ihm einzig auf das »Wachstum der Seele, des Geistes«[33] ankam, so hat Musil gewiß der Einfluß Nietzsches nicht unwesentlich bestärkt. Die beiden Frauenfiguren Claudines und Veronikas sind in dieser Hinsicht durchaus aus demselben Holz geschnitzt wie Törless.

Was direkte geistige und literarische Einflüsse im Hinblick auf die mystische Grundhaltung selbst betrifft, so scheinen neben einem von Maeterlinck übersetzten Text Johannes von Ruysbroeks[34] und einem Vergleich der Ideen van Ruysbroeks mit Richard von St. Victor[35] vor allem neuplatonische Überlieferungen eine wichtige Rolle gespielt zu haben. Aus dem Porphyrios von Tyros notierte Musil ein Zitat in sein Tagebuch, wonach man dem Prinzip, welchem der Intellekt untergeordnet ist, durch Abwesenheit der Gedanken näher kommt als durch das Denken, ebenso wie man zwar über den Schlaf im Wachzustand sprechen kann, eine wirkliche Kenntnis jedoch nur durch den Schlaf selbst erhält.[36] Aus dem Plotin aber notiert er, daß der Intellekt die intelligiblen Objekte mittels des Lichts sieht, welches »das Ureine« auf sie ausgießt. Sobald er »seine Aufmerksamkeit den belich-

---

[29] Vgl. Dietmar Goltschnigg, *Mystische Tradition im Roman Robert Musils.* Heidelberg 1974, S. 55
[30] Tagebücher, op. cit., Bd. I, S. 101, 112, 137
[31] Tagebücher, op. cit., Bd. I, S. 156
[32] Dietmar Goltschnigg, op. cit., S. 63–65
[33] Gesammelte Werke, op. cit., Bd. 6, S. 111
[34] Jan van Ruisbroeck: Die Zierde der geistlichen Hochzeit. Paris 1891. Vgl. Robert Musils Tagebücher. op. cit., Bd. I, S. 134
[35] J. G. V. Engelhardt: Richard von St. Victor und Johannes Ruysbroeck. *Zur Geschichte der mystischen Theologie.* Erlangen 1838. Vgl. Robert Musils Tagebücher, op. cit., Bd. I, S. 134.
[36] Tagebücher, op. cit., Bd. I, S. 134

teten Objekten zuwendet«, sieht er nicht ganz rein das Prinzip, das sie erhellt; wenn er aber »die Objekte vergißt«, die er betrachtet, und »nur die Klarheit anschaut, die diese sichtbar macht«, sieht er »das Licht selbst und das Prinzip des Lichts«.[37]

Wofür es aber keinerlei Hinweise auf Bildungserlebnisse oder literarische Einflüsse gibt, ist jener Aspekt des Pols der intuitiven Anschauung oder der Mystik, welcher mystische Erfahrungsakte mit dem Erotischen in einer Weise verbindet, wie es dafür auch in von Musil nicht angeführten Überlieferungen christlicher Mystik mit ihren Formen erotischer Sublimierung und Metaphysik keinen Präzedenzfall gibt. Eine solche Verbindung, die auch das Sexuelle einbezieht, und wie sie sich in der Tradition des Tantrismus entwickelt findet, den Musil offenkundig nicht gekannt hat, muß auf Eigenbeobachtungen beruhen und bestimmt zentrale Stellen in den *Vereinigungen*.

Nicht daß Musil Verfechter eines reinen Sensualismus gewesen wäre, den er in Theorie wie Praxis kannte und verwarf, und von dem er in der Frühzeit sich zum Pol des Verstandes in Form der Lehren Machs gerettet hatte. Aber der andere Pol bestand uneingeschränkt weiter und von der neuplatonischen intelligiblen Anschauung des Lichts bis zu literarisch gestalteten, mystischen Erfahrungsakten reicht zunächst eine Wurzel direkt ins Erotische hinein. Dies findet sich noch nach den *Vereinigungen* in aller wünschenswerten Eindeutigkeit im Schlußabsatz der »Penthesileiade« ausgedrückt.[38]

Gewiß, es ist nur ein besonderer Aspekt einer der beiden Pole, wie sie bereits im *Törless* unverbunden und ohne Hoffnung auf eine dialektische Synthese nebeneinander gestellt sind, ohne daß einem von ihnen das Primat über den anderen eingeräumt würde: »Ich weiß: die Dinge sind die Dinge und werden es wohl immer bleiben; und ich werde sie wohl immer bald so, bald so ansehen. Bald mit den Augen des Verstandes, bald mit den anderen ...«[39] Auch Claudine und Veronika erfahren im Verlauf ihrer Entwicklung auf ihre Weise die Einsicht in solche Doppelpoligkeit, von der gezeigt

---

[37] Tagebücher, op. cit., Bd. I, S. 135
[38] Gesammelte Werke, op. cit., Bd. 8, S. 987. Dort heißt es: »Und so, wenn einmal die Erotik – die heute geradezu in Opposition gegen die Allgemeinheit ist und unter dem Schutz eines feigen Schamgefühls, degeneriert, – alle Schranken fallen läßt, jedes erreichte Schamgefühl verwirft, um immer wieder ein innerlicheres, persönlicheres zu suchen, wenn die Erobererzuversicht des Ichs keine versperrten und geschützten Rückzugsorte braucht, wird die Einbeziehung sämtlicher menschlichen Relationen in die geschlechtliche möglich sein ...«
[39] Gesammelte Werke, op. cit., Bd. 6, S. 138

wurde, daß sie der gesamten Ästhetik Musils zugrunde liegt und bis ins Sprachliche hineinreicht.[40]

Der eine besondere Aspekt jener Verbindung von Eros und Mystik, der die Figuren Claudines und Veronikas in erster Linie zu weiblichen Gegenentwürfen der *Verwirrungen des Törless* machte, legte zugleich den Grundstein für eine der Leitideen des späteren Werks von Musil. Denn wenngleich transformiert und sublimiert kehrt das Problem wieder, nicht verkörpert durch Figuren verschiedener Werke, sondern verdeutlicht als Figuren in einem Werk: Thomas in den *Schwärmern* nennt seine Schwägerin Regine, nach dem Modell Marthas stilisiert, mit welcher er zuletzt allein als Gefährte zurückbleibt, einmal seine »wilde« und das andere Mal seine »verkommene Schwester«, und was hier noch metaphorisch erscheint, ist in der Fiktion des *Mann ohne Eigenschaften* bereits wörtlich zu nehmen, in dem Agathe tatsächlich als Schwester Ulrichs dargestellt ist. Eine ganze Reihe von Elementen sind hier ineins verschmolzen von der Erinnerung an die früh verstorbene wirkliche Schwester über den Isis- und Osiris-Mythos bis zur mystischen Sublimierung und mystischen Tradition, in welcher solche Vereinigung symbolisch die Unio ausdrückt.

Nicht das unwichtigste Element darin ist aber das biographische der Beziehung Robert Musils zu Martha, wie es seine erste und direkteste literarische Ausformung im *Törless* und in dessen beiden weiblichen Gegenentwürfen Claudines und Veronikas in den *Vereinigungen* gefunden hatte.

---

[40] Marie-Louise Roth geht in ihrer Darstellung von Musils Ästhetik (Robert Musil. Ethik und Ästhetik. München 1972, S. 218–219) an einer der wichtigsten Stellen dabei gerade von den *Vereinigungen* aus.

Reinhold Grimm

Das einzige Gesetz und das bittere: Hofmannsthals ›Schicksalslied‹

Manche freilich müssen drunten sterben,
Wo die schweren Ruder der Schiffe streifen,
Andre wohnen bei dem Steuer droben,
Kennen Vogelflug und die Länder der Sterne.

Manche liegen immer mit schweren Gliedern
Bei den Wurzeln des verworrenen Lebens,
Andern sind die Stühle gerichtet
Bei den Sibyllen, den Königinnen,
Und da sitzen sie wie zu Hause,
Leichten Hauptes und leichter Hände.

Doch ein Schatten fällt von jenen Leben
In die anderen Leben hinüber,
Und die leichten sind an die schweren
Wie an Luft und Erde gebunden:

Ganz vergessener Völker Müdigkeiten
Kann ich nicht abtun von meinen Lidern,
Noch weghalten von der erschrockenen Seele
Stummes Niederfallen ferner Sterne.

Viele Geschicke weben neben dem meinen,
Durcheinander spielt sie alle das Dasein,
Und mein Teil ist mehr als dieses Lebens
Schlanke Flamme oder schmale Leier.*

Einerseits, so schrieb eine *Deutsche Zeitschrift für europäisches Denken*, sei dieses Gedicht »zweifellos eines der ›schönsten‹ der Weltliteratur«, dem aber andererseits »das (trotz allem) Unvergängliche« seines Gelingens nur

---

* Hugo von Hofmannsthal, *Gesammelte Werke in zwölf Einzelausgaben*. Hrsg. von Herbert Steiner. *Gedichte und lyrische Dramen* (Stockholm, 1946), S. 19 f.

mit vielen Vorbehalten zugebilligt werden könne.¹ Ein sonderbar zwieschlächtiger Urteilsspruch! Was hat es damit, was mit Hofmannsthals Text überhaupt auf sich?

Das Gedicht *Manche freilich...*, entstanden wohl noch 1895, ist erstmals 1896 in Stefan Georges *Blättern für die Kunst* erschienen; später wurde es – unter dem beziehungsreichen, nicht etwa vom Dichter, sondern vom Herausgeber gewählten Titel *Schicksalslied* – in Rudolf Borchardts berühmte Sammlung *Ewiger Vorrat deutscher Poesie* aufgenommen.² Und seither begegnet es immer wieder in Sammlungen und Anthologien.

Über die ersten Jahrzehnte seiner Wirkung kann man sich bei Wolfgang Kayser (von dem auch die erste und jahrzehntelang maßgebliche Deutung stammt)³ unterrichten. Er sagt folgendes: »Diese Verse stehen in der Literatur- und Geschmacksgeschichte an besonderer Stelle. An ihnen und wenigen anderen Gedichten Hofmannsthals [...] sowie [...] Rilkes [...] ist einem großen Teil der zwischen 1900 und 1925 Heranwachsenden das Wesen des Dichterischen aufgegangen, durch sie haben Unzählige den Weg zur Dichtung gefunden.« Liebevoll zeichnet Kayser sodann die stilistischen Eigenheiten dieses Textes nach, dem er gerade in formaler Hinsicht ebenfalls, einfühlsam bewundernd, eine Sonderstellung einräumt. »Hier«, heißt es gleich zu Beginn, »wird keine vorgegebene Form erfüllt, sondern was sich als Schema des äußeren Baues abziehen läßt, ist ganz von dem sich bildenden Gedicht bestimmt.«

Kayser beschreibt genau den »langsam strömenden Rhythmus«, dessen »Kola« oder Sprecheinheiten ihn »auffällig groß« anmuten, wobei er auch mehrfach »typische Stauungen« feststellt. Dennoch seien aber Hofmannsthals Verse, obzwar »gar nicht gereimt«, überaus melodisch, ja »voller Musik, voller bestrickender Klänge«. Dazu verhilft ihnen nach Kayser vor allem zweierlei: nämlich sowohl ihr Reichtum an Alliterationen (man vergleiche die »L-Anlaute« in der dritten Strophe) als auch die Vielzahl ihrer »assonierenden Zeilenschlüsse« und sonstigen Assonanzen, die sich bis zum reinen Binnen- oder Schlagreim (»weben neben«) verdichten können. »Man darf vielleicht sagen«, faßt der geübte Interpret zusammen, »daß die

---

[1] Vgl. Kurt Oppens, »Hofmannsthals ›Manche freilich...‹« In: *Merkur* 28 (1974), S. 296 u. 300.

[2] *Ewiger Vorrat deutscher Poesie*. Besorgt von Rudolf Borchardt (München, 1926), S. 439.

[3] Wolfgang Kayser, *Das sprachliche Kunstwerk. Eine Einführung in die Literaturwissenschaft* (Bern, ²1951), S. 312 ff.

Klänge, was sie den Bedeutungen an begrifflicher Klarheit entziehen, ihnen durch Steigerung des Ausdrucksgehaltes in reichem Maße zurückgeben.« Ohnehin sei eine »leichte Unbestimmtheit«, gepaart mit bewußter »Entgrenzung«, wie sie etwa durch die »Auslassung des Artikels« bewirkt werde, ein allgemeines »Stilkennzeichen« des Hofmannsthalschen Textes. Als besonders ausdrucksvoll in diesem Sinne gilt Kayser die »Offenheit des ›manche‹«, zumal da es »im Gegensatz verwendet wird«. »Es sollen eben nicht ›die einen – die anderen‹ sein.«
Klug und kunstfromm (und in vielem ja keineswegs unzutreffend) geht es so etliche Seiten weiter. Kayser freut sich über die von ihm als »Zeitlosigkeit echten Seins« empfundene »Aufhebung der Zeit« in Hofmannsthals Gedicht; er rühmt die »Offenheit« nicht nur des »manche«, sondern der »Welt« insgesamt, die es entfalte, und weist befriedigt darauf hin, daß das Menschliche weder aus dem Naturbereich noch aus dem »großbeseelten« Raum der »Mythen« ausgeschlossen sei. Ja, seien nicht sogar »die Sibyllen noch ganz gegenwärtig«? Enthülle sich nicht allenthalben »einfach [...] Schönheit«? Aber man stellt hier keine Fragen, nicht einmal rhetorische. »Es gibt in dieser Welt nichts Häßliches, Gemeines, Unedles. Selbst die Bilder des unteren Bezirks sind von einer bezwingenden Hoheit.« Gewiß, das Wort »Elend« fällt zwischendurch; doch es ist, kaum genannt, bereits wieder vergessen. Und jene »leichte Undeutlichkeit« oder, immerhin, »leichte Verschwommenheit«, wie Kayser auch schreibt, ist für ihn beileibe kein stilistischer Mangel. Hofmannsthals Bilder, erklärt er vielmehr, »sind großgeschaute Ausdrucksgesten menschlichen Seins«. Als solche aber besitzen sie, obwohl gewichtige »Sinn-Kundgaben«, die monumentale Unschärfe »dinghafter Embleme« (»um das nichtssagende Wort ›Symbole‹ zu meiden«).
Kurzum: »Die Welt, wie das Gedicht sie aufbaut, ist erfüllt von geheimnisvollen Kräften.« Ob jemand droben bei den Königinnen sitzt oder mit schweren Gliedern drunten liegt, spielt letztlich gar keine Rolle; denn ständig und überall sei der Mensch den »Kräften des Daseins« – den »geheimnisvollen« Kräften, wiederholt Kayser – tröstlich »nahe«. Nicht bloß »Allverbundenheit der Geschicke« herrsche, sondern »ein höheres Bestimmtsein, ein aller Willkür und Zufälligkeit Enthobensein, ein von weither Angeordnetsein«. Den Hofmannsthalschen Versen eigne eben, all ihrer »Verhaltenheit« ungeachtet, auch »Entschiedenheit und mehr noch: eine Kraft zur Ordnung«. Und dieses Ordnungsvermögen, so hören wir, präge sämtliche Einzelsätze des Gedichts wie dessen übergreifende zweiteilige, durch den Doppelpunkt klar gegliederte Struktur. Erläuternd heißt es: »Der erste

Teil spricht über die Welt der anderen, der zweite über die des Ich. In jedem Teil vollzieht sich eine gedankliche Bewegung zum Schluß hin.«
Was vollends die »Haltung« des Gedichts anbelangt, so ist sie laut Kayser[4] durchweg eine »des Verkündens«, und zwar eines Verkündens, das »an Numinoses, an waltende ›Weltenmächte‹« rühre. Gleichwohl indes – das wird ausdrücklich hervorgehoben – handle es sich um eine »Ich-Verkündigung« des Dichters. Kayser beharrt: »Zwei Urteilssätze finden sich in den Zeilen; einer steht am Ende des ersten Teils, der andere am Ende des ganzen Gedichts.« Doch von irgendeiner Welt außerhalb des dichterischen Ich ist nun nicht länger die Rede, sondern allein noch von dem, was über das Ich selber ausgesagt wird. Die Deutung, die es erfährt, ist denn auch alles andere als undeutlich. Der Interpret, ja Exeget scheut sich nicht, auf Grund der »inneren Form« und »Notwendigkeit«, die er aus jenen so verhaltenen Zeilen erspürt hat, wortwörtlich für den Dichter zu folgern: »›Mein Teil ist...‹ – das ist der Urteilssatz der Ur-Verkündigung ›Ich bin die Auferstehung...‹« Auch wenn dabei, schließt Kayser, weder »Heil« noch »Unheil« verkündet werde, geschehe hier dennoch, wie »unbestimmt« immer, echte »Wesensverkündigung«. Der ungeheure Anspruch wird keineswegs zurückgenommen, lediglich gedämpft.

Manchmal freilich[5] scheinen sich doch einige Bedenken zu melden. So läßt Kayser nicht unerwähnt, daß dieses von ihm ins Messianische erhöhte Dichter-Ich unstreitig auch »bedrückt« sei. Aber derlei erweist sich als ebenso beiläufig und folgenlos wie die Erwähnung der Ursache solcher Bedrückung, des Elends. Das einzige, was Kayser ernstlich zu beunruhigen vermag, entstammt bezeichnenderweise dem Umkreis des Formalen und Stilistischen. Daß in Hofmannsthals Wortwahl zuweilen ein »Goethenachklang« vernehmbar werde, will er ihm ja gerne nachsehen; er lobt ihn dafür sogar. Hingegen wirke schon »fast störend« der »Goetheanklang des Bildes« in der zweiten Strophe. Gemeint sind natürlich die Worte »Andern sind die Stühle gerichtet« und das Parzenlied von den Göttern aus der *Iphigenie*. Kayser, unverkennbar in herkömmlichen Originalitätsvorstellungen befangen, zitiert gleichsam stirnrunzelnd:

> Der fürchte sie doppelt,
> Den je sie erheben!
> Auf Klippen und Wolken
> Sind Stühle bereitet
> Um goldene Tische.

---

[4] Vgl. ebd., S. 349.
[5] Vgl. ebd., S. 315f.

Wo bereits »der Ton beider Gedichte so ähnlich« sei, hätte derlei »vielleicht vermieden werden sollen«, kann der Gestrenge nicht umhin anzumerken, ehe er sich erneut, aufatmend, der Betrachtung des Schönen und Erhabenen widmet. Nach einem möglichen Sinn dieser durchsichtigen Anspielung – denn daß sie mit Absicht erfolgte, dürfte bei Hofmannsthal außer Zweifel stehen – fragt Kayser nicht.

Anderswo, zugegeben, war man unbefangener. In England etwa vermochte man das Gedicht auch wesentlich weniger kunstfromm und werkimmanent zu lesen. Und man nahm es darum nicht minder ernst, ja verstand es geradezu als dichterische »Warnung«. Eine Warnung nämlich, ganz konkret, vor dem drohenden Ende der alten Donaumonarchie und ihrer Kultur, deren letzter großer Vertreter Hugo von Hofmannsthal gewesen sei. »Not only,« hieß es da unverblümt, wenn auch vereinzelt, »did he foresee the coming proletarian revolution; he saw and felt the cause of the growing rift between the rulers and the ruled.« *Manche freilich...* sei »Hofmannsthal's vision of a failure in mutual responsibility between leaders and led« und zeige darüber hinaus »his compassion for the completely forgotten«; beides mache ihn zu einem »rare poet in a decade when such depth of vision was hard to find«.[6] Diese Deutung jedoch, die von der sozusagen ›kanonischen‹ Kaysers grundsätzlich abweicht, war nicht nur an entlegener Stelle erschienen, sondern zudem offenbar die eines Außenseiters der Zunft: jedenfalls blieb sie, soviel ich sehe, gänzlich unbeachtet. Auch die englische Fachwelt, wie die gesamte außerdeutsche, hat Kaysers Urteil niemals angefochten, sondern es höchstens – übrigens unausgesprochen – modifiziert. Hofmannsthals Gedicht, so steht zum Beispiel in einer schon 1952 veröffentlichten Studie, »represents an attempt to heroicize the life of the aesthete, with his subtle and fine sensations«.[7] Einschränkend wird dann zwar auf die Last und das schwere Los des Erben hingewiesen; aber selbst damit ist eine solche Auffassung von der Kayserschen nicht sehr weit entfernt. Sie unterscheidet sich allenfalls durch ihre maßvollere Formulierung.

Hier wäre vielleicht der Ort, einen Augenblick innezuhalten. Aber ist eine Zwischenbilanz – eine rezeptionsgeschichtliche, wie man vermutlich sagen muß, um dem wissenschaftlichen Erwartungshorizont zu genügen – wirklich nötig? Ich übertreibe doch wohl kaum, wenn ich behaupte, daß nicht nur Kaysers eigener Generation das sogenannte »Wesen des Dichterischen«

---

[6] Vgl. John M. Cohen, *Poetry of this Age, 1908–1958* (London, 1960), S. 27.
[7] Vgl. S[iegbert] S[alomon] Prawer, *German Lyric Poetry. A Critical Analysis of Selected Poems from Klopstock to Rilke* (London, 1952), S. 206f.

mit Vorliebe an Hofmannsthals *Manche freilich...* und ein paar ähnlichen Texten aufgegangen sei. Oder? Zumindest die Möglichkeit bot sich zweifellos sogar den zwischen 1933 und 1945 Heranwachsenden. Danach jedoch pflegte man erst recht, aus verschiedenen Gründen, vom *Ewigen Vorrat deutscher Poesie* zu zehren, und nicht zuletzt unterm Einfluß Kaysers. Dessen beredte Deutung oder Auslegung, samt dem für den Dichter darin erhobenen Anspruch, behielt in der Tat Gültigkeit; vom *Schicksalslied* selber ganz zu schweigen.

Erst gegen Mitte der siebziger Jahre trat plötzlich ein Wandel ein, und allerdings ein desto drastischerer, obschon damals keineswegs besonders überraschender oder gar origineller. Dieser Vorgang, der indes ausschließlich auf die Bundesrepublik oder auf westdeutsche Autoren begrenzt zu sein scheint, dauert bis heute an und läßt sich am einfachsten als eine radikale Umkehrung des Kayserschen Deutens und entsprechende Umwertung des Hofmannsthalschen Dichtens kennzeichnen. Beides wird seitdem von einer nicht mehr kunstfromm, sondern fortschrittlich gesinnten, nicht mehr werkimmanent, sondern ideologie- und gesellschaftskritisch orientierten Germanistik unentwegt vom Kopf auf die Füße gestellt (wie man sich in solchen Fällen ja bekanntlich auszudrücken hat). Mit einem Wort: Statt »Wesensverkündigung« des »Dichterischen« lautet die neue Parole *Literatursoziologie*. Und das ist zugleich der Titel zweier Sammelbände, in deren Schlußbeitrag die wahrscheinlich früheste und sicher einflußreichste jener Abrechnungen mit dem einst so gefeierten Interpreten und dem einst so bewunderten Gedicht besorgt wird.

Verfahren wird dabei,[8] wie auch sonst in der Regel, unter teils mittelbarer, teils unmittelbarer Bezugnahme auf Kayser. Was dieser als ahnungsvolle Offenheit rühmte oder schlechthin als Schönheit pries, erscheint jetzt als »Vagheit« und bloße »Schöngeistigkeit«; die von ihm beglückt konstatierte Dinghaftigkeit sei mitnichten, hören wir, »zwingend«, sondern »eher ohnmächtige Verkleidung«; überhaupt habe alles Verhaltene, Unbestimmte, Geheimnisvolle in *Manche freiliche...* eine »Verhüllungsfunktion«, ja gewinne geradezu »das Odium einer Ausrede«. Selbst der Rhythmus, das langsame Strömen der Verse, soll nun auf einmal zum »schweren Gang« werden, der obendrein ein »fatalistisches, fragwürdig ›interesseloses‹ Moment« kundtue! Dagegen sei völlig fraglos, was »zumindest die Folie ab-

---

[8] Franz Norbert Mennemeier, »Gesellschaftliches beim jungen Hofmannsthal.« In: *Literatursoziologie*. Hrsg. von Joachim Bark, Bd. II: *Beiträge zur Praxis* (Stuttgart, 1974), S. 187ff.

gibt, vor der das Gedicht beurteilt sein will«: nämlich »der Klassengegensatz als geschichtlich objektiver Gegenstandsbereich« – wobei sich natürlich genauso fraglos erweist, daß der Dichter eine »parteiliche Tätigkeit« ausübt, wenn auch »hauptsächlich wohl [eine] unbewußte«. Es herrscht eben nicht, diesem Deuter zufolge, zeitlose, seinshafte Ordnung, sondern einzig aus Zeit und Gesellschaft erklärbare »Entfremdung«; doch Hofmannsthal traue sich, vermessen genug, die »Kraft« zu, sie »mittels ›intellektueller Anschauung‹ [...] zu überwinden« und »durch seine Phantasie das Trennende zu versöhnen«. Zusammenfassend heißt es: »Die letzte Strophe dichtet [...] nicht mehr und nicht weniger als die Wiedereinsetzung des über die Wirklichkeit kraft Anschauung sich erhebenden romantischen Dichter-Souveräns in seine angemaßten Rechte.« Daß dies in Wahrheit nichts weiter ist als eine fast wörtliche Paraphrase Kayserscher Gedanken, dürfte unverkennbar sein und wird durch die insistierenden, auf die Richtigkeit des Gesagten pochenden Wiederholungen vollends klar. Freilich, die wertenden Vorzeichen sind aufs gründlichste vertauscht. Nicht mehr von ange*stammten*, sondern von ange*maßten* Rechten ist die Rede. Man weiß »mit Kayser zu sprechen, aber anders, als er es meint«.

Auf gleiche Weise geht es in den übrigen neueren Beiträgen zu, deren Verfasser zur literatursoziologischen oder ideologiekritischen Fahne schwören. Bald einsichtig und sachlich, bald beckmesserisch und pompös, stets aber im Vollgefühl der Überlegenheit und des Besserwissens: so rücken sie alle dem Hofmannsthalschen Versgebilde zu Leibe. Und wie ihre Methoden, so sind auch ihre Resultate letztlich identisch. Immer wieder[9] enthüllt sich ihnen der »Rückgriff auf den Mythos der Kunst« als »Fluchtweg«, die »Musikalität der Sprache« gar als »wohlfeile«; immer wieder entdecken sie in der Selbsterhöhung des Dichterischen, die sowohl mit wie gegen Kayser vertreten wird, »die Entfremdung des Einzelnen vom allgemeinen Sinn seines gesellschaftlichen Daseins«. Ihre schlechte Meinung ist noch bei gutem Willen einhellig. »Unerforschlich bleibt«, höhnt man zum Beispiel[10] im Hinblick auf die vierte Strophe, »wie jene Müdigkeiten auf die Lider des lyrischen Ich gelangen, unerforschlich, was der Fall ferner Sterne bedeutet.« Hofmannsthals »Unbestimmtheit«[11] – inzwischen ja sattsam ver-

---

[9] Vgl. Lothar Paul, »Subjektivität. Geschichtliche Logik in lyrischer Gestalt.« In: *Naturalismus / Ästhetizismus.* Hrsg. von Christa Bürger [u. a.] (Frankfurt, 1979), S. 159 f.
[10] Vgl. Gert Sautermeister, »Irrationalismus um die Jahrhundertwende. Hofmannsthals ›Manche freilich müssen drunten sterben‹ und der ›Brief des Lord Chandos‹.« In: *Text und Kontext* 7 (1979), H. 2, S. 75.
[11] Vgl. Oppens, S. 297.

traut – sei derart, daß sie sein Gedicht zum »Spiegelkabinett leerer Geheimnisse«[12] verzerre, laufe aber jedenfalls[13] unweigerlich auf ein Bemänteln der bestehenden »Ungleichheit«, ein Verschleiern von Elend und Unterdrückung durch den »Bevorzugten« hinaus. Gelenkt von seinem »Eigeninteresse«, das sich in »zeitlosen Anspruch« verkleide, maße der Dichter sich an, »über [die Welt] zu verfügen und sich von ihr, um eines erhöhten Selbstwertgefühles willen, mystisch durchdringen zu lassen«. Ob man[14] die »Willkür« solch »sensibler Teilhabe«, die »beliebig ausschöpfbare Irrationalität« der sie vermittelnden »Bildersprache« oder sonst etwas feststellt und rügt, ob man ergänzend Hofmannsthals Briefwechsel mit Edgar Karg von Bebenburg[15] oder seinen berühmten *Chandos*-Brief[16] beizieht: das Ergebnis ist ein und dasselbe.

...Verse, denen »trotz allem« Unvergänglichkeit attestiert wird, ja die zu den »schönsten« der Weltliteratur gehören sollen, als pure Selbstentlarvung des sein »Privileg«[17] genießenden, in ästhetizistischer Verklärung schwelgenden Poeten, doch auch als peinliche Bloßstellung seines priesterlichen Herolds sowie all derer, die diesem bisher Zustimmung oder Gehör geschenkt, sich nicht wenigstens stillschweigend von ihm abgewandt haben. Wobei, was Hofmannsthal betrifft, das ihm Angekreidete[18] einerseits zwar »wider die Intention« seines Textes zum Vorschein kommen, andererseits aber »kalkulierte Suggestivität« und mithin durchaus beabsichtigt sein soll. Man scheut sich auch nicht im geringsten, aus derlei »Brüchen und Widersprüchen«, für die allein der Dichter verantwortlich sei, stracks auf dessen »Inkompetenz seinem Thema gegenüber« wie auf »das schlechte Gewissen«, das an ihm nage, zu schließen. Und diese Vorwürfe sind keineswegs nur von der Fachwelt, der zünftigen Forschung, sondern von Anfang an gerade von einem Tageskritiker und Essayisten erhoben worden. Der Wandel in der öffentlichen Gedichtrezeption scheint so einschneidend zu sein wie das, was ein boshafter Betrachter als umgekehrte hermeneutische ›Tendenzwende‹ bezeichnen könnte. Eine doppelte Ausnahme bildet lediglich eine Huldigung an *Manche freilich...* aus verwandtem und landsmannschaftlichem Geist,[19] die jedoch, als feuilletonistische Miniatur, kei-

---

[12] Sautermeister, S. 80.
[13] Vgl. Oppens, S. 296f. bzw. Sautermeister, S. 80.
[14] Vgl. Sautermeister, S. 78ff.
[15] So Paul, S. 147ff.
[16] So Sautermeister, S. 81ff.
[17] Ebd., S. 80.
[18] Vgl. ebd., S. 74f. bzw. Oppens, S. 296 u. 300.
[19] Vgl. Hilde Spiel, »Uralte Müdigkeiten.« In: *Frankfurter Anthologie*. 4. Band. Ge-

nerlei Vollständigkeit oder übergreifende Verbindlichkeit anstrebt. Oder sollte sie am Ende einen neuerlichen Umschwung signalisieren?

Die vorläufigen Folgerungen aus alledem liegen auf der Hand. Wieder einmal, wie so oft, haben diejenigen, welche einem methodischen Rigorismus verpflichtet sind, zugleich recht und unrecht, vermengen sie Wahres und Falsches. Keine ihrer Deutungen hält auf die Dauer Stich. Denn weder mit jener älteren Kayserschen noch mit der sie befehdenden jüngeren, die im Grunde ebenfalls eine einzige ist, wird dem umstrittenen *Schicksalslied* Genüge getan – obwohl sich sogar, und zwar für beide Verständnisweisen, gewichtige Selbstzeugnisse Hofmannsthals (wie *Das Gespräch über Gedichte* von 1903 oder die Rede *Der Dichter und diese Zeit* von 1907) neben den schon genannten ins Feld führen ließen. Wenn die kanonische Auffassung Kaysers sich als einseitig und extrem entpuppt, so gilt das genauso für die vom Chor seiner Gegner vorgebrachte und ihrerseits am liebsten kanonisierte. An der Wirklichkeit des Dichterwortes scheitert jeder Rigorismus, jede methodische Monomanie. Nichts als geduldiges, aufmerksames, unvoreingenommenes Lesen – das aber beileibe nicht auf selig in sich kreisende Werkimmanenz abzielt – vermag da weiterzuhelfen, und sei es auch bloß ein Stück.

Ich möchte dies nicht etwa an einer Gesamtinterpretation, sondern an einigen ausgewählten Belegen zumindest in Umrissen zu veranschaulichen versuchen. Einiges versteht sich ja ohnehin von selbst. Um zum Beispiel einzusehen, welcher Art die Bildlichkeit in der ersten Strophe ist, bedarf man wohl schwerlich der Briefäußerungen des k.u.k. Marineleutnants Karg von Bebenburg, so interessant sie im einzelnen sein mögen. Das, worauf sich des Dichters Schilderung stützt und was sie uns ins Gedächtnis rufen will, sind offensichtlich die großen Ruderschiffe der Vergangenheit, die wir als römische Triremen, als mittelalterliche und frühneuzeitliche Galeeren kennen. Und deren Welt, wenn irgendeine, trennte allerdings zwischen denen »drunten« und denen »droben«. Diese waren die Offiziere und Büttel und wohnten, mit Hofmannsthal zu reden, »bei dem Steuer«: nämlich[20] auf dem Hinterdeck, wo sich die Kapitänskajüte auf einer erhöhten Galerie befand, von der nur ein schmaler Gang ins Innere hinabführte. Jene hingegen, meist Sträflinge und Kriegsgefangene, Vagabunden und Sklaven, waren die Ruderer: sie saßen angeschmiedet auf ihren Bänken, mußten, fast immer nackt,

---

dichte und Interpretationen. Hrsg. u. mit einer Nachbemerkung von Marcel Reich-Ranicki (Frankfurt, 1979), S. 108 ff.

[20] Vgl. Paul, S. 149 f.

schwerste Arbeit verrichten, wurden erbarmungslos geschlagen und bei völliger Erschöpfung einfach über Bord geworfen. Nicht hoch auf Deck war ihr Ort, sondern »tief im Schiffsbauch« (um wiederum einen Halbvers zu zitieren, freilich nicht Hofmannsthals, sondern eines Späteren, auf den ich noch zurückkommen werde).

In der Eingangsstrophe wird demnach eine ganz bestimmte ›nautische‹ Bildwelt entfaltet. Doch diese ist, gerade in ihrer Gegensätzlichkeit, zugleich mehr; denn daß sich in ihr auch ein allgemeingesellschaftlicher oder eben »Klassengegensatz« spiegelt, dürfte wohl ebenso offenkundig sein. Das Gedicht meint in der Tat, Kaysers Behauptung zum Trotz, die »einen« im Gegensatz zu den »anderen«: jene, die drunten leiden und sich mühen, ja für die über ihnen buchstäblich »sterben«, und diese, die droben weilen, die frei und unbeschwert leben, ja glücklich sind oder jedenfalls die Möglichkeit dazu besitzen. Die einen sind die Unterdrückten, die anderen die Herrschenden. Um derlei, die grausame Scheidung oder Schichtung der Menschen und was sie bedeutet, nicht wahrzunehmen, braucht man schon ein gerüttelt Maß an interpretatorischer Blindheit und Taubheit... oder an gewaltsamer Verdrängung. Umgekehrt ist aber selbst dieses »Trennende« keineswegs alles. Besonders die Schlußzeile der Strophe weitet deren Bildlichkeit noch zusätzlich aus. Weist das Gesellschaftliche in Verbindung mit der Navigation auf die Metapher vom Staatsschiff, das gelenkt werden muß, so die Seereise als solche auf die alte Schiffahrtsmetapher, den Topos von der Reise übers Meer als Gleichnis für das menschliche Leben. Und mit beidem hängt außerdem – das Antikische verstärkt sich bereits hier, nicht erst in der folgenden Strophe – die bewußt evozierte Vorstellung vom Orakel zusammen: also die Anspielung auf die römischen Auguren, die den Flug der Vögel und dadurch den Willen der Götter »kennen«. Auch in diesem Sinne ergibt sich ein dichterischer Überschuß, den man weder verdrängen noch übersehen darf. Hofmannsthals »Vogelflug« ist sowenig ein ausschließlich konkreter, auf kreischende Möwenschwärme oder den einsamen Albatros beschränkter, wie seine »Länder der Sterne« (die ja sogar an nautische Karten gemahnen) rein figurative sind. Eigentliches und Uneigentliches gehen von Anfang an, nicht anders als die dargestellten Bereiche, ineinander über.

Der mehrfache Befund, den die erste Strophe liefert, wird von der zweiten vollauf bestätigt. Man versichert uns zwar heute fast durchweg, diese sei eine bloße Parallele und wiederhole oder variiere lediglich den besagten Klassengegensatz: die sozialen und ökonomischen, auch politischen Kontraste. Aber was, genau betrachtet, berechtigt zu einer dermaßen einsinnigen Auslegung? Ist nicht die zweite Strophe mindestens ebenso anspielungsreich wie die erste? Ja, ist sie nicht noch wesentlich vielschichtiger? Zugegeben: daß »manchen« Menschen die Glieder schwer sind, bezieht sich zunächst zweifellos auf die Mühsal und Qual im Körperlichen und setzt damit das Motiv der Ausbeutung und Unterdrückung fort. Doch schon das zu »liegen« gehörige Wort »immer«, erst recht aber das Bild von den »Wurzeln des verworrenen Lebens« widerspricht dem entschieden. Oder besser: Hofmannsthal hat hier ebenfalls wieder die Bildlichkeit ausgeweitet und Zusätzliches in sein Gedicht eingebracht. Denn »andere« Menschen sind eben nicht oder nicht so sehr physisch unterjocht und ausgelaugt als vielmehr psychisch, durch die Last des Gedankens und das Leid des Gemüts; sie sind, wie man etwas sentimental bemerkt hat, »gezeichnet« von einer »unerklärlichen Wehmut«.[21] Und in dieselbe doppelte Richtung – aufs Leibliche, Gesellschaftliche, auf Macht- und Herrschaftsverhältnisse einerseits und andererseits aufs Geistig-Seelische und dessen Widerstreit »zwischen dem Schwerblütigen und dem Leichtlebigen«[22] – deutet auch das Nebeneinander der »Sibyllen« und »Königinnen«, die nämlich durchaus nicht nur synonyme Begriffe sind. Wie zur Bekräftigung solcher Komplexität sind die Gegensätze zudem übers Kreuz, gleichsam nach Art eines Chiasmus, miteinander verbunden, wobei folgerichtig dem mehr bildhaften Bereich die Leichtigkeit des »Hauptes«, dem mehr leib- oder dinghaften die der »Hände« zugeordnet ist.

Bereits in der zweiten Strophe tritt so die Intention des Gedichts allmählich zutage. Vollends sichtbar wird sie, wenn man die bald mit Jubel und bald mit Mißbehagen registrierten, oft jedoch leider gänzlich ignorierten biblischen und literarischen Bezüge untersucht, die *Manche freilich...* aufweist, oder wenn man Hofmannsthals Verse mit den entsprechenden anderer Dichter vergleicht. Im letzteren Falle gilt, daß gerade bei verblüffender Ähnlichkeit der Konzeption und Motivik, Bildgestaltung und Wortwahl die Abweichungen besonders stark ins Auge springen. Zwei Musterbeispiele dafür bieten der vorhin anonym zitierte Experte für Galeerenarbeit – es ist Gottfried Benn – sowie dessen jüngerer Zeitgenosse Bertolt Brecht. Daß Benn und Brecht das *Schicksalslied* kannten, dürfte sicher sein; zu vermuten ist sogar, daß sie unmittelbar an seine Aussage anknüpften. Benn erklärte 1952 in einem *Wirklichkeit* überschriebenen Gedicht:

---

[21] Vgl. Spiel, S. 110.
[22] Ebd., S. 108.

> Angekettet fuhr er die Galeere
> tief im Schiffsbauch, Wasser sah er kaum,
> Möwen, Sterne – nichts: aus eigener Schwere
> unter Augenzwang entstand der Traum.[23]

Gemeint ist hier aber natürlich nicht der Unterdrückte und Ausgebeutete, etwa gar als Repräsentant seiner Klasse, sondern der Dichter selbst, der geistig Schaffende, der an sein Werk gefesselte Künstler mit seinen Zwängen und Nöten. Benn hat die von Hofmannsthal ›vorgebildete‹ Realität radikal ›umgebildet‹. Ganz anders dagegen Brecht, bei dem die Hofmannsthalsche Grundkonstellation nicht allein aufgenommen, sondern ihrerseits radikalisiert wird. Die Moritatenform macht dies nur desto schlagender, wenn es in seinem *Dreigroschenfilm* von 1930 so schlicht wie einprägsam heißt:

> Denn die einen sind im Dunkeln
> Und die andern sind im Licht.
> Und man siehet die im Lichte
> Die im Dunkeln sieht man nicht.[24]

Hier ist für etwas außerhalb des schroffen Klassengegensatzes ebensowenig Platz wie bei Benn für eine Welt außerhalb der artistischen.
Von beidem, der Brechtschen Ideologisierung und Polarisierung wie der Bennschen Ästhetisierung und Isolierung, hält sich Hofmannsthal gleichweit entfernt. Er stellt zwar sowohl die Klassenspaltung als auch die Welt des Künstlertums dar, aber ohne diese zu heroisieren oder jene zu verabsolutieren. Und indem er so vergeht, gestaltet er abermals mehr. Das könnten im übrigen schon gewisse entstehungsgeschichtliche Fakten lehren, namentlich der Erwerb einer Biographie Michelangelos durch Hofmannsthal im Sommer 1895. Deren Reproduktionen des Jüngsten Gerichts aus der Sixtinischen Kapelle haben ihn nämlich nicht bloß sehr beschäftigt, sondern bei der Abfassung seines Gedichts auch nachweislich angeregt. Man darf sich als Interpret allerdings nicht mit der kahlen Mitteilung begnügen, bereits Michelangelo schildere »die da drunten, verworren und mit schweren Gliedern auf dem Grunde liegend und vom Fährmann angetrieben, während die anderen droben bei den Sibyllen und Königinnen sitzen«.[25] Zu

---

[23] Vgl. Gottfried Benn, *Gesammelte Werke in vier Bänden*. Hrsg. von Dieter Wellershoff (Wiesbaden, 1958 ff.), Bd. 3, S. 283.
[24] Vgl. Bertolt Brecht, *Gesammelte Werke in 20 Bänden* (Frankfurt, 1967), Bd. 2, S. 497.
[25] Paul, S. 144.

zeigen wäre vielmehr, was dieses Übereinstimmende aussagt. Denn daß ebendadurch dem Gedichtverständnis eine weitere Dimension nicht eigentlich erst eröffnet, sondern lediglich wieder bestätigt wird, sollte doch wohl einleuchten. Es ist schließlich keine andere als jene existentielle oder, wenn man will, numinose, die Borchardt seinerzeit dazu bewog, *Manche freilich in Schicksalslied* umzubenennen.
Ein Fährmann indes taucht im Gedicht nicht auf; und das ist kein Zufall. Muß ich also nochmals beteuern, daß man über solch entstehungsgeschichtlichen Fakten, so willkommen sie sein mögen, nie den Text selber vernachlässigen darf? Dafür sollten umgekehrt Interpreten, welche glauben, über die angeblichen Ausdrucksschwächen des Dichters die Nase rümpfen zu müssen, ruhig einmal auf dessen Selbstzeugnisse zurückgreifen. Mit Biographismus hat derlei sowenig zu tun wie der Blick in die Sistina mit dem Schnüffeln nach Einflüssen. Andererseits ist jedoch Gewissenhaftigkeit nicht mit Pedanterie, genaues Lesen nicht mit Beckmesserei zu verwechseln. Wer es beispielsweise fertigbringt, allen Ernstes zu fragen, wie denn in der vierten Strophe die »Müdigkeiten auf die Lider des lyrischen Ich gelangen« oder was der »Fall ferner Sterne bedeutet«, der läßt nicht nur jedes Gefühl für die Eigenart dichterischer Bildersprache vermissen, sondern bekundet obendrein mangelnde Vertrautheit mit seinem Gegenstand. Immerhin gibt es neben dem *Chandos*-Brief, der unaufhörlich abgehandelt wird, auch Hofmannsthals Rede *Der Dichter und diese Zeit*. Sie aber bestimmt ebenso nachdrücklich wie ausführlich und sogar mit wörtlichem Anklang an die inkriminierte Strophe, dem Dichter sei »die Gegenwart in einer unbeschreiblichen Weise durchwoben mit Vergangenheit«; er spüre »in den Poren seines Leibes [...] das Herübergelebte von vergangenen Tagen, von fernen nie gekannten Vätern und Urvätern, verschwundenen Völkern«; »sein Auge, wenn sonst keines«, empfange noch »das lebendige Feuer von Sternen, die längst der eisige Raum hinweggezehrt hat«. Und um ja nicht mißverstanden zu werden, fügte Hofmannsthal verallgemeinernd hinzu, dies sei in der Tat »das einzige Gesetz«, unter dem der Dichter stehe: »keinem Ding den Eintritt in seine Seele zu wehren«.[26]
Deutlicher, scheint mir, kann man sich wahrhaftig nicht vernehmen lassen. Ohnehin sprach der Redner von 1907 nicht bloß in eigener Sache oder bloß über die damalige Zeit, obwohl sich bereits sein Titel auf diese berief. Weder vorher noch nachher, weder im deutschen noch im außerdeutschen

---

[26] Vgl. Hofmannsthal, *Gesammelte Werke in Einzelausgaben. Prosa II* (Frankfurt, 1951), S. 282f.

Sprachbereich sind Dichtern derartige Gedanken je fremd gewesen. Es war kein Geringerer als der von Hofmannsthal so verehrte und immer wieder zu Rate gezogene Goethe, der im *Westöstlichen Divan* mahnte:

> Wer nicht von dreitausend Jahren
> Sich weiß Rechenschaft zu geben,
> Bleib im Dunkeln unerfahren,
> Mag von Tag zu Tage leben.[27]

Auch der Franzose Paul Bourget, dessen Verse Hofmannsthal vermutlich ebenfalls geläufig waren, empfand gleich ihm die gesamte Vergangenheit, mit all ihren »Träumen« und »Tränen«, als gegenwärtig; und gleich Goethe dachte er dabei nicht in Jahrhunderten nur, sondern in Jahrtausenden:

> Car nous portons en nous tous les siècles passés,
> Tous les rêves anciens qu'ont caressés les hommes,
> Tous les pleurs amassés depuis quatre mille ans [...][28]

Ja, ist nicht überhaupt, so möchte man ergänzen, die hier dreifach bezeugte Vorstellung ihrerseits fast jahrtausendealt? Ich mache mich anheischig, ein Zeitgefühl ähnlicher Art schon aus dem klassischen Schrifttum der Chinesen und noch aus der literarischen Avantgarde Europas zu belegen – der zwischen und nach den Weltkriegen, wohlgemerkt, nicht etwa der um die Jahrhundertwende.

Weitaus wichtiger als solche Beziehungen (die gewiß im einzelnen zu differenzieren wären) ist jedoch abermals der Rückbezug aufs Gedicht selber. Denn nicht nur zum Erörtern offenbarer, sondern erst recht zum Erhellen verborgener Zusammenhänge vermag Hofmannsthals Äußerung zu dienen. So wurde gerade von jener vermeintlich so geheimnisvollen vierten Strophe mit Bestimmtheit erklärt, der Dichter spiele darin auf seine »Abkunft« an: nämlich »auf die Müdigkeiten des uralten Volkes, dem sein Ahnherr, der geadelte Seidenhändler Isak Löw Hofmann, angehört hatte«; das, was das lyrische Ich nicht abtun könne, seien Last und Leid des Volkes Israel, sei allein Hofmannsthals jüdisches »Erbe«.[29] Wogegen nun nicht bloß ein pedantischer, sondern zunächst auch ein genauer Leser einwenden wird, der entscheidende Vers laute aber: »Ganz *vergessener Völker* Müdigkeiten

---

[27] Johann Wolfgang von Goethe, *Werke. Hamburger Ausgabe in 14 Bänden* (Hamburg, 1948 ff.), Bd. 2, S. 49.
[28] Paul Bourget, »Après une lecture de Sully Prudhomme.« In: *Œuvres de Paul Bourget* (Paris, o. J.), S. 35.
[29] Vgl. Spiel, S. 110.

[…]«; es gehe also unzweideutig um eine Mehr-, vielleicht Vielzahl von Völkern oder Völkerschaften, die außerdem spurlos aus dem Gedächtnis verschwunden sein sollen. Und beides trifft bekanntlich auf die Juden, dies wesenhaft ›einzige‹, von seinem Gott auserwählte und seinen Nachbarn ausgesonderte und ausgestoßene Volk, das trotz aller Verfolgung weder verschwunden noch vergessen ist, in exemplarischem Maße nicht zu.

Der Widerspruch löst sich indes, vergleicht man auch hier Hofmannsthals Selbstzeugnis von 1907. Ausdrücklich ist ja darin von einem biologischen oder Bluterbe die Rede, das der Dichter »in den Poren seines Leibes« spüre; und das »Herübergelebte« aus vergangenen »Zeiten« (wie es ebenfalls ausdrücklich heißt) wird dann einerseits »fernen nie gekannten Vätern und Urvätern« zugeschrieben und andererseits »verschwundenen Völkern«. Ein solches Erbe aber wirkt tatsächlich, leibhaft sichtbar, auch in den »Lidern« des lyrischen Ich fort, die sich – man blicke dazu auf Photographien Hofmannsthals – schwer und müde senken ... so wie eben Dichtern nicht nur, konkret und im übertragenen Sinne, die Geschichte der eigenen Herkunft bewußt ist, sondern letztlich die aller Menschen und Völker und damit auch derer, die heute verschwunden oder vergessen sind. Richtig verstanden, enthüllt sich die scheinbare Paradoxie der ersten Strophenhälfte als ein Schulbeispiel ebenso kühner wie tiefer und umfassender Bildlichkeit; und dem universalen Zeitgefühl, das sie vermittelt, entspricht auch durchaus das universale Raumgefühl der zweiten Strophenhälfte mit ihrem ganz und gar nicht paradoxen, sondern auf einer physikalischen Selbstverständlichkeit beruhenden »Niederfallen ferner Sterne«, das der Dichter nicht von sich »weghalten« kann. Denn er, wenn irgend jemand, spürt ihr »Feuer« noch lebendig auf sich herabströmen, obschon es vielleicht seit Lichtjahren erloschen ist. »Wie«, fragte Hofmannsthal rhetorisch, »könnte er es wehren?«[30] Die Unabsehbarkeit der irdischen Zeit und die Unendlichkeit des kosmischen Raumes sind der dichterischen »Seele« gleicherweise nah und gegenwärtig: sowohl jenem Zeugnis zufolge als auch im *Schicksalslied* selber. Dessen vierte Strophe ist zwar nicht rundweg fixierbar, sondern, als echtes poetisches Bild, vieldeutig und ahnungsvoll; doch schlechtweg »unerforschlich« ist sie darum beileibe nicht.

Ein Wort noch zur dritten und fünften Strophe. Es ist nämlich auch keineswegs so, daß nach der durch den Doppelpunkt markierten Zäsur ein plötzlicher, völlig unvorbereiteter Umschlag aus dem vertikalen Gegeneinander in ein horizontales Nebeneinander erfolge, wie man vorschnell behauptet

---

[30] Vgl. Hofmannsthal, *Prosa II*, S. 283.

hat.³¹ Wir sahen bereits, wie sich spätestens in der zweiten Strophe der einfache Gegensatz »des UNTEN und des OBEN«³² zu verschieben und zu verwandeln, immer mehr auszudehnen und gehaltlich anzureichern beginnt; vollends jedoch läßt sich dies in der dritten Strophe beobachten. Am aufschlußreichsten sind dabei wiederum die zwei ersten Zeilen:

> Doch ein Schatten fällt von jenen Leben
> In die anderen Leben hinüber [...]

Dreierlei ist an diesem Verspaar bemerkenswert. Zum einen sind die vertikalen und horizontalen Schichten und Bereiche schon kaum mehr voneinander zu trennen; denn der Schatten »fällt« ja nicht, wie zu erwarten wäre, hinab oder hinunter, sondern »hinüber«. Zum zweiten scheinen die ursprünglichen Klassenpositionen – um zur Abwechslung ebenfalls im Jargon zu reden – inzwischen geradezu vertauscht zu sein; denn mit »jenen« meint Hofmannsthal doch sicherlich die Unteren, mit den »anderen« dagegen die Oberen. Oder verhielte es sich eher umgekehrt? Gälte am Ende gar beides? Denn zugleich und zum dritten spricht der Dichter (was freilich die meisten nicht werden wahrhaben wollen) aus der Sicht derjenigen, welche jenen bedrückenden »Schatten« verursachen: er schreibt, auffällig genug, »*hin*über« statt »*her*über«. Entweder also gesellt er sich den Unterdrückten und Leidenden, tritt für sie ein, identifiziert sich zumindest auf Augenblicke mit ihnen – oder diese, nicht die Herrschenden und Privilegierten, zu denen er selber zählt, erscheinen jetzt als »die anderen«. Mit Schematismus und bequemen Deutungsschablonen ist hier jedenfalls schwerlich etwas zu bestellen.

Es wäre ein leichtes, auf ähnliche Weise auch die zweite Halbstrophe auseinanderzunehmen, zumals uns, unter der schönen Überschrift *Über das Zerpflücken von Gedichten*, kein Geringerer als der von Hofmannsthal einst geförderte Brecht³³ tröstlich versichert: »Gedichte sind, wenn sie überhaupt lebensfähig sind, besonders lebensfähig und können die eingreifendsten Operationen überstehen.« Aber ich glaube, selbst Brecht würde, solch »kalter Logik« ungeachtet, einräumen, daß es beim »Herausreißen von Wörtern und Bildern aus diesen zarten blütenhaften Gebilden« (wie er sich immerhin ausdrückt) eine Grenze gibt. Und die möchte ich ungern überschreiten. Worauf es in Hofmannsthals Versen ankommt, ist ja allein seine universale Daseinserfahrung, ist die Totalität seiner dichterischen Welt-

---

[31] Vgl. Sautermeister, S. 75.
[32] Vgl. Brecht, Bd. 10, S. 1038.
[33] Vgl. Brecht, Bd. 19, S. 392.

schau. Alle »Geschicke«, die einzelnen der Menschen wie die kollektiven der Stände und Klassen, Stämme und Völker, doch auch die Geschehnisse im weiten All, nimmt er als Dichter wahr und in sich auf; allen und allem versucht er, seinem »Gesetz« gemäß, gestaltend gerecht zu werden. Gerade das Mehrdeutige, Beziehungsreiche, vielfältig Verflochtene ist daher nicht ein Ausdruck der Ungenauigkeit oder Schwäche, sondern der höchsten poetischen Präzision; gerade das, worauf die zwar keineswegs unproblematische Formel vom »verworrenen« Leben zielt, meint dessen eigentlich Unbeschreibliches, ja Unbegreifliches. (Man braucht dazu bloß noch einmal die Rede von 1907 aufzuschlagen, in der nicht zufällig »verworren« und »inkommensurabel« als Synonyme begegnen.) Ebendies Verworrene aber, diese sämtlichen Fäden des unauflöslichen Gewebes, das der Dichter vor uns entfaltet, faßt die fünfte Strophe endgültig und folgerichtig zusammen. »Durcheinander spielt sie alle das Dasein«, heißt es nun von den »vielen Geschicken« – freilich mit einer Formulierung, die erst recht nicht ohne Problematik ist. Denn daß in dieser Strophe das Zarte und Blütenhafte, das sogar Brecht der Lyrik zugesteht, vollends ins Jugendstilhaft-Preziöse auszuranken beginnt, wird niemand zu leugnen wagen. Mehr als sonstwo bedient sich Hofmannsthal gegen Schluß des *Schicksalsliedes* der spezifischen Kunstmittel seiner Zeit.
Verargen wird ihm das allerdings nur, wer weder historisch noch poetisch adäquat denken kann oder will. Spricht schließlich nicht jeder große Dichter die Sprache der eigenen Zeit? Doch derselbe Vorwurf des Inadäquaten trifft auch denjenigen, welcher wie Kayser in das entgegengesetzte Extrem verfällt und, vom biblischen Ton des vorletzten Verses verleitet, Hofmannsthal eine prophetische, fast messianische Verkündigungspose unterstellen möchte. Nichts nämlich liegt dem Ich ferner, das hier mit halber und gleichwohl fester Stimme bekennt:

> Und mein Teil ist mehr als dieses Lebens
> Schlanke Flamme oder schmale Leier.

Kein verkündender Gestus, sondern einer, der von Verantwortung und Verpflichtung zeugt, prägt Hofmannsthals berühmte Schlußzeilen. Sie haben, nimmt man das Biblische daran wirklich ernst, mit prophetischer, gar messianischer Absicht oder Pose herzlich wenig zu tun, hingegen viel mit dem Wortlaut – obschon kaum der Haltung – des Predigers Salomo und der Psalmen. Was deren formelhaftes »Mein Teil« aussagt, und zwar in der Tat in Kayserschen »Urteilssätzen«, ist ja einerseits religiöse Geborgenheit und andererseits Glück und Bescheiden in dieser Welt; im Grunde jedoch ist es beides. Zuflucht bei Gott und Zufriedenheit in der Beschränkung des irdischen Lebens verbinden sich miteinander. »Der Herr [...] ist mein Gut und mein Teil«; er ist »meines Herzens Trost und mein Teil«, ist »meine Zuversicht und mein Teil im Lande der Lebendigen«: so lauten die entsprechenden Sätze.[34] Oder wir lesen, es gebe für den Menschen »nichts Besseres«, als daß er

> fröhlich sei in seiner Arbeit; denn das ist sein Teil.
> Denn wer will ihn dahin bringen, daß er sehe, was nach
> ihm geschehen wird?[35]

Verglichen mit solchen Bekenntnissen, mutet mich Hofmannsthals Verspaar fast wie ein ›Gegenentwurf‹ im Sinne Brechts an. Jedenfalls ruht das lyrische Ich hier weder geborgen in Gott noch selbstzufrieden im Umkreis seines Lebens und Schaffens; es bleibt, eher traurig als fröhlich, weder in seinen engen Bezirk gebannt noch der unmittelbaren Gegenwart verhaftet, weist indes ebensowenig mit herrischem Anspruch und priesterlicher Gebärde darüber hinaus. Vielmehr hält sich der Dichter allem, nicht zuletzt auch der Zukunft, grenzenlos und beinahe demütig offen. »Denn dies ist das einzige Gesetz, unter dem er steht [...].«

Was für die biblische Anspielung Hofmannsthals gilt, gilt aber ganz ähnlich für seine literarische. Beide stützen und vertiefen einander wechselseitig. Kayser freilich, erinnern wir uns, empfand jenen Anklang des *Schicksalsliedes* ans Parzenlied als nahezu »störend«; nach seinem Bedünken hätte derlei lieber »vermieden werden sollen«. Und dabei wäre bereits die von ihm selbst zitierte Goethesche Strophe zur Genüge geeignet gewesen, ihm die Funktion von Hofmannsthals Kryptozitat zu erläutern. Es werden da eben nicht lediglich »Stühle gerichtet«, prächtig und an erhöhtem Ort; es werden auch nicht bloß, durch die Nennung der Königinnen und Sibyllen, Thronsessel und weihrauchumwölkte Dreifüße oder Herrschergewalt und geheimes Wissen evoziert. Beschworen werden zugleich – untergründig, doch mit vollem Bedacht – die bei Hofmannsthal scheinbar ausgesparten, aber darum nicht minder tätigen Mächte, die diese Erhebung bewirken. Bei Goethe heißen sie bekanntlich »die Götter«; und Iphigenie warnt vor ihnen mit aller nur wünschbaren Deutlichkeit, wenn sie düster klagt:

> Der fürchte sie doppelt,
> Den je sie erheben![36]

---

[34] Vgl. Ps. 16, 5; 73, 26; 142, 6.
[35] Vgl. Pred. 3, 22.
[36] Goethe, Bd. 5, S. 54.

Der drohende Unterton, der dadurch in Hofmannsthals Anspielung mitschwingt, ist unüberhörbar. Wie konnte er Kayser entgehen? Man braucht sich dazu den Gesamtzusammenhang des Sagenstoffes, mit Schuld und Sturz und Bestrafung der ehedem so Bevorzugten, gar nicht erst ins Gedächtnis zu rufen, sowenig wie den des Goetheschen Textes. Auch Hofmannsthal ist nämlich eindeutig genug. Die auf den Stühlen droben sitzen ja »*wie* zu Hause«: will sagen, *als ob* sie »bei den Sibyllen, den Königinnen« von Rechts wegen daheim wären. Sie sind also dort, mit anderen Worten, gerade nicht zu Hause oder ein für allemal sicher, sondern ständig gefährdet und bedroht oder doch der Willkür jener Mächte schutzlos ausgeliefert. Zu meinen, daß hier überhaupt jemand »in der Wahrheit« (!) sei »und damit der Zeit und dem Werden [und Vergehen] enthoben«, wie das den »andern« tatsächlich angedichtet wurde,[37] scheint mir gänzlich abwegig zu sein. Nein, überall gähnen »nächtliche Tiefen«, mit Goethe zu reden, und jederzeit können sie auch und gerade die vormals Begünstigten verschlingen. Das *Schicksalslied* enthält zwar gewiß keine »Warnung« im strengen Sinne, jedenfalls keine konkret politische oder soziale; doch ein Gefühl banger Wachheit drückt sich in seinem »Zustand des Gemütes« (so *Das Gespräch über Gedichte* von 1903)[38] sehr wohl aus. Von der Bibel wie insbesondere von der *Iphigenie* her fallen Schattten über Hofmannsthals Verse. Auch wenn er sich diesmal keines Brechtschen Gegenentwurfs bedient, so ist der Zweck seines Anspielungsverfahrens dennoch der gleiche.

Man wird sich vielleicht wundern, daß ich mich beim Umgang mit *Manche freilich...* so häufig auf Brecht beziehe. Aber ich tue damit nichts anderes, als was dieser selber getan hat. Mit bewußtem Bezug auf Hofmannsthals Zeilen – und sogar, durch sie hindurch, auf deren Goethesche Quelle – erklärte Brecht 1939 in dem zweiteiligen Gedicht *Die Literatur wird durchforscht werden*, das dem dänischen Arbeiterdichter Martin Andersen-Nexø gewidmet ist:

> Die auf die goldenen Stühle gesetzt sind, zu schreiben
> Werden gefragt werden nach denen, die
> Ihnen die Röcke webten.
> [...]

Und weiter:

---

[37] Vgl. Rolf Tarot, *Hugo von Hofmannsthal. Daseinsformen und dichterische Struktur* (Tübingen, 1970), S. 219.
[38] Vgl. Hofmannsthal, *Prosa II*, S. 100.

> Ganze Literaturen
> In erlesenen Ausdrücken verfaßt
> Werden durchsucht werden nach Anzeichen
> Daß da auch Aufrührer gelebt haben, wo Unterdrückung war.[39]

Ob Hofmannsthal, der Anspielungsreiche, das einleitende Doppelzitat erkannt und auf sich bezogen hätte? Ob der so vielfach Verständnisbereite willens gewesen wäre, ein solches Gedicht im vollen Umfang zu verstehen? (Es stellt übrigens keinen Einzelfall dar: Brechts *Lied der preiswerten Lyriker*[40] sieht die Reichen insgesamt als diejenigen, welche »auf die goldenen Stühle gesetzt sind«.) Und wie hätte Hofmannsthal die andere Hälfte des Brechtschen Gedichts beurteilt, die jene schildert, die gleich Andersen-Nexø zu den »Kämpfern« und »Niedrigen« gehörten, ja »die auf dem nackten Boden saßen, zu schreiben«? Eine Antwort darauf muß und darf hier, denke ich, offenbleiben.

Immerhin, verschleiert und verantwortungslos verklärt wie Rainer Maria Rilke[41] hat Hofmannsthal die bestehenden Klassenverhältnisse nirgends. Die Lehre des *Stunden-Buches*, wonach die Armen und Ausgebeuteten letztlich beneidenswert, die Obdachlosen und Hungernden buchstäblich »selig« seien, wird man bei ihm vergebens suchen. Näher allerdings als *Die Literatur wird durchforscht werden* wären ihm zweifellos Brechtsche Verse aus den zwanziger Jahren gelegen, der Zeit, da der Dichter des *Schicksalsliedes* dem Dichter des *Baal* öffentlich seine Stimme lieh. Wenn auch nicht diesem Jugendwerk, so dafür Brechts frühem Lehrstück *Der Jasager* entstammt nämlich eine Szene, entstammen Wendungen, Bilder und Einsichten, die in ihrer Allgemeingültigkeit und archaischen Einfachheit ebensogut vom jungen Hofmannsthal herrühren könnten. Ganz wie in *Manche freilich...* waltet hier über den Menschen ein unerbittliches »Schicksal« (der Begriff fällt wiederholt); nach wie vor herrscht der alte »Brauch«, daß die einen für die anderen leiden und geopfert werden.[42] Er verschärft sich jedoch in Brechts Stück noch zusätzlich; denn es ist ja ein »Knabe«, der hier »drunten sterben« muß. Als er hinab in die Todesschlucht blickt, gesteht er:

---

[39] Vgl. Brecht, Bd. 9, S. 740f.
[40] Vgl. ebd., S. 485.
[41] Vgl. Reinhold Grimm, *Von der Armut und vom Regen. Rilkes Antwort auf die soziale Frage* (Königstein, 1981), S. 2ff.
[42] Vgl. Brecht, Bd. 2, S. 620f.

> Ich wußte wohl, daß ich auf dieser Reise
> Mein Leben verlieren könnte.
> [...]
> Nehmt meinen Krug
> [...]
> Und bringt ihn meiner Mutter
> Wenn ihr zurückkehrt.

Der erzählende »Chor« aber schließt daran Sätze, die ebenfalls wieder, zumindest zum Teil, von Hofmannsthal stammen könnten:

> Dann nahmen die Freunde den Krug
> Und beklagten die traurigen Wege der Welt
> Und ihr bitteres Gesetz
> Und warfen den Knaben hinab.
> Fuß an Fuß standen sie zusammengedrängt
> An dem Rande des Abgrunds
> Und warfen ihn hinab mit geschlossenen Augen
> [...]
> Und warfen Erdklumpen
> Und flache Steine
> Hinterher.[43]

Damit endet das Lehrstück Brechts. Dessen »bitteres Gesetz« und jenes »einzige« Hofmannsthals entsprechen einander, ja ergänzen sich wie Inhalt und Form. Der Jüngere freilich hat solche Erkenntnisse, wie man weiß, alsbald zurückgenommen; er hat, sich selbst korrigierend, mit dem gegenläufigen Stück *Der Neinsager* »einen neuen Brauch« und »ein neues Gesetz«[44] zu begründen versucht. Nicht Weltklage, wie berechtigt auch immer, sondern konkrete Weltveränderung im politisch-sozialen Bereich sollte fortan sein Dichten und Trachten bestimmen. Und hat er sie nicht, nach Maßgabe des ihm Möglichen, geleistet? Aber vielleicht, so möchten wir Heutigen vermuten, ist es inzwischen notwendig geworden und jedenfalls ehrlicher, die Brechtsche Zurücknahme ihrerseits wieder zurückzunehmen, ohne deshalb die Hoffnung auf Änderung – eine verzweifelte, fast widersinnige Hoffnung – fahrenzulassen?
Doch um neben Brecht zum Schluß auch Benn noch einmal das Wort zu erteilen, so dürfen wir mit dessen *Ausdruckswelt* »die frühen Verse von Hofmannsthal« in der Tat, historisch wie wertend, zu den wenigen Texten rechnen, die dem »Zeitalter vor den Weltkriegen« das Gepräge gaben.[45] Sie

---

[43] Vgl. ebd., S. 622.
[44] Vgl. ebd., S. 630.
[45] Vgl. Benn, Bd. 1, S. 391.

sind, allgemeiner gesagt, große Dichtung im Gewand ihrer Epoche, sind überzeitlich und zeitgebunden zugleich. Gerade damit aber erweisen sie sich als geschichtlich in einem spezifischen, nämlich doppelten, Sinne. Heutigentags zum Beispiel ist es nicht bloß erlaubt, sondern zwingend geboten, in der Vision »ganz vergessener Völker« aus dem *Schicksalslied* auch die blutigen Greuel der modernen Kolonialgeschichte wahrzunehmen: etwa den Völkermord in der Neuen Welt, die Jahrhunderte der Sklaverei. War es nicht schließlich Habsburg, obschon das spanische, unter dem dies alles begann? Und dauern nicht Ausrottung und Versklavung noch immer fort? Das Gedicht des Österreichers Hofmannsthal scheint mir, so betrachtet, von wahrhaft globalem Denken zu zeugen, nicht nur von europäischem. *Manche freilich...* ist unveraltet, ja in vielem aktueller denn je. Oder wer wäre verblendet oder vermessen genug, um zu behaupten, daß die Zeit der einen und der anderen, der drunten und der droben irgendwo auf der Welt bereits vorüber sei oder irgendwann einmal mit Sicherheit vorüber sein werde?

Das einzige Gesetz und das bittere... Es ist das Gesetz auch der Dichtung. In seiner Rede von 1907 schildert Hofmannsthal, wie sich der »furchtbare« Blick des Schauenden und Erkennenden in den Abgrund des Daseins senkt. Die Erfahrung sei »gräßlich«; und der Dichter fragt sich umsonst: »Wie trag ich das? [...] Wie leb ich und trage das und mache nicht ein Ende mit mir? Denn es gibt keine erträgliche Antwort.«[46] Einzig und allein in der Kunst, in der Dichtung und deren »fühlendem Denken, denkendem Fühlen«, ja »Leidend-Genießen« und »Harmonisieren der Welt«, wie es wiederum höchst verfänglich heißt,[47] glaubte er diesen Blick aushalten zu können. Wenn aber darin Schuld oder Verstrickung liegt, so teilen sie Hofmannsthal und sein Werk mit vielen Dichtern, ja am Ende mit jeglicher Kunst.

---

[46] Vgl. Hofmannsthal, *Prosa II*, S. 291 f.
[47] Vgl. ebd., S. 280, 282 u. 287.

Käte Hamburger

Theodor A. Meyers Sprachtheorie der Dichtung

Das Buch, von dem die Rede sein soll, ist nicht so modern betitelt wie dieser Aufsatz. Es führt den altmodischen Titel *Das Stilgesetz der Poesie*, in dem Poesie noch die allgemeine Bedeutung von Dichtung oder Dichtkunst hat, wie es bis zur Mitte des 19. Jahrhunderts ausschließlich gebräuchlich war. Das Buch ist im Jahre 1901 erschienen und steht somit genau zu Beginn des ersten Jahrhundertdrittels, dessen Literatur und Literaturtheorie zum Thema dieser Festschrift erwählt worden ist.

Dieses Buch hat das Schicksal, »heute zu Unrecht vergessen zu sein«, wie es Michael Landmann 1963 in seinem Buch *Die absolute Dichtung* gesagt hat.[1] Und kein Geringerer als Theodor W. Adorno weist in der in den 50ger und 60ger Jahren entstandenen *Ästhetischen Theorie* auf den »so gut wie vergessenen Theodor Meyer« als – in bezug auf das Problem, von dem hier gehandelt werden soll – »eine der seltenen Ausnahmen« hin.[2] Soweit ich sehe, sind dies die letzten Erwähnungen des Meyerschen Buches, so daß heute, fast 20 Jahre später, von seinem Vergessensein mit noch größerem Recht gesprochen werden kann. Daß es, nach dem Zeugnis dieser Philosophen, zu Unrecht vergessen ist, regt dazu an, es auf eine genauere Weise als es in diesen Äußerungen geschieht, wieder in Erinnerung zu bringen. Denn das Bedauern dieses Vergessens ist nicht von ungefähr, sondern hat seinen Grund darin, daß es mit dem Buche von 1901 so etwas wie eine avantgardistische Bewandtnis hat, die Bewandtnis nämlich, ein erster grundsätzlicher Versuch zu sein, die »Poesie«, die Dichtung als »Wortkunstwerk«, als »sprachliches Kunstwerk« zu definieren und zu beschreiben. Die genannten Begriffe sind bekanntlich Titel der Bücher, die, wenigstens durch diese Titel, das Augenmerk auf jene Beschaffenheit der Dichtung richten, die, wie es Paul Valéry einmal sagt, »wegen ihrer abstrakten Natur dem Künstler eine merkwürdig komplizierte Aufgabe stellt«,[3] die sprachliche. Weit

---

[1] M. Landmann, Die absolute Dichtung. Stuttgart 1963, S. 90
[2] Th. W. Adorno, Ästhetische Theorie. Frankfurt a. M. 1973 (stw 2), S. 150
[3] P. Valéry, Rede über die Dichtkunst (propos sur la poésie 1927). Zit. nach Zur Theorie der Dichtkunst. Aufsätze u. Vorträge. Frankfurt a. M. 1962, S. 15

genauer und thematischer als Oskar Walzels *Das Wortkunstwerk* (1927) und Wolfgang Kaysers *Das sprachliche Kunstwerk* (1948) ist auf diese Beschaffenheit das Buch des polnischen Philosophen Roman Ingarden *Das literarische Kunstwerk* gerichtet, das denn auch aus diesem Grunde besonders einflußreich geworden ist. Dieses Buch erschien zuerst 1931, genau 30 Jahre nach dem Werke Theodor A. Meyers, und schließt somit auf dem Gebiete der Literaturtheorie die in dieser Festschrift thematische Epoche ab. Nicht zufällig aber weist auch Ingarden auf *Das Stilgesetz der Poesie* hin. Wenn dies auch nur in bezug auf Detailprobleme geschieht, um die es hier nicht zu tun ist, so ist der Zusammenhang zwischen den beiden Werken von prinzipiellerer Art (auf den Ingarden freilich nicht aufmerksam geworden ist). Denn Meyers Buch ist gerade in Hinsicht auf das Ingardens insofern avantgardistisch als es die sprachliche Seinsweise der Dichtung auf die Struktur der Sprache selbst zurückführt und gründet. Und beiden, in sich zeitbedingt durchaus unterschiedlichen, Werken ist eben damit auch dies gemeinsam, daß der Bereich der Dichtung von dem der Sprache als solcher nicht prägnant genug unterschieden ist. So bleiben in beiden Werken die Dichtungsgattungen und damit das verschiedenartige Verhalten und die verschiedenartige Funktion der Sprache in Epik, Dramatik, Lyrik unberücksichtigt.[4] Doch unterscheidet sich das Buch Meyers von dem Ingardens dadurch, daß die sprachliche »Seinsweise« der Dichtung unter einem weit effektiveren Gesichtspunkt ins Auge gefaßt wird als bei diesem. Wenn Ingarden nahezu die Hälfte seiner Darlegungen der von Husserl herkommenden Phänomenologie der Bestandteile der Sprache: Lauten, Worten, Bedeutungseinheiten, Sätzen widmet – was auf die problemlose Feststellung herauskommt, daß das literarische Kunstwerk aus Lauten, Worten, Bedeutungseinheiten, Sätzen besteht – wird im *Stilgesetz der Poesie* jene Eigenschaft der Sprache erörtert, durch die die Dichtung ihre spezifische, sie von den anderen Künsten unterscheidende *Problematik* erhält. Diese Eigenschaft ist das was Meyer allgemein den abstrakten Charakter der Sprache nennt. (S. 22)[5]

Damit ist zunächst das Anliegen angegeben, das Meyer als das Lessingsche Laokoonproblem auf moderner Grundlage bezeichnet hat, nämlich »aus

---

[4] Das »literarische Kunstwerk« meint, was jedoch expressis verbis nicht kenntlich gemacht ist, die erzählende und dramatische Dichtung, die fiktionale also, deren Fiktionscharakter jedoch nicht präzisiert und von dem der sprachlichen Kundgabe nicht genügend scharf unterschieden ist

[5] Die Seitenangaben im Text beziehen sich auf »Das Stilgesetz der Poesie«, Leipzig 1901

der Verschiedenheit der Darstellungsmittel die Verschiedenheit des Stils der Poesie von dem der Anschauungskünste zu erweisen« (S. V). Wenn aber Meyer insofern an Lessings Problem anknüpft als er das »Stilgesetz« (gemeint etwa die Seinsform oder Struktur) der literarischen Kunst durch kontrastierenden Vergleich mit der bildenden herausarbeitet, so weist bereits die Bezeichnung der letzteren als Anschauungskunst daraufhin, daß dies auf andere Weise geschieht als bei Lessing. Nicht erst Meyer, sondern bereits Herder hatte Lessings berühmte These kritisiert, daß die Poesie deshalb nicht Dinge, »Körper« (wie Lessing sagt) schildern könne, weil ihr Medium, die »Rede«, »artikulierte Töne in der Zeit« sei und »das Konsekutive der Rede mit dem Koexistierenden des Körpers in Konflikt gerate« (Laokoon XVIII).[6] Meyer schiebt diesen Irrtum Lessings dem Umstand zu, daß ihm die psychologischen, sprachphilosophischen und erkenntnistheoretischen Erkenntnisse der Moderne noch nicht zur Verfügung gestanden hatten, um das Verfahren der Sprache und damit der sprachlichen Kunst bei der Beschreibung der gegenständlichen Welt erklären zu können. Wenn aber Meyer betont, daß sein Buch nichts anderes sein wolle als eine Behandlung des Laokoonproblems auf moderner Grundlage (S. VI), so ist ihm mit Lessing dies gemeinsam, die Dichtung als eine die gegenständliche Welt darstellende Kunst zu behandeln. Diese Einschränkung ist in der Laokoonmethode, das Medium der Dichtung im Vergleich mit dem der bildenden Kunst zu bestimmen, mitgegeben und tritt in deren Bezeichnung als Anschauungskunst sogleich hervor.

In der Tat ist es das Problem der Anschauung, um das es in diesem Buche geht, ein psychologisch-erkenntnistheoretisches Problem in erster Linie, durch das das sprachlich-poetologische erst hervorgerufen wird. Zur Zeit der Entstehung und des Erscheinens des Meyerschen Buches war das Problem und der Begriff der Anschauung aktuell in der Psychologie und Erkenntnistheorie,[7] wofür vor allem das wichtigste philosophische Werk der Jahrhundertwende, Husserls *Logische Untersuchungen*, Zeugnis ist. Zur Beurteilung von Meyers Anschauungsbegriff darf der Hintergrund dieses

---

[6] Erstes Kritisches Wäldchen bes. Kap. 16
[7] Psychologie war in dieser Epoche die beherrschende Disziplin. Daß sie die Grundwissenschaft der Philosophie überhaupt sei, wurde vor allem von Theodor Lipps vertreten. Besonders zwischen Erkenntnistheorie und Psychologie wollte er keine Grenze ziehen. Weil Erkennen ein psychologischer Vorgang ist, sei auch Erkenntnistheorie Psychologie. In der Tat sind auf Erkennen gerichtete »Bewußtseinserlebnisse« (Lipps) wie Wahrnehmung, Anschauung, Vorstellung eben als Bewußtseinsakte (Husserl) nicht unabhängig von der psychischen Erfahrung, auch des sie beschreibenden Erkenntnistheoretikers, zu bestimmen und zu analysieren.

psychologisch-erkenntnistheoretischen Problemgebiets nicht außer Acht gelassen werden.

Zuvor sei jedoch die Aufmerksamkeit auf einen Aspekt dieses Begriffes gerichtet, der weder in dem erkenntnistheoretisch-psychologischen Gebrauch noch in monographischen Darstellungen des Begriffs berücksichtigt oder auch nur bemerkt worden ist: daß das deutsche Wort Anschauung ein etymologisch und damit bedeutungsmäßig ganz besonders belastetes ist, zu dem es in den anderen europäischen Sprachen (außer im Skandinavischen, das hier vom Deutschen abhängig ist) keine Entsprechung gibt. Gerade weil der Bedeutungskern des sinnlich-konkreten Anschauens (das im Süddeutschen statt norddeutsch ansehen, wie auch schauen statt sehen gebraucht wird) auch in seiner nicht-sinnlichen, »metaphorischen«, etwa Ansicht oder Auffassung meinenden Bedeutung sozusagen virulent geblieben ist[8], erweist sich der Anschauungsbegriff als in hohem Maße problematisch, wo er, wie wir bei der Erörterung von Meyers *Stilgesetz*, aber auch von Husserls *Logischen Untersuchungen* sehen werden, als ein exakt erkenntnistheoretischer eingesetzt wird.[9] Dies betrifft in vielleicht noch stärkerem Maße das abgeleitete Adjektiv anschaulich, mit dem im Sprachgebrauch unbeschwert umgegangen wird, das aber gerade in der Erkenntnistheorie

---

[8] Hannah Arendt hat in ihrem nachgelassenen Werk »Das Denken«, darauf hingewiesen, daß »wir von den geistigen Vorgängen überhaupt nur an Hand von Metaphern sprechen, die vom Sehen abgeleitet sind«. (Vom Leben des Geistes I: Das Denken. München 1979, S. 82) – Das gilt u.a. auch von dem Wort Ansicht, das – abgesehen von »Ansichtskarte« – heute nur noch eine geistige Bedeutung hat. Aber das Wort Ansicht ist nicht wie das Wort Anschauung zu einem philosophischen Begriff aufgestiegen und nicht wie dieses mit Funktionen auf verschiedensten Gebieten der Philosophie belastet.

[9] Diese Problematik tritt schon in Kants von ihm als erkenntnistheoretischer Begriff eingeführten Gebrauch von Anschauung hervor, und zwar als die sich unmittelbar auf Gegenstände beziehende Erkenntnis, die ihrerseits allein durch »Sinnlichkeit« d.i. sinnliche Wahrnehmung vermittelt werden kann. (Kr. d. r. V. Ausg. E. Cassirer, Berlin 1922, Bd. III, S. 55). Doch wird diese, die »empirische« Anschauung sogleich ihrer »Sinnlichkeit« durch die Feststellung beraubt, daß »sinnliche Anschauungen« auf »die reine Form sinnlicher Anschauungen« reduziert werden und diese »reine Form der Sinnlichkeit auch selber Anschauung« genannt wird. (Ebd. S. 56) Als reine Formen sinnlicher Anschauung stellt Kant bekanntlich Raum und Zeit auf, die »apriori im Gemüt bereitliegenden Bedingungen« dafür daß wir Gegenstände erkennen können. Bemerkenswert ist hier der Vorgang der Entsinnlichung, man kann sagen der Entanschaulichung des Begriffs Anschauung bei Beibehaltung des Begriffs und damit der »sinnlichen« Bedeutung des Wortes selbst. Es ist, als stieße sich Kant selbst an dem in dieser Weise von ihm verwandten Begriff Anschauung, wenn er Raum und Zeit auch als »Vorstellung a priori« bezeichnet, »die allen Anschauungen zugrunde liegt«. Denn, so sagt er, »äußerlich kann die Zeit nicht angeschaut werden, so wenig wie der Raum als etwas in uns«. (Ebd. S. 58)

und Ästhetik an der etymologischen Belastung seiner Wortbedeutung besonders leidet.
Das Problem der Anschauung und der Anschaulichkeit, um das es sich in Meyers Buch handelt, wird daher nicht nur als Indizium seiner zeitgeschichtlichen Lokalisation an der Jahrhundertwende erörtert werden, sondern gerade weil dieser avantgardistischen Sprachtheorie der Dichtung in mancher Hinsicht noch die adäquaten Bezeichnungen fehlen, müssen in die Darstellung begriffskritische Gesichtspunkte eingehen.
Die philosophische Situation der Jahrhundertwende war, wie gesagt, erkenntnistheoretisch bestimmt. Der zweite Band von Husserls *Logischen Untersuchungen*, auf den es hier ankommt, erschien im selben Jahr, 1901, wie Meyers *Stilgesetz*. Und gerade weil dieser keine Kenntnis davon haben konnte, ist der Zusammenhang, der hier besteht, von einer gewissen philosophisch-zeitgeschichtlichen Symptomatik und aufschlußreich für die erkenntnistheoretische Grundlage seiner Kunst- und Dichtungstheorie.
In den *Logischen Untersuchungen* ist der Begriff Anschauung, und zwar im exakt erkenntnistheoretischen Sinn, zentral. Darin ist enthalten, daß Anschauung als auf »Gegenständliches« (wie Husserl meistens sagt) d.i. auf Dingliches gerichteter Erkenntnisakt eingeschränkt ist, z.B. »das vor mir liegende Papier«. An diesem einfachen Beispiel – und an dieser Stelle – aber tauchen bereits die eigentümlichen Schwierigkeiten auf, die in dem mit Anschauen belasteten Anschauungsbegriff enthalten sind. Die erste und verwirrendste ist seine Verbindung mit Wahrnehmung, wobei es sich natürlich ausschließlich um die sinnliche Wahrnehmung handelt. »Ich sage *dies* und meine das vor mir liegende Papier. Die Beziehung auf diesen Gegenstand verdankt das Wörtchen der Wahrnehmung.«[10] Aber mit dem schlichten Wahrnehmungsakt ist es für Husserl nicht getan. Er muß in einen Bezug zu Anschauung gebracht werden. Dies geschieht u.a. dadurch daß Wahrnehmung als ein »anschaulicher Akt unter anderen »anschaulichen Akten wie Einbildungen, Erinnerungen, Erwartungen«[11] bezeichnet wird, oder von »wahrnehmendem, phantasierendem, erinnerndem Anschauen«[12] die Rede ist. Doch ist dies eine nur scheinbare, sozusagen nur terminologisch hergestellte Beziehung. Denn wenn ich etwas wahrnehme, mir etwas einbilde, mich an etwas erinnere – auch wenn es sich um rein Dingliches handelt – so genügen diese genauen Bezeichnungen zur Kennzeichnung

---

[10] Logische Untersuchungen, Band II, 2. Teil (3. A.), Halle 1922, S. 18.
[11] Ebd. S. 13.
[12] Ebd. Band II, 1. Teil (4. A.), Halle 1928, S. 165.

dieser Akte, wie es denn auch im Englischen, wo kein der Anschauung und dem Anschaulichen entsprechender Terminus zur Verfügung steht, der Fall ist.

Handelt es sich hier um eine terminologische Überflüssigkeit, so wird das Verhältnis von Wahrnehmung und Anschauung undeutlich, sobald ein qualitativer Unterschied dieser Erkenntnisakte angegeben wird. Dies geschieht in Zusammenhang mit dem eigentlich »logischen« Problem der *Logischen Untersuchungen*, dem Problem der »Wortbedeutungen«, der Frage, so kann man formulieren, in welcher Weise die Sprache durch »Anschauung« konstituiert, man kann fast sagen »gespeist« wird. In der Beschränkung auf die Anschauung (und ihr Verhältnis zur Wahrnehmung) ist bereits die Beschränkung auf die sinnlich wahrnehmbare Welt, die Dinge benennenden Worte mitgegeben. Daß dies der Punkt ist, an dem auch Meyers Poesietheorie ansetzt, sei vorweisend bemerkt.

Die Beziehungen zwischen Anschauung, Wahrnehmung, Vorstellung und Bedeutung (von Wörtern und Aussagen) bilden das thematische und zwar keineswegs durchsichtige Gewebe der *Logischen Untersuchungen*. Und es mag ausgesprochen werden, daß die auf diese und jene Weise hergestellten oder behaupteten Beziehungen von Wahrnehmung und Anschauung an mangelnder Unterscheidung wie auch mangelnder Definition beider Begriffe leiden. – In bezug auf eine »Wahrnehmungsaussage« wie »eine Amsel fliegt auf« (Wahrnehmung durch Blick in den Garten) heißt es, daß »die Wahrnehmung, wo sie den Sachverhalt zur Anschauung bringt, welchen die Aussage urteilsmäßig ausdrückt, zu dem Bedeutungsgehalt dieses Urteils einen Beitrag leiste«[13], aber umgekehrt auch »die Anschauung zur Bedeutung der Wahrnehmungsaussage einen Beitrag leiste: in dem Sinne nämlich, daß sich die Bedeutung ohne Sukkurs der Anschauung in ihrer bestimmten Beziehung auf die gemeinte Gegenständlichkeit nicht entfalten könne«.[14] Aus diesen und einer Reihe weiterer Angaben ist zu entnehmen, daß für Husserl Anschauung ein Ausdruck für alle auf sinnlich wahrnehmbare Gegenstände gerichteten Erkenntnisakte ist. In diesem Sinne wird etwa von »Hinzutritt der Anschauung« gesprochen, die »Ausdrücken von wechselnder Bedeutung... die Bestimmtheit der gegenständlichen Richtung gibt«.[15] Der Begriff der Anschauung erhält gegenüber dem der Wahrnehmung einen abstraktiven Charakter – bei Beibehaltung ja auf Grund der

---

[13] Ebd. Band II, 2. Teil, S. 17.
[14] Ebd. S. 18.
[15] Ebd.

Beibehaltung seines »sinnlichen Anschauungscharakters«.[16] Dies aber bestätigt unseren Einwand, daß der etymologisch belastete Begriff gerade in dem Bereich sich als überflüssig erweist, wo es sich um die Kennzeichnung »sinnlicher« Erkenntnisakte handelt. Denn im Grunde ist ja nicht Anschauung der Gegenbegriff zur Wahrnehmung, sondern Vorstellung. Erst sie steht in Gegensatz zu dem was die sinnliche Wahrnehmung definiert (und merkwürdigerweise bei Husserl nirgends berücksichtigt ist): daß sie immer ein Akt des Jetzt und Hier ist.[17] Ist es richtig bezeichnet, daß die Wahrnehmung den in der Aussage ausgedrückten Sachverhalt »zur Anschauung bringt«? Die einem anderen mitgeteilte Aussage »eine Amsel fliegt auf« erweckt, präzise gesagt, bei diesem eine mehr oder weniger genaue Vorstellung, für die keine unmittelbare Wahrnehmung bzw. Anschauung nötig ist wie sie der Mitteilende gehabt hat. Das Problem, ob und in welcher Weise eine Vorstellung »anschaulich« gemacht werden kann, wird sich als zentrales von Meyers Sprachtheorie der Dichtung erweisen. Es wird auch bei Husserl berührt, wenn es heißt: »Das Bedeuten ist ein ... Aktcharakter, der einen Akt anschaulichen Vorstellens als notwendiges Fundament voraussetzt.«[18] Aber in den *Logischen Untersuchungen* ist der Begriff der Anschauung dominierend. Und wenn wir sagten, daß er gegenüber dem der

---

[16] In der Tat erregt z.B. eine Äußerung wie »Es ist etwas evident Verschiedenes, das Rot dieses Gegenstandes anschauen und irgend eine Ähnlichkeitsrelation anschauen« (Bd. II. i. T., S. 198) eine gewisse Verwunderung, warum Husserl den »ursprünglich sinnlichen« Begriff Anschauung (Bd. II, 2. T. S. 6) durchaus für einen nicht-sinnlichen Vorgang beibehalten wollte.

[17] Da es in Hinsicht auf unser Thema zu weit führen würde, den erkenntnistheoretischen Anschauungsbegriff Husserls eingehenderer Kritik zu unterziehen, sei nur anmerkungsweise bemerkt, daß Anschauung überhaupt kein eigentlich erkenntnistheoretischer und auch psychologischer Begriff ist und seine Verwendung als ein solcher in der deutschen Philosophie zweifellos seinem verführerischen Wortstamm verdankt. Nicht zufällig alterniert er bei Husserl (wie auch bei Meyer) mit Wahrnehmung, und wenn andererseits Anschauung als ein von der unmittelbaren Wahrnehmung schon gelöster psychischer Akt verstanden wird, so ist er bereits Vorstellung. D.h. nur Wahrnehmung und Vorstellung sind echte erkenntnistheoretische Begriffe.
Im »Handbuch philosophischer Grundbegriffe«, München 1973 heißt es in dem von W. Flach verfaßten Artikel »Anschauung«: »Nach der jüngsten anschauungsanalytischen Forschung ... ist das primäre Bestimmungsstück der Anschauung, daß sie Vorstellung ist, die Vorstellung von der Bestimmtheit der Unmittelbarkeit: der Anschauung wird die Funktion der unvermittelten Gegenstandsrepräsentation zugedacht« (S. 99) Hier scheint mir nur das Bestreben zum Ausdruck zu kommen, den traditonsreichen Anschauungsbegriff noch sozusagen am Leben zu erhalten, indem ihm eine nicht effektive sondern nur eingelegte Funktion zwischen Wahrnehmung und Vorstellung verliehen wird.

[18] Log. Unters. Bd. II, 1. T., S. 77.

Wahrnehmung einen abstraktiven Charakter erhält, so ist zu betonen, daß es Husserl eben auf diesen Abstraktionswert ankam. Das zeigt sich – ohne daß dies ausgesprochen wäre – in der unbeschwerten Übertragung des Anschauungsbegriffes aus dem »sinnlichen« Bereich in den nichtsinnlichen »kategorialen«. Es wird postuliert, daß »die Anschauung im gewöhnlichen ... Sinn der äußeren oder inneren Sinnlichkeit nicht die einzige Funktion [ist], die auf den Titel Anschauung Anspruch erheben darf«[19], und es wird der »sinnlichen Anschauung« die »kategoriale Anschauung« nebengeordnet.

Es handelt sich für unser Thema nicht mehr um das was Husserl unter kategorialer Anschauung versteht, die der Keim des erst in den späteren Werken, vor allem den *Ideen zu einer reinen Phänomenologie* (1913) entwickelten Begriffs der »Wesensschau« ist. Sondern es ist die sinnliche Anschauung, die das Problem des Meyerschen Buches ist. Daß dieser zu erkenntnistheoretischer Bedeutung erhobene Begriff deutschsprachiger Provenienz auch im *Stilgesetz* zu ähnlichen Schwierigkeiten führt wie in den gleichzeitigen *Logischen Untersuchungen*, scheint mir einerseits die Problematik, die in ihm enthalten ist, besonders deutlich zu beleuchten. Andererseits ist die Beziehung deshalb interessant, weil gerade Meyer das bei Husserl sehr abstrakt gefaßte Verhältnis von Sprache (»Wortbedeutungen«) und Anschauung sowohl konkreter ins Auge gefaßt als aber auch anders ja gegensätzlich beurteilt hat.

Wenn Meyer die »Poesie« den bildenden Künsten als den »Anschauungskünsten« entgegensetzt, so ist zunächst darzulegen, wie er mit dem Begriff Anschauung verfährt. Durchaus erkenntnistheoretisch orientiert schließt er ausdrücklich den »bequemen Gebrauch der bildlichen [gemeint geistig-abstrakten] Bedeutung des Wortes Anschauung« (S. 6) aus und faßt den Begriff »in seinem eigentlichen Sinne, in dem er ausschließlich auf das Sinnfällig-Wahrnehmbare geht«. (ebd.) Zu betonen ist, daß nicht wie bei Husserl zwischen Wahrnehmung und Anschauung unterschieden (und geschwankt) wird, sondern Anschauung schlicht mit Wahrnehmung gleichgesetzt wird. »Anschaubar und wahrnehmbar sind Synomina« heißt es ausdrücklich. (ebd.) Nun aber verwirrt Meyer die klare Definition, indem er von dieser, der »außerästhetischen Anschauung« eine »ästhetische Anschauung« unterscheidet. Denn es kommt ihm darauf an, die Auffassung, die Rezeption (wie man heute sagen würde) der bildenden Kunst von der der Dichtung zu trennen. Die ästhetische Anschauung ist zwar immer Wahrnehmung, denn

---

[19] Ebd. S. 48.

das Kunstwerk ist eben ein sinnlich wahrnehmbares »sinnfälliges« Ding. Aber, argumentiert er, *ästhetisch* anschaulich wird es erst dadurch, daß »das Wahrnehmbare oder das Anschauliche... in seiner äußeren Erscheinung einen seelisch-geistigen Gehalt zum vollendeten Ausdruck bringen« muß. (ebd.) In Hinsicht auf die Poesietheorie Meyers ist festzuhalten, daß sein Anschauungsbegriff die sinnliche Wahrnehmbarkeit zur unabdingbaren Grundlage hat und deshalb ästhetische Anschauung sich nur auf Werke der bildenden Kunst bezieht.

Nun ist für das Rezeptions- und Interpretationsverfahren, das in bezug auf ein Kunstwerk, ein Gemälde, eine Skulptur, angewandt wird, der Begriff der ästhetischen Anschauung durchaus ungeeignet. Und die Ungenauigkeit, in die vor allem der abgeleitete Begriff des Anschaulichen dabei gerät, hat darin ihre Ursache. In der Feststellung, daß das »Wahrnehmbare oder das Anschauliche«, das das Kunstding ist, »ästhetisch anschaulich« durch den »geistig-seelischen Gehalt« wird, zeigt sich dies in doppelter Weise. Wenn die Verwechselung von anschaubar und anschaulich (der auch Husserl sich schuldig macht) noch als laxes Umgehen mit diesen Begriffen hingehen mag[20], so zeigt sich im Falle des »ästhetisch Anschaulichen« die kunsttheoretische Fehlerhaftigkeit, mit der der Begriff des Anschaulichen hier eingesetzt ist. Denn der seelisch-geistige Gehalt macht nicht das wahrnehmbare Kunstding anschaulich – ist es ja, nach Meyers eigener Definition, bereits als Wahrnehmbares anschaulich –, sondern umgekehrt wird dieser Gehalt durch das Kunstding anschaulich. Der Begriff einer ästhetischen Anschauung gerät damit zu einem leeren Begriff, da das Verhältnis des »geistigen Gehalts« zu der ihn enthaltenden, ihn »veranschaulichenden« Kunstgestalt Gegenstand der *Deutung* des Betrachters bzw. der sinngebenden Intention des Künstlers ist. Unwillkürlich verfährt Meyer auch so, wenn er, der Laokoonmethode gerechtwerdend, »die Veranschaulichung des Seelenlebens in den bildenden Künsten«, wie er nun richtig formuliert, untersucht.

Diese Veranschaulichung beruht ganz und gar auf der sinnlichen Anschaubarkeit der Kunstwerke: »ihr einziges Darstellungsmittel ist die sinnliche Erscheinung, ihr Zweck und Ziel adäquate Verkörperung.« (S. 76) Hier sei bemerkt, daß es natürlich die gegenständliche Kunst ist, an der sich diese Theorie von 1901 orientiert, wie denn jede Ästhetik durch die Entwicklungsstufe der Kunst und Dichtung spätestens ihrer eigenen Zeit bedingt

---

[20] Zum Begriff anschaulich s. S. 179f. u. Anm. 25.

ist. So prüft Meyer u. a. an Böcklins Gemälde *Der Einsiedler* die Möglichkeiten, die das sinnlich-dingliche, also wahrnehmbare Material der bildenden Künste der »Veranschaulichung des Seelenlebens« bietet, aber auch die Grenze, die es ihr setzt. Auf Böcklins Bild sieht man den »Einsiedler, der in seiner Hütte geigenspielend vor der Madonna seine Morgenandacht hält, während anmutige Engelgestalten ihm lauschen«. (S. 78) Dies bezeichnet Meyer als den »Vorgang« des Bildes und bemerkt mit Recht, daß dieser »nur durch die hinzugedachten Beziehungen zustande kommt, daß das Geigenspiel dem Madonnenbild an der Wand gilt und daß die Engel dem Geigenspiel zuhören«. (ebd.), (aber ebenso auch, wie hinzuzufügen oder zu berichtigen ist, daß der Einsiedler seine Morgenandacht hält, was dem Bilde selbst nicht abzulesen ist). »Direkt anschaulich d. h. ein Inneres, das zum Äußeren wird«, beschreibt er das Bild weiter, sei »nur die Innigkeit, mit der der Mönch in seinem Spiel aufgeht, mit der er die ganze Seele ausströmt in seine Töne – das allerdings in wunderbarer Weise – und dazu noch die gespannte Aufmerksamkeit der Engel«. (ebd.) Gemeint ist, daß durch die Gestaltung der Gesichtszüge und der Körperhaltung des Mönchs zum anschaulichen Ausdruck nur die »Innigkeit« käme, wobei freilich die verbale Ausmalung dieser Innigkeit als Ausströmen der ganzen Seele in die Töne, ja bereits die Bezeichnung des Gesichts- und Körperausdrucks als Innigkeit kein Anschauungs- sondern ein Deutungsvorgang ist. Doch handelt es sich hier nicht um eine über das bereits Gesagte hinausgehende Kritik an Meyers Begriff des ästhetisch Anschaulichen, das als Erscheinung eines Seelisch-Geistigen im sinnlich wahrnehmbaren Material definiert ist. Diese Definition ist nur festzuhalten als das Kriterium, an dem sich die Dichtungstheorie orientiert, der Laokoon-Nachweis des Unterschiedes von »Poesie und Malerei« ansetzt.
Wenn Meyer die – modernen Auffassungen nicht einmal ferne – These aufstellt, »das Werk des Dichters« werde »erst in der Aufnahmetätigkeit des Genießenden zum Kunstwerk« (S. 9), dies aber nicht für die bildende Kunst behauptet, so ist zu fragen, worauf sich diese durchaus bestreitbare Ansicht stützt. Die These wird in Zusammenhang mit der Frage aufgestellt, ob der Dichter »mit seiner Rede Anschauungsbilder in uns, den Genießenden, erzeugt«. (ebd.) Diese Frage wird negativ beantwortet und die Verneinung durch den abstrakten Charakter des Mediums der Poesie, der Sprache, begründet. Es sind die Beobachtungen und sprachtheoretischen Erkenntnisse, die Meyer gewinnt und erstmalig als Strukturgesetz der dichterischen Sprache aufweist, die noch die Aufmerksamkeit etwa Adornos, ja sogar der russischen Formalisten, auf diesen wichtigen Beitrag zur Litera-

turtheorie lenkten.[21] Es wurde jedoch einleitend schon bemerkt, daß die Untersuchung der Sprache als Material der Dichtung leicht Gefahr läuft, das Sprachliche des »sprachlichen Kunstwerks« zu isolieren und etwa die dichterische Sprache, das »Stilgesetz der Poesie« beispielhaft für das Gesetz der Sprache selbst zu benutzen.[22] Diese Gefahr liegt deshalb nahe, weil die Dichtung ein Teil ihres Materials selbst ist, im Unterschied zu den bildenden Künsten, deren Material außerhalb der Kunstwerke mit diesen nichts zu tun hat.

Die Frage, was die Sprache mit der Dichtung zu tun hat, und umgekehrt, hat Meyer prinzipieller und schärfer ins Auge gefaßt als es in der Ästhetik und Poetik vor ihm, bei Hegel, Fr. Th. Vischer, E. v. Hartmann geschehen war. Und eben dies schließt die Untersuchung der Sprache als solcher ein. Dies geschieht, wie aus dem Laokoon-Ansatz hervorgeht, unter dem Gesichtspunkt, ob und wieweit die Sprache Anschauung hervorbringen, nämlich »Sinnenbilder, wie wir sie in der Wirklichkeit mit unseren Sinnen wahrnehmen« (S. 8) erzeugen kann. – Der erste Schritt zur Erkundung der hier vorliegenden Verhältnisse führt auf erkenntnistheoretisch-psychologisches Gebiet. Der Bewußtseinsakt, der primär der Sprache zuzuordnen ist, ist die Vorstellung. Während bei Husserl das direkte Verhältnis von Anschauung und Sprache, den »Wortbedeutungen«, im Vordergrund steht und der Akt »anschaulichen Vorstellens« nur gelegentlich erwähnt, jedenfalls nicht prinzipiell erörtert und analysiert wird, besteht bei Meyer das Problem der Sprache – wohlverstanden ebenso wie bei Husserl in ihrer gegenstandsbezogenen – und bezeichnenden Funktion – in der Vorstellung. Wenn man einem im Vergleich zu den *Logischen Untersuchungen* bescheidenen Werk, das in der Komplexion der Problematik und Analytik mit diesem nicht konkurrieren kann, dennoch einen Vorzug vor dem Husserls geben möchte, so beruht dieser auf der scharfen Trennung von, als Wahrnehmung verstandener, Anschauung und Vorstellung, ja auf einer Phänomenologie der Vorstellung, die zu einer Reihe höchst aufschlußreicher Erkenntnisse führt, die letztlich das alte Problem Dichtung und Wirklichkeit

---

[21] So hat der polnische Literaturtheoretiker V. Zirmunskij sich ausdrücklich auf Meyer bezogen. (Nach V. Ehrlich, Russischer Formalismus, München 1964, S. 192).

[22] M. Landmann bewertet, in Hinsicht auf Meyers Buch, diesen Umstand, gewiß auch mit Recht, positiv: »Es ist, als ob das Prinzip, auf dem die Sprache als solche beruht, in der Dichtkunst noch potenziert würde, als ob die Sprache hier erst ganz zu sich selbst käme, und als ob eben hieraus die ästhetische Wirkung hervorginge.« (a.O. S. 90) Einschränkend ist jedoch zu sagen, daß Landmann die »absolute Dichtung«, die Lyrik, von der sein Buch handelt, im Auge hat, während Meyer seine Belege durchweg der fiktionalen Dichtung, vor allem der erzählenden entnimmt.

von einem auch heute noch nicht auf der Hand liegenden Aspekt her beleuchten.

Meyers Analyse der Vorstellung beruht auf der Einsicht, daß sie im Unterschied zur Anschauung nicht mehr unmittelbar zur dinglichen Wirklichkeit in Beziehung steht. Sie enthält nur eine Reihe von ungeordneten, mehr oder weniger deutlichen Merkmalen, und zwar von allem »was wir vom Gegenstand wissen, erfahren und gehört haben«. (S. 13) Wenn ein Wort wie Hund auffordert, den Vorstellungsinhalt dieses Wortes uns zu vergegenwärtigen, so kann dies nicht gelingen, weil in der Vorstellung Hund eine große Anzahl von z.T. einander ausschließenden Möglichkeiten enthalten sind: der Hund ist groß oder klein, braun oder schwarz, ein Dackel oder ein Terrier usw. Das Wort erweckt nur eine allgemeine Vorstellung, nur soviel, »daß wir wissen was gemeint ist«. (S. 14) Allerdings, ist hier einzuwenden, hätte Meyer diese Analyse weiterführen müssen. Denn die Vorstellung beispielsweise eines Hundes wird in dem Maße genauer in dem er eben genauer beschrieben wird, so daß die Zahl der sich ausschließenden Möglichkeiten sich verringert. Daß und warum auch dann die Vorstellung die Wirklichkeit nicht erreicht, hätte genauer aufgezeigt werden müssen und wird in anderem Zusammenhang unten noch zur Sprache kommen. Für jetzt kommt es auf die Feststellung an, daß Meyer im Gegensatz zu Husserls so stark an der Anschauung orientierter Erkenntnisphänomenologie die »Wortbedeutung« *allein* durch das Moment des Meinens und Wissens konstituiert und kein Moment »korrespondierender« oder »illustrierender« Anschauung (Husserl) darin enthalten sein läßt.[23] Nun verfährt Meyer in diesem Punkt freilich sehr radikal. Hier ist zu vermerken, daß er damit vor allem gegen die Sprach- und Poesieauffassung Fr. Th. Vischers und E. v. Hartmanns polemisiert. Diese hatten der »Einbildungskraft«, die »sinnliche Vorstellungen« erzeugt, eine wichtige Funktion bei der Wortbildung zugewiesen, derart daß »bei dem Wort Baum ein Baum, beim Wort Mann ein Mann … vor dem Innern steht«. (S. 28) Dies sei, kontert Meyer,

---

[23] Den Anteil des Meinens an der Wortbedeutung formuliert Husserl z. B. folgendermaßen: an der oben zitierten Stelle »Ich sage *dies* und meine das vor mir liegende Papier. Die Beziehung auf *diesen* Gegenstand verdankt das Wörtchen der Wahrnehmung« fährt er fort: »Nicht liegt aber in dieser selbst die Bedeutung. Ich nehme, wenn ich *dies* sage, nicht bloß wahr; sondern auf Grund der Wahrnehmung baut sich ein neuer … Akt auf, der Akt des Dies-Meinens. In diesem hinweisenden Meinen … liegt allein die Bedeutung.« (Bd. II, 2. S. 18) Daß dies »allein« anderen Feststellungen widerspricht, so der schon zitierten, daß die Bedeutung ohne Sukkurs der Anschauung sich nicht entfalten könne, ist einer der häufig vorkommenden Widersprüche in den »Logischen Untersuchungen«.

einfach nicht wahr, sondern wir wissen nur, was mit dem Wort gemeint ist. Hier schüttet er freilich ein wenig das Kind mit dem Bade aus. Dies wird deutlich, wenn er, mit Recht, bestreitet, daß »innere Wahrnehmungen« wie körperlicher Schmerz, aber auch seelische Gefühle wie Freude oder Trauer innerlich reproduziert werden können. »Wird Freude und Trauer vorgestellt, so zieht nicht leise Freude oder Trauer durchs Gemüt.« (S. 31) Und es ist richtig, was Meyer nicht erwähnt, daß die Vorstellungen und sprachlichen Bezeichnungen von lautlichen Kundgebungen oder Geruchsempfindungen nicht »veranschaulicht« werden können. Den im Buche beschriebenen Gesang hören wir nicht, den gepriesenen Duft der Rose riechen wir nicht. Aber es trifft nicht völlig zu, daß dasselbe auch für »die Welt des Auges« gilt. In der »sprachlichen Vorstellung« d. i. im Wort Baum ist eine »Anschauung« des Gegenstandes Baum bewahrt (die bei einem Blindgeborenen fehlen mag), derart, daß mit Husserl zu reden, die Bedeutung sich ohne Sukkurs der Anschauung nicht entfalten kann. Es ist aber bezeichnend für die mangelnde psychologische und damit auch erkenntnistheotische Gültigkeit des Begriffes Anschauung, daß es gerade bei Husserl eine Reihe sich widersprechender Feststellungen gibt. Der eben genannten widerspricht z. B. eine solche in bezug auf das Wort rot (als Beispiel), das zwar »ein erscheinendes Objekt als rot benennt«, aber »seinen Sinn auch außerhalb der Verknüpfung mit dieser Anschauung, ja einer entsprechenden (korrespondierenden) Anschauung überhaupt hat«.[24]
Wenn eine solche Feststellung Husserls der Auffassung Meyers entspricht, so verfährt dieser mit der Ausweisung der Anschauung aus der sprachlichen Vorstellung jedenfalls radikaler und damit auch konsequenter als Husserl. Er gelangt zu einer phänomenologischen Analyse der Vorstellung, der als Kern seiner Dichtungstheorie die spätere Aufmerksamkeit auf sein Buch zu danken ist. Seine wesentliche Erkenntnis ist die, daß in die sprachlichen Vorstellungen nichts in der Form hineingenommen wird, in der wir es in der Wirklichkeit wahrnehmen, die Vorstellungsbildung in einem Zertrümmern der lebendigen Erscheinung besteht, »der abstrakte Charakter der Sprache zerstörend in das Sinnlich-Anschauliche eingreift«. (S. 27) So ist es z. B. eine richtige Beobachtung, daß die sprachlich durch Substantiv und Adjektiv ausgedrückten und auf einander bezogenen Vorstellungen getrennt bleiben, nicht zu einer Einheit, einem »sinnfälligen Zusammenhang« verschmelzen wie ihn der angeschaute Gegenstand bietet. Der angeschaute grüne Rasen wird als eine Einheit gesehen und empfunden (ebenso wie der

---

[24] Log. Unters. Bd. II, 2. S. 27.

gemalte), die entsprechenden Substantiv- und Adjektivvorstellungen bleiben als Substantiv und Adjektiv getrennt, können »für sich vollzogen und gedacht werden«. (ebd.) Oder es demonstriert Meyer – gern aus Schillers Balladen zitierend – an dem Satz aus den *Kranichen des Ibykus*: »Von Korinthus nach Athen *gezogen* kam ein Jüngling«, wie die Sprache »das weit ausgedehnte Anschauliche« – »um von Korinth nach Athen zu gelangen braucht man viele Schritte« – »in eine einzige Vorstellung zusammenfaßt und damit seine Anschaulichkeit tötet«. (S. 41) Daß die Sprache »nur einen Auszug der Wirklichkeit« bietet, sich als »eine wunderbare Abbreviatur der Wirklichkeit« darstellt (S. 42), »ein fertiges Mittel des Geistes erst ist, seit sie die Anschauung hinter sich gelassen hat« (S. 43), ja »der Tod der Anschauung die Auferstehung der Sprache« ist (S. 44), ist das Kernstück von Meyers Theorie der Sprache und damit der Dichtung.

Schwierigkeiten ergeben sich jedoch, wenn nun das »Stilgesetz« der Dichtung selbst bestimmt und beschrieben werden soll. Und das beruht einmal darauf, daß, wie schon erwähnt, die bloße Sprachanalyse die Eigengesetzlichkeit der Dichtung nicht erfaßt, zum andern aber auf der noch mangelnden Findung adäquater poetologischer Bezeichnungen und Begriffe. – Aus der Dichtung ausgewiesen wird nicht nur die »außerästhetische« Anschauung sondern auch was Meyer, wie dargelegt, als die ästhetische Anschauung bezeichnet, die er allein auf die bildenden, die »Anschauungskünste« bezieht. Denn weil auch ästhetische Anschauung – wie immer fehlerhaft diese definiert ist – sich nur auf Anschaubares und das heißt Wahrnehmbares richten kann, gilt sie nicht für die Dichtung, weil ihr das anschaubare, das sinnlich wahrnehmbare Fundament fehlt, dieses in Vorstellung sozusagen verflüchtigt, eben vergeistigt ist. Es ist das nicht zu völliger Klarheit gelangte Bemühen Meyers, »das ganze Bündel von Vorteilen«, das dem Dichter »aus dem vorstellenden, unanschaulichen Charakter der Sprache erwächst«, zu präzisieren, die adäquaten Termini und auch Erkenntnisse für die paradoxe Tatsache zu finden, daß die Dichtung »im Besitz der höchsten Gegenwärtigkeit ist, ohne daß dabei irgend etwas innerlich wahrgenommen wird«. (S. 54) Ein besonders gutes Beispiel dafür erscheint ihm der Löwe in Schillers *Handschuh*, »den ich in voller Gegenwärtigkeit vor mir habe, ohne ihn zu sehen ... etwa stehend, sitzend oder liegend«. (ebd.) Aber gerade dies widerlegt die Schilderung des »mit bedächtigem Schritt« in die Arena tretenden Löwen – »Und sieht sich stumm / Rings um / Mit langem Gähnen / Und schüttelt die Mähnen / Und streckt die Glieder / Und legt sich nieder.« Gerade an diesem Punkte zeigt sich die Schwierigkeit, Dichtung als sprachliches Gebilde von der allgemeinen Sprachstruktur zu unterscheiden. Meyer selbst gesteht zu, daß was den vorstellenden, unanschaulichen Charakter der Sprache betrifft, zwischen dem Dichter und dem »Prosaiker« (gemeint die gewöhnliche Alltagsrede) »nicht der geringste Unterschied besteht«. (S. 55) Wenn er dennoch die Schilderung des Löwen als die eines »echten Dichters« durch »volle Gegenwärtigkeit« von einer nur prosaischen zu unterscheiden sucht, erklärt er gerade durch diesen unpräzisen Begriff, mit dem der der Anschaulichkeit umgangen wird, nicht, was die Sprache eines Dichters auszeichnet, auch dort und dann, wenn es sich um die Schilderung einer realen Gegenständlichkeit handelt. Dies ist in der Tat nicht leicht zu definieren und zu präzisieren. Die allgemeinste Kennzeichnung wäre wohl die, daß der Dichter mit dem Material der Worte und ihrer Fügungen bewußter, wählender, prägnanter und natürlich schöpferischer umgeht als es die Alltagssprache tut. Wobei für beide Bereiche gilt, daß dieser Vorgang sich in unendlichen Abstufungen, Nuancen darstellt, in die Dichtung aller Gattungen Alltagssprache aufgenommen werden, diese sich je nach ihrem Zweck zu dichterischer Qualität erheben kann. In Hinsicht auf das Problem der Unanschaulichkeit der die Wirklichkeit zertrümmernden Sprache gibt es denn auch nur graduelle Unterschiede der Prägnanz, ja wie nun gerade in Kritik am Anschaulichkeitsbegriff Meyers zu sagen ist, der »veranschaulichenden« Kraft des Wortes.

An dieser Stelle ist, worauf oben schon hingewiesen wurde, zu vermerken, daß Meyer den Begriff anschaulich, und zwar durchaus gegen den ästhetischen wie aber auch allgemeinen Sprachgebrauch[25], fehlerhaft einsetzt, wenn er ihn auf die angeschauten Gegenstände anwendet, vom Sinnlich-Anschaulichen, einem anschaulichen Gegenstand, der anschaulichen Welt usw. spricht. Anschaulich aber ist gerade ein Begriff, der einen Bezug von zwei verschiedenen ontologischen Bereichen zugehörigen Gegenständlichkeiten herstellt, die auf die einfachste Formel gebracht als konkret und abstrakt bezeichnet werden können. Ein konkreter Gegenstand oder auch Vorgang kann einen sinnhaften Gehalt anschaulich machen, oder aber – der eigentliche Anwendungsbereich dieses Begriffs – macht das sinnhafte Wort einen vorgestellten konkreten Gegenstand oder Vorgang anschaulich. Der Begriff des Anschaulichen gehört dem Bereich der Vorstellung und der Sprache an, nicht dem der dinglich gegenständlichen Welt. Anschaulich ist eine Schilderung, nicht aber, wie Meyer häufig sagt, die Welt. Er wollte

---

[25] Daß »anschaulich« schon im 19. Jahrhundert richtig gebraucht wurde, habe ich zufällig an einem Text aus der Mitte des 19. Jahrhunderts, einer deutschen Übersetzung eines Romans von H. Chr. Andersen, feststellen können. »Eine der anschaulichsten Schilderungen dieses Tiers« heißt es dort z.B.

jedoch alles was an Anschauung erinnert oder anknüpft, so radikal aus dem Bereich der Sprache und Dichtung verweisen, daß er auch das von Anschauung abgeleitete Adjektiv darin einschloß und damit seine spezifisch sprachliche, nämlich sprachliche Bildlichkeit erzeugende Bedeutung übersah oder negierte.

Doch von diesem terminologischen Problem abgesehen ist die Erkenntnis Meyers gewiß richtig, daß uns von der sinnlich-körperlichen Erscheinung einer Dichtungsgestalt »nicht leicht mehr zum Bewußtsein kommt als was uns der Dichter mit direkten Worten davon verrät« (S. 63) und – gegen Vischer gerichtet – es keineswegs der Phantasie zugemutet werden soll und kann, »die fragmentarischen gedankenhaften Andeutungen des Dichters über die äußere Welt, in der sich seine Gestalten bewegen zum anschaulichen farbigen Vollbild auszubauen«. (S. 49) Denn wenn wir, um ein beliebiges (bei Meyer nicht vorkommendes) Beispiel zu nennen, in Tolstois *Krieg und Frieden* lesen, »daß ein kaum merkbares Lächeln über Kutusows gedunsenes Gesicht mit der entstellenden Narbe flog«, so sind diese Angaben höchst »anschaulich«, ohne daß wir ein bestimmtes individuelles Gesicht »sähen«, obwohl unsere Aufmerksamkeit gerade auf bestimmte und charakteristische Einzelheiten dieses Gesichts gerichtet worden ist. Es sind aber eben jene in prägnanten Begriffen ausdrücklich gemachten Einzelheiten, in denen die beschriebenen Gestalten und Dinge lebendig werden, ohne daß wir eine »Anschauung« davon haben d.h. uns eine Vorstellung machen können, wie sie als »wirkliche« aussehen würden, gleichgültig ob wenige oder viele Einzelheiten von ihnen erzählt werden. Der Dichter will den Leser weniger etwas sehen als etwas wissen lassen. Hätte Meyer schon das Kino und die Verfilmung von Romanen gekannt, so wäre ihm das vielleicht ein gutes Beweismaterial für das Problem »sinnfälliger Anschauung« der nicht auf Anschauung angelegten literarischen Werke gewesen: entsprechen ja die Schauspieler niemals der mehr oder weniger deutlichen Vorstellung, die man von den Romanfiguren hat. Meyer bezieht sich für das Problem der sinnlichen Verkörperung auf das aufgeführte Drama. Es ist bezeichnend für seine Problematik der rein sprachlich-vorstellenden Seinsform von Dichtung, daß er nicht nur das aufgeführte Drama sondern selbst das Drama als Dichtung dem epischen Werk gegenüber abwertet. »Seine Figuren leben nur hälftig, sie leben fast nur im Seelischen und doch wollen wir in der Poesie ganze Menschen vor uns haben, bei denen wenigstens alle wesentlichen Kräfte des Charakters sich in der Erscheinung irgendwie abspiegeln.« (S. 105) Daß das Drama erst durch die Aufführung »zur vollen Dichtung« (S. 106) wird, die Aufführung, der Schauspieler aber auch wiederum nicht die Funktion der Veranschaulichung der dramatischen Dichtung hat, sondern diese nur ergänzt, »die spiritualistische Einseitigkeit des dramatischen Dichters korrigiert«, stellt Meyer mit Recht fest.[26] Aber eben dies ist ihm ein Beweis dafür, daß die Poesie selbst »Kunst ohne innere Sinneswahrnehmung« (S. 108), nämlich eben die Kunst der sprachlichen Vorstellung ist.

Schwierigkeiten entstehen Meyer, wenn er die Darstellung des »Sinnlichen«, der »sinnlichen Erscheinung« beschreiben und erklären will, deren »Notwendigkeit und Unumgänglichkeit für eine das Seelische kraftvoll entfaltende Dichtkunst« (S. 73) er zugeben muß. Er sieht sich dabei genötigt, der aus der Poesie ausgewiesenen Anschauung doch wieder eine Art Hintereingang in den Bereich der vorstellenden Dichtung zu verschaffen, »das Sinnliche mit Anschauungscharakter in der Poesie« (S. 155) zu begründen. Dies versucht er auf dem Wege subjektiv-psychologischer Erfahrung, mit Zuhilfenahme des Vorgangs der »Empfindung«, die ihrerseits auf den »Eindruck« zurückgeführt wird, den »einmal am Sinnbild in der Wirklichkeit Erschautes« ausgelöst habe. Die vom Dichter erweckte Vorstellung des früheren »Anschauungsbildes« habe »die wunderbare Fähigkeit, früher erlebte Empfindungen und Gefühle als solche wiederaufleben zu lassen«. (S. 157) Dies, meint Meyer, »öffnet dem Dichter die Thore der anschaulichen Welt«, ohne ihn zu nötigen, »mit einem unanschaulichen Mittel Anschauungen zu entwerfen«. (ebd.) Abgesehen davon, daß er damit zu seiner eigenen Theorie in Widerspruch gerät, macht das Beispiel, das er anführt – »die vom Dichter erweckte Vorstellung ›lichter Goldglanz der Abendröte‹,

---

[26] Die Verfilmung von Romanen unterscheidet sich dadurch von der Aufführung von Dramen, daß es bei jenen sich um beschriebene d.h. in ihrer äußeren Erscheinung mehr oder weniger festgelegte Figuren handelt, beim Drama um »Charaktere«, deren Äußeres, Erscheinung und Gehaben, eben der Bühnen- und Schauspielerkunst überlassen ist. Eine Äußerung Goethes ist in diesem Zusammenhang interessant, ja eine Bestätigung von Meyers Vorstellungstheorie. Es gab zu Goethes Zeit zwar keine Verfilmungen, wohl aber Dramatisierungen von Romanen, über die sich Goethe zu Schiller (23. XII. 1797) ebenso unmutig äußerte wie es heute wohl in bezug auf Verfilmungen geschieht. »Sie werden hundertmal gehört haben, daß man nach Lesung eines guten Romans gewünscht hat, den Gegenstand auf dem Theater zu sehen, und wieviel schlechte Dramen sind daher entstanden. Ebenso wollen die Menschen jede interessante Situation gleich in Kupfer gestochen sehen. Damit nur ja jeder Imagination keine Tätigkeit übrig bleibe, so soll alles sinnlich wahr, vollkommen gegenwärtig, dramatisch sein, und das Dramatische soll sich dem wirklich Wahren völlig an die Seite stellen. Diesen eigentlich kindischen, abgeschmackten Tendenzen sollte nun der Künstler aus allen Kräften widerstehen, Kunstwerk von Kunstwerk durch undurchdringliche Zauberkreise sondern, jedes bei seiner Eigenschaft und seinen Eigenheiten erhalten.«

die uns die stille Feierlichkeit der Abendröte empfinden läßt« – den sowohl psychologischen wie poetologischen Irrtum evident. Denn die Worte »lichter Goldglanz der Abendröte« erwecken eben diese Farbvorstellung einer Abendröte, und die von dem Leser Meyer angesichts einer Abendröte einmal erlebte Empfindung stiller Feierlichkeit, die kein Attribut der Abendröte ist, ist kein Element der Dichtungsworte und nicht die Bedingung für deren »Anschauungswert«.

Es ist nicht Sinn und Absicht unserer Darstellung der Dichtungstheorie Theodor A. Meyers, seine Bemühungen um das Problem dichterischer Sprache im einzelnen zur Kenntnis zu bringen und zu diskutieren. Die Definitionen und Kennzeichnungen, durch die er nicht nur das Problem der Anschauung sondern auch das der Veranschaulichung zu umgehen versucht, sind vom Stand heutiger Literaturtheorie überholt, z.T. irrelevant oder selbst auch irrig und brauchen über die in den einschlägigen Zusammenhängen bereits gemachten kritischen Anmerkungen hinaus nicht erörtert zu werden. Das *Stilgesetz der Poesie* sollte in Erinnerung gebracht und genauere Kenntnis seines Grundproblems vermittelt werden, weil dieses gerade in Hinsicht auf die heutige Betonung der Dichtung als sprachliches Kunstwerk als ein fundamentales aufgezeigt und erkenntnistheoretisch begründet ist. Es erweist sich auch deshalb als avantgardistisch, weil, nach Adorno, »die ansteigende Vergeistigung der Kunst ... mit dem Dogma ihrer Anschaulichkeit [kollidiert]«.[27] Adorno bezieht das auf die Kunst überhaupt, weil »noch die sinnlichsten Kunstwerke vermöge ihrer Relation zum Geist immer auch unanschaulich sind«;[28] und er rügt, ohne genauere Angaben, die Kunsttheorie, die »auf den Begriff der Anschaulichkeit nicht habe verzichten mögen«.[29] In diesem Zusammenhang nennt er als »eine der seltenen Ausnahmen« Meyers *Stilgesetz*,[30] ohne freilich zu berücksichtigen, daß dessen Verdikt der Anschauung und Anschaulichkeit gerade nicht für die von der Poesie unterschiedene bildende Kunst gilt.

Das Buch Meyers sollte jedoch als Beitrag zu dieser Festschrift nicht so sehr seiner avantgardistischen als seiner zeithistorischen Bedeutung wegen in die Erinnerung gerufen werden. Es ist nicht zuletzt deshalb interessant, weil seine avantgardistische Tendenz aus der erkenntnistheoretisch-psychologischen Situation der Jahrhundertwende hervorgegangen ist, die Problematik des Anschauungsbegriffs, wie sich in Husserls *Logischen Untersuchungen* zeigt, eben dort und in Zusammenhang damit hervortritt.

---

[27] Ästhet. Theorie, S. 145.   [28] Ebd. S. 148.   [29] Ebd. S. 146.
[30] Ebd. S. 150.

Das Anschauungsproblem spielt in der deutschsprachigen Philosophie – und nur in ihr konnte es der Etymologie des Wortes wegen zum Gegenstand und Problem werden – der letzten Jahrzehnte, in denen Logistik, Semantik, Sprachphilosophie dominieren, keine Rolle mehr, so wenig wie in der modernen Kunst- und Literaturtheorie. Denn wenn Meyers Theorie zwar als erste ausgesprochene Sprachtheorie der Dichtung als avantgardistisch bezeichnet werden kann, so ist es doch nicht mehr das Problem der Anschauung, das die moderne Kunst so unmittelbar wie die gegenständlich-realistische stellt, auf die sich im Jahre 1901 Theodor Meyer allein beziehen konnte. Ja, Oskar Walzel meinte im Zusammenhang seiner Erörterung des Impressionismus sogar, daß das Recht des literarischen Impressionismus (für den er als Beispiel Hofmannsthals *Reitergeschichte* heranzieht) da aufhöre, »wo die Anschauung ihre Bedeutung für die Poesie verliert«.[31] Denn der impressionistischen, nur die »Eindrücke« wiedergebenden Erzähltechnik entspringe »eine außergewöhnliche Anschaulichkeit«.[32] Walzel weist auf Meyers *Stilgesetz* hin, das der »Anschauung und deren dichterischer Verwertung ihre Grenzen« nachgewiesen habe.[33] Wenn Walzel auch das Problem Meyers, das für die Dichtung als Sprachkunst überhaupt konzipiert ist, nicht völlig erfaßt hat, so ist seine Bemerkung doch ein Indizium für das von der gegenständlichen Kunst und Literatur gestellte Problem der Anschauung und der Anschaulichkeit – ein spezifisches Problem der Jahrhundertwende und ihrer erkenntnistheoretischen Situation.

*

Theodor A. Meyer (1859–1936) war Schwabe. Nach Lehrtätigkeit am ev. theol. Seminar Schönthal und danach an einem Gymnasium in Ulm wurde er 1914 auf den einst (1866) von Fr. Th. Vischer gegründeten und innegehabten Lehrstuhl für Literatur und Ästhetik an der Technischen Hochschule Stuttgart berufen, wo er bis zu seiner Emeritierung 1929 eine bedeutende, sich auch auf die Schulen erstreckende kunsterzieherische Arbeit leistete. Aus seinen Vorlesungen ist sein zweites Hauptwerk *Ästhetik* (1923) hervorgegangen, das sich durch klare und instruktive Darstellung auszeichnet, u.a. eine vortreffliche Analyse des »Kunstschönen« enthält. Es sei vermerkt, daß bezeichnender Weise der Begriff der ästhetischen Anschauung nicht mehr vorkommt, sondern durch den der ästhetischen Betrachtung ersetzt ist, deren Analyse das Wesen der Kunstrezeption weit treffender beschreibt und erhellt.

---

[31] Das Wortkunstwerk (1926), Darmsatdt 1973, S. 61.
[32] Ebd. S. 60.   [33] Ebd. S. 61.

Helmut Koopmann

Heinrich Manns Felix Krull

Heinrich Manns Roman *Im Schlaraffenland*, 1900 erschienen, gilt gemeinhin als sozialkritischer Roman, der einer entarteten Bürgerlichkeit die Maske der gründerzeitlichen Wohlanständigkeit vom Gesicht riß, um das wahre Antlitz der guten Gesellschaft von damals zu zeigen. Deren nur mühsam übertünchte Charakteristika waren Egoismus und Brutalität, Lebensgier und Promiskuität, Skrupellosigkeit und Aufwärtsstreberei, Genußsucht und Herrscherallüren, Machtwille und Kulturbanausentum, Eroberermoral und Unmoralität, Spekulantengesinnungen und Gesinnungslosigkeit, Verschwendermentalität und Geistfeindlichkeit: die Liste der fatalen Attributionen ließe sich mühelos noch verlängern. Von dorther versteht sich auch der Titel des Romans als boshaftes Etikett für einen märchenhaften Schwindel: wie im Schlaraffenland scheint es in der Türkheimer-Welt zuzugehen, aber im Unterschied zum Märchen ist hier alles nur Schein, die Schlaraffenlandbewohner »dumm, ruchlos und glücklich«, wie der Held des Romans neidisch und zugleich darüber erhaben feststellt. Der Roman scheint Heinrich Manns früher Generalangriff auf einen Kapitalismus zu sein, der es zu einer fadenscheinigen Wohlhabenheit gebracht hat. Die Vermögen sind Spekulationsgewinne, und mit ihrer Hilfe wird ein Leben finanziert, das dem dorthin Geratenen tatsächlich wie das Dasein im Schlaraffenland vorkommen muß, da nichts von dem, was man verbraucht, legaliter erworben ist, aber märchenhafte Mengen an Geld vorhanden sind, die nur eingesetzt werden, um eben dem zu frönen, was der Roman demaskieren will. Dabei ist es gar nicht einmal so sehr der Kapitalismus an sich, dem das verachtende Interesse Heinrich Manns gilt, sondern vielmehr die Gesellschaft von Parvenüs und gründerzeitlichen Neureichen, die die Macht des Geldes so mißbräuchlich nutzen.

Eine solche Deutung des Heinrich Mannschen Frühwerks scheint um so akzeptabler zu sein, als der Roman damit im Strom ähnlich orientierter Zeitkritiken schwimmt. Von den *Buddenbrooks* bis zum *Malte Laurids Brigge*, vom *Törleß* bis zu den *Blättern für die Kunst* ist die Auseinandersetzung mit dem mißratenen Genius des Säculums einmütig, und sie ist weder generationstypisch formuliert, da auch der alte Fontane sie übt, noch an literarische Tendenzen gebunden: Naturalismus und fin-de-siècle-Literatur sind sich in der Ablehnung jenes perversen Zeitgeistes nur zu einig. Was sie unterscheidet, ist allenfalls die Schärfe ihrer Attacken oder ihre Zielgruppe. Diese Argumentation scheint noch dadurch an Gewicht zu gewinnen, daß Heinrich Mann auch in den folgenden Jahren und Jahrzehnten nichts anderes als Zeitkritik geübt zu haben scheint: von *Professor Unrat* an[1] und weit über den *Untertan* hin ist die Auseinandersetzung mit seiner Gegenwart ein roter Faden im literarischen Werk Heinrich Manns, und dieser rote Faden läßt sich noch weiterverfolgen: über den »Kopf« und die Kobesgeschichte, die Kaiserreichtrilogie und *Eugenie oder die Bürgerzeit* bis hin zu den Essays der zwanziger Jahre, bis hinein in die unerbittliche Auseinandersetzung mit dem Nationalsozialismus und selbst noch bis hin zum *Henri IV*, und in *Ein Zeitalter wird besichtigt* scheint Heinrich Mann darüber hinaus noch einmal so etwas wie eine summa seiner Zeitkritik gegeben zu haben. Das alles hat ihm den Ruf des großen Realisten eingetragen, bis hin zur superlativischen Steigerung; und als solcher wird er diesseits und jenseits der ideologischen Grenzziehungen verehrt.

Nun kann kein Zweifel sein, daß Heinrich Mann Gegenwartsphänomene nicht nur dargestellt, sondern auch analysiert hat. Aber es fragt sich, ob eine solche Lesart nicht doch allzu einleuchtend, allzu simpel ist und Heinrich Manns Werk nicht um eben das beraubt, was es sehr viel unverwechselbarer macht als jener ewig beschriebene »Realismus«. Vieles spricht dafür, daß schon das *Schlaraffenland*, mit dem Heinrich Manns Kette der zeitkritischen Romane eröffnet wird, eine ideal-thematische Substruktur enthält, die fernab von allem Realismus ist. Es versteht sich von selbst, daß er daraufhin neu gelesen werden müßte.

Der Roman selbst enthält genug Hinweise auf diese Substruktur. Sie liegt unterhalb der Schicht der realistischen Einzelheiten und betrifft Generi-

---

Die Zitate folgen der Werkausgabe in 20 Bänden, Düsseldorf 1976; hier dem Band, der »Der Untertan« und »Im Schlaraffenland« enthält. Die Seitenzahlen beziehen sich auf diese Ausgabe.

[1] Über »Demaskierung und Untergang wilhelminischer Repräsentanz«, wie er sich im »Professor Unrat« und in Thomas Manns »Tod in Venedig« darstellt, hat Walter H. Sokel die beste Studie geschrieben, die alle ähnlich orientierten Darstellungen weit hinter sich läßt. Sokel deckt die politische Kritik am Wilhelminismus auf, wie sie sich im »Professor Unrat« vollzieht – während hier, im »Schlaraffenland«, wohl mehr die an der wilhelminischen Gesellschaft überwiegt. Der folgende Beitrag will das von Sokel so überzeugend Gesagte in diesem Sinne um einiges ergänzen – wobei dem Verf. bewußt ist, wie aphoristisch seine Bemerkungen gegenüber der Studie dessen ist, dem dieser Band gewidmet ist.

sches. Diese beiden Strata sind voneinander nicht unabhängig, sondern direkt aufeinander bezogen, und zwar so, daß das Stratum der generischen Bezeichnungen jene zahlreichen realistischen Details auf einen Generalnenner bringt. Das betrifft etwa auch jene eingangs addierten Charakteristika der gründerzeitlichen »Jobber«. Egoismus und Brutalität, Lebensgier und Promiskuität ... dergleichen Attribute des Gründerzeithelden reduzieren sich innerhalb des Romans schon recht rasch auf das Substrat des »Raubtiers« – es sind samt und sonders Raubtiercharakteristika, die wechselhaft und in immer neuen Konstellationen immer wieder auftauchen, und daß das gründerzeitliche Ideal mehr als zu anderen Zeiten ein Raubtierideal gewesen ist, das macht der Roman allerdings aufs Unzweideutigste klar. Geschäftsleute wie die, die das Schlaraffenland so zahlreich bevölkern, sind Leute mit »Raubtierinstinkten« (563), und es ist das Unbewußte an ihnen und nicht das Bewußte, eben das Animalische, was sie besser kennzeichnet als alles andere. Instinkte, das Geschäftsleben als Dschungel, lauernde Gefahren, Jagd und Überfall, das Belauern des Gegners und sein rasches und bedenkenloses Erwürgen – das Tierische überwiegt, und wenn es auch ein erzählerischer Zufall sein mag, wenn es heißt: »Frau Türkheimer (...) würde aus der Umgebung des Tiergartens schwerlich herauszuheben sein, man mußte durchaus das Terrain kennen« (576), so ist die Topographie der Stadtlandschaft, in der das Geschehen spielt, doch in einem höheren Sinne wahr. Die Gegenwelt ist die Welt der décadence, der Überfeinerung, der alten, müden Rasse – wie sie der adelige, künftige Schwiegersohn Türkheimers verkörpert, jener Baron Hochstetten, der der sinnfälligste Vertreter jener »an Überfeinerung zugrunde gehenden Gesellschaft« ist (589). Seine Physiognomie ist alles andere als ein Raubtiergesicht, er selbst zum Erwerb unfähig und nicht einmal zum Bewahren in der Lage. Gewisse Vertreter der gründerzeitlichen Gesellschaft sehnen sich danach, so wie man sich nach seinem eigenen Untergang sehnen mag, und in der Raubtierwelt drückt sich das auch physiognomisch aus. Der »Schnapsfeudale« gehört zu ihnen; was er sich einzuüben bemüht, ist vor allem eine »feudale Physiognomie«. Es gelingt auch, wenigstens teilweise: »Seine Anstrengungen wurden erleichtert durch eine flachen Schädel, über den dreißig erfreuliche Jahre verheerend dahingegangen waren, durch die glasige Blässe seiner Augen und durch eine Haut, fahl und durchlöchert wie Pergament« (589). Das alles ist nicht echt, sondern nur Wunschvorstellung von Entarteten. So ganz können aber auch diese ihre Herkunft nicht verleugnen, das Raubtierhafte scheint doch noch durch, wiederum physiognomisch: »Nur seine mächtigen Kiefer, die beim Sprechen gefräßig auf- und zuklappten und eine Art großer spitzer Raubfischzähne sehen ließen, erzählten noch von den starken Erwerbsinstinkten seiner Väter. Aber indem er sie kraftlos auf die Brust herabhängen ließ, wußte er auch sie seinen Absichten dienstbar zu machen.« Absichten: es sind die eines dekadenten Willens, und der Erzähler beschreibt, wo das endet: im vollkommenen Kretinismus, dem sich der dekadente Freiherr auf seine Weise ebenso rapide nähert. Es ist Heinrich Manns Variante des »Verfalls einer Familie«, wie sie hier in Abbreviaturen erzählt wird. Aber es ist Dekadenz vom Raubtier, nicht von einer christlichen Moral, und andere wissen ihre Raubtierinstinkte entschieden besser zu nutzen.

Die Raubtiermetapher, an dieser Stelle so explizit ausgeführt, taucht schattenhaft noch wiederholt auf; so, wenn von den Raubzügen Türkheimers die Rede ist, von der »Meute der Geschäftsleute«, die über ein Opfer herfallen wird (853), wenn jemand »unruhig lauernd« eine Frage stellt (822), wenn vom »bewußtlosen Geheul« einer menschlichen Meute gesprochen wird (795), vom mühsamen Abkämpfen (552) eines lumpigen Tausendmarkscheines. Ein Gesicht mag nichts Hervorstechendes zeigen, aber jemand mag »einen mit seinem forschenden Hundeblick ansehen und einem gerade unter der Nase umherschnüffeln« (527). Hochstetten hingegen verkörpert eine andere Animalität: »Lange, hängende Kiefer und eine feine, gebogene Nase gaben ihm ein durchaus edles Pferdeprofil« (555) – und mag es auch »müde Rasse« sein, die aus diesem Gesicht spricht, so bleibt doch die animalische Sphäre. Die Tiermetaphorik geht sogar bis in das Schauspiel »Rache«, das zur schaudernden Ergötzung der feinen Gesellschaft aufgeführt wird. Einem der lose mit dem Helden des Romans Befreundeten ist das Stück »gar zu viehisch und gehässig« (620). Aber er hat unbewußt das Richtige herausgespürt, jenes Animalische, ohne das der Erfolg des Dramas nicht zu erklären wäre. Was das Wesen der Rache ausmacht, ist Blutrache im eigentlichen Wortsinn, und die Beschreibung der zentralen Racheszene ist wiederum die einer animalischen Verfolgungsjagd mit ihrem blutigen Opfer: »Die Weiber machten den Anfang, indem sie eine mit Gewalt hervorgezogene Frau mit ihren Fäusten erdrosselten. Der den Männern in die Hände Gefallene war ein Mitglied des entfohenen Verwaltungsrates. Sie schlitzten ihm mit ihren Messern den Bauch auf. Beim Anblick des Blutes standen sie wie gebannt. Die Wollust ihrer Rache schien sie blödsinnig zu machen, sie streckten die Zungen aus den Hälsen, rollten die glasigen Augen, und ihre hohlen Brüste zuckten in Krämpfen. Erwacht, stürzten sie sich mit Geheul auf ihre Opfer, auf die Bourgeois, ihre Quäler, ihre Aussauger und Mörder, die endlich in ihre Gewalt gegeben waren. Sie rissen sie, schon halb zermalmt, unter den Trümmern hervor, fielen mit Zähnen und Nägeln über sie her und wälzten sich mit ihnen im blutigen Schnee. Sie schnitten einander gräßliche Fratzen zu, um sich ihr Vergnügen mitzuteilen, sie schnalzten mit der Zunge, knirschten und stießen heisere Flüche aus (...). Mehrere Proletarier, im letzten Stadium der Tuberkulose, schleppten zwei unverletzte Frauen unter viehischem Brunstgebrülle hinter das nahe Gebüsch. Die Damen in den Logen erhoben sich von ihren Sitzen, um über die Sträucher hinwegzusehen, vollständig überzeugt, daß hinter der Szene weitergespielt werde. Die Illusion war so stark, daß einige Empfindliche sich das Taschentuch vor die Nase hielten. Aber die meisten der fleischigen Brünetten auf den Rängen preßten, weit vorgebeugt, mit nervösen Händen die schwer arbeitende Brust. Sie schlossen die Augen in der Hingebung des Genusses, und ihre leidenschaftlichen Nüstern öffneten sich weit und schwarz in den von matter, feuchter Blässe bedeckten Gesichtern. Sie sogen, halb betäubt, den faden Blutgeruch ein, der warm durch das Haus zu schwimmen schien« (620f.). Kein Zweifel, hier findet eine erbarmungslose Jagd statt, die Raubtiere haben Blut gerochen, und wenn auch nur in effigie getötet wird, so ist der Blutrausch doch ungebändigt, die Hetzjagd eine solche bis zum blutigen Ende. Diese Raubtiere kennen weder Skrupel noch eine Moral, und wenn es gelegentlich einmal zu einer »Gratishandlung« kommt, so wird sie zur Not verziehen – aber eben auch nur einmal: »Einmal im Leben«, so heißt es stellvertretend für derartige Dummheiten, »kann ein Blosch einen sentimentalen Streich begehen, und da ein Blosch immer Glück hat, so bekommt ihm auch der recht gut« (563); einmal haben Großzügigkeit und eine gewisse Selbstlosigkeit über die Raubtierinstinkte gesiegt – aber es ist eben eine absolute Ausnahme; eine zweite ist nicht gestattet und würde den erbarmungslosen Untergang des Entgleisten zur Folge haben. Ihr Gegenstück ist »die liebe Unschuld«, an sich im Kontext des Romans nur eine immer wiederkehrende Floskel, ein Modewort, dem Gesellschaftsslang jener Tage im Schlaraffenland zugehörig. Aber die oft so bedenken- und gedankenlos gebrauchte Wendung bezeichnet das, was man auf keinen Fall sein darf, da es Unschuld im Raubtierreich nicht gibt: über einen solchen Status kann man im Schlaraffenland nur lächeln.

Die Landschaft dieser Raubtiere ist der Dschungel; dort können sie ihrer Jagd am besten nachgehen, und im Dschungel jagen auch die »Jobber« rund um das Haus der Türkheimer. Türkheimer selbst jagt mit im Großstadtdschungel, und die junge Matzke ist sein auffälligstes Opfer – das er, auch darin ein Raubtier, dann am Ende wieder fallen läßt. Aber die Dschungelwelt verdeutlicht sich in einem noch auffälligeren Symbol. Es ist das Treibhaus als modernes Äquivalent des Dschungels, das nicht zufällig auf den Türkheimer-Empfängen als eine wichtigere Lokalität vor anderen seine chiffrenhafte Bedeutung hat. Nach dem Essen begibt man sich dorthin. Dort wandelt man unter Palmen, aber der Südseefriede täuscht. Es ist zwar eine Kunstwelt, der der Besucher dort begegnet. – »Auf schlanken Sockeln, unter duftlosen Blumen halb versteckt, standen Bronzen, Terrakotten und silberne Statuetten, die alle einer Familie angehörten, einer Familie hagerer Faune und mondsüchtiger Sylphen, begehrlicher Ziegenböcke und rätselhaft lächelnder Knaben« (559). Ein künstliches Paradies – aber die Kunstfiguren bevölkern den eigentlichen Lebensraum der Jobber, und es ist kein Zufall, daß unmittelbar darauf von dem Raubtier in dieser mondänen Welt die Rede ist. Eine Raubtierwelt ist auch die Szene am Spieltisch. Dschungelmotivik taucht erneut in der Charakteristik der Claire Plimbusch auf. »Der Kopf saß wie eine farbenprächtige, gedunsene Giftblume auf einem zu dünnen Stengel« (592): wo begegnet dergleichen anderswo als im Dschungel? Als zwei Rivalinnen (Adelheid und Lizzi) sich miteinander erzürnen, bemerkt einer der Zuschauer »halblaut zu seiner Nachbarin«: »Löwinnen, ihre Jungen verteidigend« (656). Aber der Leser hat es nur zu deutlich gehört, daß es hier nicht um ein belangloses Weibergezänk geht, sondern um einen Dschungelkampf, einen unter vielen.

So also wird hinter der Ebene der Realitäten, des zeitkritischen Gemäldes mit seiner harten Auseinandersetzung in der gründerzeitlichen Gesellschaft von Emporkömmlingen ein eigentlicher Untergrund sichtbar: das Raubtier im Dschungel. Dabei geht es nicht darum, die Charakteristik dieser Gesellschaft damit noch um einen weiteren Zug zu bereichern, sondern vielmehr darum, die Einzelphänomene zurückzuführen auf das, was sie erst erklärt. Hier ist ein eigentümlicher Konstruktivismus am Werk: nicht die Realität interessiert als solche, sondern das ihr zugrundeliegende Modell. Eben das ist für Heinrich Manns Frühstil schon kennzeichnend. Dabei ist die Raubtiermetaphorik durchaus nicht sonderlich originell. Wedekind hat sie bereits vor Heinrich Manns »Schlaraffenland« genutzt, als er in der Lulutragödie eine auf ihre Weise nicht weniger animalische Lebensjagd beschrieb, und Jagdszenen finden sich ungefähr gleichzeitig auch bei Gerhart Hauptmann. Das Leben als Jagd und tierischer Kampf, das Raubtier als das wahre Bild des Menschen: Vorstellungen wie diese leiten sich mehr oder weniger direkt von Überlegungen Nietzsches ab, mögen sie auch darüber hinaus von biologischen Erkenntnissen der Zeit, von der Deszendenztheorie und ähnlichen naturwissenschaftlichen Einsichten her mitgetragen und mitgestützt worden sein. Aber auf die Originalität der Vorstellungen Heinrich

Manns kommt es hier gar nicht an. Viel wichtiger ist sein ›konstruktivistisches‹ Schreiben. Man mag auch dahinter noch Realismus sehen; aber es ist ohne Zweifel ein Realismus, der den Vordergrund überall durchbricht, der das Sichtbare transgrediert, um es auf Formeln und Leitbilder zu bringen – so, wie Döblin das mehr als ein Jahrzehnt später theoretisch gefordert hat.[2]

Die Substruktur betrifft nicht nur das Ganze, die Entschlüsselung der Vorgänge in einer zentralen Metapher wie der des Raubtiers und der Dschungelwelt als dessen Lebensraum. Auch der Held ist kein normaler Emporkömmling, der auf fabelhafte Weise ins Schlaraffenland gerät und es sich dort wohlsein läßt. Er ist ein Typus, aber von anderer Art, als es das wilhelminische Zeitalter von sich aus nahelegt. Er ist sogar alles andere als zeitgebunden, und man läse den Roman vollkommen falsch, sähe man in ihm bloß den Exponenten einer Zeit, der ohne wesentliches eigenes Zutun in der Gesellschaft hochkommt, hochgetragen allein von der Gunst der Mächtigen und durch seine Fähigkeit ausgezeichnet, sich ihnen auf angenehme Weise anzupassen. Zwar bringt auch das in dieser Zeit voran, aber es ist nicht oder doch jedenfalls dieses nicht allein, was das Wesen des Helden dieses Romans ausmacht.

Wer Andras Zumsee wirklich ist, erfährt der Leser noch nicht auf der ersten Seite des Romans – natürlich nicht, denn die Entschlüsselung seines Charakters setzt mehr an Kenntnissen voraus, als der Romananfang bieten könnte. Daß er ein (angehender) Schriftsteller ist, besagt so gut wie gar nichts in einer Stadt, in der es einen ausgebreiteten Journalismus gab und jeder bessere Student als Schriftsteller galt. Bedeutsamer ist schon Eintritt in die Zeitungswelt, da er damit in den Dunstkreis einer Macht gerät, »die es an Ausdehnung und Festigkeit selbst mit der des Staates aufnahm« (520) – was in diesen Jahren viel besagen will. Zwar ist die Ironie nicht zu überlesen, wenn dieser staatsmäßig organisierte Zeitungsbetrieb in einem Kapitel beschrieben wird, das die Überschrift »Die deutsche Geisteskultur« trägt (519). Aber wichtiger als das ist die erste wirkliche Charakteristik des jungen Andreas Zumsee: er gilt als »die liebe Unschuld«, als der freundliche Dümmling vom Lande, der eben von nichts weiß, und daß die Redewendung von der »lieben Unschuld« zugleich ein Modewort ist, eine Salonphrase, macht die Sache in seinen Augen nicht besser, sondern eher noch schlimmer. »Die liebe Unschuld«: es ist das, was die Welt des Salons gerade

---

[2] So in seinem »Berliner Programm« von 1913 und später, deutlicher noch, in seinen romantheoretischen Schriften der zwanziger Jahre, im »Weltbild des Romans« etwa und nicht zuletzt dann im »Berliner Alexanderplatz«.

nicht ausmacht, aber die Rede von der lieben Unschuld, die leitbildartig das ganze Buch durchzieht, ist immer abschätzig und herablassend, denn die Unschuld gilt nichts in diesen Sälen. Andreas aber ist eingangs nichts anderes als die Verkörperung dieses Slogans, der jedem einfällt, der mit ihm, diesem gänzlich unwissenden Neophyten, auch nur ein paar Worte wechselt: »>Die liebe Unschuld!‹ – Andreas wunderte sich nicht mehr, daß man ihn selbst mit dem Ausdruck anredete, da er auch einer Dame an den Kopf geworfen wurde. [...] Jeder, der nur zwei Sätze sprach, war es sich schuldig, es zu gebrauchen« (537). Daß das so herablassend verwandt wird, liegt vor allem an den unausgesprochenen, aber eisernen Gesetzen dieser Gesellschaft, und Spott ist wichtiger als ein Bekenntnis zu etwas: »Aber es war schlechter Ton, irgend jemand oder irgend etwas offen zu bewundern. Andreas nahm sich vor, dieses Gesetz nicht wieder zu verletzen, in Gesellschaft wenigstens niemals« (554). Aber Andreas ist mehr als bloß »die liebe Unschuld«, diese nur ein Attribut seines wahren Wesens. Dieses entschlüsselt sich vollständig erst in der unvermuteten Begegnung mit einer Statuette, einem zeitgenössisch-modernen Kunstwerk, auf das er in den Salons der Türkheimer stößt, eher beiläufig als absichtlich: »Es wurden Schalen mit Zigarren und Zigaretten auf den Tisch gestellt. Andreas, der Feuer brauchte, ließ sich den silbernen Kandelaber herüberschieben. Dieser bestand aus einer fein ziselierten Säule, an der Kolombine lehnte, die sich von einem Herrn küssen ließ. Pulcinello stand dabei und hielt den Leuchter, den er auf den Rand der Säule schob. Andreas sah die Welt rosenfarbig und verspürte Lust, sich für irgend etwas zu begeistern, erinnerte sich aber noch rechtzeitig, daß dies für unpassend galt. Er sagte daher einfach: ›Eine recht nette Arbeit!‹ Duschnitzki bestätigte dies: ›Nichts dagegen einzuwenden!‹« (557 f.). In der Tat ist nichts dagegen einzuwenden: denn Andreas hat sein Spiegelbild erblickt, auch wenn er weit davon entfernt ist, sich in Pulcinell zu erkennen. Aber hat er nicht selbst gerade gesehen, wie die Geliebte des Hausherrn ihren Vertrauten, den Dramatiker Klempner, geküßt hat? Freilich hat er dazu nicht den Leuchter gehalten. Aber daß Pulcinell etwas mit ihm zu tun hat, mag aus der andeutenden Bemerkung des Erzählers hervorgehen, daß Andreas, im Gegenüber mit dem künstlichen Pulcinello, die Welt eben »rosenfarbig« sieht. Er ahnt zwar immer noch nichts von seiner wahren Identität. Doch er wird sogleich darüber aufgeklärt, und zwar von eben dem Klempner, den er garade gesehen hat, als er seine Kolombine küßte, und dieser Dramatiker, der mit dem Stück *Rache* bald darauf reüssieren wird, gibt ihm die vollkommenste Aufklärung über sich selbst, die Andreas sich wünschen kann: »Klempner begann sogleich seine weinselige

Beredsamkeit über die Bedeutung zu verbreiten, die der Pulcinellofigur in der Geschichte der Menschheit zukam. Er sah in ihr den komisch aufgefaßten Typus des reinen Naturkindes, das ohne moralisches Vorurteil an die Dinge herantritt, zu Niederträchtigkeiten in seiner Unschuld ebenso geneigt wie zu Heldentaten, und er verglich sie mit Parsifal und Siegfried, die denselben Charakter von der tragischen Seite darstellten. Sein Blick glitt verschleiert und unsicher zu Andreas hinüber, er schien plötzlich eine Entdeckung zu machen und rief aus: ›Sie, mein Lieber, haben eigentlich was davon!‹« Andreas, so heißt es weiter, »war zu versöhnlich gestimmt, um auf Klempners Anzüglichkeit einzugehen« (558). Aber es sind in der Tat Anzüglichkeiten von höchster Bedeutung, denn der Held des Romans bekommt hier sein Spiegelbild zum Zwecke der Selbsterkenntnis nun auch noch verbaliter vorgehalten – und daß er es nicht sofort erkennt, sich erkennt, ist wiederum ein Signum seines Charakters, die »liebe Unschuld« in ihm: Pulcinell gehört zu den Unwissenden und Langsamen im Geiste, was den Blick auf sich selbst angeht. Mag er auch alles andere rasch durchschauen – sein wahres Wesen sieht er nicht. Aber Klempner, der schwatzhafte Interpret des modernen Jugendstilkunstwerks, sieht es um so deutlicher – und der Leser erkennt es mit ihm, ein für allemal. Über Andreas' Charakter kann fortan kein Zweifel mehr bestehen. Klempner aber hat nur zu sehr recht, wenn er ihm vorhält: »Ihnen gehen die Grundbegriffe ab« (562). Doch eben das spricht nur um so mehr für Andreas' wahre Identität. Er ist der tumbe Tor, die Unschuld vom Lande, der unwissende Neophyt, der plötzlich in einen Kreis höchst artistischer Konversationen und Lebenserfassungen gerät und der zwangsläufig fast alles mißversteht – eben ein rechter Pulcinell.
Eine glückliche Naivität. Allmählich freilich beginnt Andreas bei aller simplen Gemütsart die ganze Tragweite dessen zu ahnen, was Klempner scheinbar so leichthin und nur nebenher ausgesprochen hat. Und damit er's auch wirklich merkt, wer er ist, wiederholt Klempner seinen Steckbrief bei nächster Gelegenheit: »Machen Sie nur nicht aus Ehrgeiz den grämlichen Beurteiler! Wie ich Ihnen schon einmal sagte, Sie haben so was Glückliches an sich, das gefällt« (581). Und jetzt erst, da auch noch ein Dritter dieser Ansicht ist, beginnt das naive Glückskind einzusehen, wer er ist: »Warum auch nicht«, dachte er (581) – und so ist er sich denn am Ende zumindest seiner selbst tatsächlich bewußt geworden, auch wenn er (aber das tut das naive Glückskind ja auch nicht) noch nicht durchschaut, was in der Welt vorgeht, die ihn so aufdringlich umgibt. Immerhin vergißt er nicht mehr, wer *er* ist: »Klempner hatte ihn früher mit Pulcinello verglichen, und Köpf

schrieb ihm eine glückliche Naivität zu«, erinnert sich Andreas sehr viel später (664): er hat die Lehre Klempners wohl behalten. Wie recht jener hatte, wird dem Leser aber noch einmal von ganz unvermuteter Seite bestätigt: denn die indignierte Zimmerwirtin, die Andreas' amourösen Abenteuern nicht länger tatenlos zusehen will, hat auch begriffen, wer da in ihrer Wohnung sich einquartiert hat: »Dat is man 'n Putschinell«, teilt sie ihrer Tochter mit (664): auch sie hat nur zu sehr recht. Und um die Reihe der Erkennenden abzuschließen selbst Türkheimer, der Herr des Schlaraffenlandes, durchschaut den wahren Charakter des Andreas Zumsee. Als es im Finanzgebäude scheinbar zu kriseln anfängt, belehrt Türkheimer den Neophyten vom Lande noch einmal, ein letztes Mal, über seine wahre Identität und wie er sich ihr zufolge zu verhalten habe. Auch Türkheimer erklärt ihm: »Tun Sie mir die Liebe und machen 'n vergnügtes Gesicht! Sie haben so was Glückliches an sich, das gefällt uns allen, nicht wahr, Adelheid? Wenn Sie Trübsal blasen, fallen Sie aus der Rolle« (739). Aber seine Pulcinello-Natur bewahrt ihn glücklicherweise davor. Einmal noch droht Andreas sich gegen seine Rolle aufzulehnen und damit gegen seine eigene Identität: als er gegen Türkheimer rebellieren will. Täte er das nicht, so meint er zu sich und über sich selbst, »dann hätte Andreas möglichenfalls jene zweideutigen Namen verdient, mit denen ihn die joviale Laune der Mächtigen im Schlaraffenland zuweilen belegt hatte. Er wäre alsdann vielleicht eine Art Pulcinell gewesen, ein Spaßmacher und ein persönlicher Pflegling, ein magerer Zeitvertreib und ein liebenswürdiger Plauderer, der aus der Rolle fiel, wenn er etwas übelnahm. Aber er würde sich endlich rächen!« (759). Er tut es auch noch, aber seiner Rolle als Pulcinell kann er dennoch nicht untreu werden, weil er selbst es ist, den er verabschieden müßte. Und wie richtig diese seine Rolle für ihn selbst ist, weil er nur darzustellen braucht, was in ihm ist, zeigt sich dort, wo er, aus leicht zu durchschauenden Gründen, vorübergehend eine andere Rolle annimmt, die ihm aber nicht zukommt: als er als »Märchenprinz Fortunato in eigener Person« auftritt, mißlingt ihm das schrecklich, und Bienaimeé Matzke sagt ihm, was er dadurch geworden ist: »'n ganz fauler Kopp sind Sie« (777). Und er fällt denn auch nur zu bald in seine alte Rolle zurück: das Glückskind läßt sich nicht verleugnen und verleugnet sich auch nicht. »Ich habe Glück, wissen Sie«, erklärt er einer neuen flüchtig Geliebten (821), und damit ist er wieder bei sich und mit sich selbst identisch. Daß die Pulcinello-Rolle aber zugleich eine Narrenrolle ist, erkennt Andreas ebenfalls, wenn auch zu spät: »›Ein Narr!‹ flüsterte er sich selbst zu, ›ich bin nichts weiter als ein Narr. Alle haben recht gehabt, die mich Pulcinello, Zeitvertreib, heiterer Plauderer nannten. Den Ernst des Lebens habe ich nicht verstanden, das ist nun einmal meine Künstlernatur‹« (848). Und das Motiv des Glücklich-Machens bekommt noch ein kleines Satyrspiel am Ende, als Liebling, der Vertraute Türkheimers, diesen gewissermaßen in die Rolle des Pulcinell schlüpfen läßt, um jenen anderen, wirklichen, Andreas Zumsee nämlich, zum Narren zu halten, wenn er auf eine Frage der Frau Kalinke zu Personen und Charakter Türkheimers erklärt: »Er denkt daran, so viele Menschen wie möglich recht glücklich zu machen (...)« (854). Das ist boshaft; denn damit usurpiert Türkheimer die Rolle des naiven Glückskindes, der nicht nur Glück hat, sondern davon auch anderen zu geben vermag. Aber alles geschieht nur zum bösen Spaß; und mit dem Ende des Romans ist auch das Ende Pulcinells im Schlaraffenland gekommen.

Das Glückskind also und seine Geschichte: eben das beschreibt der Roman auch. Hinter der Realwelt des gründerzeitlichen Berlin wird ein Terrain sichtbar, in dem es keine Personalitäten gibt, sondern Grundmuster, Klischees, Vorgegebenes, Konstrukte. Eine Rolle wird vorgestellt, Andreas spielt sie – aber nicht nur zum Zeitvertreib oder aus Spaß, sondern deswegen, weil es seine Rolle oder vielmehr seine Natur ist. So tauchen später Odysseus bei Joyce auf, Mephisto bei Broch, Isis und Osiris bei Musil, Narziß bei Hesse – und Hermes bei Thomas Mann, im *Joseph* und im *Tod in Venedig*, im *Zauberberg* und im *Dr. Faustus*, und natürlich im *Felix Krull*. Der Realismus der großen Romanciers des 20. Jahrhunderts hat überall und immer eine doppelten Boden, und wer in ihren Werken die Zeitromane allein sieht, verkennt die Tiefen-Dimensionen hinter dem Zeitgenössischen.

Nun ist, was Thomas Mann betrifft, kein Zweifel, daß er darin wie sein Bruder Heinrich verfahren ist. Unsicherheit existiert allenfalls dort, wo es um das erste Auftauchen etwa des Hermes-Motivs geht, das erst mit dem *Tod in Venedig* manifest wird. Gehört auch der frühe *Krull* dazu? Wohl nicht unbedingt; Krull, auch schon der des Jahres 1905, ist aber auf jeden Fall der Schelm, jener naiv-gerissene Günstling des Glücks, der überall durchkommt, in aller Unschuld, dem es nie ganz schlecht geht bis auf sein allerdings auch noch halbwegs erträgliches Ende; dem das Geld, Glückssymbol und Glücksmacht, nur so zufliegt; dem auch die Frauen zufliegen und der dort ebenfalls im Schlaraffenland wohnt. Dauernde Juvenilität, also das völlig Alterslose, dazu die Fähigkeit, Glück zu spenden, eine Naivität, die eher entzückt als abstößt und die ihm nie zum Verhängnis wird, sondern ihn über alle Fallgruben sicher hinwegführt, das Unbesieglich-Sieghafte, das ihn auszeichnet: er ist das Glückskind, der glücklich-glückhafte

Pulcinell, der die Kunst der Rede so vorzüglich beherrscht, daß er sich schon damit, aber damit nicht nur, den Großen dieser Welt angenehm macht. Dazu dann noch die unverhohlene und nicht zu unterdrückende Neigung zu eleganter Kleidung, die Fähigkeit, angenehm aufzufallen, die Gunst, ein reizendes Gesicht als glückliches Naturkapital einsetzen zu können, etwas verborgen und doch offenkundig Androgynes, »die liebe Unschuld«, die aber für sich unwiderstehlich einzunehmen und zu gewinnen weiß: das ist der Pulcinell, wie ihn Heinrich Mann hier beschrieben hat. Außerdem noch die Künstlerattitude, die Fähigkeit, die Welt rosenfarbig zu sehen, auch wenn es trübe ist, das Dasein des »reinen Naturkindes«, das in einer entarteten Kunstwelt besonders attraktiv sein muß, die Unschuld unter lauter Raubtieren; das Spielernaturell, das Geld natürlich gewinnt und nicht etwa schändlich verliert: Pulcinell könnte sein Wesen nicht deutlicher zur Schau stellen. Der Charmeur, dem die Frauen zugetan sind, mit wechselnder Intensität, aber immer wieder, Venusberg und Tannhäuser-Assoziationen; die Schamlosigkeit, die er großartig findet, schelmisches Glück »unter der Hand einer höheren Fügung« (683), freilich auch Promiskuität, »Amor, in rosa Trikots« (712), Fortunato (777 und 783), die unbeschränkten Möglichkeiten, die feine Welt ringsumher und dann, immer wieder, Glück, Glück: Pulcinell könnte es nicht besser ergehen. »Oh, daran fehlt es nicht. Ich habe Glück, wissen Sie, Sophiechen. Es reißt nie ab, es kommt noch immer schöner« (821), sagt Pulcinello-Andreas der biederen Tochter seiner früheren Wirtin. Bajazzo im Schlaraffenland – das alles ist Andreas Zumsee, der Held des Romans.

Aber – ist das nicht alles auch, gewissermaßen wortwörtlich wiederholt, Felix Krull, vom Glückskind bis zum Tannhäuser, vom Liebling der Frauen bis zum Drang in die hohe und feine Gesellschaft? Kehrt dort alles nicht aufs genaueste wieder und noch einmal zurück, ist Thomas Manns Figur nicht der Pulcinell des Schlaraffenlandes und Krull, *Felix* Krull hinwiederum der wiederholte Fortunato des Heinrich Mannschen Romans? Beziehungen zu einer verheirateten Frau und die Ablehnung durch deren Tochter; der verständnisvolle Freund, der ihn die ersten Schritte in einer fremdartigen Gesellschaftswelt tun läßt: deutlicher könnte die Parallele auch darin kaum sein. Und steht jener Satz über das Glückskind: »Denn er sagte sich, daß der Besitz dieses Geldes etwas durchaus Natürliches, ihm schon längst Zukommendes sei, über das er sich nicht aufregen dürfe. Das Leben, für das er geboren war, fing jetzt erst an« (579) – steht jener Satz im *Felix Krull*, nachdem der die gestohlenen Juwelen umgesetzt hat, oder bei Heinrich Mann? Natürlich hier, aber er könnte, bis in die Diktion hinein, sich auch dort finden, so wie jener andere Satz über das überall herumrollende Geld, den Krull – nein: Andreas Zumsee sagt: »Nun, mir kommt es vor, als brauche ich mich bloß danach zu bücken (...) Man lang eben zu, wie im Schlaraffenland« (580 f.) – und wie in der Welt des Felix Krull. Beide, Krull und Zumsee, sind Rheinländer, beide Väter Weinfabrikanten, beide wandern von zu Hause fort, machen ihr Glück in der großen Welt – bis beide in die Grube fallen, der eine aus dem Schlaraffenland heraus, der andere, wie wir wissen, ins Gefängnis hinein, und bis beide am Ende wieder an ihre Anfänge zurückkehren: die Reisen des Glückskindes, der Glückskinder enden am Ausgangspunkt.

*

Als Quelle für den *Felix Krull* gelten die Memoiren Manolescus: Thomas Mann hat in seinen Notizen selbst darauf hingewiesen.[3] Hans Wysling hat dazu ausführlich über die verschiedenen Arbeitsperioden unterrichtet[4], über das Sammeln, Notieren und Studieren in diesem Buch, das, so Thomas Mann selbst, wohl sein »Sonderbarstes« werden sollte (239), und er hat, ein Leben lang, Dutzende von Quellen bemüht. Von Heinrich Manns *Schlaraffenland* ist bei Thomas Mann allerdings nirgendwo die Rede – vielleicht weil die Nachbarschaft zu offenkundig war, oder weil Thomas Mann mehr unbewußt als bewußt Wichtiges aus dem Roman seines Bruders übernommen hat? Wie sehr ihn das Motiv des Glückskindes beschäftigt hat, zeigt noch die Eulogie auf den Taugenichts in den *Betrachtungen eines Unpolitischen*[5], der von der Familie der jüngsten Söhne und dummen Hänse ist und der dennoch die Prinzessin gewinnt – auch er ein Gotteskind, dem es der Herr im Schlafe gibt. Er geht in die Welt, um sein Glück zu machen – wie Andreas Zumsee, wie Felix Krull. Auf die Beziehung zwischen dem Taugenichts und dem Krull hat Thomas Mann übrigens selbst hingewiesen.[6]

---

[3] Vom Einfluß von Manolescus »Gescheitert« auf den Krull-Plan handeln etliche Notizen; vgl. dazu die von Hans Wysling herausgegebenen »Notizen« (Beihefte zum Euphorion, 5. Heft, Heidelberg 1973, S. 17 f.) Natürlich soll der Manolescu-Einfluß nicht geleugnet werden; aber der des »Schlaraffenlandes« ging dem zweifellos voran und betraf weniger Einzelheiten als vielmehr das Grundsätzliche der Krull-Gestalt.
[4] In dem Aufsatz »Archivalisches Gewühle. Zur Entstehungsgeschichte der ›Bekenntnisse des Hochstaplers Felix Krull‹«, in: Paul Scherrer/Hans Wysling: Quellenkritische Studien zum Werk Thomas Manns. Bern/München 1967, S. 234–257. (Thomas-Mann-Studien, 1. Band) Wysling erwähnt das »Schlaraffenland« allerdings nicht.
[5] Im Kapitel »Von der Tugend«: Betrachtungen eines Unpolitischen, Frankfurt a. M. 1956, S. 367–419. Vgl. auch den wichtigen Aufsatz von Hans Wysling: Zum Abenteuer-Motiv bei Wedekind, Heinrich und Thomas Mann, in: Heinrich Mann 1871/ 1971. Hrsg. v. Klaus Matthias, München 1973, S. 37–68.
[6] Im Brief an Carl Maria Weber vom 18. Januar 1917: »Hübsch, daß Sie an das Hoch-

Daß Krull ein geheimes Idealbild Thomas Manns ist, von Anfang an, ist eigentlich zu offenkundig, als daß man ernsthaft noch von einer Mystifikation sprechen könnte. Als Glücksprinz hat Thomas Mann sich immer betrachtet, und ausgerechnet in einem langen Brief an Heinrich hat er sich erstmals so bezeichnet. Er schreibt über eine erneute Begegnung mit Katja: »Es ist ja überhaupt nichts geschehen. Alles lebt nur in meiner Phantasie, aber es ist zu kühn, zu neu, zu bunt, zu herrlich abenteuerlich, als daß ich es schon jetzt daraus vertreiben möchte. Die *Möglichkeit* ist mir aufgegangen und macht mich fiebern. Ich kann nichts Anderes denken. Klumpe-Dumpe fiel die Treppe hinunter und erhielt dennoch eine Prinzessin zur Frau. Und ich bin, Brust heraus, ich bin mehr, denn Klumpe-Dumpe!«[7] Ist's nicht auch Andreas Zumsee, so wie kurz darauf auch Felix Krull? *Felix Krull* ist, so gesehen, nur eine eigenwillige Variation der Glückskindgeschichte vom Pulcinell.

Beide Brüder könnten Pulcinell persönlich begegnet sein – in Palestina, während ihrer italienischen Jahre, oder in Rom. Wahrscheinlich ist noch, daß die Erinnerung an das Andersen-Märchen vom Tannenbaume, das Thomas in diesem Brief an Heinrich erwähnt, lange vorgehalten hat, zumindest bei Thomas Mann: weil er selbst Klumpe-Dumpe und mehr als das war oder doch zu sein glaubte. Felix Krull und Pulcinell sind engste Blutsverwandte. Thomas Mann scheint die Legende vom Glückskind, die Heinrich geschrieben hatte, dankbar angenommen zu haben, sah er sich doch selbst darin – die angenehmen Seiten natürlich nur, verständlicherweise.

Was die Briefe nicht besagen: daß hinter dem Ganzen natürlich auch brüderliche Rivalität steckt. Schrieb Thomas Mann seinen *Felix Krull* nicht nur nach dem Roman Heinrich Manns, sondern auch gegen ihn an? Es war das *Schlaraffenland*, das Heinrich Mann berühmt machte; in einem Brief vom 24. Oktober 1900 bestätigt Thomas Mann das seinem Bruder, und er setzt hinzu, daß auch er in diesen Tagen ein wenig berühmt geworden sei, »aber nicht so arg«.[8] Aber wollte nicht auch er berühmt werden, und nach Möglichkeit noch mehr als Heinrich? Hier scheint zugleich die Geschichte des wechselseitigen Nehmens und Gebens zwischen Thomas und Heinrich zu

---

stapler-Fragment dachten, beim Taugenichts! Ich dachte auch ein wenig daran.« (Briefe 1889–1936, hrsg. v. Erika Mann, Frankfurt a. M. 1962, S. 133.)

[7] Brief vom 27. Februar 1904; Thomas Mann – Heinrich Mann-Briefwechsel, 1900–1949, hrsg. v. Hans Wysling, Frankfurt a. M. 1968, S. 27 f.

[8] Brief vom 24. Oktober 1900. Erwähnt in: Die Briefe Thomas Manns. Registen und Register, Bd. I, hrsg. v. Hans Bürgin und Hans-Otto Mayer, Frankfurt a. M. 1976, S. 31; der Brief ist nicht im unter 7 genannten Briefwechsel enthalten.

beginnen, die Geschichte einer freundschaftlich-feindlichen Rivalität.[9] Das soll nicht besagen, daß in Andreas Zumsee und in Felix Krull nicht auch ein Zeittypus kolportiert sei, wie ihn der Wilhelminismus und die Jahrhundertwende so leicht hochbrachten: der glückhafte Spekulant, der freilich nicht nur um Geld, sondern auch um Sympathien spekuliert. Wie man ohne etwas und durch nichts zu etwas kommen könne: diese Lebensaufgabe bewältigen beide, Andreas und Felix, und sie können sie bewältigen, weil im Zeitalter der »Börsenjobber« dergleichen möglich war. So sind die Glückskinder eben auch Zeitgestalten, die deutsche Version des armen amerikanischen Tellerwäschers, der zum Millionär wird. Aber das ist beide Male nur eine äußerliche Schicht. Die beiden Geschichten vom Glückskind berühren eine nicht nur zeitaktuelle, sondern auch persönlich außerordentlich zentrale Kategorie, die des Glücks. Andreas' Wanderung durch die Berliner Salons, Felix' Wandern durch die Welt: sind es nicht Reisen des Glücksgottes? Im Brief an Heinrich vom 27. Februar 1904 stellt Thomas Mann die rhetorische Frage: »Trachte ich nach dem Glück?« Natürlich tut er es, wie es Andreas getan hat, Felix Krull tun wird – von Joseph, Gregorius, Hans Castorp und einigen anderen ganz abgesehen.

---

[9] Einleuchtende, weiterführende, grundsätzliche Bemerkungen darüber auch in dem erwähnten Aufsatz von Walter Sokel.

Hans Wysling

Thomas Manns Rezeption der Psychoanalyse

Nach dem »Dreigestirn« der Jugend und neben Goethe ist es vor allem Freud, der Thomas Mann nachhaltig beeindruckt, gefördert und gefordert hat. Die Chronologie von Thomas Manns Freud–Lektüre bereitet nach wie vor Schwierigkeiten, vor allem, was die Zeit vor dem intensiven Freud–Studium von 1925/1926 betrifft. Gerne wüßte man, welche psychoanalytischen Arbeiten Thomas Mann zuerst gelesen hat und mit welchem Interesse. Vor 1916 wird Freud weder in Briefen noch in Notiz- und Tagebüchern je genannt. Auch in *Geist und Kunst* (1909) finden sich keinerlei Hinweise. Datierungen anhand der Texte vorzunehmen, erweist sich als schwierig, da Thomas Mann aufgrund intensiver Selbstwahrnehmung oft schon früh zu Einsichten kommt, die man eigentlich einem Kenner psychoanalytischer Literatur vorbehalten möchte – er war nicht umsonst durch die Schule Nietzsches gegangen.

Was läßt sich beim gegenwärtigen Stand der Dinge[1] festhalten? Angesichts der Bedeutung, die der Freud-Rezeption in Thomas Manns Leben und Werk zukommt, nehmen wir einen etwas langwierigen Ingreß in Kauf und wenden uns erst nach der Diskussion einiger Chronologiefragen der Sache selbst zu.

Freuds Name fällt bei Thomas Mann erstmals in einer Notiz von 1916:[2]

> Freud hat vollkommen recht, wenn er das Gewissen als »soziale Angst« definiert. Wenn es Sache der Politik ist, soziale Angst zu wecken und die Einrichtung der Welt der Gerechtigkeit thunlichst anzunähern, – so ist es Sache der Kunst, – *Gottesangst* zu wecken, indem sie das Leben vor das Richterantlitz des reinen Geistes stellt.

Zitiert wird nach:
Thomas Mann, Gesammelte Werke in dreizehn Bänden, Frankfurt a. M. 1974. Sigmund Freud, Gesammelte Schriften, 12 Bände, Leipzig/Wien/ Zürich 1924–1934.

[1] Wir setzen die Untersuchungen von Manfred Dierks und Jean Finck als bekannt voraus und ergänzen sie um einige Befunde.
[2] Notizbuch 10, S. 46f. – Datierung: Vor April 1916.

Der Eintrag bezieht sich auf Freuds Studie *Zeitgemäßes über Krieg und Tod*, die anfangs 1915 in der »Imago« erschienen ist[3]; er wird in den *Betrachtungen* verwertet (XII, 571f.):

> Ein großer Neurologe hat eines Tages das Gewissen als »soziale Angst« bestimmt. Das ist, mit allem Respekt, eine unangenehm ›moderne‹ Bestimmung, – ein typisches Beispiel dafür, wie man heute alle Sittlichkeit und Religiosität im Sozialen aufgehen läßt. Ich möchte wissen, was etwa Luthers einsame Nöte und Gewissenskämpfe im Kloster, bevor er unvorhergesehenerweise Reformator und also sozial wurde, mit der Gesellschaftsidee zu tun gehabt haben sollten ... Wenn aber jemand es für eine Aufgabe der Kunst erklärte, *Gottesangst* zu wecken, indem sie das Leben vor das Richterantlitz des reinen Geistes stelle, so wollte ich nicht widersprechen.

Daß eine Studie über Krieg und Tod Thomas Manns Interesse auf sich zog, versteht sich von selbst. Das Thema lag auf der Linie seiner eigenen Kriegsaufsätze, aber auch auf der des *Zauberbergs*.[4] Es ist also nicht unwahrscheinlich, daß Thomas Mann diese Studie selbst, und nicht irgend eine Notiz darüber, gelesen hat. In der zitierten Stelle aus den *Betrachtungen* spricht er eher distanzierend von dem »großen Neurologen« und bringt eine Kritik an dessen Auffassungen an.

Es gibt noch eine zweite Notiz aus jener Zeit:[5]

> *Freud* fortschrittlich-zersetzend; wie alle Psychologie. Die Kunst wird unmöglich, wenn sie durchschaut ist. Er wirkt für den Geist.

Nach Thomas Manns Meinung soll Kunst »gleich gute Beziehungen zum Leben und zum reinen Geist« unterhalten, sie soll zugleich konservativ und radikal sein, eine Mittel- und Mittlerstellung zwischen Geist und Leben einnehmen (XII, 571). Die abwehrende Gebärde gegenüber Freud ist auch hier deutlich. Mit der Formel »Mythos und Psychologie« wird Thomas

---

[3] Wieder abgedruckt in Freud, X, 315–346 (ohne Anstreichungen Thomas Manns). Vom Gewissen als sozialer Angst ist dort auf S. 321 die Rede: »Man darf sich auch nicht darüber verwundern, daß die Lockerung aller sittlichen Beziehungen zwischen den Großindividuen der Menschheit eine Rückwirkung auf die Sittlichkeit des Einzelnen geäußert hat, denn unser Gewissen ist nicht der unbeugsame Richter, für den die Ethiker es ausgeben, es ist in seinem Ursprunge ›soziale Angst‹ und nichts anderes. Wo die Gemeinschaft den Vorwurf aufhebt, hört auch die Unterdrückung der bösen Gelüste auf, und die Menschen begehen Taten von Grausamkeit, Tücke, Verrat und Roheit, deren Möglichkeit man mit ihrem kulturellen Niveau für unvereinbar gehalten hätte.«

[4] Der II. Teil der Freud-Studie trägt den an Schopenhauer gemahnenden Titel »Unser Verhältnis zum Tode«. Er könnte auf den *Zauberberg* eingewirkt haben: vgl. Freud, X, 345 mit *Zauberberg* (III, 686).

[5] Notizbuch 11, S. 6 – Datierung: Nach April 1916. Vgl. *Betrachtungen* (XII, 570).

Mann in der Neufassung (1919) des *Fontane*-Essays diese Diskussion wieder aufnehmen (IX, 33): »Der Dichter ist konservativ als Schützer des Mythus. Psychologie aber ist das schärfste Minierwerkzeug demokratischer Aufklärung.«

Die Frage, ob Thomas Manns Frühwerk, ob insbesondere der frühe *Krull*, der *Tod in Venedig* und der *Zauberberg* durch die *Traumdeutung* (1901), die *Drei Abhandlungen zur Sexual-Theorie* (1905) oder durch den Aufsatz *Der Dichter und das Phantasieren* (1908) beeinflußt sind, läßt sich von den zitierten Notizen aus nicht beantworten. Daß Thomas Mann die *Drei Abhandlungen* bald nach ihrem Erscheinen gelesen hat, ist bei seinem großen Interesse an Sexualproblemen durchaus möglich. Mit Sicherheit hat er sie zur Zeit der Niederschrift des »Analyse«-Kapitels im *Zauberberg* vor sich gehabt – die Konkordanz ist eindeutig.[6] Dieses Kapitel dürfte im Sommer 1915 entstanden sein.[7] *Der Tod in Venedig* kann, was das homoerotische Motiv angeht, ebensowohl mit Krafft-Ebing wie mit den *Drei Abhandlungen* zu tun haben[8]; die Notizen zur Novelle weisen eindeutig auf Schopen-

---

[6] Vgl. Jean Finck: *Thomas Mann und die Psychoanalyse*. Paris 1973, S. 60–62.

[7] Das letzte der ausgeschiedenen Blätter des frühen Manuskripts stammt aus dem »Hippe«-Kapitel; es beschreibt Castorps Bergwanderung (III, 167; vgl. TMS, IV, Ms. S. 131). Nach dem Tagebuch hat Thomas Mann die »Pribislav-Episode« am 15. August 1919 revidiert. Tags darauf hält er nur fest: »4. Kapitel. Die zuletzt geschriebenen Seiten sind aufzuheben, zu bessern und die Erzählung nun fortzuführen.« Am 21. August 1919 notiert er: »Die Arbeit am 4. Kapitel Zbg. schritt in diesen Tagen nur träge fort.« Am 24. August 1919 heißt es dann: »Schrieb am Zbg. neu weiter [...].« Am 31. August 1914 steckt er im 4. Kapitel – »Es handelt sich um Settembrini.« Das muß die Stelle im »Kahnfahrt«-Kapitel sein (III, 210). Die Frage, ob das »Analyse«-Kapitel 1914 oder 1919 geschrieben worden ist, kann aufgrund dieser Tagebuch-Abschnitte mit einiger Sicherheit beantwortet werden: Thomas Mann dürfte es zwischen dem 16. und 23. August 1919 *revidiert*, und nicht neu geschrieben haben. Das frühe Manuskript hat mindestens bis zum Kapitel »Zweifel und Erwägungen« gereicht (III, 189), vielleicht noch weiter. Auch was Thomas Mann dann am 16. Dezember 1919 im Tagebuch festhält, läßt eher darauf schließen, daß Krokowskis fragwürdiges Treiben schon 1914 zu Papier stand: Thomas Mann liest Bertram »des längeren aus dem Zbg. vor; die Pribislav-Episode fesselte mich wieder; anderes quälte mich als unkünstlerisch. Der Widerspruch von Moquerie über Dr. Krokowski und thatsächlichem psychoanalytischem Einschlag machte sich bemerklich, schadet aber am Ende nicht.« Während all dieser Monate fällt Freuds Name im Tagebuch nie. Thomas Mann beschäftigt sich bei der Wiederaufnahme der Arbeit (20. April 1919) am *Zauberberg* vornehmlich mit Schriften zum Mittelalter, mit Problemen des Gottesstaates und des Kommunismus, nicht mit Freud (vgl. auch TB, 16. 4. 1919).

[8] Finck, S. 57. – Freud selbst verweist in den *Abhandlungen* auf v. Krafft-Ebing, Moll, Moebius, Havelock Ellis, v. Schrenck-Notzing, Löwenfeld, Eulenburg, I. Bloch, M. Hirschfeld (Freud, V, 6). Schrenck-Notzings Adresse notiert sich Thomas Mann schon um 1900 (Notizbuch 3, S. XXII; vgl. Brief an Kurt Martens vom November 1900, Br. I, 15); er hat sich also schon damals für Parapsychologie interessiert.

hauer und dessen Kapitel »Über die Metaphysik der Geschlechtsliebe«. Der »unanständige Psychologismus der Zeit« (VIII, 455), gegen den sich Thomas Mann wendet, kann auch auf Nietzschesche Entlarvungspsychologie bezogen werden, von der Thomas Mann im Streit mit Theodor Lessing eben noch einiges zu spüren bekommen hatte; sie war auch in Kerrs Invektiven und im Streit mit dem Bruder wieder am Werk – und nicht nur in den andern, sondern auch in Thomas Mann selbst, der Nietzsches Anti-Wagner-Schriften ja gut gelesen hat.

Im frühen *Krull* sind eine ganze Reihe von Perversionen dargestellt: Das sehr fleischlich gesinnte Mutter/Tochter-Verhältnis, die homosexuellen Neigungen[9] gewisser Herren (Schimmelpreester, Geistlicher Rat Chateau), Krulls bisexuelle Veranlagung (er liebt ja gleichzeitig Bruder und Schwester). Der Inzest aber war in Thomas Manns Werk schon 1905 aufgetreten, in *Wälsungenblut* und in der »Fürsten-Novelle«. Ob diese Motive mit den *Drei Abhandlungen*, mit Krafft-Ebing oder einfach mit der Münchner *décadence*-Literatur in Verbindung gebracht werden sollen, ist von sekundärer Wichtigkeit. Thomas Mann läßt sich bei seiner Motivwahl grundsätzlich ja immer von Beobachtung und Selbstbeobachtung leiten. Das Mutter/Tochter-Momentbild im *Krull* könnte aus dem »Simplicissimus« stammen, das Genovefa-Motiv ist Kolportage, die Rozsa-Episode reiner Wedekind. In *Wälsungenblut* kombiniert Thomas Mann die Pringsheim-Zwillinge mit dem *Walküre*-Paar, die geschwisterliche Neigung der »Fürsten-Kinder« beschreibt übertreibend Thomas Manns Verhältnis zu seiner Schwester Julia und meint Heinrichs Bindung an Carla mit. Eigenes Erleben wird aber auch schon in den Plänen zu den *Geliebten* und im *Tonio Kröger* dargestellt.[10] Wie im Falle des Narzißmus kommt Thomas Mann durch Selbstbeobachtung schon vor dem Erscheinen von Freuds maßgeblicher Abhandlung zu Einsichten, die dessen Ergebnissen entsprechen. Was Freud im Mai 1922 an Arthur Schnitzler schrieb, hätte er auch an Thomas Mann schreiben

---

[9] Im Brief vom 27. April 1912 empfiehlt Thomas Mann, vor der Niederschrift der Musterungsszene, das homosexuelle Motiv auch seinem Bruder – im Hinblick auf den *Untertan* (HTM, S. 99).

[10] Die homoerotischen Motive gehen ja jedesmal auf andere Erlebnisse zurück: Hans Hansen – Armin Martens, Pribislav Hippe – Willri Timpe, Rudolf Schwerdtfeger – Paul Ehrenberg, Einleitung zu Kleists ›Amphitryon‹ – Klaus Heuser. Joseph ist einem spanischen Freund von Golo Mann teilweise nachgebildet, Ken Keaton einem jungen Amerikaner, Krull in der Kilmarnock-Szene dem Kellner Westermeier in einem Zürcher Hotel – Erlebnisse unterschiedlicher Intensität, die aber in Leben und Werk eine leitmotivische Reihe bilden.

konnen:[11] »So habe ich den Eindruck gewonnen, daß Sie durch Intuition – eigentlich aber in Folge feiner Selbstwahrnehmung – alles das wissen, was ich in mühseliger Arbeit an anderen Menschen aufgedeckt habe.«
Wenn Thomas Mann später sagte, psychoanalytische Fragestellungen und Gedanken hätten um 1910 in der Luft gelegen[12], man habe von der Psychoanalyse beeinflußt werden können, ohne direkten Kontakt mit ihr zu haben, trifft das sicher zu. Seit 1905, dem Erscheinungsjahr der *Drei Abhandlungen*, nahmen sich Zeitschriften und Zeitungen der jungen Wissenschaft zusehends mehr an. In der »Neuen Rundschau« erschien 1906 ein Aufsatz von Willy Hellpach über *Hysterie*, 1910 einer über *Psychoanalyse*. 1908 kam Franz Riklins *Wunscherfüllung und Symbolik im Märchen* heraus, 1909 Karl Abrahams *Traum und Mythus*. Zeitschriften wurden gegründet:

- 1909 Jahrbuch für psychoanalytische und psychopathologische Forschungen (hrsg. von Bleuler und Freud, redigiert von Jung);
- 1911 Zentralblatt für Psychoanalyse (hrsg. von Freud, redigiert von Stekel);
- 1912 Imago (Freud/Sachs/Rank)

1912 erschienen miteinander C. G. Jungs *Wandlungen und Symbole der Libido*, Otto Ranks *Das Inzestmotiv in Dichtung und Sage*, Wilhelm Stekels *Träume der Dichter*.
Der *Tod in Venedig* wurde 1914 von Hanns Sachs in »Imago« besprochen[13]; Sachs versichert dem Autor, »daß das Buch für die Psychoanalyse die wertvollste Bestätigung« bedeute. »Ihre Thesen von der Allgegenwart der unbewußten Homosexualität und den Voraussetzungen ihres Anschwellens über die Bewußtheitsschranken hinweg sind darin in Poesie, d.h. in Lebenswahrheit auf höherer Stufe aufgelöst.« Selbst wenn Thomas Mann bis dahin mit Freud und dessen Schülern keinen unmittelbaren Kontakt gehabt hätte: dieser Aufsatz ist höchstwahrscheinlich in seine Hand gelangt, und es ist anzunehmen, daß er von da an auch weitere Arbeiten aus »Imago« las. Jedenfalls wird er 1936 schreiben können (IX, 482f.): [...] es wäre »zuviel gesagt, daß ich zur Psychoanalyse gekommen wäre: sie kam zu mir. Durch das freundliche Interesse, das sie durch einzelne ihrer Jünger und Vertreter immer wieder, vom ›Kleinen Herrn Friedemann‹ bis zum ›Tod in Venedig‹, zum ›Zauberberg‹ und zum Josephsroman, meiner Arbeit

---

[11] *Brief an A. Schnitzler.* Hrsg. von Heinrich Schnitzler. Die Neue Rundschau, Berlin und Frankfurt a. M. 1955, S. 97.
[12] 27. Januar 1944 an Frederick J. Hoffmann (Frederick J. Hoffmann: *Freudianism and the Literary Mind.* 2rd ed. Baton Rouge: Louisiana State University Press 1957, S. 209).
[13] Hanns Sachs: *Das Thema »Tod«.* Imago, Bd. 3, 1914, S. 456–461.

erwies, gab sie mir zu verstehen, daß ich etwas mit ihr zu tun hätte, auf meine Art gewissermaßen ›vom Bau‹ sei, machte mir, wie es ihr denn wohl zukam, die latent vorhandenen, die ›vorbewußten‹ Sympathien bewußt; und die Beschäftigung mit der analytischen Literatur ließ mich im Denk- und Sprachgewande naturwissenschaftlicher Exaktheit vieles Urvertraute aus meinem früheren geistigen Erleben wiedererkennen.«

Es konnte Thomas Mann auch nicht entgehen, daß mehr und mehr Schriftsteller sich mit der Psychoanalyse auseinanderzusetzen begannen. Von Hugo von Hofmannsthal erschien 1906 *Oedipus und die Sphinx*[14], *Elektra* war schon 1904 erschienenen.[15] Zu Hesses *Demian* gibt er im Tagebuch vom 29. Mai 1919 folgenden Kommentar:[16] »Las die Erzählung von Sinclair weiter, weil mir das ›psychoanalytische‹ Element darin entschieden geistiger und bedeutender verwendet scheint als im ›Zauberberg‹, aber stellenweise auf merkwürdig ähnliche Art.« Am 24. November 1919 las er Adrian Turels *Selbsterlösung*, die er im Tagebuch als »freudianisch« bezeichnet. Wieweit er die Freud-Rezeption der Döblin, Kafka, Musil, Rilke, Schnitzler, Wassermann, Werfel und der beiden Zweig mitverfolgte, wäre zu prüfen. Jedenfalls hatte auch diese Art von Verwissenschaftlichung der Dichtung längst eingesetzt.

Thomas Manns Bedenken gegenüber der Psychoanalyse scheinen zu schwinden, je besser er des Kulturphilosophen Freud ansichtig wird – ganz geschwunden sind sie nie.[17] Am 24. Mai 1921 liest er laut Tagebuch im

---

[14] In Thomas Manns Nachlaßbibliothek (Berlin: S. Fischer 1906).

[15] Thomas Mann besaß die S. Fischer-Ausgabe von 1904. Auf dem Vorsatzblatt der Vermerk: »Thomas Mann, gelesen 1909«.

[16] Am 23. Juni 1920 schreibt er an Philipp Witkop (Br. I, 175): »Sollte ›Demian‹, den ich sehr liebe, wirklich von Hesse sein? Daß er dem Freudianismus so zugänglich war, sollte mich wundern. Und warum nur das Versteckspiel? – in dem Augenblick, wo er sein Äußerstes und Bestes gab!« – Vgl. X, 519; XIII, 841.

[17] Im Brief vom 4. Juli 1920 an Carl Maria Weber (Br. I, 176–180) weist er auf ihre »medizinische Sphäre« hin, die »höchstens humanitär, aber nicht geistig und kulturell in Betracht« komme. Thomas Mann hebt hier Hans Blüher hervor und distanziert sich von Magnus Hirschfeld und dessen »Komitee«.
Vorbehalte dieser und anderer Art hat er immer wieder angemeldet, z.B. in einem Interview vom Mai 1925 mit der »Turiner Stampa« (zitiert nach dem Wiederabdruck in der »Internationalen Zeitschrift für Psychoanalyse, Jg. 11, Leipzig 1925, S. 247): »Als Künstler muß ich allerdings gestehen, daß ich ganz und gar nicht befriedigt von den Freudschen Ideen bin, ich fühle mich vielmehr beunruhigt und verkleinert durch sie. Wird doch der Künstler von Freuds Ideen wie von einem Bündel X-Strahlen durchleuchtet, und das bis zur Verletzung des Geheimnisses seiner Schöpfertat.« – Vgl. dazu auch den Brief vom 6. Dezember 1947 an Alfred von Winterstein (Br. II, 573).
Weitere Äußerungen zur Psychoanalyse:

»Neuen Merkur« »einen Aufsatz über ein neues Buch von Freud, der mich sehr anregte, auf schicksalbestätigende Weise«[18] – es handelt sich um *Jenseits des Lustprinzips* (1920). »Das Ende der Romantik, zu der ich noch gehöre, drückt sich auf alle Weise aus, auch und namentlich durch das Erbleichen und Absterben der Sexual-Symbolik, die fast identisch mit ihr ist. (Parsifal.)« Offensichtlich gleicht er hier Freuds geistesgeschichtliche Position seiner eigenen an. Noch im Vortrag über *Die Stellung Freuds in der modernen Geistesgeschichte* (1929) wird er die psychoanalytische Bewegung als »Naturwissenschaft gewordene Romantik« (X, 278) als die »einzige Erscheinungsform des modernen Anti-Rationalismus« hinstellen, welche »zu reaktionärem Mißbrauch« keinerlei Handhabe biete.[19]
Die Darstellung des Blutmahls im *Zauberberg* (III, 684) setzt doch wohl die Kenntnis von Freuds *Totem und Tabu* (1913) voraus. Was wir sicher wissen, ist einzig, daß Thomas Mann Freuds Arbeit im Hinblick auf den *Joseph* in den Gesammelten Werken genau gelesen hat.[20]
Die ungefähre Chronologie der Freud-Lektüre seit 1925 ist bekannt.[21] De-

---

- *Verkannte Dichter unter uns?* Antwort auf eine Rundfrage der »Neuen Zürcher Zeitung« vom 4. April 1926 (X, 885).
- *Mein Verhältnis zur Psychoanalyse*, 12. April 1926 (XI, 748f.)
- *Die Wiedergeburt der Anständigkeit*, 1931 (XII, 657).
- *Ritter zwischen Tod und Teufel*, 1931 (X, 465ff.)

[18] Es handelt sich um Adrian Turels Aufsatz *Neue Wege der Psychoanalyse*. »Neuer Merkur«, Jg. 5. Mai 1921, S. 130–138. In der »Neuen Rundschau« dürfte er 1920 ferner gelesen haben:
- Leopold von Wiese: Zur *Soziologie der Leiden*. Die Neue Rundschau, 1920, S. 1142ff.
- Karl Abraham: *Die Psychoanalyse als Erkenntnisquelle für die Geisteswissenschaften*. Die neue Rundschau, 1920, S. 1154ff.

[19] Brief vom 3. Mai 1929 an Charles du Bos (Br. I, 291f.).

[20] Das »Schnee«-Kapitel entstand im Sommer 1923. Der X. Band von Freuds Gesammelten Werken erschien 1924. Am 25. Dezember 1925 liegen Thomas Mann insgesamt neun Bände der Ausgabe vor (XIII, 413) – Band VI erschien 1925, Band XI 1928, Band XII 1934.

[21] Vgl. Manfred Dierks (TMS II, 143). Im Hinblick auf die erste Freud-Rede (1928) hat Thomas Mann, wie aus dem Text zu erschließen ist, folgende Werke gelesen oder zur Hand gehabt:
- *Widerstände gegen die Psychoanalyse* (Freud, XI, 224–235)
- *Psychoanalyse und Libidotheorie* (Freud, XI, 219–223)
- *Selbstdarstellung* (Freud, XI, 117–182)
- *Die Zukunft einer Illusion* (Freud, XI, 411–466).

Das Tagebuch von 1936 zeigt, daß er sich auch im Hinblick auf den zweiten Freud-Vortrag einzelne Schriften vornimmt:
- 17. Januar 1936: »Es kam der 12. Band der großen Freud-Ausgabe.«
- 16. April 1936: »Las nach Tische in Freuds ›Unbehagen a.d. Kultur‹.«
- 25. und 26. April 1936: Lektüre in Freuds *Vorlesungen zur Einführung der Psycho-*

ren erste Wirkungen sind in *Unordnung und frühes Leid* und in *Mario und der Zauberer* zu erkennen. Eine wesentliche Veränderung in Thomas Manns Erzählhaltung und -stil kann nicht konstatiert werden. Er war ja schon immer auf psychologische Durchdringung seiner Gegenstände aus gewesen. Auch ist es nicht richtig zu sagen, er habe in *Unordnung* die Libido-Übertragung vom Vater auf den Geliebten darstellen wollen; es geht ihm auch in dieser Studie um die Bewältigung einer persönlichen Erfahrung: Das »Kindchen« (VIII, 1068) hatte ihm einen Schmerz beigefügt, er mußte diesen Schmerz verarbeiten, und er tat es unter anderem mit Hilfe seines psychoanalytischen Wissens. Auch die *Mario*-Novelle geht auf eine persönliche Erfahrung und Beobachtung zurück.[22] Der Stoff ist nicht als Einkleidung einer psychoanalytischen Theorie ausgesucht worden; aber diese Theorie hat eine gründlichere Durchdringung des Stoffes erlaubt. Der *Joseph* und die späteren Werke lassen sich ohne Thomas Manns tiefenpsychologisches Wissen nicht denken. Das Verhältnis zwischen Mythos und Psychologie wird ja im *Joseph* geradezu thematisiert.[23]

Auch wenn wir über Thomas Manns Beschäftigung mit Freud gern Genaueres wüßten – nicht die Frage: Wann hat er Freud im einzelnen gelesen? ist entscheidend; sondern: Inwieweit war Thomas Mann durch Schopenhauer und Nietzsche bereits auf Freud vorbereitet? Was immer Thomas Mann von Freud gelesen hat, es wird im Augenblick der Rezeption an die bei Schopenhauer und Nietzsche gewonnenen Grundmodelle assimiliert.[24] Er kommt im *Schopenhauer-* und im *Freud*-Essay selbst auf diesen Assimilationsprozeß zu sprechen (IX, 577f.):

> Schopenhauer, als Psycholog des Willens, ist der Vater aller modernen Seelenkunde: von ihm geht, über den psychologischen Radikalismus Nietzsches, eine gerade Linie zu Freud und denen, die seine Tiefenpsychologie ausbauten und auf die Geisteswissenschaften anwandten. Nietzsche's Intellekt-Feindschaft und An-

---

analyse. Er zitiert in der Rede z.B. aus der Vorlesung *Die Zerlegung der psychischen Persönlichkeit* (IX, 484ff.).
– 30. Mai 1936: »Abends Beschäftigung mit Zimmers indischem Buch, dessen interessanter Einleitung; Beziehungen zu Schopenhauer und Freud. –«
Er hat den Vortrag über Freud, wohl in gekürzter Form, am 13. Februar 1939 auch vor amerikanischen Studenten wieder gehalten (vgl. XI, 527, 644).
Im Hinblick auf *Das Gesetz* liest er 1943 auch Freuds *Moses* (XI, 154).

[22] Vgl. den Abschnitt über »Prospero«, S. 217.
[23] Thomas Mann wurde sich auch der politischen Konsequenzen seiner Hinwendung zu Freud sehr rasch bewußt. Vgl. dazu neuerdings TB, 2. Juni 1933, 21. Juni 1933.
[24] Über Schopenhauer-Analogien bei Freud vgl. auch Aloys Becker: *Arthur Schopenhauer – Sigmund Freud*. In: Schopenhauer-Jahrbuch, Jg. 52, Frankfurt a. M. 1971, S. 114–156.

ti-Sokratismus ist nichts als die philosophische Bejahung und Verherrlichung von Schopenhauers Entdeckung des Willensprimats, seiner pessimistischen Einsicht in das sekundäre und dienende Verhältnis des Intellektes zum Willen. Diese Einsicht, die im klassischen Sinn nicht eben humane Feststellung, daß der Intellekt dazu da ist, dem Willen gefällig zu sein, ihn zu rechtfertigen, ihn mit oft sehr scheinbaren und selbstbetrügerischen Motiven zu versehen, die Triebe zu rationalisieren, birgt eine skeptisch-pessimistische Psychologie, eine Seelenkunde durchschauender Unerbittlichkeit, die dem, was wir Psychoanalyse nennen, nicht nur vorgearbeitet hat, sondern diese selbst schon ist. Im Grunde ist alle Psychologie Entlarvung und ironisch-naturalistischer Scharfblick für das vexatorische Verhältnis von Geist und Trieb.

Das Schema

Schopenhauer:	Wille	Intellekt
Nietzsche:	Leben/Trieb	Geist
Freud:	Es	Ich

zeigt, daß er bereit ist, die Psychoanalyse an die ihm schon vertrauten dualistischen Modelle anzuschließen und sie als deren moderne Version hinzustellen (IX, 487):

> Freuds Beschreibung aber des ›Es‹ und Ich – ist sie nicht aufs Haar die Beschreibung von Schopenhauers ›Wille‹ und ›Intellekt‹, – eine Übersetzung seiner Metaphysik ins Psychologische? Und wer nun ohnedies schon, nachdem er von Schopenhauer die metaphysischen Weihen empfangen, bei Nietzsche die schmerzlichen Reize der Psychologie gekostet hatte, wie hätten den nicht Gefühle der Vertrautheit und des Wiedererkennens erfüllen sollen, als er sich, von Ansässigen ermutigt, erstmals umsah im psychoanalytischen Reich?

Freud im wesentlichen als einen Romantiker zu verstehen und ihn in die Linie Novalis – Schopenhauer – Nietzsche zu stellen, entspricht der Tendenz des ersten *Freud*-Essays und auch der *Rede von deutscher Republik*, wo er mit Novalis noch Whitman gekoppelt hatte.[25] Die »Bewußtwerdungsphilosophie« (X, 280) des Novalis entsprach den Tendenzen jenes »menschheitlich-universalistischen Vernunftwillens« (X, 268), wie er ihn in Baeumlers Aufsatz über *Geschichte und Metaphysik* kennengelernt hatte.[26] Romantik und Aufklärung, Reaktion und Fortschritt (X, 277) ließen sich damit zusammenführen. Auch Freud konnte als Mystiker wie als idealistischer Rationalist verstanden werden, vorzüglich dann, wenn man bereit war, das »Es« als vorindividuelle Instanz anzusehen, wie Jung mit der

---

[25] Vgl. Manfred Dierks (TMS II, 146–152)
[26] Vgl. TB, 23. 2. 1920.

Annahme eines kollektiven Unbewußten es dann tat und wie Schopenhauers Willensmetaphysik es schon getan hatte. Die Anpassung von Freuds rationaler Individualpsychologie an das schopenhauerische Modell – Psychoanalyse als »Naturwissenschaft gewordene Romantik« (X, 278) – konnte nur vollzogen werden, wenn die Begriffe elastisch genug waren, um solche Umwertungen zu gestatten.

Gleichzeitig aber konnten nun, strukturalistisch betrachtet, ganze Motivreihen und Themenkreise in ein modernes wissenschaftliches System eingebracht werden. Das Ich, schreibt Thomas Mann in *Freud und die Zukunft* (IX, 486), »ist ein kleiner, vorgeschobener, erleuchteter und wachsamer Teil des ›Es‹ – ungefähr wie Europa eine kleine, aufgeweckte Provinz des weiten Asiens ist«. Mit diesem Vergleich nimmt er die Konstellation der *Venedig*-Novelle und des *Zauberbergs* in das Grundgewebe auf:

Es	Ich
Asien	Europa
Dionysos	Apollon
Schlaf, Rausch	Bewußtsein
Liebe, Tod	Tagwelt der Arbeit

Die Reihe ist ins Unabsehbare fortzusetzen, zudem verästelt und verzweigt sie sich ins Unabsehbare. Es gibt in Thomas Manns Werken seit 1911 kein Motiv, das nicht auf irgendeine Weise ans Grundgerüst angeschlossen wäre. Im folgenden Satz – »Das Ich ist ›jener Teil des ›Es‹, der durch die Nähe und den Einfluß der Außenwelt modifiziert wurde, zu Reizaufnahme und Reizschutz eingerichtet, vergleichbar der Rindenschicht, mit der sich ein Klümpchen lebender Substanz umgibt‹« (IX, 486) – verbindet Thomas Mann Freuds Reizlehre mit der Schopenhauers; Castorps und Krulls biologische Studien und Erfahrungen sind rück- oder vorausblickend darin untergebracht.

Wie umfassend die Angleichung des Freudschen Systems an das Schopenhauersche ist, wie viel Verwandtschaftliches Thomas Mann bei der Lektüre wieder vorgefunden hat, zeigt sich am deutlichsten, wenn wir die wichtigsten Motivkomplexe des *Krull* – sie gelten in Varianten ja für das ganze Werk – daraufhin prüfen. Gleichzeitig zeigt sich auch, in wie vielem Thomas Mann Freud vorweggenommen hat, wie seine Gedanken oft parallel zu jenen Freuds verlaufen, und wie sehr er später dazu berechtigt sein wird, Freudsche Erkenntnisse in seinen Werken zu berücksichtigen und so vom Stadium der »psychologischen Hellsicht« (VIII, 300) in jenes des psychologischen Wissens vorzustoßen.

1. *Felix.* Thomas Mann lernte nichts mehr dazu, als er 1926 in der XIII. Vorlesung zur *Einführung in die Psychoanalyse: Kinderträume,* las, daß »ein Wunsch der Erreger des Traumes ist, die Erfüllung dieses Wunsches der Inhalt des Traumes«.[27] Krulls Tag-und-Nacht-Träume von Prinzenglück und Kaiserwürde sind »Erfüllungen von ehrgeizigen und erotischen Wünschen«[28] – Felix ist »glücklich«, weil seine kindlichen Wünsche wahr werden (wenn auch nur auf die heikle Art, die seine illusionäre Existenzform mit sich bringt). Jaakobs und Josephs Glückskind-Träume werden sich von denen Krulls nicht wesentlich unterscheiden, obwohl Thomas Mann Freuds Traumtheorie inzwischen kennengelernt hat.[29]

2. *Morpheus.* Freuds Aufsatz *Metapsychologische Ergänzung zur Traumlehre* erschien erstmals im IV. Band der »Internationalen Zeitschrift für Psychoanalyse« (1916/1917). Er kann also weder auf *Süßer Schlaf* (1909) noch auf den frühen *Krull* einen Einfluß gehabt haben, geschweige denn auf die Traumdarstellungen in Thomas Manns frühestem Werk. »Das Schlafen«, konnte Thomas Mann hier lesen[30], »ist somatisch eine Reaktivierung des Aufenthalts im Mutterleibe mit der Erfüllung der Bedingungen von Ruhelage, Wärme und Reizabhaltung; ja viele Menschen nehmen im Schlafe die fötale Körperhaltung wieder ein. Der psychische Zustand der Schlafenden charakterisiert sich durch nahezu völlige Zurückziehung aus der Welt der Umgebung und Einstellung alles Interesses für sie.« Freud weist im folgenden darauf hin, daß die Regression der Libidoentwicklung im Schlafzustand bis zur Herstellung des primitiven Narzißmus, die der Ichentwicklung bis zur Stufe der halluzinatorischen Wunschbefriedigung reicht. Alles, was Freud später über Schlafwunsch und Todestrieb gesagt hat, konnte Thomas Mann auf Schopenhauer zurückbeziehen.

In den *Vorlesungen zur Einführung in die Psychoanalyse* kommt Freud auch auf den »archaischen Charakter des Traums«:[31] »Die Vorzeit, in welche die Traumarbeit uns zurückführt, ist eine zweifache, erstens die indivi-

---

[27] Freud, VII, 128.
[28] Freud, VII, 129.
[29] Thomas Mann hat Freuds *Traumdeutung* vermutlich nicht gekannt. Die Studie *Der Dichter und das Phantasieren* (1908) hat er spätestens 1940 gelesen (vgl. Anfang von *On Myself*). Im Material zum *Tod in Venedig* schreibt er in einer Notiz (S. 11): »Man pflegt wohl sonst zu sagen, die Einbildungen der Dichter wären Träume der Wachenden, ihrer Lebhaftigkeit wegen; aber weit mehr gilt dies von den Einbildungen der Liebenden, die ihre Geliebten, als wenn sie zugegen wären, anreden, umarmen und *beim Namen rufen.*« Thomas Mann scheint, seiner Formulierung nach zu schließen, Freuds Tagtraum-Theorie 1911/1912 erst vom Hörensagen her zu kennen.
[30] Freud, V, 520f. (Von Thomas Mann angestrichen).
[31] Freud, VII, 203f.

duelle Vorzeit, die Kindheit, anderseits, insofern jedes Individuum in seiner Kindheit die ganze Entwicklung der Menschenart irgendwie abgekürzt wiederholt, auch diese Vorzeit, die phylogenetische.« Freud hält es dabei für unmöglich zu unterscheiden, »welcher Anteil der latenten seelischen Vorgänge aus der individuellen, und welcher aus der phylogenetischen Urzeit stammt«. Nicht ausschließen mochte er aber, daß Mythen und Märchen als »Schöpfungen der Völker ihre Aufklärung vom Traum her empfangen könnten«.[32] Thomas Manns Mythos-Begriff läßt sich allerdings mit dem (eher vagen) von Freud nicht reinlich zur Deckung bringen. Das »Mythisch-Typische«, von dem er spricht, ist ein sonderbares Amalgam von Schopenhauerischer Idee, Jungschem Archetypus, Goetheschem Urphänomen und Freudschen Vaterbild-Vorstellungen.

3. *Eros.* Im Vorwort zur vierten Auflage (1920) der *Drei Abhandlungen zur Sexualtheorie* verschanzt sich Freud gegenüber dem Vorwurf, Psychoanalyse sei »Pansexualismus«, hinter Schopenhauer.[33] In der großen Abhandlung des gleichen Jahres, *Jenseits des Lustprinzips*, hat er den »Sexual (Lebens-)trieb« dem »Ich(Todes-)trieb« gegenübergestellt[34] – und sich dabei nicht verhohlen, daß er »unversehens in den Hafen der Philosophie *Schopenhauers* eingelaufen« sei, »für den ja der Tod ›das eigentliche Resultat‹ und insofern der Zweck des Lebens ist, der Sexualtrieb aber die Verkörperung des Willens zum Leben«:[35]

> Irgend einmal wurden in unbelebter Materie durch eine noch ganz unvorstellbare Krafteinwirkung die Eigenschaften des Lebenden erweckt. Vielleicht war es ein Vorgang, vorbildlich ähnlich jenem anderen, der in einer gewissen Schicht der lebenden Materie später das Bewußtsein entstehen ließ. Die damals entstandene Spannung in dem vorhin unbelebten Stoff trachtete darnach sich abzugleichen; es war der erste Trieb gegeben, der, zum Leblosen zurückzukehren.[36]

Thomas Mann hat hier, um es den Philologen leichter zu machen, an den Rand geschrieben: »Zbg. ohne Vorkenntnis.« Im *Krull*, wo von »Lust und Last« die Rede sein wird, wenn Kuckuck von der Allsympathie und Vergänglichkeit spricht (VII, 547f.), vindiziert er wieder Freud mit Schopenhauer – jenen Freud, der in *Jenseits des Lustprinzips* die »konservative Natur der Träume« hervorhebt, den Drang alles Lebenden, ins Anorgani-

---

[32] Freud, IV, 382. – Vgl. dazu Karl Abraham: *Traum des Mythos*, Leipzig/Wien 1909, und Freuds Formulierung in *Der Dichter und das Phantasieren* (Freud, X, 238): »[...] es ist z.B. von den Mythen durchaus wahrscheinlich, daß sie den entstellten Überresten von Wunschphantasien ganzer Nationen, den *Säkularträumen* der jungen Menschheit, entsprechen.«

[33] Freud, V, 6.   [34] Freud, VI, 234.   [35] Freud, VI, 241.   [36] Freud, VI, 228.

sche zurückkehren:³⁷ »*Das Ziel alles Lebens ist der Tod*, und zurückgreifend: *Das Leblose war früher da als das Lebende.*« Nach dem von Freud erwähnten »*Nirwanaprinzip*« hat alles Seelenleben die Tendenz, die innere Reizspannung herabzusetzen, konstant zu erhalten oder aufzuheben.³⁸ Auch das Eros/Thanatos-Motiv ließ sich also bei Freud ›wiedererkennen‹.

4. *Narziß.* Was sich an Krull, aber auch an allen andern zentralen Gestalten in Thomas Manns Werk ablesen läßt, wird auf autobiographischer Ebene durch die Tagebücher auf eine fast erschreckende Art bestätigt: Diese Tagebücher sind eine der eigenartigsten Manifestationen narzißtischer Existenzform. Hier ist ein »Beobachter seiner selbst« am Werk, der egozentrisch *alle* Ereignisse auf sich bezieht. Selbstliebe und Selbstgefälligkeit sind dabei gekoppelt mit dem Willen »zur Rechenschaft, Rekapitulation, Bewußthaltung und bindenden Überwachung« (Tagebuch, 11. Februar 1934). Präsumptuosität, äffische Eitelkeit des Künstlerkindes auf der einen Seite, alle Schattierungen moralistischer und psychologistischer Selbstprüfung auf der andern – das geht von protestantischer Selbstüberprüfung (Luther) zu psychologistischer Selbstentlarvung (Rousseau/Nietzsche). Im Gegensatz zu den Jugendbriefen und -schriften findet sich aber in späterer Zeit auch ein läßlicheres, kühleres selbstanalytisches Element (Freud). Wir dürfen annehmen, daß Freud gerade in diesem heiklen Punkte eher beschwichtigend auf Thomas Mann eingewirkt hat: Altruistische Kulturen pflegen ja den Widerspruch zwischen dem Narzißmus und ihrem Bescheidenheitsideal zu betonen³⁹; Freud hat diese Wertung in Frage gestellt.

Da alle Helden Thomas Manns dem narzißtischen Typus zugerechnet werden müssen (Krull, Joseph, Goethe; Tonio, Aschenbach, Leverkühn) erweisen sie sich in einem sehr präzisen Sinne als ›autobiographisch‹. Es ist deshalb angezeigt, Thomas Manns Tagebüchern gerade im Hinblick auf den Narzißmus eine besondere Beachtung zu schenken. Wir heben die wichtigsten Symptome und Mechanismen hervor.

– Der Kult des eigenen Ichs (körperliches Wohlgefühl, Schaffung einer behaglichen Umwelt, die ihn als schützenden Mantel umgibt); die empfindliche Störung, wenn dieses Wohlgefühl durch Krankheit, Zwischenfälle, Versagung der Außenwelt beeinträchtigt wird.⁴⁰

---

[37] Freud, VI, 228.
[38] Freud, VI, 248. Vgl. Freud, V, 375.
[39] Vgl. Heinz Kohut: *Formen und Umformungen des Narzißmus*, Psyche, Jg. 20, H. 8, Stuttgart, August 1966, S. 561.
[40] Es fügt sich jede Bemerkung in die narzißtische Persönlichkeitsstruktur ein: Der Kult des eigenen Körpers – Bad, Gummiwanne, Haarschneiden und Rasieren, die Gummischuhe beim Baden im Meer, Spaziergang – das alles als täglich sich wiederholender

– Die Entgegennahme von guten Diensten und Huldigungen – Familie, Gäste, Post, Publikum – die er in seiner Selbsteingenommenheit für selbstverständlich hält, deren Ausbleiben ihn enerviert.[41] Er selbst ist zur Liebe kaum befähigt (Themen-Komplex der Kälte, Isoliertheit, Unzugänglich-

---

Ritus, der Voraussetzung des Wohlgefühls ist und deshalb Erwähnung verdient. Der Kleider-Kult: »[...] nur Bluse mit kurzen Ärmeln und leinene Hose« (5./6. August 1933). »Für die Smoking-Toilette, die sich dann als unnötig erwies, nahm ich mir eine Stunde« – (21. Mai 1934). Hotelbehaglichkeit und Luxus, auf die er jederzeit, zu Hause oder im Zug, angewiesen ist: die Auswahl der Speisen, der Tilleul, der Vermouth, die Seidensteppdecke usw. Zusammenbruch des Wohlgefühls bei der kleinsten Beeinträchtigung: Akklimatisierungsschwierigkeiten, kleine Beschwerden, Krankheiten in endloser Zahl; das kleine Hotel in Montagnola, obwohl »durchaus sympathisch«, beklemmt ihn »durch Abgelegenheit, Primitivität, Kümmerlichkeit« (27. März 1933); bei der Besichtigung eines Hauses in Riehen bei Basel: »[...] eine abscheuliche und niederdrückende Vorstellung von deklassierter Existenz [...] verschlimmerte den Zustand meiner Nerven, die zu Hause bis zu Tränen versagten« (3. Mai 1933); in Bandol: »Aber ich finde in diesem Kulturgebiet alles schäbig, wackelig unkomfortabel und unter meinem Lebensniveau« (10. Mai 1933); »Morgens so nervös, verzweifelt und überreizt (im Anschluß an das Versagen der Warmwasserversorgung), daß ich K. um Verzeihung zu bitten hatte« (14. Juni 1933).

[41] Bei Umzügen pflegt er sich zurückzuziehen und sieht mit Kummer, wie seine Frau sich abarbeitet; im *Doktor Faustus* wird er den dienenden Frauen ein Denkmal setzen, nicht nur den Rosenstiels und Nackedeys (VI, 416ff.), auch Leverkühns Müttern; er akzeptiert auch inferiore, »törichte« (13. August 1933) Gäste und Korrespondenzpartner, solange sie ihm den Hof machen: das Überlegenheitsgefühl tut ihm wohl, oder sie sind anregend und damit nützlich (Martens, Frank, Reisiger, Bertram, Kerényi); Gleichgestellte, vor allem Schriftsteller, sind ihm zu anstrengend, sie bedrohen sein Überlegenheitsgefühl (Hofmannsthal, Musil, Kafka usw.), er ruht nicht, bis er sie sich untertan gemacht hat oder wenigstens einen »modus vivendi« gefunden hat (Hesse, Heinrich Mann); umgekehrt liebt er es durchaus, mit hochstehenden Persönlichkeiten zusammen gesehen und genannt zu werden (Einstein, Nehru, Roosevelt) – es umgibt ihn dann die Atmosphäre der großen Welt; eigentliche Freunde hat er keine. Er erwartet, daß alle Welt ihn kennt und sich um ihn bemüht: »Eine große, vorwiegend deutsche, Post fand sich ein, darunter eine sehr erfreuliche Karte *Carossas* und ein ebensolcher Brief *Hesses*. [...] im Ganzen waren es 17 Stück –« (16. Juni 1933); es tut ihm wohl, in der Theaterloge aufgesucht, von einem Hotelier mit Auszeichnung begrüßt zu werden: »Die Aufmerksamkeit der Wirte ist wohltuend« (27. September 1933); als ihn bei der Überfahrt nach den Vereinigten Staaten auf dem Schiff niemand erkennt, fühlt er sich herabgesetzt und beleidigt: »Ich kann mich gewisser Empfindungen der Beschämung angesichts der herrschenden völligen Unbekanntschaft mit meiner Existenz nicht entschlagen. Es fehlt an jeder orientierten Aufmerksamkeit auch von seiten des Kapitäns« (28. Mai 1934); um so größer seine Freude, als Knopf in New York mit Reportern und Photographen aufkreuzt, so daß die einfältigen Tischgenossen endlich merken, wer in ihrer Nähe war, (auf der Heimfahrt ist er sichtlich erleichtert und froh darüber, daß er erkannt wird); er beachtet ängstlich die Aufnahme seiner Bücher in der Presse und bei Bekannten: »Nervöse Erregung und Erschütterung bei allem, was ich über das Buch lese« (11. Oktober 1933); er liebt es, im »Amphitheater« applaudiert zu werden (9. November 1933). Er braucht die Unterstützung seiner Umgebung als Watte für sein narzißtisch-verletzliches Selbstbewußtsein.

keit, Distanziertheit, Liebesunfähigkeit, Homosexualität): Die »narzißtische Mauer«[42] schließt ihn ab und weckt gleichzeitig seine Sehnsucht nach einfachem, spontanem, unreflektiertem Erleben.

– Seine ohnmächtige Enttäuschung, wenn der schützende Mantel des Wohllebens und Wohlwollens zerrissen wird, sei es durch widerwärtige Umstände, politische Ereignisse oder (fast noch schlimmer) durch direkte polemische Angriffe auf seine Person – seine ungemeine Dünnhäutigkeit, die Verletzlichkeit des Narziß bei der Erfahrung der »narzißtischen Kränkung«.[43] Insbesondere die politische Atrozität von 1933 hat den *Noli me tangere*-Kreis des Narziß durchbrochen.

– Die ungeheure Aggressivität des Verletzten, seine Gehässigkeit, seine »narzißtische Wut«, seine auf Vernichtung des Gegners gerichtete Rachsucht.[44] Die »narzißtischen Narben«[45] werden bei jeder neuen Verletzung neu aufgerissen.

---

[42] Freud, VII, 439.
[43] Vgl. dazu Heinz Kohut: Formen und Umformung des Narzißmus, Psyche, Jg. 20, H. 8, Stuttgart, August 1966, S. 561 ff. – Thomas Mann fühlt sich durch solche Verwundungen degradiert; Nervenzusammenbrüche, Weinkrämpfe, Depressionen sind die Folge; »Verzweiflung an meiner Lebensfähigkeit nach der Zerstörung der ohnedies knappen Angepaßtheitssituation« (16. März 1933); »Nach dem Erwachen zunehmender Erregungs- und Verzagtheitszustand, krisenhaft, von 8 Uhr an unter K's Beistand. Schreckliche Excitation, Ratlosigkeit, Muskelzittern, fast Schüttelfrost und Furcht, die vernünftige Besinnung zu verlieren. Unter dem Zuspruch K's, mit Hilfe von Luminaletten und Kompresse langsame Beruhigung und Möglichkeit, Thee und ein Ei zu nehmen. Cigarette« (18. März 1933); »Schwere, entnervte und von Sorgen gequälte Reise, mit Anfällen von Beängstigung, die größter Müdigkeit wichen. K. und ich saßen viel Hand in Hand« (30. April 1933; vgl. auch 15. März 1933, 30. April 1933, 8. Oktober 1933); am 4. November 1933 spricht er von »seelischer Wurzelhautentzündung«; er legt sich bei solchen Krisen am Tage zu Bett, läßt sich die Hand halten (Wunsch nach Bemutterung). So übrigens auch schon bei dem Streit mit Lessing, zu dem die Schwiegermutter im Tagebuch vermerkt »Tommy vor Lessingereien ganz krank« (TMS I, 114). Er haßt die Lessing und Kerr bis über ihren Tod hinaus (1. September 1933). Die *Betrachtungen* sind, von hier aus gesehen, weniger ein politisches Buch denn ein narzißtisches Pamphlet gegen den Bruder, der ihn mit dem *Zola*-Essay verletzt hat.
[44] Es kommt zu eigentlichen Schimpftiraden gegen die Nazis: »Massenverdummung«, »kess-sadistische Propaganda-Pläne der deutschen Regierung« (17. März 1933); »Nie in Welt und Geschichte ist eine idiotischere Demagogie getrieben worden. Es ist etwas Infernalisches darin, so jedes Wort auf die letzte Dummheit, auf die es ankommt, zu berechnen und jedes bessere Wissen, jede anständige Wahrheit frech dabei unter die Füsse zu treten« (19. März 1933); »nationale Betäubungsfeierlichkeiten [...] blödsinnig, gemein und ekelhaft« (20. März 1933); »mörderische Bösartigkeit« (21. März 1933); »Unerschöpfliches, nicht abzuschließendes Gespräch über den verbrecherischen und ekelhaften Wahnsinn, die sadistischen Krankheitstypen der Machthaber« (27. März 1933); »der abgründig-widerwärtige Rache-Charakter des Ganzen« (30. März 1933) usw.   [45] Freud, V, 361.

– Die »narzißtische Wiederherstellung« im Schlaf:[46] Nur damit ist die Regeneration der Arbeitsfähigkeit gesichert.
– Die Erhaltung einer »förderlichen Lebensordnung« (4. Mai 1933): Abschirmung von der Außenwelt, auch innerliches »Gleichmaß des Lebens« (8. Mai 1933).[47] Das spiegelt sich in der Monotonie des Tagebuchs mit seinem ständig wiederholten Ritus von Wetterbericht, Toillettemachen, Spazieren, Briefeschreiben, Musikhören, Lektüre usw. Jede Abweichung von dieser Ordnung beeinträchtigt schon das Werk. Er ist auf eine träumerisch-weiche und leise schwingende und heitere Arbeitsstimmung angewiesen – eine Stimmung, die ihn an die Wirkungen des Meeres erinnert[48] und die er sich durch Zigarrenrauch künstlich herbeizuführen trachtet.
– Die Erfüllung der narzißtischen Träume vor allem im Werk: Auf dieses Werk sind im Grunde alle Anstrengungen seines Lebens konzentriert: Das Gleichmaß (und die damit verbundene scheinbare Langeweile und Ereignislosigkeit des Tagesablaufs) dient allein dem Werk. Durch dieses Werk aber sichert sich der Narziß die Liebe aller Welt – und auch die Überlegenheit über alle Welt.[49]
– Das Glücksgefühl – von Anfang an im Felix-Motiv gefordert – stellt sich schließlich auch nach schwersten inneren und äußeren Anfechtungen immer wieder ein (30. März 1933): [...] »ich verstehe, daß ich, bei aller Qual, von charakteristischem Glück sagen kann, insofern ich bei Ausbruch der Katastrophe [...] auswärts war.« In einer Eintragung vom 22. September 1933 spricht er von dem »bei aller Schwierigkeit glücklichen Grundcharakter meines Lebens«. Abweichungen von dem, was ihm nach der *Absichtlichkeit des Willens im Schicksale des Einzelnen* zusteht, betrachtet er als irritierende Nachlässigkeit eben dieses Willens – als ungerechtfertigte »Versagung«.[50] Die eigene Felix-Natur hat sich als unverwüstlich zu erweisen.

---

[46] Béla Grunberger, *Vom Narzißmus zum Objekt*, Frankfurt a. M. ²1977, S. 228, 237–243. – Der Kult der Schlafmittel, die regelmäßige Erwähnung von Schlaftiefe, Schlafdauer, Schlaflosigkeit; »Muß feststellen, daß mein Schlaf gelitten hat durch diese Zeit« (2. Juni 1933); »Ich schlief nachmittags eine gute Weile, nach einiger nervöser Beängstigung seelischen Ursprungs« (30. September 1933). – Zum »narzißtischen Schlafzustand« vgl. auch Freud, V, 520f., 523.
[47] »[...] gleichmäßige Arbeitstage« (4. Mai 1933):
[48] Er spricht einmal von der »aphrodisierenden Wirkung des Meeres« (7. Mai 1933).
[49] »Allerlei Reizvolles wegen des Romans schwebte mir vor«, notiert er sich in einem schöpferischen Augenblick (TB, 21. September 1933). »Ich empfand die Überlegenheit meines Talentes über alle in Deutschland zurückgebliebenen und äußerte übrigens gestern Abend zu Heinrich, daß ich trotz vorgerückter Jahre mir zuweilen belebende und steigernde Wirkungen auf mein Künstlertum durch die gewaltsame Befreiung aus der deutschen Misere und die Verpflanzung ins Europäische erwarte. –«
[50] Heinz Kohut: *Formen und Umformungen des Narzißmus*, S. 565.

Das Hin und Her zwischen Glücksgefühl und Todessehnsucht wird im Tagebuch einmal mit folgenden Worten beschrieben (23. Juni 1933):

> Dachte in der Stille des Abends über mein Leben nach, seine Pein und Schwere von früh an und seine Gunst vermöge gewisser glücklicher Seiten meines Charakters. Ich glaube doch, zuletzt werde ich seiner recht müde sein – und nicht nur seiner, sondern damit auch, im Gegensatz zu den metaphysischen Hoffnungen und Sehnsüchten meiner Jugend, des Lebens überhaupt. Genug, genug! Wenn man das am Ende sagt, so meint man nicht nur die eigene ›Individuation‹, man meint das Ganze – aus der wahrscheinlich zutreffenden Erkenntnis wohl: Viel anders ist es nie. Der Sinn des Wortes ›lebensmüde‹ ist nicht persönlich, er ist umfassend.

Sein ganzes Leben erscheint von hier aus als Bemühung, in allen Lagen sein »narzißtisches Gleichgewicht«[51] zu wahren oder wiederzugewinnen. Das Schwanken zwischen Selbstüberschätzung und Minderwertigkeitsgefühl ist dabei besonders charakteristisch.

Wie diese Stufe des immer erneuten Bemühens um das narzißtische Gleichgewicht im Alterswerk schließlich zugunsten von höheren Formen des Narzißmus[52] überwunden werden kann, soll im Schlußkapitel gezeigt werden.

5. *Prospero*. Der frühe Wunsch nach Wirkung und Volkstümlichkeit wird bei Freud aus dem Narziß-Charakter abgeleitet und steigert sich später zum Anspruch, ein Magier und Zauberer[53], damit ein Menschheitsverführer oder -beglücker zu sein. Nietzsches Beobachtungen an Wagner (dessen Demagogie, dessen Herrschaftssucht) werden durch Freud in seinem Aufsatz *Massenpsychologie und Ich-Analyse* fortgesetzt.[54] Der Machtanspruch der Kunst sieht sich darin bestätigt.

6. *Maja*. Für Kant und Schopenhauer sind Vorstellungen, Illusionen ein intellektuelles Problem[55], für Freud ein psychisches. Der Schleier der Maja verhindert die Wahrnehmung des Dings an sich. Mit Wunschdenken, Tagtraum usw. hat er ja auch nichts zu tun. Ein Berührungspunkt zwischen der Illusion Schopenhauerscher und Freudscher Prägung ergibt sich auf ästhetischer Ebene: Bei Schopenhauer/Nietzsche hat die Kunst als »Olympischer Schein« die Fähigkeit, die Abgründe des Seins zuzudecken. »Wir haben die *Kunst, damit wir nicht an der Wahrheit zugrunde gehn*«, hatte Nietzsche

---

[51] Heinz Kohut: *Formen und Umformungen des Narzißmus*, S. 562, 569.
[52] Heinz Kohut: *Formen und Umformungen des Narzißmus*, S. 581 ff.
[53] Freud, X, 97 f., 101, 111.
[54] Freud, VI, 259 ff.
[55] Schopenhauer, II, 201 ff.

geschrieben.[56] Bei Freud setzen sich der Tagträumer und der Dichter von der Realität ab und schaffen sich so eine Spiel- und Ersatzwelt, die nur von psychischer Realität ist. Als »Illusion« und »Spiel« dient sie der psychischen Oekonomie des Autors *und* des Publikums. Der Lustgewinn des Autors soll vom Leser nachvollzogen werden können. Sein Genuß hat »die Illusion zur Voraussetzung«:[57] Wenn er sich mit dem Helden identifiziert und mit ihm leidet, wird sein Leiden durch die Sicherheit gemildert, daß alles doch nur ein Spiel ist. Freud hat im übrigen der Kunst keinen Anspruch oder Auftrag zugestanden, der über das Nur-Spielerische hinausginge. Immerhin hat er von Künstlern zugegebenermaßen viel profitiert und sie für ihre Erkenntnisse gelobt.

7. *Histrio.* Wann immer Thomas Mann Freuds Aufsatz *Der Dichter und das Phantasieren* (1908) gelesen haben mag[58], er war durch Nietzsche auf dessen Thesen vorbereitet:

– Nietzsche wie Freud weisen auf Gemeinsamkeiten zwischen dem Künstler und dem Kind hin: Das »Künstler-Kind« lebt stärker aus dem Unbewußten und hält sich den Zugang dazu offen. Es ist dem ›Ursprung‹ im romantischen Sinne näher als der Bürger und Erwachsene: Der Künstler ist, in Freuds Terminologie, stärker regressiv ausgerichtet als seine Umwelt.

– Dichtung wie der Traum sind »Fortsetzung des einstigen kindlichen Spielens«.[59] Kind wie Künstler bauen sich in der Erfahrung der Widerstände der Realität eine Spielwelt auf, in der sie den narzißtischen Traum von der Allmacht nach wie vor erleben können – eine Ersatzwelt illusorischen Charakters, die *in extremis* das Überleben ermöglicht.

– Genie wird schon von Nietzsche mit Neurose in Zusammenhang gebracht, und auch das ist ein Topos, der schon bei Schopenhauer und Lombroso eine bestimmte Verwissenschaftlichung erfährt. Im Unterschied zu vielen Pathographen des 19. Jahrhunderts weist Freud nun aber darauf hin, daß es eine genaue Grenze zwischen Norm und Wahnsinn nicht gibt. Was den Künstler charakterisiert, ist das Überwiegen der Es-Triebe vor den Ich-

---

[56] Nietzsche, VI, 248.
[56] Nietzsche, VI, 248.
[57] Vgl. Freud, Studienausgabe, 6. korr. Aufl., Frankfurt a. M.: Fischer 1977.
[58] Freud, X, 230f. Der Vortrag, am 6. Dezember 1907 erstmals in Wien gehalten, erschien im März 1908 in der »Neuen Revue«, Ed. 1, H. 10, S. 716–724. In *Geist und Kunst* findet sich kein Niederschlag; dagegen bezieht sich Thomas Mann möglicherweise in den Notizen zum *Tod in Venedig* darauf (vgl. Anm. 29): 1925/1926 scheint er den Aufsatz nicht mehr gelesen zu haben; wenigstens finden sich in seiner Freud-Ausgabe keinerlei Unterstreichungen und dgl. Mit Sicherheit hat er ihn vor sich gehabt, als er 1940 die Einleitung zu *On Myself* schrieb (TMS III, 70ff.).
[59] Vgl. *Der Dichter und das Phantasieren* (Freud, X, 230f.).

Trieben, die Tendenz zur Regressivität, eine starke Phantasietätigkeit und, damit verbunden, eine bestimmte Abwendung von der Realität. Das sind Züge, die noch nicht als pathogen bezeichnet werden können.
– Nietzsche hatte dem dekadent-neurotischen Künstler den vital-triebstarken gegenübergestellt:[60]

> »Das Spiel«, das Unnützliche – als Ideal des mit Kraft Überhäuften, als »kindlich«. Die »Kindlichkeit« Gottes, παῖς παίζων.

Diese Möglichkeit scheint Freud nicht zu sehen. Wenn er festhält, daß im Phantasierenden das Verhältnis zur Realität immer aus Schwäche gestört ist, schließt er den Künstler mit ein:[61] [...] »der Glückliche phantasiert nie, nur der Unbefriedigte.« Traum und Dichtung werden mit den Mechanismen der Wunscherfüllung in Verbindung gebracht:[62]

> Unbefriedigte Wünsche sind die Triebkräfte der Phantasien, und jede einzelne Phantasie ist eine Wunscherfüllung, eine Korrektur der unbefriedigten Wirklichkeit. Die treibenden Wünsche [...] sind entweder ehrgeizige Wünsche, welche der Erhöhung der Persönlichkeit dienen, oder erotische.

– Im Unterschied zum bloßen Tagträumer aber vermag der Künstler seine Träume zu gestalten und damit seinen Versuch zur Selbstbefreiung auch andern mitzuteilen: Die Kunst erhält eine soziale Funktion. Freud faßt zusammen:[63]

> Der Künstler hatte sich wie der Neurotiker von der unbefriedigenden Wirklichkeit in diese Phantasiewelt zurückgezogen, aber anders als der Neurotiker verstand er den Rückweg aus ihr zu finden und in der Wirklichkeit wieder festen Fuß zu fassen. Seine Schöpfungen, die Kunstwerke, waren Phantasiebefriedigungen unbewußter Wünsche, ganz wie die Träume, mit denen sie auch den Charakter des Kompromisses gemein hatten, denn auch sie mußten den offenen Konflikt mit den Mächten der Verdrängung vermeiden. Aber zum Unterschied von den asozialen, narzißtischen Traumproduktionen waren sie auf die Anteilnahme anderer Menschen berechnet, konnten bei diesen die nämlichen unbewußten Wunschregungen beleben und befriedigen.

– Die Träume eines Einzelnen können den »entstellten Überresten von Wunschphantasien ganzer Nationen, den *Säkularträumen* der jungen Menschheit, entsprechen«.[64]

---

[60] Nietzsche, XVI, 226.
[61] *Der Dichter und das Phantasieren* (Freud, X, 232).
[62] *Der Dichter und das Phantasieren* (Freud, X, 232f.).
[63] *Selbstdarstellung* (Freud, XI, 176).
[64] *Der Dichter und das Phantasieren* (Freud, X, 238).

Thomas Mann muß sich bei der Lektüre von Freuds Aufsatz aufs tiefste betroffen gefühlt haben. Die Ähnlichkeiten zu Nietzsches Künstler-Psychologie waren nicht zu übersehen. In *On Myself* schlägt er denn auch ohne weiteres die Brücke vom Komödiantisch-Imitatorischen in Nietzsches Schauspieler-Künstler zum »Infantil-Spielerischen« im Sinne Freuds.[65]
Bei aller Betroffenheit mochte er aber Freuds Kunst- und Künstlertheorie gegenüber ein tiefes Ungenügen empfinden. War seine eigene Kunst wirklich nur Realitätsflucht, Spiel und (illusionäre) Wunscherfüllung? Schon in dem Aufsatz *Der Künstler und der Literat* (1913) hatte er darauf aufmerksam gemacht, daß der Künstler weit mehr zu sein hatte als ein »Nur-Künstler« – er sei »Moralist in doppeltem Sinne: [...] Seelenkundiger und Sittenrichter« (X, 65).
Kunst im Sinne Thomas Manns ist nicht nur gestalteter Tagtraum. Sie ist – wir nennen ihre wichtigsten Möglichkeiten – 1) apperzeptiv als Widerspiegelung und damit Funktion ihrer Umwelt. Sie ist 2) analytisch als Selbstkritik und als psychologische Hellsicht auch andern gegenüber. Sie ist 3) moralistisch als »Gerichtstaghalten über sich selbst« und als Zeitkritik. Sie ist 4) utopistisch als Entwurf neuer Möglichkeiten des Lebens und Zusammenlebens (Menschheitsutopie). Sie übersteigt 5) das Private des Tagtraums aber auch ästhetisch: Sie steht in Relation zur mythologischen und literarischen Tradition. Die Phantasie, die da arbeitet, setzt sich fortwährend mit den schon vorliegenden *opera* anderer auseinander, welche die Arbeit auch der eigenen Phantasie leiten und lenken. Kurz, Kunst solcher Art war auf Wahrnehmung und Erkenntnis aus, sie hatte psychologische, moralische, utopische, ästhetische Qualitäten, die Freud innerhalb des psychoanalytischen Horizontes eingestandenermaßen nicht in den Griff bekam – oder die er übersah. Kunst war für Thomas Mann nicht nur Spiel und Fiktion. Sie hatte durchaus auch eine selbsttherapeutische Funktion: Die Bewältigung psychischer Grundkonflikte durch »Erledigung« im Wort; sie diente der Auseinandersetzung mit der Realität und mit bereits Literatur gewordenen Grundkonflikten und Realitätsbewältigungen. Allerdings war Thomas Manns Kunst zu diesen Leistungen nur innerhalb des Rahmens narzißtischer Möglichkeiten imstande, der nun einmal sein Künstlertum zentral bestimmte.
8. *Proteus*. Das aus der Labilität des modernen Künstlers stammende »Anlehnungsbedürfnis« (vgl. XIII, 132) erfährt mit der Lektüre von Freuds

---

[65] *On Myself* (TMS III, 70).

*Totem und Tabu*⁶⁶ eine psychoanalytische Deutung – eine Deutung, die über das Individualpsychologische ihre sozialen, moralischen und religiösen Implikationen hat. Die Anlehnung an Vorbilder (Goethe, Lessing usw.) – Thomas Mann hat ja eine ganze Reihe ›mythischer‹ Väter gekannt – konnte jetzt als »Vaterbindung, Vaternachahmung« begriffen werden (*Freud und die Zukunft*, IX,498). Wer das eigene Leben in die Nachfolge stellte, es mit dem »Vaterspiel« versuchte, vermochte so vielleicht seine Labilität zu überwinden und seinem Leben eine Richtung, ein Ziel, eine Zukunft zu geben.

Thomas Mann vergleicht Josephs »imitatio Gottes« mit seiner eigenen »imitatio Goethe's« – beide waren eine »Form der mythischen Identifikation, des Nachahmens, des In-Spuren-Gehens« (IX, 498). Gegeben war damit – bei aller Ambivalenz⁶⁷ – ein Orientierungszentrum, das alle Lebens- und Schaffensanstrengungen eines modernen Menschen auf sich ziehen konnte.⁶⁸ Gegeben war auch die Verbindung von archaischem Erbe und Fortschritt.⁶⁹ Das mythische Denken ist auf existenzprägende Urbilder ausgerichtet, es ist damit zyklisch und konservativ. Aber es gestattet auch die freiheitliche Variation, in der sklavische Imitation durch eine Analogiehandlung ersetzt werden kann (Übergang vom Menschen- zum Tieropfer). Freuds Kulturphilosophie konnte der »Dichterutopie« einer »kommenden Humanität«, einer Menschheit ohne Angst und Haß (IX, 501) Nahrung geben und so in die Zukunft weisen.

9. *Heros*. Neue Aufgabe war es damit, die Angst vor der Realität, dem Ekel und dem Horror nicht nur auszuhalten, sondern Trauer und Melancholie im Hinblick auf und gestützt durch das Vaterbild zu überwinden. Die Qualen des Heiligen Sebastian und die Hamlet-Schwäche⁷⁰ waren durch herkulische Arbeit am eigenen Lebensglück in Schranken zu halten und zu

---

⁶⁶ Vgl. insbesondere Freud, X, 177–186 (mit vielen Anstreichungen Thomas Manns) und Manfred Dierks (TMS II, 160–168).
⁶⁷ *Totem und Tabu* (Freud, X, 82 ff.).
⁶⁸ Freud weist in einem Brief vom 29. November 1936 an Thomas Mann bestätigend und legitimierend auf Napoleons Joseph-Nachfolge hin (Sigmund Freud: *Briefe*. Ausgewählt und herausgegeben von Ernst L. Freud. Frankfurt a. M.: S. Fischer 1960, S. 424–427).
⁶⁹ Vgl. dazu neben *Totem und Tabu* auch Freud, V, 372 f.
⁷⁰ *Trauer und Melancholie* (Freud, V, 539). Mit Hamlet hat sich Thomas Mann in früher Zeit gerne verglichen, so etwa in einer Beobachtung aus dem Winter 1901/1902, der Ehrenberg-Zeit (Notizbuch 7, S. 74):
»*Hamlet* –: seine enthusiastische Schwäche, die Hyperästhesie seines Gewissens, seine Reflexionskrankheit, seine hitzige Phantasie und sein Versagen der Wirklichkeit gegenüber, sein Pessimismus, sein *Erkenntnis-Ekel* (was Ophelia, die Frauen, die Höf-

verdrängen. Nur so konnte der Herkules-Aufschwung ins Licht gelingen, der Pessimismus besiegt und olympische Heiterkeit erreicht werden (IX, 939). Gefordert war ein »heroischer Lebenslauf« (IX, 573, 690).

10. *Theatrum mundi.* Das ›Leben‹, das er in der Jugend durchschaut und als Schauspiel von sich weggerückt hatte, konnte er mit Hilfe von Freuds Einsichten gelassener betrachten. Es war nicht nur ein amorph-bedrohliches Ungeheuer, es gehorchte bestimmten erkennbaren Ordnungen und Rahmenbedingungen. Insbesonders ließ sich die eigene Vita als zitathaftes Leben führen (IX, 497): »Das zitathafte Leben, das Leben im Mythus, ist eine Art von Zelebration; insofern es Vergegenwärtigung ist, wird es zur feierlichen Handlung, zum Vollzuge eines Vorgeschriebenen durch einen Zelebranten, zum Begängnis, zum Feste. Ist nicht der Sinn des Festes Wiederkehr als Vergegenwärtigung?«

Daraus war eine neue Aufgabe der Kunst abzuleiten: Sie hatte das Mythisch-Typische des individuellen und gesellschaftlichen Lebens zu zeigen, dies in der Hoffnung, daß exemplarisch Durchlebtes und Gestaltetes modellhaft wirken und so zur Klärung verworrener Einzelsituationen beitragen könne. Kunst brauchte nicht »Vorbild« (IX, 186) im moralisch-ästhetischen Sinn der Klassik zu sein; aber selbt im Verzicht auf das Mustergültige konnte sie Muster präsentieren. Der Dichter war nicht »der Menschheit Meister«, wie es die utopischen Träume der frühen zwanziger Jahre einst nahegelegt hatten (IX, 186), aber sein Wissen gestattete es ihm, die verwirrende und beängstigende Fülle von Einzelsituationen bestimmten Grundmustern zuzuordnen und so die Angst zu besiegen. Das Entscheidende war, daß diese Grundnormen bei aller Verbindlichkeit nicht vergewaltigten; sie gewährten eine gewisse Freiheit, und vor allem gaben sie Anlaß zum humoristischen Vergleich. Bei solcher Wirkung hatte seine Kunst einen Grad von Sozialität erreicht, den sich der frühe Thomas Mann in seiner Exklusivität nie hätte denken können.

---

linge, das ganze Dasein betrifft) (es genügt ihm, zu durchschauen, um angewidert zu sein) – ecce ego!«
P.›aul‹ antwortete nicht ohne Wichtigkeit:
»Das ist wahr ... Er hält einem einen Spiegel vor!«
Und meine Seele stimmte ein ungeheures Gelächter an ... Mein guter Junge! Niemals war er mir ferner! Er gleicht dem Hamlet wie ich dem Herkules!

Dorrit Cohn

The Second Author of »Der Tod in Venedig«

I

In his review of a now forgotten contemporary novel Thomas Mann draws the following distinction between the author and the narrator of a fictional work: »Erzählen [ist] etwas vollständig anderes als Schreiben; und zwar unterscheidet sich jenes von diesem durch eine Indirektheit ...«. This indirectness, he goes on to explain, is most slyly effective when it veils itself in directness: when the author interpolates between himself and his reader a second voice, »die Stimme des zweiten, eingeschobenen Autors«, »wenn also ... ein monsieur sich meldet und peroriert, der aber keineswegs identisch mit dem epischen Autor, sondern ein fingierter und schattenhafter Beobachter ist«.[1] Clearly Mann does not have in mind here a simple *Icherzähler* who tells his own life in the manner of Felix Krull, or even the peripheral type of first-person narrator who tells the life of a friend in the manner of Serenus Zeitblom. The reader needs hardly be told that a narrator so spectacularly equipped with a name, a civic identity and a body of his own should not be confused with the author of the work in which he appears. It is primarily when a narrator remains a truly »schattenhafter Beobachter«, a disincarnated voice without name or face, that the reader will be inclined to attribute to him the mind, if not the body, of the author whose name appears on the title page. This is especially likely to happen with a teller who intrudes loudly and volubly into his tale, as the narrators of Mann's own third-person novels almost invariably do. Like so many of his comments concerning the works of other writers, the distinction Mann draws in the passage quoted above looks suspiciously as though it were meant primarily *pro domo*.

In recent times, with our consciousness raised by modern literary theory, we have learned to resist the tendency to equate that authorial narrator – as

---

[1] *Gesammelte Werke in zwölf Bänden* (Frankfurt, a. M. 1960), X, pp. 631f. The novel under review is Adolf von Hatzfeld's *Die Lemminge* (1923).

we now generally call Mann's »second author«[2] – with the author himself. At least in theory. In critical practice the distinction has been slow to sink in, perhaps because it has never been freighted sufficiently with demonstrations and qualifications. The author-narrator equation has been peculiarly tenacious in cases where a narrator takes earnest moralistic stands on weighty problems of morality; the reader then is given to extending the narrator's authority in matters of fictional fact onto his normative commentary. When his tone is more jocular, and especially when he plays self-conscious games with the narrative genre, it seems easier to grant him a personality of his own. This may well be why Mann's narrators in *Der Zauberberg* and the Joseph novels have long since been recognized as »second authors,« whereas the seriously perorating monsieur who narrates *Der Tod in Venedig* has almost invariably been identified with Thomas Mann himself.

Nor can we automatically assume that this identification is incorrect. But since it has decisively affected interpretation of Mann's most enigmatic novella, my contention is that it needs to be questioned once and for all.[3] In taking up this problem I follow a general directive provided by Franz Stanzel in his *Theorie des Erzählens*. Having reminded us that the separation of the authorial narrator from the personality of the author is a fairly recent narratological acquisition, he states: »Es ist ... davon auszugehen, daß der auktoriale Erzähler eine innerhalb gewisser Grenzen eigenständige Gestalt ist, ... die sich daher mit ihrer Eigenpersönlichkeit der Interpretation stellt. Erst wenn ein solcher Interpretationsversuch eindeutig negative Ergebnisse erbracht hat, kann eine Gleichsetzung von auktorialem Erzähler und Autor vorgenommen werden.«[4] I assume from the wider context of his

---

[2] The term was first proposed by Franz Stanzel in *Die typischen Erzählsituationen im Roman* (Vienna, 1955).

[3] A number of critics of *Tod in Venedig* have recognized the narrator-author differential as a factor that must be taken into account, but without drawing the interpretive consequences that it implies. See esp. Hans W. Niklas, *Thomas Manns Novelle Der Tod in Venedig* (Marburg, 1968), p. 87; Herbert Lehnert, »›Tristan‹, ›Tonio Kröger‹ und ›Der Tod in Venedig.‹ Ein Strukturvergleich«, *Orbis Litterarum*, 24 (1969), pp. 298–304; Josef Kunz, *Die deutsche Novelle im 20. Jahrhundert* (Berlin, 1971), pp. 154, 161. The closest approach to an interpretation based on the narrator's separate personality is found in Inge Diersen, *Untersuchungen zu Thomas Mann* (Berlin, 1959, 1965), pp. 122–128. Overstressing as she does the political implications of the narrator's ideological conservatism Diersen arrives at conclusions that I find difficult to substantiate on the basis of the text; some of her remarks on the narrator's role are nonetheless valid and insightful.

[4] Franz Stanzel, *Theorie des Erzählens* (Göttingen, 1979), p. 27f.

Theorie that Stanzel would insist that such interpretive assays be carried out intra-textually, without regard to evidence that might be gathered about the author from outside the text. My own intention, at any rate, is to perform my experiment with *Tod in Venedig* as far as possible *en vase clos*.[5]

My principal focus will be the relationship of the narrator to his protagonist, such as it emerges from the language he employs in telling the story of Aschenbach's Venetian love and death. This story itself must of course be attributed to the invention of its author; the narrator, for his part, recounts it as though it were historically real.[6] We can therefore hold him accountable only for his narrative *manner*, not his narrative *matter* (or, as the Russian Formalists would say, only for the *sujet*, not for the *fabula*). It follows that his personality – his »Eigenpersönlichkeit« – will stand out most clearly at those textual moments when he departs furthest from straightforward narration, when he moves from the mimetic, story-telling level to the non-mimetic level of ideology and evaluation.[7] In this respect, as we will see, the narrator of *Tod in Venedig* provides a profusion of data for drawing his mental portrait: generalizations, exclamations, homilies, aphorisms and other expressions of normative subjectivity. These will ultimately allow us to assess his objectivity, to decide whether he is, ideologically speaking, a reliable narrator, and thus a spokesman for the norms of the author who has invented both him and his story.[8]

---

[5] Given Mann's ambivalent views concerning art and the artist during the time of writing, as well as his contradictory self-interpretations of *Tod in Venedig*, extra-textual evidence concerning authorial intentions is notoriously inconclusive. See Herbert Lehnert, *Thomas Mann: Fiktion, Mythos, Religion* (Stuttgart, 1965), pp. 120–139; Hans Wysling, »›Ein Elender‹. Zu einem Novellenplan Thomas Manns«, in Paul Scherrer and Hans Wysling, *Quellenkritische Studien zum Werk Thomas Manns* (Bern, 1967); T. J. Reed, *Thomas Mann: The Uses of Tradition* (Oxford, 1974), pp. 119–143. Reed's genetically oriented chapter on *Tod in Venedig* (pp. 144–178) will be discussed in my conclusion.

[6] This most general and most basic distinction between novelists and their narrators is pointed up by Wolfgang Kayser in his classic essay »Wer erzählt den Roman?« (*Vortragsreise*, Bern, 1958, p. 91). The distinction is discussed in a more modern theoretical vein by Félix Martínez-Bonati in *Fictive Discourse and the Structures of Literature* (Ithaca, N. Y., 1981); see esp. pp. 77–96.

[7] For the differentiation between mimetic and non-mimetic language in fiction, see Martínez-Bonati, pp. 32–39. Mimetic language is »as though transparent; it does not interpose itself between us and the things of which it speaks;« the non-mimetic parts of a narrator's discourse, by contrast, »refer us back to his presence, since they ... are *his* language, his acts *qua* narrator, his perceptible subjectivity« (pp. 36f.).

[8] I here use the term »reliable narrator« in the sense defined by Wayne Booth: »I have called a narrator *reliable* when he speaks for ... the norms of the work (which is to say, the implied author's norms), *unreliable* when he does not« (*The Rhetoric of Fiction*. [Chicago, 1961], p. 158f.).

II

In briefest summary the relationship of the narrator to his protagonist in *Tod in Venedig* may be described as one of increasing distance. In the early phases of the story it is essentially sympathetic, respectful, even reverent; in the later phases a deepening rift develops, building an increasingly ironic narratorial stance.[9] In this regard Mann's novella evolves in a manner diametrically opposed to the typical Bildungsroman, where we usually witness a gradual approach of the mind of the protagonist to that of the narrator. Here the protagonist does not rise to his narrator's ethical and cultural standards but falls away from them. The events of Aschenbach's final dream, we are told, »ließen die Kultur seines Lebens verheert, vernichtet zurück« (516)[10], and subsequently, as he shamelessly persues Tadzio through the streets of Venice, »schien das Ungeheuerliche ihm aussichtsreich und hinfällig das Sittengesetz« (518). The narrator meanwhile – as the words he uses here to describe Aschenbach's moral debacle indicate – remains poised on the cultural pinnacle that has brought forth his protagonist's own artistic achievement.

It should be noted from the outset, however, that this bifurcating narrative schema unfolds solely on the ideological or evaluative level of the story, without in the least affecting the point of view (in the technical sense of the word) from which the story is presented.[11] On the perceptual level the narrator steadfastly adheres to his protagonist's perspective on the outside world; from the initial moment when he observes the strange wanderer standing on the steps of the funeral chapel to the final moment when he

---

[9] The growing separation of the narrator from Aschenbach has been previously noted by Burton Pike (»Thomas Mann and the Problematic Self,« *Publications of the English Goethe Society*, 37 [1967], p. 136); see also Diersen, p. 124.

[10] Page numbers in the text refer to *Gesammelte Werke in zwölf Bänden* (Frankfurt, a. M. 1960), VIII.

[11] In this respect *Tod in Venedig* is a remarkable illustration for the »nonconcurrence of points of view articulated at different levels« that Boris Uspensky discusses in *A Poetics of Composition* (Berkeley, 1973), pp. 101–108. Uspensky's recognition that »point of view« is a composite concept that must be divided into several discrete »levels« is therefore essential for the correct description of the narrative situation in Mann's novella. Failure to distinguish between these discrete levels in *Tod in Venedig* seems to me the reason why its narrative structure has been characterized in such widely differing ways, ranging from those critics who see the narrator as the »mirror« of Aschenbach (Fritz Martini, *Das Wagnis der Sprache*, [Stuttgart, 1964], p. 210) to those who see him as taking an ironic stance from beginning to end (Reinhard Baumgart, *Das Ironische und die Ironie in den Werken Thomas Manns* [Munich, 1964], pp. 120f.).

watches Tadzio standing on the sandbar we see the events and figures of the outside world through Aschenbach's eyes. The narrator also upholds from start to finish his free access to his protagonist's inner life (whereas he never so much as mentions what goes on in the mind of Tadzio). In sum, the narrator maintains his intimacy with Aschenbach's sensations, thoughts, and feelings, even as he distances himself from him more and more on the ideological level.[12]

Now to follow this relationship through the text in greater detail. The most obtrusive indicator of the narrator's personality – and of the fact that he *has* a clearly defined personality – is the series of statements of »eternal truths« he formulates.[13] There are in all some twenty glosses of this kind scattered through the text, and they express a consistent system of values. This narrator is for discipline, dignity, decorum, achievement and sobriety, against disorder, intoxication, passion and passivity. In short, he volubly upholds within the story a heavily rationalistic and moralistic cultural code, most strikingly in the maxims that culminate many of his statements *ex cathedra*:

> Denn heilsame Ernüchterung nicht wollen zu können, ist Zügellosigkeit. (494)
> Denn der Mensch liebt und ehrt den Menschen, solange er ihn nicht zu beurteilen vermag, und die Sehnsucht ist ein Erzeugnis mangelhafter Erkenntnis. (496)
> ... denn die Leidenschaft lähmt den wählerischen Sinn und läßt sich allen Ernstes mit Reizen ein, welche die Nüchternheit humoristisch aufnehmen oder unwillig ablehnen würde. (506)
> Wer außer sich ist, verabscheut nichts mehr, als wieder in sich zu gehen. (515)

With their causal inceptions *(denn)* these sententiae profess full accountability for the case under discussion. They embed Aschenbach's story in a

---

[12] In his discussion of Pike's article (see note 9 above) Lehnert denies the mounting distance between the narrator and Aschenbach on the grounds that »der Erzähler dauernd zwischen Innensicht und Außensicht wechselt, von Anfang bis Ende« (*Thomas-Mann-Forschung*, [Stuttgart, 1969], p. 139). It is apparent that Lehnert confuses different point-of-view levels here. A narrator's free access to a character's mind – »Innensicht« – by no means necessarily coincides with sympathy (identification), nor »Außensicht« with irony (distance). This confusion also affects his analysis of the narrative structure of *Tod in Venedig* in his article (see note 3 above). Neither the perennial »Wechsel zwischen Innensicht und distanzierterer Biographenperspektive« (p. 301) that he considers characteristic for this work nor the »Perspektiven-Ambivalenz« to which he relates this alternation seem to me accurate descriptions of the overall narrative structure.

[13] The narrator's ideological commentary is also stressed by Niklas (pp. 91 f.) and Kunz (p. 154).

predictable world, a system of stable psychological concepts and moral precepts.

That the narrator's code of values in fact closely matches the protagonist's own before his fall can be seen from the flashback on Aschenbach's career as a writer provided in chapter II. As others have noted, this summary biography sounds rather like a eulogy penned in advance by the deceased himself. The narrator clearly takes the role of apologist, and his gnomic generalizations – more extensive here than elsewhere in the text, and all concerned, as the subject demands, with the psychology and sociology of artistic achievement – serve only to heighten the representative import of Aschenbach's existence. With one notable exception – to which I will return below – they unreservedly enhance the *laudatio* (see e. g. the passages starting with the words »Damit ein bedeutendes Geistesprodukt ...«, 452; »Lebendige, geistig unverbindliche Greifbarkeit ...«, 454; »Aber es scheint, daß gegen nichts ein edler und tüchtiger Geist ...«, 454–455).

The ideological concord between the narrator and Aschenbach continues into the narrated time of the story itself: in the starting episode, the voyage South, the early phases of the Venice adventure authorial generalizations are barely differentiated from figural thoughts. During Aschenbach's introspection while he awaits his Munich tramway:

> er [hatte] das Gefühl gezügelt und erkältet, weil er wußte, *daß es geneigt ist*, sich mit einem fröhlichen Ungefähr und mit einer halben Vollkommenheit zu begnügen. Rächte sich nun also die geknechtete Empfindung, indem sie ihn verließ, indem sie seine Kunst fürder zu tragen und zu beflügeln sich weigerte ... ? (449, my emphasis)

Note the tensual sequence in the first sentence: Aschenbach *knew* what the narrator *knows to be* true. Note also that the second sentence may quite as validly be read as a question Aschenbach puts to himself (in narrated monologue form) and as a question posed by the analytic narrator. Or take the scene where Aschenbach first perceives Tadzio in the hall of the hotel and wonders why he is allowed to escape the monastic dress code of his sisters:

> War er leidend? ... Oder war er einfach ein verzärteltes Vorzugskind, von parteilicher und launischer Liebe getragen? Aschenbach war geneigt, dies zu glauben. *Fast jedem Künstlernaturell ist ein üppiger und verräterischer Hang eingeboren, Schönheit schaffende Ungerechtigkeit anzuerkennen und aristokratischer Bevorzugung Teilnahme und Huldigung entgegenzubringen.* (470, my emphasis)

The narrator's speculation about artists flows from Aschenbach's speculations about Tadzio as smoothly as if the latter had self-indulgently accounted for his own reactions. Again, during Aschenbach's first contemplation of the ocean, narratorial comment dovetails with figural emotions:

> Ich will also bleiben, dachte Aschenbach. Wo wäre es besser? ...
> Er liebte das Meer aus tiefen Gründen; aus dem Ruhebedürfnis des schwer arbeitenden Künstlers, der vor der anspruchsvollen Vielgestalt der Erscheinungen an der Brust des Einfachen, Ungeheuren sich zu bergen begehrt; aus einem verbotenen, seiner Aufgabe geradezu entgegengesetzten und ebendarum verführerischen Hange zum Ungegliederten, Maßlosen, Ewigen, zum Nichts. *Am Vollkommenen zu ruhen, ist die Sehnsucht dessen, der sich um das Vortreffliche müht; und ist nicht das Nichts eine Form des Vollkommenen?* Wie er nun aber so ins Leere träumte ... (475, my emphasis)

Fused almost seamlessly at both ends with Aschenbach's oceanic feelings, the narrator's intervention creates not a trace of distancing irony. This is true despite the ominous notes he sounds: »an der Brust des ... Ungeheuren«, »aus einem verbotenen ... verführerischen Hang zum Nichts.« Aschenbach is still »der schwerarbeitende Künstler, der sich um das Vortreffliche müht«, and who may be allowed – by way of vacation – a temporary indulgence in thanatos.

This entente cordiale between authorial and figural minds is disrupted at just about the mid-point of the Venetian adventure in a scene to be considered in detail below. From this point on the authorial commentary becomes emphatically distanced and judgemental. A clear example is the scene where Aschenbach, having followed Tadzio with the »salutary« intention of striking up a casual conversation with him finds himself too strongly moved to speak:

> Zu spät! dachte er in diesem Augenblick. Zu spät! Jedoch war es zu spät? Dieser Schritt, den zu tun er versäumte, er hätte sehr möglicherweise zum Guten, Leichten und Frohen, zu heilsamer Ernüchterung geführt. Allein es war wohl an dem, daß der Alternde die Ernüchterung nicht wollte, daß der Rausch ihm zu teuer war. *Wer enträtselt Wesen und Gepräge des Künstlertums! Wer begreift die tiefe Instinktverschmelzung von Zucht und Zügellosigkeit, worin es beruht! Denn heilsame Ernüchterung nicht wollen zu können, ist Zügellosigkeit.* Aschenbach war zur Selbstkritik nicht mehr aufgelegt; (493 f., my emphasis)

The narrator distances himself from Aschenbach explicitly and immediately when he questions the directly quoted »zu spät!« He now provides his interpretation for the failed action, which he attributes to a weakening of willpower, a falling away from the unquestioned values of health and sobriety. The exclamatory authorial rhetoric subsequently reinforces the critical analysis, grounds it in generalizations concerning the moral lability of artists, and caps it with the sententious final judgement. Then, returning to the individual case at hand, the narrator explicitly excludes Aschenbach from this authorial wisdom: »Aschenbach war zur Selbstkritik nicht mehr aufgelegt.«

There are numerous instances in the later parts of the story that follow this same general pattern: an inside view of Aschenbach's mind, followed by a judgemental intervention cast in gnomic present tense, followed by a return to Aschenbach's now properly adjudged reactions. To quote one further example: when Aschenbach reads about the Venetian plague in the German newspapers,

> »Man soll schweigen« dachte Aschenbach erregt ... Aber zugleich füllte sein Herz sich mit Genugtuung über das Abenteuer, in welches die Außenwelt geraten wollte. *Denn der Leidenschaft ist, wie dem Verbrechen, die gesicherte Ordnung und Wohlfahrt des Alltags nicht gemäß, und jede Lockerung des bürgerlichen Gefüges, jede Verwirrung und Heimsuchung der Welt muß ihr willkommen sein, weil sie ihren Vorteil dabei zu finden unbestimmt hoffen kann.* So empfand Aschenbach eine dunkle Zufriedenheit über die obrigkeitlich bemäntelten Vorgänge in den schmutzigen Gäßchen Venedigs ... (500, my emphasis)

Again Aschenbach's response (this time plainly immoral) is instantly denounced and explained by the narrator, and in the severest terms. Even a shade too severe, perhaps. The unwonted analogy between passion and crime makes it appear as though the narrator were bent on imposing his moral standards with the utmost rigidity. At the same time the syllogistic »So ...« with which he reverts to Aschenbach's sinful thoughts maintains the sense that he is a perfectly dispassionate analyst.

A further device that underscores the narrator's progressive disengagement is his increasingly estranging and negative way of referring to Aschenbach. In the early sections distancing appellations appear sparingly and remain neutral and descriptive: »der Reisende«, »der Wartende«, »der Ruhende«. After the narrator parts company with his character, ideologically speaking, we find on a regular basis the more condescending epithets »der Alternde«, »der Einsame«. And at crucial stations of his descent Aschenbach becomes »der Heimgesuchte«, »der Starrsinnige«, »der Verrückte«, »der Betörte«, »der Verwirrte«, »der Verirrte«, and on, in a more and more degrading name-calling series that leads down to the final »der Hinabgesunkene«.[14]

---

[14] Several critics have remarked on these distancing epithets (e. g. Lehnert, *Thomas Mann*, p. 116, Niklas, p. 90, Kunz, p. 155), without however clearly recognizing their evolving function.

So far the schismatic trend I have been tracing has, to all appearances, its objective motivation in the story's mimetic stratum. Faced with a character who manifests such progressively deviant behaviour this severely judgemental narrator can hardly be expected to react differently. Even so, the smugness and narrowness of his evaluative code in the passages already cited may cause some irritation in the reader, akin to that nauseated intolerance Roland Barthes attributes to the reader of Balzac at moments when he laces his novels with cultural adages.[15] Perennial reactions of this type aside, however, there are at least two of the narrator's interventions in *Tod in Venedig* that give one pause on more substantial grounds. In these two instances the narrator indulges in a kind of ideological overkill that produces an effect contrary to the one he is ostensibly trying to achieve. It is to these two moments in their episodic context that I will now turn for close inspection.

III

As previously mentioned, the turning point in the relationship between narrator and character on the ideological level roughly coincides with the midpoint of Aschenbach's Venetian adventure: the pivotal scene when the enamored writer for the first and last time practices his art.[16] Before this point is reached however, a long section (480–492) intervenes where authorial generalizations have disappeared from the text altogether; this section comprises mainly Aschenbach's abortive attempt to leave Venice (end of chapter III) and the first quiescently serene phase of his love (beginning of chapter IV). In these pages the narrator goes beyond adopting merely Aschenbach's visual perspective, he also emulates the hymnic diction (complete with Homeric hexameters), the Hellenic allusions and the mythical imagery that properly belong to Aschenbach's consciousness. This stylistic contagion – technically a form of free indirect style – has often been mistaken for stylistic parody, an interpretation for which I find no evidence in the text.[17] The employment of free indirect style, in the absence of other

---

[15] Roland Barthes, *S/Z* (Paris, 1970), p. 104.
[16] Cf. Kunz (p. 158) who also regards this scene as the »Scheidepunkt« between the ascending and descending movements of the story.
[17] The principal advocate for the »parodistic idiom« in *Tod in Venedig* is Erich Heller (*The Ironic German: A Study of Thomas Mann*, [Boston, 1958]; see esp. p. 99). Heller qualifies his thesis somewhat in the later essay »Autobiographie und

distancing devices, points rather to a momentary »sharing« of Aschenbach's inner experience by the narrator - as though he were himself temporarily on vacation from his post as moral preceptor.

This consonance reaches its apogee in the moments of high intensity that immediately precede the writing scene, when the Platonic theory of beauty surfaces in Aschenbach's mind as he watches Tadzio cavorting on the beach: »Standbild und Spiegel! Seine Augen umfaßten die edle Gesalt dort am Rande des Blauen, und in aufschwärmendem Entzücken glaubte er mit diesem Blick das Schöne selbst zu begreifen, die Form als Gottesgedanken, die eine und reine Vollkommenheit, die im Geiste lebt ...« (490) Both the initial exclamation in this quote, and the final present tense (*lebt*) indicate the extent of the narratorial identification with the figural thoughts. The Platonic montage that now follows (combining passages from the *Phaedrus* and the *Symposium*) is largely cast in narrated monologue form, fusing the narrator *verbatim* with Aschenbach's mental language. An intensely emotive tone thus pervades the text as the narrator, in concert with Aschenbach, approaches the climactic writing scene. His sudden *change* of tone in the course of narrating this episode is therefore all the more discordant.

The scene opens with a strikingly balanced gnomic statement: »Glück des Schriftstellers ist der Gedanke, der ganz Gefühl, ist das Gefühl, das ganz Gedanke zu werden vermag.« (492) No other narratorial generalization in the entire text is as harmoniously attuned to the mood of the protagonist. Its syntactical symmetry reflects with utmost precision the creative equipoise Aschenbach himself seeks between thought and feeling. But already in the next sentence, even as the narrator grants Aschenbach this supreme »Glück,« he begins to withdraw from the miraculous moment: »Solch ein pulsender Gedanke, solch genaues Gefühl gehörte und gehorchte *dem Einsamen damals* ... Er wünschte plötzlich, zu schreiben.« (492 my emphasis). Both the estranging epithet and the distancing adverb underline the narrator's disengagement from the creative act that will ensue. Other even more strongly alienating phrases follow presently: the writer is called

---

Literatur«, in *Essays on European Literature*, eds. Peter Uwe Hohendahl *et al* (St. Louis, 1972), esp. pp. 92–97. Peter Heller has recently revived the parodistic interpretation in »*Der Tod in Venedig* und Thomas Manns Grund-Motiv« in *Thomas Mann: Ein Kolloqium*, eds. Hans S. Schulte and Gerald Chapple (Bonn, 1979); see esp. pp. 69–72. A forceful argument against the parodistic intent of *Tod in Venedig* is provided by Hans Rudolf Vaget in »›Goethe oder Wagner‹: Studien zu Thomas Manns Goethe-Rezeption, 1905–1912«: in H. R. Vaget and D. Barnouw, *Thomas Mann: Studien zur Frage der Rezeption* (Bern, 1975); see esp. pp. 40–55.

»der Heimgesuchte,« the moment of writing »an diesem Punkte der Krisis,« the object of his emotion »das Idol,« and so forth.

When we consider the radical nature of Aschenbach's creative performance in this scene, it ist hardly surprising that the narrator refuses to follow him in silent consonance: »Und zwar ging sein Verlangen dahin, in Tadzio's Gegenwart zu arbeiten, beim Schreiben den Wuchs des Knaben zum Muster zu nehmen, seinen Stil den Linien dieses Körpers folgen zu lassen ... und seine Schönheit ins Geistige zu tragen.« (492) As T. J. Reed has pointed out, Aschenbach here tries to enact (literally and literarily) the truth Diotima imparts to Socrates that Eros alone can serve as guide to absolute beauty.[18] In this light his act of »writing Tadzio« can be interpreted as his attempt at gaining direct access to the realm of Platonic ideas. But this mystic creative urge is of course in flagrant violation of Aschenbach's own past aesthetic credo, a credo that the narrator had explicitely endorsed. Its dominant principle, as we recall, had precisely been that the artist can *not* create in the heat of emotion: »er hatte das Gefühl gezügelt und erkältet, weil er wußte, daß es geneigt ist, sich mit einem fröhlichen Ungefähr und mit einer halben Vollkommenheit zu begnügen.« (449) Aschenbach's scriptural intercourse with Tadzio thus clearly contradicts the ethos to which he has dedicated his creative life. And beyond that it also countermands the entire process of mimetic art, the patient art of the novelist who had woven »Maja« – »den figurenreichen, so vielerlei Menschenschicksal im Schatten einer Idee versammelnden Romanteppich«, (450) as the narrator had admiringly described it. These horizontal images of shadow and carpet point up the radical contrast between the reflected phenomenal world Aschenbach had formerly created, and the direct vertical ascension of the Platonic writing act he presently performs.

But if all this helps to explain why the writing scene brings about the sudden change in the level-headed narrator's attitude toward Aschenbach, it also draws attention to his limitations. These come to be clearly in evidence in the drastic distancing move he undertakes in the immediate aftermath of Aschenbach's scriptural act, when he momentarily, but quite literally, steps out of and away from his story. Not the least shocking aspect of his breakaway is that it breaks all the unities – of time, place, and action – to which the novella so classically adheres from the moment of Aschenbach's

---

[18] Reed, p. 160. The Platonic import of Aschenbach's creative moment is disregarded by Pike who takes its diminutive yield – »anderthalb Seiten« – as an ironic comment on Aschenbach's artistic potential (p. 135).

arrival in Venice. Flashing forward to the public reception the writer's creative offspring will receive, the narrator at first describes it with unrestrained admiration as »jene anderthalb Seiten erlesener Prosa ... deren Lauterkeit, Adel und schwingende Gefühlsspannung binnen kurzem die Bewunderung vieler erregen sollte«. (493) The comment that now follows, however, deflates both the writer and the writing in almost brutally sobering terms: »Es ist sicher gut, daß die Welt nur das schöne Werk, nicht auch seine Ursprünge, nicht seine Entstehungsbedingungen kennt; denn die Kenntnis der Quellen, aus denen dem Künstler Eingebung floß, würde sie oftmals verwirren, abschrecken und so die Wirkungen des Vortrefflichen aufheben.« (493) This is in every respect the least motivated, most jarring and disconcerting of the narrator's interventions. It almost seems as though he were taking headlong flight onto familiar ground – the psychology of the reading public – from the mysteries of a creative process that is beyond his comprehension. The substance of his comment itself raises several questions. Is it not, within its context, plainly contradictory? Having just revealed the sources of Aschenbach's newly created piece, what is the sense of now declaring that these sources had better remain hidden? Finally, is not the attribution of »confusing« and even »repulsive« effects to Aschenbach's sublimated »Platonic« procreation excessively moralistic and unnecessarily aggressive?

These questions will, in my view, inevitably arise in the mind of a reader who dissociates the narrator from the author of *Tod in Venedig*. And since this, the narrator's most questionable intervention, is located precisely at the point of origin of the ideological schism in the story, it tends to reduce the trustworthiness of his distancing comments from this point forward. At the very least the reader's allegiance will henceforth be divided between the narrator and his protagonist. I would even suggest that Mann may have designedly made his narrator jump the gun: his overreaction within an episode that still clearly belongs to, and indeed climaxes the Apollonian phase of Aschenbach's erotic adventure welds the reader's sympathy more firmly to the protagonist than if the narrator had waited with his distancing move until after Aschenbach had begun his Dionysian descent.

IV

A second, even clearer, instance of evaluative overstatement occurs in the scene where Aschenbach reaches his nadir: the paragraph-long sentence that introduces his second Socratic monologue (in the scene that immediately precedes the death scene). I cannot demonstrate its rhetorical impact without quoting it in full:

> Er saß dort, der Meister, der würdig gewordene Künstler, der Autor des »Elenden«, der in so vorbildlich reiner Form dem Zigeunertum und der trüben Tiefe abgesagt, dem Abgrunde die Sympathie gekündigt und das Verworfene verworfen hatte, der Hochgestiegene, der, Überwinder seines Wissens und aller Ironie entwachsen, in die Verbindlichkeiten des Massenzutrauens sich gewöhnt hatte, er, dessen Ruhm amtlich, dessen Name geadelt war und an dessen Stil die Knaben sich zu bilden angehalten wurden, – er saß dort, seine Lider waren geschlossen, nur zuweilen glitt, rasch sich wieder verbergend, ein spöttischer und betretener Blick seitlich darunter hervor, und seine schlaffen Lippen, kosmetisch aufgehöht, bildeten einzelne Worte aus von dem, was sein halb schlummerndes Hirn an seltsamer Traumlogik hervorbrachte (521).

The most obviolusly »destructive« aspect of this passage is of course the grotesque *Fallhöhe* it builds between the before and after, the former self-image and the present reality. The elevation itself is constructed by sardonically piling up phrases we have heard before in a different context: they are the very phrases the narrator had employed in the laudatory curriculum vitae of the summary interchapter. What is perhaps less obvious is that this sentence parodistically echos that earlier chapter's opening sentence. The syntactical analogy becomes clear from a skeletal alignement of constituent parts:

(A)	(B)
	Er saß dort,
Der Autor der ... Prosa-Epopöe vom Leben Friedrichs von Preußen;	*der Meister*,
	der würdig gewordene *Künstler*,
der geduldige *Künstler*, der ... den ... Romanteppich, ›Maja‹ mit Namen, wob;	
	der Autor des ›Elenden‹, ...
der Schöpfer jener starken Erzählung, die ›Ein Elender‹ überschrieben ist ...;	
	der Hochgestiegene, der, Überwinder seines Wissens und aller Ironie entwachsen, ...,
der Verfasser endlich ... der leidenschaftlichen Abhandlung über ›Geist und Kunst‹ ...:	
	er, dessen ... dessen ... und an dessen ... –
Gustav Aschenbach also ... (450)	
	er saß dort ... (521)

As Oskar Seidlin has pointed out, the four nominal clauses of the earlier sentence (A) mark the steps of Aschenbach's artistic achievement – »vier Stufen ... eines Schöpfertums.«[19] In the later sentence (B) we again have four nominal clauses, with the first three very nearly corresponding (but in reverse order) to those in (A). But with the fourth – »der Hochgestiegene« – (B) begins to climb hectically, finally culminating in three elaborate genitive constructions. Note also that the nominal series of (A) no longer stands up independently in (B) but is framed by the verbal phrase »er saß dort,« so that the inflated »master« is now subordinated to the disreputable state in which he »sits there.«

Another, even more striking modification is that while (A) pairs each of the four epithets with one of Aschenbach's major works, (B) reduces him to the authorship of a single work, the story »Ein Elender.« The reason for singling out this work is immediately apparent: unlike Aschenbach's other heroes, the protagonist of »Ein Elender« is an anti-hero, the anti-type of his creator's mature self who represents everything Aschenbach has wanted to reject. This despised figure, so the narrator's verbal irony implies, is precisely what the Aschenbach who »sits there« has now become. But the language employed to evoke this identity in turn associates the narrator with the writer who has created this repulsive character. For he applies to the degraded Aschenbach the same unequivocally negative rhetoric that – according to the narrator's own earlier description – Aschenbach had applied to his degraded creature: »Die Wucht des Wortes, mit welcher hier das Verworfene verworfen wurde, verkündete die Abkehr von allem moralischen Zweifelsinn, von jeder Sympathie mit dem Abgrund, die Absage an die Laxheit des Mitleidssatzes, daß alles verstehen alles verzeihen heiße.« (455) The fact that the narrator now applies these same phrases to the author of »Der Elende« – »der ... der trüben Tiefe abgesagt, dem Abgrunde die Sympathie gekündet und das Verworfene verworfen hatte« (521) – confirms that he continues to emulate the values for which Aschenbach had opted at the pivotal moment of his career when he had created this story.

The entire weighty sentence finally leads up to the inquit phrase signalling the quotation of Aschenbach's monologue: »seine schlaffen Lippen, kosmetisch aufgehöht, bildeten einzelne Worte aus von dem, was sein halb schlummerndes Hirn an seltsamer Traumlogik hervorbrachte.« (521) The fact that the narrator quotes his character's thoughts directly on this occa-

---

[19] *Von Goethe zu Thomas Mann* (Göttingen, 1963), p. 151.

sion is in itself significant: no other mode of presentation could have disengaged him as effectively from the ensuing discourse. But the terms he uses to introduce it – »schlummerndes Hirn,« »Traumlogik« – are of course even more alienating; they disqualify its meaning in advance, as much as to warn us that the words we are about to hear will be errant nonsense.[20] When one examines the actual content of Aschenbach's slumberous mind however one is forced to conclude that his dream-logic produces nothing less than the moment of truth toward which the entire story has been moving: a lucidly hopeless diagnosis of the artist's fate.

Aschenbach's Socratic address takes us back again to the Platonic doctrine of beauty as found in the *Phaedrus* and the *Symposium*. But he now turns this doctrine to profoundly pessimistic account – at least so far as the poet is concerned; »wir Dichter,« he tells Phaedrus, »[können] den Weg der Schönheit nicht gehen, ... ohne daß Eros sich zugesellt und sich zum Führer aufwirft, ... denn Leidenschaft ist unsere Erhebung, und unsere Sehnsucht muß Liebe bleiben, – das ist unsere Lust und unsere Schande.« (521 f.) Having acknowledged the poet's defeat on the Platonic path to the higher realm, Aschenbach now denounces with particular bitterness his own erstwhile pedagogic pretensions, with words that clearly echo Plato-Socrates' ultimate decision (in Book X of *The Republic*) to exile the poet from the ideal state:[21] »Die Meisterhaltung unseres Stiles ist Lüge und Narrentum, unser Ruhm und Ehrenstand Posse, das Vertrauen der Menge zu uns höchst lächerlich, Volks- und Jugenderziehung durch die Kunst ein gewagtes, zu verbietendes Unternehmen.« (522) Isn't Aschenbach saying here exactly the same thing the narrator has just finished saying in his introduction, and in almost identical terms? His self-criticism is, if anything, even more biting than the narrator's sarcasm – which now appears as gratuitous aggression, merely intended to add insult to injury.

When we come to consider Aschenbach's despairing statement concerning the constitutional immorality of the poet at the conclusion of his monologue, the narrator's prefatory venom takes on an even more dubious air. To understand this we must briefly turn back to an earlier moment of his rhetoric. In the interchapter the narrator explains – in entirely approving terms – why Aschenbach had, at a decisive point of his artistic develop-

---

[20] The dream concept bears emphatically negative attributes throughout the narrator's discourse. See e. g. »mit verwirrten Traumworten« (461), »komisch-traumartiges Abenteuer« (484), »Traumbann« (510), and of course the »furchtbaren Traum« (515) that leaves Aschenbach »kraftlos dem Dämon verfallen« (517).
[21] Cf. Erich Heller, *The Ironic German*, p. 114.

ment, renounced his youthful indulgence in immoral »psychologism« – »den unanständigen Psychologismus der Zeit« (455) – and had opted for a disciplined and dignified pursuit of beauty. At this point the narrator queries – in the form of three elaborately phrased rhetorical questions – whether this »moral decisiveness« of the mature master might not in turn lead him back to immoral behaviour. The exact terms of his predictive speculation (see the quotation in note[22]) are less important for our purposes than the fact that he dismisses it indecisively with a decisive shrug of the shoulder – »Wie dem auch sei!« – and then immediately calls on a philosophical adage – »Eine Entwicklung ist ein Schicksal« – to lead him back to and on with his admiring account of Aschenbach's development as an artist.

Now it is precisely to this crossroads in his career – the point when he made his decisive choice against »psychologism« and in favor of purely aesthetic values – that Aschenbach returns at the conclusion of his monologue. And as he does so, he repeats almost verbatim the account the narrator had previously given of this crucial moment. Except that now, far from shrugging off the question of the artist's immorality, as the narrator had done in the interchapter, Aschenbach provides it with an unequivocally affirmative answer: »Form und Unbefangenheit, Phaidros, führen zum Rausch und zur Begierde, ... zu grauenhaftem Gefühlsfrevel, ... führen zum Abgrund, zum Abgrund auch sie. Uns Dichter, sage ich, führen sie dahin, denn wir vermögen nicht, uns aufzuschwingen, wir vermögen nur auszuschweifen.« (522) For all its dream-logic, this conclusion to Aschenbach's monologue is tragically clear (as well as clearly tragic): the poet at the crossroads is forced to choose between two paths that both equally lead to the »abyss.« In evading one form of immoral behaviour he inevitably falls into another.

In short, Aschenbach's retrospective cognition exactly confirms the narrator's prospective suspicion. How, in view of this, are we to understand the destructive rhetoric with which the narrator introduces Aschenbach's articulation of the dark truth?

---

[22] »Aber moralische Entschlossenheit jenseits des Wissens, der auflösenden und hemmenden Erkenntnis – bedeutet sie nicht wiederum eine Vereinfachung, eine sittliche Vereinfältigung der Welt und der Seele und also auch ein Erstarken zum Bösen, Verbotenen, zum sittlich Unmöglichen? Und hat Form nicht zweierlei Gesicht? Ist sie nicht sittlich und unsittlich zugleich –, sittlich als Ergebnis und Ausdruck der Zucht, unsittlich aber und selbst widersittlich, sofern sie von Natur eine moralische Gleichgültigkeit in sich schließt, ja wesentlich bestrebt ist, das Moralische unter ihr stolzes und unumschränktes Szepter zu beugen? Wie dem auch sei! Eine Entwicklung ist ein Schicksal; ...« (455).

Inevitably, if one equates the narrator with Thomas Mann one is forced to find reasons to denigrate Aschenbach's famous last words. Critics have generally done so. They have understood his monologue as an inauthentic self-justification: instead of facing up to his individual guilt – his false choice at the crossroads – Aschenbach attributes his abysmal end to the fate of poets generally, the generic »wir Dichter.« One critic puts it this way: »Die Neigung zum Abgrund ist keine seinsmäßige Bestimmung der Schönheit, wie Aschenbach wahrhaben möchte, sondern eine Folge des falschen Lebens.«[23] In my opinion this interpretation cannot be substantiated on the basis of the text itself. Within its boundaries only two paths are open to the artist, and both lead to the same abyss. To open an alternate, »moral« path for Aschenbach one has to look outside the text: to Mann's other, more optimistic works (*Tonio Kröger*, the Joseph novels), or to certain of his autobiographical pronouncements.[24]

On the other hand, if one dissociates the narrator from Thomas Mann one is free to denigrate his introduction to the monologue, and to understand Aschenbach's last words for what they are: his (and the story's) moment of truth, which the narrator is unwilling or unable to share to the bitter end. It is surely significant that only Aschenbach can sound this truth, that he can sound it only with lips drooping under his make-up, and only after these lips have taken in the fatal germs of the plague. In this light his monologue takes on the meaning of an anagnorisis, the expression of that lethal knowledge the hero of Greek tragedy reaches when he stands on the verge of death. The irony the narrator directs at Aschenbach in this moment can then be turned back on its speaker – by a reader who, for his part, is willing and able to share the tragic truth *the author* imparts to him with this story.[25]

---

[23] Niklas, p. 14; see also p. 81. Similarly Diersen, pp. 113, 121.

[24] See, *inter alia*, Pike, p. 133: »Considering Mann's attitude toward art as it emerges *in his other writings* – fiction, essays, and letters – is not an art which so peremptorily excludes ›sympathy with the abyss‹ incomplete?« (my emphasis). Niklas (p. 14) even calls on Goethe (!) for a positive conception of art that shows up the shortcomings of Aschenbach's.

[25] I cannot resist breaking my self-imposed interdiction against extra-textual evidence at this juncture. The one point that remains constant in Mann's notoriously self-contradictory comments on *Tod in Venedig* through the years is that Aschenbach's final monologue articulates the truth of the story. He pronounced on this, so far as I can gather, in four different places. First in a letter to Elisabeth Zimmer, dated 6. September 1915: »ich wollte etwas geben wie *die Tragödie des Meistertums*. Dies scheint Ihnen deutlich geworden zu sein, da Sie die Anrede an Phaidros für *den Kern des Ganzen* erachten.« Next in *Betrachtungen eines Unpolitischen* when he speaks of a past work »worin ich einen ›würdig gewordenen‹ Künstler *begreifen ließ*, daß seines-

V

To this point my argument for the »second author« of *Tod in Venedig* has rested solely on what the narrator says and how he says it. But what he leaves unsaid is equally important for my case. To this other, tacit half of his story I now turn to complement and complete the tell-tale evidence.

It is tell-tale in the literal sense: for with *Tod in Venedig* Mann (though not his narrator) gives us – among other things – a *fantastic* tale. His vehicle is of course the population of uncanny figures Aschenbach encounters on his lethal journey. These figures acquire their ominous meaning less by way of their individual appearances – though their death- and/or devil-like features have often been noted – than by way of their serial *re*appearances. The unlikeliness (on realistic grounds) of their uncanny likeness suggests cumulatively that they all represent the *same* sinister power, a power relentlessly bent on driving Aschenbach to his ruinous end. Now these hints of supernatural doings, which even a first reader finds too strong to miss and dismiss, are never picked up by the narrator himself. Though he meticulously describes each individual stranger, he passes silently over their obtrusive sameness, to all appearances studiously closing his eyes to it. This wilful blindness is the natural counterpart to the moralistic, realistic, and rationalistic world view he voices throughout.[26]

Yet for all the narrator's closely woven cover-up on the non-mimetic level of the text, the underlying mystery on the mimetic level keeps shining

---

gleichen *notwendig* liederlich und Abenteurer des Gefühles bleibe« – whereupon he goes on to quote verbatim further phrases from the monologue. Then in the comments on *Tod in Venedig* in the Princeton address »On Myself« (1940): »Der Künstler, dem Sinnlichen verhaftet, kann nicht wirklich würdig werden: diese Grundtendenz bitter melancholischer Skepsis gegen alles Künstlertum *kommt in dem* (Platons Dialogen nachgeformten) *Bekenntnis zum Ausdruck*, das ich dem schon vom Tode gezeichneten Helden *in den Mund legte*.« Finally in a letter to Jürgen Ernestus dated, 17. Juni 1954, where he again quotes and paraphrases the monologue, and then adds (this time with a shade of reserve): »An all diesem skeptischen und leidenden Pessimismus ist viel Wahres, vielleicht Übertrieben-Wahres und darum nur Halbwahres.« All the above quotations may be found in *Thomas Mann*, Teil I: 1889–1917, *Dichter über ihre Dichtungen* 14/1 (Munich, 1975), respectively pp. 406, 411, 439f., 448. All emphases are mine.

[26] In this regard the narrator may be taken as a forerunner of Zeitblom, who closes his eyes equally tightly to the supernatural motivations of his protagonist's fate. Curiously Diersen, who draws the analogy between the two narrators on different grounds (p. 126f.), fails to mention this important link. – I take the narrator's two references to a »Dämon« (502, 517) as purely rhetorical tropes, unrelated to the fantastic figures in the story.

through the causal fabric. And these abysmal glimpses into a covert realm make the reader feel increasingly uneasy with the overt explanations he is offered. The narrator's silence, in short, speaks louder than his words; it perhaps undercuts his trustworthiness even more effectively than his normative excesses. For nowhere else does it become quite as evident that the author *behind* the work is communicating a message that escapes the narrator he placed *within* the work. The exact content of this message – whether it signifies otherworldly, cosmic powers or the powers of the individual unconscious, myth or (depth-) psychology or, as is most likely, both at once[27] – is less important in the present context than the fact that it refers to a realm that escapes the narrator. Escapes him precisely because he is bent on ignoring all questions that point above or below his plane conception of the world and of the psyche. In this respect his disregard of the demonic figures corresponds exactly to his rhetorical stand-off from Aschenbach's mental experience at both its zenith (the writing scene) and its nadir (the final monologue).[28] By the same token, the demonic figures themselves reinforce the truth value of Aschenbach's anagnorisis in the latter instance; for what can their dark presence in the story intimate, if not that a fateful force is at work in the universe, a force that irresistibly draws those who strive for beauty down into the abyss – »zum Abgrund, zum Abgrund auch sie.«

But the fantastic undercurrent in the *fabula* of *Tod in Venedig* also has an essential aesthetic function. As Christine Brooke-Rose has recently suggested, every good story needs to keep back something: »whatever overdetermination may occur in any one work ..., some underdetermination is necessary for it to retain its hold over us, its peculiar mixture of recognition-pleasure and mystery.«[29] In Mann's novella it is clearly the series of mysterious strangers that creates underdetermination, counterbalancing the narrator's *over*determination on the ideological level. In terms of Roland Barthes codes, to which Brooke-Rose refers in the same essay, these strangers would have to be assigned to the story's hermeneutic code, the enigma-

---

[27] The »bifocally« mythic and psychological meaning of the stranger-figures is stressed by André von Gronicka (»Myth Plus Psychology: A Stylistic Analysis of *Death in Venice*,« in *Thomas Mann: A Collection of Critical Essays*, ed. Henry Hatfield [Englewood Cliffs, N. J., 1964], esp. pp. 51–54).

[28] Aschenbach himself, while he never relates the stranger-figures causally to his fate or to each other, does on several occasions reflect on them with puzzlement. See esp. 446, 461, 468, 515.

[29] »The Readerhood of Man,« in *The Reader in the Text*, eds. Susan R. Suleiman and Inge Crosman (Princeton, 1980), p. 131.

creating code that the narrator disregards and that the text leaves unresolved. The *fact* that it remains unresolved tacitly ironizes – behind the narrator's back – the univocal interpretation he tries to impose on Aschenbach's story.

VI

At this point I call my intra-textual »experiment« to a halt. Not, needless to say, because I have arrived at a complete or completely new interpretation of Mann's novella but because I feel that I have provided sufficient evidence to confirm my starting hypothesis: that the narrator of *Tod in Venedig* is not identical with its author. But before closing I want to turn back on my experiment to face a crucial methodological question: granted that the positing of a »second author« may explain in a plausible manner certain discrepancies between the narrator's commentary on Aschenbach's story and this story itself, is this the *only* plausible way to account for these discrepancies? Is it even the *most* plausible way?

My answer is: yes – but with one very important provision: if, and only if, we grant (or assume, or believe) that *Tod in Venedig* is a flawless work – flawless in the sense that it perfectly achieves its author's intentions. As soon as we abandon that assumption an alternate way becomes available to us: namely to attribute the narrator's shortcomings to Thomas Mann himself: more precisely, to the peculiar circumstances – personal, historical, etc. – that attended the composition of this work and that made him fall short of his creative goal.

Now this is precisely the way taken by T. J. Reed in his book *Thomas Mann : The Uses of Tradition*. To my knowledge Reed ist the only scholar to have squarely faced the problems raised by the narrator's ideological excesses toward the end of *Tod in Venedig*. Referring specifically to the sentence that introduces Aschenbach's final monologue (discussed in section IV above), Reed points up the narrator's »emphatic judgement,« and adds: »It is a shade too emphatic for the reader accustomed to Mann's ironic temper. Where are the reservations usually felt in every inflection of his phrasing? The finality with which Aschenbach's case is settled is positively suspicious ... Is it not crudely direct beside the informed survey of Aschenbach's development in Chapter Two ... ? There are depths to be sounded under the polished surface of the story.«[30] These words serve as the opening

---

[30] Reed, p. 149.

gambit for a probing investigation into the genesis of Mann's novella. They clearly indicate that Reed's admirable study is a specific attempt to account for the »positively suspicious« nature of the narrator's judgemental rhetoric. Significantly Reed persues his genetic interpretation without ever questioning the reliability of this narrator, whom he seems to identify automatically with the author.[31] What he questions instead is the coherence and aesthetic integrity of the work itself: by following through the stages of Mann's creative process he reveals what he finds concealed beneath the »polished surface« of the final product – that Mann has superimposed »a moral tale« on a text he had originally conceived »hymnically« (pp. 151–154).[32] This »diametrical change« explains for Reed what he describes as the novella's »ambiguity in the word's more dubious sense: ... uncertainty of meaning, disunity« (p. 173). Mann has »sought to work out a changed conception in materials and language ideally suited to an earlier one« (p. 174). And although Reed has by this point shifted the ground of his critique from the narrator's narrow moralism to what he calls the story's »disharmony between style and substance« (p. 176), the fact remains that it was the vexing narrator who sent him on his way in the first place – sent him, that is, outside the text to probe the vagaries of its composition.

On the face of it Reed's extra-textual approach to the textual ambiguities in *Tod in Venedig* would appear to differ radically from the intra-textual approach I have followed in this paper. Yet from a certain theoretical perspective these two approaches can be related, if not reconciled, with each other. We owe this perspective to a recent article by Tamar Yacobi where the problem of fictional reliability is discussed on the basis of a reader-oriented theory of literary texts.[33] According to Yacobi, a reader who attributes unreliability to the narrator of a work of fiction is merely choosing one of several »principles of resolution« potentially available to him when he is faced with the »tensions, incongruities, contradictions and

---

[31] Except perhaps toward the end of his discussion when he states rather cryptically: »It has proved possible to detach Mann from the emphatic condemnations of the later pages. These formulations ... are Mann's concession to more confident moralists than himself« (p. 173). Is he suggesting here that the moralistic narrator is a kind of hypocritical role that Mann adopted for public consumption? This seems to me a highly unlikely interpretation.

[32] The terms »moralische Fabel« and »hymnisch« are used by Mann himself to contrast the final product with the original creative impulse. See his letter to Carl Maria Weber (4. Juli 1920) – the crown witness for Reed's genetic argument.

[33] »Fictional Reliability as a Communicative Problem,« *Poetics Today*, 2 (1981), 113–126.

other infelicities« of a literary work (p. 119). A rival principle, equally available to him, is what Yacobi calls the »genetic principle« which places the blame on the biographical-historical background of the work. These two principles of resolution have in common that they »both resolve referential problems by attributing their occurrence to some source of report.« The difference between them »lies in the answer to the question: who is responsible ... ?« (p. 121) The reader who calls on the genetic principle will answer: the author. The reader who calls on the unreliability principle will answer: the narrator – which signifies, in the case of an authorial third-person text like *Tod in Venedig*, that he refuses to regard the narrator as the mouthpiece of the author.

From this theoretical vantage point, then, Reed's genetic explanation appears – even to myself – no less (and no more) valid and plausible than my »second author« explanation. But my equanimity gives way when I return from the plane of abstract generality to the concrete singularity of Mann's novella. For within the interpretive arena of an individual text these two explanations are mutually exclusive, and the reader is forced to choose between them. Which brings me – at the risk of stating the obvious – to mention some of my reasons for preferring my perspectival over Reed's genetic resolution.

I have already alluded to what is no doubt my primary reason: the severance of the narrator from the author seems to me a necessary interpretive move for a reader bent on affirming the aesthetic integrity of Mann's novella.[34] Obviously one's willingness to make this move will depend to some degree on one's estimation of Mann's œuvre as a whole. And it is no doubt because my own high esteem is due in large part to the complexity of vision I find incarnated in his other major narrative works – though not always in

---

[34] It is interesting to note in this connection that a number of recent critics have felt it necessary, and for the same reasons, to sever the narrator from the author of another famous work of fiction: *Die Wahlverwandtschaften*. The operation is performed most boldly by Eric Blackall in *Goethe and the Novel* (Ithaca, N. Y., 1976). According to Blackall, Goethe's narrator »throughout the novel ... is trying to describe something that is really beyond him« (p. 172). Charging this narrator with »conventional platitude« (p. 184) and even »incompetence« (p. 186), Blackall concludes that Goethe employs his services to create »an expressive tension between what is told and the telling« (p. 187). See also Jane K. Brown, »*Die Wahlverwandtschaften* and the English Novel of Manners,« *Comparative Literature*, 28 (1976), 97–108, esp. pp. 105–107. In view of Mann's confession that he read *Wahlverwandtschaften* no less than five times in the course of his work on *Tod in Venedig*, one suspects that Goethe's interpolation of an unreliable narrator in this novel may have contributed to Mann's choice of an analogous device.

his extra-literary pronouncements – that I am unwilling to ascribe to Mann the ideological simplicities voiced in *Tod in Venedig*. The fact, moreover, that these pronouncements address the subject of Mann's deepest concerns and most differentiated views – art and the artist – reinforces my reluctance. In his other novels and novellas Mann always approaches this subject obliquely, most obliquely of all in his only other full-fledged tragedy of a creative artist, *Doktor Faustus*. I take it to be no mere coincidence that Mann here reverts – three decades later – to the same basic narrative indirection I attribute to him in *Tod in Venedig*.

Admittedly the ironic interval that separates Mann from Zeitblom is far more blatant than the interval that separates him from the teller of the earlier work. Yet the proximity of the narrative situations in these two works offers a kind of proof by the absurd of my »second author« hypothesis: for is it not equally difficult to imagine the narrator of *Tod in Venedig* to be the creator of Aschenbach as it is to imagine Zeitblom to be the creator of Adrian Leverkühn? Only a mind capable of Mann's famous »Ironie nach beiden Seiten« could have conceived both members of these pairs in dialectical unison.

Hartmut Binder

Metamorphosen

Kafkas ›Verwandlung‹ im Werk anderer Schriftsteller

Franz Kafkas bekannteste Erzählung, die 1915 gedruckte *Verwandlung*, wurde schon zu seinen Lebzeiten von Prager Schriftsteller-Kollegen, mit denen er persönlich bekannt war, produktiv aufgenommen: Franz Werfel und Oskar Baum ließen sich von einzelnen Motiven anregen, Karl Brand schrieb sogar eine Fortsetzung, in der das tote Ungeziefer in menschlicher Gestalt zum Leben zurückfindet.[1]
Damit tritt zum erstenmal ein Element der Wirkungsgeschichte Kafkas in Erscheinung, dem im Lauf der Zeit immer größere Bedeutung zukam. Ob im europäischen Kulturraum oder auf dem amerikanischen Doppelkontinent: Texte Kafkas dienen heutigen Autoren als Quelle, Bezugspunkt oder Anregung für eigene Schöpfungen.[2] Dieser Vorgang fasziniert im Falle der *Verwandlung* besonders, weil sich diese Erzählung, sowohl aufgrund ihrer Eigenart als auch wegen der Rahmenbedingungen, die ihre Vermittlung bestimmen, der Einbildungskraft ihrer Leser gleichzeitig aufdrängt und verweigert.
So leicht sich, zumal in der Bundesrepublik Deutschland, wo die *Verwandlung* im Literaturunterricht der Schulen verankert ist, der Text mit Fragestellungen verbindet, deren Bearbeitung sich Gegenwartsautoren zum Ziel setzen, so schwer macht es ihnen seine Fremdartigkeit, die gewonnenen Anregungen für die eigene literarische Arbeit fruchtbar zu machen. Denn die Verwandlung eines Menschen in ein anschaulich beschriebenes Rieseninsekt, das am Ende der Geschichte »krepiert« und »weggeschafft« wird[3], gehört, als Gegenstandsbereich literarischer Darstellung, mit dem Kafka

---

[1] Hartmut Binder: Motiv und Gestaltung bei Franz Kafka, Bonn 1966, S. 109f., Franz Kafka: Briefe 1902–1924, New York (Frankfurt a. M. 1958), S. 434 und Hartmut Binder: »Die Rückverwandlung des Gregor Samsa«. Karl Brand und Franz Kafka, in: *Neue Zürcher Zeitung* Nr. 140 (20./21.VI. 1981), S. 69f.
[2] Für wertvolle Hinweise zum Thema möchte ich Oscar Caeiro (Córdoba, Argentinien), Karlheinz Fingerhut (Ludwigsburg) und Slobodan Grubačić (Belgrad) herzlich danken.
[3] Franz Kafka: Erzählungen, New York (Frankfurt a. M. 1952), S. 137 und 141 (= E 137 und 141).

weitgehend Neuland betreten hat, nicht zu den Gegebenheiten, mit denen sich der Leser ohne weiteres identifizieren kann. Der junge Schriftsteller Werner Kraft (geboren 1896) hatte deswegen im März 1917 an Martin Buber geschrieben, die Erzählung gehöre ihrer Schrecklichkeit wegen verboten.[4]

Die Kanonisierung als Klassiker der Moderne, die Kafka inzwischen erfahren hat, läßt derartige Wertungen zwar innerhalb des Literaturbetriebs nicht mehr zu, doch bleiben auf Ekel und Abwehr beruhende Lektüreerfahrungen auf der Ebene produktiver Textaneignung gleichwohl wirksam: Unter den Autoren, die Kafkas Erzählung dem eigenen Schaffen anverwandeln, übergehen einige den Vorgang der Verwandlung vollkommen; andere mildern ihn zum Entfremdungsphänomen, während eine dritte Gruppe Verwandlungen benutzt, die der Einfühlung eher zugänglich sind. Daß bei diesen Veränderungen nicht allein die Notwendigkeit zur Neuerfindung die Feder geführt hat, zeigen die wenigen Texte, die am Ungeziefer festhalten, ohne doch den übrigen an Originalität nachzustehen.

Weiterhin ist zu vermuten, daß die ungewöhnliche Popularität der *Verwandlung* im deutschsprachigen Raum Schriftsteller davon abhält, sich ihrer gleichsam als eines literarischen Steinbruchs zu bedienen. Denn wenn ein Autor davon auszugehen hat, daß praktisch jeder seiner potentiellen Leser mit der *Verwandlung* vertraut ist, fällt ihre Verarbeitung, wenn diese Tatsache nicht selbst im Text thematisiert wird, leicht als Vorwurf der Einfallslosigkeit auf ihn selbst zurück. Jedenfalls trägt diese Hypothese zur Erklärung des merkwürdigen Umstands bei, daß für den Bereich der bundesdeutschen Literatur bisher kein einziger Text festgestellt werden konnte, der als Ganzes und in seiner Erzählidee der *Verwandlung* verpflichtet wäre, während sich in Jugoslawien und Amerika derartige Fälle häufen. Als fast exotischer Sendbote einer Literatur, der er durch Übersetzung und Kontextverlust entwächst, enthoben auch den verfestigenden Wertmaßstäben seiner geistigen Heimat, die ihn in gewisser Beziehung unantastbar gemacht hatten, wird der Text in diesen Ländern offenbar viel unbedenklicher von Schriftstellern in Gebrauch genommen, als Reizauslöser der eigenen Produktion dienstbar gemacht.

Neben ihrer Bildlichkeit und Berühmtheit ist die Thematik der *Verwandlung* dafür verantwortlich zu machen, daß sie sich bisher in besonderem Maße gegen schriftstellerische Vereinnahmung durch deutschschreibende

---

[4] Martin Buber: Briefwechsel aus sieben Jahrzehnten, Band I: 1897–1918, hg. u. eingeleitet v. Grete Schaeder, Heidelberg (1972), S. 480.

Autoren gesperrt hat. Als auf den familiären Aspekt beschränkte Handlungsfolge, an deren Ende dadurch eine Wendung der Verhältnisse zum Besseren erreicht wird, daß Eltern und Schwester den aufsässig-schmarotzenden Sohn und Bruder aus dem Familienverband ausstoßen, eignet sich die Erzählung wenig für vordergründig politische Exegesen, während etwa der sich solcher Deutung besonders leicht anbequemende *Prozeß*-Roman Schriftsteller und Interpreten entsprechender Couleur scharenweise ins Brot setzt.[5]

Das zeigt sich sehr deutlich in dem Gedicht *K, der Käfer* (1956) von Günter Grass (geboren 1927), wo gleich im Titel die mit dem Romanfragment assoziierten Sozialverhältnisse in die Auslegung einfließen. Im Gedichtkorpus selbst wird auf die *Verwandlung* durch das Motiv des auf dem Rücken liegenden Käfers verwiesen, das alle sechs Strophen eröffnet und Bild der zu korrigierenden politischen Hilflosigkeit Kafkas ist. Eine weitere Bezugnahme auf die Erzählung erfolgt in der vierten Strophe. Dort heißt es im Blick auf die Szene, in der Gregor, vom zurückkehrenden Vater um den Wohnzimmertisch gejagt, über dessen große Stiefelsohlen staunt: »Schuhe fürchtet er, / doch von der Dampfwalze war ihm bekannt, / daß sie oft stehen bleibt / und nach Luft ringt.«[6]

Kafka wird hier Einsicht in die Unvollkommenheit und Verwundbarkeit einer Maschinerie zugeschrieben, die als Funktionalisierung und Bürokratisierung aller Lebensvorgänge in der spätkapitalistischen, nachindustriellen Gesellschaft bloß vollstrecke, was sich im Handeln der Gegenwelten in seinen Romanen schon andeute.[7] So wird Kafka, der Käfer, uneinsichtig nur im Kampf mit dem Vater, für die eigene Ideologie zurechtgeschustert, gerettet; gegen das Zeugnis seiner autobiographischen Schriften und Romane, in denen die Helden keine Chance gegen die sie bekämpfenden Gerichtsinstanzen und Schloßverwaltungen haben.

Allerdings: Die Lehre des Epilogs in der *Verwandlung*, ob man sie nun ironisch versteht oder nicht, hat keiner der dem Text verpflichteten Autoren aufgegriffen, auch nicht in Hispanoamerika. Und niemals wird ein richtiger Generationenkonflikt Thema dieser Nachfolgeerzählungen, nicht einmal bei dem Argentinier Mario A. Lancelotti, den ein Kafka vergleich-

---

[5] Vgl. Karlheinz Fingerhut: Die Verwandlungen Kafkas. Zum Stellenwert der politischen Rezeption Kafkas bei Autoren der Gegenwart, in: Rezeptionspragmatik. Beiträge zur Praxis des Lesens, hg. v. Gerhard Köpf, München (1981), S. 177–191.
[6] Günter Grass: Gesammelte Gedichte, (Berlin 1971), S. 67.
[7] Vgl. Günter Grass: Kafka und seine Vollstrecker, in: *L' 76. Demokratie und Sozialismus. Politische und literarische Beiträge* 3 (1978), S. 5–20.

bares Vaterproblem belastete. Dabei scheut man sich keinesfalls vor der Darstellung von Familienkonstellationen, die von der Vorlage angeregt sind (setzt jedoch gelegentlich auch Vaterfiguren den Verwandlungsprozessen aus). Daraus ist zu schließen, daß Kafkas Gestaltung seiner eigenen Lebensproblematik in der *Verwandlung* zwar kaum kreative Energien entbunden hat, aber, aus der Sicht des Auslandes, auch nicht rezeptionshemmend wirkte.

Wo Empathieverweigerung und ideologische Anstößigkeit überwiegen, die Abwehrhaltung des Rezipienten also voll auf die Auseinandersetzung mit Kafkas Erzählung durchschlägt, ist das Ergebnis in der Regel die punktuelle Anspielung: So bei Fitzgerald Kuzs (geboren 1944), der unter dem Titel *Kafkas Verwandlung* nur eine Umdeutung des Stücks *Vor dem Gesetz* bietet;[8] bei Hermann Burger (geboren 1942), der in seinem Roman *Schilten* unter den klassischen Mummenschanz-Figuren einer Fasnachtsveranstaltung den Käfer Gregor Samsa auftreten läßt;[9] oder bei Gyözö Csorba, der in einem *Franz Kafka: Briefe an Milena* überschriebenen Gedicht die wohltätige Wirkung dieses Schriftverkehrs auf Kafka darin sieht, daß dieser, wenn er an Menschen denkt, die grauenvollen »KÄFER-Merkmale der VERWANDLUNG« allmählich nicht mehr fühlt.[10]

In den gleichen Zusammenhang gehören natürlich auch die Übertragungen der Schreckvision Kafkas ins Witzige. Etwa Eduard Kiels Parodie *Der Sandfloh*, in der davon die Rede ist, »daß große Käfer, müde und staubig von der langen Reise, mit den Fühlern und den sehr kräftigen Vorderbeinen ihre Flügel putzten«, eine Formulierung, die offenbar Kafkas Stilgebaren treffen will.[11] Oder Reinhard Lettaus satirisches Kurzgedicht *Die Verwandlung*, das den ersten Satz der *Verwandlung* variiert. Kafka: »Als Gregor Samsa eines Morgens aus unruhigen Träumen erwachte, fand er sich in seinem Bett zu einem ungeheuren Ungeziefer verwandelt.« Lettau: »Als Richard Nixon/ eines Morgens/ aus heftigen Träumen/ erwachte/ fand er sich in einen/ Menschen/ verwandelt.«[12]

---

[8] Fitzgerald Kusz: Kafkas Verwandlung, in: *Literarische Hefte* 47 (1974), S. 65.
[9] Herman Burger: Schilten. Schulbericht zuhanden der Inspektorenkonferenz, (Zürich und München 1976), S. 290.
[10] Gyözö Csorba: Franz Kafka: Briefe an Milena, in: *Literatur und Kritik* 102 (März 1976), S. 79.
[11] Edmund Kiel: Franz Kafka. Der Sandfloh, in: *Aufbau* 12, Heft 11 (November 1956), S. 1036.
[12] Reinhard Lettau: Die Verwandlung, in: R. L.: Immer kürzer werdende Geschichten, München (1973), S. 258.

Damit sich jedoch, um eine Formulierung aus einem *Kafka* betitelten Vierzeiler von Werner Kraft aufzugreifen,[13] die *Verwandlung* möglichen Deutungen »sanft« entgegenhebt, muß gewährleistet sein, daß sich der Produzierende gefühlsmäßig auf die Welt des Ungeziefers einläßt. Daß dies in Zuständen außerordentlicher Geistesverfassung möglich ist, berichtet schon Benvenuto Cellini in seiner Autobiographie. Im elften Kapitel des zweiten Bandes erwähnt er einen Kastellan, der einmal glaubt, ein Ölkrug zu sein, dann wieder ein Frosch und schließlich eine Fledermaus: »und wenn er so spazieren ging, zischte er manchmal leise wie diese Geschöpfe, bewegte sich auch ein wenig mit den Händen und dem Körper, als wollte er fliegen.«[14]

Identifikationen, gerade mit niederen Tieren, sind Schriftstellern mit ausgeprägter Intuition und Einfühlungsgabe möglich. So erzählt Justinus Kerner im *Bilderbuch aus meiner Knabenzeit*, wie er als Junge schon von der Metamorphose der Insekten berührt war, die ihm dann später Gleichnis für die psychische Entwicklung des Menschen war. Es erscheint wie eine Vorwegnahme einer recht ähnlichen Passage in einem an Milena gerichteten Brief Kafkas aus Meran, wenn Kerner das Unerbittliche der Natur an einem Käfer abliest, »der zufällig auf den Rücken gefallen war und sich nun nicht mehr auf die Beine bringen konnte, und den in dieser hülflosen Lage noch am Leben Ameisen aushöhlten«.[15] In Kerners *Klecksographien* findet sich ein Männerkopf in Form einer Assel, dessen spitz zulaufende, mit Fransen verzierte Mütze gleichzeitig als behaarter, mit Beinchen versehener Hinterleib eines Insekts zu deuten ist.[16]

Noch aufschlußreicher ist eine Stelle aus den Tagebüchern von Henri Frédéric Amiel, die 1905 deutsch in der Reihe *Die Fruchtschale* erschienen und in Kafkas Besitz waren.[17] Unter dem Datum des 8. März 1868 vermerkt Amiel, daß er aufgrund seiner mitfühlenden Sensibilität, durch die jede ausgeprägte Individualität ihn nach ihrem Bilde forme, Hunderte von Le-

---

[13] Werner Kraft, Kafka, in: *Almanach des Schocken Verlags auf das Jahr 5698*, Berlin 1937/1938, S. 79.
[14] Goethes Sämtliche Werke. Jubiläums-Ausgabe, 31. Band: Benvenuto Cellini. Mit Einleitung u. Anmerkungen v. Wolfgang von Oettingen. Erster Teil, Stuttgart und Berlin o. J., S. 238.
[15] Das Leben des Justinus Kerner. Erzählt von ihm und seiner Tochter Marie, München (1967), S. 145 f., vgl. S. 112 f., 116 und Franz Kafka: Briefe an Milena, hg. v. Willy Haas, New York(Frankfurt a. M. 1952), S. 21: »einen Schritt von mir war ein Käfer auf den Rücken gefallen und war verzweifelt, konnte sich nicht aufrichten [...]«.
[16] Justinus Kerner: Ausgewählte Werke, hg. v. Gunter Grimm, Stuttgart (1981), S. 398.
[17] Vgl. Klaus Wagenbach: Franz Kafka. Eine Biographie seiner Jugend, 1883–1912, Bern (1958), S. 251.

ben gelebt habe: »In diesen Zuständen absoluter Selbstentäußerung, sympathetischen Einfühlens war ich selbst Tier und Pflanze, ja ein bestimmtes Tier und eine bestimmte Pflanze. Diese Fähigkeit auf- und absteigender Metamorphose, diese Gabe mich zu verwandeln, mich in die verschiedensten Lebewesen hineinzudenken, hat selbst meine feinfühligsten Freunde überrascht.«[18]

Solche Einfühlungsgabe ermöglichte es der 1947 geborenen jugoslawischen Erzählerin Boba Blagojević, Kafkas Insekt als Wahrnehmungshilfe für die Strukturierung eigener Erfahrungen zu benützen, ohne sich in Einzelformulierungen, Handlungsverlauf und Baumuster von der Vorlage vereinnahmen zu lassen. Die *Verwandlung* war schon 1954 ins Kroatische, 1961 auch ins Slowenische übersetzt worden – die westliche Kafka-Forschung wurde in Jugoslawien, anders als im übrigen Ostblock, von Anfang an ohne Einschränkungen aufgenommen.[19] *Bubasvaba* (Ungeziefer) erschien 1975 in Belgrad als eine von acht Tiererzählungen in dem Band *Sve zveri što su sa tobom* (Allerlei Getier, das bei dir ist – ein Zitat aus *Genesis* 8, Vers 15). 1979 wurde die Sammlung, die um das Motiv der Verwandlung kreist, ins Französische übersetzt.[20]

Bubasvaba überträgt die Konstellation der *Verwandlung* auf die Situation einer verheirateten Frau und Mutter dreier Kinder, die die Monotonie eines durch Lieblosigkeit und fehlende Zukunftsperspektiven gekennzeichneten Familienalltags nicht mehr erträgt und sich diesem durch die Verwandlung in eine Küchenschabe entzieht. Bedrückt von schweren Gedanken liegt sie schlaflos im Bett, betrachtet im Licht des herandämmernden Tags das kleine Zimmer und seine bescheidene Einrichtung. Als die Uhr drei schlägt, erhebt sie sich, um in der Küche ein Glas Wasser zu holen, und bemerkt dabei eine eng an die Wand gedrückte Schabe, die selbst dann nicht zu fliehen versucht, als der erhobene Pantoffel der Frau sie zu zermalmen droht. Sie beugt sich nieder und beobachtet, den Fußboden mit der Stirn berührend, das Auge der Schabe, deren Häßlichkeit, wie sie jetzt erkennt, dadurch zustande kommt, daß sie alles von den Menschen weiß, und sogar früher als diese selbst. »Wunderbar, auserlesen ist das Auge der Küchen-

---

[18] Henri Frédéric Amiel: Tagebücher. Deutsch von Dr. Rosa Schapire, München und Leipzig o. J., S. 176.
[19] Vgl. Dušan Ludvik: Kafka bei den Jugoslawen, in: Franz Kafka aus Prager Sicht, (Berlin) 1966, S. 230 und 233.
[20] Boba Blagojević: L'Arche de Boba, traduit du Serbo-croate par Harita et Francis Wybrands, (Lausanne, Paris 1979); »Le Cafard«: S. 107–119.

schabe. Bemerkenswert intelligent. Das Unglück ist, daß man sie tötet, bevor man sich selbst in dieses Auge versenkt und gesehen hat, was einen dort erwartet. Dieses Auge war erstaunlich klein, aber während ich es betrachtete, begann es plötzlich zu wachsen. Es wuchs und wuchs, so daß ich endlich den Blick auf einen ungeheuren, klaren See richtete.«[21]
Als der Wecker läutet, der sie als erste der Familie zu den morgendlichen Pflichten ruft, schwingt sie sich auf den Rücken des Tiers und verschwindet mit ihm in der Wand; anschließend tanzt sie auf Hochzeiten, weint auf Beerdigungen – Ausdruck einer natürlich sich artikulierenden Emotionalität.
Die Vergrößerung und Veränderung des Insektenauges war also in Wirklichkeit eine Verkleinerung und Verwandlung der menschlichen Gestalt der Ich-Erzählerin, ohne daß doch darüber ein Wort gesagt würde oder werden müßte. Seitdem beobachtet sie ihre Familie, die ihr beim Abendessen am Vortag und dann bei der Beobachtung ihres friedlichen Schlafs, ohne daß etwas Besonderes vorgefallen wäre, abscheulich geworden war, von einer Mauerritze aus. Sie sieht, was ihr früher verborgen geblieben war: unglückliche, unfreie Leute, die nicht einmal einen Teil von dem bemerken, was ihnen angeboten wird. »Nur ihre Stimme« – so der Schlußsatz der Erzählung – »verirrt sich manchmal in dunkle Ritzen und kommt bereichert zurück, aber sie geben sich selbst darüber keine Rechenschaft.«[22] Möglicherweise ist die formale Gestaltung des Schlusses unter dem Eindruck anderer Kafka-Texte erfolgt, in denen die Handlung auf vergleichbare Weise zu Ende gebracht wird.[23]
Das Handlungsgefüge ist unter freier Verwendung wesentlicher Elemente der *Verwandlung* erstellt. Schon die äußeren Umstände ähneln sich verblüffend: Auch Gregor Samsa findet sich, frühmorgens durch den Wecker zur Arbeit für die Familie gerufen, seiner bisherigen Lebensform entfremdet, sucht sich, vergeblich, an der vertrauten Umgebung zu orientieren, verkriecht sich als Ungeziefer unter das Kanapee und betrachtet vom dunklen Versteck aus das Leben seiner unglücklichen Angehörigen. Seine gelegentlich geäußerte Behauptung, am Abend vor seiner Verwandlung »eine kleine Vorahnung« des Kommenden gehabt zu haben, könnte auf die Zeitgestaltung der Jugoslawin eingewirkt haben.[24]

---

[21] L'Arche de Boba, S. 117.
[22] L'Arche de Boba, S. 119.
[23] Vgl. Hartmut Binder: Bauformen, in: Kafka-Handbuch, Band 2: Das Werk und seine Wirkung, hg. v. H. B., Stuttgart (1979), S. 67–75.
[24] E 83.

Noch deutlicher ist die Übereinstimmung in den Überlegungen der Hauptfiguren, die auch in formaler Hinsicht eng miteinander verwandt sind. Wie die Ich-Erzählerin klagt ja der Handlungsreisende Samsa über seine anstrengende berufliche Tätigkeit, die sehr frühes Aufstehen verlangt, mit einem »nie herzlich werdenden menschlichen Verkehr« einhergeht (der auch das Zusammenleben im familiären Bereich kennzeichnet) und in Todeswünschen gegen seinen Chef gipfelt. Diese gelten, unbewußt, dem eigenen Vater, der das Frühstück als wichtigste Mahlzeit des Tages behandelt und bei Zeitungslektüre stundenlang hinzieht: Ein derartiges Eßverhalten, das Gregor neidvoll seinen Arbeitskollegen unterstellt, hätte, von ihm selbst praktiziert, sofortige Kündigung zur Folge; sein Chef – und hier schließt sich der Kreis – ist Gläubiger des Vaters.[25]

Ob die Szene mit dem erhobenen Pantoffel ebenfalls von Kafka angeregt ist, läßt sich nicht entscheiden, liegt doch ein solches Erzählelement in der natürlichen Konsequenz einer Auseinandersetzung mit Küchenschaben; sie erinnert aber immerhin an den erhobenen Stuhl der Bedienerin, der den angreifenden Gregor bedroht, und an dessen Angst vor den übergroßen Stiefelsohlen des ihn verfolgenden Vaters.

Auch die Szene mit den drei Zimmerherren aus dem Schlußteil der *Verwandlung* scheint Boba Blagojević Material geliefert zu haben. Denn die »peinlich auf Ordnung« bedachten und penibel die Mahlzeiten überprüfenden Logiergäste kehren in den drei Söhnen der Ich-Erzählerin wieder, für die nur regelmäßige, ordentliche Wartung durch die Mutter zählt, während deren Gefühle unbeachtet bleiben: »Ein Teller mit Rühreiern war ein Teller mit Rühreiern, eine Tomatenplatte war nur eine Tomatenplatte.«[26]

Schließlich: Gregor erträgt das Joch seiner Arbeit allein in der Aussicht, in einigen Jahren, nach Tilgung der elterlichen Schulden, den großen »Schnitt« zu tun, also Posten und Familie verlassen zu können, der er nicht zuletzt durch die Besorgung einer geräumigen Wohnung in stiller Lage zu einem beträchtlichen Lebensstandard verholfen hatte. Die Heldin in *Bubasvaba*, die den jeweils anbrechenden Tag durchzuhalten sucht, um auch den folgenden noch überstehen zu können, unterwirft sich der Tretmühle des Alltags, dessen trostlose Gleichförmigkeit durch die Hoffnung auf eine einmal zu erlangende größere Wohnung kaum aufgehellt wird, in der Gewißheit, daß ihre Kinder in einigen Jahren imstande seien, sich selbst zu versorgen.[27]

---

[25] E 72, vgl. 73, 87, und 101.
[26] E 126 (vgl. 125 und 116) und L'Arche de Boba, S. 115.
[27] E 73, vgl. 95 und L'Arche de Boba, S. 108f.

Trotz der angeführten Ähnlichkeiten ist der Vorgang der Verwandlung bei Boba Blagojević gänzlich umgedeutet. Für ihr Verständnis der *Verwandlung* steht offenbar im Mittelpunkt, daß sich Gregor als Käfer der Fremdbestimmung durch seine Arbeit als Reisender entzieht, der Ausbeutung auch durch die Angehörigen, die ihn den Aufwand der Familie allein tragen lassen. Das Insekt erscheint in dieser Optik als Bild des wahren Selbst, das den »Weg zu der ersehnten unbekannten Nahrung« ahnt[28] – so deutet Gregor das Geigenspiel der Schwester –, den die zur Küchenschabe gewordene Mutter bewußt und freiwillig geht. Die bürgerliche Idylle der Restfamilie am Schluß der *Verwandlung* muß dann als Satire auf die Uneigentlichkeit der Alltagswelt verstanden werden.

Ein solches Textverständnis ist naheliegend in einem Land, in dem der Alltag trostloser, die Möglichkeiten der Veränderung geringer, die Zukunftserwartungen weniger ausgeprägt waren als in den westlichen Ländern während der siebziger Jahre. Auch ist anzunehmen, daß in Jugoslawien, als einer germanistischen Randzone, die existentialistischen Kafka-Deutungen der fünfziger Jahre, die in der *Verwandlung* die zweckhafte Eingeschränktheit des modernen Wirtschaftslebens problematisiert sehen, mit zeitlicher Verzögerung wirksam wurden und länger lebendig blieben als im deutschsprachigen Kerngebiet. Diese könnten also für die Autorin den notwendigen Verständnisrahmen abgegeben haben oder sogar der auslösende Faktor gewesen sein, Kafkas Text in dem beschriebenen Sinne produktiv aufzunehmen. In die gleiche Richtung mag die 1963 auf Schloß Liblice bei Prag abgehaltene internationale Kafka-Konferenz gewirkt haben, die weltweit beachtet wurde. Denn ihr Ergebnis war, daß Kafka jetzt auch im Ostblock als scharfsinniger Gestalter sozialer Wirklichkeit verstanden wurde.[29]

Natürlich ist die *Bubasvaba* zugrunde liegende Leseweise der *Verwandlung* selektiv, bleibt doch der für Kafkas Text konstitutive Vater-Sohn-Konflikt ausgeklammert. Der schlafende Ehemann ist eine Schattengestalt, auch die Kinder sind nicht als solche Gegenspieler der Eltern. Es ist deswegen folgerichtig, daß die Küchenschabe sofort ihre Familie verläßt, denn Kafkas Käfer, als Bild der Auflehnung gegen die Vaterwelt und zugleich der Selbstbestrafung wegen dieser Rebellion,[30] hat innerhalb des neuen Sinnzusammenhangs keinen Raum mehr.

---

[28] E 130.
[29] Vgl. dazu den Band Franz Kafka aus Prager Sicht, (Berlin) 1966.
[30] Vgl. Walter H. Sokel: Kafkas »Metamorphosis«: Rebellion and Punishment, in: *Monatshefte* 48 (1956), S. 203–214.

Wie die Lektüre einschlägiger naturwissenschaftlicher Werke die schriftstellerische Intuition ergänzen kann, zeigt nachdrücklich Christian Enzensbergers 1968 erschienenes Buch *Größerer Versuch über den Schmutz*. Der Verfasser teilt dort drei Proben aus einem wieder aufgegebenen Roman mit, der den Titel *Cranley* hätte tragen sollen und die Titelfigur seltsamen Verwandlungen aussetzt. Im ersten Bruchstück faltet sich, gleichsam als Reparatur eines Berührungsschadens, Cranleys Haut nach innen ein, stülpt sich in sich ein wie das Stecknadelauge der Schnecke, in die er sich verwandelt.[31] Im zweiten Text beschreibt sich Cranley, dem Übergang von der Stadt aufs Land ausgesetzt, als das Fortkommen eines emulgierten Bläschens in einem neutralen, durchsichtigen Medium.[32] Im letzten Bruchstück beschließt er, sich in ein Insekt zu verwandeln. Sicherlich war Kafkas *Verwandlung* Ausgangspunkt dieser Überlegungen, denn Enzensberger zitiert, gleichsam als Motto und als Antithese zu der unmittelbar darüber stehenden Formulierung aus Jean Genets *Journal du voleur*, die die Angst des Franzosen vor Verwandlungen zeigt, den zweiten und dritten Satz der Erzählung mit der Beschreibung des Käferkörpers.[33]

Da Cranley nicht weiß, welches Insekt seinen Absichten am besten entgegenkommt, will er sich durch Hermann Webers *Grundriß der Insektenkunde* sachkundig machen, bis er erkennt, daß er, der Käfer haßt, immer schon für die Fliege war. Hier war nach kurzem Madendasein mit dem zweiten Ausschlüpfen eine tiefgreifende innere Wandlung zu erwarten: »Und schon stand er da in schwarz und grau gestreiftem Rückenschild, braungelbem Hinterleib, irisierenden Flügeln, in Purpuraugen und zwiegestreifter Gesichtsmaske, aufgeräumt und behende, mit der ganzen händereibenden Munterkeit seines neuen Wesens.«[34]

Kafkas Tendenz, das widerwärtige Insekt dadurch zu vermenschlichen, daß er aus dessen Optik erzählt, wäre von Enzensberger, hätte er *Cranley* zuende gebracht, noch weiter getrieben worden, weil er schon bei der Beschreibung der herkömmlicherweise als abstoßend empfundenen Gestalt der Fliege, die wie die der Schabe in *Bubasvaba* freiwillig gewählt wird, durch die Art der Perspektivierung ins Ästhetisch-Anheimelnde verfremdet.

---

[31] Christian Enzensberger: Größerer Versuch über den Schmutz, (München 1968), S. 15 f.
[32] Größerer Versuch über den Schmutz, S. 65–68.
[33] Größerer Versuch über den Schmutz, S. 122.
[34] Größerer Versuch über den Schmutz, S. 125.

Als sicher darf gelten, daß der polnische Erzähler Bruno Schulz (1892–1942) von Kafkas *Verwandlung* angeregt wurde. Schulz erwähnt Kafka, offenbar im Blick auf den *Prozeß*, in seiner 1937 erschienenen Besprechung von François Mauriacs Roman *Les angles noires* neben Claudel, Joyce und Bernanos als Vertreter psychoanalytisch orientierter Darstellung.[35] Ein Jahr zuvor war unter seinem Namen eine polnische Übersetzung des *Prozeß*-Romans erschienen, die freilich hauptsächlich von seiner Braut angefertigt worden war. Schulz, der so gut deutsch sprach, daß er sich sogar in dieser Sprache schriftstellerisch betätigte, steuerte der Ausgabe ein Nachwort bei, in dem er Kafka als Schöpfer »einer parallelen, doppelgängerischen, stellvertretenden Wirklichkeit, eigentlich ohne Vorbild« bezeichnete.[36]

Seine Beschäftigung mit dem Werk seines Prager Kollegen reicht jedoch viel weiter zurück, denn bereits 1927 rühmte er dessen geniale Gestaltungskunst und las ihn im Original.[37] Daß Kafka Schulz zu den Metamorphosen in den 1933 erschienenen *Zimtläden* angeregt hat, scheint deshalb naheliegend (und wird auch von dem Übersetzer der *Zimtläden*, Andrzej Wirth, behauptet), wenngleich weder die Art der Formulierungen und Handlungsumstände noch die besondere Form dieser Verwandlungen einen schlüssigen Indizienbeweis zulassen. Schulz selbst schreibt über seine diesbezüglichen Absichten: »Die Wirklichkeit nimmt bestimmte Formen nur zum Schein, zum Scherz, zum Spiel an. Der eine ist ein Mensch, der andere eine Schabe, aber diese Form erreicht keine Wesenhaftigkeit, sondern ist nur eine flugs, für einen Augenblick angenommene Rolle, nur eine Haut, die im nächsten Augenblick wieder abgeworfen wird.«[38]

Mindestens jedoch mußte sich Schulz bei der Konzeption seines Erstlings von Kafka bestätigt fühlen, in seiner, wie das autobiographisch getönte Stück *Einsamkeit* erhellt, beträchtlichen Lust, in Metaphern zu schmarotzen,[39] dem Bestreben also, in die Phantasie einzutauchen, um sich für die Entsagungen der empirischen Welt zu entschädigen.[40] Überhaupt sind die Übereinstimmungen in der Persönlichkeit und Lebensproblematik der beiden Schriftsteller erstaunlich. Wie Kafka tat sich auch Schulz schwer, eine

---

[35] Bruno Schulz: Die Republik der Träume. Fragmente, Aufsätze, Briefe, Grafiken, hg. v. Mikołaj Dutsch, (München 1967), S. 84, vgl. 222.
[36] Die Republik der Träume, S. 60, vgl. 221, 182 und 242.
[37] Jerzy Ficowski: Regiony wielkiej herezji, Kraków 1975, S. 187.
[38] Die Republik der Träume, S. 125, vgl. Bruno Schulz: Die Zimtläden und alle anderen Erzählungen, (München 1966), S. 338 (Nachwort von Andrzej Wirth).
[39] Die Zimtläden, S. 304.
[40] Die Republik der Träume, S. 176 (an Romana Halpern, 16. VIII. 1937).

Arbeit zu vollenden, wie dieser war er kompromißlos und doch wieder entscheidungsscheu in persönlichen Dingen, masochistisch, auch dem eigenen Werk gegenüber, depressiv, unglücklich im Brotberuf, fern dem wirklichen Leben und den Strömungen der Zeit, so daß seine Verlobte die Verbindung zur äußeren Realität herstellen mußte.[41]

Die *Zimtläden* sind eine locker angeordnete Folge in sich abgeschlossener Erzähltexte, die, meist episodenhaft, durch eine einheitliche Szenerie (galizische Kleinstadt) und Perspektive (Kind als Ich-Erzähler), gleichbleibendes Figurenarsenal (mit der dominierenden Vatergestalt als Mittelpunkt zahlreicher Familienszenen) und durch thematische Verflechtungen ein einheitlich strukturiertes Ganzes bilden, in dem Kindheitserinnerungen des Verfassers, teilweise in phantastischer Verfremdung, zur Darstellung gelangen.

Die Erzählung *Die Vögel* berichtet von ornithologischen Studien und Versuchen des Vaters. Ein Kondor erscheint dem kleinen Sohn wie die ausgetrocknete, verkleinerte Mumie des Vaters: »Sogar die Hände, stark in den Gelenken, die langen mageren Hände des Vaters mit den runden Fingernägeln, hatten ihr Analogon in den Krallen des Kondors.«[42] Die Übersiedlung des Vaters in Rumpelkammern unter dem Dach wird erforderlich, die bald mit stinkendem Unrat bedeckt sind. Aus Vergeßlichkeit schlägt er manchmal mit den Armen wie mit Flügeln, gibt ein lautes Krähen von sich, während seine Augen sich mit einem trüben Häutchen bedecken. Als einmal das Dienstmädchen die Vögel mit einem Besen verjagen will, versucht er sich armeschwingend in die Luft zu erheben.[43]

Schon in dem diesem Text vorhergehenden Stück *Heimsuchung* war berichtet worden, wie der Vater, an anderer Stelle als »Fechtmeister der Einbildungskraft« bezeichnet,[44] in regungslos zusammengekauerter Pose stundenlang auf der Vorhangstange einem ausgestopften Geier gegenübersitzt, um dann, wenn sich jemand im Zimmer zeigt, mit den Flügeln zu schlagen und wie ein Hahn zu krähen,[45] dabei immer kleiner und magerer werdend wie Kafkas Hungerkünstler. Was von ihm noch übrigbleibt, meint der

---

[41] Die Republik der Träume, S. 160, 192, 175, 179, 165, 172, 169, 191 und 164 (Briefstellen), vgl. Franz Kafka: Briefe an Felice und andere Korrespondenz aus der Verlobungszeit, hg. v. Erich Heller und Jürgen Born, [Frankfurt a. M. 1967], S. 443: (»Du, ganz allein Du bildest meine einzige wesentliche Verbindung mit Menschen«).
[42] Die Zimtläden, S. 27.
[43] Die Zimtläden, S. 28.
[44] Die Zimtläden, S. 29 (*Die Mannequins*).
[45] Die Zimtläden, S. 22.

Erzähler, könne ebenso unbemerkt verschwinden wie das graue Häuflein Kehricht, das sich in der Ecke des Raumes täglich ansammelt und vom Dienstmädchen auf den Komposthaufen getragen wird.[46]
Die angeführten Szenen erinnern einmal an den Schluß der *Verwandlung*, wo die Bedienerin die völlig ausgetrocknete Leiche Gregors mit dem Besen zur Seite stößt und anschließend »das Zeug« wegschafft, also in die von Kafka schon vorsorglich erwähnte »Abfallkiste« wirft,[47] zum andern aber an eine Stelle im *Prozeß*, wo der Kaufmann Block als Hund des Advokaten bezeichnet wird, der auf dessen Befehl hin sogar unter das Bett gekrochen wäre und von dort aus mit Lust gebellt hätte.[48]
Näher kommt Schulz der *Verwandlung* in dem Text *Die Küchenschaben*. Eine Invasion dieser Tiere, die den Vater in Raserei versetzt und zur Nahrungsverweigerung bringt, läßt seine Widerstandskraft schwinden. Er versteckt sich, in Winkeln, auf Schränken und unter dem Bett, liegt nachts auf dem Boden, »gesprenkelt mit schwarzen Totemflecken, gezeichnet mit Rippenbögen einer phantastisch nach außen durchscheinenden Anatomie«. Endlich bewegt er sich in der vielgliedrigen, komplizierten Gangart eines sonderbaren Rituals, in der die Nachahmung des Schabenzeremoniells zu erkennen ist; er verwandelt sich in eine Küchenschabe, und niemand kann sagen, ob er sich nicht unter den toten Insekten befindet, die das Dienstmädchen jeden Morgen auf die Kehrschaufel nimmt und hinauswirft.[49]
Die letzte Flucht des Vaters, zuerst 1936 erschienen und 1937 in dem Band *Das Sanatorium zur Todesanzeige* erneut gedruckt, nimmt die Verwandlungsthematik wieder auf. War es in den *Zimtläden* vor allem der Vorgang des Umwandlungsprozesses selbst, der Schulz als Sujet fasziniert zu haben scheint, so gibt er jetzt auch der neuen Lebensweise des Verwandelten Raum. Da nicht nur dieser Umstand den Erzählgang an die *Verwandlung* annähert, sondern auch zahlreiche Einzelumstände an diese Vorlage erinnern, ist die Annahme gerechtfertigt, daß sich Schulz im Zusammenhang mit der im Mai 1935 begonnenen[50] Arbeit am *Prozeß* erneut der *Verwandlung* zuwandte und dadurch intensiver und spezifischer inspiriert wurde als zur Zeit seiner ersten Kontaktnahme mit Kafkas Erzählwelt, in deren Gefolge die *Zimtläden* entstanden.

---

[46] Die Zimtläden, S. 23.
[47] E 141 und 126.
[48] Franz Kafka: Der Prozeß, New York (Frankfurt a. M. 1950), S. 233.
[49] Die Zimtläden, S. 88.
[50] Die Republik der Träume, S. 240 und 241.

Der zu einem Krebs verwandelte Vater, in der Rückenlage hilflos wie der Käfer, beginnt, auf den Fußboden gesetzt, zu laufen, wie Gregor, der sich erst in dieser Lage wohlfühlt und seinen vielen Beinchen einen Sinn abgewinnen kann. Er kriecht über die Möbel, weicht jedoch auf die Wände aus, wenn man ihm den Weg vertritt, was Gregor zunächst, um den ihn verfolgenden Vater nicht zu provozieren, unterläßt, später aber zu seiner Lieblingsbeschäftigung macht.[51] Er verschmäht, auch hierin Kafkas Helden folgend, Brot und andere Nahrungsmittel, die man ihm vorlegt, beobachtet aber die Mahlzeiten seiner Angehörigen. Hinter Möbeln liegend, verdöst er die Zeit – Gregor bevorzugt den Platz unter dem Kanapee.[52] Den Versuchen eines in der Familie anwesenden Onkels, ihn in den Hinterleib zu treten oder den Fuß auf seinen vielgliedrigen Bauch zu setzen, begegnen die Angehörigen mit schreiender Abwehr – ein gleichfalls der *Verwandlung* entstammendes Detail: Denn nicht nur, daß Gregor fürchtet, von den riesigen Stiefelsohlen des ihn verfolgenden Vaters zermalmt zu werden, sondern dieser gibt ihm an anderer Stelle auch wirklich einen Fußtritt; und nachdem er durch einen Apfelwurf schwer verwundet worden ist, bittet die Mutter, schreiend auf ihren Mann eindringend, das Leben ihres Kindes zu schonen.[53]

Allerdings besiegelt gerade die Ehefrau in der Erzählung von Schulz das Schicksal ihres Mannes, indem sie diesen kocht und als Gericht auf einer Schüssel serviert. Doch die Familie langt nicht zu – die irdische Wanderschaft des Vaters ist noch nicht zu Ende: »Warum gab er nicht endlich das Spiel verloren, warum bekannte er sich am Ende nicht als gestorben, zumal er wahrhaftig schon allen Grund dazu hatte und das Schicksal in seiner völligen Vernichtung nicht mehr weitergehen konnte? Nach einigen Wochen regungslosen Liegens konsolidierte er sich gleichsam in sich selber und schien sozusagen wieder langsam zu sich zu kommen. Eines schönen Morgens fanden wir die Schüssel leer.«[54] Schulz scheint hier den Schluß der *Verwandlung* aufzugreifen, wo Grete ihre Eltern auffordert, den Käfer loszuwerden: Denn – so ihre Argumentation – wenn es sich tatsächlich um Gregor handeln würde, hätte er längst eingesehen, welche Last er seiner Familie ist, und wäre verschwunden – ein Diktum, das die gewünschte Wirkung hat, denn es führt Gregors Tod unmittelbar herbei.[55]

---

[51] Die Zimtläden, S. 307 und E 90, 117, 126.
[52] Die Zimtläden, S. 308f. und E 97f., 96.
[53] Die Zimtläden, S. 309f. und E 116, 93, 118.
[54] Die Zimtläden, S. 311.
[55] E 134.

Schulz hat die *Verwandlung* in einer Weise seinem Werk einverleibt, die bisher ohne Parallele ist. Als einziger wählt er eine Erzählperspektive, die den Verwandelten aus der Sicht eines anderen zeigt. Er muß deswegen auf all die reizvollen Möglichkeiten verzichten, die die Darstellung eines Selbstentfremdungsprozesses bietet, gewinnt aber dafür einen überlegenen Erzählerstandort, der psychologisch offensichtlich seinem Bedürfnis entspricht, mit Hilfe des Schreibens Widrigkeiten des Daseins zu kompensieren. In diesem Sinne könnten die in seinem Erzählwerk auftretenden Verwandlungen der Vatergestalt, die zu deren Kompromittierung, ja Vernichtung führen, als eine Art Auseinandersetzung zwischen Vater und dem ihn beobachtenden Sohn angesehen werden, die freilich umgekehrt verlaufen würde wie in der *Verwandlung*.

Eine solche Auffassung wird jedoch durch den Umstand relativiert, daß sich in den *Zimtläden* auch andere Figuren verwandeln; vor allem aber durch die Tatsache, daß in diesen Texten eigentliches Konfliktmaterial gar nicht sichtbar wird, überhaupt ein zielgerichteter Handlungsgang oder ernsthafte Konfrontation zwischen den Generationen nicht vorkommt. Es handelt sich vielmehr um eine Folge von traumhaft-imaginativen Situationsbildern, die, auch in ihrer oft surrealistisch anmutenden Komik, eher im Sinn der schon zitierten Selbstaussage von Schulz den transitorischen Charakter bedrohlicher, aber auch lächerlicher Wirklichkeitsaspekte enthüllen sollen.

Die Fälle, in denen die *Verwandlung*, besonders ihr Beginn, in Erzähltexten durchschimmert, ohne daß diese ausdrücklich von Verwandlungen oder wirklichen Gestaltsveränderungen ihrer Figuren berichten, sind selten. In seiner Erzählung *Gefahrenvoller Aufenthalt*, die 1955 in dem Prosaband *Ein Flugzeug über dem Haus* erschienen ist, hat Martin Walser (geboren 1927) Erkenntnisse verwertet, die er vier Jahre vorher in seiner Kafka gewidmeten Dissertation gewonnen hatte. In *Beschreibung einer Form* betont er nämlich, daß in Kafkas Romanen die Störung des Gewohnten stets das Geschehen eröffne, in dessen Verlauf sich dann bald eine Konfrontation der Hauptfigur mit einer Gegenwelt herausbilde.[56]

Diesem Bauschema folgt auch *Gefahrenvoller Aufenthalt*, nur daß der Text zusätzliche Anregungen aus der *Verwandlung* bezieht, die das gleiche Strukturmuster erfüllt. Wenn der Ich-Erzähler, der formal ungefähr der in der *Verwandlung* verwendeten Erzählperspektive entspricht, gleich im Ein-

---

[56] Martin Walser: Beschreibung einer Form. Versuch über Franz Kafka, (Frankfurt a. M., Berlin, Wien 1972), S. 68–71.

gangssatz berichtet, er habe sich eines Nachmittags angezogen ins Bett gelegt, um dort auf Dauer stumm und bewegungslos zu verharren, unwissend darüber, ob dies freiwillig geschah oder Krankheit und Schlimmeres ihn dazu zwangen, dann wirkt das wie eine stoffliche Umkehrung des aus dem Bett sich erhebenden Geschäftsreisenden, dem die Ursachen seiner Umwandlung gleichfalls verborgen bleiben.[57]

Seine Lähmung wird so wenig respektiert wie Gregors Rückzug aus Beruf und Familie, der mit einer Beschränkung auf die eigenen vier Wände und dem Verlust der Sprechfähigkeit einhergeht. Denn die Gesellschaft vergilt ihm sein Verhalten mit Haß, Schlägen, Beraubung des Inventars und dadurch, daß sie sein Zimmer in Unordnung bringt, Umstände, die in der Vorlage ebenso belegt sind. Der säuerliche Geruch sich zersetzender Milch, der das Zimmer des Ich-Erzählers durchdringt, erinnert nicht nur an den Gestank, der Gregor umgibt, sondern auch daran, daß die ihm jetzt nicht mehr schmeckende Milch einst sein Lieblingsgetränk gewesen war.[58] Gemäß seiner politischen Einstellung hat Walser allerdings die interpretatorische Offenheit der *Verwandlung* in eine einlinige, eindeutige Sozialgroteske überführt.[59]

Welch nachhaltigen Eindruck die *Verwandlung* bei Walser hinterlassen hat, in dessen gesamtem Werk Kafka auf hintergründige Weise gegenwärtig ist, verdeutlicht der Anfang seines Romans *Das Schwanenhaus* aus dem Jahr 1980: »Als Gottlieb Zürn aufwachte, hatte er das Gefühl, er stehe auf dem Kopf. Offenbar war sein Kopf im Lauf der Nacht immer schwerer und sein Leib leichter geworden. Solange sein Kopf mit diesem Gewicht im Kissen lag, hatte er keine Aussicht, wieder auf die Füße zu kommen. Ich bin das Gegenteil eines Stehaufmännchens, dachte er. Sobald er die Augen zufallen ließ, hatte er wieder das Gefühl, er stehe auf dem Kopf.«[60]

Walser umspielt nicht nur formal die bekannten Eingangssätze der *Verwandlung*, sondern nimmt auch die Schwierigkeiten Gregors auf, sich zu erheben, sowie seinen Versuch, die Verwandlung vor sich selbst und den Angehörigen zu verbergen, denn schon in der Fortsetzung des Zitats ver-

---

[57] Martin Walser: Ein Flugzeug über dem Haus und andere Geschichten, (Frankfurt a. M. 1963), S. 14.
[58] Ein Flugzeug über dem Haus, S. 18 und E 94, 105.
[59] Vgl. Karlheinz Fingerhut: Drei erwachsene Söhne Kafkas. Zur produktiven Kafka-Rezeption bei Martin Walser, Peter Weiss und Peter Handke, in: *Wirkendes Wort* 30 (1980), S. 385–387.
[60] Martin Walser: Das Schwanenhaus. Roman, (Frankfurt a. M. 1980), S. 7, vgl. die Ausführungen Dietrich Krusches in: Kafka-Handbuch, Band 2, S. 567–569.

hindert Zürn, daß seine Frau auf die nächtliche Veränderung aufmerksam wird, die sich an ihm vollzogen hat. In einem Punkt mag Georg Büchners *Lenz* Anteil an dem Romaneingang haben, heißt es doch von Lenz, der »sich selbst ein Traum« ist, am Beginn der Erzählung, es sei ihm unangenehm, »daß er nicht auf dem Kopf gehn konnte«.[61]

Auch der 1942 geborene Peter Handke, dem Kafka zeit seines »Schreiblebens Satz für Satz der Maßgebende« war,[62] huldigt der *Verwandlung* in einer Passage seines Romans *Die Stunde der wahren Empfindung* (1975). Nach einem Traum, in dem er sich als Mörder der Sozietät entfremdet und als Schandfleck seiner Eltern fühlt, erwacht Gregor Keuschnig, überzeugt, daß sich sein Leben unwiderruflich verändert habe, verschränkt die Arme hinter dem Kopf, bläst wie zum Schutz die Wangen auf, versucht sich vergebens vorzustellen, was nun zu tun sei, und rollt sich schließlich wieder ein, um weiterschlafen zu können, was jedoch ebenfalls mißlingt. So erhebt er sich, als mit dem ersten Zug gegen sechs Uhr auf dem Nachttisch das Wasserglas klingelt. Anschließend folgt die Beschreibung der Wohnung Keuschnigs.[63]

Die Situation ähnelt der Eingangsszene der *Verwandlung*: der Vorname Gregor, die schweren Träume, das Erwachen, die Wahrnehmung der veränderten Lage, die Betrachtung des Zimmers, die Rückenlage im Bett, der vergebliche Versuch, wieder einzuschlafen, die Mordgedanken im Zusammenhang einer familiären Situation, der Wecker, der Frühzug, das Aufblasen des Körpers – in dieser Reihenfolge erscheinen die von Handke aufgegriffenen Erzählelemente in seiner Vorlage.

Nur in äußerster Verflüchtigung, wenn überhaupt, finden sich einzelne Spuren der *Verwandlung* in Herbert Rosendorfers (geboren 1934) Roman *Ballmanns Leiden* (1981). Vergleichbar Josef K. im *Prozeß*, der am Vorabend seines dreißigsten Geburtstags verhaftet wird, beschließt der Richter Ballmann am Morgen nach seinem fünfzigsten Geburtstag, nicht mehr zum Dienst zu erscheinen. Er bleibt wie Gregor im Bett und reflektiert sein bisheriges Leben; auch geträumt hat er in dieser Nacht. Und wie in der *Verwandlung* das Läuten der Hausglocke den Prokuristen ankündigt, so erscheint hier, weil Ballmann das läutende Telefon nicht abgenommen hat, ein Kollege, der über seinen Zustand so erschrocken ist, daß er sich bei Gesprächsbeginn schnell umschaut, »als ob er sich vergewissere, daß die

---

[61] Georg Büchner: Werke und Briefe, (München 1965), S. 67 und 65.
[62] Otmar Lahodynsky: Die Angst des Autors vor dem Publikum, in: *profil* Nr. 42 (1979), S. 90.
[63] Peter Handke: Die Stunde der wahren Empfindung, (Frankfurt a. M. 1975), S. 7–10.

Tür in sprungnaher Entfernung« sei, und bei seinem Rückzug, Ballmann dabei nicht aus den Augen lassend, einen vorsichtigen Schritt in Richtung Tür macht, um dann, nach Überwindung der halben Entfernung, mit einem raschen Satz hinauszuschlüpfen.[64] Das ist eine Verhaltensweise, die sich auffällig an den in der *Verwandlung* auftretenden Prokuristen anlehnt, der in vergleichbarer Weise die Wohnung der Samsas verläßt.[65]

Ballmann verwahrlost im Verlauf mehrerer Monate, spricht nicht mehr, läßt sich das Essen von seiner Frau in die Dachkammer bringen, in die er sich zurückgezogen hat. Er haust auf einem Sofa, ohne den Raum zu verlassen, außer zur Verrichtung seiner Notdurft, so daß sich dort bald starker Gestank ausbreitet. Diese Umstände sowie die Tatsache, daß seine Familie stumpf neben ihm herlebt, abgesehen vom jüngsten Sohn, der ihn gelegentlich besucht und »wie ein absonderliches Insekt« beobachtet, sind schwerlich ohne Kenntnis der *Verwandlung* denkbar. Als offenbar gestrandetes Justizopfer verschwindet Ballmann am Ende des Romans mit einem Stadtstreicher, ohne eine Spur zu hinterlassen.[66]

Unter den zahlreichen produktiven Aufarbeitungen der *Verwandlung*, in denen Gregors Verwandlung in ein Ungeziefer durch andere Formen der Umwandlung ersetzt wird, ist das zeitlich früheste Beispiel, eine ungedruckte Erzählung des Musikkritikers Wilhelm Jarosch (1903–1947), sicherlich eine der aufschlußreichsten. *Versäumte Stunde* ist die einzige, kurz nach Ende des Zweiten Weltkriegs entstandene Erzählung Jaroschs, die sich, neben zahlreichen Gedichten und theoretischer Prosa, in seinem Nachlaß erhalten hat.[67] Als Mitglied des Literatenkreises um Milenas Mann Ernst Polak, der im Wiener Kaffee »Herrenhof« residierte,[68] mußte Ja-

---

[64] Herbert Rosendorfer: Ballmanns Leiden *oder* Lehrbuch für Konkursrecht. Roman, (München 1981), S. 101, vgl. 170, 177, 39, 73, 99 und 102.

[65] »Und während Gregors Rede stand er keinen Augenblick still, sondern verzog sich, ohne Gregor aus den Augen zu lassen, gegen die Tür, aber ganz allmählich, als bestehe ein geheimes Verbot, das Zimmer zu verlassen. Schon war er im Vorzimmer, und nach der plötzlichen Bewegung, mit der er zum letztenmal den Fuß aus dem Wohnzimmer zog, hätte man glauben können, er habe sich soeben die Sohle verbrannt.« (E 89)

[66] Ballmanns Leiden, S. 184, vgl. 210 und 209.

[67] Auf Veranlassung des Verfassers übergab Herta Boehm, die Witwe Jaroschs, 1981 den Nachlaß ihres Mannes dem Deutschen Literaturarchiv in Marbach am Neckar. Dort existiert auch ein aus sechs Heften bestehendes, von Frau Boehm angefertigtes Typoskript, das die meisten Nachlaßmaterialien enthält.

[68] Vgl. Hartmut Binder: Ernst Polak - Literat ohne Werk. Zu den Kaffeehauszirkeln in Prag und Wien, in: *Jahrbuch der Deutschen Schillergesellschaft* 23 (1979), S. 381–389.

rosch das Werk seines Prager Kollegen bekannt sein, zumal Polak ein sehr früher Propagator Kafkas war.[69] Kafkas Name taucht aber auch in einer auf Ende 1945 zu datierenden Zusammenstellung von Namen auf, die in einem Notizbuch Jaroschs überliefert ist;[70] außerdem in seinen Überlegungen zum Thema *Geheime Gestaltungsgesetze des Dramas*, wo unter der Rubrik »Allgemeine Entsprechungen im Prinzen v. Homburg« zum Stichwort Schloß Kafkas so betiteltes Romanfragment erwähnt wird.[71]
»Der Knabe erwachte« – mit diesen Worten beginnt die Erzählung. Durch das Fenster schimmert es hell, ein Blick auf die Uhr zeigt, daß es Zeit ist, aufzustehen; auch ist schon das gewohnte Klopfen an der Tür zu hören, und der Junge eilt zum Waschtisch: »Hätte er in den kleinen Spiegel an der Wand geblickt, wäre es ihm aufgefallen, daß sein kurzgeschnittenes Knabenhaar über Nacht plötzlich zu langen Locken gewachsen war, die fast bis zu den Schultern reichten.« Mädchenwäsche liegt zum Anziehen bereit. Der Junge hält dies zunächst für einen Scherz, bis er seinen Körper erblickt und so heftig erschrickt, daß er die Augen schließt und erst nach einiger Zeit wieder zu öffnen wagt: »Es war kein Zweifel mehr möglich. Auch seine Hände überzeugten ihn davon, daß aus seiner Knabenbrust zwei Mädchenbrüste gesprossen waren, daß seine Schenkel eine Mädchenscham einschlossen, sein Glied verschwunden war, dafür aber zwischen den Beinen weiche Lippen ruhten, daß seine Haut sich zarter anfühlte.« Er glaubt zu träumen, legt sich wieder aufs Bett und bemerkt schließlich im Spiegel seine langen Locken: »Da klopfte es an der Türe stärker und etwas ungeduldiger. Die väterliche Stimme mahnte zur Eile. Es sei schon spät, Zeit zur Schule zu gehen.«
Die zuletzt angeführte Textstelle macht die Vermutung, daß die *Verwandlung* Jarosch Formulierungshilfe geleistet hat, zur Gewißheit. Denn einerseits erscheint das zweimalige Gewecktwerden innerhalb des Erzählzusammenhangs funktionslos (wenn auch, schaffenspsychologisch betrachtet, nicht unnötig), weil es im Folgenden nicht zu einer Konfrontation oder Begegnung mit den Angehörigen kommt, die vielmehr aus dem Geschehen ganz ausgeblendet bleiben. Andererseits ist dieses Handlungsmoment aber der Vorlage nachgestaltet, denn Gregor Samsa wird ebenfalls zweimal geweckt, erst vorsichtig durch die klopfende Mutter, dann durch den

---

[69] Ernst Polak, S. 392–394.
[70] Nicht ins Typoskript aufgenommen.
[71] Wilhelm Jarosch: Geheime Gestaltungsgesetze des Dramas, 41. Abschnitt (Gesammelte Schriften, Band 1, Typoskript, Deutsches Literaturarchiv Marbach/N.).

»schwach, aber mit der Faust« an die Zimmertür pochenden Vater, der ihn außerdem mit Worten anspricht, die den in der Parallelszene gebrauchten sinngemäß entsprechen.[72]

Die übrigen Erzählumstände weisen in die gleiche Richtung: das Erwachen als Verwandelter, der Blick aus dem Fenster, das Erschrecken über die neue Realität, die zunächst traumhaft erlebt, im Versuch, weiterzuschlafen, geleugnet, schließlich aber mit den Worten: »Aber es war kein Traum« anerkannt wird, eine Formulierung, die ohne die einleitende Konjunktion auch von Gregor gebraucht wird.[73] Schließlich wäre zu erwähnen, daß das Anlegen der Mädchenkleider mit einer gewissen Selbstverständlichkeit ausgeführt wird, zärtlich bange Gefühle den Verwandelten durchrieseln, vergleichbar dem Wohlbehagen, das Gregor bei seinen ersten tiergemäßen Verrichtungen empfindet.[74]

Der Fortgang der Erzählung, der sich von der *Verwandlung* vollständig entfernt, ist zum Verständnis der Textentstehung trotzdem wichtig: Der Verwandelte schleicht sich, aus Angst vor schwerer Bestrafung und der Beschuldigung, »selber die Verwandlung vollzogen zu haben«, ungesehen in die Schule, wo er sich in eine Mädchenklasse setzt und, ohne von der Lehrerin entdeckt zu werden, eine Stunde verbringt. In der Pause, auf einem Gang zur Knabenabteilung, kommt ihm lächelnd sein männliches Ebenbild (und, wie aufgrund anderer Texte Jaroschs ergänzt werden kann, Bruder) entgegen, mit dem er sich geschlechtlich vereint. Als er wieder die Augen aufschlägt, hat er sich zum Jungen zurückverwandelt und begibt sich in seine ursprüngliche Klasse, wo er wegen unentschuldigten Fehlens ins Klassenbuch eingetragen wird.

Während des Zweiten Weltkriegs, in dessen Verlauf Jarosch die Flucht aus Wien nach Zürich gelang, erkrankte er an Depressionen, der Beginn einer Geisteskrankheit, deren Ausbruch er seit seiner Jugend befürchtet hatte. So unterzog er sich 1945 einer psychoanalytischen Behandlung bei Ludwig Szondi.[75] Nicht nur *Versäumte Stunde* muß als unmittelbarer Ausfluß dieser Auseinandersetzung Jaroschs mit seiner eigenen Psyche gelten, sondern auch nichtfiktionale Aufzeichnungen, aus denen ersichtlich ist, daß die Erzählung nur wenig verhüllt autobiographische Gegebenheiten darstellt.

---

[72] Wilhelm Jarosch: Versäumte Stunde, in: W. J.: Gesammelte Schriften, Band 5 (Typoskript) und E 75.
[73] Vgl. E 71.
[74] Vgl. E 90.
[75] Vgl. die den 6. Band der Gesammelten Schriften Jaroschs beschließenden biographischen Angaben (Typoskript).

In einem ungefähr gleichzeitigen, in der Er-Form abgefaßten Versuch, die Kindheit zu beschreiben, heißt es: »Er hat das Gefühl, geschlagen worden zu sein, als er noch Mädchen, wie ein Mädchen war, Kleidchen und blonde Locken trug.« Geschlagen und sexuell mißhandelt wurde Jarosch vom Kindermädchen; aber auch die Mutter prügelte ihn, setzte ihn sogar unablässig ihren diesbezüglichen Phantasien aus. Wie eine Abwehr des in *Versäumte Stunde* thematisierten Sachverhalts mutet eine andere Formulierung dieses Textes an. Viele mußten ihn, meint er rückblickend, damals für ein Mädchen halten: »Aber er war wohl nie eines gewesen und hatte sich nicht später erst verwandelt«, eine Aussage, die einen vernünftigen Sinn erst gibt, wenn man in einem der beiden Satzteile die Negation streicht oder eine entsprechende Umwandlung zu einem späteren Zeitpunkt unterstellt.[76] Jaroschs inzestuöse Mutterbindung, die ihm vollkommen bewußt war, seine Deutung von Mädchenfiguren und von Beziehungen zu diesen als Mutterersatz und seine auf diesem Hintergrund fast zu erwartende Furcht vor Spiegeln, die in den Beginn der *Versäumten Stunde* eingegangen ist, ohne dort eine plausible Begründung zu erfahren, ermöglichen die Deutung dieser Erzählung als verdeckte Darstellung eines derartigen Verhältnisses.[77] Das würde auch die Angst des Jungen vor dem Entdecktwerden erklären, die in völligem Gegensatz zu Gregor Samsas Verhalten steht, in dem sich wiederum die Stellung Kafkas seiner Familie gegenüber abbildet.[78] Wichtiger im vorliegenden Zusammenhang ist aber sicherlich der Umstand, daß Jarosch, der unter dem Einfluß Gustav Meyrinks zu schreiben begonnen hatte,[79] die Eingangsszene der *Verwandlung* als Strukturmuster wählte, benötigte, um ihn bedrängende Vorstellungen in geschlossener Sprachgestalt objektivieren zu können. Aus diesem Befund läßt sich ablesen, daß sich die *Verwandlung* entsprechend disponierten Lesern als eine Art Leerform und Identifikationsmuster anbieten kann, das zur Literarisierung einlädt; für die wissenschaftlich-analytische Erfassung darf dieses Wirk-

---

[76] Die zitierten autobiographischen Aufzeichnungen finden sich am Ende des 5. Bandes der Gesammelten Schriften Jaroschs (Typoskript).
[77] In den auf dieses Thema bezüglichen, nicht ins Typroskript aufgenommenen Notizen Jaroschs vom Herbst 1945 heißt es an einer Stelle: »Ich bin nie zu mir gestanden, konnte es auch nicht, da ich mir das Tiefste verbot/Spiegel-Voyeur!!!«
[78] Zum autobiographischen Hintergrund der Erzählung vgl. Hartmut Binder: Kafka und seine Schwester Ottla. Zur Biographie der Familiensituation des Dichters unter besonderer Berücksichtigung der Erzählungen »Die Verwandlung« und »Der Bau«, in: *Jahrbuch der Deutschen Schillergesellschaft* 12 (1968), S. 411–421.
[79] Dieser Hinweis in Nachlaßnotizen Jaroschs, die keine Aufnahme ins Typoskript fanden.

potential angesichts der Vielfalt einander ausschließender, jeden nur denkmöglichen Aspekt des Verstehens einbegreifender Deutungsvielfalt längst als erwiesen gelten.

Die beschriebene Gesetzmäßigkeit ist im Fall Jarosch besonders deutlich beobachtbar, weil sie durch andere, ihr zuwiderlaufende Rezeptionsbedingungen nicht gestört worden ist. Im Jahr 1945 gab es in der Schweiz noch kein kulturelles Bewußtsein von Kafkas Weltgeltung, kein interpretatorisch vermitteltes Kafka-Bild mit dem Anspruch auf Verbindlichkeit.

Wie etabliertes Verständnis der Literaturwissenschaft die schöpferische Auseinandersetzung mit der *Verwandlung* mitprägt, läßt sich an einer Erzählung der 1938 geborenen amerikanischen Schriftstellerin Joyce Carol Oates beobachten, die als Hochschullehrerin für Anglistik nicht nur Arbeitsweisen der Nachbardisziplin Germanistik kennt, sondern sich auch selbst darin versucht hat; so in ihrem Aufsatz *Kafka's Paradise*, der im Winter 1973/1974 in der *Hudson Review* erschien. *The Metamorphosis*, zunächst unter dem Titel *Others' Dreams* im November 1971 in der *New American Review* gedruckt, wurde unter der neuen, an Kafka direkt erinnernden Bezeichnung in den Prosaband *Marriages and Infidelities* (1974) aufgenommen.[80] Sie fand als *Die Verwandlung* Aufnahme in die Erzählsammlung *Lieben, verlieren, lieben*.[81]

The Metamorphosis läßt sich in gewisser Weise mit Eugene O'Neills Tragödie *Mourning becomes Electra* vergleichen, in der die *Orestie* des Aischylos als psychologisches Familiendrama verstanden und in das Kleinstadtmilieu Neuenglands im 19. Jahrhundert transponiert wurde. Carol Joyce Oates gibt eine Übertragung des Verwandlungsvorgangs und ihn begleitender typischer Erzählumstände in heutige amerikanische Geschäftsverhältnisse, aber bezeichnenderweise so, daß gerade die Art der von ihr gebotenen Umwandlung als extrem milieufremd erscheint.

Die Erzählung beginnt mit den Worten: »Matthew woke from a daydream that was not his.« Der sechsundvierzigjährige Autoverkäufer Matthew Brown, glücklich verheiratet und Vater von fünf Kindern, hat, an seinem Arbeitsplatz sitzend, einen Wachtraum, den er, der sich Problemen anderer möglichst verschließt, als nicht sich zugehörig ansieht, sondern als Aus-

---

[80] Joyce Carol Oates: The Metamorphosis, in: J. C. O.: Marriages and Infidelities. Short Stories, London 1974, S. 361–378.
[81] Joyce Carol Oates: Die Verwandlung, in: J. C. O.: Lieben, verlieren, lieben. Erzählungen. Aus dem Amerikanischen von Charlotte Franke, (Stuttgart 1980), S. 260–277.
[82] Marriages and Infidelities, S. 364.

strahlung fremder Ängste, etwa derjenigen seiner Frau, empfindet (daher der ursprüngliche Titel *Others' Dreams*): »There had been a body, a kind of mummy, lying very still beneath heavy covers. Sheets pulled up to the chin. A faceless face. Formless bulges, ridges. A mystery.«[82]
Matthew sucht seine Fassung wiederzugewinnen, indem er sich seiner selbstbewußten Jugendlichkeit, seiner Familie und seiner beruflichen Tüchtigkeit erinnert, die er den Mißerfolgen eines Kollegen entgegensetzt. Hierin sind nicht nur Form und Zeitpunkt der Überlegungen Gregors aufgenommen, sondern auch ein wesentliches Motiv derselben, betont dieser doch ebenfalls seine von Mitreisenden angeblich in keiner Weise erreichten geschäftlichen Erfolge.[83]
Es haben jedoch noch andere Stellen der *Verwandlung* auf Matthews Reflexionen eingewirkt. Das Bild kraftstrotzender Männlichkeit und lächelnder Gepflegtheit, das er von sich entwirft, ist in *The Metamorphosis* in ähnlicher Weise als vergangener Zustand mit einer andersartigen Gegenwart konfrontiert wie in der *Verwandlung*, wo eine im Wohnzimmer der Samsas hängende Photographie aus früherer Zeit einen sorglos lächelnden jungen Leutnant zeigt, der »Respekt für seine Haltung und Uniform verlangte«, jetzt aber als staubbedecktes Ungeziefer »Fäden, Haare, Speisereste« mit sich herumschleppt.[84] Das Gesicht Matthews wird nämlich im Verlauf der Ereignisse »flabby and old, the color drained out of it, wormy, grainy, pale, aged, no longer a handsome man, his hair plastered close to his skull«, und kontrastiert so auf anschauliche Weise und in neuerlicher Abhängigkeit von Kafka mit den ein paar Jahre alten Weihnachtsphotos, die ihn, wie Joyce Carol Oates formuliert, in Positur (»posed«) zeigen.[85] Und schließlich nimmt auch Matthews Stolz auf Frau und Kinder seinen Ausgangspunkt in Gregors großem Stolz darüber, daß er Eltern und Schwester ein behagliches Leben in einer schönen Wohnung hat verschaffen können.[86]
Die Zeit verrinnt, ein Kunde, der sich mit Matthew verabredet hat, erscheint nicht. Gegen vier Uhr am Nachmittag fühlt sich dieser so krank, daß er nach Hause fährt und sich, nachdem er die Schlafzimmertür hinter sich verschlossen hat, ins Bett legt. Auch hierin folgt der Text der Vorlage, in der Gregor das Läuten des auf vier Uhr eingestellten Weckers verschläft, dadurch eine mit dem Geschäftsdiener getroffene Verabredung nicht ein-

---

[83] Vgl. E 72 und 101f.
[84] E 87 und 129.
[85] Marriages and Infidelities, S. 374 und 371.
[86] Vgl. Marriages and Infidelities, S. 362 mit E 95.

halten kann und sich zu einer Zeit im Bett aufhält, in der er sonst zu arbeiten pflegt.

Dieses ungewöhnliche Verhalten wird in beiden Fällen in sehr ähnlicher Weise von der Familie registriert. In der *Verwandlung* wird Gregor zunächst von der Mutter geweckt, später fragt ihn der Vater durch die Tür, was mit ihm los sei, und schließlich meldet sich die Schwester, die sich um seinen Gesundheitszustand Sorgen macht. In *The Metamorphosis* übernimmt diese Rolle die Frau Matthews, die, zunächst von ihrer Tochter begleitet und sich gleichfalls durch die Tür verständigend, sich dreimal nach dem Befinden ihres Mannes erkundigt.[87] Und während in Kafkas Text die Türglocke den Prokuristen ankündigt, der sich Gregors Verbleib nicht erklären kann, läutet bei Matthew zunächst das Telephon, weil sich eine Mitarbeiterin beunruhigt zeigt. Jedesmal wird den Betroffenen die Nachfrage auf nahezu identische Weise durch die immer noch verschlossene Tür hindurch übermittelt.[88]

Später erscheint Matthews Chef, ein plumper Mann mit dröhnender Stimme, der an den Prokuristen mit seiner erhobenen Stimme und seinem bestimmten Gang in den knarrenden Lackstiefeln erinnert. Und wie Gregor, dem der Prokurist vorhält, zu wenig Abschlüsse getätigt zu haben, seinen Zustand ganz ignorierend, den Vorschlag macht, gleich mit dem nächsten Zug wegzufahren und seine Arbeit wieder aufzunehmen, hat Matthew, der sich an die in letzter Zeit zurückgehenden Verkaufszahlen erinnert, in Gegenwart seines Chefs die Idee, vom Bett aus weiterhin Autos zu verkaufen.[89]

Matthews Traum wird Wirklichkeit: »›What is happening to me?‹ he thought.« In der *Verwandlung* heißt es: »›Was ist mit mir geschehen?‹ dachte er.«[90] Nackt auf dem Rücken liegend, bemerkt Matthew um sich einen ätzenden Säuregestank, dann auch einen säuerlichen Geschmack in seinem Mund, der von ihm fälschlicherweise als Geruchsmischung aus Benzin, Auspuffgasen und Öl gedeutet wird, die er mit sich nach Hause gebracht habe. Gregor widerfährt ein vergleichbarer Irrtum, wenn er die den Vorgang der Verwandlung begleitende Veränderung seiner Stimme als den Vorboten »einer tüchtigen Verkühlung, einer Berufskrankheit der Reisenden« versteht.[91] Matthews Frau stellt diese Diagnose wirklich, so daß an

---

[87] Vgl. E 74 und 75 mit Marriages and Infidelities, S. 366f. und 368.
[88] Vgl. E 78f. mit Marriages and Infidelities, S. 369.
[89] Vgl. E 82f. mit Marriages and Infidelities, S. 374f.
[90] Marriages and Infidelities, S. 368 und E 71.
[91] E 75, vgl. Marriages and Infidelities, S. 369.

das Krankenbett ihres Mannes ein Arzt gerufen wird; in der *Verwandlung* wird er nach dem Erscheinen Gregors im Wohnzimmer unter einem Vorwand wieder weggeschickt.[92]
Matthews Entschluß, ruhig und vernünftig über alles nachzudenken, seine Annahme, ein Schläfchen vor dem Abendessen werde ihn gesund machen, ein durch das Haus rennendes Kind, die Betrachtung der Einrichtung des Zimmers, die sich auf seiner Brust wölbenden Decken, die ihn das Fußende des Bettes nicht erkennen lassen, der Sohn, der mit einem Schraubenzieher die Tür aufbrechen will, Matthews nachlassende Sehkraft, die Rührung, mit der er an seine Angehörigen denkt, der Schlaf, den sie ihm ermöglichen, das Kind, das abends nicht zu Bett gehen will, die Angst allein mit dem Vater im Haus bleiben zu müssen, das Flüstern der vom Unglück Geschlagenen, die Fütterung Matthews mit spezieller Nahrung, die Behauptung eines Kindes, es handle sich bei dem Verwandelten gar nicht um den Vater, und die Schlußszene, in der die im Garten arbeitende Mutter, die mit der sie umgebenden Natur eine Einheit zu bilden scheint, ein Kind liebevoll an sich drückt – das sind nur die hauptsächlichsten Einzelheiten, die Joyce Carol Oates der *Verwandlung* entnommen und ihren Absichten dienstbar gemacht hat.[93]
Auf der Ebene der Erzählhandlung erreichen diese ihr Ziel dadurch, daß der zur Mumie erstarrte Matthew von der herbeigerufenen Ambulanz auf eine Tragbahre gelegt und still abtransportiert wird. Natürlich schwindet in gewisser Beziehung durch diese Art der Umwandlung der Abstand, der die in der *Verwandlung* beschriebenen Vorgänge von empirisch faßbaren Alltagsereignissen trennt. Gleichwohl wäre die Annahme verkehrt, als habe Joyce Carol Oates Kafkas Text als Vorwegnahme moderner Wirtschaftsverhältnisse und Familienschwierigkeiten verstanden, der sich dem Verständnis erst ganz enthülle, wenn sein Strukturmuster auf eine heutige Durchschnittsfamilie übertragen werde. Genau das Gegenteil ist richtig.
The Metamorphosis zerstört die von Kafka aufgebaute familiäre Konstellation und das funktionale Beziehungsgeflecht der Motive, das keine nur stofflich eingesetzten Erzählumstände kennt. Die Beliebigkeit der nicht aufeinander bezogenen Details in *The Metamorphosis* lassen, anders als bei Kafka, kein psychologisches Verständnis des Verwandlungsvorgangs zu und verbinden sich nur für Leser, denen der Textbestand der *Verwandlung*

---

[92] Vgl. Marriages and Infidelities, S. 371 mit E 84 und 99.
[93] Die Parallelstellen in der *Verwandlung* sind: E 77 Z. 14f., 22–25 und 71 Z. 24–26; 84 Z. 26–28; 71 Z. 12–23; 76 Z. 1 und 14–17; 84 Z. 26; 104f.; 136; 93 Z. 25f.; 120 Z. 16–24; 100 Z. 18–21; 96 Z. 1–5; 97; 133; 142.

genau gewärtig ist, zur übergreifenden Sinneinheit einer Schnitzeljagd. Der Vater-Sohn-Konflikt der Vorlage wird durch den beruflich erfolgreichen und glücklichen Familienvater Matthew in sein Gegenteil verkehrt, Gregors Verwandlung zum Ungeziefer, das ihm die Aufgabe der ungeliebten Arbeit ermöglicht, ohne daß er dafür zur Rechenschaft gezogen werden könnte, auf einen abstrakten, weil nicht mehr hinterfragbaren Gegensatz zwischen einer (Hauptkennzeichen der gesamten Zivilisation bildenden) Bereitschaft zur Kommunikation und Matthews allmählichem Erstarren und Verstummen, die sein Herausfallen aus dieser Welt bewirken: »The world was busy and it wanted nothing so much as to drag him out into it, sweep him along the river where he would be lost«.[94]

Die in der Erzählung verwendete Perspektivgestaltung unterstützt diese Auffassung der Dinge, denn Matthews Selbstwahrnehmungen werden durch Abschnitte aus der Wir-Optik der Kinder ergänzt, die im Kursivdruck gegeben sind und das Geschehen aus der Alltagssicht des gleichsam verständnislosen Durchschnittsbürgers beleuchten. Joyce Carol Oates hat dieses Verfahren sicher nicht vorwiegend deswegen benützt, weil es leichter handhabbar ist als das der *Verwandlung*, in der Kafka aus der Perspektive Gregors seinen Lesern auch die Geschehnisse vermittelt, die sich außerhalb des Zimmers in der Familie abspielen;[95] sondern sie ist vielmehr daran interessiert, daß der mumifizierte Matthew als einer anderen, geistigen Welt zugehörig begriffen wird.

Die Alltagsebene ist zunächst zeitlich gegenüber den aus der Sehweise Matthews erzählten Partien versetzt; in dem Maße jedoch, in dem während des Erzählfortgangs die Koinzidenz wächst, verliert sich auch Matthews Fähigkeit zur Verständigung mit seiner Umgebung. Es soll also die Diskrepanz zwischen den gegensätzlichen Bereichen zum Ausdruck gebracht werden, die auch, zum Motiv verdinglicht, als »crack« (»Riß«) auf Matthews Schreibtisch und an der Decke des Schlafzimmers in Erscheinung tritt, der nach seiner Auffassung als Reizauslöser das ganze Geschehen in Gang gesetzt hat.[96] Es ist darüber hinaus anzunehmen, daß Joyce Carol Oates, die als Hochschullehrerin und Vertreterin der zeitgenössischen gothic horror story natürlich mit der einschlägigen Sekundärliteratur zu dieser Erzählgattung vertraut ist, sozusagen buchstäblich eine These von Roger Caillois veranschaulichen wollte, der den in Rede stehenden Darstellungsbereich

---

[94] Marriages and Infidelities, S. 371.
[95] Vgl. Hartmut Binder: Motiv und Gestaltung bei Franz Kafka, Bonn 1966, S. 294f.
[96] Marriages and Infidelities, S. 364 und 365.

wie folgt definiert: »Das Phantastische [...] offenbart ein Ärgernis, einen Riß, einen befremdenden, fast unerträglichen Einbruch in die wirkliche Welt.«[97]

Das Verständnis der *Verwandlung*, das der Erzählung *The Metamorphosis* zugrunde liegt, ist keineswegs primär oder vorwiegend aus dem Text selbst entwickelt, sondern leitet sich von einer literaturwissenschaftlichen Deutung des Gesamtphänomens Kafka her, das in dem schon erwähnten Aufsatz *Kafka's Paradise* seinen klarsten Ausdruck gefunden hat. Das wird zunächst darin sichtbar, daß sich das Kafka-Bild von Joyce Carol Oates ausschließlich aus Quellen speist, vor allem aus Erzähltexten, die Kafkas letzten Lebensjahren, der Zeit der Krankheit, angehören. Allein in diesen Aufzeichnungen und Erzählungen seit der Zürauer Zeit finden sich pointiert zwei Welten oder Seinsweisen einander gegenübergestellt, eine Sehweise, die nur mit großem Vorbehalt auf die ganz andersartige Situation der Verlobungsjahre übertragen werden kann, der die *Verwandlung* entstammt.[98]

Die von Joyce Carol Oates vorgebrachten Hypothesen halten auch deswegen einer Nachprüfung nicht stand, weil sie die offensichtlich autobiographischen Grundlagen der *Verwandlung* gänzlich zum Zeitphänomen umdichtet, darin also den Kampf zwischen verschiedenen Lebensweisen dargestellt sieht.[99] Als Literaturwissenschaftlerin dem freilich unbeweisbaren Axiom verhaftet, in künstlerischen Hervorbringungen offenbare sich anderes als die Problemstellungen ihrer Schöpfer (nämlich Höherwertigeres), und ausgesetzt einer gerade in Nordamerika übermäßig wuchernden psychoanalytischen Kafka-Deutung, deren mangelnde Überzeugungskraft sowohl auf einseitiger Orientierung an überholten Auffassungen Freuds als auch auf der meist verwendeten Auslegungsmethode der Allegorese beruht, die wissenschaftlich nicht verifizierbar ist, blieb Joyce Carol Oates nur der Ausweg der existentiellen Interpretation mit ihrer Hauptunterscheidung von Uneigentlichkeit (lies Alltagswelt) und Eigentlichkeit (lies Transzendenz). Als Abwehrhaltung sicherlich die bequemste Lösung, weil sie auf

---

[97] Roger Caillois: Das Bild des Phantastischen. Vom Märchen bis zur Science Fiction, in: *Phaïcon* 1 (Frankfurt a. M. 1974), S. 45.
[98] Demgegenüber sei auf die im Methodischen vorbildliche Art und Weise verwiesen, mit der Walter H. Sokel in seinem Buch »Franz Kafka - Tragik und Ironie« (München, Wien 1964) gleichzeitig die Einheitlichkeit des Kafkaschen Werks und die Selbständigkeit der einzelnen Schaffensphasen zur Geltung bringt.
[99] Joyce Carol Oates: Kafka's Paradise, in: J. C. O.: New Heaven, New Earth: the visionary experience in literature, London 1976, S. 283.

das vulgäre, allgemein verbreitete Kafka-Verständnis der Nachkriegsjahre zurückgreift, mit dem Joyce Carol Oates aufgewachsen war. Um diesen Regreß zu vermeiden, hätte es einer selbständigen Auseinandersetzung mit der deutschsprachigen Kafka-Forschung bedurft, die seit Ende der fünfziger Jahre eine zutreffendere, nämlich Kafkas Schaffensbedingungen und sein geistiges Umfeld besser einbeziehende Auffassung seines Werks entworfen hatte.

So jedoch mutet es Joyce Carol Oates wie Ironie an, daß die glühendsten Bewunderer Kafkas sich mit seinen getäuschten Helden identifiziert hätten statt mit den Visionen, die über und gegen diese Helden gesetzt seien: Von der Schönheit des schwesterlichen Geigenspiels hervorgelockt aus den schalen Begrenzungen seines Zimmers und seines vergangenen Lebens, suche Gregor Erlösung durch eine Kunst jenseits der Worte, – in einer Transzendenz also, die außerhalb seiner selbst liege und seine Vernichtung erfordere.[100] Aber müßte dann nicht auch Kafkas Entscheidung gegen eine Heirat mit Felice Bauer im Sinn bestimmter Brief- und Tagebuchstellen als Verpflichtung zur Einsamkeit einer höherwertigen Künstlerexistenz verstanden werden? Auch hierin enttäuscht Joyce Carol Oates nicht. In ihrer Erzählung *The Transformation of Vincent Scoville*, die Aufnahme in ihre 1976 erschienene Erzählsammlung *Crossing the Border* gefunden hat, gibt es eine direkte Anspielung auf diesen Problemkreis. Die Verfasserin läßt ihren Helden die Freuden der Ehe gegen die unbestreitbaren Vorzüge des Alleinseins abwägen und, unter ausdrücklicher Berufung auf Kafkas Verhalten, das letztere den Sieg davontragen.[101]

The Metamorphosis muß demnach als ein Versuch verstanden werden, den Verwandelten an der von ihm ersehnten Transzendenz teilhaben zu lassen, als ein Versuch, Kafkas vorgebliche Visionen zu realisieren. Die Verwandlung in die ehrwürdige Form einer ägyptischen Mumie, mit der sich in besonderem Maße Dauer, Jenseitigkeit, Zeitenthobenheit und göttliche Größe assoziieren, war für diese Absichten wesentlich besser geeignet als die Vorstellung eines ekelhaften Ungeziefers, das sogar noch den Makel an sich hatte, ein Selbstbild des Dichters zu sein.

Unter ganz anderen Gesetzmäßigkeiten steht die Kafka-Rezeption des amerikanischen Schriftstellers Philip Roth (geboren 1933), der sich in seiner 1972 gedruckten Erzählung *The Breast* gleichfalls von der *Verwandlung* beeinflußt zeigt. Für Roth ist Kafka, gerade auch als Mensch, zum wichti-

---

[100] Kafka's Paradise, S. 271–273.
[101] Joyce Carol Oates: Grenzüberschreitungen. Erzählungen. Aus dem Amerikanischen v. Helga Pfetsch, (Stuttgart 1978), S. 120.

gen Bezugspunkt jüdischer Selbstbesinnung geworden. Dieser Sachverhalt dokumentiert sich äußerlich nicht nur in einer 1972 unternommenen Prag-Reise Roths, auf der er Kafkas Grab besuchte, sondern vor allem auch in seiner im gleichen Jahr entstandenen, zuerst in der *American Review* vom 17. Mai 1973 gedruckten Studie »*I Always Wanted You to Admire My Fastings*«; *or, Looking at Kafka*. Der erste Teil des Textes ist eine Art Würdigung der Zeit, die Kafka 1923 und 1924 in Berlin verbrachte.

Roth begreift diese letzten Monate, die Kafka mit Dora Diamant zusammen verlebte, als Überwindung hoffnungsloser Verzweiflung, die die großen Strafphantasien gespeist habe, unter die Roth auch die *Verwandlung* rechnet. Kafka sei eine Art Vater für seine schwesterliche, ihn bemutternde Tochter Dora geworden, mit der er hebräisch lernte. So formuliert Roth, in Anlehnung an den Eingangssatz der *Verwandlung*: »*As Franz Kafka awoke one morning from uneasy dreams he found himself transformed in his bed into a father, a writer, and a Jew.*«[102] Es scheint fast folgerichtig, daß Roth im zweiten Teil seines Textes Kafka nach New Jersey emigrieren und im Jahr 1942 als Hebräischlehrer des neunjährigen Schülers Roth auftreten läßt.

Kafkas *Verwandlung* und Gogols 1836 erstmals gedruckte Erzählung *Nos (Die Nase)* haben Roth gleichermaßen zu *The Breast* angeregt, die 1979 auch in einer deutschen Fassung erschien. Der amerikanische Literaturprofessor David Kepesh (K wie Kafka, läßt Roth ausdrücklich wissen)[103] verwandelt sich eines Nachts in eine riesige weibliche Brust. Er erwacht, blind, in einem Krankenhaus, wo er sich über die neue Lage klarzuwerden sucht. Bald erklärt er sich bereit, einer Leserschaft seinen Fall darzustellen – als dieser Bericht gibt sich *The Breast* aus, eine Erzählfiktion, die nicht nur wegen der Verwendung der Ich-Form an den *Bericht für eine Akademie* erinnert.

Roth verbindet Kafkas Verwandlungsmotiv mit Gogols Erzählidee, der bekanntlich einem vom zugehörigen menschlichen Körper abgetrennten Organ selbständiges Leben zubilligt, ohne Traum und Wahnsinn zu bemühen; in seiner Erzählung spaziert die Nase der Hauptfigur in der Uniform eines Staatsrates durch Petersburg. Swift lieferte zusätzlich die Anregung, eine Riesenbrust als Sujet zu wählen: Die Dienerinnen des Königs von Brobdingnag lassen Gulliver auf ihren Brustwarzen spazierengehen.[104]

---

[102] Philip Roth: Reading Myself and Others, New York (1975), S. 255.
[103] Philip Roth: Die Brust. Aus dem Amerikanischen v. Kai Molvig, (München, Wien 1979), S. 81.
[104] Die Brust, S. 93.

Roth hat aber diese Erzählelemente eigenen Vorstellungen angepaßt: Die Brustwarze ist beim Umwandlungsprozeß Kepeshs aus dessen Geschlechtsteil hervorgegangen, an dem sich während der von ihm angenommenen Inkubationszeit eine leichte Rötung gezeigt hatte, die mit einer dramatischen Steigerung seiner sexuellen Empfindungsfähigkeit einhergegangen war, einer Sensibilisierung, die auch nach Kepeshs Verwandlung anhält.[105] Die Erzählung endet, ohne daß Kepesh seine menschliche Gestalt wiedergewonnen hätte oder gestorben wäre, mit der Aufforderung an den Leser, an der Bildung und Selbsterziehung des Menschengeschlechts weiterzuarbeiten.[106]

Die Handlungsführung von *The Breast* ist wesentlich von Roths Verständnis der poetischen Verfahrensweise Kafkas bestimmt. In einem Interview über seine Erzählung, das erstmals am 19. Oktober 1972 in *The New York Review of Books* erschien, erklärte er, Kafkas darstellerische Brillianz bestehe zunächst darin, »to resist interpretation, even of a very high order, at the very same time that he invites it«,[107] eine Erkenntnis, die sich in der gegenwärtigen Kafka-Diskussion immer mehr Bahn bricht.[108] Anders formuliert: Ein literarisches Bild werde nicht dadurch bedeutungsvoll, daß sich Inhaltsschweres mit ihm assoziiert, sondern durch die Freiheit, die es dem Schreiber gibt, »to explore his obsessions and his talent«.[109]

Weiterhin verkörpern Kafka und Gogol für Roth unterschiedliche Spielarten der Darstellung phantastischer Situationen. Suggeriert Kafka, daß die Verwandlung in der wirklichen, empirisch greifbaren Alltagswelt stattgefunden habe, so hält Gogol die Frage nach der Wirklichkeit des Geschehens offen. Roth strebt eine Verbindung dieser Gestaltungsprinzipien an: »I want the fantastic situation to be accepted as taking place in what we call the real world, at the same time that I hope to make the reality of the horror one of the issues of the story.«[110]

Nimmt man beides zusammen, ergibt sich als logische Konsequenz, daß Roth zwar dem Leser dauernd Erklärungen des rätselhaften Faktums anbieten, diese jedoch gleichzeitig in ihrer Verbindlichkeit bestreiten muß. Dies geschieht auch tatsächlich, und zwar dadurch, daß Kepesh im Lauf seines Berichts naheliegende, nämlich die auch im Leser sich aufdrängenden Hypothesen für das Geschehene vorträgt, die jedoch immer wieder zurückge-

---

[105] Die Brust, S. 8f., 15, 20, 22 und 25.
[106] Die Brust, S. 96 (als Epilog zitiert Roth Rilkes Gedicht *Archaïscher Torso Apollos*).
[107] Philip Roth: On the Breast, in: P. R.: Reading Myself and Others, S. 68.
[108] Vgl. Karlheinz Fingerhut: Bildlichkeit, in: Kafka-Handbuch, Band 2, S. 169f.
[109] On The Breast, S. 69.   [110] On the Breast, S. 67.

nommen oder zurückgewiesen werden. So die Vorstellung, es handle sich bei Kepeshs Verwandlung um eine endokrine Störung, um Sinnestäuschungen, psychische Wahnvorstellungen, die Folgen eines Traumas oder um einen Traum: »For him there is no way out of the monstrous situation, not even through literary interpretation.«[111]
Die zuletzt genannte Möglichkeit ist nicht nur wegen Kepeshs Beruf naheliegend, sondern war auch deswegen zu erwähnen, weil Roth seine Leser nicht darüber im Unklaren lassen wollte, welchen Autoren er verpflichtet war, und sich deswegen entschloß, seine Vorlagen in die Erzählfiktion zu integrieren. Kafka und Gogol, über die Kepesh noch eine Woche vor der Katastrophe zu seinen Studenten gesprochen hatte, hätten sich als Künstler, so erklärt er dem ihn behandelnden Psychiater, phantastische Verwandlungen erdenken können; er aber habe, um *sein* Kunstwerk zu schaffen, die Sache leben, das Wort Fleisch werden lassen müssen: er habe Kafka übertroffen; eben unter dem Einfluß der Macht, den diese Autoren und Swift auf seine Einbildungskraft, seine Art, die Dinge zu sehen, ausgeübt hätten.[112]
Anders als in *The Metamorphosis* finden sich in Roths Text keinerlei Einzelumstände, die von der *Verwandlung* inspiriert sind. Die möglichen Ähnlichkeiten beziehen sich auf ein vergleichbares Personenarsenal: Die fürsorglich-liebende Freundin Claire, der aber Kepesh zutraut, daß sie ihm davonläuft, der Kollege, der beim Besuch die Fassung verliert, der Vater, der auf die Vorstellungen des Sohnes eingeht, und die ihn pflegende Krankenschwester – in diesen Figuren mag man Grete, den Prokuristen, den alten Samsa und die Bedienerin wiederfinden, obwohl sich die Beziehungsmuster nicht exakt entsprechen, sich auch gar nicht entsprechen können, weil die Familiensituation aufgelöst ist und die Wirklichkeit der Brust für die Gegenfiguren eine andere Wertigkeit hat als für Gregors Umwelt.

Es gehört zu den erstaunlichen Gegebenheiten der Kafka-Rezeption, daß die *Verwandlung* nirgends so intensiv von Schriftstellern aufgenommen worden ist wie im hispanoamerikanischen Raum. Auf das spanische Mutterland scheint dagegen die Erzählung, wie überhaupt Kafkas Werk, weniger stark ausgestrahlt zu haben, obwohl die *Verwandlung* schon im Sommer 1925 in der Madrider Zeitschrift *Revista de Occidente* in spanischer Übersetzung erschienen war.[113]

---

[111] On the Breast, S. 69.
[112] Die Brust, S. 76 und 90.
[113] Vgl. Oscar Caeiro: Hispania, in: Kafka-Handbuch, Band 2, S. 704.

Daß nämlich die *Verwandlung*, wie José Ortega behauptet, die Konzeption von *Las Tapias* (Die Mauern), einer 1968 erschienenen Erzählsammlung von Antonio Martínez-Menchén, auf spezifische Weise beeinflußt habe, ist einigermaßen fraglich: Die Hauptfigur der den Band eröffnenden Erzählung durchläuft eine seltsame Entwicklung. Auffällig zunächst nur durch träumerisches Verhalten, sieht sie sich bald immer länger währenden Phasen geistiger Abwesenheit ausgesetzt, in denen sie die Begrenzungen der menschlichen Wahrnehmungsfähigkeit in teilweise hellseherischer Schau sprengt, bis sie schließlich mehrfach Ohnmachten erleidet und, weitgehend unansprechbar geworden, in eine Irrenanstalt eingeliefert wird. Ortega sieht in diesem Schicksal einen Zustand der Auserwähltheit verwirklicht, in dem das Bewußtsein und die Angst zu leben verschwunden sind, eine Lebensform, die in Gregors Abkehr von einer entfremdeten Welt teilweise ihr Vorbild habe.[114] Doch ist diese Parallele viel zu allgemein, um eine kausalgenetische Abhängigkeit des Spaniers von der *Verwandlung* begründen zu können.

Freilich hat sich der 1930 geborene Martínez-Menchén, der in den fünfziger Jahren eine Zeitlang als Arbeiter in der Bundesrepublik aufgehalten hat, mit Kafka beschäftigt. In einer Erzählung des genannten Bandes, *Antes que venza al noche* (Bevor die Nacht vergeht), erwähnt er seinen Prager Kollegen ausdrücklich. Der Ich-Erzähler, der Beckett, Aragon und Kafka unter seinen Büchern hat, sieht sich durch einen Mann mittleren Alters, der wie ein Buchhalter aussieht und wie er selbst in Erwartung der U-Bahn auf dem Bahnsteig steht, an den armen, einsamen Juden erinnert, der vierzig Jahre lang vor den Toren Kanaans herumgeirrt war – eine Anspielung auf eine späte Tagebuchstelle Kafkas.[115] Es folgt eine längere Reflexion darüber, warum Kafka nicht so ausgesehen haben könne wie die ihn zeigenden Photographien, sondern so, wie sich der Erzähler die betrunkenen Diener in den Geschichten Tschechows vorstellt.[116] Mögen also Kafkas Lebensgefühl und die Atmosphäre seiner Texte auf Martínez-Menchén eingewirkt haben, um Entfremdungsgeschichten im Sinne der *Verwandlung* handelt es sich bei den Texten von *Las Tapias* nicht.

Ein etwas anderes Bild ergibt die Überprüfung des 1966 veröffentlichten Romans *Parábola del náufrago* (Parabel vom Schiffsbrüchigen) von Miguel

---

[114] José Ortega: Antonio Martínez-Menchén, novelista de la soledad, in: *Cuadernos hispanoamericanos* 91, Nr. 273 (März 1973), S. 475f.
[115] Franz Kafka: Tagebücher 1910–1923, New York (Frankfurt a. M. 1951), S. 564: »ich bin vierzig Jahre aus Kanaan hinausgewandert«.
[116] Antonio Martínez-Menchén: Las Tapias, (Barcelona 1968), S. 53–55, vgl. 63f.

Delibes (geboren 1920). Das Werk wurde von der Kritik ebenfalls mit der *Verwandlung* in Verbindung gebracht, vor allem wohl wegen eines im Text vorkommenden Hundes mit menschlicher Vergangenheit und aufgrund der Tatsache, daß sich die Hauptfigur am Schluß in einen mit seiner neuen Lebensform zufriedenen Widder verwandelt.[117] Für die Konzeption derartiger Erzählumstände hätte es für einen spanischen Autor allerdings keineswegs der Kenntnis Kafkas bedurft, berichtet doch schon Cervantes in seinen berühmten *Novelas ejemplares* von Hunden, die sich wie Menschen unterhalten, ein Motiv, das seinerseits, durch die Vermittlung von E. T. A. Hoffmann, auf Kafkas *Bericht für eine Akademie* und die *Forschungen eines Hundes* eingewirkt hat.[118]

Immerhin können Handlungszüge der *Parábola del náufrago* von Kafkas Werk, besonders seinen Romanen, angeregt sein: die Darstellung streng aus der Optik der Hauptgestalt, ihre sinnlose Bürotätigkeit in untergeordneter Position, die zu neurotischer Arbeitsverweigerung führt, die Stellung der Bevölkerung zur Obrigkeit, in der die Haltung der Dorfbewohner im *Schloß* mit der Darstellung des Dicken aus der *Beschreibung eines Kampfes* verbunden scheint, der den Verwandlungsvorgang einleitende Alptraum und der Umstand, daß dieser Bestrafung ein von übermächtigen, aber ungreifbaren Vorgesetzten verursachter Zustand des Eingeschlossenseins vorausgeht, aus dem es kein Entkommen gibt.

Daß Miguel Delibes mit Kafka vertraut war, beweisen die *Conversaciones con Miguel Delibes*, die Cesar Aloisio de los Rios 1971 veröffentlicht hat. Kafka wird dort einmal im Zusammenhang mit Camus erwähnt, den Delibes mit besonderer Aufmerksamkeit las, dann aber auch als Repräsentant einer absurden Gegenwart: »Kafkas Kopf ist beeinträchtigt und durcheinander, doch der Mann hatte keinen anderen. Seine Genialität beruht gerade auf seiner Konfusion. Kafka war Kafka treu. Er nahm sich keine akrobatischen Praktiken vor; sie kamen einfach von selbst.«[119] Diese Gesprächsäußerungen enthüllen ein Kafka-Verständnis, das im Frankreich der dreißiger und vierziger Jahre beheimatet war und in dem Kafka-Essay von Camus

---

[117] Antonio Amorós: Miguel Delibes: Parábola del náufrago, in: *Revista de Occidente* 28, Nr. 83 (1970), S. 245.
[118] Vgl. Hartmut Binder: Motiv und Gestaltung bei Franz Kafka, S. 150–166.
[119] Cesar Aloisio de los Rios: Conversaciones con Miguel Delibes, in: C. A. de los R.: Novelas y Cuentos, Madrid 1971, S. 121 und 144: »Kafka cuenta historias y refleja una época. Kafka es un cerebro perturbado y confuso, pero el hombre not tenía otro. Su genialidad estriba precisamente en su confusión. Kafka ea fiel a Kafka. Nose proponía acrobacmas; le salían.«

seinen prägnantesten, einflußreichsten Ausdruck gefunden hat.[120] Da Delibes seinen Roman ganz im Sinn dieser Auffassung gestaltet hat, ist auch Kafkas Einfluß auf Stoff und Atmosphäre nicht zu leugnen, nur daß natürlich auf dieser Ebene der Aneignung eine ernsthafte Auseinandersetzung mit den Besonderheiten der *Verwandlung* ausgeschlossen ist. Die *Parábola del náufrago* ist eine mit surrealistischen Mitteln gezeichnete Sozialgroteske. Delibes beschreibt eine Welt, in der die Gesetze der Logik außer Kraft gesetzt und menschliche Verhaltensnormen suspendiert sind – im Spanien Francos wohl eine der wenigen Möglichkeiten, wenigstens indirekt auf Mißstände hinzuweisen.

Die überwältigende Wirkung Kafkas, und besonders seiner *Verwandlung*, in Hispanoamerika zeigt sich am deutlichsten in Argentinien, und das nicht zufällig. Argentinien ist ein Einwanderungsland, dessen Bewohner Kinder europäischer Eltern sind, von Spaniern, Italienern, Briten und Juden zumal die, vorwiegend in der Region von Buenos Aires lebend, eine halbe Million ausmachen und natürlich die Aufnahme Kafkas begünstigen, war doch seine Wirkung von jeher eng mit seiner Jüdischheit verbunden.[121] Daß sich die verschiedenen Volksgruppen noch nicht vollständig zu einer neuen kulturellen Identität zusammengefunden haben, hat ein vielfältiges geistiges Leben zur Folge, in dem, nach der Auffassung des argentinischen Schriftstellers Ernesto Sábato, Individualismus und Masochismus eine beträchtliche Rolle spielen, auch dies ein Umstand, der der Verbreitung Kafkas in diesem Kulturraum entgegenkommt.[122]

Da die meisten der über acht Millionen Einwohner von Buenos Aires dem weißen Mittelstand angehören und unter Bedingungen leben, die mit denen europäischer Großstädte vergleichbar sind, sehen sie sich Isolationsängsten und Entfremdungsphänomenen ausgesetzt,[123] die natürlich gleichfalls eine günstige Vorbedingung für die Aufnahme Kafkas darstellen. Und weil der Lesekonsum dieses Großstadtpublikums beispielsweise den nordamerikanischen um ein Vielfaches übertrifft, ist Argentinien fast zwangsläufig zum

---

[120] Albert Camus: Le mythe de Sisyphe. Nouvelle édition augmentée d'une étude sur Franz Kafka, Paris 1948.
[121] Günter W. Lorenz: Dialog mit Lateinamerika. Panorama einer Literatur der Zukunft, Tübingen und Basel (1970), S. 50f. (Gespräch mit Antonio Sábato), vgl. Hartmut Binder: Frühphasen der Kritik, in: Kafka-Handbuch, Band 2, S. 609–619.
[122] Dialog mit Lateinamerika, S. 54f.
[123] Vgl. Walter H. Sokel: Von Marx zum Mythos: Das Problem der Selbstentfremdung in Kafkas »Verwandlung«, in: *Monatshefte* 73, Nr. 1 (1981), S. 7: »diese Erzählung läßt den in der modernen Ideengeschichte zentralen Begriff der Selbstentfremdung buchstäblich Ereignis werden.«

Bindeglied zwischen dem hispanoamerikanischen Kulturkreis und Europa geworden, dessen Literatur begierig aufgegriffen und in den zahlreichen Verlagen von Buenos Aires verlegt wird.[124]

Weiterhin beförderte das literarische Wirken von Jorge Luis Borges die Kafka-Rezeption in Süd- und Mittelamerika beträchtlich. Borges, 1899 in Buenos Aires geboren, gehört zu den Schlüsselfiguren der hispanoamerikanischen Gegenwartsliteratur. Seine Anfänge vollzogen sich unter dem Einfluß Kafkas.[125] Er berichtet selbst über diese Lebensphase: »Als ich zu schreiben anfing, war die meiste Literatur in Südamerika realistisch. Man schrieb zum Beispiel, wie die Menschen in einer bestimmten Epoche gelebt hatten, oder über politische Themen. Ich war einer der ersten Literaten, die eine Literatur der Phantasie schufen; und in dieser Hinsicht habe ich wohl etwas bewirkt. Jetzt gibt es sehr viele Autoren, die so schreiben.«[126]

Daß in der von Borges und der auf ihn folgenden Generation hispanoamerikanischer Schriftsteller auch eine Flucht vor den politischen und sozialen Gegebenheiten des Subkontinents lag, gerade in Argentinien, wo Juan Domingo Perón als Präsident seit 1946 innenpolitisch ein diktatorisches Regiment entfaltete, ist offensichtlich und wurde etwa von Julio Cortázar, der literarisch Borges verpflichtet ist[127] und 1951 das Land verließ, ausdrücklich bestätigt. Aus Widerwillen gegenüber der Umwelt habe man Ersatz in einer anders geordneten Welt gesucht: »Für mich war das Phantastische in jener Zeit mein Elfenbeinturm.«[128]

Es dürfte einleuchten, daß unter diesen Umständen der *Verwandlung* bei der von Borges eingeleiteten Umwertung der südamerikanischen Literatur eine wichtige Aufgabe zukam: Sie wurde Vorbild und ein Ferment dieser Entwicklung. Schon 1938 war die Erzählung, zusammen mit anderen Kafka-Texten, in der gleichen Übertragung in Buenos Aires erschienen, die Borges bereits für die *Revista de Occidente* angefertigt hatte.[129]

Zu diesem frühen Zeitpunkt war von den Lebensumständen Kafkas und dem geistigen Umfeld, die sein Schreiben hervorbrachten, nichts bekannt. Und als schließlich 1951 Brods Kafka-Biographie in Buenos Aires gedruckt wurde, konnte sie das teils schon etablierte, teils sich aufgrund des damals

---

[124] Dialog mit Lateinamerika, S. 49, 51, 52, 53 und 55 sowie Jacob de Groot/Hans Sleutelaar: Eine Begegnung mit Borges, in: *Phaïcon* 1, S. 146: »in Argentinien gibt es nur eine Mittelschicht«.
[125] Oscar Caeiro: Hispania, in: Kafka-Handbuch, Band 2, S. 704f. und 713.
[126] Jacob de Groot/Hans Sleutelaar: Eine Begegnung mit Borges, S. 140.
[127] Oscar Caeiro: Hispania, S. 714.
[128] J. Bernlef: Gespräch mit Julio Cortazar, in: *Phaïcon* 1, S. 157.
[129] Oscar Caeiro: Hispania, S. 704f.

herrschenden Existentialismus erst verfestigende Kafka-Bild nicht merkbar verändern. Aufgenommen von Lesern, die nur allzu bereitwillig den ihnen mißliebigen Gegenwartsproblemen auszuweichen trachteten, mußte die *Verwandlung*, losgelöst von ihrem kulturellen Hintergrund, als makabres Spiel mit der Phantasie erscheinen.

Das kurze Vorwort, das Borges seiner Übersetzung beigab und von unabsehbarer Wirkung auf die literarische Öffentlichkeit des Landes war, leistete diesem unhistorischen Verständnis noch Vorschub, stellte es doch das Erzählwerk des Pragers unter die Leitvorstellungen der Unterordnung, des Unendlichen, der metaphysischen Dimension und der rätselhaften Willkürlichkeit, deren Geltungsbereich die alltägliche Wirklichkeit einschließe.[130] So gesehen ist es verständlich, wenn der kubanische Erzähler Alejo Carpentier (geboren 1904), der in einer essayistischen Passage über Prag sogar ein in Kafkas Tagebüchern erwähntes unbedeutendes topographisches Detail der Erwähnung wert findet,[131] erklärt, der Beginn der *Verwandlung* habe für seine Generation die gleiche Bedeutung wie gewisse Stellen im *Don Quijote* von Cervantes für andere Epochen.[132] Selbst aus literaturwissenschaftlicher Sicht wird Gregor Samsa im heutigen Argentinien als Gegenfigur zu Don Quijote verstanden.[133]

Ein eindrucksvolles Beispiel für den von Borges bewirkten Umschwung in der hispanoamerikanischen Literatur sind einige frühe Erzählungen des 1928 geborenen kolumbianischen Schriftstellers Gabriel García Márquez. Sie sind insofern besonders beweiskräftig, als dessen der *Verwandlung* verpflichtete Anfänge in seiner späteren, realistischen Produktion keine Fortsetzung finden. Es hat deswegen fast zwanzig Jahre gedauert, bis er dieses Frühwerk, das inzwischen unter dem Titel *Die Nacht der Rohrdommeln* auch auf Deutsch erschienen ist, in Buchform vorlegte.[134] In dem zuerst als *Ojos de perro azul* (Augen eines blauen Hundes) gedruckten Band dominieren intellektuelle Kunstgriffe über die spätere unverwechselbare Mischung aus Spott und Übertreibung, Lesefrüchte verdrängen Umweltbezüge, frem-

---

[130] Oscar Caeiro: Recepción e Influencia de la Obra de Kafka en la Argentina, in: *Boletín de Literatura Comparada* 6 (1981), S. 23f.

[131] Alejo Carpentier: Stegreif und Kunstgriffe. Essays zur Literatur, Musik und Architektur in Lateinamerika. Aus dem Spanischen von Anneliese Botone, (Frankfurt a. M. 1980), S. 128.

[132] Alejo Carpentier: Cuevas y Kafka, in: *México en la cultura* vom 24. IV. 1960.

[133] Rodolfo Modern: Gregor Samsa, contrafigura de Don Quijote, in: *La Prensa* vom 11. V. 1980.

[134] Gabriel García Márquez: Die Nacht der Rohrdommeln. Erste Erzählungen. Aus dem Spanischen und mit einem Nachwort von Curt Meyer-Clason, (Köln 1980), S. 159 (Nachwort).

de Kulturwerte ersetzen persönliche Erfahrungen.[135] Márquez schreibt selbst rückblickend über diese Anfänge: »Um 1947, als Jurastudent und eifriger Leser Kafkas, stand mir immer das Problem des Themas vor Augen: ich mußte die Erzählung suchen, um sie schreiben zu können.«[136]

Die andere Rippe des Todes (1948) berichtet von den Veränderungen, die ein eben Erwachender an sich gewahr wird, dessen am Vortag verstorbener Zwillingsbruder im Nebenzimmer aufgebahrt liegt. Aus einem Traum erwachend, versucht er, seine Fassung wiederzugewinnen, die er im Schlaf verloren hat; aber er bemerkt, wie sich Kälte von den Extremitäten her in ihm ausbreitet, die Leichenstarre ihm, der mit dem Bruder eine enge, ganzheitliche Natur zu bilden scheint, »wie ein wirbelloses Tier über den Rükken« kriecht, so daß er endlich glaubt, sein Fleisch sei von der blauen Schicht beginnender Fäulnis ganz bedeckt.[137]

Als Umwandlungsprozeß eines Mannes, der sein eigenes Sterben beobachtet, ist dieser Handlungsgang an sich schon mit der *Verwandlung* innerlich verwandt, doch zeigen Details, daß Márquez sich auch ganz bewußt auf seine Leseerfahrungen mit Kafka stützt. Die Hauptfigur, auf deren Optik sich Márquez so streng wie Kafka beschränkt, versucht, auf dem Rücken in einem von innen verschlossenen Zimmer liegend, nach dem Erwachen zunächst »von neuem den gerissenen Faden der Ruhe wiederzufinden«, also durch erneutes Augenschließen die veränderte Außenwelt zu verdrängen, ein Verfahren, das bekanntlich Kafkas Held gleichfalls anwendet.[138] Anschließend orientiert sie sich an der vertrauten Umgebung: Der Blick gleitet durchs dämmrige Zimmer, registriert vor dem Fenster den blauen Himmel, dann den gegen die Scheiben prasselnden Regen, auch dies im Einklang mit der *Verwandlung*, nur daß Kafka, entsprechend den ihm in seiner Umwelt vorgegebenen Rahmenbedingungen, Gregor den herbstlichen Morgennebel Prags bemerken läßt.[139]

Es überrascht jedoch, daß Márquez die in der Vorlage auf das Fensterblech aufschlagenden Regentropfen übernommen hat, betont er doch gleich im ersten Abschnitt seiner Erzählung, daß schon bei Tagesgrauen der Wassersprenkler bei den Gemüsebeeten in Betrieb gesetzt wird, was einen heißen, trockenen Tag erwarten läßt.[140] Verkehrt wäre aber die Annahme, dem ja

---

[135] Die Nacht der Rohrdommeln, S. 161 f.
[136] Die Nacht der Rohrdommeln, S. 160.
[137] Die Nacht der Rohrdommeln, S. 34.
[138] Die Nacht der Rohrdommeln, S. 25, vgl. E 71 f.
[139] Vgl. E 77.
[140] Die Nacht der Rohrdommeln, S. 24.

erst zwanzigjährigen Anfänger sei eine erzählerische Läßlichkeit unterlaufen. Márquez erkannte nämlich offensichtlich, daß das fragliche Motiv in Kafkas Text nicht nur Requisitencharakter hat. Im Verlauf des ersten Kapitels der *Verwandlung* ändert sich nämlich die Art des Niederschlags: »der Regen fiel noch nieder, aber nur mit großen, einzeln sichtbaren und förmlich auch einzelnweise auf die Erde hinuntergeworfenen Tropfen.«[141]
Man kann in dieser Formulierung das weitere Vorrücken der Zeit angedeutet finden, das in der Eingangsszene durch die unerbittlich sich drehenden Zeiger des Nachttischweckers veranschaulicht worden war und offenbar erzählerisch weitergeführt werden sollte; man kann darin aber auch, und als weiteren Aspekt, eine Gregors Erregung spiegelnde, sozusagen situationsangemessene Überhöhung der Wetterlage sehen, denn derart isolierte, gleichsam von unsichtbarer Hand geworfene Regentropfen haben, als Wahrnehmung des Verwandelten stilisiert, sicherlich Ausdruckswert. Márquez baut also, seinen Absichten gemäß, diese Deutung aus, wenn er am Ende seines Textes den Vorstellungszusammenhang wieder aufnimmt und einen dicken, schweren, genauen Tropfen erwähnt, »der aus dem freien Himmel ganz im Mittelpunkt des Raumes durchzusickern« beginnt und nach der erlöschenden Wahrnehmung des Verdämmernden schon in der anderen, verfehlten, ungereimten Welt des Lebendigen aufschlägt.[142]
Kafka-Lektüre hat auch in anderen Erzählungen der Sammlung ihre Spuren hinterlassen. In *Eva ist eine Katze* (1948) wird berichtet, wie eine schöne, von Schlaflosigkeit geplagte Frau sich eines Nachts in ein abstraktes, imaginäres, körperloses Wesen verwandelt, mit der Folge, daß sie sich überall und zugleich nirgends im Hause aufhält. Die versuchte Rückverwandlung in die Familienkatze mißlingt, weil inzwischen Jahrtausende vergangen sind.
Situative Gegebenheiten des Ausgangstextes klingen hier nach: das Zimmer der Heldin, das niemand hatte betreten können, die Erwähnung der Zimmereinrichtung, die auf dem Tisch stehende Uhr, die Gewißheit, mit schrecklichen Insekten in sich leben zu müssen, die Überzeugung, sich durch die Verwandlung »wie ein besiegtes Tier unbrauchbar gemacht« zu haben, und die Vorstellung, aus einer Ecke, aus Mauerritzen die Familie beobachten zu können[143] – es ist die Summe der Übereinstimmungen, die eine Abhängigkeit von der *Verwandlung* wahrscheinlich macht.

---

[141] E 87.
[142] Die Nacht der Rohrdommeln, S. 38, vgl. 35.
[143] Die Nacht der Rohrdommeln, S. 40–59, Zitat S. 56.

Dasselbe gilt für die Erzählung *Die dritte Entsagung* (1947), die den Band *Die Nacht der Rohrdommeln* eröffnet und einen Totlebendigen beschreibt, der, unbeweglich in einem mit ihm wachsenden Sarg liegend, Beobachter seines immer endgültiger werdenden Sterbens ist, ein Motiv, das auch in den Begleitumständen (Vollbart, Kerzen, Leichentuch) an den *Jäger Gracchus* erinnert. »Es war kein Traum«, heißt es einmal in wörtlicher Übereinstimmung mit der *Verwandlung*; und an anderer Stelle meint der als Hauptfigur dienende junge Mann, es sei besser, lebendig begraben zu werden, weil es aus der Sicht der Angehörigen vorzuziehen sei, »dies« so rasch wie möglich »loszuwerden«: in Anlehnung an eine Formulierung Grete Samsas, die meint, die Familie müsse, »es«, das Untier, »loszuwerden« suchen, das die Einsicht vermissen läßt, daß seine Trennung von der Familie längst überfällig ist.[144]

»Glauben Sie, daß es einen Ort im Westen gibt, wo Joyce, Faulkner und Kafka keinen nachhaltigen Eindruck hinterlassen haben?« fragte rhetorisch der argentinische Schriftsteller Antonio De Benedetto (geboren 1922) in einem Gespräch, das er mit Günter W. Lorenz führte, und brachte damit eine Realität des literarischen Lebens in Lateinamerika zum Ausdruck.[145] Denn die Interviews, die Lorenz 1965 mit führenden hispanoamerikanischen und brasilianischen Autoren geführt und 1970 unter dem Titel *Dialog mit Lateinamerika* veröffentlicht hat, konvergieren in der Wertschätzung, die Kafka in diesem Erdteil entgegen gebracht wird.

Der peruanische Erzähler Mario Vargas Llosa (geboren 1936) kannte zu diesem Zeitpunkt von den deutschsprachigen Schriftstellern nur Kafka, der ihm aber sehr nahestand.[146] Für den aus Paraguay stammenden Augusto Roa Bastos (geboren 1917) ist Kafka neben Musil derjenige deutsche Autor, der die stärkste Ausstrahlung auf Südamerika gehabt habe.[147] Der Brasilianer João Guimarães Rosa (geboren 1908) verehrt neben Goethe Thomas Mann, Musil und Kafka.[148] Ernesto Sábato, 1911 in der Provinz Buenos Aires geboren – er gab seine wissenschaftliche Laufbahn auf, weil er nicht für Perón arbeiten wollte –, äußert sich an mehreren Stellen des Gesprächs über Kafka: Obwohl ohne direkte Bezugnahme auf die soziale Wirklichkeit Prags, gehörten Kafkas Romane zu den tiefsinnigsten Zeugnissen der Zeit, an Ernsthaftigkeit den attischen Tragödien gleichzusetzen, weil ihnen eine

---

[144] Die Nacht der Rohrdommeln, S. 22 und E 133.
[145] Dialog mit Lateinamerika, S. 174.
[146] Dialog mit Lateinamerika, S. 250f.
[147] Dialog mit Lateinamerika, S. 449.
[148] Dialog mit Lateinamerika, S. 522.

philosophische Weltsicht zugrunde liege. Das Werk Kafkas zähle zur Moderne, auch wenn dieser keine formale Neuerungen eingeführt habe. Seine Erzählwelt als Ganzes, dessen Einheiten wie Städte sind, die sich auf dem Schutt der vorhergehenden erheben, stelle die neue Sprache dar, nicht Vokabular und Syntax.[149]

Es ist für die Stetigkeit des Kafka-Bildes von Sábato genauso bezeichnend wie für die kulturelle Präsenz seines Werks in Argentinien, daß Sábato in literarischen Fragen gewidmeten Gesprächen, die sich in seinem 1974 erschienenen Roman *Abaddon* finden, Kafka immer wieder als Beispielfall heranzieht, in den Partien, die ihm selbst zugewiesen sind (Sábato tritt als Figur auf), und zwar genau mit den Aspekten und Bewertungen, die schon in dem viele Jahre älteren Interview mit Lorenz zur Sprache gekommen waren.[150]

Es ist demnach zu vermuten, daß der Verwandlungstraum, der in Sábatos 1948 erschienenem Roman *El tunel* beschrieben ist – das Buch kam 1958 unter dem Titel *Der Maler und das Fenster* auch in der Bundesrepublik heraus –, von Kafkas *Verwandlung* angeregt wurde, auch wenn der Text nur an einer einzigen Stelle direkt daran erinnert. Der Träumer wird von einem Zauberer in einen Vogel von der Größe eines Menschen verwandelt. Sein Versuch, diesen Vorgang in Ruhe seinen Freunden zu berichten, mißlingt, weil sich die Worte in ein verzweifeltes, seltsam klingendes Gekreisch verwandeln, »vielleicht wegen des menschlichen Untertons, von dem es etwas in sich trug«.[151] Dieser Charakterisierung vergleichbar ist die Stimme des gerade verwandelten Gregor, in die sich, »wie von unten her, ein nicht zu unterdrückendes, schmerzliches Piepsen mischte, das die Worte förmlich nur im ersten Augenblick in der Deutlichkeit beließ«.[152] Der Hauptunterschied der ganzen Szene zu Kafka ist jedoch, daß die Verwandlung von der Umwelt des Träumers überhaupt nicht bemerkt wird, ein Umstand, der, wenn auch mit abweichender Begründung, noch in anderen, auf die *Verwandlung* bezüglichen südamerikanischen Texten belegt ist.

Das Verwandlungsmotiv erscheint erneut in Sábatos Roman *Sobre héroes y tumbas* von 1961, der sechs Jahre später unter dem Titel *Über Helden und*

---

[149] Dialog mit Lateinamerika, S. 46, 47, 54, 76, 88, 97, 106, 107, 108, 115 und 116.
[150] Ernesto Sábato: Abaddon. Roman. Aus dem argentinischen Spanisch von Wolfgang A. Luchting, (Wiesbaden und München 1980), S. 117, 126, 129f., 132, 157, 171 und 178.
[151] Ernesto Sábato: Der Maler und das Fenster (El Tunel). Roman, Wien, Innsbruck, Wiesbaden (1958), S. 117.
[152] E 74.

Gräber in deutscher Übersetzung erschien. Hier gibt es Verwandlungsphantasien, die allerdings mit der Evolutionstheorie begründet werden. Der sich Verwandelnde durchlebt vergangene zoologische Zeitalter, entbindet prähistorische Phasen der Entwicklungsgeschichte, die gewöhnlich gebändigt in den Abgründen der menschlichen Natur schlummern, und wird Fisch, Schlange, Polyp und Vampir.[153] Zwar erinnert an diesen Visionen nichts an die *Verwandlung*, doch gibt es an zwei anderen Stellen des Romans Formulierungen, die ohne jeden Zweifel vom *Prozeß*, vom *Schloß* und von dem Stück *Der Geier* angeregt sind.[154]

Die schon erwähnten Interviews mit Roa Bastos und Guimarães Rosa enthalten einen wichtigen Hinweis auf die Ursachen für Kafkas Popularität in Süd- und Mittelamerika. Sei es nun, daß man in der für diese Region typischen Wertschätzung poetischer Darstellungsweise, also in der Vorliebe für Prosatexte mit schillerndem Wirklichkeitsbezug, doppelbödigen Handlungsverläufen, der Durchdringung der Realität mit ironisch-spekulativen Elementen, nur einen Abwehrmechanismus sieht, der die Auseinandersetzung mit den harten Fakten der ökonomischen und politischen Verhältnisse Südamerikas erfolgreich verhindern hilft; oder sei es, daß man, ebenfalls auf Selbstaussagen der Autoren gestützt, darin auch, oder ausschließlich, ein Erbe der indianischen Kulturen mit ihrer ganz anderen Wirklichkeitsauffassung sehen will[155]: es ist jedenfalls eine Tatsache, daß Kafka als Vertreter vielschichtig-verrätselter Darstellungsweise geschätzt und regelmäßig zusammen mit Autoren wie Dostojewski, Proust, Joyce, Camus, Musil und Thomas Mann genannt wird, die in dieser Hinsicht durchaus mit ihm zu vergleichen sind. Demgegenüber stoßen Brecht und die ihm folgende sozialkritische deutsche Gegenwartsliteratur wegen ihrer

---

[153] Ernesto Sábato: Über Helden und Gräber. Roman. Vorwort v. Witold Gombrowicz, (Deutsch von Otto Wolf), Wiesbaden (1967), S. 259–262 und 375–383.

[154] Über Helden und Gräber, S. 183 f. (eine Art Kontamination der Liebesszenen zwischen K. und Fräulein Bürstner zu Beginn des *Prozeß* und K. und Frieda im vierten Kapitel des *Schloß*) und 327 f.

[155] Dialog mit Lateinamerika, S. 374–376 und 393–395 (Miguel Angel Asturias als Vertreter des »magischen Realismus« über die erlebnismäßige Wirklichkeit von Halluzinationen), (Wolfgang Ignée:) Andernfalls wär' ich gestorben. Literatur träumt öffentlich. Ein Gespräch mit Carlos Fuentes, in: *Stuttgarter Zeitung* 35, Nr. 193 (22. VIII. 1979), S. 23 (über indianische Auffassung von Raum und Zeit) und Rudolf Grossmann: Geschichte und Probleme der lateinamerikanischen Literatur, München (1969), S. 377 (Hinweis auf den aus Guatemala stammenden Rafael Arévalo Martínez, in dessen 1915 gedruckter Erzählung *El hombre que parecía un caballo* – Der Mann, der wie ein Pferd aussah – die äußerliche und charakterliche Ähnlichkeit des Protagonisten mit einem Pferd die totemistische Vorstellung vom tierischen Doppel-Ich des Menschen widerspiegelt).

Einlinigkeit, Eindeutigkeit der politischen Aussage, ihrer festen Ideologie, auf Ablehnung.[156]

Es wird, nach dem Gesagten, nicht verwundern, daß es ein argentinischer Schriftsteller ist, auf dessen Werk Kafka am tiefsten eingewirkt hat: Mario Lancelotti, geboren 1909 in Buenos Aires. Schon 1950 veröffentlichte er unter dem Titel *El Universo de Kafka* (Kafkas Weltall) eine literaturwissenschaftliche Monographie, in der er auch eine ausführliche existentialistische Deutung der *Verwandlung* bietet. Für die Anziehungskraft, die gerade diese Erzählung (neben den Romanen) auf ihn ausübte, gibt er in einem *Kafka* überschriebenen Artikel aus dem Jahr 1968 eine Erklärung: Zu tolerieren, heißt es da, daß ein Mann sich in ein Insekt verwandle, ohne seine Personalität zu verlieren, übersteige die Geduld eines Lesers, der vorwiegend von aktuellen Neuigkeiten und somit letzten Endes von einer Realität angezogen werde, die weniger wirklich sei als der blödsinnigste Alptraum. Introversion tue also Not, die Neigung zur Allegorie müsse vorhanden sein, die zu den offenkundigen Wesenszügen des Argentiniers gehöre. Es gelte, Kafkas Einsicht nachzuvollziehen, daß jedem banalen Augenblick ein metaphysischer auf einer unerreichbaren Ebene entspreche.[157] Aber – und hier beruft sich Lancelotti auf das Vorwort, das Borges seiner Übersetzung der *Verwandlung* beigegeben hatte – der vollkommene Genuß des Kafkaschen Werks ist nicht abhängig von Interpretationen; es gibt keine bessere Möglichkeit, Kafka zu verstehen, als die *Verwandlung* aufzuschlagen und an die poetische Intuition zu appellieren.[158]

Das Ergebnis in Lancelottis Fall: zwei Erzählungen, in denen Kafkas Grundidee als Verkleinerungs- und Vergrößerungsprozeß der menschlichen Gestalt erscheint. In *La Mano* (Die Hand) – der Text wurde 1960 in dem Band *El Ascensor y otros cuentos* (Der Aufzug und andere Erzählungen) gedruckt – beschreibt Lancelotti, wie die rechte Hand eines Mannes namens Parente immer größer wird, besonders während des Schlafs, bis sie schließlich das ganze Zimmer ausfüllt und den damit Behafteten in Bewußtlosigkeit versinken läßt. Der Text endet damit, daß die Frau Parentes, die, wie Gregors Schwester in der *Verwandlung*, den Tod des Kranken herbeisehnt, angesichts eines in der Nachbarschaft aufgebauten Zirkuszeltes einen rettenden Einfall hat (vielleicht soll Parente dort als Attraktion auftreten).

---

[156] Dialog mit Lateinamerika, S. 450f. und 522f.
[157] Vgl. Franz Kafka: Hochzeitsvorbereitungen auf dem Lande und andere Prosa aus dem Nachlaß, New York (Frankfurt a. M. 1953), S. 94: »Jedem Augenblick entspricht auch etwas Außerzeitliches.«
[158] Mario A. Lancelotti: Kafka, in: *Davar* Nr. 117 (April/Juni 1968), S. 35.

Die Anspielungen auf die *Verwandlung* sind nicht zahlreich, aber doch deutlich genug, um diese als Anregung erkennen zu können. Das wachsende Glied wird als eine Art Verdinglichung bestehender Verhältnisse angesehen: »Als wenn jenes dumpfe Unbehagen, das seit einiger Zeit die Familie Parente zu bedrohen schien, plötzlich seine verborgene Ursache gefunden hätte«.[159] Parente hatte schlechte Geschäfte gemacht, die Familie war in Not geraten, so daß seine Frau zu ihren Näharbeiten zurückkehren und der älteste Sohn als Lehrling in ein Geschäft eintreten muß. Diese Handlungsmomente lehnen sich sehr eng an die *Verwandlung* an: Gregors Verwandlung, der gleichfalls berufliche Mißerfolge vorausgehen, hat nämlich zur Folge, daß Mutter und Tochter aus finanziellen Gründen Arbeitsverhältnisse eingehen, die mit denen der Parentes praktisch identisch sind.[160]
Auch der vom Arzt kommende Vorschlag, die übergroße Hand wie einen Traum zu betrachten, und Parentes Absicht, ohne jede Vorsichtsmaßnahme seine Büroarbeit fortzuführen (was Verwirrungen und eine Ohnmacht seiner langjährigen Sekretärin hervorruft), stimmt in gewisser Weise zur Vorlage: Gregor hält es nämlich für möglich, daß seine Angehörigen seinen Zustand ohne Erschrecken hinnehmen, so daß er, ohne sich weiter aufzuregen, die geplante Geschäftsreise antreten könnte. Sein Erscheinen im Wohnzimmer bewirkt jedoch ein völliges Durcheinander und einen seelischen Zusammenbruch der Mutter.[161]
Es ist nicht ohne Interesse, sich vor Augen zu führen, daß die von Lancelotti gewählten Abwandlungen der Kafkaschen Verwandlungsthematik auch in Jugoslawien verwirklicht worden sind. Eine im Grundsätzlichen vergleichbare Motivik – Verdickung statt Vergrößerung – zeigt Božidar Milidragovićs Roman *Umetnik Zolt* (Zolt, der Künstler), der 1970 in Belgrad erschienen ist. Daß Milidragović (geboren 1939) in Kenntnis der *Verwandlung* schreibt, ist dem Buch direkt zu entnehmen, hat er doch, ähnlich wie Philip Roth, wesentliche Erzählvoraussetzungen der Romanhandlung dienstbar gemacht. Zolt, ein ungarischer Jude, der sein Leben als und durch Literatur lebt, wird nämlich im dreizehnten Kapitel des Romans – *Der Tod im Restaurant* überschrieben – mit Gregor Samsa und dem Titularrat Goljadkin – dem Helden von Dostojewskis *Doppelgänger* – konfrontiert, und zwar so, daß Milidragović die eigentümlichen Vorstellungsbereiche beider Autoren miteinander zu verschmelzen sucht. Es handelt sich um einen

---

[159] Mario A. Lancelotti: La Mano, in: El Ascensor y otros cuentos, Buenos Aires (1960), S. 52.
[160] Vgl. E 119.
[161] Vgl. La Mano, S. 51f. mit E 83f. und 90f.

Traum Zolts, der dadurch eingeleitet wird, daß dieser, jetzt fähig, alles einmal Erlebte und Erinnerte erneut zu durchlaufen, die Geschichte des Titularrats als deren Protagonist durchleidet.

Danach erscheint Gregor Samsa, Verfasser eines Traktats über den Künstler, der, obwohl er an einer Stelle als »verdammtes Ungeziefer im Frack« bezeichnet wird,[162] Zolt durch das als eine Art Magisches Theater vorgestellte Restaurant führt. Er stellt sich wie folgt vor: »Gestatten Sie, ich bin Gregor Samsa, ehemaliger Handlungsreisender. Ich hoffe, meine Herkunft wird Ihnen die nötige Erklärung dafür geben, warum ich mich der schwierigen Aufgabe gewidmet habe zu beweisen, daß die Persönlichkeit des Künstlers überflüssig, unerwünscht und abscheulich ist und daher als solche die Gesellschaft zu vermeiden hat, aus der sie für immer geflohen ist; denn jeder Künstler, darin werden Sie mir eines Tages recht geben, ist ein Abtrünniger, ein Anarchist, ein Individualist, ein Teufel«.[163]

Als unvermeidliche Folge nicht nur einer derartigen Lebensweise, sondern der menschlichen Lebensweise schlechthin, ist eine Verwandlung unumgänglich, der freilich der echte Künstler deswegen nicht unterliege, weil er sich ihrer vollkommen bewußt sei. Obwohl die zuletzt genannte Bedingung auf Samsa zutraf, wie er Zolt mit ausdrücklicher Berufung auf Kafkas Erzählung erklärt, wurde er zum Ungeziefer: »mein Problem war, daß meine Umgebung dies nicht akzeptieren wollte.«[164] Samsa wurde nämlich von einem Doppelgänger, der schneller, tüchtiger und schlauer war, aus allen Lebensbereichen konsequent verdrängt – wie Goljadkin bei Dostojewski. Dieses Ebenbild verkörpert offenbar den merkantilen Gegenpol der von Samsa selbst favorisierten Seinsweise und ist deswegen sein schlimmster Feind.[165]

Daß sich hinter der von Samsa vorgetragenen Deutung der *Verwandlung* die Auffassung Milidragovićs verbirgt, zeigt der Umstand, daß an anderer Stelle des Romans der Handlungsgang diesem Interaktionsmuster entsprechend geführt wird: Im vierten Kapitel fühlt sich Zolt ständig krank, deformiert, ja verwandelt (die Grenzen des empirisch Möglichen werden hier gesprengt); trotzdem jedoch scheinen seine Arbeitskollegen nichts zu bemerken, und der Direktor versichert ihm, daß er gesund aussähe.[166]

Sogar der weitere Verlauf des dreizehnten Kapitels selbst stützt den vermuteten Zusammenhang, insofern Samsas Gestalt zunächst nicht richtig erkannt wird. Zwar: Kafkas Held, so erklärt Samsa, sei von den Lesern

---

[162] Umetnik Zolt, S. 210. [163] Umetnik Zolt, S. 195. [164] Umetnik Zolt, S. 196.
[165] Umetnik Zolt, S. 150f. [166] Umetnik Zolt, S. 31–36.

beweint, dann jedoch vergessen worden, so daß er – folgerichtig nach dem
Gesagten – aus dem Müll, in den die Bedienerin den toten Kadaver geworfen hatte, in menschlicher Gestalt auferstehen konnte[167] – eine Rückverwandlung, die Karl Brand in seinem eingangs erwähnten Gestaltungsver-
such in den Mittelpunkt gestellt hatte. Aber: Am Schluß des Kapitels wird
er zu Boden geworfen, der ihn einhüllende Mantel entfernt; und zum
Schrecken aller zeigt sich, daß sein trauriger, weißer Kopf an einen kaffee-
braunen, harten Insektenkörper angesetzt ist – offenbar bildhafter Ausdruck der Tatsache, daß die Befreiung aus den Fesseln der Sozietät auch
dem Künstler nur unvollkommen gelingt, ein peinlich-tierischer Erdenrest
bleibt. Das Ende kommt schnell, im Geist der *Verwandlung,* die auch im
Motivlichen angeregt hat: »Plötzlich drang ein gestiefelter Fuß hervor, der
mit ganzer Kraft auf Samsas Bauch trat, aus dem eine schwarze, klebrige
Flüssigkeit hervorquoll.«[168]

Es ist offensichtlich, daß Milidragovićs Kafka-Verständnis vom Existentialismus bestimmt ist, der die Welt alltäglicher Verrichtungen als Bereich des
Uneigentlichen qualifiziert. Wie bei Joyce Carol Oates und bei Boba Blagojević wird die erfolgte Verwandlung als Ausbruch aus den menschenunwür-
digen Lebensbedingungen alltäglicher Geschäftigkeit verstanden, nur daß
Milidragović durch die Einbeziehung des Doppelgänger-Motivs die defor-
mierende Kraft der Gesellschaft, die auch bei Lancelotti eine wichtige Rolle
spielt, im Sinn moderner Sozialpsychologie veranschaulicht (Internalisie-
rung) und dadurch zugleich Kafkas ambivalente Stellung gegenüber den
Anforderungen der Gesellschaft, die bekanntlich schon in seinen Lebens-
zeugnissen als Kampf gleichartiger, autonomer Teilpsychen, also in gestalt-
hafter Verdichtung, erscheint.[169]

Sicherlich wurde Milidragović von den späten Erzählungen Kafkas geleitet,
die in den frühen sechziger Jahren mehrfach in Sprachen Jugoslawiens übersetzt worden waren und üblicherweise als Darstellungen moderner Künst-
lerproblematik verstanden werden. Die im dreizehnten Kapitel vorkom-
mende Sängerin Jevdokija, die ihre Stimme verliert, weil sie von Samsas
Doppelgänger seidene Strümpfe gekauft hat, ist wohl eine direkte Anspie-

---

[167] Umetnik Zolt, S. 151.
[168] Umetnik Zolt, S. 216, vgl. E 85f.:»... und achtete nicht darauf, daß er sich zweifellos irgendeinen Schaden zufügte, denn eine braune Flüssigkeit kam ihm aus dem
Mund, floß über den Schlüssel und tropfte auf den Boden.«
[169] Vgl. Franz Kafka: Briefe an Felice, S. 756: »Diese zwei, die in mir kämpfen, oder
richtiger, aus deren Kampf ich bis auf einen kleinen gemarterten Rest bestehe, sind
ein Guter und ein Böser«.

lung auf *Josefine, die Sängerin.* Wenn man Kafkas Werk aus der nivellierenden Distanz eines fremden Kulturkreises betrachtet, als Nichtfachmann zumal, wenn man die Erzählungen als Einheit behandelt und an der Problematik modernen Künstlertums interessiert ist, dann ist es naheliegend, die *Verwandlung* in diesem Sinne zu verstehen, weil dort immerhin, dem Spätwerk vergleichbar, Arbeitswelt und dieser sich verweigernde Ausnahmeerscheinung (Josefine, der Hungerkünstler, der Forscherhund) einander gegenübergestellt sind.

Freilich bestätigt sich im Fall von Milidragović erneut eine Gesetzmäßigkeit, die für alle bisher bekanntgewordenen Nachfolgetexte zur *Verwandlung* gilt: Das Kafka-Verständnis der Schriftsteller ist der zunftmäßig-wissenschaftlichen Erfassung seines Werks weder voraus noch davon unabhängig, sondern hinkt ihm, außerhalb des deutschen Kulturraums sogar beträchtlich, hinterher. Es scheint, daß Forschungspositionen häufig erst dann die kreativen Zonen der Schriftsteller-Kollegen Kafkas erreichen, wenn sie, abgestanden und popularisiert bis zur Ubiquität, sich selbst überlebt haben.

Die eigentlich produktive, das heißt episch entfaltete Anverwandlung Kafkas findet sich im dritten Kapitel von Milidragovićs Roman. Dort wird berichtet, wie die Titelfigur, nach einer Periode der Abmagerung, fast genau so unvermittelt zuzunehmen beginnt, ohne daß dieser Vorgang, der nicht zu enden scheint, willensmäßig zu beeinflussen ist. Alle Anzeichen sprechen dafür, daß sich in Zolt eine geheime, aber tiefe und grundsätzliche Veränderung vollzieht: »Zu seinem Entsetzen bildeten sich um die Augen richtige Fettschichten. Und die Augen selbst, früher tiefliegend, zwinkerten jetzt winzig in ihren Triefsäckchen. Die Augenlider, schwer und fett, bekamen spärliche, kurze und dicke Wimpern. ›Ist das nicht der Kopf eines Ebers?‹ schrie Zolt gellend. Die ganze Haut wurde fettig, aber grob, ein harter Flaum mit rauhen, spärlichen Schuppen zeigte sich. Auf dem Unterkinn schossen die Borsten hervor.«[170] Wenn er, unter dem Fenster sitzend, sein Spiegelbild im Glas beobachtet, bemerkt er immer wieder, daß der ganze Kopf fehlt. Auch vernachlässigt er sein Äußeres und bekommt Schwierigkeiten im Beruf.

Obwohl direkte Anklänge an die *Verwandlung* fehlen, mutet der Text doch wie die epische Entfaltung eines bei Kafka angelegten Vorstellungszusammenhangs an. Während der aus dem Berufsleben ausgeschiedene, immer mehr verwahrlosende Gregor langsam verhungert, weil er, so kann man in

---

[170] Umetnik Zolt, S. 28.

Anlehnung an bestimmte Textstellen deuten, die ihm zuträgliche, ersehnte Nahrung nicht erhält, ißt Zolt viel und gern, spürt er doch, »daß er sich jetzt leichter und sicherer auf die entfernte und unbestimmte Freiheit zubewegt«, die Gregor verschlossen ist.[171]
Freilich ist auch die ganze Atmosphäre angeregt von der Stimmungslage des Vorbilds. Milidragović erzählt aus der Sicht Zolts, eines Verzweifelten, der sich unbegreiflichen Mächten unterworfen sieht und, aus Schwäche, mit fragwürdigen Situationsanalysen, schwankenden Entschlüssen, Selbstanklagen und dem *Doppelgänger* entlehnten Selbstkonfrontationen vor dem Spiegel[172] sich über die neue Lage klar zu werden sucht. Allerdings überschreitet Milidragović im Gegensatz zu Kafka und Lancelotti nicht die Grenze zum Übersinnlichen: Zolts Umwandlungsprozeß ist einer rationalen Erklärung gerade noch zugänglich.
Lancelotti hat das poetische Potential, das im Verwandlungsmotiv Kafkas liegt, auch nach der entgegengesetzten Seite hin genutzt. In seiner Erzählung *La Reducción* (Die Verkleinerung), die 1963 als Teil seiner Erzählsammlung *La Casa de Afeites* (Das Haus der Schminken) veröffentlicht wurde, macht Herr Albert, ein Büroangestellter in untergeordneter Position, einen unerklärlichen Schrumpfungsprozeß durch, der ihn schließlich auf die Größe einer Stoffpuppe reduziert. Er flieht mit der Eisenbahn, wird von übermütigen Mitreisenden aus dem Fenster geworfen und landet auf einer Mülldeponie, auf der mit Haken bewaffnete Müllsammler am Werk sind. Erinnerungen an seine Familie werden wach, dann fällt sein Kopf nach vorn, während ein leichtes Lächeln auf seinem Gesicht spielt: Aufsteigender Qualm und giftige Dämpfe lähmen die Atmung und führen den Tod herbei.
Dieses Ende ist bis in die Einzelheiten hinein demjenigen Gregors nachgestaltet: »An seine Familie dachte er mit Rührung und Liebe zurück [...]

---

[171] Umetnik Zolt, S. 29, vgl. E 130.
[172] Fedor Michailowitsch Dostojewski, Der Doppelgänger, (Frankfurt a. M. 1952), S. 6: »Nachdem er aus dem Bette gesprungen war, lief er sogleich zu dem kleinen, runden Spiegel, der auf der Kommode stand. Obgleich die verschlafene, kurzsichtige, ziemlich kahlköpfige Gestalt, die ihm der Spiegel zurückwarf, einen so unbedeutenden Eindruck machte, daß sie auf den ersten Blick entschieden niemandes ausschließliche Aufmerksamkeit fesseln konnte, so war doch ihr Besitzer mit alledem, was er im Spiegel erblickte, anscheinend völlig zufrieden. ›Na, das wäre eine böse Geschichte, wenn heute an mir etwas nicht in Ordnung wäre, wenn zum Beispiel irgend etwas schlecht aussähe, ich einen störenden Pickel bekäme oder sonst eine Unannehmlichkeit passierte; vorläufig indes ist es nicht übel; vorläufig geht alles gut.‹ Sehr erfreut darüber, daß alles gut ging, stellte Herr Goljadkin den Spiegel auf seinen früheren Platz«.

Dann sank sein Kopf ohne seinen Willen gänzlich nieder, und aus seinen Nüstern strömte sein letzter Atem schwach hervor.« Anschließend wirft ihn die Bedienerin in die bereitstehende Abfallkiste.[173] Alberts Ende versinnbildlicht aber auch die Auffassung, die Lancelotti von Kafka gewonnen hatte. Er versteht diesen nämlich als vorurteilsfreien, leidenschaftlichen Zergliederer der menschlichen Verhältnisse, als einen Wissenschaftler, der, wie es in dem *Kafka* betitelten Artikel ausdrücklich heißt, in Abfällen stochert, die wegen der Blindheit und Eitelkeit des menschlichen Geistes gewöhnlich verborgen bleiben. Das Ergebnis sei eine »Bloßstellung des Zufalls«, eine »resignierende Billigung des Absurden«[174] – Gesetzmäßigkeiten also, die sich selbstverständlich in den Umwandlungsprozessen, wie sie in *La Mano* und *La Reducción* beschrieben werden, besonders gut veranschaulichen ließen.

Der Prozeß der Selbstentfremdung, dem die Helden dieser Erzählungen ausgesetzt sind, bedeutet gleichzeitig eine Isolation von ihrer Umwelt. So wird gesagt, daß sich Herr Albert wegen seiner Kleinheit vom Rest der Menschheit getrennt fühle, einer Kleinheit übrigens, die, als Programm und Motiv, gleichfalls in Kafkas Werk verwurzelt scheint. Denn Lancelotti zitiert in seinem Essay die Formulierung »Sich-klein-Machen« als Kernaussage der Aphorismen Kafkas.[175] Sicherlich wurde Lancelotti in seiner Sicht der Dinge auch durch die *Verwandlung* bestärkt, schreibt er über diese doch, dabei die Vorstellung abwehrend, der Kitzel des Phantastischen habe Kafka bei der Niederschrift seiner Erzählung geleitet: »bei Kafka symbolisiert das Tier die Einsamkeit«, wobei in der *Verwandlung* diese Einsamkeit in einfacher, ja roher Alltäglichkeit erscheine.[176] Das Insekt verkörpert also für Lancelotti Eingeschränktheit und schwerfälligen Stumpfsinn, der Gregor, als Körperwesen in festen, unaufhebbaren Grenzen gefangen, inhärent ist.

Diese Fessel der Körperlichkeit kommt naturgemäß mehr in *La Mano* zum Tragen, wo die Reduzierung der Umweltbeziehungen in übermäßiger Schlafsucht und Bewußtlosigkeit des Helden deutlich wird. In *La Reducción* tritt ein anderer Aspekt stärker in den Vordergrund, der gleichfalls

---

[173] E 136f.
[174] Kafka, S. 34, vgl. 32.
[175] Kafka, S. 33f., vgl. Franz Kafka: Hochzeitsvorbereitungen, S. 50: »Zwei Möglichkeiten: sich unendlich klein machen oder es sein. Das zweite ist Vollendung, also Untätigkeit, das erste Beginn, also Tat.« Außerdem Mario A. Lancelotti: La Reducción, in: La Casa de Afeites, Buenos Aires (1963), S. 107.
[176] Mario A. Lancelotti: El Universo de Kafka, Buenos Aires (1950), S. 35 (»en Kafka el animal simboliza la solidad«), vgl. 33.

schon im *Universo de Kafka* belegt ist und offensichtlich Lancelottis kreative Aneignung der *Verwandlung* mitbestimmt hat: Die Reisenden spielen mit Herrn Albert, der sich aus Gründen der Bequemlichkeit die Kleider eines in seiner Wohnung hängenden Spielzeug-Hampelmanns angezogen hat, wie mit einem Gegenstand. Sie werfen ihn als Ball in die Luft, stumpfsinnig und in naiver Natürlichkeit seinen seltsamen Zustand hinnehmend. Alberts Verkleinerung wird überhaupt von seiner Umwelt nicht beachtet, Nachbarn und Bürokollegen zeigen wenig Überraschung, wenn sie seiner ansichtig werden. So beginnt Albert daran zu zweifeln, ob er überhaupt als Mensch wahrgenommen wird, und die Möglichkeit eines vollständigen Verschwindens ergreift von seinen Gedanken Besitz.[177]

In diesen Umständen spiegelt sich Lancelottis Auffassung vom weiteren Schicksal Gregor Samsas. Er beginne bald nach seiner Verwandlung, sich aus dem Leben der anderen zu verabschieden. (Herr Albert tut es wirklich, indem er, ohne seine Angehörigen zu verständigen, eine Fahrt ins Ungewisse antritt.) Denn der Preis seiner Verwandlung sei die Verdinglichung, der Verlust des Menschseins, sein Wohlbefinden aber (wenn er, Tier, seine Beinchen in Gebrauch nimmt) der Beweis, daß seine gänzliche Vernichtung bevorsteht.[178]

Lancelotti ist der einzige der Nachahmer Kafkas, der in einer mit diesem vergleichbaren Weise den Vorgang der Umwandlung psychologisch vertieft, indem er ihn als ein äußeres In-Erscheinung-Treten der Lebensprobleme seines Helden versteht. Denn die Verkleinerung des Herrn Albert kann als Anpassung an Umwelterwartungen und als Verinnerlichung des Bildes begriffen werden, das sich seine Umgebung von ihm macht. In der Sprache des Buches von 1950: Gregor Samsa wird zum Insekt, weil man ihn als solches betrachtet.[179] Alberts Körpermaß ist also verdinglichter Ausdruck seiner menschlichen Unbedeutendheit, der Tatsache, daß man ihn im Leben über-sieht, die Erzählung Darstellung solcher alltäglichen Winzigkeit.

Lancelotti spart nicht mit Veranschaulichungen dieses Zusammenhangs. Albert selbst bringt seine Verkleinerung mit Schicksalsschlägen zusammen, unter die er auch rechnet, daß er bei einer Beförderung übergangen worden war.[180] Unter diesen Umständen scheint ihm nicht verwunderlich, daß seine Umwandlung im Kreis der Familie, in der er überhaupt an Autorität einge-

---

[177] La Reducción, S. 109, 102 und 105.
[178] El Universo de Kafka, S. 43 und 37, vgl. E 90.
[179] El Universo de Kafka, S. 37. (»En cierto sentido Gregorio es un gusano porque así lo ven los otros, porque así lo han *constituído* éstos.«)
[180] La Reducción, S. 104.

büßt hat, zunächst verborgen bleibt. Seinen Kollegen unterstellt er, sie fühlten sich wegen ihres Egoismus mitschuldig an seinem Unglück. Noch im Detail erscheinen äußere Umstände als Äußerung psychischer Konstellationen: Denn entspricht es nicht seiner untergeordneten beruflichen Stellung, wenn er wegen seiner Kleinheit seinen Schreibtischstuhl wie ein Schuljunge erklettern muß?[181]

In seiner Verkleinerung strukturieren sich Alberts pessimistische Weltsicht, seine Minderwertigkeitsgefühle und masochistischen Neigungen in die Einsicht um, in der Beurteilung seiner Person im Einklang mit der Umgebung zu sein. Angesichts der Tatsache, daß jetzt niemand mehr seinen Zustand bloß seiner Einbildung zuschreiben werde, empfindet er eine seltsame Genugtuung; die Überlegung läßt sich nicht unterdrücken, daß seine neue Gestalt sein wahres Maß darstellt, seine wahre Größe, wie Grabredner sich seiner Erinnerung nach bildhaft auszudrücken pflegen.[182]

Die – trotz unzulänglicher literaturwissenschaftlicher Fundierung! – kongeniale Motivierung des Verwandlungsprozesses in *La Reducción* sowie der Umstand, daß Kafka auf Lancelotti wie ein »Balsam« wirkte, liegen auch darin begründet, daß der Argentinier im Lebensgang seines Prager Kollegen Parallelen zum eigenen Schicksal entdeckte: »identischer Beruf, identische Verwaltungstätigkeit, ähnliche Tyrannei des Vaters« – so in dem Aufsatz von 1968.[183] Das ist wohl der Grund dafür, daß Parente und Albert jeweils an ihrem Arbeitsplatz, als kleine Rädchen im Bürogetriebe und in unsicherer Position, gezeigt werden, konnten sich doch in diesen Passagen die persönlichen Leiden des Verfassers direkt und besonders leicht artikulieren. Daneben darf auch das Vorbild des *Prozeß*-Romans nicht vergessen werden, der, eine Büro-Welt spiegelnd, von Lancelotti dauernd als Belegstück herangezogen wird. Überhaupt muß man stets an den Einfluß weiterer Kafka-Texte denken. Herr Alberts Angst etwa, sich auf die Größe einer Zwirnspule reduziert zu sehen, erinnert an Kafkas *Sorge des Hausvaters*, wo Odradeks Gestalt mit einer Zwirnspule verglichen wird.[184] Innerhalb einer Gesamtübersetzung des Kafkaschen Erzählwerks, die 1960 in Buenos Aires erschien, war diese Erzählung Lancelotti natürlich zugänglich.

---

[181] La Reducción, S. 105.
[182] La Reducción, S. 102 und 106.
[183] Kafka, S. 34 (»idéntica profesión, idéntica adscripción administrativa, parecida tiranía del padre. Kafka operó sobre mi persona como un bálsamo«).
[184] Vgl. E 170: »Es sieht zunächst aus wie eine flache sternartige Zwirnspule, und tatsächlich scheint es auch mit Zwirn bezogen«.

Gegenüber diesen konzeptionellen Übereinstimmungen zwischen der *Verwandlung* und den beiden Erzählungen Lancelottis treten Gemeinsamkeiten in der Einzelgestaltung zurück. Und wo sie vorhanden sind, brauchen sie nicht immer Abhängigkeit zu bedeuten, weil vergleichbare Erzählmuster ähnliche Handlungsmomente hervorbringen können. So verhält es sich mit dem bei Kafka immerhin gerufenen, bei seinen Nachfolgern regelmäßig erscheinenden Arzt; denn dessen Auftreten assoziiert sich so zwangsläufig mit dem beschriebenen Gegenstandsbereich wie sein Versagen mit der Thematik dieser Texte. So auffällig etwa das Spiegelmotiv für Lancelotti ist, so wenig muß es auf den *Doppelgänger* zurückgeführt werden, obwohl Lancelotti auch Dostojewski erwähnt, der ja, wie ausgeführt, zu den in Südamerika am stärksten beachteten europäischen Autoren gehört. Denn die Spiegel in der Wohnung Alberts, auf dem Bahnhof und auf der Bürotoilette sind ein naheliegendes Hilfsmittel der Darstellung, die, aus der Sicht des Betroffenen, dessen Gestaltsänderungen, auch für den Leser, veranschaulichen will, und so bedienen sich die meisten Nachgestalter Kafkas dieses Requisits.

Bemerkenswert ist in diesem Zusammenhang eher, daß Kafka selbst, unter den gleichen erzähltechnischen Voraussetzungen, auf das Spiegelmotiv verzichtet. Weil er weder den Vorgang der Verwandlung selbst beschreiben will noch die zeichnerische Darstellung des Käfers, etwa als Illustration, für möglich hält,[185] vermeidet er eine derartige optische Selbstkonfrontation seines Helden.

Einige Erzählzüge können freilich ihre Herkunft aus der *Verwandlung* nicht verleugnen. Etwa Alberts Vermutung, in einem kleinen, mehr oder weniger niedlichen Tier zu wohnen, oder der Gedanke, seine Verwandlung sei vielleicht nur eine Illusion, die durch Diskussion mit vernünftigen Leuten zu bekämpfen sei; denn Gregor hält es für denkbar, daß sich seine »Vorstellungen allmählich auflösen« könnten und sein Anblick ruhig hingenommen werde, so daß kein Grund zu weiterer Aufregung mehr bestünde.[186]

Die szenisch entfaltete Konfrontation zwischen Albert und seiner Familie folgt, soweit es die von Lancelotti vorgenommene Umwandlung eines Sohnes in einen Familienvater zuläßt, ebenfalls dem vorgegebenen Muster. Es ist naheliegend, daß dann Alberts ihm resolut mahnend entgegentretende Ehefrau die Rolle Gretes übernimmt, der gegenüber ihm nur unverständli-

---

[185] Franz Kafka: Briefe 1902–1924, S. 135f.
[186] E 75, vgl. La Reducción, S. 105 und 107.

che Sätze über die Lippen kommen. (Der verwandelte Gregor kann sich ja genausowenig verständigen.) Die ebenfalls anwesende Schwiegermutter wird bewußtlos und vertritt damit Frau Samsa. Die Kinder betrachten ihn mit ruhiger Neugier, entsprechend der Haltung, die die Bedienerin gegenüber Gregor einnimmt. Albert fühlt sich als gehetztes Tier, ist von den ausgestreckten Armen der »Jagdhaltung« einnehmenden Angehörigen umzingelt und entflieht, den Körper eines gleichfalls anwesenden Onkels umgehend; dieser hat offenbar die Funktion des alten Samsa übernommen, der, Stock und Zeitung in den ausgestreckten Armen, Gregor in sein Zimmer zurückjagt.[187]

Auch die Idee der Gestaltverkleinerung läßt sich in einer jugoslawischen Erzählung belegen, die gleichfalls der *Verwandlung* verpflichtet ist. Es handelt sich um *Kutijica* (Schächtelchen), einen Text des 1940 geborenen Erzählers und Dramatikers Filip David, der 1962 in der Zeitschrift *Delo* erschien und zwei Jahre später in Davids Erzählsammlung *Bunar u tamnoj šumi* (Der Brunnen im dunklen Wald) Aufnahme fand. David hat gesprächsweise verlauten lassen, bei der Niederschrift unter dem starken Einfluß Kafkas gestanden zu haben.[188]

Hier der Inhalt: Jakow sammelt unbedeutende, wertlose Gegenstände, wobei er sich nach und nach auf immer kleiner werdende Objekte konzentriert, die er in einem Schächtelchen verwahrt. Als die Grenze der optischen Wahrnehmbarkeit erreicht ist, verändern sich seine Sinne. Jakows Umgebung vergrößert sich, bis sie so enorme Ausmaße erreicht hat, daß er an den bisher glatten Zimmerwänden zahlreiche neue Objekte entdeckt. Sein Verlangen, zu diesen in Raum und Zeit verlorenen Dingen, die in ihm das Bewußtsein einer neuen Welt erwecken, in ein noch innigeres Verhältnis zu kommen, erfüllt er dadurch, daß er eines Tages, jetzt hinreichend verkleinert, in sein Schächtelchen steigt, um dort, inmitten seiner Sammlung, sein restliches Leben zu verbringen. Überrascht stellt er fest, daß er hier seine bisherige Alltagswelt en miniature wiederfindet: eine noch eingeengtere Kopie seines Zimmers und seine am Tisch sitzende Frau.[189]

Die Verwandlung erfolgt hier, wie in der Erzählung von Boba Blagojević, freiwillig am Ende des Handlungszusammenhangs und in der Absicht, in der Welt des Kleinen ein neues Leben zu erreichen. Deswegen, und weil die Verkleinerung in beiden Fällen nicht direkt beschrieben, sondern an der Vergrößerung der Wahrnehmungsobjekte sichtbar wird, ist der Vorgang

---

[187] La Reducción, S. 108, vgl. E 90–93.
[188] Briefmitteilung von Slobodan Grubačić vom November 1981 an den Verfasser.
[189] Filip David: Kutijica, in: *Delo* 8, Nr. 3 (März 1962), S. 325–332.

der Transformation als solcher unwichtig, spielt die Eingangsszene der *Verwandlung* als Musterfall eines derartigen Prozesses keine Rolle. Denn die Darstellung solcher Umwandlungen bezieht Reiz und Berechtigung doch vor allem aus der Konfrontation des Helden mit den rätselhaften Veränderungen seines Körpers, die in den genannten Fällen überhaupt nicht gegeben ist.

Trotzdem gibt es in Davids Erzählung greifbare Beziehungen zur *Verwandlung*, das Adjektiv in seiner ursprünglichen Bedeutung genommen: Jakows Fingernägel nämlich verwandeln sich in kleine Krallen, die es ihm, Gregors Kletterkünsten vergleichbar, ermöglichen, stundenlang an der Zimmerdecke zu hängen und diese nach Kleinodien abzusuchen. (Gregor hat mehr Spaß am Kriechen und Sich-Fallenlassen.)[190] Indem er aus Angst vor dem Verlust seiner Sammlungen die Reinigung des Zimmers verweigert, füllt sich dieses immer mehr mit Schmutz: lange Spinnenweben liegen in den Ecken; in genauer Motiventsprechung zu Gregors Zimmer, das allmählich, freilich ohne seine Schuld, zur Rumpelkammer der Familienwohnung wird.[191] Schließlich: David versinnlicht die Verkleinerung seines Helden mit dem dröhnenden Schritt der näherkommenden Frau, vor deren riesigen Schuhsohlen Jakow schreiend flieht – Gregors Staunen über die riesigen Stiefelsohlen des ihn verfolgenden Vaters bildet die Parallele.[192]

Es ist aber nicht zu verkennen, daß David mehr durch sein Verständnis des Gesamtphänomens Kafka inspiriert wurde als durch Einzelmotive der *Verwandlung*. So hat man die hinter dem Text stehende Vorstellung, unentrinnbar an die äußere Wahrnehmungswelt verloren zu sein, genauso der Kafka-Lektüre Davids zuzuschreiben wie die Mikroskop-Augen, die er seinem Helden verleiht, gleichgültig, ob ihm Kafkas *Briefe an Milena* bekannt waren, die dieses Element an hervorragender Stelle erwähnen.[193]

Für David scheint sich Kafkas Werk vornehmlich als Spielwiese des Grotesken und Phantastischen dargestellt zu haben, weniger als Wirklichkeitsdeutung. Das zeigt sich einmal an der eher witzig anmutenden Pointe von *Kutijica*, die kafkaesk ist im Sinne landläufiger Mißverständnisse, im Werk Kafkas jedoch keine Stütze hat. Dann auch in einer Szene, in der berichtet wird, wie Jakow Besuch von Gleichgesinnten erhält, die ihre in jahrelangem

---

[190] Vgl. Kutijica, S. 327 und 331 mit E 108.
[191] Vgl. Kutijica, S. 326 mit E 125 f.
[192] Vgl. Kutijica, S. 332 mit E 116 (»und Gregor staunte über die Riesengröße seiner Stiefel«).
[193] Franz Kafka: Briefe an Milena, S. 64 (» man bekommt Mikroskop-Augen, und wenn man die einmal hat, kennt man sich überhaupt nicht mehr aus«).

Training erworbene Geschicklichkeit vorführen wollen: »Die größte Bewunderung riefen diejenigen hervor, die auf der Erde standen und sich mit den Füßen vom Boden abdrückten, einige Sekunden in der Luft verbrachten und wieder herunterfielen.«[194]

Diese Beschreibung ist ohne Funktion für das Erzählganze, eine Art Einschub, der weder motivlich noch vom Psychologischen her mit Jakows Verhältnissen organisch verbunden ist, sondern rein stofflich wirken will. Die Passage ist vermutlich von Elementen in Kafkas Werk angeregt, die bei vordergründiger Betrachtung surrealistisch verstanden werden könnten: dem turnenden Trapezkünstler im *Ersten Leid*, den schwebenden Lufthunden in *Forschungen eines Hundes* und den springenden Bällen in *Blumfeld, ein älterer Junggeselle*.

Daß Kafkas *Verwandlung* innerhalb der europäischen Literaturen gerade in Jugoslawien Ausgangspunkt phantastischer Texte geworden ist, läßt sich am besten sozialpsychologisch erklären. Nachdem sich das Land seit 1948 der westlichen Gegenwartsliteratur geöffnet hatte, wurden deren Neuerungen mit einer Begeisterung aufgegriffen, die stets mit der Eroberung eines bisher verschlossenen Bereichs einherzugehen pflegt, zumal dieser eine Befreiung von den künstlerischen Einschränkungen verhieß, denen man unter der drohenden Herrschaft des sozialistischen Realismus verpflichtet gewesen wäre, einer Doktrin, die genau vorschreibt, welche Art Wirklichkeitsbezug ein literarisches Werk aufzuweisen hat.

Von daher erklärt sich die ungewöhnliche Experimentierfreudigkeit und die antirealistische Tendenz der jugoslawischen Literatur, der bisweilen qualitative Gesichtspunkte untergeordnet werden. Diese verbindet sich umso leichter mit Kafka, als dieser Autor als Inbegriff der literarischen Moderne importiert wurde und überdies dem noch immer als verpflichtend empfundenen gemeinsamen Kulturraum der Donaumonarchie entstammte, also schon qua Herkunft die Bedeutsamkeit seines Werks für die eigenen Verhältnisse zu verbürgen schien.

Naturgemäß verliert sich innerhalb einer vielgliederigen Literaturlandschaft wie der jugoslawischen oder der südamerikanischen allmählich die imaginative Kraft selbst eines solchen Vorbildes, wie es die *Verwandlung* darstellt. Dieses wird durch die Folge der Adaptionen gleichsam abgearbeitet und damit immer mehr der Distanz angenähert, in der Kafkas Werk dem europäischen Normalleser schon gegenübersteht. Für diese Entwicklung gibt es ein beredtes Beispiel.

---

[194] Kutijica, S. 329.

Julio Cortázars Erzählung *La caricia más profunda* (Die tiefste Liebkosung) erschien 1967 in dem Band *La vuelta al día en ocheta mundos* in Buenos Aires. Die Formulierung – »Reise um den Tag in achtzig Welten« – zeigt schon durch ihre Umkehrung eines berühmten Jules-Verne-Titels das phantastisch-utopische Programm, das der in Paris lebende Argentinier verfolgt. Dargestellt wird in *La caricia más profunda*, wie ein junger Mann, der noch bei seinen Eltern wohnt, allmählich im Boden versinkt, ohne daß dies von der Familie, der Braut, überhaupt von seiner Umgebung, wahrgenommen wird. Psychologie und die Lebensumstände des Helden bleiben ausgeklammert, die Erzählung lebt vom Situativen, von den Versuchen des Versinkenden, sich den neuen Gegebenheiten anzupassen.

Daß Kafkas *Verwandlung* Pate gestanden hat, läßt sich zwar nicht beweisen; es ist aber wahrscheinlich, daß sich Cortázar (geboren 1914 in Brüssel) von der wenig älteren Erzählung *La Reducción* hat anregen lassen, bietet er doch wie sein Landsmann eine kontinuierlich fortschreitende Verkleinerung, die der davon Betroffene nicht aufhalten kann. Außerdem lehnt er sich in zwei Details deutlich an Lancelottis Text an: Erklettert Albert wie ein Kind seinen Bürostuhl, so muß Cortázars Held auf das Klo steigen, um das Glas mit den Zahnbürsten erreichen zu können. Natürlich kann dieses Motiv auch direkt aus der *Verwandlung* entwickelt worden sein, wo Gregor, der Käfer, sich an einem Stuhl aufrichtet, um die Tür seines Zimmers öffnen zu können.[195]

Ähnlich der andere Fall, wo Cortázar offenbar die Gregor und Albert bedrohenden Fußsohlen aufgreift. Sein Held geht, schon soweit eingesunken, daß sich seine Augen in Höhe des Straßenpflasters befinden, im Zickzackkurs durch Buenos Aires, um nicht von den spitzen Damenschuhen getroffen zu werden, die dauernd vor und neben ihm auftauchen, ohne daß er bemerkt würde. Am Ziel angekommen – er hat sich mit seiner Braut verabredet –, sieht er, noch weiter eingesunken, deren Schuhsohlen über sich, die er mit einer Hand gerade noch erreicht; dann verschlingt ihn die Erde, gemäß der Überzeugung, die Cortázar mit dieser Literaturgattung verbindet: »Das Phantastische ist immer negativ, nähert sich ständig dem Beängstigenden.«[196]

Die bisher erwähnten hispanoamerikanischen Texte versuchen alle, dem ernsthaft-dramatischen Stilgestus der Vorlage zu entsprechen, auch wenn einzelne Autoren wie Lancelotti die bei Kafka, auch in der *Verwandlung*, ja

---

[195] E 83–86.
[196] J. Bernlef: Gespräch mit Julio Cortazar, S. 155.

durchaus vorhandenen komischen Züge zu verstärken suchen: Es ist belegt, daß Kafka, als er seinen Freunden die Erzählung zu Gehör brachte, »viel gelacht« hat.[197]

Publerina jedoch, die *Dorfgeschichte* des 1918 geborenen mexikanischen Autors Juan José Arreola, bewegt sich als Ganzes auf dieser Ebene situativer Komik. Die Erzählung ist Teil seines 1952 erschienenen Hauptwerks *Confabulario*, das als *Confabularium* auch auf Deutsch vorliegt. Daß Kafka, aber auch Swift und Borges, zu den Schreibvoraussetzungen Arreolas gehörten, ist der Sammlung selbst zu entnehmen. Dort ist beispielsweise einem Text ein Aphorismus Kafkas als Motto vorangestellt, und an anderer Stelle wird dessen *Prometheus* abgewandelt.[198] Noch deutlicher ist eine Passage des Vorworts: »Ich liebe die Sprache über alles und ich verehre diejenigen, von Jesaia bis Franz Kafka, die durch das Wort Zeugnis vom Geist abgelegt haben. Fast der gesamten zeigenössischen Literatur stehe ich mißtrauisch gegenüber. Ich lebe umgeben von klassischen Schriften, die gültig über meinen Schlaf als Autor wachen.«[199]

Die Behauptung von Thomas J. Tomanek, nicht die Tatsache der Verwandlung, sondern daß Gregor nichts Überraschendes in seinem Schicksal sehe, mache das Schauerliche der Erzählung Kafkas aus, ist genau so unrichtig wie seine daraus abgeleitete These, Arreolas Eigenart, Groteskes als Alltägliches erscheinen zu lassen, gründe in der *Verwandlung*.[200] Vielmehr hat Arreola das Verwandlungsmotiv und die Eingangsszene der Erzählung Kafkas mit der Stilebene und dem Traditionsbezug verbunden, die für Stücke wie *Poseidon*, *Das Schweigen der Sirenen* oder den *Neuen Advokaten* bestimmend sind: Es ist die ironisch verfremdete Travestie des überlieferten Geschehens, die Umfunktionierung der Tradition unter dem Deckmantel scheinbarer Vernünftigkeit und Plausibilität.[201]

Die *Dorfgeschichte* beginnt mit den Worten: »Als Don Fulgencio am Morgen im letzten, kargen Dämmerschlaf den Kopf zur anderen Seite drehte, mußte er sich mächtig anstrengen und spießte dabei sein Kopfkissen auf. Er öffnete die Augen. Was bis dahin nur eine vage Vermutung war, wurde zur messerscharfen Gewißheit. Mit einer kräftigen Nackenbewegung hob Don

---

[197] Franz Kafka: Briefe an Felice, S. 320.
[198] Juan José Arreola: Confabularium. Aus dem mexikanischen Spanisch v. Kajo Niggestich, (Frankfurt a. M. 1980), S. 171 und 266.
[199] Confabularium, S. 11.
[200] Thomas J. Tomanek: The Estranged Man: Kafkas Influence on Arreola, in: *Revue des langues vivantes* 37 (1971), S. 307.
[201] Dazu Dietrich Krusche: Kafka und Kafka-Deutung: Die problematisierte Interaktion, München 1974, S. 92–100.

Fulgencio den Kopf, und das Kopfkissen wirbelte durch die Luft. Als er im Spiegel sah, daß er sich in ein prachtvolles Exemplar mit gekräuseltem Stirnhaar und herrlichen Hörnern verwandelt hatte, konnte er seine Bewunderung nicht unterdrücken. Tief in der Stirn waren die Hörner verwurzelt, sie waren weißlich an ihrem Ansatz, gesprenkelt in der Mitte und liefen an den Enden schwarz und spitz zu.«[202]

Die beschreibende Eingangspartie der *Verwandlung* ist, entsprechend dem geänderten Gegenstandsbereich, so abgewandelt, daß das Original noch durchschimmert, bis hin zu den weißen Punkten auf dem Bauch des Insekts,[203] die in der Charakterisierung des Hörneransatzes wiederkehren.

Die Verwandlung ist für Don Fulgencio noch kein hinreichender Grund, den Lauf seiner Geschäfte zu unterbrechen (wenngleich er jetzt seinen Hut im Nacken tragen muß), die, natürlich, als Inszenierung eines Stierkampfs vorgestellt sind. Schnaubend nimmt er den Kampf auf, seine Angriffslust als Advokat wird immer stärker, als inzwischen wutschnaubendes Tier erfährt er Spottlust und Feindseligkeit seiner Umgebung als täglichen Aderlaß, an Sonntagen sogar als gewaltigen Blutsturz, bis eine Blutstauung seinem Leben ein Ende setzt (Arreola vergißt nicht, die Ausbuchtungen am Sarg zu erwähnen).

Einige Gesetzmäßigkeiten, die bei der kreativen Aneignung der *Verwandlung* durch andere Schriftsteller wirksam waren, lassen sich durch eine vergleichende Betrachtung der dabei entstandenen Nachfolgetexte erhellen, so lückenhaft und zufällig das ausgebreitete Material auch sein mag.

Unwichtig für diese literarischen Anverwandlungen sind: die Thematik der Erzählung (Generationenkonflikt), der von Kafka gewählte Gegenstandsbereich (Ungeziefer als Familienmitglied), die Textgestalt (dreigliedriger Handlungsverlauf mit einander korrespondierenden Ausbruchsszenen als Höhepunkt; geschlossene Form mit Epilog) und der Stil der *Verwandlung*. Denn diese Gegebenheiten werden kaum genutzt, geschweige denn nachgeahmt; dies läßt den Schluß zu, daß die Kafka aufarbeitenden Kollegen nicht eigentlich an seinem Werk interessiert waren.

Es sind vielmehr im Erzählgang der *Verwandlung* ausgesparte Sachverhalte und vieldeutige Passagen, die als Reizauslöser für die Umgestaltungen wirksam werden. Nicht erklärbar auf der rezeptionsästhetischen Ebene ist

---

[202] Confabularium, S. 45.
[203] E 72 (»fand die juckende Stelle, die mit lauter kleinen weißen Pünktchen besetzt war«).

allerdings, welche dieser so beschaffenen Stellen von den Autoren dann tatsächlich herangezogen werden und in welchem Umfang.

Es war beispielsweise vorherzusehen, daß die Formulierung, die in metaphorischer Weise Gregors Sehnsucht nach der unbekannten, unerreichbaren Nahrung zum Ausdruck bringt, aufgegriffen werden würde; es ist jedoch erstaunlich zu sehen, in wie geringem Maße das dann wirklich geschehen ist. Nur Joyce Carol Oates und Boba Blagojević lassen sich in ihrem Verständnis der *Verwandlung* von dieser Stelle leiten, Milidragović und Schulz pervertieren sie, jener, indem er dem Eßverlangen seines Helden überreichlich nachkommt, dieser, indem er den Verwandelten selbst seinen Angehörigen als Mahlzeit serviert.

Zu erwarten war auch, daß die Ursachen für Gregors Verwandlung, über die sich Kafka sozusagen unbegreiflicherweise ausschweigt, ein Hauptansatzpunkt für die Rezeption durch Schriftsteller-Kollegen sein würden, aber nur Lancelotti zeigte sich an einer solchen Fragestellung überhaupt interessiert.

Es war offensichtlich der Vorgang der Verwandlung selbst, wahrgenommen aus der Sicht des davon Betroffenen, der die Einbildungskraft der die *Verwandlung* aufnehmenden Autoren angeregt hat. Einerseits nämlich deutet Kafka an, daß es sich um einen in Phasen ablaufenden Umwandlungsprozeß handelt, denn Gregors tierische Existenz verwirklicht sich erst im Lauf der Darstellung: Seine menschliche Stimme wird zu einem Piepsen, er lernt, seinen Insektenkörper zu beherrschen, sein Sehvermögen verändert sich, die Erinnerungen an die Vergangenheit schwinden.[204] Andererseits aber verweigert Kafka seinen Lesern die eigentliche Beschreibung der Umwandlung und ihre Vorgeschichte. Dadurch hat er eine Leerstelle geschaffen, die, wegen der immerhin gemachten Andeutungen, zur Ergänzung in eine ganz bestimmte Richtung auffordert, eine umgrenzte Spielwiese also, die die Phantasie seiner produzierenden Leser durchaus in die gewünschte Richtung zu versetzen in der Lage ist.

Ob nämlich die Texte, die der Lektüre der *Verwandlung* ihre Entstehung verdanken, nun mit der Umwandlung der Hauptfigur einsetzen, ob eine Vorgeschichte den eigentlichen Transformationsprozeß einleitet oder ob, wie bei Walser und Handke, ein Entfremdungserlebnis artikuliert werden soll – in der Mehrzahl der Fälle stehen die Genese der Verwandlung (bzw. Rückverwandlung) und diese selbst im Mittelpunkt des Geschehens. Deshalb bleibt in der Regel der von Kafka eingeführte Erzählerstandort erhal-

---

[204] E 74, 84, 108, 104, 110 und 122.

ten, werden Einzelumstände übernommen, die ihr Profil eben dieser Perspektivgestaltung verdanken: die Details der Eingangsszene, die als Veranschaulichung seiner Isolation von Gregor vereinzelt wahrgenommenen Regentropfen oder die ihn ängstigenden Riesenstiefel des Vaters, die in besonderer Weise seinen gegenüber der menschlichen Normaloptik veränderten Wahrnehmungshorizont beleuchten. Grass, Schulz, Milidragović, Lancelotti und Cortázar, vielleicht auch Boba Blagojević, haben dieses zuletzt genannte Erzählelement verwendet.

Erklären lassen sich auch die Ausnahmen, wo, wie in Kafkas Text, das Leben der Protagonisten nach der abgeschlossenen Verwandlung hauptsächliches Darstellungsziel ist: bei Arreola, weil er nur so seine parodistischen Absichten verfolgen kann, in der *Letzten Flucht des Vaters* von Schulz, weil dieser Text als Fortsetzung zu den *Zimtläden* angelegt, also deren Bauform und Handlungsgefüge verpflichtet ist, in Roths *The Breast*, wo vom Zentralmotiv her äußere Selbstbeobachtung und selbständiges Handeln unmöglich sind, und in Jaroschs *Versäumter Stunde*, wo Kafkas Erzählmuster direkte Formulierungshilfe für die Objektivierung eines bedrückenden autobiographischen Konflikts war.

Winfried Kudszus

Verschüttungen in Kafkas »Der Bau«

Der Bau führt in immer weiter sich ausdehnende Gedankengänge. Alles scheint aus der Perspektive eines extrem ichbezogenen Erzählers gesehen. Dessen Reflexionen sind labyrinthisch. So gerät die Erzähleridentität in einen Wirbel hinein. Schon am Textbeginn profiliert sich der Erzähler zunächst, entzieht sich dem Leser[1] aber dann bis zur Unkenntlichkeit. Die scheinbar konsequent einsinnige Erzählung ist letztlich nicht vom Koordinatensystem des Erzählers her aufzufassen. Das Dilemma eines in sich verkapselten, sich verlorengehenden Ichbewußtseins ist so ebenfalls nur vordergründig. Aus welcher Perspektive ist *Der Bau* aber dann zu verstehen?

*

Der Text beginnt:

> Ich habe den Bau eingerichtet und er scheint wohlgelungen. Von außen ist eigentlich nur ein großes Loch sichtbar, dieses führt aber in Wirklichkeit nirgends hin, schon nach ein paar Schritten stößt man auf natürliches festes Gestein. Ich will mich nicht dessen rühmen, diese List mit Absicht ausgeführt zu haben, es war vielmehr der Rest eines der vielen vergeblichen Bauversuche, aber schließlich schien es mir vorteilhaft, dieses eine Loch unverschüttet zu lassen.[2]

---

[1] Gemeint ist der implizite Leser im Sinne der klärenden Ausführungen von W. Daniel Wilson, Readers in Texts. In: PMLA. 96, 1981, H. 5. S. 848–863.
[2] Franz Kafka, Sämtliche Erzählungen, Hrsg. von Paul Raabe. Frankfurt a. M. 1970 (Paperback). S. 359. *Der Bau*: S. 359–388. Die gegenüber dieser – auf Max Brods Ausgabe beruhenden – Fassung von Malcolm Pasley und darüber hinaus von Heinrich Henel vorgenommenen Textverbesserungen wurden hier und im folgenden verglichen und berücksichtigt: Franz Kafka, Der Heizer, In der Strafkolonie, Der Bau. Hrsg. von J. M. S. Pasley. Cambridge 1966 = P; Heinrich Henel, Das Ende von Kafkas *Der Bau*. In: GRM. N. F. 22, 1972, H. 1. S. 3–23; »Anhang über Handschrift und Drucke«: S. 21–23 = H. Veränderungen ergaben sich an den folgenden Stellen der Brod/Raabe-Ausgabe: S. 360, Z. 6 (Komma bei P); S. 360, Z. 8 (P: dieses wirkliche); S. 362, Z. 21 (H: Festigung); S. 362, Z. 22 (P: vielleicht); S. 384, Z. 44 (Komma bei P); S. 385, Z. 3 (Strichpunkt bei P); S. 385, Z. 4 (P: geschehn); S. 388, Z. 12/13 (H nach einem Strichpunkt: aber alles blieb unverändert, das). – Pasleys Änderung »Erdverschütterungen« (Brod/Raabe, S. 384, Z. 42 und 47) wurde von Henel wieder rückgängig gemacht.

Ein Prozeß kommt in Gang. Der Bau »scheint« wohlgelungen. Dem Baumeister »schien« das unverschüttete Loch von Vorteil. Endgültig sind diese Aussagen wohl nicht. Auch wird die »Wirklichkeit« nicht zufällig im Zusammenhang mit der Sackgasse, in die das Loch führt, auftauchen. »Wirklichkeit« ist hier eng mit Schein verbunden. Dies gilt auch in einem erweiterten Sinn: der hohe Allgemeinheitsgrad der ersten Sätze, die Substanz, die sie zur Schau stellen – denkbar gar, daß sie auf die Schöpfungsgeschichte anspielen[3] –, erweisen sich rasch als Material, an dem sich der Text kritisch entzündet; der Erzählverlauf bringt die Destruktion von Gewißheiten mit sich, in Vorgänge wird verwandelt, was an Anhaltspunkten vorgegeben scheint.

So gerät etwa die »List« in einen illusionären Bereich hinein: »Freilich manche List ist so fein, daß sie sich selbst umbringt ...« An sich selbst wohl hat das Erzählertier erfahren, wie raffinierte Listen sich aufheben: »... das weiß ich besser als irgendwer sonst ...« (359). Aus der »List« ist nahezu eine Worthülse geworden. Sie ist in unmittelbare Nähe zu ihrer Selbstdestruktion gerückt, und zugleich erscheint die Sicherheit des Baus, der durch die List geschützt wurde, gefährdet.

An dieser Stelle jedoch bewegt sich der Text auf eine neue Ebene zu. Indem das Tier seine hervorragende Kompetenz in der Selbstauflösung von Listen betont, zeichnet sich ein Identitätsbewußtsein ab, welches aus der Negativsituation seine Stärke gewinnt. Kam zunächst ein »Ich« zur Sprache, das auf die Wirklichkeit im Duktus fast der Schöpfungsgeschichte verwies, zugleich aber schon vom Zweifel an der Qualität des Erreichten berührt war, so besteht das spätere »ich« vergleichsweise nachdrücklich auf seinem Wissen. Der selbstbewußte Ton setzt sich fort, indem dieses Ich darauf hinweist, daß es »gewiß auch kühn« ist, »durch dieses Loch überhaupt auf die Möglichkeit aufmerksam zu machen, daß hier etwas Nachforschungswertes vorhanden ist« (359).

Das auf Gewißheit und Wissen – um Negatives zwar – pochende Ich wehrt nun noch, in einer gewissen Hinwendung zum Leser, den Vorwurf ab, daß man es für feig halten könnte: »Doch verkennt mich, wer glaubt, daß ich feige bin und etwa nur aus Feigheit meinen Bau anlege« (359). Indem das Tier Feigheit ausdrücklich von sich weist, verfestigt sich ein Gedanke, dessen anderer Hauptbaustein Kühnheit ist. Das vergleichsweise neue »ich«, das sich hier präsentiert, ist in mehrfacher Hinsicht nicht mehr vom Zweifel

---

[3] Siehe Heinrich Henel, Kafkas *Der Bau*, or How to Escape from a Maze. In: The Discontinuous Tradition (Stahl Festschrift). Oxford 1971. S. 224.

des Anfangs erfüllt. Auch der Erkenntnisvorgang des Lesers, der das Tier nicht verkennen soll, scheint sich an diesem Punkt beruhigen zu können. Eine Stabilität der Worte und Vorstellungen ist suggeriert, ein in sich kohärentes Wortfeld gegeben, zu dem auch die Bemerkung zum »rühmen« gehört.

Genauer besehen ist in diesem Erzählvorgang jedoch gerade auch für den Leser die Täuschung verborgen, von der motivisch mit der »List« die Rede ist. Die Sackgasse, in die das Tier – der Erzähler – seinen potentiellen Gegner hineinzulocken sucht, das »große Loch«, das nirgendwo hinführt, sind zugleich dem Leser zugedacht; dieser wird analog zum Gegner behandelt. Wie sich der Bau dem Feind, der in ihn einzudringen unternähme, verschlösse, so begegnet der Text dem Leser. Die Mittel, derer sich der Erzähler bedient, entstammen seinem Sprachbau: Wörter, Sätze, die Art, wie sie aufeinander folgen, die Beziehungsgeflechte, in denen sie sich zusammenschließen, Verbindungen und Scheinverbindungen miteinander eingehen. Dabei erreicht der Text Differenzierungsgrade, die das Verständnisvermögen des Lesers zunächst überfordern. Eine Voraussetzung des Textverständnisses ist eine ungewöhnliche Verlangsamung des linearen Lese- und Verstehensvorgangs.

Die Gedankenkette von der »List« über die Kühnheit zur »Feigheit« schien in sich kohärent und stabil. Bei näherer Betrachtung treten Verschiebungen, Umlenkungen zutage, die das Sprachgefüge labilisieren und für Desorientierung sorgen. Die »List«, so wird zunächst versichert, war eine unabsichtliche; zufällig hatte sich das große Loch ergeben. Noch weiter nimmt sich das Tier aus einer aktiven Rolle heraus, indem es ihm lediglich so scheint, als sei die List von Vorteil. Kurz darauf ist von der Kühnheit der List die Rede, und deutlich auch schon im Hinblick auf das Tier, obwohl noch eine verallgemeinernde Ausdrucksweise herrscht: »... es ist gewiß auch kühn ...« Im Folgesatz distanziert sich das erzählende Tier nachdrücklich von einem Feigheitsvorwurf; seine listige Kühnheit ist entschieden impliziert. Im selben Atemzug suggeriert der Erzähler dem Leser ex negativo die rechte Erkenntnis; man »verkennt« ihn mit einem Feigheitsvorwurf. Obwohl der Gedankengang nur auf einer Oberflächenebene kohärent ist, legt der Erzähler dem Leser in einer zugreifenden Formulierung eine unmittelbare Rückkopplung ans Vorhergehende nahe. Der Leser soll an der Sprachoberfläche bleiben, dem Tier, welches sich in seinem Mut und seiner Stärke präsentiert, nicht auf die Schliche kommen. Das Tier sucht sich mit seiner Sprachlist vor der Erkenntnis des Lesers zu schützen, daß seine Kühnheit weitgehend usurpiert ist. Meint der Leser in der Kühnheit

dem erzählenden Tier steht es um so freier, ihn in seine Gedankenfolgen hineinzuziehen und zu manipulieren.
hineinzuziehen und zu manipulieren.
Auch im größeren Textzusammenhang sucht der Erzähler eine Kontrolle über den Leser auszuüben, indem er sich, deutlich diesem zugewandt, Positionen charakterlicher Stärke zuschreibt, obwohl diese eigentlich nicht bestehen. Die List der Anfangszeilen bildet insofern den Auftakt zu einer Textlist, die den Leser weiter dazu ermutigt, den Gedankengängen des Tiers seinen Respekt ob derer mutigen Gewandtheit entgegenzubringen, die aber genauer besehen nur auf einer relativ oberflächlichen Textebene funktioniert.
Noch im Umkreis der Anfangspassage steht die Überlegung: »Ich hätte, wird man meinen, auch dieses wirkliche Eingangsloch zuschütten können...« (360; P, 109). Unmittelbar voraus geht die lüsterne Todesphantasie: »... dort an jener Stelle im dunklen Moos bin ich sterblich und in meinen Träumen schnuppert dort oft eine lüsterne Schnauze unaufhörlich herum.« Wiederum wird – die Anfangspassage wirkt auf die beiden Sätze noch direkt ein – auf Kühnheit vor dem Feinde aufmerksam gemacht. Diese Stelle stabilisiert die Textoperation zur Charakterstärke des Tiers in den Anfangszeilen. Und wieder erweist sich das als Illusion. Das nur notdürftig verdeckte Loch – nur eine dünne Moosschicht verhüllt es – ist keine mutig exponierte Stelle, sondern ein Punkt in einer sich unaufhaltsam destabilisierenden Wort- und Satzreihe, in der nichts wie einmal gesetzt stehenbleibt. Im Sprach- und Gedankenverlauf tut sich ein Loch auf, in dem Vorstellungen von Kühnheit und dergleichen versinken. Schon im nächsten Satz wird »gerade die Vorsicht« als Antrieb zur leichtgefügten Lochkonstruktion zitiert, und so geht es weiter, bis der ursprünglich bestehende Zusammenhang mit der Kühnheit des Anfangs aufs sorgfältigste verdeckt, wenn überhaupt noch vorhanden ist.
Noch eine letzte Passage, an der die Aufmerksamkeit des Lesers auf eine sich dann als vorläufig enthüllende Textebene gelenkt wird, gibt den ersten Seiten der Erzählung im Hinblick auf den Erzählbeginn eine Verstärkungsfunktion. Dann fehlen Stellen von gleicher Entschiedenheit: der Leser ist auf den Weg gebracht, seine Bereitschaft, den verwickelten Reflexionen des Tiers zu folgen, in den Auftakten zu dessen Kühnheit und Charakterstärke geweckt, zumindest gefördert. In der letzten Passage manifestiert sich diese Stärke und Festigkeit physisch in der festwandigen Stirn, die in der Wand einen beglückenden Widerstand findet: »Mit der Stirn also bin ich tausend- und tausendmal tage- und nächtelang gegen die Erde angerannt, war glück-

lich, wenn ich sie mir blutig schlug, denn dies war ein Beweis der beginnenden Festigung der Wand, und habe mir auf diese Weise, wie man mir vielleicht zugestehen wird, meinen Burgplatz wohl verdient« (362; H, 22; P, 112). Daß dieses Glück und das Gefühl des Verdiensts rasch und in ähnlich raffinierten Gedankenverästelungen schwindet wie die Freude am mutig geschaffenen Loch, wird nicht überraschen. Der weiterreflektierende Leser gewinnt auch hier Distanz zu der Erzählebene, auf die er zunächst hingelenkt wird.

Ein Erzählertier also, das den Leser mit der Kühnheit seiner »List«, der Demonstration von Mut und Entschiedenheit täuscht und damit seine eigentliche List zur Anwendung bringt? Mit einer solchen Annahme täuscht sich der Leser auf einer weiteren Ebene. Das Tier ist nicht so souverän, wie es seine List erscheinen lassen mag. Der Nachdruck zum Beispiel, mit dem es sein Wissen im Täuschungsmanöver vorführt, ist unter der Hand wieder derart abgeschwächt, daß es nicht an der Raffinesse dieser Taktik festzumachen ist. Der Leser, der glaubt, in das Identitätsgebäude dieses Tiers eingedrungen zu sein, indem er die Täuschung erkannte und sein Exempel an der überfeinen List statuierte, erliegt einer weiteren Illusion.

Das erzählende Tier nimmt sich zugleich mit seinem Täuschungsmanöver aus diesem partiell zurück. Es schafft Ambivalenzen, die es nicht erlauben, es mit diesem Manöver eindeutig zu identifizieren. Nicht »nur« aus Feigheit legt es den Bau an; in gewissem Grade also doch. Hier ist ein Ausweg verborgen, falls versucht wird, das Tier im Hinblick etwa auf seine List als unbezweifelbar kühn zu bezeichnen. Der Hauptakzent des Satzes liegt zwar auf der Negation der Feigheit, aber das »nur« öffnet eine Hintertür, zudem eine doppelt kaschierte. Isoliert in seinem Zusammenhang mit »Feigheit« gesehen, ließe es sich von der Aussage zur Kühnheit abkoppeln; »Feigheit« fände sich dann in anderen Bereichen des Baus, aber nicht in dem der kühnen List. Die Diskrepanz zwischen der präsentierten Kühnheit und der eigentlichen Beteiligung des Tiers an dieser Kühnheit ergibt sich von den Worten her, die dem »nur« unmittelbar vorausgehen: »daß ich feige bin«, wird da versichert, stimme nicht. Die Bruchlinie zwischen dieser Zusicherung und dem »nur«, welches ein Maß an Feigheit einräumt, reflektiert, daß der Erzähler in den Sprachaktionen, die sich zur List und Kühnheit abspielen, nur partiell vorhanden sein könnte.

Deutlich wird, daß Identität hier auch dann nicht faßbar ist, wenn ein erster Wall von Worten durchbrochen und ein Ich sichtbar wurde, das sich listig zu verbergen und aus der Verborgenheit heraus zu manipulieren weiß. Der Leser sieht sich vielmehr einer doppelten und – angesichts der Bruchlinie zwischen »nur« und »feige« – dreifachen Verbergungsstrategie gegenüber.

Allerdings wäre es auch jenseits der Wortwälle und Bruchlinien illusionär, sich beim Erkenntnisgewinn zu beruhigen und etwa die Ansicht zu vertreten, mit der Durchleuchtung der mehrfachen Sprachschichten, die zunächst zwischen dem Erzähler und dem Leser liegen, sei die Distanz zwischen den beiden überbrückt. Denn nun ergibt sich die Frage, ob dem erzählenden Tier, das sich derart verbirgt, überhaupt eine Identität zugesprochen werden kann, die über die Brücke hinweg erreichbar wäre. Zu bedenken ist, daß hinter dem ersten Wortwall ein Ich erschien, das seine Sprache in der Hand hatte, mit seinem Wortmaterial bemerkenswert frei umging, sich weitgehend gelöst hatte von der Oberflächenbedeutung der Worte. Ein Ich also, das es verstand, mit dem Sprachuntergrund umzugehen, den Treibsand der Worte für sich zu nutzen, dem Leser zumindest zunächst vorauszusein. Doch existiert dieses Ich genauer besehen nicht. Was in jenen weiteren Schichten erkennbar wurde, war eine ins Ambivalente zurückgenommene Identität. Der Sprachuntergrund zieht besonders auch das Tier selbst in sich hinein. Die zunächst als möglich aufgetauchte Identität versinkt in den sprachlichen Verschlingungen und Brüchen. Der Erkenntnisprozeß, der durch verschiedene Schichten hindurchführte, gelangt nicht an einen Endpunkt, sondern in eine Dunkelzone hinein.

Nun bietet der Text allerdings Gedankenfiguren, die der Erzählerstrategie so genau zu entsprechen scheinen, daß in ihnen auch die Reflexionen des Lesers aufgehoben sein mögen. Jene Dunkelzone ließe sich dann zumindest im Werk lokalisieren, und dem Leser wäre ein Halt gegeben, der den Erkenntnisprozeß, der durch die jeweils sich auflösenden Erzählerpositionen hindurch ins Leere geriet, aufzufangen vermöchte. Die wohl auffälligste Analogie zum beschriebenen Erzählvorgang findet sich in den Überlegungen des gealterten Tiers zu Verteidigungsmaßnahmen, die unterblieben seien:

> Es müßte vor allem Vorsorge dafür getroffen sein, daß einzelne Teile des Baues, und möglichst viele einzelne Teile, wenn sie von jemandem angegriffen werden, durch Erdverschüttungen, die in kürzester Zeit erzielbar sein müßten, von den weniger gefährdeten Teilen getrennt werden, und zwar durch solche Erdmassen, und derart wirkungsvoll getrennt werden könnten, daß der Angreifer gar nicht ahnte, daß dahinter erst der eigentliche Bau ist. Noch mehr, diese Erdverschüttungen müßten geeignet sein, nicht nur den Bau zu verbergen, sondern auch den Angreifer zu begraben. (384–385; P, 144)

Das eine Loch, versicherte der Erzähler am Anfang, blieb »unverschüttet«. Doch gerade im Umkreis dieses Lochs war eine Serie von Verbergungs- und

Verschüttungsmanövern zu beobachten, wobei »einzelne Teile«, »angegriffen«, sich dem interpretativen Zugriff sogleich, »in kürzester Zeit« wieder entzogen. Die Analogie zwischen dem Interpretationsvorgang und dem Versuch, in den Bau hineinzukommen, erstreckt sich auch darauf, daß Leser wie potentieller Angreifer in der Auseinandersetzung mit den jeweiligen Mehrschichtigkeiten in Zonen geraten, wo nicht einmal eine Ahnung von der Lage des eigentlichen Baus besteht.

Das Spiel der Bedeutungsbeziehungen ließe sich bis in Verästelungen hinein weiterverfolgen: der literarische und der hier imaginierte Bau sind sich bis in kleinste Einzelheiten hinein ähnlich. Der eine reflektiert den anderen, wobei die Analogien in beiden Richtungen verfolgt werden können. Die Dichte der Wechselbeziehungen hat autoreferentiellen Charakter; *Der Bau* erhellt sich in den Relationen und Interaktionen seiner verschiedenen Ebenen und Bereiche, und zugleich verdunkelt er sich in der Komplexität dieser Erhellungen. Was zwischen dem Erzählanfang und der Passage zu den Erdverschüttungen zu beobachten war, gilt für diesen Text generell; der Leser begegnet in ihm einem in seiner Reichhaltigkeit verlockenden und verwirrenden Angebot von Interpretationsmöglichkeiten.

Deren Erkenntnis ist eine Voraussetzung seines eigenen, erst zu gewinnenden Reflexionsspielraums. Die Auseinandersetzung mit diesem Text führt, will sie ihn nicht von vornherein verfehlen, in seine Selbstreferenzen hinein, wobei der Leser in einen Sog von Analogien gerät, die seine Reflexionen wesentlich beeinflussen. Der Erzähler und das Tier sind nicht von ungefähr miteinander identisch; der Bau ist am Leser wie auch am Tier, die ihn wider Willen des Baumeisters einnehmen könnten, orientiert. Die Selbstreferenzen, so ist zu vermuten, gehören zur Abwehrstrategie. Sich auf sie einzulassen, wird bei der Raffinesse des Baus die Phantasie beflügeln, um sie ins Leere verfliegen zu lassen. Die Wechselbeziehungen zwischen den Textstellen könnten sich als Teil eines weiteren Täuschungsmanövers erweisen.

Im Spiel der Wechselbezüge war erneut eine Falle verborgen. Kaum ist der Parallelismus zwischen der Anfangspassage und der Gedankenfigur zur jeweils partiellen Verschüttung evident geworden, verwischt er sich schon wieder. Der Erzähler versichert unmittelbar nach dem Entwurf der Verschüttungsstrategie:

> Nicht den kleinsten Anlauf zu etwas derartigem habe ich gemacht; nichts, gar nichts ist in dieser Richtung geschehn, leichtsinnig wie ein Kind bin ich gewesen, meine Mannesjahre habe ich mit kindlichen Spielen verbracht, selbst mit den Gedanken an die Gefahren habe ich nur gespielt, an die wirklichen Gefahren wirklich zu denken, habe ich versäumt. (385; P, 144)

Die Korrelation zwischen dem Erzähler hier und dessen Erzählstrategie am Anfang des Texts ist damit relativiert, obwohl bei der Dichte und Evidenz der Wechselbeziehungen nicht notwendig aufgehoben. Jedenfalls aber setzt sich der Reflexionsprozeß des Lesers auch nach der Verbildlichung jenes mehrschichtigen Sprach- und Interpretationsvorgangs fort; in der Gedankenfigur zu den Erdverschüttungen wird die Erzählweise des Textbeginns nicht endgültig faßbar. Eine weitere Auffangzone für die Leserreflexionen ist destruiert.

Nicht notwendig aufgehoben ist jedoch der enge Zusammenhang zwischen den beiden Textbereichen. Denkbar ist, daß in der Versicherung des Erzählers, er habe sich um die Anlage von Erdverschüttungen zeitlebens nicht gekümmert, ein weiteres Verschüttungsmanöver liegt. Der Leser würde von einer wichtigen Einsicht abgelenkt, sein Blick auf die verwickelten Erzählvorgänge aufs neue getrübt. Das Tier könnte sich dementsprechend sicherer fühlen. Ist also die Betonung des eigenen Leichtsinns eine Finte? Verbirgt sich darin eine ähnlich mehrfache Verschüttungsstrategie wie am Anfang? Und impliziert das letzten Endes wiederum einen Identitätsschwund, die Selbstverschüttung des Tiers? Das Erzählertier und der reflektierende Leser sind im *Bau* in eine sich unaufhörlich ausweitende Zahl von Gedankengängen verwickelt, ohne daß sich ein anders als zufälliger Schluß ankündigte.

Doch auch darin liegt wohl eine Täuschung. Ob der Prozeß des *Bau* auf eine Fortsetzung ad infinitum angelegt ist, bleibt fraglich. Max Brod teilt unter Berufung auf Dora Diamant mit, die Erzählung sei tatsächlich vollendet worden; das andere Tier, vor dem sich der Erzähler so überaus fürchtet, soll als dessen Vernichter aufgetreten sein.[4] Bliebe ein solches Ende aber nicht an der Oberfläche der Textstruktur? Ein endgültiger Entscheidungskampf zwischen dem Tier und dem Feind setzte ja Identitätsgrenzen voraus, die im Text abgebaut wurden. Überhaupt: woran, an wem wäre die Überlegung zu einem Abschluß des ›Bau‹ festzumachen? Erzähler wie Leser sind in Reflexionen von unbarmherziger Komplexität und Auflösungskraft einbezogen, und zugleich ist die Wirklichkeit, von der schon im zweiten Satz unter – allerdings verdecktem – Vorbehalt die Rede war, geschwunden, zur Funktion endloser Problemketten geworden. In der Absenz eines Erzählers, der mehr als nur vordergründig »ich« sagen könnte, und eines Lesers, der wüßte, wie und wo es im Text um eine Gewißheit

---

[4] Siehe Franz Kafka, Beschreibung eines Kampfes. Novellen, Skizzen, Aphorismen aus dem Nachlaß. Hrsg. von Max Brod. Frankfurt a. M. 1954, S. 350.

ginge, ist *Der Bau* derart unterminiert und unbestimmbar, daß tatsächlich ein Prozeß ohne Ende gegeben scheint.
Es ist jedoch denkbar und im Kontext des Kafkaschen Spätwerks wahrscheinlich, daß sich *Der Bau* insgesamt in einem Kräftefeld bewegt, das die Möglichkeit eines Endes einschließt. Als Werk, dem die Qual und Unentschiedenheit endloser Reflexionen nicht letztgültig inskribiert sein mag, erscheint *Der Bau* etwa im Hinblick auf die Parallelismen zu *Forschungen eines Hundes*. Das Tier dieses weiteren Fragments aus Kafkas Spätzeit, ein Hund und ebenfalls identisch mit dem Erzähler, ist erkenntnistheoretischen Fragen, Wirrnissen und Selbstzerrüttungen ausgesetzt, die denen im *Bau* aufs engste verwandt sind. Und hier wie dort spielt ein anderes Tier, dem Tode assoziiert, eine entscheidende Rolle. Angesichts dieses Tiers, an der Grenze zum Tod, erfährt der Hund eine sein weiteres Leben bestimmende, qualitative Veränderung, einen Durchbruch, der ihn aus seiner Blutlache hebt und dahinfliegen läßt.[5] Der Prozeß, der ihn unaufhaltsam weiterzuzutreiben und aufzulösen schien, wird im Todesbereich gegenläufig. Statt eines immer weiter fortgesetzten Wirklichkeitszerfalls, einer Reflexionskette ohne Ende, findet sich eine Umkehr von Grund auf. Daß sich diese Umkehr nicht stabilisiert, macht sie nicht ungeschehen. Die *Forschungen* implizieren am Ende die Fähigkeit, Wirklichkeit aus ihrer Destruktion heraus neu zu erkennen und zu gestalten.
Das Ende des *Bau* ist allerdings düsterer und läßt bis in seinen wörtlichen Sinn hinein keine Verwandlung erkennen: »aber alles blieb unverändert, das« (H, 22). Auch findet im *Bau* nicht wie in den *Forschungen* eine Entwicklung des Protagonisten und Erzählers in eine Negativität hinein statt, aus der heraus dann ein Durchbruch zur neuen Wirklichkeit und Sichtweise geschähe. *Der Bau* verändert sich insgesamt weniger als die *Forschungen*. Hier wie dort dominieren unaufhörliche Reflexionen, doch im *Bau* wird nicht wie in den *Forschungen* schließlich ein weiterer Horizont sichtbar, von dem her die Erzählung in ein anderes Licht rückte oder sich gar aus einer neugewonnenen Entschiedenheit heraus sinnvoll abschließen ließe.
Dennoch sind die Parallelen zwischen den beiden Werken nicht zufällig und verweisen auf einen gemeinsamen Bezug zu einer grundsätzlichen Veränderung von Negativstrukturen. Auch im *Bau* ist ein qualitativer Wandel

---

[5] Genauere Überlegungen zu *Forschungen eines Hundes* siehe in Winfried Kudszus, Versprechen, Verschreiben, Verstehen. Ansätze zu einer Erkenntniskritik mit Kafka. In: Literaturwissenschaft und Geistesgeschichte (Brinkmann Festschrift). Tübingen 1981. S. 837–846.

impliziert. Nur läuft der Text, wie es der späteren Entstehungszeit des *Bau* entspricht, nicht erst auf eine solche Metamorphose zu.

Die Veränderung im *Bau* ist schon am Anfang geschehen. Dort wird deutlich, daß der Erzähler nur zum Schein vorhanden ist. Gerät der Leser, wie aus unserer Analyse hervorging, im Zusammenhang mit diesem Sachverhalt in eine Dunkelzone hinein; ist dem Anfang, wie sich weiter ergab, auch nicht im Zugriff auf spätere Textpassagen auf den Grund zu kommen; lösen sich im des- und umorientierenden Leseprozeß Vorstellungen von Erzähleridentität vollends auf: so wird sich schließlich die Einsicht einstellen, daß die Erzählung, die dann noch folgt, nicht aus ihren Worten und Sätzen, wie sie vom Erzähler her gesehen dastehen[6], sondern aus deren Vorgeschichte heraus ihr Leben gewinnt. Der Eingang in den *Bau* ist gleich zu Beginn verstellt. Wird im Nachdenken darüber verstanden, daß wesentliche Konstituenten des Texts, zumal der Erzähler, ad absurdum geführt sind, dann wird es möglich, die Erzählung in prinzipiell veränderter Weise zu lesen, sie wahrzunehmen in ihrer Lebendigkeit jenseits der Destruktionen.

So gesehen nehmen die Beobachtungen zum sich entziehenden Erzähler nun eine gegenläufige Bedeutung an. Sichtbar wird der implizite Autor, in dessen Abhängigkeit der Erzähler von Anfang an steht. Die Auseinandersetzung des Lesers mit dem Erzähler, seine Suche nach ihm in den Verschüttungen des Texts, führt schließlich zu einer Befreiung von der negativen Erzähldynamik. Der Leser des *Bau* ist dem Erzähler nicht unablösbar verbunden. Dessen Destruktionen und Selbstverschüttungen wirken nur solange primär, bis der Leser im Blick auf den impliziten Autor seine differenzierteste Erkenntnisebene erreicht hat.[7]

Der implizite Autor erscheint in weitgehender Unabhängigkeit. Die Labyrinthik der Erzählung ist von ihm her gesehen so vordergründig wie der Erzähler. Was aus der Perspektive dieses Autors heraus geschrieben wird, ist Fiktion von Fiktion, ein in seiner Selbstreflexion und -zerstörung schon wieder kreativer Vorgang. Die Beweglichkeit und Unvorhersehbarkeit dieser Prosa versteht sich letztlich nicht aus einer abgründigen Komplexität heraus, sondern aus ihrer Transparenz in den Augen des impliziten Autors von Anfang an. Wie extrem die Erzählung sich selbst auch unterminiert, im

---

[6] Vgl. die grundlegende Unterscheidung zwischen Erzählperspektive und Werkbedeutung in Walter H. Sokel, Franz Kafka. New York und London 1966.

[7] Anders Henry Sussman, der den Destruktionen einen vergleichsweise hohen Stellenwert zuspricht (Franz Kafka: Geometrician of Metaphor. Madison 1979. S. 148 ff.). – Zur Konzeption des impliziten Autors vgl. etwa Wilson, Readers in Texts.

Hinblick auf die Beschaffenheit des Anfangs geschieht damit genau besehen nichts Neues. Verfehlt wäre es, dem Prozeß ohne Ende, der sich auf einer bestimmten Ebene gewiß abspielt, eine primäre Bedeutung zuzuschreiben. Primär ist im *Bau* das Schreiben aus einem schon geschehenen Ende heraus. Der Schleier über der Einsicht, daß alles, was erzählt werden könnte, unwiderruflich der Vergangenheit zugehört, ist hier zerrissen. Fiktion von Fiktion: vieles könnte in diesem Text erzählt werden, auch ein Ende.

Frank G. Ryder

Kafka's Language ›Poetic‹?

Es war an einem Sonntagvormittag...
Georg Bendemann, ein junger Kaufmann, saß...

To re-write Kafka in verse form is to fly in the face of common sense. He is after all one of the prosiest of prose writers. If Luther chose his dialect from one *Kanzlei*, Kafka seems to have taken another as the model for his matter-of-factness. But the very opening of the *Urteil*, however prosy it may be in other respects, is in one respect – to be sure, a narrow one – »poetic«: It can be scanned. To be exact, it can be scanned, with no violation of the most conventional rules of German verse, and with the single liberty of assuming a »line break« at the end of the first sentence, as iambic and that over a span of thirteen metrical stresses, or more than the equivalent of two pentameters.
Nor is the opening exceptional. Far longer sequences occur:

> Komm, ich werde dir beim Ausziehn helfen, du wirst sehn, ich kann es. Oder willst du gleich ins Vorderzimmer gehn, dann legst du dich vorläufig in mein Bett. Das wäre übrigens ...

The string breaks off in another syllable or two, but here Georg couches his ostensible kindness in a rush of over 20 apparent trochees (or iambs). And it may be worth noting that this remarkable string exists by courtesy of no fewer than three suppressions of *schwa*: *Ausziehn*, *sehn*, *gehn*. This is the kind of evidence that invites a diagnosis of intent. (The word *vorläufig* is, by the way, correctly in place – indeed this is the only position such words of stress pattern ∕∖U, *can* take in German or English alternating verse.[1]

---

[1] Cf. »Anmutig Tal! du immergrüner Hain« (Goethe, »Ilmenau«); »To dry the rain on my *storm-beaten* face« (Shakespeare, Sonnet 34). The metrical theory underlying this study is that of Magnuson and Ryder, as expanded, refined, and illustrated by Beth Bjorklund. The latter's *Study in Comparative Prosody: English and German Iambic Pentameter* (Stuttgart, 1978) is the best source for bibliography, points of theory, and examples. References here will, as far as possible, be made to (or by way of) that work. For the word type ∕∖U, see Bjorklund, pp. 190ff. David Chisholm »Lexicality

The investigation that follows will, I think, warrant the tentative assertion that these elements of apparent metrical ordering are neither statistically normal nor random, that Kafka in fact uses this ordering differentially, in support of meaning. (In all that follows »metrical« and »metricality« are to be read with quotation marks.)

To allay the most obvious suspicion, that the whole operation is spurious because one can do this with any author, take the case of Thomas Mann. It is commonly conceded that Mann used the sounds of language for effect – and did so with success. He was absorbed in music and musicality. He also wrote a great deal of metrically ordered verse, something Kafka did not do. And he is Kafka's contemporary. *Tonio Kröger*, which virtually suggests itself for comparison, is only a decade removed from the *Urteil*.

Mann's story, like Kafka's, opens with a mise-en-scène followed by reference to persons. The corresponding passages of the *Urteil* are among the *least* metrical in Kafka's work, yet they average one major or minor verse-like sequence – as defined later – every 30 words or so. At that rate, one would expect four in the first two paragraphs of *Tonio Kröger*. In fact there is only a single minor sequence: »in den Seehundsränzeln klapperten«.

If we extend the opening of *Tonio* until it matches Kafka's in length, there is still only this one sequence, compared to six in the *Urteil*. Such a difference is statistically significant.

To say that *Tonio* has no passages to match Kafka at his *most* iambic is an understatement. Even in the paragraph »Da ist zum Beispiel die Stelle ...,« where Tonio speaks with affection of *Don Carlos* (and where one could almost imagine iambs by contagion) Mann has only two sequences in 122 words: »und es geht einem durch und durch, denn es ...« and »und mir tut er eigentlich mehr leid.« *This* is more like the level of chance. (The second example is to be read trochaically but for reasons which should be obvious the difference between trochaic and iambic is for *these* purposes immaterial.) By contrast, there are whole long paragraphs in Kafka's story so like alternating verse – in meter, that is – that more than half the words fall into iambic or trochaic sequences as long as, or longer than, pentameter lines. Considering how obtrusive a prose passage becomes as it approaches 100 percent metricality, this would seem close to the saturation point – for writing, that is, which means to be discreet about its poeticality. Dickens may be another matter (v. Bjorklund, pp. 387, 403).

---

and German Derivational Suffixes: A Contribution to the Magnuson-Ryder Theory of Prosody,« *Language and Style*, 6 (1973), 27–38, addresses an important question of deatil.

All this is by way of preamble: the detailed argument remains to be presented. However, the nature of the evidence and the heterodoxy of the conclusions require first a whole litany of disclaimers.

I am not saying that any passage of the *Urteil* is, broadly speaking, poetic; only that many passages share with verse an isolated but significant attribute (a kind of metricality) and to that extent »sound like« verse. No statement is made or implied as to other aspects of poetic quality: choice of lexicon, level of diction, kinds of tropes, sound symbolism, relation to the tradition, and so on.

The choice of iambs (or trochees) as comparison point is not meant to suggest an affinity between Kafka and any particular poet, e. g. Grillparzer, rather than any other, less strictly alternating, e. g. Weinheber. Exact alternation – one $\cup$ to one $/$ – is the dominant tradition in German verse as it is in English. If any real prose is going to sound metrically ordered it will probably sound like iambs or trochees.

It is misleading to say – and it is not said here – that a particular text is distinctively iambic, or anything like it. It is risky to say this even of Dickens. The aim, in any case, is not to »scan« the *Urteil*; that would be inane. If a »prose« text can be scanned in any coherent way, we are surely faced, generically speaking, with a case of mistaken identity or of authorial intent to cross boundaries. In another sense, of course, any prose text can be »scanned« into »feet«, if one is willing to say that an iamb is followed by an amphibrach and that in turn by a spondee, or the like. This renders the concept of prose rhythm meaningless, as Viktor Zhirmunski long ago warned.[2]

Anything said here is said only of the *Urteil*. The familiar facts of its genesis and its favored position in Kafka's view of his own *œuvre* give it, I feel, a sort of priority. Of course, if the present findings have no carryover into other works, they become both less impressive and less plausible. Yet even if further investigation should confirm in other works what we appear to find in the *Urteil*, this would warrant no evaluative judgment. The *Urteil* (or Kafka in general) would not be better than *Tonio* (or Mann in general), only different.

Finally there is no denying that pure coincidence or randomness might produce *some* of the sequences we shall adduce. This becomes less and less

---

[2] »On Rhythmic Prose«, in *To Honor Roman Jakobson* (The Hague: Mouton, 1966), 2376–2388.

likely as the sequences proliferate and as they exhibit complementary distributions or correlations with other facets of the text. If indeed the phenomenon is frequent and the correlations can be established, then – here the disclaimers end – we shall with some confidence be able to say that Kafka's resources of style are more varied and more subtle than we had imagined.

The nature of metrical ordering and of the prosodic features of natural language permits two simple approaches to a prose text – one positive, the other negative. The first is an extension of the introductory observation: How much of the *Urteil* falls into alternating rhythms, like iambic or trochaic verse?

The second approach is more elusive and requires much greater sophistication of theory (though the hunt for iambs is not without its snares). The question we shall ask here is: How much of the *Urteil* is prosodically organized in such a fashion that it could not be *any* kind of verse? The possibility of asking this latter question rests on the existence in the natural language of prosodically normal but metrically unmanageable word types or sequences of stress. Such types and sequences are usually characterized by back-to-back stress, e. g. Georg's *herausschneiden* or Oliver Twist's *police-magistrate*. Such words do not fit any common meter. The principle will be explained later, but obviously prose will sound more like poetry if our answer to this second question is »very little« – or to the former, »a great deal.«

The first problem in dealing with the first question is the setting of criteria and limits. Obviously if any prose passage were *all* iambic (trochaic) it would, as we have said, be curious prose. On the other hand it is impossible to write a piece of prose with *no* such sequences. Somewhere between the blatant and the trivial lies a domain of significance which we need to define even if artificially. A handy measure is the five-stress sequence that dominates the German epic-dramatic tradition from the Classical period on, in other words iambic pentameter. We read Kafka, therefore, in search of »lines,« stretches of what could be five or more iambs (trochees). We shall further restrict these sequences to such as start with a phrasal or clausal punctuation break or with a coordinating conjunction at phrase level or higher *and* run to or past another such break. This gives us a reasonable approximation of a verse line of the most conventional sort. We shall call this a major case. Verse is often more radically enjambed, so we shall take as minor those cases where the sequence starts as specified, goes more than five stresses, but does *not* come to such a break before yielding to other rhythms – or where it starts *in medias res*, runs five or more stresses, and *does* come to a marked break.

An especially important example of the effect of metricality is a paragraph which is at the same time one of the most heavily iambic-trochaic paragraphs in the *Urteil* and one of the truly crucial. The pertinent cases are italicized.

»Weil sie die Röcke gehoben hat…, *weil sie die Röcke so gehoben hat, die widerliche Gans…, weil sie die Röcke so und so und so gehoben hat, hast du dich an sie herangemacht*, und damit du an ihr ohne Störung dich befriedigen kannst, hast du unserer Mutter Andenken geschändet, den Freund verraten und deinen Vater ins Bett gesteckt, *damit er sich nicht rühren kann. Aber kann er sich rühren oder nicht?*³

This *is* a crucial passage in the story and its metrical quality comes as a double surprise. Is it not a paradoxical conjunction: the father's coarse, aggressive, accusatory message, with the rhythmic quality imparted by »meter«?

But another of the most conspicuously iambic (trochaic) passages sustains the paradox:

»*Wie hast du mich doch heute unterhalten, als du kamst und fragtest, ob du deinem Freund von der Verlobung schreiben sollst. Er weiß doch alles, dummer Junge*, er weiß doch alles! *Ich schrieb ihm doch, weil du vergessen hast*, mir das Schreibzeug wegzunehmen. *Darum kommt er schon seit Jahren nicht*, er weiß ja alles hundertmal besser als du selbst, deine Briefe *zerknüllt er ungelesen in der linken Hand, während er in der rechten meine Briefe* zum Lesen sich vorhält.«

(Note that our criteria are so strict as to exclude, for example, the continuation of the last sequence through »er weiß ja alles hundertmal.« The sequences »zerknüllt er ungelesen in der linken Hand« and »während [inverted]

---

³ A few notes on procedure: For methodological reasons we restrict ourselves to the dialogue. One of the most likely boundary lines of rhythmic difference runs, after all, between narrative and speech.

The bar between *hat* and *hast* indicates a shift of modality from iambs to trochees, but the requirement of five stresses is met on either side.

If one were to accept the stress *dámit* the sequence would continue through *ihr* – but it would not meet the criterion of closing pause.

Aber fits with the iambs by the common courtesy of inversion. Trochaic words at line initial position or after major punctuation breaks (pauses), common in English from Shakespeare on, were for some reason rare in German even through the Classical period. They are sufficiently frequent in nineteenth and twentieth century verse to be accepted here (see Bjorklund, pp. 65ff.).

er in der rechten meine Briefe« are minor cases, the first because it does not start with a pause, the second because it does not end with one.)

The following two passages in descending order of metricality are also the father's: First is the paragraph »Du hast keinen Freund in Petersburg ...«, a segment so short that it should perhaps be set aside; brevity distorts. Second is the paragraph »Nein... Du wolltest mich zudecken«, with six major sequences and a minor one (in the dialogue taken separately).

Interestingly, the next passage in line, and the last of the extreme cases of this kind of metricality, is not a speech at all but the narration that ends the story (from »Georg fühlte sich aus dem Zimmer gejagt«, with five major sequences and four minor ones, including the final phrase »ein geradezu unendlicher Verkehr«.

The passages stand significantly apart, constituting in more than one way a distinctive group. Their metricality is far beyond that of »normal« literary prose, of course, but it is impressive even in the *Urteil*. And a considerable gap intervenes before we reach the next passages in the rank order. However, in other ways they seem disparate: narrative but also dialogue; within the latter the father but also Georg. It may be rewarding enough to establish the presence, simply on a quantitative basis, of alternating rhythms in Kafka's prose. It would be more impressive if form and meaning, sound and substance, were linked.

Caution is in order; the temptation is great. But the prominent representation of such rhythms in the father's speech, and the relatively consistent tenor of those speeches suggest, at least tentatively, the kind of link one hopes for. On a fundamental, almost primitive plane, the uninterrupted alternation of stress-unstress has been linked with a number of affective states or ritual processes. In a larger anthropological context, Rodney Needham[4] asks »Why is noise that is produced by striking or shaking so widely used in order to commune with the other world?« (p. 606) and refers to the »conjunction of two primal, elementary, and fundamental features: 1) the affective impact of percussion, 2) the logical structure of category-change« (p. 612). He further cites Francis Huxley's argument that drumming affects the inner ear and is »aimed at it in an effort to dissociate the waking consciousness from its organization in the body« (p. 613). Language has limited resources of percussion (cf. Jandl and some concrete poetry!) but alternating rhythm – where not expected – is one of them and what Huxley describes sounds like what happens to poor Georg. How

---

[4] »Percussion and Transition«, *Man* N.S., 2 (1976), 606–614.

radical a step is it from here to the picture of alternating rhythms in the father's speech as the voice of incantatory aggression, a sort of rhythm of assault? And how far from there to metricality as part of the mode of ritualized catastrophe – the narrator's conclusion? Or even a further and final step: metricality as the sound of apotropaic kindness, palliative rejection, in Georg's initial »solicitude« for his father (our first cited passage) or Georg's letter to his friend, telling him in relatively metrical language not to come as he ostensibly urges him to? The common denominator is – or would seem to be – annihilation, the reduction to nothingness.

Such conclusions must remain tentative. They also require confirmation. Actually they receive little more in *this* work, since no other passages are sufficiently metrical to warrant comparison.

The rest of the narrated text – excluded are the brief intervals between segments of dialogue – occupies a sort of middle ground, running an average of a major case every ten lines; with, in addition, minor cases at about the same rate. None comes close to the passages above.

The exchange between Frieda and Georg consists of speeches so brief as to forbid analysis. Georg's letter to his friend is somewhat higher in the incidence of metricality than is any segment of the narration itself (with the possible exception of the brief passage before Frieda's first words, the one beginning »Georg schrieb ihm...«)

The one major section of the story that remains is the exchange between Georg and his father. It would be pleasant to be able to report a distinctive difference, say a continuation of the father's attachment to iambs and trochees versus the prosiness of Georg. In fact, the speeches of the two are not, by this measure, clearly differentiated.

This leaves us with an apparent triad: the possibly coherent group of highly metrical passages, already characterized; at the opposite pole, a notable lack of metricality as a concomitant of ordinary conversation or of whatever passes for it in Kafka; between them the narrator, occupying a middle ground – middle for this work but in comparison to other prose (v. Mann) still rather high.

Or is all this too much to claim? Not, I suspect, with reference to the *Urteil*, for the correlations seem reasonably well defined and the suggested interpretation of them reasonably in harmony with differently derived readings. But in terms of Kafka as a whole it certainly is too much. The thought of discovering an unexpected dimension of his narrative achievement is a heady one (and most appropriate in the context of a tribute to Walter Sokel!). It remains premature. Everything suggested here must be confirmed by full (and time-consuming) examination of other works. Only then would it be possible to say we are talking about Kafka, not just about the *Urteil*.

Ametricality, the phenomenon behind our negative approach to »poetic prose,« is a subject of some complexity. In a study comparing the poetic qualities of *Werther* with those of *Oliver Twist* I will go fully into the theoretical issues behind the concept. Suffice it here to say (speaking of German, English, and like languages) that differences between the ordering systems of natural language and of meter result in a remarkable incompatibility, in a sense obvious, yet little dealt with: All metrical sequences are of course subsumed in the natural language; but some sequences of the natural language cannot at all or with any comfort be subsumed in *any* metrical pattern common to the verse tradition. Such incompatible sequences are in effect limitless as to number and varied as to type. Most share a back-to-back encounter of primary or secondary stresses – see Bjorklund, pp. 379–388 on this – disqualifying them for iambs, trochees, dactyls or anapests. Their only home is in non-native verse forms. The second line of the elegiac distich is typical; e. g. Goethe's: (from the *Xenien*): »Aber der große *Moment findet* ein kleines Geschlecht.« The encounter of stresses is part and parcel of the metrical demands of *this* verse form. But there is no way the line can be read as any kind of native German verse form or even in any sequence or combination of iambs or trochees, dactyls or anapests, that is of rising or of falling meters. (A *combination* of rising and falling is precisely what we are *not* talking about.)

At its extreme this disqualification applies to whole lexical types: *herausschneiden* (∪ ╱ ╲ ∪) cannot be »scanned«. It has, as it were, prosodic qualities but no metrics. It is effectively banished from traditional German verse, together with every other verb, or noun *(Geschäftsreise)*, or adjective *(geringfügig)* like it. The same is true of common sequences like »überrascht werden«. Taken together these word types and sequences furnish us with our negative criterion of poeticality.

Obviously, as a text approaches fully metrical status, such negative cases disappear. But over most of the range of literary prose the two phenomena coexist. The first paragraph of the *Urteil* which opens so iambically, shows immediately thereafter two unambiguous stress encounters: »*Privatzimmer* im ersten *Stock eines* der niedrigen. ...« Such sequences have no place in traditional verse, as any attempt to read them metrically will prove. But they are at the same time two of only four such encounters in almost 90 words, which is well below the apparent norm for Kafka's narration.

Instances in the second paragraph are by contrast abundant – 10 or 12 in 116 words – and they virtually constitute a useful catalog of types. (Here I am simplifying – but not distorting – a much more sophisticated and thorny set of categories.)

»seinem Fortkommen zu Hause«: natural stress on *Fortkommen* (/\U) would require \ U in metrical U –, or in metrical UU (if the next syllable could be stressed), both impossible; verse usage, where words like *Fortkommen* are acceptable in U-U (v. s. *vorläufig*), would leave us with a dactyl »seinem Fort –« and thus with an overburdened second U.

»Russland sich förmlich«: – *land* is, similarly, too heavy for the first U.

»anfangs sich sehr gut angelassen«: *gut* may be subordinated to *an-* and *sehr* may bear facultative stress; but if so, »anfangs sich« is asked to be a dactyl; *anfangs* being a function word, this kind of dactyl is slightly more frequent in the canon – but not strictly acceptable.

»der fremdartige«: only if *der* bears facultative stress can *fremdartige* behave metrically as its word type requires (U-U-; but *der* can bear stress only if we take the comma as the equivalent of line break; if not, the necessary stress on preceding *ab* depresses *der* to its normal U.

»Vollbart verdeckte«: see *Rußland* above.

»Gesicht, dessen gelbe«: again, permissible only if the comma be equated with line break.

»gelbe Hautfarbe«: see *Fortkommen*.

»Kolonie seiner«: unmediated stress encounter across word boundary, one of the two types at the extreme of ametricality.

»seiner Landsleute«: see *Fortkommen*.

(»gesellschaftlichen«: poets in the strict tradition tend to avoid, in dactyl shorts, the heavy suffixes such as *-schaft, -tum, -heit, -sam*; see Chisholm.)

»Verkehr mit einheimischen«: *einheimisch* being like *Fortkommen*, etc., metrical acceptability would depend on *mit* bearing its facultative stress, or *ein* being suppressed to U; the first would produce a different violation (»Verkéhr mít«) while the second places too heavy a syllable in the second U of a dactyl.

»(richtete sich... für ein endgültiges) Junggesellentum ein«: see above, *-schaft, -tum*; note that *ein* (in parens) can bear stress, hence *endgültiges* itself is metrically in order: U-UU.

»arbeitete« (like other forms of the same verb) typifies the numerous word types entirely avoided by many poets; the second syllable is too heavy to be subordinated to facultative stress on /ə/ or to rest easily in a dactyl short , not heavy enough for the word to conform to *endgültiges* (in U-UU).

Given the relative linguistic-metrical complexity involved it is sometimes difficult to be precise about the number of ametrical sequences in a given passage.[5] However, with consistent standards consistently applied, the figures themselves are reliable and can serve as the basis for useful comparisons. No differences will be cited that are not significant. Where differences are insignificant it will be so noted. There is no doubt in my mind that the two opening paragraphs of the *Urteil* differ in a more than trivial or random fashion and in consequence »sound different.«

To those unfamiliar with stylistic investigation through the evidence of metrics it may seem that I suggest the drawing of relatively extensive conclusions from relatively slender evidence. The risk is in fact real. Stress encounter is so common in natural language that one scarcely expects it to be wholly absent over long sequences of literary prose. (There are, in literature, long stretches devoid of stress encounter; *Werther* furnishes many examples. Here the effect is almost palpable, and the fact that it is achieved, in the second version as compared to the first, by the pervasive addition of /ə/ suggests intent.) The nature of the prosodic material, on the other hand, does not encourage *very* high frequencies. Thus our figures tend to deviate modestly from a certain modest norm. If we had full studies of long stretches of narrative, journalistic, legal, and other kinds of prose we could perhaps identify such norms and be more confident of the comparisons we run against them. The only possibility now is to establish a norm – or, rather, extremes of deviation – for the present text and see whether these extremes correlate with other binary facets of the text, e. g. narration versus dialogue.

In fact this is hard to do in the *Urteil* and the results are not as clear as one might wish. Dialogue, predictably, shows a generally lower incidence of stress encounter than does narrative. But the dialogue is not uniform. In all that Frieda says (which is not much) there is no back-to-back stress at all – unless one takes a rather tight view of punctuation breaks, in which case there is one. What Georg says to Frieda contains, in just over 100 words, five; that is about the average level of narrative passages. Where Georg and his father talk, the father is well *under* the level of stress encounter in narrative – though by no means as low as Frieda – while Georg is well *over*. »Normal« language being in general higher in stress encounter than literary narrative to begin with, Georg's speech is thus in some sense more like normal speech. It is Frieda and the father who are »different.«

---

[5] The specific cases behind the figures are available to anyone interested.

Just how different Georg's father can be is underscored by a reexamination of those passages already cited for their iambic cadences. By the nature of the situation we might not expect *many* back-to-back stresses. In fact we find practically none:

»Weil sie ...«, in 71 words, only »Mutter Andenken«
»Wie hast ...«, in 79, only »hundertmal besser«
»Du hast ...«, in 35, only »einen Freund haben«
»Nein ... Du ...«, in 132, just »eine Hand hielt«
 and »Sohn zu durchschauen«.

Surely this reinforces the incantatory or percussive impression of his words. The trouble is that when the father takes to doing all the talking (»Ja, freilich ...«, etc.) the incidence of stress encounter rises, by and large, above the average level characteristic of narrative. One can guess at possible correlations, but it *is* guesswork.

Another difficulty arises in the analysis of the narrative segments. One might expect them to be relatively homogeneous but (as, in part, we have already seen) this is far from true. Narrative provides the highest frequencies of back-to-back stress: the second and sixth paragraphs (as already noted), and the narrative segment after the father's speech »Weil sie die Röcke ...« (Indeed the contrast between that speech and what follows is as striking as any such contrast in the story: the speech [71 words] is well over half iambic or trochaic but has only two stress encounters; the narration [60 words] has only one iambic sequence but five stress encounters. The passages should be read together for a subjective impression of the differences at issue.)

The fact that Georg's letter ranks almost as high in stress encounters may not be altogether unexpected or disturbing, but one is driven to seek some characteristic shared by all these passages and by no others, for then one might hazard a suggestion of significant correlation. The question becomes urgent when we discover that the third paragraph (»Was wollte man...«) and the paragraph »Georg sah zum Schreckbild...« are even lower in back-to-back stress than is the opening paragraph, with scarcely half as many stress encounters as the ones previously cited. Are there internal differences, in point of view for example, that correlate with this divergence? The pursuit of such questions is natural and necessary, but also risky – because the tendency is to persist until some kind of correlation is discovered by *force majeure* or sleight of hand. The only countering discipline is insistence upon confirmation on a sufficiently broad front, along with alertness to significant exceptions. This is legitimate circularity.

Without a full and detailed exposition of all the complex issues connected with ametricality, without a complete roster of kinds of back-to-back stress and other impermissible sequences, we can go no farther with the *Urteil*. Without an equally careful examination of other narrative works we can not go beyond it. Time and space forbid. But what we have found is, I believe it safe to say, sufficient warrant for working ahead, on largely untraveled ground, toward a fuller understanding of a great writer's resources of style.

David H. Miles

›Pleats, Pockets, Buckles, and Buttons‹:

Kafka's New Literalism and the Poetics of the Fragment

> A brief discussion of the symbol and the significance of the profound changes it underwent in nineteenth- and twentieth-century poetry, drama, and narrative prose will lead us to the heart of the problem of modernism.
> Walter Sokel: *The Writer in Extremis*

> The Castle hill was hidden, veiled in mist and darkness. K. stood for a long time on the wooden bridge and gazed into the illusory emptiness above him.
> Franz Kafka: *The Castle*

»No symbols where none intended.« The words, which fall at the end of Samuel Beckett's novel *Watt*, could have been spoken by Kafka a generation earlier. For his texts – in particular the fictional props in his texts – defy interpretation. Far more radically than in Beckett, they are simply *there*. »If there is one thing of which an unprejudiced reading of Kafka convinces us,« writes Robbe-Grillet, »it is the absolute reality of the things Kafka describes. The visible world of his novels is certainly for him the real world, and what is behind (if there *is* something) seems without value. The hallucinatory effect derives from their extraordinary clarity and not from mystery or mist. Nothing is more fantastic, ultimately, than precision. Perhaps Kafka's staircases lead *elsewhere*, but they are *there*, and we look at them, step by step, following each detail of the banisters and the risers.«[1] As Lukács has put it, Kafka celebrates the »radical particularity of detail *without* generalizing it.«[2]

---

[1] Robbe-Grillet, »From Realism to Reality,« in: *For a New Novel* (New York, 1965), pp. 164–165.
[2] Georg Lukács, »The Ideology of Modernism,« in: *Realism in Our Time* (New York, 1964), p. 43.

I would like to argue in what follows that Kafka's texts constitute neither a poetics of presence (some form of humanist transcendence) nor one of absence (a posthumanist-deconstructionist void) but rather a poetics of surface – fragmented, incomplete surfaces, to be sure, but still surface. Moreover, I maintain that this kind of writing constitutes a new literalism: in Kafka a door is merely a door, not a numinous cipher. Gone, in other words, are the forty-nine levels of meaning for each word in the Torah; gone are the moral, theological, and spiritual levels of meaning for each scene in Dante's *Divine Comedy*; gone is the »totality« of Goethe's symbol, the »universal« of Coleridge's concrete universal, and the »typicality« of Lukács' »Besonderheit«. Gone even is the »higher story« of Auerbach's »figural« realism. In short, gone is transcendence – the hidden god of German classicism from Lessing to Hegel to Adorno (in whom it still functions, despite all claims to the contrary, as the *deus absconditus* of his negative theology). The fact is (and this is less terrifying than it might seem) Kafka's narratives can »mean« anything you want them to mean. A mere glance at the criticism confirms this. The doorkeeper's door can be read as an opening to divine plenitude – or to divine absence. (Take your pick.) The hero can be identified as an existential quester, a religious pilgrim, or Kafka himself, writing eternally and never getting anywhere. One could go on inventing such equivalences *ad infinitum* and still not exhaust the possibilities.

More important is to inquire into the *reasons* for this endless variety of equivalences, in particular the reason for the infinite availability of Kafka's texts to interpretation and hermeneutic speculation in general. Why do they work well for almost any approach, be it theological, psychological, ontological, or existential? The reason, I submit, lies in the refusal in practically all of Kafka's writings to depart from sheer literalism, from sheer surface description. In what follows I propose to examine some of these descriptions, in particular those of fictional objects and space, and to show how these in turn embody a »poetics of the fragment.« Moreover, I hope to suggest certain affinities between this poetics and a »hermeneutics of incompleteness« (of »partial systems«) as developed in recent theoris of modern science.

At the outset of *The Trial,* two men drift into Josef K.'s bedroom before breakfast with the intent of arresting him. Despite the enormity of the mission, we get precious little description of them. There is nothing on the order of: »An older man, razor-thin and menacingly dressed up as a combination military policeman and provincial bureaucrat, entered and strolled over to Josef's bed...« Offered instead is merely detached, spare information, in bits, pieces, and asides: that Franz is »thin,« and that he is wearing a »black« suit which is »furnished with all sorts of pleats, pockets, buckles, and buttons, as well as a belt.« Scarcely worth observing, one might add. Less depth of description is hardly conceivable. One does not even get to the whole suit itself, let alone the »person« underneath. It is, in fact, much as if a naive child were gazing up at the person – one who knew nothing of an adult world of self-important military policemen, tyrannical bureaucrats, provincial mercenaries, and mean-tempered court wardens – and, as children will, perceived only scattered details of the clothes of this person. Like a child's view, it also comes up only to the *belts* of others, enhancing Kafka's pervasive theme of the over-sized, over-powering »Other« in his fiction.[3] Our view of the other warden, the fat man Willem, is similar: an enormous »belly,« and, further up, a large »nose.« Even the landlady Frau Grubach is described through a random detail: her »apron string,« as K. obsessively observes, cuts across her »massive body.« In Kafka we perceive the world, not as a whole, but as fragments and surface scraps totally detached from one another.

The radical nature of this *literal* way of seeing and writing becomes evident if we contrast it to earlier modes of writing. What springs to mind immediately is the famous sartorial description at the opening of Flaubert's *Madame Bovary* – the description of Charles Bovary's hat in school. Flaubert's passage would seem at first glance to point directly to Kafka's new literalism, for his naked camera eye scans the random details of the surface of the hat just as would Kafka's:

> The hat was oval, splayed out with whalebone and starting off with three pompoms; followed by lozenges of velvet and rabbit's fur separated by a red band and then a sort of bag ending in a polygon of cardboard with intricate braiding on it; and from this hung, like a tassel, a little sheaf of golden threads.

---

[3] One could use Freudian language here, in particular as developed by Melanie Klein, and speak of a cathexis or fetishization of »partobjects« (as the child fetishizes the mother's breast instead of the mother), but this would merely provide us with one of many possible *motivations* for the description. Roman Jakobson's formulations on »metonymy« in literature also come to mind here, as in his example of the child who tried to guess how far the bird flew from its cage by the *color of the cage*. Yet his definition of the »random, inessential detail« or »proximate part« in »metonymic« realism is far too loose to be of much use in analyzing actual texts. (see his »On Realism in Art« in Ladislav Matejka, *Readings in Russian Poetics* (Cambridge, 1971), p. 44.)

Yet Flaubert is still anchored in traditional writing with its concerns for »wholes« and »symbols« of the whole, and he gives the game away: the hat, we are informed, »was one of those pathetic objects deeply expressive of a dumb ugliness, like an idiot's face.«[4]

The *theoretical* grounding of this earlier tradition of »symbolic« writing was largely in German idealism, and to recall some of these theories is to realize even more the radicalism of Kafka's efforts to achieve a »postsymbolic« prose. From Lessing to Goethe to Hegel, good literary writing was writing that »universalized« its particulars. In Lessing, this took the form of an insistence on a writing which would *temporalize* objects. In *Laocoon* he insists that the writer »disperse the image of his object over a kind of history of it,« so that we can »linger over a single object without falling into a tiresome description of its parts.«[5] Lessing claimed, of course, that this demand heeded the »laws of temporality« which governed literature, as opposed to the laws of space which governed the visual arts. Yet the insistence on a dynamics of objects was also a plea, however well concealed, for a platonizing aesthetics. For in lending objects »temporality« the writer automatically ordered the parts into a larger (historical) whole, and thus also lent them a sort of universal »essence.«

This becomes evident in Lessing's choice example, namely Homer. Lessing singles out in particular Homer's dynamic, temporalizing descriptions of war scepters in the *Iliad*, where the scepters or staffs clearly »symbolize power-differences« within the Greek camp. In each case it is the *origin and history* of the staff, however, which lends it its symbolic value. King Agamemnon's staff is thus a royal piece because it is the work of Vulcan himself; Achilles' scepter, since it was the work of an unknown craftsman, wields less power. Here is Achilles, reciting its »symbolic« history:

> Cut down on some green hill by an unknown hand, this staff shall never again bear blossoms, for the bronze blade stripped it of bark and leaves, and rendered it suitable to serve the hands of those who guard the laws of our land. By this sceptre with its golden studs I now swear my oath and could not have chosen a better token. (line 234 f.).

---

[4] See also Walter Sokel on the figure of the blind beggar who recurs in *Madame Bovary*. As Sokel points out, the old beggar, although outfitted as a separate character with his own »realistic detail,« also functions quite clearly as a »symbol« or metaphor for Emma Bovary's own life, »telescoping its essence.« *The Writer in Extremis* (Stanford, 1959), pp. 31–33.

[5] These and the following remarks are from the sixteenth chapter of *Laocoon*.

»Instead of an illustration,« as Lessing says, Homer »gives us the *story* of the scepter.« Interestingly enough, two centuries later Walter Benjamin will make the very same distinction in his *Ursprung des deutschen Trauerspiels:* Sophocles' Ajax dies a »symbolic« death because he falls on the sword that »belonged to Hector before him,« whereas Hamlet dies a »modern« death because he merely falls prey to a stray rapier (just as Josef K., we might add, falls prey to a stray butcher knife).[6]

Goethe's pronouncements on the »symbol« are few and for the most part unenlightening. His best-known definition of the symbol (as a »movement from the particular to the universal,« in the *Maximen und Reflexionen*, where it is opposed to allegory) is too general to be of much use in analyzing actual literary texts and, moreover, tends to demote much of Goethe's own late writing to the status of shallow allegory if taken in his sense.[7] But Goethe had mentioned the »symbol« earlier in his writings – in a letter to Schiller on August 16, 1797 – and had there defined it in a fashion much more useful for literature. In the letter he tells how he revisited his home city of Frankfurt years later, and how objects and scenes there suddenly appeared »symbolic« to him. »Recapitulation« in the form of »loving memory« was to him the key. »One recapitulates (rekapituliert) one's self through the object,« he wrote. As an example, he mentions the town marketplace, the *Rossmarkt*. Examples of this type of »symbol« in Goethe's own fiction are plentiful. Towards the middle of *Werther*, for instance, Werther revisits his home town and is suddenly struck by the fact that he cannot, as he puts it, take a single step which is not »noteworthy« for him. »A pilgrim in the Holy Land does not encounter so many scenes of religious memories,« he writes, and he cites in particular the marketplace and a large linden tree outside town which he used to sit under as a boy (letter of May 9th).

The culmination of this theorizing about symbolic writing comes with Hegel, whose *Aesthetics* essentially *combines* the views of Lessing and Goethe. The best writing, he states, merges the particular with the universal (»das Partikuläre« with »das Allgemeine«), the real with the ideal, history

---

[6] See the end of the section »Trauerspiel und Tragödie« in: *Ursprung des deutschen Trauerspiels*, as well as line 818 of *Ajax*.

[7] On Goethe's concept of the »symbol« see René Wellek, *A History of Modern Criticism* (London, 1955), I, 210–212; and Hans-Georg Gadamer, *Truth and Method* (New York, 1975), pp. 68, 507. As Benjamin and others have pointed out, Goethe's pronouncements on the symbol in *Maximen und Reflexionen* – where it constitutes a type of secular »revelation« (Offenbarung) – are essentially anchored in a theological tradition (where bread and wine figure as the ultimate »symbols«).

with philosophy (akin to Aristotle's concrete universal). Hegel, like Lessing, singles out Homer's descriptions of military staffs in the *Iliad* as his prime example: »Agamemnon's scepter is a family staff, hewn by an ancestor, and inherited by his descendents.«[8] Family memory, like Lessing's national memory and Goethe's private recollection, is the keynote of descriptions in the »classical« style. By the time of Flaubert, however, and even more so, Kafka, things have lost this temporal dimension and have become »alientated« from us: Josef K.'s bed is light years away from the bed of Odysseus, who, as Hegel reminds us, »carpentered his marriage bed himself.«[9] Personal, family, and tribal memories flee from the things in modern fiction.

Two major moments thus constitute Kafka's new literalism: (1) the elimination of the history of the object, including all personal nostalgia and memory (corresponding, once again, to Kafka's strangely obsessive child-view, which assumes everything began at that moment, with itself), and, as an indirect result of this, (2) a radical inversion of part and whole, of fragment and totality. Whereas Homer's staff incidentally carries »golden studs,« in Flaubert the situation is reversed: the »golden threads« are only *incidentally* a »hat.« »Detail triumphs over whole,« as Nietzsche wrote – denouncing, but accurately describing, the modern style.[10] In Kafka the situation is similar: Franz's »pleats and pockets« are only incidentally part of a »suit.« Unlike the shield of Achilles, which is described to us in five chronological layers in the *Iliad* (XVIII, 480f.) so that we maintain an overview of it, the suit never even begins to materialize in our mind as a whole. The classical symbol's temporality has collapsed, in Kafka, into sheer surface – the flatness of literal surface space and random fragments.[11] Like freeze-frames

---

[8] This and the following remarks by Hegel are from the section of the *Aesthetik* entitled »Das Zusammenstimmen des konkreten Ideals mit seiner äußerlichen Realität.«

[9] Marx and Engels will take this insight of Hegel's, add a dose of modern economics and a nostalgia for handicraft cultures, and launch an attack on Naturalism for its »empty surface descriptions,« just as Lukács, later, will denounce Zola for his description (»Beschreiben«) and raise Balzac on a pedestal for his true, old-fashioned »narration« (»Erzählen«). See Engels' 1888 letter to Miss Harkness and Lukács' 1936 essay, »Erzählen oder Beschreiben?«

[10] See section 7 of Nietzsche's *The Case of Wagner*.

[11] Interestingly enough, Kafka himself defended his writing against charges that it was symbolic, miraculous, or abstract by stating that it was merely literal (and he himself a mere »bungling copyist«), and comparing it to the surface of an ordinary stage by daylight: »The ordinary is miracle enough! Possibly I illuminate things a bit, like a stage light on a half-darkened stage. On second thought, I don't even do that. The fact is that the stage is not darkened at all. It is flooded with daylight. That's why people

from a movie or movie stills, many of Kafka's descriptions consist of moments of arrested time which are then described in minute detail and often in confusing »closeup,« as it were. At the end of the *Trial*, for instance, as K. is passing under street lamps with his two captors, he »attempted time and time again, *difficult though it was at such very close quarters*, to see his companions more clearly,« yet he still ends up seeing only a surface part: »fat double chins.« Kafka's poetics, with its emphasis on radical surface particulars, effectively stands Lessing's *Laocoon* on its head.[12]

When we turn from objects to the question of space in Kafka's narratives we see similar poetic principles at work: only *surface*, with no deeper meanings attached. The junkroom at the bank is heaped with »bundles of useless old papers and empty earthenware ink bottles.« Landlady Grubach's living room is »crammed with furniture, rugs, china, and photographs.« Unlike Balzac's boardinghouses, those of Kafka afford no »establishing shot« at the beginning (or at any time, for that matter), no overview that might enable us to *order the parts into a whole*. Gone are the windows of the Romantics which so often looked out on great vistas, gone is Goethe's beloved perspective from a hill. In fact, »going to the country« in Kafka is a very bad move: as Josef K. informs his uncle, »this would be inadvisable.« Not only would it look like »flight,« it might also spell freedom through an overview of the city – a risky undertaking indeed. No wonder the central parable of *The Trial* celebrates as its hero a man who has abandoned open country to take up residence in front of a door. The traffic in Kafka is all toward *partial* views.

Unlike his ancestors, the Gothic novelists, Kafka creates labyrinths without depth. Moreover, no space connects with another, each one stands flatly by itself. The view is constantly cut off by doors, walls, narrow stairways, and courtyards. The rooms themselves are usually neither living nor dining rooms – which might symbolically connect with an »outside view« of things – but rather small back rooms to themselves: dark bedrooms, cramped ateliers, airless attics. If one does move outdoors in Kafka, it is often foggy, wintry, and dark, or even snowing, effectively reducing visi-

---

close their eyes and see so little.« Gustav Janouch, *Gespräche mit Kafka* (Frankfurt a. M., 1961), pp. 42–43.

[12] I would like to emphasize that this is not the same »anti-Laocoon« as that written by Virginia Woolf and James Joyce in their novels, and labelled »spatial form« by Joseph Frank (»Spatial Form in Modern Literature,« in: *The Widening Gyre* (Rutgers, 1963)). Kafka's stress on surface particularity is so much more radical than that of Joyce and Woolf that one can scarcely compare them.

bility to the same degree of dimness and murkiness that inhabits the back courtrooms in *The Trial*. In Kafka one gropes – quite literally – from one thing to the next, incapable of seeing further.

The »poetics of the fragment« also inhabits Kafka's sense of time and perspective. Because of the chronic lack of memory in his figures, time in Kafka is constantly reduced to a series of present moments; devoid of depth or flow, it congeals to spatial moments and »dynamic stills.«[13] In fact, Kafka even resorts to the descriptions of a painting or photograph to make his point, as in Titorelli's painting of judges frozen at the moment when they rise to pronounce judgment, or the landlady's faded photograph of Klamm's messenger doing a high jump. Narrative perspective is equally fragmented and partial in Kafka, since it effectively governs the reader's experiencing of both time and space. His »subjective camera,« the *vision avec* style of his narration, leads us obsessively and myopically from one part to another, from one frozen moment to another. Any overview – because of the »figural« narration – is rendered impossible.

Kafka's poetics of the fragment informs his syntax as well, creating a prose style whose connectors, more often than not, do not connect. One statement is set next to another – like the pleats and pockets, furniture and rugs, staircases and halls – with no regard for overall pattern, meaning, or sense. As K. fights his way through a small pack of school-children on his way to the first day's interrogation, he thinks silently to himself that the next time he must »either bring candy to befriend them *or* a club to beat them.« The tiny conjunction *or* – like the eternal »mediators« in Kafka who never mediate – is a connector which does not logically connect the two thoughts, but rather splits them asunder. At times, in fact, the connectors are simply dropped altogether, as in the central scene in the cathedral, where the chaplain calls out to Josef F. to return to the pulpit. K. at first ignores him but then, precisely because the chaplain does *not* call out to him again, he whirls about and »with long flying strides« heads back into the darkness to catch the perverse sermon. »Failed« conjunctions in Kafka are often at the root of his »paradoxical« or »ironic« style, as well as characteristic of the behavior of his characters. Just as with objects in space, Kafka »edits« his syntax (and hence his causality) by splicing together frames, statements, and actions that bear little logical resemblance to one another. The syntax of the fragment is a syntax of disjuncture and radical discontinuity.

---

[13] This term, as well as the following two examples, are taken from Dorrit Cohn, »Castles and Anti-Castles, or Kafka and Robbe-Grillet,« *Novel*, 5 (1971), p. 27.

My final example sums up a number of the major points that have been made. The scene is from the end of *The Trial*, where K. is being led from the city one moonlit night to the abandoned stone quarry where he is later killed with a knife. It is springtime, and the two wardens – thin Franz in his black suit with the pockets and pleats, and fat Willem with the large belly and nose – are marching him across a small bridge when suddenly K. pauses. For a brief moment he peers over at a small island in the moonlight, an island on which there are trees, and under them, benches. Under these trees, apparently, Josef had previously »stretched himself at ease many a summer.« He catches himself, however, and with the next sentence excuses himself for the »mistaken stop.«

The scene is vintage Kafka. The childhood tree – the *locus classicus* in German literature of the »symbol« (be it Werther's linden or Tonio Kröger's walnut tree) – has been stripped of all symbolic meaning whatsoever. It is without name (even »linden« would conjure meanings) and without spatial context (Werther's linden was »a quarter of an hour's distance from the town in the direction of S –«); it is pluralized into the flatness of a stage prop (»beneath the trees were benches«), cloaked in darkness (gravel paths in front of the benches are »invisible now«), and seen from the isolation of a bridge. The tree – or rather, trees – are clearly without significance. Josef K., no »pilgrim in the Holy Land filled with religious memories« (as was Werther), marches resolutely onwards. »I didn't mean to stop,« he mumbles, and we believe him. For to stop in Kafka's fictional world would be to see more than partial objects, more than literal surfaces, would be to create significance, symbols, and meanings, and furthermore, to »recapitulate« one's self together with the object, as Goethe put it. The benches and trees are as disjunct and isolated from everything else in the book as are the pockets and pleats on Franz's suit.

Critics of Kafka have generally argued for either a poetics of presence or, more recently, a poetics of absence. The Castle, for instance, is seen as either housing Kafka's »heaven,« or as a »literary text,« hovering in the void while it constantly spins and unravels its messages into a bad infinity.[14] Moreover, most critics have buttressed their interpretations with reference to a hermeneutics of undecidability or indeterminacy – a formulation hav-

---

[14] On the Castle as »heaven,« see Daniel Albright, *Representation and the Imagination: Beckett, Kafka, Nabokov, and Schoenberg* (Chicago, 1981), p. 135, as well as Erich Heller on the Castle as »hell« in: *The Disinherited Mind* (London, 1952), p. 223. On the Castle as »literary text,« see Henry Sussman, »The Court as Text,« *PMLA*, 92 (1977), 41–55.

ing the analogical support of Heisenberg's »principle of indeterminancy.« I would like to suggest, however, that the real problem in Kafka is a quite different one, in fact almost the opposite: his details are quite unambiguous, but they are only fragmentary, partial, and incomplete, and hence do not permit association into larger systems or patterns of meaning. Whereas in classical aesthetics rhetorical figures implied a whole (even metonymy implied a part for a whole, »fifty sail« for fifty ships), in Kafka »pleats and pockets« do *not* imply a »suit.« They are *autonomous fragments*.

One can draw a fascinating parallel between this »poetics of incompleteness« in Kafka and a contemporary theory put forward by the Austrian mathematician Kurt Gödel. I do not mean to suggest an »explanation« for Kafka here, but rather an illuminating parallel – another »story,« which helps us grasp the strangeness of Kafka's own stories. In brief, Gödel in 1931 formulated his famous »theorem of incompleteness.« This shattered any hope in the natural sciences of ever producing a »universal language« or meta-system which would explain all partial systems. Each system or grammar or paradigm (no matter how all-encompassing) was doomed to partiality and »incompleteness.« This was, however, no reason for despair. Each system, in itself, was whole and autonomous; it consisted merely of strange and wonderful »loops,« being self-reflective. To take an example from philosophy, the »hermeneutic circle« – our oscillating perceptions of part and whole – is not at all a »vicious« circle but a necessary and proper construct, a »loop.« Gödel's theorem thus helped explain why there could be *several* geometries, not just Euclid's; co-existing with it was Non-Euclidean geometry, in which straight lines are interpreted as *great circles* and in which the world is *finite and yet knows no limits*.[15]

With such paradoxes as these we seem to be right back in Kafka's world, and we essentially are. As Dorrit Cohn has pointed out, »the vicious circularity of Kafka's spaces has often been noted, and its most memorable instance is the road that never leads to the castle«:

> So he resumed his walk, but the way proved long. For the street he was in, the main street of the village, did not lead up to The Castle hill, it only made towards it and then, as if deliberately, turned aside, and though it did not lead away from the Castle, it led no nearer to it either. At every turn K. expected the road to double back to the Castle, and only because of this expectation did he go on.

---

[15] For a brilliant exposition of Gödel's theorem for the layman, see Douglas Hofstadter's Pulitzer Prize-winning study *Gödel, Escher, Bach* (New York, 1979). Hofstadter's book has far more wide-ranging applications to literature than, say, Thomas Kuhn's *The Structure of Scientific Revolutions* (Chicago, 1962), a book which misguided a whole generation of »structuralist« humanists.

Space in Kafka, as Cohn sums up, is »circular,« »insular,« even »curved«; yet it is also »discontinuous,« with its »points of reference dissolving« to the extent that they become »non-functional.«[16] In short, Kafka's »poetics of incompleteness« presents a world that is flat yet seemingly boundless. Surface fragments do not connect with anything »deeper« (just as Franz's »pockets and pleats« do not connect with a symbolic »person« or even with the rest of the suit), and yet space still *seems* infinite in Kafka.

This brings me to a last point, an aspect which has been misunderstood by a number of Kafka critics, namely the »enfilade« effect. An enfilade was a classic device employed by Baroque architects in an effort to gain »depth« in interiors through *trompe l'oeil*. It consisted of a series of rooms, archways, and mirrors which framed a vista supposedly leading into »infinity.« Yet the space, because it was usually inside buildings, was unambiguously and abruptly finite – a faked infinity. The same technique occurs repeatedly in Kafka, as if to thematize the fact that his surfaces are finite but know no limits. In *The Trial*, for example, when Josef is on his way to the first interrogation, he sees what amounts to an enfilade – a series of framed scenes, each like the other and yet smaller than the last: »down the whole length of the street at regular intervals there were little grocery shops, to which short flights of steps led.« And when he finally arrives outside the court itself, he suddenly notices no less than four staircases leading upwards to the court from the first courtyard – which itself recedes into yet another, smaller, courtyard.

There are numerous other examples of this strange »space« in Kafka, but the most telling example occurs in the central parable of the doorkeeper. His story is, above all, the story of an enfilade (a faked infinity): »from hall to hall, keepers stand at every door, one more powerful than the other.« The space is unambiguously finite (»this door was intended for you alone«), but knows no limits. The man from the country, believing this – and not seeing that it is merely one more enfilade – sits down to study the doorkeeper's »nose,« »beard,« and »fleas« as his eyes »grow dim.« One more Kafka-scape.

In terms of Kafka's own fictions – rather than of philosophy – one could say, simply: if K. eventually *did* find a road through the »mist and darkness« to the Castle, the Castle would be revealed to him as no more numinous, no more charged with meaning, than the road itself. It would, in fact, be merely one more »castle,« itself a »fragment« of yet another »castle

---

[16] Cohn, *passim*.

system« – just one more loop, as it were. From here to »infinity,« the part is the only »system« we have. As Adorno put it in his inaugural lecture of 1931 (»The Actuality of Philosophy«): »If philosophy must renounce the question of totality, it must also renounce the symbolic, in which for a long time, at least in idealism, the particular was supposed to represent the general.« »The whole,« as he summed up elsewhere – thereby inverting Hegel – »is false.«[17] To speak of »universals« in modernism, and particularly in Kafka, as Emrich does for instance[18], is to lapse into archaism and anachronism. Kafka, in the sense indicated by Benjamin and Adorno, has written the ultimate script for a »modernism« which celebrates the autonomous fragment. His texts are neither religious tracts for humanists nor linguistic allegories for deconstructionists; like the Castle and the Court, they house no ultimate »messages« (»no symbols where none intended«). There is, in the end, nothing but »pleats, pockets, buckles, and buttons.«

---

[17] Theodor Adorno, *Minima Moralia* (London, 1974), p. 50.
[18] »Kafka's writings give form to the Universal in the midst of our everyday world, although there exists an unavoidable discrepancy between this Universal and the specific.« See the section »Beyond Allegory and Symbol« in Wilhelm Emrich, *Franz Kafka* (New York, 1968), p. 81.

Peter Beicken

Kafkas ›Prozeß‹ und seine Richter

Zur Debatte Brecht-Benjamin und Benjamin-Scholem

Kafka war zu Lebzeiten kein unbekannter Autor. Gerade aber die Rezeption der von ihm veröffentlichten Erzählbände, wie sie jetzt dokumentiert vorliegt, legt nahe, daß dieser Dichter nach seinem Ableben bedeutende Chancen hatte, im hektischen Literaturgetriebe der Mittzwanziger Jahre Weimars vergessen zu werden. Wäre nicht in Max Brod, dem lebenslangen Freund Kafkas, sein unermüdlicher Promoter aufgetreten, der Stückchen aus den biographischen und aphoristischen Schriften verstreut zugänglich machte, um das Interesse wachzuhalten, hätte ein Vergessensprozeß einsetzen können, der nicht unähnlich gewesen wäre dem, den sich Kafkas Helden erhoffen. Mit Gespür für den Romanhunger der Verlage und des Publikums gab Brod die drei Romanfragmente ab 1925 heraus, ohne sich dabei an die Entstehungschronologie zu halten, von Kafkas letztem Willen, alle seine Manuskripte zu verbrennen, einmal ganz zu schweigen. Brods Herausgeberstrategie verfolgte Erfolgsabsichten. Schließlich hatte er schon Kafkas Verleger Kurt Wolff in den Ohren gelegen und ihm Hoffnungen auf ein Romanmanuskript gemacht, das sich dieser große Verehrer von Kafkas Kunst auch persönlich beim Dichter ausbat, sein »leidenschaftlich starkes Verhältnis« zu den Werken seines Autors beteuernd.[1] Wolffs Werben um seinen veröffentlichungsscheuen Autor ist verlegerische Liebeserklärung und geschäftstüchtige Weitsicht in einem. Sein »unbeirrbares Vertrauen« zu Kafka und seinem Schaffen, seine Bitte um Übergabe »weiterer Bücher zur Veröffentlichung«, von denen jedes »willkommen« sein soll, schließlich seine Zusage, alles »mit Liebe und Sorgfalt in Buchform« zu veröffentlichen, stellen Huldigung und Glaubensbekenntnis in den Dienst literaturpolitischer Realistik. Denn »neben Sammlungen kurzer Prosastücke«, wie sie Kafka bei ihm bisher zur Hauptsache vorgelegt hatte, erbittet er sich »einmal eine große Erzählung oder einen Roman«, wobei er sich in seinem Drängen so rechtfertigt: »ich weiß ja von Ihnen selbst und von Max Brod,

---

[1] Brief vom 3. November 1921. Kurt Wolff, *Briefwechsel eines Verlegers*. Frankfurt a. M. 1966, S. 54.

wieviel Manuskripte dieser Art fast beendet oder gar ganz beendet sind.«
Zur bereitwillig erklärten Dankbarkeit kommt hinzu, »daß naturgemäß die
Aufnahmewilligkeit für eine zusammenhängende umfangreiche Prosaarbeit
größer ist als für Sammlungen kürzerer Prosastücke. Das ist eine banale und
sinnlose Einstellung der Leser; aber sie ist nun einmal Tatsache.« Daran ist
nichts Erpresserisches, und es wäre falsch, Kurt Wolff Unlauteres zu unterstellen. Aber Schreiben war für Kafka doch etwas völlig anderes, als daß er
den Marktbedürfnissen des Literaturbetriebes hätte entsprechen können
oder wollen. Verlegerkalkül, auch wenn es vom wohlmeinendsten kam,
mußte Kafka verletzen. Die folgende Begründung Wolffs, der vom Umsatz
her argumentiert, hat Kafka unbeantwortet gelassen: »Die Resonanz, die
eine solche größere Prosaarbeit finden wird, ermöglicht jedenfalls eine ungleich stärkere Verbreitung als wir sie bisher erzielten und der Erfolg eines
solchen Buches würde zugleich die Möglichkeit zu einer lebhafteren Propagierung der früher erschienenen bedeuten.« Wolff muß sich nahezu ein
halbes Jahr später bei Kafka beklagen, auf seine »letzten Briefe leider kein
Wort der Resonanz« bekommen zu haben, eine Klage, auf die der Dichter
ebenfalls nicht eingeht.[2]

Daß Brod bei der Nachlaßveröffentlichung dem *Prozeß*-Roman den Vorrang gab – das Buch erschien im Berliner Verlag ›Die Schmiede‹, wo auch
Kafkas letzter Erzählband, ›Ein Hungerkünstler‹, 1924 erschienen war –,
entsprach strategischen Gesichtspunkten, wie sie Wolff vom Verlegerstandpunkt aus geäußert hatte. Die Aufnahme gerade dieses Werkes bestätigte
das Kalkül des Vorgehens. Kafka war als Autor wieder eingeführt. Brods
Rechnung ging auf. Kritik und Leserschaft hatten ein längeres Werk, das
sofort Interesse auf sich zog. Die Anweisungen, die der Herausgeber zum
Verständnis des beunruhigenden, Lesegeduld und Leseverhalten herausfordernden Werkes im Nachwort mitlieferte, gaben den Kritikern Handhabe
genug, einen literarischen Sonderstatus zu proklamieren. Wie ja Brod Kafka noch vor seinen ersten Veröffentlichungen diese Sonderrolle zugeschrieben hatte. Sie wurde Teil der Kafkalegende, die in der Kritik ihre Weiterpflege gefunden hat.

Dem toten Prager Dichter bescheinigte man einen »geheimnisvollen ...
metaphysischen Coup de foûdre«, indem man ihm »das einzige wahrhaft
durch und durch geniale Dokument einer neuen Erzählkunst« zuschrieb.[3]

---

[2] Ebda., S. 54f. Vgl. Joachim Unseld, *Franz Kafka. Ein Schriftstellerleben*. München 1982, S. 181ff.

[3] Willy Haas, »Kafkas letztes Werk«, *Das Tagebuch* 6, Nr. 13 (28. März 1925), S. 460–463.

War das noch Literaturpropaganda von einem, der dem Kreis um Kafka nahestand, so ging die nächste Stimme soweit, Kafka von außerhalb zu feiern: »ein heimlicher Meister und König der deutschen Sprache«.[4] Autor dieser Kritikerhymne war Hermann Hesse, der, die Rettungstat Max Brods preisend, sich in Verneigungen überschlug: »Was ist das wieder für ein seltsames, aufregendes, wunderliches und was für ein beglückendes Buch.«[5] Für diesen schwäbischen Missionarssohn ist Kafka vom Rang eines Erbauungsschriftstellers, dessen »Alptraum« ein »religiöser«, dessen Botschaft »fromme Hingabe an das Unvermeidliche« sei, mit dem Fazit: »Diese Lebenslehre wird im ›Prozeß‹ gepredigt.«[6] Mochte Kafkas seelentröstende Wirkung auf Hesses religiöser Disponierung beruhen, unbezweifelbar jedoch ist die Tatsache, daß jetzt bei den Kritikern die Saat aufging, die Max Brod in seinem vorinterpretierenden Nachwort gesät hatte. Auch Kurt Tucholsky, der Kafka bei der ersten Begegnung in Prag im Jahre 1910 gleich »liebte«, allerdings »ohne eine Zeile von ihm zu kennen«[7], ist dem Brodschen Muster nachgefolgt. Seiner Begeisterung für dieses »unheimlichste und stärkste Buch der letzten Jahre« gibt er Ausdruck, indem er versucht, sich über die Ursachen seiner »Erschütterung« Rechenschaft abzulegen, wobei er die verschiedenen Deutungsmöglichkeiten reihum durchgeht – Allegorie, Psychologie, Freudsche Analyse und Justizsatire –, um dann Kafkas Werke zu bestimmen als »Gebilde, die niemals auszudenken sind«, eben »unerreichbare, niemals auszulesende Bücher«.[8]
Die Signalwirkung dieser Kritiken, die das Neueinsetzen der Wirkung Kafkas als Romanautor und damit seinen eigentlichen Einzug in die Weltliteratur einläuten, ist nicht zu verkennen. Schon hier wird Kafka als ein außerordentliches Ereignis gefeiert, dem epochale Bedeutung zukommt. Das war 1925 ein Blick mit Weitsicht. Daß auch Momente unfreiwilliger Komik im ersten Kafkakult auftauchen, belegt kein anderer als der patrizische, selbstironische Vertreter der Literatur des Bürgertums, Thomas Mann, der Kafkas *Prozeß* spontan bei einer Rundfrage des *Prager Tagblatts* »Welche Bü-

---

[4] Hermann Hesse, »Franz Kafkas Nachlaß«, *Berliner Tageblatt* 54, Nr. 427 (Abendausgabe, 9. September 1925), S. 10. Auch in H. H., *Gesammelte Werke 12. Schriften zur Literatur 2*, hg. von Volker Michels. Frankfurt a. M. 1970, S. 482–483.
[5] Ebda.
[6] Ebda.
[7] Kurt Tucholsky, *Gesammelte Werke. Ausgewählte Briefe 1913–1935*. Reinbek bei Hamburg 1962, S. 473. (Brief vom 20. Juni 1924 aus Paris an Mary Gerold-Tucholsky).
[8] Peter Panter [Pseudonym für Kurt Tucholsky], *Der Prozeß*, *Die Weltbühne* 22, Nr. 10 (9. März 1926), S. 383–386.

cher schenken Sie zu Weihnachten«? für den Gabentisch empfahl, eine anekdotische Kleinigkeit aus der Vorweihnachtszeit von 1925, die dennoch ihre Wirkung auf die Lacher nicht verfehlen sollte.[9] Auf seine Weise hat Thomas Mann Kafka immer hochgeschätzt und ihn zum »Lesenswertesten« gerechnet, »was die Weltliteratur hervorgebracht hat«.[10]

Die 1926 und 1927 erfolgenden Nachlaßveröffentlichungen des *Schlosses* und *Amerikas* – beide jetzt bei Kurt Wolff in München – haben die Wirkung der *Prozeß*-Aufnahme verstärkt; übertroffen haben sie sie nicht. Daß der *Prozeß* trotz der Beachtung, die den beiden anderen Werken geschenkt wurde, für viele zu dem Kafka-Roman *par excellence* avancierte, war einerseits Ergebnis von Brods Veröffentlichungsstrategie, andererseits traf diese Geschichte des Bankbeamten Josef K. das Krisenbewußtsein einer Leserschaft, die trotz der beginnenden Stabilisierungsphase zur Halbzeit der Weimarer Republik ihre Unsicherheiten und Ängste widergespiegelt fand.

Krise ist auch das Stichwort, das seit den frühen zwanziger Jahren die Romandiskussion mitbestimmt hat. Um 1922 kommt unter dem Begriff der Krise bei Autoren und Kritikern eine Debatte in Gang, die sich mit der grundsätzlichen Infragestellung des Romans beschäftigt. Einsicht in die Romanmisere führt vor allem bei Alfred Döblin zu Überlegungen theoretischer Art, die auf eine radikale Erneuerung des Genres zielen durch das, was er in seinen Thesen zum Epischen mehrfach während der Zwanziger Jahre ausgeführt hat. Andere Autoren wie Thomas Mann, Robert Musil und Hermann Broch wollen der Romangattung durch eine weitgehende Intellektualisierung des Erzählens beikommen.[11]

Diese Romandiskussion zog in mancherlei Hinsicht die Konsequenzen aus der prekären Situation, die nach der Erschütterung des traditionellen Systems der Literatur im Expressionismus entstanden war. Die Rede von einer Erschöpfung des Romans alten Stils fand sich in den Tatsachen des Romanerzählens verifiziert. Nicht nur die Wirkungsmöglichkeiten des konventionellen Erzählens schienen aufgezehrt zu sein, dem Roman erwuchs in der Reportage, wie sie in ihrer neuen und erfolgreichen Form von

---

[9] *Prager Tagblatt* 50, Nr. 278, (Morgenausgabe, 29. November 1925), S. 3.
[10] Thomas Mann, »Dem Dichter zu Ehren – Franz Kafka und ›Das Schloß‹«, *Reden und Aufsätze I*, 1965, S. 344. (Stockholmer Gesamtausgabe)
[11] Materialien und einführende Darstellungen dazu finden sich in: *Romantheorie, Dokumentation ihrer Geschichte in Deutschland seit 1880*, hg. von E. Lämmert u. a. Köln 1975, S. 133 ff. Bearbeiter des Abschnitts »1910–1945« (S. 98–282) ist Dietrich Scheunemann, dessen Ausführungen zur ›Romankrise‹ ich hier verpflichtet bin.

E. E. Kisch gehandhabt wurde, eine bedrohliche Konkurrenz und Alternativform, die bei den Romanciers den Rückgriff aufs Epische auslöste. Das zeigt sich vor allem bei Döblin, der, anders als Autoren konservativen Schlages, keine Bewahrung, sondern eine für den Roman produktive Erneuerung des Epos im Auge hatte, abzulesen an seinem Versuch *Manas* (1927). Döblins Disqualifizierung der überholten Romanstruktur brachte ihn theoretisch und praktisch zu einer durchgreifenden Episierung des Romans, beispielhaft ausgeführt in *Berlin Alexanderplatz* (1927–1929) und seinem theoretischen Essay »Der Bau des epischen Werkes« (1929). Roman und Essay waren eine bedeutende Auseinandersetzung deutscher Romanpraxis und -theorie mit der ausländischen Avantgarde, repräsentiert durch Dos Passos' *Manhattan Transfer* (deutsche Übersetzung 1925) und James Joyces *Ulysses* (deutsche Übersetzung 1927). Döblins Roman wurde von Benjamin in seiner scharfsinnigen Analyse vom Standpunkt der »Krisis des Romans« als die »äußerste, schwindelnde, letzte, vorgeschobenste Stufe des alten bürgerlichen Bildungsromans« begriffen.[12] Benjamins Blick galt hier noch dem Fabelelement des Romans, wie er denn erst in der kontinuierlichen Diskussion mit Brecht seit 1929 sein Augenmerk mehr auf die Technik, also auf das künstlerische Verfahren als Indiz der Neuerung verlegen wird.

Döblins pointierten Neuerungsbestrebungen dürfen als Reaktion auf zweierlei Haupttatsachen gelten. Einerseits quittiert er das seit der Mitte der Zwanziger Jahre verstärkte Auftreten biographischer und historischer Romane alten Stils mit seinen unmißverständlichen Vorschlägen zur Veränderung der Erzählweise und Romankonzeption. Denn für ihn ist die Konservierung der alten Erzählschemas mit ihrer Zentrierung auf Romanheld, Romanfabel und Erzählkontinuität künstlerisch und politisch indiskutabel geworden. Andererseits wendet sich Döblin gegen den Schreibroman, gegen das vom Buchmarkt zur Ware degradierte Kunstwerk. Sein von Benjamin treffend »Restitution des Epischen« genanntes Vorhaben setzt das Epische mit dem Bericht gleich und betont damit den Wert des Materials. Döblins Ausführungen zum »Bau des epischen Werkes« machen deutlich, daß es ihm nicht um eine besondere Erzählform geht, sondern um eine realistische Verfahrensweise. Denn auch lyrisches und dramatisches Sich-

---

[12] Walter Benjamin, »Krisis des Romans. Zu Döblins ›Berlin Alexanderplatz‹«, W. B., *Gesammelte Schriften III*, Frankfurt a. M. 1972, S. 230–236. Benjamins Schriften werden im folgenden als *GS* mit Bandnummer, Teilbandnummer und Seitenzahl zitiert.

geltendmachen des Autors ist nach Döblin im Roman erlaubt. Er setzt jetzt auf das Material und den Autor, die das rückgängig machen sollen, was Döblin zu beklagen hatte, die Tatsache, daß »die Kunstwerke aus der Realität in das Reich der Illusion« gestoßen worden sind. Gegenüber der Endzeit des bürgerlichen Romans pocht Döblin auf kritischen Realismus, und seine Gedankengänge nehmen vorweg, was in ideologisch zugespitzterer Weise in den Dreißiger Jahren die Realismus- bzw. Expressionismusdebatte bestimmt hat.

Döblins polemisch vorgebrachten Neuerungsvorschläge reflektieren nach Benjamin, der sich diese Thesen weitgehend zueigen macht, die gesellschaftlichen Bedingungen der modernen Romanproduktion. Den Romanautor alten Schlages sieht Benjamin als einen entfremdeten Produzenten. In seiner Döblin-Rezension stellt er fest: »Der Romancier hat sich abgeschieden vom Volk und von dem, was es treibt. Die Geburtskammer des Romans ist das Individuum in seiner Einsamkeit, das sich über seine wichtigsten Anliegen nicht mehr exemplarisch aussprechen kann.«[13] Die Restitution des Epischen wird für Benjamin gleichbedeutend mit dem Rückgriff auf das »mündlich Tradierbare«. Solch episches Erzählen restituiert Vermittlung von Erfahrung und erlangt neue Repräsentanz, die dem Schreibroman als Entfremdungswerk abgeht. Episch aber sind im Sinne Brechts die Gesten, die im Werk zitiert werden. In ihnen tritt die gesellschaftliche Erfahrung konkret ins Bild. Im Gegensatz zu dieser Materialisierung des Erzählens sieht Benjamin in André Gides »Tagebuch der Falschmünzer« (recte: *Die Falschmünzer*, deutsche Übersetzung, 1928) den reinen Schreibroman, »roman pur« des »reinen Innen« verwirklicht. Innerlichkeit und Subjektivismus im Gegensatz zu Döblins epischem Materialismus, dessen Hauptverfahrensweise die Montage von Dokumentarischem ist. Damit unterscheidet sich Döblin auch erheblich von den Bemühungen eines Otto Flake, Thomas Mann, Hermann Broch und Robert Musil, die durch Reflexionshaltung und Essayfizierung eine Entfabelung des Romans vornehmen, um dem französischen Muster der Intellektualisierung der Gattung entsprechen zu können. Hier gelangen die Fragen der Zeit auf dem Wege des Intellekts in das Erzählte.

Bemerkenswert ist in diesem Zusammenhang die Parallele zu Döblins und Benjamins Gedankengängen in Robert Musils fragmentarischen Aufzeichnungen unter dem Titel »Die Krisis des Romans« von 1931, die in einer Benjamin vergleichbaren Weise um das Grundelement des Erzählens krei-

---

[13] Ebda.

sen.[14] Musil versteht Erzählen, ja Mitteilung überhaupt als eine Art anthropologischer Konstante im menschlichen Erfahrungsaustausch, in der Lernphase des Erzählens, in der Kindheit sozialisiert. Die Destruktion dieses gleichsam natürlichen Erzählens führt Musil auf die moderne Informationssituation in der vom Zeitungs- und Nachrichtenwesen infizierten Gesellschaft zurück. Der »Zeitvertreib« verdrängt den Erfahrungsaustausch.

Die Romandiskussion war schon virulent, als Brecht sich 1926 daran machte, in seinem »Kleinen Rat, Dokumente anzufertigen« Grundsätzliches über die Zukunft des Theaters zu verlautbaren. Für Brecht steht fest, daß das Theater in absehbarer Zeit »die guten alten Klassiker wie alte Autos« behandeln, sie also »nach dem reinen Alteisen-Wert« einschätzen wird. Mit ausholender Geste schließt Brecht daran folgende, in ihrer Zuspitzung kaum zu überbietende Überlegung an: »Würde das gleiche radikale Verfahren auf unsere zeitgenössische Epik angewendet, so würde sich nach fünf Minuten herausstellen, daß, ausgenommen einiges von Wedekind und Kafka, in dieser Literatur beinahe gar nichts an wirklichem epischen Material steckt.«[15] Brechts Verehrung für Wedekind, sie ist verknüpft mit seiner Entwicklung zum Dichter und Stückeschreiber, also zentral im Haushalt seiner Vorlieben und Parteinahmen. Das Votum für Kafka jedoch kommt überraschend und ist offensichtlich als Hinweis und Ausdruck der Hochschätzung für den *Prozeß*-Roman zu verstehen, den einzigen Kafka-Roman, auf den Brecht auch später genauer Bezug nehmen wird. Der Zusammenhang hier legt nahe, was episches Material für ihn bedeutet: es bewahrt in der Gestaltung die gesellschaftlichen Strukturen. Brecht sieht die Epik, d.h. das Romanerzählen seiner Zeit durch die »assoziierende Schreibweise« beschädigt. Seine Kritik richtet sich gegen den verheerenden Einfluß der Psychologie und das korrumpierende Schema bloßer erzählerischer Abfolge, in der »ein Satz den andern ergibt.« Gegen solche Kontinuierlichkeit polemisierend, sagt Brecht als Feind der »Benutzung veralteter Romanformen« der mißlichen assoziierenden Schreibweise »ihren baldigen völligen Bankerott« voraus. Dieses prophetische Element seiner theoretisierenden Thesen zeigt Brecht als geschichtsbewußten Denker, der einerseits seinen literaturpolitischen Zielen, die er in Berlin mit größter Konsequenz gegen den etablierten Literaturbetrieb durchzusetzen bemüht war, zu entsprechen

---

[14] Robert Musil, »Die Krisis des Romans« (1931), *Gesammelte Werke 8*, Reinbek bei Hamburg 1978, S. 1408–1412. (Taschenbuchausgabe)
[15] Bertolt Brecht, *Schriften zur Literatur und Kunst 1, Gesammelte Werke 18*, Frankfurt a. M. 1967, S. 50. Brechts *Gesammelte Werke* im folgenden als *GW* mit Bandnummer und Seitenzahl.

sucht. Andererseits hat der Augsburger Dichter an seinem Prager Kollegen das genial Vorwärtsweisende erkannt. Brechts Schlagabtausch mit den Großen seiner Zeit, man denke nur an seine nicht unpeinlichen Querelen mit Thomas Mann[16], galt einem Literaturkampf, der eine neue, die Materialästhetik in den Mittelpunkt rückte. Nachdem seine marxistische Lernphase eingesetzt hatte, begann Brecht »in den folgenden Jahren zu begreifen, daß der Kampf der Künstler um die Produktionsmittel nicht isoliert geführt werden konnte, sondern nur im Rahmen des Kampfs der Klassen. Die Hochschätzung Kafkas war zugleich die Verdammung des bürgerlichen Erfolgromanciers Thomas Mann, zu dem Brecht bis zu seinem Tode in unversöhnlicher Gegnerschaft stand.

Machte sich der Neumarxist Brecht an die Überholung des Systems der Literatur, so führte ihn sein neuer Weg auf dem Theater zum Didaktischen, zum Lehrtheater, während seine Prosa schon um die Jahre 1926 mit zitierbaren Gesten einer Parabelfigur experimentiert. Die Erfindung des Typus des Denkers in der Figur des Herrn Keuner weist Affinitäten zu den Protagonisten Kafkas auf.[17] Und es erscheint nicht aus der Luft gegriffen, für Brechts weitere Entwicklung auf dem Weg zum marxistischen Stückeschreiber und Epiker Kafka den Stellenwert einer Wegemarke zuzuschreiben.

Döblin, den Brecht als Antipoden Thomas Manns schätzte, sah in Kafkas Romanen gemäß seiner Abwertung dieses Gattungsbegriffs keine Romanwerke, sondern »Berichte völliger Wahrheit,« wobei Wahrheit soviel wie epische Gestaltung realistisch gesehener Wirklichkeit bedeutet, deren »Tatsächlichkeit« bei Kafka mit der alten Illusionskunst des Romans aufräume.[18] Diese als Würdigung Kafkas abgefaßte Rezension seiner drei Romanfragmente hält den Realitätsbegriff als Zauberformel gegen die Vorstellung von Fiktion. Brecht hat wenig später in einer Notiz diese Verstehensschiene

---

[16] Klaus Völker, *Bertolt Brecht. Eine Biographie*, München 1976, S. 108 ff. Dort weitere Einzelheit zu dem gespannten Verhältnis zwischen Brecht und Th. Mann.

[17] Uta Olivieri-Treder, »Geziemendes über Brecht und Kafka,« *Brecht-Jahrbuch* 1977, S. 100–110. Auf eine interessante Einzelheit aus der Zeit von Brechts *Prozeß*-Lektüre hat Hellmuth Karasek hingewiesen. Die »dramatische Biographie des ›Baal‹« von 1926 führt einen Monteur Josef K. ein, einen Mann, der angeblich »wirklich gelebt hat«, doch ist eher an eine Namensübernahme aus Kafkas Roman zu denken. Vgl. Hellmuth Karasek, *Bertolt Brecht. Der jüngste Fall eines Theaterklassikers*, München 1978, S. 26.

[18] Döblins programmatische Besprechung der zwei Nachlaßromane Kafkas (*Der Prozeß, Das Schloß*) erschien in *Die literarische Welt* 3, Nr. 9 (4. März 1927), S. 1. Auch in A. D., *Aufsätze zur Literatur, Ausgewählte Werke*, Olten und Freiburg/Br. 1963, S. 283–286.

überhöht, indem er, von ideologiekritischer Seite herkommend, Kafka gegen falsche Auslegung in Schutz nehmen will. In seiner Glosse »Geziemendes über Franz Kafka« (1928?) hebt er den Dichter als eine »wirklich ernste Erscheinung« aus dem gesamten Literaturfeld heraus, sich gegen jede Vereinnahmung dieser Sondergestalt von seiten der Zeitgenossen verwahrend.[19] Brechts vehementer Angriff gegen das »Geschmeiß diesseits und jenseits des gemeinsamen Feuilletonstrichs«, dem er notfalls völlige »Existenzvernichtung« angedeihen zu lassen verspricht, wendet sich wohl einerseits gegen Kritiker wie Haas, Hesse und Tucholsky, meint sicherlich aber auch einen Standpunkt zu treffen, wie er etwa zur gleichen Zeit von Benno von Wiese in der Berliner *Vossischen Zeitung* vertreten wurde, wo die Kategorie des Tiefsinns zur Stilisierung der religiösen Bedeutung von Kafkas Werk herhalten muß.[20] Nicht verwunderlich, daß Brecht dem seinen Begriff des Ernstes entgegenhält und auf den Materialwert von Literatur pocht.

Brecht macht sich um diese Zeit, ab etwa 1926, daran, Grundlegendes zur neuen Materialästhetik festzuhalten, etwa in seinen Überlegungen zum »Materialwert«, wo er in deutlicher Schmähung des bürgerlichen Theaters und seiner Kunstmaßstäbe seinen Kampfbegriff des »Vandalismus« präzisiert, der besagt, »daß man nur durch Schnoddrigkeit zum Materialwert einer Sache kommen kann«.[21] Die bürgerliche »Besitzfrage« löst Brecht hier schon durch eine Enteignungskampagne, die er an anderer Stelle als »Ehrung des literarischen Plagiats und seine Wiedereinsetzung in seine alten angestammten Rechte« bezeichnet.[22] Die berühmte Entgegnung auf die Plagiatsvorwürfe bei der *Dreigroschenoper*, mit der Brecht seinen Kritikern durch den Hinweis auf seine »grundsätzliche Laxheit in Fragen geistigen Eigentums« antwortet[23], verdeckt durch ihre beiläufige Formulierung den radikalen Ansatz der Materialästhetik. Die weitere Auseinandersetzung Brechts mit Kafka, die zwar für den Rest der Zwanziger Jahre nicht kontinuierlich belegt ist, steht im Zeichen eines Doppelaspekts seiner Materialästhetik und vollzieht sich seit 1929 im Diskurs mit Benjamin, der um diese Zeit zu einem ständigen Gesprächspartner Brechts wird. Der Doppelaspekt liegt einerseits in Brechts Einschätzung der Verwertbarkeit von Kafkas

---

[19] Bertolt Brecht, »Geziemendes über Franz Kafka«, *GW 18*, S. 61.
[20] Benno von Wiese, »Denker der Zeit. Franz Kafka«, *Vossische Zeitung* Nr. 180 (29. Juli 1928), Beilage *Das Unterhaltungsblatt*, S. 2f.
[21] Bertolt Brecht, »Materialwert«, *GW 15*, S. 105–108.
[22] Bertolt Brecht, »Über Plagiate«, *GW 18*, S. 78f.
[23] Bertolt Brecht, »Eine Erklärung«, *GW 18*, S. 100.

Werk und andererseits, eng damit verknüpft, in der Bearbeitbarkeit vor allem der Kurzprosa mythischen Inhalts.

Die Kafka-Debatte scheint vom Beginn der engeren Beziehung zwischen Benjamin und Brecht Teil ihres Austausches gewesen zu sein, auch wenn sich Belegmaterial erst seit 1931 findet und in der Kontroverse gipfelt, die im Sommer 1934 in Brechts Exildomizil in Svendborg zu einer scharfen Auseinandersetzung um Kafkas Werk führte. Für Benjamin war das eine qualvolle Zerreißprobe, die sein zwischen Mystik und Materialismus pendelndes Denken einer harten Prüfung unterzog.

Benjamins Bekanntschaft mit dem Werk Kafkas geht zurück auf seine Kenntnis eines der Schlüsseltexte dieses Dichters, der berühmten ›Türhüterlegende‹, »Vor dem Gesetz«, aus dem *Prozeß*, von der er am 21. Juni 1925 an Gershom Scholem schreibt, diese »kurze Geschichte« gelte ihm »heute wie vor zehn Jahren für eine der besten, die es im Deutschen gibt«.[24] Trotz des Vorhabens, »einige nachgelaßne Sachen von Kafka«, also mit Bestimmtheit den *Prozeß*-Roman und möglicherweise frühere Erzählbände zu rezensieren, kommt es erst zwei Jahre später, im November 1927, zur eigentlichen Lektüre des Werkes, die zugleich zur ersten Reflexion führt, zur »Idee eines Mysteriums«, einer Aufzeichnung, die Benjamins Denken in theologischen Kategorien belegt. Scholem sieht in dieser Meditation den Beweis dafür, daß seine und Benjamins Gedanken »über einen zentralen Gegenstand auf einen gemeinsamen Konvergenzpunkt« zuliefen.[25] Benjamin, der seine Betrachtung über das Mysterium in dem Brief mit dem lapidaren Satz abschloß: »Als Krankenengel habe ich an meinem Lager Kafka. Ich lese den ›Prozeß‹«, stellt in den Mittelpunkt seiner Reflexion die messianische Geschichtsauffassung, allerdings schon in einer Negativierung der theologischen Kategorie, so wenn er davon ausgeht: »Die Geschichte darzustellen als einen Prozeß in welchem der Mensch zugleich als Sachwalter der stummen Natur Klage führt über die Schöpfung und das Ausbleiben

---

[24] Walter Benjamin, *Briefe*, 2 Bde. Frankfurt a. M. 1966, S. 397. (Benjamin an Scholem, 21. Juli 1925) Da Benjamin sehr deutlich von einem Jahrzehnt spricht, bezieht er sich wahrscheinlich nicht auf die erst 1919 erschienene Sammlung *Ein Landarzt*, in der »Vor *dem* Gesetz« zum ersten Male in Buchform veröffentlicht wurde, sondern eher auf den Kurt Wolff *Almanach Vom jüngsten Tag*, der 1915 noch ausgeliefert wurde, obwohl der Titel das Datum 1916 trägt. Unwahrscheinlicher ist es, daß Benjamin den Abdruck in der jüdischen Wochenschrift *Selbstwehr*, 9. Jg. Nr. 34 (Prag, 7. September 1915) gekannt hat.

[25] Gershom Scholem, *Walter Benjamin – die Geschichte einer Freundschaft*, Frankfurt a. M. 1975, S. 180 f. Vgl. auch die Anmerkungen der Herausgeber in Benjamin, *GS II*, 3, S. 1154.

des verheißnen Messias.«[26] Entgegen Scholems harmonisierender Betrachtungsweise, was die Konvergenz seines und Benjamins Denken zu dieser Zeit anbetrifft, hat der Anfangssatz der »Idee eines Mysteriums« durchaus schon Signalwert für die Veränderungen, deren Ergebnis Benjamins Entwicklung zum materialistischen Denken hin war.
Initiiert in die materialistische Lehre wurde Benjamin von der kommunistischen Regisseurin und Schauspielerin Asja Lacis, die ihn 1924 auf Capri, wo sich auch Brecht vorübergehend aufhielt, mit den neuesten Entwicklungen in der Sowjetunion vertraut machte – und sofort einen begeisterten Anhänger fand, der zwei Jahre später seine fast viermonatige Pilgerfahrt nach Moskau unternahm, die kranke und eher abweisende Frau umwerbend mit einer Vergeblichkeit, die Kafkasches Scheitern bezeugt.[27] Das erste, was Benjamin dem Gefährten der Asja Lacis, Bernhard Reich, in Moskau anvertraut, sind Mitteilungen über Brecht, »Ich erzählte von Brecht«[28], ein weiterer Hinweis, daß Benjamin mit dem Werk, jedenfalls der Theaterarbeit des Augsburgers vertraut, wenn nicht sogar schon mit ihm bekannt war. Damit spielt der Gegenpol zur Scholem-Freundschaft schon zu dieser Zeit der beginnenden Kafka-Lektüre Benjamins eine gewisse Rolle. Aus dieser Moskauer Zeit hat sich auch ein Brief an Siegfried Kracauer erhalten, der seine Rezension des *Schloß*-Romans geschickt hatte, die Benjamin nach der Lektüre des Kafka-Werkes zu lesen verspricht.[29]
In welcher Weise dann Kafkas Romane ihn weiter beschäftigen, geht aus der Tatsache hervor, daß er ein Buch über Kafka und Proust plante, das aber nicht zustande kam[30], während er der Freundin Asja Lacis, die 1929/1930 nach Berlin und Frankfurt kommt und derentwegen sich Benjamin scheiden ließ, um allerdings nur einige Monate mit ihr zusammenleben zu können, nach und nach alle drei Romane zum Lesen verschafft, zuerst *Amerika*, dann den *Prozeß* und das *Schloß*.[31] Die im engeren Sinne Kafka betreffende Debatte mit Brecht scheint dagegen erst 1931, als Brecht sich auf den gerade im Kiepenheuer Verlag erschienenen Nachlaßband *Beim*

---

[26] Benjamin, *GS II*, 3, S. 1153 f.
[27] Vgl. Asja Lacis, *Revolutionär im Beruf. Berichte über proletarisches Theater, über Meyerhold, Brecht, Benjamin und Piscator*, hg. von Hildegard Brenner, München ²1976, S. 45 ff. und 62 ff. Walter Benjamin, *Moskauer Tagebuch*. Mit einem Vorwort von Gershom Scholem, Frankfurt a. M. 1980.
[28] Benjamin, *Moskaier Tagebuch*, S. 17.
[29] Ebda., S. 212.
[30] Vgl. Benjamin, *GS II*, 3, S. 1154.
[31] Zur Scheidung vgl. Scholem im »Vorwort«, Moskauer Tagebuch, S. 14 f. Zu Asja Lacis' Kafka-Lektüre vgl. A. L., *Revolutionär im Beruf*, S. 47.

Bau der Chinesischen Mauer stürzte, abgespielt zu haben. Daß der Austausch zwischen Brecht und Benjamin sehr intensiv war, zeigen die im Sommer 1931 aufnotierten Aufzeichnungen, die Benjamins erneute Lektüre Kafkas – »fast sein ganzes Werk letzthin – teils zum zweiten, teils zum ersten Male« – begleiten als Vorarbeiten zu dem Rundfunkvortrag, den er im Juli 1931 über den neuen Kafka-Band hielt.[32] Hatte Benjamin 1928 seine Negativierung theologischer Kategorien eingeleitet, so beginnt er jetzt unter dem Einfluß Brechts, Materialistisches in seine Analyse verstärkt einzubeziehen. Brechts Vergleich des Kafkaschen Helden Josef K. mit Schweyk macht sich Benjamin zueigen. Zu seiner freien Anwendung jüdischer Kategorien, vor allem Thora, Hagada und Halacha treten zwei Hauptbegriffe materialistischer Geschichtsanalyse: die Dimension des ›Prophetischen‹ bei Kafka und die Reflexion seiner »revolutionären Energie und Schwäche«.[33] Während Scholem der Ansicht ist, Benjamin habe seine Kafka-Betrachtungen »aus den längeren Erwägungen« hervorgehen lassen, die er »damals unter Rückgriff auf seine Bachofenstudien« anstellte[34], – eine These, mit der Scholem noch nachträglich Benjamins Hinwendung zum Materialismus verwischen will – spricht vieles dafür, daß Benjamin in seinen Kafka-Studien an den archimedischen Punkt seiner Existenz als Denker und Kritiker angelangt war: er wurde gefordert, theologisch-mystische Spekulation mit der politischen Radikalisierung seines Denkens in der Auseinandersetzung mit dem Marxismus und Kommunismus zu versöhnen. Auf seine Hauptgesprächspartner bezogen, hieß das: die Extremgegensätze Brecht und Scholem in sich zur Synthese zu bringen.

Die Annäherung an Brecht im Jahre 1929, auch wenn sie bislang noch sehr im Dunkeln geblieben ist, läßt sich als Versuch Benjamins verstehen, sich selbst, seine im höchsten Maße gefährdete Stellung als Kritiker und Denker, der in seiner Existenz ganz von seiner Schreibarbeit und den Veröffentlichungsmöglichkeiten der ihn druckenden Zeitungen, Journale und Verlage abhängig war, mit den progressiven Kräften der Literaturszene zu verbinden. Brecht war für ihn Avantgarde mit Zukunft. Das Scheitern von Benjamins Plänen, sich durch seine Studie *Ursprung des deutschen Trauerspiels* (1925 geschrieben und 1927 veröffentlicht) bei der offiziellen Germanistik seiner Zeit eine Berufung einzuhandeln, zwang ihn zur lohnabhängigen freiberuflichen Kritikerexistenz, deren ständige finanzielle Ungesichertheit

---

[32] Vgl. dazu Benjamin, *GS II*, 3, S. 1155. Der Vortrag jetzt in: *GS II*, 2, S. 676–683.
[33] Vgl. Benjamin, *GS II*, 3, S. 1192ff.
[34] Zitiert in Benjamin, *GS II*, 3, S. 1155.

ihm zunehmende Sorgen bereitete. Daß er sehr bald eine eigene Strategie im Literaturkampf entwickelte, geht auch aus der Art und Weise hervor, wie er sich der Sache Brechts verschrieb. Während der Stabilisierungsphase der Weimarer Republik weist Benjamin Ouvertüren, sich der Sache des Materialismus zu widmen schroff zurück. Über eine Begegnung mit Ernst Bloch in Paris 1926 berichtet er an Scholem: »auf mich ist für ein ›System (!) des Materialismus‹ weiß Gott nicht zu rechnen«.[35] Die nähere Bekanntschaft mit Brecht seit dem Sommer 1929 dagegen bringt eine Wende. Zunächst äußert sich Benjamin noch zurückhaltend zu Brechts Werk, etwa wenn er gesteht: »Mit dem neuen Stück von Brecht ist auch nicht viel Ehre einzulegen«, womit er sich wahrscheinlich, im September 1929, auf das Brecht zugeschriebene Stück »Happy End« bezieht.[36] Wie anders dagegen lautet Benjamins Urteil nach dem großen Eklat, den Scholems Anschuldigungsbrief vom März 1931 ausgelöst hatte. Im Mai, in einem zweiten Antwortbrief bekennt er sich vorbehaltlos zu den Brechtschen »Versuchen«, die eine »ganz besondere Bedeutung« für ihn besitzen, »weil diese Schriften die ersten – wohl verstanden: dichterischen oder literarischen – sind, für die ich als Kritiker ohne (öffentlichen) Vorbehalt eintrete, weil ein Teil meiner Entwicklung in den letzten Jahren sich in der Auseinandersetzung mit ihnen abgespielt hat und weil sie schärfer als alle andern Einblick in die geistigen Verhältnisse geben, unter denen die Arbeit von Leuten wie mir sich hierzulande vollzieht«.[37]

Diese Verteidigung Brechts gegen die Anfeindungen von seiten Scholems hat ihre objektive und subjektive Perspektive. Objektiv gesehen verteidigt Benjamin die Position des revolutionierten Intellektuellen und Künstlers, subjektiv bringt er eine Selbstverteidigung vor, die sich gegen die Bezichtigung des Verrats oder zumindest der krassen Selbsttäuschung zur Wehr zu setzen hat.

Daß Benjamin aus Einsicht in die prekäre Geschichtssituation des Intellektuellen sich in Brechts Lager begibt, läßt sich erschließen aus einem hochaktuellen Projekt, das er mit Brecht geplant hatte. Es geht um ihre Zusammenarbeit bei der Herausgabe einer neuen Zeitschrift, die schon im Titel das zentrale Anliegen künstlerischer Intelligenz im Hochkapitalismus anschneidet: »Krise und Kritik.«[38] Die starke Anziehungskraft, die Brecht

---

[35] Benjamin, *Briefe*, S. 429f.
[36] Benjamin, *Briefe*, S. 502. Vgl. Reinhold Grimm, *Bertolt Brecht*, Stuttgart ²1961, S. 24.
[37] Benjamin, *Briefe*, S. 534f.
[38] Benjamin, *Briefe*, S. 519.

und sein Werk auf Benjamin ausübten, läßt sich gerade aus dem Scheitern dieser geplanten Zusammenarbeit herausschälen, weil Benjamin sich zu einer grundsätzlichen Positionserklärung bereitfindet. Dem waren einige Entwicklungen voraufgegangen, die hier nicht unterschlagen werden dürfen. 1927, etwa zur Zeit der *Prozeß*-Lektüre äußert sich Benjamin gegenüber Scholem mit der Bitte, ihm Möglichkeiten einer »fruchtbaren Auseinandersetzung mit dem Judentum«, die ihm als »der einzige Weg zu einem positiven Fortschritt« in seiner Arbeit erschien, zu verschaffen, vorzugsweise durch eine Stipendienmöglichkeit in Jerusalem.[39] Im Februar 1930 mahnt Scholem an, was nun geschehen solle, und drängt auf eine Entscheidung, da ihm nur zu deutlich ist, wie erfüllt Benjamin in seiner »Stellung als hervorragendster Literatur-Kritiker« jenseits der »jüdischen Welt«, die vor Jahren noch akut war, agiert und den Weg aus der Literatur »in die reine parteipolitische Arbeit« offenhält. Scholem unterstellt Benjamin, daß ihn von der Warte seiner »präsumptiven Stellung als einziger echter Kritiker der deutschen Literatur aus keine *Notwendigkeit* eines Weges zum Hebräischen« beschäftige.[40] Auf diese Analyse der »Krisis« seines »äußeren Lebens« antwortet Benjamin mit den inzwischen vorgenommenen Versuchen, »das sehr verstrickte Knäuel« seiner Existenz zu lösen. Nach seiner gerade erfolgten Scheidung bittet er um Aufschub für sein »Verhältnis zum Hebräischen«, diesen anderen »Gordischen Knoten«.[41] Derselbe Brief bezeugt aber auch eine wichtige andere Lösung der Benjaminschen Kritikerexistenz. Er zeigt seine »letzte kleine Arbeit«, benannt »Aus dem Brecht-Kommentar« an, und er vermeldet außer diesem »ersten Niederschlag« seines »in letzter Zeit sehr interessanten Umgangs mit Brecht« das Vorhaben, »in einer ganz engen kritischen Lesegemeinschaft unter Führung von Brecht und mir im Sommer, den Heidegger zu zertrümmern«.[42] Werkstatt der Ideologiekritik. Die geplante Zeitschrift »Krise und Kritik« hätte dieser Arbeit als Organ gedient. Daß es nicht dazu kam, verweist auf die Differenz zwischen Brechts und Benjamins Positionen, obwohl ihr Einvernehmen auch nach Benjamins Aussteigen weiterhin gut bleibt.
Hatte Benjamin seit 1926 in einer Reihe von Rezensionen seine Kritikertätigkeit als »die denkbar stärkste Propaganda der materialistischen Anschauungsweise« betrachtet, wie er Max Rychner gegenüber beteuert, der bei ihm verwundert wegen der materialistischen Denkentwicklung nachgefragt hatte, so hatte er seit seinem Brecht-Kommentar eine Form der Kritik

---

[39] Benjamin, *Briefe*, S. 510.   [40] Ebda.   [41] Benjamin, *Briefe*, S. 512f.
[42] Benjamin, *Briefe*, S. 514.

erreicht, deren Hauptmerkmal die »subjektive Autorität« war, wie Bernd Witte vermerkt hat, aber auch zum »autoritären Subjektivismus« sich steigernd, der die kategorische Forderung, »Literatur als Organon der Geschichte« zu fassen, als bloße Setzung an Texten demonstriert, damit das Moment der »Willkür« des Kritikers als historische Aufgabe hervorhebend.[43] Benjamins Versuche, den theologischen und den materialistischen Ansatz zu verbinden, führte zu einer zwangsweisen Vereinigung von disparaten Elementen, die in entgegengesetzte Richtungen wirken, aber zugleich auch durch ihre widerspruchsvolle Interaktion das Eigentümliche seines Denkens ausmachen.

Benjamin begründet sein Zurücktreten von der Mitherausgeberschaft von »Krise und Kritik« gegenüber Brecht mit seinen Bedenken, was die eingereichten Arbeiten anbelangt, denen er jede »fachmännische Autorität« abspricht im Hinblick auf die zentrale Hauptthematik: »die Zeitschrift war geplant als ein Organ, in dem Fachmänner aus dem bürgerlichen Lager die Darstellung der Krise in Wissenschaft und Kunst unternehmen sollten. Das hatte zu geschehen in der Absicht, der bürgerlichen Intelligenz zu zeigen, daß die Methoden des dialektischen Materialismus ihnen durch ihre eigensten Notwendigkeiten – Notwendigkeiten der geistigen Produktion und der Forschung, im weiteren auch Notwendigkeiten der Existenz – diktiert seien. Die Zeitschrift sollte der Propaganda des dialektischen Materialismus durch dessen Anwendung auf Fragen dienen, die die bürgerliche Intelligenz als ihre eigensten anzuerkennen genötigt ist.«[44] Geschichte als dialektischer Prozeß. Die bürgerliche Intelligenz als Avantgarde einer revolutionären Bewegung aufgrund gerade ihrer objektiven geschichtlichen Situation und Klassenlage und zugleich aufgrund ihrer Einsicht in den Prozeß ihrer Revolutionierungsnotwendigkeit. Die Theorielosigkeit der eingereichten Arbeiten, ihr Mangel an geschichtlichem Selbstverständnis, ihre ideologische Selbstgewißheit mußten Benjamin befremdlich erscheinen.

Trotz dieser Möglichkeit zum Bruch zwischen Brecht und Benjamin, der Max Rychner gegenüber sowohl seine »Anwendung materialistischer Betrachtung« als auch seine »metaphysische Grundrichtung« verteidigte[45], setzte sich der Diskurs zwischen ihnen intensiviert fort. Im südfranzösischen Le Levandou überrascht Brecht seinen Gesprächspartner mit seiner »überaus positiven Stellung zu Kafkas Werk«, und Benjamin notiert sich in

---

[43] Vgl. dazu Bernd Witte, *Walter Benjamin – Der Intellektuelle als Kritiker. Untersuchungen zu seinem Frühwerk*, Stuttgart 1976, S. 168 ff. und 178 ff. beonders S. 183.
[44] Benjamin, *Briefe*, S. 521.
[45] Benjamin, *Briefe*, S. 522 f.

sein Tagebuch am 6. Juni 1931 die erstaunliche Feststellung Brechts, der Kafka »als den einzig echten bolschewistischen Schriftsteller gelten lassen« will[46], wobei er seine »prophetische« Qualität hervorhebt. Außer den Aporismen des Nachlaßbandes *Beim Bau der Chinesischen Mauer* macht sich hier Brechts Hochschätzung von Kafkas *Prozeß* geltend, wie es denn dieser Roman sein wird, der vor allem die Kontroverse in Svendborg bestimmt. Nun hatte Benjamin im Frühjahr sich gegenüber Scholem zu verantworten gehabt, der im März in einer ausführlichen Darstellung von Benjamins geistiger und politischer Situation zu einem Frontalangriff auf dessen Annäherung an den Kommunismus ausholt, indem er ihm »Selbstbetrug«, »Selbsttäuschung« und »Irrtum« vorwirft, was seine materialistischen Überlegungen anbelange.[47] Scholems Attacke ist ideologisch. Sie argumentiert mit parteipolitischen Vorstellungen, indem sie Benjamins angeblichen Intellektuellenillusionen mit der harten Wirklichkeit des real existierenden Kommunismus zu konfrontieren und den Freund damit abzuschrecken versucht. Denn »auf die materialistische Probe gestellt«, würde Benjamin sofort als »typischer Konterrevolutionär und Bourgeois« entlarvt werden, dem das Schicksal, »nach Sibirien« geschickt zu werden, blühe. Auf dieses mit Schmähungen randvolle Dokument antwortet Benjamin mit der Bitte, Scholem solle sich gefälligst erst einmal mit Brechts Produktion vertraut machen. Darauf geht er auf seine Existenzsituation ein, indem er seinen Wohnplatz im vornehmen Berliner Westen verteidigt und zugleich seine »Produktionsanstalt« und ihre Lage zu rechtfertigen sucht. Betroffen fragt er den Jerusalemer Ankläger: »Aber willst du mir wirklich verwehren, mit meiner kleinen Schreibfabrik, die da mitten im Westen liegt, ganz einfach aus dem gebieterischen Bedürfnis, von einer Nachbarschaft, die ich, aus Gründen, hinzunehmen habe, mich zu unterscheiden – willst du mir mit dem Hinweis, das sei ja nichts als ein Fetzchen Tuch, verwehren, die rote Fahne zum Fenster herauszuhängen?«[48]

Benjamins Bekenntnis und Dilemma ist stellvertretend für das linker Intelligenz im Kapitalismus. Die Notwendigkeit der individuellen Revolutionierung vollzieht sich aufgrund der Klassenlage in Isolation von den Massen. Dennoch sieht Benjamin Wege zur Solidarisierung. Eine Minimumanforderung, der er zu genügen versucht, ist in der folgenden Frage an Scholem enthalten, die nicht ohne bitteren Sarkasmus gestellt wird: »Wenn man schon ›gegenrevolutionäre‹ Schriften verfaßt – wie du die meinen vom Par-

---

[46] Benjamin, *GS II*, 3, S. 1155 und S. 1204.
[47] Benjamin, *Briefe*, S. 525 ff.
[48] Benjamin, *Briefe*, S. 531.

teistandpunkt aus ganz richtig qualifizierst – soll man sie der Gegenrevolution auch noch ausdrücklich zur Verfügung stellen? Soll man sie nicht vielmehr denaturieren, wie Spiritus, sie – auf Gefahr hin, daß sie ungenießbar für jene werden – bestimmt und zuverlässig ungenießbar für jene machen?«[49] Kritik als subversives Geschäft. Der Sache, wohl nicht dem Begriff nach zeichnet Benjamin hier als Aufgabe des mit der Revolution alliierten Intellektuellen das Herstellen von Texten, die sich von der wahren Gegenrevolution nicht verwerten lassen. Was im Brechtschen Denken die List, ist bei Benjamin die Unverfügbarkeit seiner Gedanken für Zwecke, die dem Ziel der Geschichte, wie er es herbeisehnt, entgegenlaufen. So hat Benjamin in seinen Schriften alle Vorkehrungen getroffen, unbrauchbar zu sein für die, die seine Erkenntnisse zu mißbrauchen trachten. Der Begriff für dieses sein zentrales Denkverfahren aber ist der der Entwendung. Entwendung im Benjaminschen Denken erscheint bei Kafka als Entstellung. Entstellung ist eine Hauptkategorie der Aufzeichnungen zu Kafka aus dieser Zeit. Es ist die im Bild sich zeigende Kategorie der Entfremdung. Das Abstrakte nimmt in den Dingen materielle Gestalt an, wird konkret und sinnfällig, herauszudeuten im Verfahren der Allegorie, wie sie Benjamin versteht: die Ruine einer Idee, die unter ihrer Zertrümmerung sich zur bildgelenkten Einsicht konfiguriert.

Benjamin hat die Gefahr, isoliert von den Massen auf verlorenem Posten sich zu befinden, durchaus erkannt. Im Bild faßt er sich als neuer Robinson, der im Schiffbruch zugleich Möglichkeit gewinnt, das Scheitern zu überwinden: »Gut, ich erreiche ein Extrem. Ein Schiffbrüchiger, der auf einem Wrack treibt, indem er auf die Spitze des Mastbaums klettert, der schon zermürbt ist. Aber er hat die Chance, von dort zu seiner Rettung ein Signal zu geben.«[50]

Es zeugt von Scholems eigentümlicher Fähigkeit, seinen Freund Benjamin zu verstehen und ihm das Verstandene in Vorhaltungen wieder anzukreiden, wenn er in seiner Antwort entgegen seiner vorherigen Angriffshaltung einräumt, er »habe weder die Eigenart« von Benjamins »Situation in einer bürgerlichen Welt bestritten, noch die (selbstverständliche) Berechtigung, sich in historischen Entscheidungen auf die Seite der Revolution zu schlagen«, um dann in moralisierender Weise den Vorwurf zu erheben, daß der Freund »unter einer Verkleidung« kämpfe.[51] Genau hier trifft er den Kern

---

[49] Ebda.
[50] Benjamin, *Briefe*, S. 532.
[51] Ebda.

von Benjamins subversiver Strategie, ohne ihre Notwendigkeit aus der historischen Situation des linken Intellektuellen zu begreifen, wie es Benjamin so eindringlich Brecht gegenüber geschildert und in seinem Brief an Scholem zur Selbstverteidigung vorgebracht hatte. Scholems Warnung, zu leicht schlage »Selbstbetrug in Selbstmord« um, trifft dagegen einen wichtigen Nerv in Benjamins Seiltanz, denn große innere Spannungen, Depressionen, das Gefühl großer Einsamkeit und Verzweiflung führen Benjamin 1932 bis an den Rand des Selbstmordes.[52]

Um subversiv wirken zu können, brauchte Benjamin, was seine Kafka-Studien anbelangte, eine Vorstellung, die ihm die Zertrümmerung erlaubte. Benjamins entscheidendes Prinzip der Widerrede läßt sich der Bemerkung entnehmen, die er Scholem gegenüber macht über seine Hoffnungen, die ›falsche‹ Kafka-Deutung ein für allemal erledigen zu können: »Inzwischen bin ich mir klar darüber geworden, daß ich den entscheidenden Anstoß vermutlich von dem ersten und schlechten Buch über Kafka, das ein gewisser Johannes (Joachim) Schoeps aus dem Kreise Brods vorbereiten soll, erhalten werde.«[53] Vergeblich wartet Benjamin auf diese angekündigte Schoeps-Publikation, von der er sich »eine Kodifikation aller Irrmeinungen, die aus der eigentlich prager Interpretation von Kafka zu entnehmen sind«[54], versprach. Horrend war für Benjamin die vulgärtheologische Kafka-Auslegung, für die Max Brod verantwortlich zeichnete, und die ihm noch ein größeres Greuel sein mußte als der »Vulgärmaterialismus«, dem er noch einen »Nutzen ... für gewisse Teile der Volksaufklärung« zuzuschreiben sich bereiterklärt.[55]

Der Briefwechsel Benjamin–Scholem[56] belegt in eindringlicher Weise, wie der Diskurs über Kafka an Intensität zunimmt. Nicht nur erbittet sich Benjamin von Scholem fortlaufend Meinungen und Denkanstöße zur theo-

---

[52] Vgl. Scholem, Freundschaft, S. 223.
[53] Benjamin, *Briefe*, S. 539.
[54] Benjamin, *Briefe*, S. 564.
[55] Benjamin, *Briefe*, S. 547.
[56] Walter Benjamin – Gershom Scholem, *Briefwechsel*, hg. von Gershom Scholem, Frankfurt a. M. 1980. Die Höhepunkte des Kafka-Diskurses zwischen Benjamin und Scholem liegen eindeutig in den frühen dreißiger Jahren, gipfelnd in den Debatten zur Zeit von Benjamins Kafka-Essay und seiner Revision im Sommer 1934. Einen zweiten Höhepunkt bilden die grundsätzlichen Klärungen, die Benjamin nach der Lektüre von Brods Kafka Biographie (1937) vornimmt, etwa in dem Brief vom 12. Juni 1938. (S. 266ff.) Noch ein Jahr später ersucht er Scholem, sich für ihn bei Schocken wegen eines Buches über Kafka zu verwenden. Dieser über ein halbes Jahrzehnt gehegte Plan, der in mancher Hinsicht in die Zwanziger Jahre zum Projekt Kafka-Proust zurückreicht, hat sich nicht verwirklicht.

logischen, zur richtigen theologischen Deutung Kafkas–Scholem faßt sie dann schließlich 1934 in ein vierzehnstrophiges Gedicht, von dem Benjamin freilich nur zwei vorbehaltlos sich zueigen machen kann, wenn er auch die »theologische Möglichkeit« der Deutung »als solche unumwunden erkennt« und seiner eigenen Arbeit sogar ihre »breite – freilich beschattete – theologische Seite« zuschreibt, die er aber scharf von den »suffisantesten Manifestationen« des »theologischen professional« abgrenzt[57] – Benjamin bittet den Freund auch dringlich um Vermittlung einer Publikationsmöglichkeit, vorzugsweise als Buch, was aber an dem Verleger Schocken scheitert, so daß zum Schluß nur der Teilabdruck des Essays zur zehnten Wiederkehr von Kafkas Todestages in der »*Jüdischen Rundschau*« zustande kommt.[58]

Benjamins Kafka-Essay ist in seiner erstveröffentlichten Gestalt die Spitze eines Reflexionsberges, dessen Ausmaß jetzt durch die Veröffentlichung der »Paralipomena« in den *Gesammelten Schriften* zu Tage getreten ist. Das Beeindruckende dieser einzigartigen werbenden Denkbemühung um eine der größten Schriftsteller dieses Jahrhunderts von einem der tiefsinnigsten Kritiker unserer Zeit liegt in der prozessual fortschreitenden Annäherung, die im Spannungsfeld zwischen Materialismus und Mystik ihren Gegenstand einkreist, ohne die Extrempole der Ansätze zu versöhnen und damit zu einer Vereindeutigung vorzuschreiten. Benjamins Kafka ist eine Ruine geblieben. Ihm ist zwar die Widerlegung aller Irrmeinungen kraft autoritärer Setzung gelungen, aber das Werk ganz aufzuhellen, alles Gedankliche in bildgelenkte Einsicht, in Erkenntnis von unerschütterlicher Wahrheit überzuführen, ist ihm nicht gelungen.

Gelingen und Scheitern von Benjamins Kafka-Anstrengung sind letzten Endes auch darauf zurückzuführen, daß er sich gezwungen sah, sein eigenes Denken in den Dienst von Brechts Materialismusprinzip und Scholems Mystikvorstellung zu stellen, so daß seine ›Verkleidungen‹ der Gedanken- und Beweisführung ihn zunehmend zu Dunkelheiten zwangen, die die Ausweglosigkeit seines Vorgehens zu verbergen hatten.

Brechts überaus positive Einstellung zu Kafka schlug sich 1933 in den Versuchen nieder, die Mythenaneignung des Prager Dichters zu verwerten und durch Bearbeitungen auf ihren Materialwert für die Geschichtserkenntnis hin zu befragen. So macht sich Brecht in produktiver Weise daran, Kafka weiterzudenken, seine Mythenumdeutungen auf den neuesten Stand

---

[57] Benjamin/Scholem, *Briefwechsel*, S. 154ff. und 159.
[58] Vgl. dazu Benjamin, *GS II*, 3, S. 1157ff.

zu bringen. Unter der Überschrift »Berichtigungen alter Mythen« schreibt er »Odysseus und die Sirenen« um in eine Kunstparabel, die aus dem mythischen Helden einen kunstgenießenden, aber »verdammten, vorsichtigen Provinzler« macht, ein Typ des kulinarischen Kleinbürgers, dessen List, dem Klassenkampf entzogen, nur dem Kunstgenuß zugute kommt.[59] Seinen fortgeschritteneren Standpunkt macht Brecht so deutlich: »Für diese Geschichte findet man auch bei Franz Kafka eine Berichtigung, sie scheint wirklich nicht mehr recht glaubhaft in neuerer Zeit!« Zwar kann bisher Benjamins Kenntnis dieser Brecht-Berichtigung des Mythos und Kafkas nicht belegt werden, daß er damit wahrscheinlich vertraut war, ist jedoch anzunehmen. Deshalb lesen sich seine Zeilen im Kafka-Essay wie eine Widerrede auf Brecht: »Bei Kafka schweigen die Sirenen. Vielleicht auch darum, weil die Musik und der Gesang bei ihm Ausdruck oder wenigstens ein Pfand des Entrinnens sind.«[60] Benjamin gibt den Kleinbürger Odysseus dem Mythos zurück, macht ihn zum Statthalter eines Hoffnungsversprechens. Solche Entwendungen sollten ihm bei Brecht teuer zu stehen kommen.

Noch vor seinem Besuch bei Brecht in Svendborg im Sommer 1934 stellte Benjamin in Paris die erste Fassung seines Kafka-Essays her mit einer Abschrift, die an Scholem in Jerusalem ging. Noch während der Arbeit an diesem für ihn so bedeutenden Aufsatz muß er sich von Scholem wiederum Anfragen und Vorwürfe wegen seines Aufsatzes »Zum gesellschaftlichen Standort des französischen Schriftstellers« (»Soll das ein kommunistisches Credo sein?«) gefallen lassen, auf die zu antworten er sich unter Hinweis auf »das widerspruchsvolle und bewegte Ganze, das meine Überzeugungen in ihrer Vielheit ausmachen«, anschickt, ohne aber den Briefentwurf zu Ende zu führen.[61] Dennoch bleibt Scholem für Benjamin der unentbehrliche Gesprächspartner und Freund, dessen »aus den jüdischen Einsichten

---

[59] Bertolt Brecht, *Prosa I*, *GW 11*, S. 207.
[60] Benjamin, *GS II*, 2, S. 416.
[61] Benjamin/Scholem, *Briefwechsel*, S. 138. Reagiert Scholem verständnislos, so lobt Brecht den Aufsatz. Vgl. den Brief an Benjamin vom »Frühjahr 1934«, in dem er seinen Dank mit den Worten ausdrückt: »Er liest sich wirklich ausgezeichnet und sagt mehr als ein Buch von 400 Seiten, wenn es anständig ist.« Brecht, *Briefe*, hg. und kommentiert von G. Glaeser, Frankfurt a. M. 1981, S. 206. Auch später, selbst nach den Kontroversen um den Kafka-Essay im Sommer 1934 hat Brecht Benjamin noch mehrfach seine Wertschätzung der eingeschickten Arbeiten ausgedrückt, so zum Sammelreferat »Probleme der Sprachsoziologie« (*Briefe*, S. 206) und zum Aufsatz »Eduard Fuchs, der Sammler und der Historiker«, (*Briefe*, S. 325). Diese Arbeiten stehen eindeutig auf der Seite der materialistischen Methode und haben verständlicherweise bei Scholem Konsternierung und Abweisung hervorgerufen.

hervorgehenden Anschauungen über Kafka« ihm »von größter Bedeutung«, »unentbehrlich« sind.[62] Nicht ohne gereizt zu sein, reagiert Scholem wenig später mit der Selbstbezichtigung, er allein sei imstande, »die mystischen Vorurteile« auszustreuen.[63] Scholem läßt Benjamin denn auch recht lange auf eine Reaktion zu dem Essay warten, was dazu führt, daß Benjamin ihn bittet, das Manuskript umgehend zurückzusenden nach Dänemark, wo er im Augenblick den Aufsatz »einer sehr eingehenden Umarbeitung« unterzieht.[64] Die nur fragmentarisch erhaltene erste Reaktion Scholems argumentiert gegen Benjamins »Ausschaltung der Theologie« und führt als Hauptgrund an: »Die *Existenz* des geheimen Gesetzes macht Deine Interpretation kaputt: es dürfte in einer vormythischen Welt chimärischer Vermischung nicht dasein, ganz zu schweigen von der so besonderen Art, in der es seine Existenz noch gar ankündigt.«[65]
Scholems weitere Darlegung seiner Kafka-Deutung zeigt ihren Ursprung in der Kabbala: »Die Welt Kafkas ist die Welt der Offenbarung, freilich in jener Perspektive, in der sie auf ihr Nichts zurückgeführt wird.« Das aber bedeutet: »Die *Unvollziehbarkeit* des Geoffenbarten ist der Punkt, an dem aufs Allergenaueste eine *richtig* verstandene Theologie ... und das was den Schlüssel zu Kafkas Welt gibt, ineinanderfallen.«[66] Den Schlüssel zu dieser Schlüsselthese vom ›richtigen‹ Verstehen Kafkas hat Scholem in seinen Schriften zur Kabbala gegeben. Dort spricht er über das Wort Gottes und seine Ausfaltung in den unendlichen Schichten des Sinnes. Abgeleitet wird daraus der »wesentliche Schlüsselcharakter der mystischen Exegese«, der von einem bei Origines überlieferten rabbinischen Gelehrten in folgendes Gleichnis gefaßt wurde: »die heiligen Schriften glichen einem großem Haus, mit vielen, vielen Gemächern, und vor jedem Gemach liegt ein Schlüssel – aber es ist nicht der richtige. Die Schlüssel von allen Gemächern sind vertauscht, und es sei die Aufgabe, groß und schwierig in einem, die richtigen Schlüssel zu finden, die die Gemächer aufschließen. Dies Gleichnis, das die Kafkasche Situation schon innerhalb der in höchster Entfaltung befindlichen talmudischen Tradition aufreißt, ohne etwa in irgendeiner Weise negativ gewertet zu werden, mag einen Blick dafür öffnen, wie tief letzten Endes auch die Kafkasche Welt in die Genealogie der jüdischen Mystik hineingehört.«[67]

---

[62] Benjamin/Scholem, *Briefwechsel*, S. 143.
[63] Ebda., S. 146.   [64] Ebda., S. 153.   [65] Ebda., S. 154.   [66] Ebda., S. 157f.
[67] Gershom Scholem, *Zur Kabbala und ihrer Symbolik*, Frankfurt a. M. ²1977, S. 22f. Diese Aufsätze beruhen auf Vorträgen und Arbeiten, die in die Dreißiger Jahre zurückreichen.

Benjamin, schon seit einiger Zeit zu Gast bei Brecht, gegenargumentiert von einem Standpunkt, der sich im Wesentlichen mit Brechts Ausführungen zu Kafka deckt, die am 6. Juli im Gespräch erfolgten und die in der Hauptsache den Brechtschen Gedanken des ›Prophetischen‹, hier des »Visionären«, das mit dem »Parabolischen« im Streit liege, aufgreifen. Danach habe Kafka »das Kommende gesehen, ohne das zu sehen, was ist«.[68] Sätze, gesprochen angesichts des faschistischen Deutschlands. Sätze auch, in denen Brecht Kafkas Geltung als »einzig echter bolschewistischer Schriftsteller« merklich einschränkt. Für Benjamin jedoch bleibt das Prophetische Hebel gegen die theologische Vereinnahmung, wie sie auch Scholem treibt. Die Frage des Gesetzes erklärt er in seiner Antwort für ungültig, betont er doch Kafkas »Hinweise auf einen Weltzustand, in dem diese Fragen keine Stelle mehr haben, weil ihre Antworten, weit entfernt, Bescheid auf sie zu geben, sie wegheben«.[69] Geschichte kontra Religion. Glauben gegen den Nachweis seiner Unmöglichkeit. Unversöhnt stehen die Standpunkte einander gegenüber. Und doch besteht Verbindendes. Denn ist nicht Benjamins Verständnis die irdische Seite der von Scholem beibehaltenen theologischen Auslegung? Erscheint Scholem gemäß der Methode der Kabbala die unendliche Sinnhaftigkeit der Schöpfung als nur im Gleichnis zu fassende Existenz Gottes, der in alles und jedes den Schlüssel zum Verstehen hineingelegt hat, aber ohne daß die Unendlichkeit völlig erfaßt werden kann, so sieht Benjamin den nur im Bild erscheinenden Sinn, also die sich in den Dingen und Gegenständen manifestierende Idee der Geschichte als konkrete Materialität, die sich dem in sie versenkenden Blick aufschließt. Damit kennzeichnet Benjamin seine Entwendung der theologischen Kategorie des Messianischen und ihre Verwertung für das Verständnis der Geschichte, die sich erfüllt, wenn ihr Profanes überwunden ist.[70]

Benjamins Hartnäckigkeit in seiner Selbstverteidigung gegenüber Scholem bestand in seinem Beharren auf dem Begriff der Geschichte, der sich ihm seit den Zwanziger Jahren aufgrund seiner prekären Situation als Intellektueller und seiner progressiven Entwicklung zum Materialismus hin aufgedrängt hatte. Obwohl er sich mit Brecht im »Einvernehmen« wähnte, den Umgang als »angenehm« bezeichnete[71], ereignete sich schon am folgenden Tag auf diese Mitteilung hin eine in ihrer Tragweite verheerende Auseinandersetzung mit Brecht, die sich nach wochenlangem Schweigen des Stücke-

---

[68] Walter Benjamin, *Versuche über Brecht*, Frankfurt a. M. 1966, S. 120.
[69] Benjamin/Scholem, *Briefwechsel*, S. 160.
[70] Vgl. »Theologisch-Politisches Fragment«, Benjamin, *GS II*, 1, S. 203f.
[71] Benjamin/Scholem, *Briefwechsel*, S. 165.

schreibers in eine üble Attacke auf Benjamins Kafka-Essay auswuchs. Brechts Vorwürfe zielen ab auf eine grundsätzliche Kritik von Benjamins Verfahrensweise, in seinen Schriften auf philosophische Weise das »Wesen« einer Sache zu ergründen. Rigoros und mit der Selbstgerechtigkeit, die Brechts Kampfhaltung vor allem der Zwanziger Jahre charakterisiert und von der er einmal sagte, er sei »über eine ziemlich nihilistische Kritik der bürgerlichen Gesellschaft« nicht hinausgekommen[72], verunglimpft er Kafka als »Judenjunge«, »ein dürftiges, unerfreuliches Geschöpf, eine Blase zunächst auf dem schillernden Sumpf der Kultur von Prag, sonst nichts«.[73] Entschieden lehnt Brecht Kafka ab, akzeptiert seine Bilder zwar als »gut«, verwirft aber den Rest als »Geheimniskrämerei« und bringt Benjamin dazu, wichtige Zugeständnisse zu machen, vor allem im Hinblick auf die Geheimniskrämerei, obwohl Benjamin sich weigert, seine Denkkategorie der »Tiefe« dem Brechtschen Verdikt zu opfern. Wiederum Wochen später versteigt sich Brecht zu der unsinnigen Äußerung, Benjamins Kafka-Essay leiste »dem jüdischen Faschismus Vorschub«. Seine Forderung, diesem Dichter »praktikable Vorschläge« zu entnehmen, hat polemischen Wert. Seine diffamierenden Hinweise auf Kafka als Kleinbürger, der sich nach dem »Führer« sehne, beruhen auf einer oberflächlichen Faschismusanalyse, wie denn Brechts Äußerungen zu »Kafkas Perspektive: die des Mannes, der unter die Räder gekommen ist« große Einseitigkeit erkennen lassen, obwohl er den Dichter dann doch vom heute geläufigen Typ des Kleinbürgers, vom Faschisten unterscheidet, indem er ihn als »weise« einstuft. Deutlich spürbar bei Brecht der Versuch, Kafka auf die aktuelle Situation der faschistischen Bedrohung zu beziehen. Brechts Revision des vordem »einzig echten bolschewistischen Schriftstellers« beruft sich vorwiegend auf den *Prozeß* als »ein prophetisches Buch«. Benjamin hat sich geweigert, seine persönliche Betroffenheit angesichts der heftigen Angriffe von seiten Brechts in vollem Maße niederzuschreiben. Er vermerkt nur die »lange und erregte Debatte«. Der Rest spricht für sich. Brechts Machtworte haben gewiß auf die Umarbeitung des Essays eingewirkt. Die Spuren zeigen sich überall da, wo Materialistisches in meist apodiktischer Form hingestellt wird. Formeln wie »Im Zeitalter der aufs Höchste gesteigerten Entfremdung der Menschen voneinander«[74] legen das nahe. Das liest sich als Übernahme von Brechts Diktum

---

[72] Bertolt Brecht, *Tagebücher 1920–1922. Autobiographische Aufzeichnungen 1920–1954*, hg. von H. Ramthun, Frankfurt a. M. 1978, S. 221. Diese Aufzeichnung stammt aus dem Jahre 1935.
[73] Benjamin, *Versuche*, S. 121. Auch für das Folgende.
[74] Benjamin, *GS II*, 2, S. 436.

über die »unübersehbaren Vermittelungen, Abhängigkeiten, Verschachtelungen, in die die Menschen durch ihre heutigen Daseinsformen hineingeraten«.[75] Doch hat Benjamin die ganze moderne Zeit zurückverlegt in eine Vorwelt, in eine vorbiblische Sumpfwelt. Die Entstellungen des heutigen Daseins erweisen sich dem Blick des materialistischen Historikers Benjaminscher Prägung als das unüberwundene Alte, das die Geschichte nicht zum Fortschritt kommen läßt. Aus Brechts eindimensional gesehener Kleinbürgerangst macht Benjamin die »Angst vorm Uralten, Unvordenklichen und Angst vorm Nächsten, dringend Bevorstehenden«.

Mystik und Materialismus sind die beiden Pole von Benjamins Kafka-Kritik. Zwischen den unversöhnlichen Standpunkten Scholems und Brechts lavierte Benjamin, sich seiner kryptischen Verkleidungen bedienend, sein Geschäft der Subversion wahrend. Unter dem Ansturm der ihn treffenden Kritik freilich erfährt Benjamin eine ähnliche Zertrümmerung seiner Gedankenwelt, wie er sie dem angedeihen lassen will, was als Idee im Bild aufscheinen soll. Wie sehr Brechts Attacke ihm dann den Blick verwehrt, den zentralen Begriff des Gesetzes bei Kafka durch seine Methode des in die Tiefe Gehens auszuloten, zeigt eine Aufzeichnung, wo Benjamin kurzerhand das Problem durch die Frage beiseite zu schieben sucht, ob es sich dabei nicht um den »toten Punkt bei Kafka« handle, auf den er sich nicht einlassen will, weil es für ihn »die Schublade des Geheimniskrämers« darstellt.[76] Noch bis in die Formulierung hinein macht sich hier der Einfluß von Brechts Vernichtungsurteil bemerkbar. Wie denn Benjamin in seinen letzten Aufzeichnungen zu Kafka Brechts Ansicht vom Scheitern anschließt. Nicht nur verweigert er sich der von Scholem nahegelegten Beachtung der Frage des Gesetzes, er konstatiert auch unmißverständlich im Sinne der Brechtschen operativen Literaturperspektive: »Der *Prozeß* ist selbstverständlich ein mißglücktes Werk. Er stellt die ungeheuerliche Mischung zwischen einem mystischen und einem satirischen Werk dar.«[77]

An dem »politischen« und »mystischen« Pol bei Kafka hat Benjamin festgehalten. Im Februar 1935, nachdem er den ersten Teil seines Essays im Druck erhalten hat, verspricht er sich davon den »Anstoß«, »demnächst das Dossier von fremden Einreden und eigenen Reflexionen zu öffnen, das ich mir – ein in meiner Praxis durchaus neuer Fall – zu dieser Arbeit angelegt habe«.[78] Die »Einreden«, das sind die von Benjamin exzerpierten Gedan-

---

[75] Benjamin, *Versuche*, S. 123.
[76] Benjamin, *GS II*, 3, S. 1245.
[77] Benjamin, *GS II*, 3, S. 1256.
[78] Benjamin/Scholem, *Briefwechsel*, S. 184.

kengänge, Vorwürfe und Anregungen von Brecht und Adorno, vor allem die abschnittsweise zusammengestellt werden fast in der Absicht, sie wie Elemente in die Neubearbeitung des Essays einzumontieren, wie denn Benjamin im März 1935 das vierte Kapitel »weitgreifenden Änderungen« unterziehen will.[79] Das ganze Projekt ist vor allem daran gescheitert, daß Benjamin, von Brotarbeiten finanziell abhängig, sich den Luxus ausgedehnter Studien in Sachen Kafka nicht weiter leisten konnte. Seine Versuche noch bis 1939, für seinen Kafka bei Schocken einen Buchvertrag zu bekommen, blieben vergeblich.

Hatte sich Benjamin 1931 gegenüber Scholems grundlegender Attacke im Bild des Schiffbrüchigen gleichsam als neuer Robinson selbstverteidigt und sein Scheitern als Rettungschance gedeutet, so nimmt er diesen zentralen Gedanken in den letzten Aufzeichnungen zum Kafka-Komplex wiederum auf, am Beispiel eines anderen Schiffahrenden. Es ist Odysseus, der in Benjamins Kafka-Essay Geschichtshoffnung verheißt und jetzt in der restituierenden Reflexion unter Entwendung aus der Entmythologisierung, die Brecht vorgenommen hatte, als Modell befreienden Entrinnens vom tragischen Geschichtsverlauf bestätigt wird:

> »Man kann förmlich erklären: das Verfahren der Odyssee ist das Urbild der Mythenbehandlung Kafkas. In der Gestalt des vielbewanderten und verschlagnen, nie um Rat verlegnen Odysseus meldet, im Angesicht des Mythos, die naive schuld- und sündlose Kreatur ihr Recht auf die Wirklichkeit wieder an. Ein Anrecht, das im Märchen verbrieft und ursprünglicher ist als die mythische »Rechtsordnung«, mögen auch seine literarischen Zeugnisse jünger sein.
> Was die Rolle der Griechen im Abendland unvergleichlich macht, das ist die Auseinandersetzung mit dem Mythos, die sie auf sich genommen haben. Diese aber vollzog sich zwiefach. Während den Heroen der Tragiker am Ende ihrer Passion die Erlösung aufging, ist doch gerade der göttliche Dulder der Epik – Odysseus – mehr noch als im Erleiden ein Muster in dem Vereiteln des Tragischen. Und er ist ein Lehrmeister Kafkas gerade in dieser letzten Rolle gewesen, wie die Geschichte von den Sirenen zeigt.«[80]

Benjamins erste Reflexion bei seiner *Prozeß*-Lektüre über die Klage, von der stummen Kreatur geführt, erscheint hier auf höherer Stufe, abgewandelt wieder. Aus der Klage wird Tat, Vereiteln der Negativität des Schicksals, Hinwendung der Geschichte zum Fortschritt. Benjamin gelingt an dieser Stelle die Kreuzung seiner messianischen Geschichtsauffassung mit Materialismus des aufgeklärten Mythos. Odysseus, der hier auch das Kaf-

---

[79] Benjamin/Scholem, *Briefwechsel*, S. 190.
[80] Benjamin, *GS II*, 3, S. 1263.

kasche Stadium schon durchlaufen hat, ist als Realist der sich Rettende, der als Duldender widersteht. Benjamin hat hier die Konfiguration intellektueller Existenz und geschichtlicher Aktion, die ihn auch persönlich betraf, zum Hoffnungsbild verdichtet.

Blieb Brecht in der Klassenanalyse der Geschichtsbetrachtung des Materialismus und diente Scholem der Gottheit in mystischer Versenkung, so zwang Benjamin die Gottheit, falls es sie gibt, sich seiner zu bedienen. Gibt es sie nicht, und der Geschichtsverlauf spricht dafür, stellt sein Leben und Werk an eben diese Geschichte die Herausforderung, sich zu besinnen, damit es der Notwendigkeit des Vereitelns ein Ende nehme. Denn der Subversive sehnt sich nach dem verheißnen Tag, seinem jüngsten, die Verkleidungen ablegen zu dürfen. Benjamin hat, Kafka reflektierend, sich im vorwegnehmenden Denken der Aufhebung des Gegensatzes von Politik und Mystik am Ende der Geschichte vergewissert. Sein Freitod unter dem Zwang der geschichtlichen Ereignisse hat diesen Glauben als Ruine auf uns gebracht.

Karl S. Guthke

The King of the Weimar Republic

Gerhart Hauptmann's Role in Political Life, 1919–1933*

Literature and politics – for Hauptmann himself their alliance was, by and large, an unholy one. However, when one recalls that »the author of *The Weavers*,« for decades the German counterpart of Ibsen, O'Neill and Shaw, became, toward the end of his life, the German equivalent of Hamsun, Pound and Wodehouse instead, one may wonder if it is not the very factors that made him a great writer that also made him a questionable politician. Now that the Centennial Edition of Hauptmann's works has made the relevant documents accessible, the time may have come to turn to this question, which is surely one of the more intriguing ones surrounding the man who, during his life-time, was perhaps the most conspicuous figure on the German literary scene and, for many Germans, the very embodiment of »the poet.«

When called upon to define the role of the writer, Gerhart Hauptmann, more often than not, and throughout his life, sided with Herder, Vossler and other non-botanists who claimed that while, generally speaking, works of literature were the flowers of life, they were, more specifically, the dandelions on the putting green of *political* life. Literature and politics should be kept apart as much as possible, for the good of literature as well as for the good of politics. »Ein Dichter ist ... kein Nutztier.«[1] For a writer to get involved in politics, Hauptmann wrote in 1932, would be like skating

---

* This lecture was first worked out before Brescius' book appeared (see note 18 below). Brescius reconstructs Hauptmann's political development essentially on the basis of the numerous diaries the author kept almost throughout his life. My effort relies primarily on Hauptmann's public speeches and on the statements he published in newspapers, journals and other more or less ephemeral publications, although I have made use, however sparingly, of diary material now published in the Centennial Edition as well as of two such notes published by Brescius. My emphasis is, in other words, on those statements which were facts of the literary, social and political life of the time, not on the private notations. These are as yet unpublished in their immense entirety, and they seem to have their problems in that Hauptmann frequently wrote them under the influence of alcohol, as Brescius is aware. (See my remark p. 384)

[1] Centenar-Ausgabe, XI, 506. References in the text are to this edition.

with one skate (XI, 1126). What he meant was that each of these professions would require the undivided energies of a person, and of a very different person at that; and he himself, of course, had already made the decision for literature. To him this required (according to a famous and somewhat ludicrous statement) that as a poet he should transcend temporal concerns (such as politics) in order to devote himself to the eternal condition of mankind (»ewiges Schicksal«, as he put it unabashedly [VI,989]). For Hauptmann, then, the truly educated man was the non-political man (XI, 1005f.). In taking this position, he was aware that he had a considerable German tradition behind him, i.e. the traditional (though, needless to add, by no means universal) disengagement of German artists and intellectuals from practical politics.

Of course, Gerhart Hauptmann honored this tradition more in the breach than in the observance. He did play a role in political life. In fact, one day he stormed into the office of Theodor Wolff, the editor of the *Berliner Tageblatt*, and declared: »I am not going to write another line of literature; from now on I'll engage in politics and nothing but« (XI, 1318f.). That was in 1914. His reason for this conversion was that politics was, after all, the ultimate (»das Höchste«), whereas art was only »something subordinate.«

Now, when we think of Hauptmann's role in political life, two images will readily come to mind: Hauptmann the *enfant terrible* of imperial, of Wilhelminian Germany and Hauptmann the puppet of the Nazis.

During the reign of the Emperor, until the outbreak of World War I, Hauptmann was something like a symbol of leftist opposition. To be sure, he did not voice his views in political journalism as he was to do later when no political subject would have his undivided neglect; also, he was never a member of the Socialist (or any other) party and, in any case, the Socialists were certainly less than delighted by the lack of social activism in his plays. Still, his works (*The Weavers*, say, or *The Beaver Coat*) made him one of the rallying points of the enemies of the Establishment (cp. VI, 728; XI, 979). And this antagonism was accentuated by famous incidents like Williams II's cancellation of his subscription to the imperial box in the ›Deutsches Theater‹ after the first public performance of *The Weavers* in 1894, or the emperor's denial of the Schiller Prize to Hauptmann in 1896 after a competent jury had awarded it to him, or, finally, the Crown Prince's sabre-rattling exit from the gala performance of Hauptmann's *Festspiel* in 1913, a play celebrating the centennial of the Wars of Liberation – but not chauvinistically enough for imperial taste.

All this is perhaps less a reflection on Gerhart Hauptmann's political attitude than on imperial literary criticism. But Hauptmann's relationship to the Nazi regime is rich in incidents that do reveal his political attitude. By this time his sympathies were unambiguously right of center and more than a few times he made public gestures designed to accommodate himself to the new rulers (who, incidentally, did not have much use for him because of his leftist past). It is true, to be sure, that his literary works written at the time are free from specific Nazi ideology of any kind; it is true that he stood by his Jewish friends; it is true that among friends he expressed his contempt for the regime. But this makes his public pronouncements in support of Hitler no less sinister – as acts partly of vaguely rightist convictions and partly of opportunistic cowardice. He himself admitted this political cowardice in private. And well he might, given his occasional pro-Nazi speeches and newspaper articles in which he claimed, among other things, that World War II was a »holy war« and that the »powers beyond the stars« had ordained Hitler as their tool for purposes like the annexation of Austria (XI, 1169, 1159).

These, then, are the images of Hauptmann the politician that come to mind most readily: two extremely different images, a moderately leftist and a bizarrely rightist one. How did this remarkable change come about? Was there a gradual development or a radical break? And what are the factors behind the change?

The key to an answer, if there is one, would have to be found in Gerhart Hauptmann's political role during the intervening years, especially in the Weimar Republic. That it was a more active role by far than the one he played before and after, should surprise no one. For the period of the Weimar Republic was perhaps the only one in German history during which the intellectuals, traditionally the outsiders, successfully attempted, at least at the beginning, to gain some influence on the conduct of national affairs, to wield at least some of the power which their counterparts in France had enjoyed for generations, as Heinrich Mann repeatedly and pointedly reminded his countrymen.[2] His brother Thomas, in his much-discussed address »Von deutscher Republik« (delivered in 1922) made the same point: now that the dynastic-aristocratic leadership had disappeared it was the opportune moment for the intellectual leaders, especially writers, to emerge: »The authority of writers is enhanced in the republican state,«

---

[2] See Peter Gay, *Weimar Culture. The Outsider as Insider*, New York, 1968. On H. Mann see Walter Laqueur, *Weimar. A Cultural History*, New York, 1974, p. 71.

Thomas Mann said, »and so is their responsibility.«[3] And Gerhart Hauptmann, too, when asked in 1923 to describe the current mood of Germany to an American reading public, depicted the Weimar Republic as a nation of poets and thinkers, not of generals and princes, or inflation managers, for that matter (XI, 1006).

Hauptmann himself tried to rise to the occasion by playing a highly conspicuous role in political life as a public speaker and political commentator, as author of political proclamations and position papers published in the daily press, and as what would later have been called a radio personality. This does not mean that he was blessed with rhetorical talents; quite to the contrary, as he realized himself in lucid intervals.[4] The greatest charm of his speeches is their brevity, and his pronouncements in daily papers occasionally read like garbled telegrams posted from the Magic Mountain Post Office by Mynheer Peeperkorn. And yet, he was very much sought after as a speaker and a journalist-commentator and he all too readily accepted such urgent invitations to skate with one skate in a public rink, even when the occasion was the opening of a »Sommerschau für Anbauhaus, Kleingarten und Wochenende« (VI, 859) – though, to be sure, much of the time he acted spontaneously.

The full extent of this activity has only recently come to light, in 1974, when the final volume of the Centennial Edition of the (more or less) complete works of Gerhart Hauptmann brought together a great many political statements which had been entirely or virtually unknown and inaccessible since the days of the Weimar Republic: unpublished speeches as well as previously uncollected texts from newspapers and other widely read but ephemeral publications. As a result, Hauptmann's political attitude during the Weimar Republic is only now emerging and can only now be discussed with at least some measure of comprehensiveness and perspective.

These new texts have some surprises to offer. The greatest of these is that republican sentiments come to the surface, at least in the early years of the Weimar Republic (republican in the sense of support for the Weimar Republic and its democracy: republican and democratic can, therefore, be used interchangeably). This is worth noting. For the political essays and speeches of those years collected in book form by Hauptmann himself in 1932 (and again in 1942) give the overwhelming impression of fuzzy nation-

---

[3] Thomas Mann, *Gesammelte Werke in zwölf Bänden*, Frankfurt a. M. 1960, XI, 813.
[4] VI, 801, 805, 836; cp. XI, 1099, 978.

alism and indeed chauvinism. The new texts, on the other hand, hitherto practically unknown, but published at the time in hundreds of thousands of copies, reveal that Hauptmann was also an active partisan of the democratic ideals of the Weimar Republic – and, in fact, acted as its spokesman. So prominent were his activity and initiative on behalf of the Republic that in 1921 newspapers reported that he was thinking of announcing his candidacy for president of the Republic – a candidacy which had in fact been promoted in republican circles as early as 1919.[5] (Hauptmann denied in the daily press that he had any such ambitions, if only »nach reiflicher Überlegung« [XI, 964]).

Of course, an informal presidency was something else again. So he did not issue a denial when in the following year, 1922, Thomas Mann, in his address »Von deutscher Republik«, proclaimed Gerhart Hauptmann »König der Republik«. This proclamation was echoed widely; even one of the more recent books on the Weimar Republic, Walter Laqueur's, published in 1974, repeats it with approval and, incidentally, promotes Hauptmann to the rank of »secret emperor of Germany.«[6]

This address of Thomas Mann's, honoring Gerhart Hauptmann so feudally on his sixtieth birthday, was a significant milestone in Hauptmann's career as a political figure. But it was also an important moment in Thomas Mann's own development. Perhaps it is fair to say that in this celebrated speech he did not proclaim Gerhart Hauptmann king of the Weimar Republic as much as he proclaimed himself its crown prince.[7] Thomas Mann had come a long way since his *Reflections of an Unpolitical Man*, published only four years earlier, 1918. When the Weimar Republic had come into being in 1919 he had not greeted it with enthusiasm. But the anti-republican backlash, the excesses of the nationalist right which set in soon afterwards, drove Thomas Mann increasingly to the left, the murder of Rathenau in June 1922 by nationalist fanatics being the final and decisive factor in this change of heart. And »Von deutscher Republik«, a few months later, was his first unequivocal public statement in support of the Republic. It is a manifesto for liberalism and parliamentary democracy, a fanfare for the enlightened values of Western humanism and civilisation of which he had

---

[5] Laqueur, p. 67.
[6] Pp. 121–122. See also Heinrich Mann: »Präsident des Herzens« as quoted in Centenar-Ausgabe, XI, 1323. Also Hans Mayer, *Gerhart Hauptmann*, Velber, 1967, p. 25; Sigfrid Hoefert, *Gerhart Hauptmann*, Stuttgart, 1974, p. 56.
[7] My account is based on T. J. Reed, *Thomas Mann. The Uses of Tradition*, Oxford, 1974, pp. 275–316.

previously been skeptical, favoring instead such things as culture with a ›K‹, monarchy, inwardness and the German soul, and even war to preserve them all. Thomas Mann drew a lot of criticism for this reversal, but he remained faithful to it, with his speeches becoming increasingly partisan, culminating in the »Deutsche Ansprache« of 1930, which is in essence a warning against being taken in by Nazi rhetoric, and an appeal to the German people to cast their votes for the Social Democrats in the upcoming election. (The Socialists, of course, were among the strongest supporters of the Republic.)

So much for the crown prince; he did indeed live up to his constitutional obligations in a republican state. But what about the king, what about Gerhart Hauptmann? In what sense can he be said to have been the »real representative of the spirit of the new republic«, as Walter Laqueur also calls him in 1974 in unison with other political and literary commentators?[8] In what sense was he »the King of the Weimar Republic,« as many thought he was?

There is no question, of course, that Hauptmann was honored royally throughout the Weimar Republic: a country suddenly without its dynastic ruler and instinctively looking for a substitute for the glamorous appearance (if not the ideological substance) of its erstwhile national figurehead, did indeed choose its leading poet for the role and treated him with much of the pomp and circumstance that had formerly been reserved for the Hohenzollerns. Surely a curious phenomenon in cultural history or indeed in the history of hero-worship, something out of Gilbert and Sullivan almost: the »Dichterfürst« as symbol of national unity. Hauptmann was undoubtedly, as Walter Muschg has called him, regretfully, »der König der Hochberühmten«.[9] »Kaisers Geburtstag« had gone out with the Kaiser as a national holiday, but »Hauptmanns Geburtstag«, the birthday of the innkeeper's son from a remote province, must have been more than a consolation prize for connoisseurs of festivities. His sixtieth birthday in 1922 and his seventieth especially, were national events, celebrated with innumerable speeches. When in 1929 the German ambassador to Italy failed to attend a reception given for Hauptmann by Mussolini, there was a debate in the Reichstag about the »incident«.[10] And when Hauptmann came to the U. S. in 1932 he was accorded almost all the honors customary for heads of state,

---

[8] P. 121; cp. p. 123.
[9] *Die Zerstörung der deutschen Literatur*, Bern 1956, p. 10.
[10] Hoefert, p. 61.

being duly received by both President Herbert Hoover and Mayor Jimmy Walker.

But, to repeat the question: what did this royal figurehead really represent in his speeches and other public statements during the Weimar years? The »spirit« of the Weimar Republic, it is claimed. But what is that? Did Hauptmann represent German »Kultur« of the twenties, as is sometimes said? Hardly – not only because of its confusing variety and richness, but also because Gerhart Hauptmann the writer shows little affinity with at least some of the specifically literary and particularly the dramatic trends of the time: e.g., little affinity with the later phases of Expressionism and its lack of realism, or with Dadaism, whose idea of drama was a race between »a sewing machine operated by George Grosz and a typewriter worked by Walter Mehring;«[11] little affinity also with Piscator's political theater or the *Zeitstück*. So, if not a representative of the spirit of Weimar culture or even Weimar literature, perhaps King Gerhart I was a representative of the spirit of the Weimar constitution as implemented by the government, as Thomas Mann hoped he would be? But which government? There were nineteen of them, in the fourteen years of the Republic, with widely varying attitudes. Or perhaps, then, was he a representative of the political mentality of the population and its changes and contradictions? This, we shall see, comes closer to the truth.

Hauptmann himself, however, was inclined to consider himself the national figurehead in still another sense: he tended to equate the spirit of the Weimar Republic with the spirit of Goethe's Weimar (although he must have known that the Constitutional Assembly which created the legal framework of the Weimar Republic was convened in Weimar »not because Weimar symbolized past cultural greatness but because Berlin was unsafe«).[12] Anyway, logic if not modesty required, of course, that Hauptmann then equate himself with Goethe, the figurehead of that Weimar, calling himself a »son of Goethe,« »successor to Goethe,« etc. and even emphasizing the chance similarity of appearance by tonsorial and sartorial tricks and expertise. And the effort was generally regarded as successful. One of the many anecdotes that made the rounds was that Gerhart Hauptmann stepped on the grass in the Tiergarten in Berlin and was promptly reprimanded by a police officer. »But my good man, don't you know who I am?« said Hauptmann. »Sure,« said the policeman, »Ick weeß: Jöthe, aber

---

[11] Laqueur, p. 120.
[12] Reed, p. 279.

detwegen dürfen Se noch lange nich uff'm Rasen rumtrampeln.«[13] (Worth mentioning perhaps because this story might be symbolic of the *real* political stature of poets and thinkers in the Weimar Republic, whose semi-political power-structure was, after all, inherited from the Empire.) In any case, Hauptmann's speeches on Goethe are legion, and the emotional and intellectual identification in them is such that in one of them one does not quite know whether he is commemorating the one-hundredth anniversary of Goethe's death or his own seventieth birthday.

By the way, Hauptmann did not care for Schiller that much, nor did he make an effort to get to know him that well. »Ach Schiller,« he said when Willy Haas made the mistake of comparing Hauptmann's dramas to those of Schiller, »Friedrich Schiller. Sehr begabt, sehr begabt. Da habe ich doch ein Drama gesehen mit einem alten Flötenspieler, nein – nicht mit einem Flötenspieler, mit einem Baßgeigenspieler, und mit einer vergifteten Limonade ...« At this point Mrs. Hauptmann got a bit nervous and interjected: »*Kabale und Liebe*« and Hauptmann continued without loss of dignity: »Richtig: *Kabale und Liebe*. Wirklich ... wirklich sehr begabt. Ja.«[14] Goethe, on the other hand, was a different case altogether for Hauptmann.

But what does Goethe stand for? Which is to say: what does Gerhart Hauptmann stand for when he speaks in his role as figurehead of the Weimar Republic in the guise of Goethe *redivivus*? There are two conspicuous leitmotifs in these speeches on Goethe: first, Goethe did not kowtow to princes, »war kein Fürstenknecht« but a democrat (VI, 798); and second, Goethe embodied the soul of the German people (VI, 836, 737; XI, 1102) and should consequently function as the power which alone could generate that unifying German national feeling which Hauptmann deemed highly desirable after World War I (XI, 911). In other words, Goethe the humanist republican and Goethe the functional nationalist. And indeed, these two leitmotifs are paralleled in the political pronouncements of Goethe II or Gerhart I during the years of the Weimar Republic. They are the key to his political role. To harmonize these two – somewhat contradictory – leitmotifs is not always easy. But it is definitely not without interest to see and try to understand how this unhappy marriage of leitmotifs came about, how it developed and finally broke up in 1933. To a certain extent the story that emerges from such a study is at the same time the story of the German

---

[13] Eberhard Hilscher, *Gerhart Hauptmann*, Berlin, 1969, pp. 402–403.
[14] Hilscher, p. 408.

electorate between the Kaiser and Hitler. In this sense, Gerhart Hauptmann's role as King of the Weimar Republic does indeed become somewhat representative of the country and its spirit – but more uncannily so than is implied in the way in which the royal designation is commonly employed.

Let us start with Gerhart Hauptmann the Republican and deal with the Nationalist later. Evidence of Hauptmann's liberal, republican convictions and of his concrete support of the new parliamentary democracy is strongest in the earlier years of the Weimar Republic – the republic which he all but defined as not »von Fürsten geknechtet«, in an obvious allusion to Goethe (XI, 1005). Thus, his endorsement of the Republic is frequently paralleled, in these early years, by harsh condemnation of »Fürsten« – of monarchy, of Wilhelminian Germany, which, he felt, was socially inequitable and divisive and created unthinkingly loyal subjects instead of responsible citizens.[15]

Unlike Thomas Mann, however (who also rejected and in fact ridiculed the last and most flamboyant German monarch in his address of 1922), Gerhart Hauptmann was among the first to welcome publicly the new post-dynastic form of government. Even before the Weimar Republic had a constitution, only one week after the Social Democrat Scheidemann had proclaimed the Republic (which was not yet the Weimar Republic), in November 1918, Gerhart Hauptmann was among the 59 signers of the »Kundgebung von Berliner Künstlern und Dichtern« which was an appeal for support of the new government and an emphatic declaration of such support. Not only did Hauptmann sign this document, he actually wrote it, as we now know, single-handedly and on his own initiative (XI, 898–899, 1320–1321). Also, he composed a proclamation published in the official Social Democrat newspaper *Vorwärts* (and likewise signed by leading German intellectuals) in which the election of the National Assembly on January 19, 1919 is commemorated as a world-historic moment: as the election of the first post-Imperial Assembly, that is, which was to meet in Weimar and prepare the constitution for the Republic (XI, 928–929).

Other, similar endorsements of the Republic followed suit in due course. The most significant of these are the two speeches and one essay in memory of his murdered friend Walther Rathenau. These texts are unequivocal confessions of faith in the republican spirit of the constitutional government of Germany and condemnations of rightist terror. Then, shortly after the assassination of Rathenau, in 1923, Hauptmann also communicated his

---

[15] VI, 729–730, 762; XI, 929–930, 933–934.

wholehearted partisanship for the Weimar Republic and its intellectual life to the United States, in an essay published in the journal *Current History and Forum* (XI, 1002 ff.). And in 1926 he projected a similar image to France when he welcomed Tristan Bernard in an address published in the *Berliner Tageblatt* – an address which in fact welcomed Franco-German rapprochement so cordially that Hauptmann was persuaded in 1932 not to reprint it in his collected essays, entitled, ominously, *Um Volk und Geist* (XI, 1047 f.). Then, in 1927, he celebrated Friedrich Ebert as a sort of German Abraham Lincoln, the »savior of Germany in the hour of her greatest distress,« and lashed out against those – rightist – circles which could not find it in their hearts to be grateful for his achievement, but, instead, developed crankiness into a fine art – a just barely legal one at that (XI, 1054).

This is – significantly – the last published statement in favor of the Republic, printed in 1927. And one wonders if this non-support of the Republic from 1927 on cannot be seen as a concession to that German nationalism which was by then gaining ground and which Thomas Mann, when he proclaimed Hauptmann King of the Republic, had deliberately ruled out as incompatible with the rational spirit of republican humanism.

Hauptmann's lack of political activism on behalf of the Republic during its later years cannot, as such, be read as an indication that he was preparing for an eventual accommodation with the nationalists even then. In fairness, one also has to keep in mind that the latter half of the Weimar Republic is generally a period of political apathy on the part of the electorate, a period of »Republikmüdigkeit«, as Diwald and others have shown.[16] For most, politics was not the stirring stuff that insomnia is made of, anyway. And by the time that Franz von Papen, a cavalry officer, became Chancellor of Germany in 1932, many may have agreed with the remark made by Herriot, the French politician, who said about Papen: »The more I study the face of a German cavalry officer, the more I admire his horse.«[17]

In any case, one cannot say that Gerhart Hauptmann turned from Republicanism to Nationalism at some point during the second half of the lifetime of the Weimar Republic. There is a development, but it is a more complicated one. For the republicanism that I have discussed so far was only one strand of Hauptmann's political thinking and speechmaking at the time.

---

[16] Hellmut Diwald, »Literatur und Zeitgeist in der Weimarer Republik«, in: Hans-Joachim Schoeps, ed. *Zeitgeist in der Weimarer Republik*, Stuttgart, 1968, pp. 203–260.

[17] Erich Eyck, *A History of the Weimar Republic*, Cambridge, Mass., 1967, II, 404.

From the very beginning of the Weimar Republic this strand was paralleled by a vigorous nationalistic strand. In fact, the nationalistic tendency predates the Weimar Republic. For Gerhart Hauptmann's active role in political life does not begin with the Weimar Republic but with the outbreak of the First World War. Before 1914 he had not felt called upon to take a position publicly on politics or on questions of national interest. But as soon as the guns of August 1914 started firing, Hauptmann, the thorn in the side of the Wilhelminian Establishment, metamorphosed himself overnight into an ardent patriot: he suddenly discovered that the center of civilization was – the army![18] and urged it to fight »bis zum letzten Blutstropfen« (XI, 869). And William II, incidentally, rewarded his suddenly loyal subject promptly, as early as 1914, with the Order of the Red Eagle – class IV.

This monarchist patriotism of Hauptmann's was, of course, much like Thomas Mann's at the time of the First World War. However, the similarity ends with the end of the war. For, to repeat, Gerhart Hauptmann, unlike Thomas Mann, embraced the Republic immediately, in November 1918 – drawing, no doubt, on the solid resources of his pre-war democratic propensities which had been put on ice in the heat of August 1914. And he stood by this republicanism for many years in the 1920's. But he never did renounce his nationalism of 1914, though anti-monarchist, anti-Wilhelminian sentiments abound in the 1920's. Right from November 1918 on, there is, as a result, a parallelism and indeed a blend of republican and nationalist tendencies in Gerhart Hauptmann's public pronouncements on political issues. Nationalistic declarations are still recognizably the views of a republican, at least for a time. And vice versa. As a matter of fact, even the unwavering endorsements of the new republican form of government which I called attention to earlier, are ambivalent in that they also sound the nationalist note, and that includes the various expressions of grief and outrage at the murder of Rathenau by benighted nationalists.

Now, of course, this symbiosis of seeming political contraries is quite understandable, psychologically as well as historically. For the Republic that Gerhart Hauptmann championed was a republic in chains (XI, 1005) – a republic burdened almost throughout its duration by the requirement of reparation payments which kept generating nationalist opposition. As a result, republicanism and nationalism could not be expected, at the time, to be mutually exclusive in an absolute sense. After all, this was the time when German Social Democrats endeavored to demonstrate that they were not

---

[18] Hans von Brescius, *Gerhart Hauptmann*, Bonn, 1976, p. 83 (»die Front«).

unpatriotic, »vaterlandslose Gesellen«;[19] and even Thomas Mann's »Deutsche Ansprache« of 1930, while endorsing the Socialists, led up to an appeal to that national unity which had emerged during World War I (cp. XI, 911).

»Republicanism« and »nationalism« are, then, not exact contraries during the Weimar Republic, although they were often felt to be mutually exclusive at the time: e. g. by the students of the University of Berlin in 1922 who boycotted Gerhart Hauptmann the »Republican« because they doubted that he was a »charakterfester Deutscher«.[20]

Nonetheless, republicanism and nationalism were compatible to a certain extent at the time and they could overlap. These terms are, therefore, of limited usefulness, as are related ones like left and right, liberal and conservative, democratic and anti-democratic. But they may be used (as they are by Erich Eyck, Sontheimer, Bracher, and other political historians) because they provide some theoretical orientation. They designate shifting centers of gravity in the wide spectrum of political parties: centers between which politicians had to maneuver, emphasizing one more than the other. Increasingly, these centers of gravity drifted apart, with the nationalist pole becoming ultimately the more powerful one.

It is against this background that Hauptmann's nationalist statements of the 1920's must be seen, the more so as they were not just anybody's words, but those of the informal figurehead of the country, read and heard by millions. Under these circumstances it was inevitable that his teutonic sabre-rattling in newspaper articles and speeches could only be regarded as giving aid and comfort to the enemies of the Republic on the right. (»Der Feind steht rechts,« as Chancellor Wirth said at the funeral of Rathenau.)[21] Many of Hauptmann's nationalist, anti-democratic pronouncements may, to be sure, be understood as expressions, not of considered conviction but of muddle-headed naiveté, as »eine zu Herzen gehende Quasselei«.[22] But is it too much to expect that he should have been aware of his responsibilities – aware of the weight and far-reaching influence of opinions issued by the uncrowned king of the Republic? Was it enough to state, as he did again and again, that he was taking a position above the hassle of political parties

---

[19] Kurt Sontheimer, *Antidemokratisches Denken in der Weimarer Republik*, München, 1962, p. 385. See also Laqueur, p. 7.
[20] Harry Graf Kessler, *Tagebücher 1918–1937*, Frankfurt a. M., 1961, p. 347.
[21] Eyck, I, 217.
[22] Letter to Erika Mann, May 7, 1925, on Hauptmann's *Festspiel* (*Briefe 1889–1936*, Frankfurt a. M., 1961, p. 239).

– unlike Thomas Mann, to be sure, but very much like a crowned monarch and, incidentally, like many rightists?[23] And could he have ignored the fact that much of his speech-making employed the irrational racist vocabulary of »Deutschtümelei« that the nationalist right luxuriated in at the time – while the government of the Republic, represented most effectively by Rathenau and Stresemann, endeavored to present to the world at large an image of realistic reasonableness and sincere cosmopolitanism?

Here are some such terms, culled from Hauptmann's speeches of the mid-twenties (all untranslatable and some familiar from the speeches of Hitler): Volksgemeinschaft (sometimes used with the adjective ›heilig‹ [VI, 778]), Volkstum, völkisch, Volksgenossen, Volksseele, Deutsches Wesen, Deutscher Mensch, Mysterium des Deutschtums, Muttererde, Volksboden, and even »entartet,« with reference to the theater of the mid-twenties (VI, 773). Some of these reappear in his pronouncements during the Nazi years.

To offset this not so fine art of quoting out of context, I hasten to repeat that many of Hauptmann's speeches are ambivalent, combining republican with nationalist sentiment, cosmopolitanism with aggressive patriotism. But as I began by isolating some of the clearly republican texts, I shall now proceed to refer to some more clearly nationalist ones from the same period, all of them published at the time and therefore facts of the political life of the Weimar Republic. Quantitatively they outweigh the republican ones by far, and they begin early: on February 2, 1919, to be exact. On this day Hauptmann published an »Open Letter to the Allied Congress in Paris« in the *Berliner Tageblatt* (VI, 707 ff.) in which he urged the victors not to enslave the German nation: harmless enough, of course; »everybody« was on the verge of chauvinism in 1919. When he addresses himself more specifically to German readers and listeners, however, he vigorously appeals to their »Nationalbewußtsein« (»diese heilige Empfindung« [VI, 718]). He urges them to rally round the national interest and to bring about a national unity of spirit, »so weit die deutsche Zunge klingt« (VI, 759), a quotation from E. M. Arndt who was to be a favored poet during the Nazi years. Occasions for this sort of appeal in the early twenties were the Treaty of Versailles, the plebiscite in Upper Silesia concerning the future national identity of Hauptmann's native province in 1921, and, the same year, the fiftieth anniversary of the founding of the Second German Reich; also invitations to lecture at various German universities (which were among the

---

[23] E.g. XI, 1007, 1023, 1125–1126.

strongholds of reactionary sentiment), and, finally, the Goethe celebrations in Frankfurt in 1922 (in which Hauptmann participated with an address on »Goethe und die Volksseele«, no less).

In tenor these speeches tend to be repetitive. Most prominent is their emphasis on regeneration, »Wiedergeburt«. Hauptmann claimed in 1921 that the »fateful« national catastrophe (World War I) had not really defeated German national feeling and that this feeling for the fatherland would and should arise anew, like a Phoenix[24] – that adaptable species of literary ornithology which Hauptmann was to endanger linguistically later by using it to describe the National Socialists' rise to power (VI, 890). »Es kommt zunächst darauf an«, he said in the speech of 1921, »daß wir selber und nicht die Welt am deutschen Wesen genesen« (VI, 732). (The lines from Geibel he alludes to had been made famous – or infamous – in 1907 by William II). And then there is, to give one more example, an open letter »To the Democrats in Anhalt,« printed in 1924. It is an interesting document because it suggests not only a decided reserve toward the republican, liberal views of the Democratic Party, the decline of which, W. Laqueur has said, »symbolized the decline of German democracy.«[25] It also suggests a certain sympathy for the German Nationalist Party, a blatantly monarchist party – whose patriotism Hauptmann says he shares. Also, he voices here the common nationalist impatience with the offical policy of fulfillment of the reparation agreements in a particularly obstructive way, claiming, instead, allegiance to the densest nationalist persuasions (XI, 1025). All of which could only have pleased the political right, not the government coalitions of the time, and not President Ebert, the Social Democrat, either, although, of course, Stresemann had to voice such persuasions at foreign conferences – for domestic consumption, as even Briand understood.

Many of these speeches (voicing that nationalist sentiment which I have briefly characterized) were reprinted by Gerhart Hauptmann in his essay collection entitled *Um Volk und Geist* late in 1932 (and again in 1942). The title was suggested by his editor, Rudolf Goldschmit, who reasoned that it would demonstrate to radical nationalists that Hauptmann was a patriot, would demonstrate his authentic »volkhaft nahe und vaterländische Haltung«.[26] Hauptmann agreed. But not only the choice of the title, also the selection of essays and speeches for this volume reveals that it took shape in the shadow of political events in late 1932. For in spite of the courageous

---

[24] VI, 729; cp. VI, 730, 732, 734; XI, 1169.   [25] Pp. 9–10.
[26] Klaus Kanzog, »Kritisch durchgesehener Text oder historisch-kritische Ausgabe?«, *Jahrbuch der Dt. Schillergesellschaft*, X (1966), 342.

inclusion of a speech on Rathenau's death, this collection demonstrates »einen betont deutsch-nationalen Charakter,« as Klaus Kanzog has recently concluded in his examination of the genesis of *Um Volk und Geist*.[27] It is clearly a document of accommodation, no matter how naive, including, as it does, only the nationalist and none of the republican texts, except for one of the speeches on Walther Rathenau. It contrasts strikingly, as a contribution to late Weimar political life, with Thomas Mann's »Deutsche Ansprache« of 1930 and Heinrich Mann's »Bekenntnis zum Übernationalen« in the *Neue Rundschau* of December 1932. And it flies in the face of the assertion of the West German editors of the Centennial Edition (1974) as well as of the author of the leading East German Hauptmann biography, that the Hauptmann of the Weimar Republic was a spokesman of the liberal left.[28] That he was — but a spokesman sitting on the fence, for he was also part of the anti-liberal backlash of the early twenties (when most of the pertinent texts were written) and of the early thirties (when they were republished in *Um Volk und Geist*.

When Hauptmann's long-forgotten political writings and speeches were reprinted in the final volume of the Centennial Edition in 1974, it became apparent that this conspicuous public shift to the right, in 1932, had been in the making for some time. For what these newspaper articles and other ephemeral texts reveal is this: not only did Hauptmann not publish any republican (democratic, liberal) political statements during the second half of the Republic, from 1927 on, as I said; there are also from this period no such texts that were intended for the public (e.g., speeches), but remained unpublished at the time.[29] *But*: specifically nationalist texts, printed and

---

[27] Kanzog, p. 347.
[28] XI, 1320 and Hilscher, pp. 371 ff. (without knowledge of the unpublished materials and the journalistic pieces which remained uncollected until vol. XI of the Centennial Edition, 1974).
[29] There are two *possible* exceptions. One is a typed note on Stresemann, written on the day of his death in 1929 (XI, 1080–1081). It is full of admiration for the man and his heroic dedication to the service of the fatherland, with the liberation of the Rhineland from French occupation emerging as his most noble achievement – but not a word about Stresemann's »Policy of Fulfillment« (of the Reparation Agreements) with which he was mainly identified throughout his political career during the Weimar years and which he accomplished with the support of the left while the right condemned him as a slack patriot. (Thomas Mann, on the contrary, in the »Deutsche Ansprache« of 1930, praised Stresemann for his statesmanlike »Policy of Fulfillment«.) The other unpublished statement occurs in an early version of a speech on Goethe, in 1932. It says that the Weimar constitution provided salvation from anarchy and catastrophe (XI, 1114). In the final, and published, version (VI, 866–868) this passage was left out (in 1932).

unprinted, are not lacking from 1927 on by any means, although they are decidedly less plentiful than before 1927 or thereabouts.

What are we to make of this development?

For one thing, it shows Hauptmann's gradual withdrawal from political life. But withdrawal is only a symptom. A symptom of what? First of all, it shows, I think, that the indifference or even aversion to the Republic during the later Weimar years affected Gerhart Hauptmann as it did so many others. So he stopped writing in favor of the Republic. But why, then, did he not step up his anti-republican, nationalist campaigning at the same time, but de-emphasized it instead? I suggest, as a possibility, that by this time Hauptmann was beginning to see the light: was beginning to see that by taking a nationalist stance he might be giving support to those tendencies on the right which he could not, as a humanist, identify with either. What these tendencies were might have become clear to him throughout 1927 and in the early months of 1928 – as it demonstrably did become clear at that time even to adherents of the German Nationalist Party. For it was during this period that the German Nationalists (die Deutsch-Nationalen) participated in the government for the first time, with no fewer than four cabinet members. And »the election results of May 20th, 1928,« to quote Eyck, showed that their »participation in the recent government had hurt their popularity at the polls.«[30] Hauptmann might have shared, then, this popular disillusionment with nationalist politics, in 1927–1928. And for the period from, say, 1929 on, one might explain his growing reluctance to voice nationalist feelings by the argument that he became even more disaffected with anti-democratic tendencies when Hitler's variety of nationalism gained strength, culminating in the landslide electoral victory of the Nazis in September, 1930. He was beginning to see the light – or the darkness, rather, and withdrew.

It is indeed possible to interpret Hauptmann's growing reticence on behalf of nationalist causes in this way, for there is evidence, from manuscript, i.e. diary notes unpublished until 1974, that during the second half of the Weimar Republic he did become a little more cautious about his national feelings and that he tried to arrive at more differentiated views. The *problem* with the diary entries, is, however, that Hauptmann often wrote them when he was drunk. According to one authority, Brescius (p. 9), their alcoholic content can be measured by the size of the letters – which, of course, still does not solve the real question: whether or not *in vino veritas*.

---

[30] II, 155.

Nonetheless, let's look at some of the diary entries. Even about Hindenburg, whose election to the presidency in 1925 is often seen as a symbol of the general move of voters to the right and against the Republic, even about Hindenburg, Hauptmann had his grave doubts as early as 1925, in a diary note.[31] And as late as 1930, a few weeks after the overwhelming electoral victory of Hitler's National Socialist Party, he confided his chagrin to his diary, noting that in fortunate Switzerland Hitler would be a ridiculous figure (XI, 1097). Later still, in 1932, he observed in his diary that the Nazis were an uncivilised lot, without cultural interests; about a speech by Gregor Strasser he remarked: »Er sprach über Deutschland wie über ein Pferd«,[32] and Strasser wasn't even a cavalry officer. To put it in a nut-shell: speaking in favor of nationalist causes too often and too fervently during those years, 1927 to 1932 in particular, might have been interpreted as support for what was, after all, the wrong cause. A bit of royal responsibility at last, perhaps.

It would seem then, in this view, that Gerhart Hauptmann shared the general and tragic dilemma of the non-Nazi political rightists during these final years of the Weimar Republic. That is to say: not only did he share their anti-democratic ideology (which Kurt Sontheimer has described so brilliantly), including their pseudo-religious yearning for »Wiedergeburt«, for a rejuvenated Reich and a new Führer – an ideology which put them in strong opposition to the increasingly »passive« Weimar state and made them pave the way, however indirectly and unwittingly or unwillingly, for the National Socialists.[33] Not only did he share that ideology; Hauptmann also would have shared, in this view, the confusion of many of the non-Nazi rightists in the face of Hitler's rise to absolute power from 1929 to 1933. After all, while some of these rightists cooperated with the Nazis, with or without reservations or ulterior motives, others most emphatically did not; Hauptmann, it seems, would have shared their widespread confusion, and his growing reluctance to champion nationalist causes would be an expression of it, just like his reticence on republican causes.

But then, why did he not fall silent altogether? Why, instead, the publication of *Um Volk und Geist* late in 1932? Couldn't this volume be construed – and might it not indeed even have been designed (at least according to the editor whom Hauptmann did not contradict) – to demonstrate Haupt-

---

[31] XI, 1030–1031. But cp. his eulogy on the occasion of Hindenburg's death: »In diesem Manne war Gott« (XI, 1137); cp. Eyck, I, 337.
[32] Brescius, p. 211; cp. pp. 208–219 for similar diary notes.
[33] Sontheimer, pp. 357–371.

mann's affinity with that element of the radical right which was then riding high? Why this championship of »Nationalgefühl« at a time when it was obvious which decidedly uncongenial tendencies it would strengthen – and might have strengthened all along? And why, after Hitler's seizure of power a few months or weeks later, the repeated and unambiguous (though not frequent) confessions of faith in the leader, beginning with Hauptmann's newspaper article of November 1933, in which he called once again upon the German people, this time to ratify Hitler's intention of withdrawing from the League of Nations?[34] Why, around 1941, his discovery of »holy war« (XI,1169)? Why all this, when his private conversations and his literary works written during the Nazi years, exhibit vague (some would say, strong) feelings of opposition against the by then prevailing climate of opinion, especially against the racism of the regime?

Was it opportunism? Or was he duped and used as a tool by demagogues? Did he fail to understand the implications of what he was doing as when he said that the annexation of Austria was willed by fate (XI, 1159)? Was it naiveté or even senility or alcoholism, as Walter Muschg has suggested?[35] Had he been corrupted by success and simply become unable to be out of harmony with those in power, finding it impossible, as a literary success, to be a political failure? He did, by the way, have an opportunity, and used it, to hail yet another »Wiedergeburt« of Germany, in 1945 – this time a rebirth of the Communist variety, of course, as he could speak only for East Germany (XI, 1206–1207).

There is certainly a grain of the sorry truth in all of these explanations. And equally certainly one may add cowardice to this catalogue of motives – as Gerhart Hauptmann did himself in a conversation with the Hungarian author Ferenc Körmendi in Rapallo in 1938.[36] But one other factor remains to be mentioned: Hauptmann the writer was deeply rooted in that irrationalism, that reaction against the civilized values of the Enlightenment that Thomas Mann named in his »Deutsche Ansprache« as a factor contributing to the rampancy of National Socialism in 1930. Irrational »Mysterium« (his favorite word even when sober) meant more to Hauptmann than rational analysis; resignation, quietistic submission to »fate« (so-called) was more congenial to him than active resistance. As a writer he was able to incorporate these passive inclinations into moving and at times grand poetic visions

---

[34] XI, 1133–1134; cp. 1132–1206; Hilscher, pp. 412–435; Hoefert, pp. 71–84.
[35] *Die Zerstörung*, chapter »Vor Sonnenuntergang«.
[36] Hans Daiber, *Gerhart Hauptmann, der letzte Klassiker*, Wien, 1971, p. 267.

which have given us significant (and *seemingly* unpolitical) works of literature. But as a political man proper he was destined by these same propensities to consider the advent of the Nazi regime as a sort of *Naturereignis* of elemental force that could not be resisted: as a storm that was to be weathered.[37] »I am not the so-called fighting type,« he said in what must have been the understatement of the year 1922, with reference to his political stance (XI, 979). Now, to be sure, some of the pronouncements that I have mentioned, be they nationalist or republican, might be seen as expressions of political activism rather than of passivity. But it must be borne in mind that here too, since the First World War, he was never a solitary fighter but always, as he said in the same speech in 1922, »von einer geistigen Strömung getragen« (XI, 980), carried by an intellectual current – or should one say: carried away by it?

That this was the behavior that Thomas Mann expected of the man he proclaimed King of the Weimar Republic we may most assuredly doubt, even though Thomas Mann treated the later Gerhart Hauptmann with noble understanding. In retrospect, one might be more inclined to see in Hauptmann a national symbol of a different sort: a national weathervane, shall we say: self-oiling, and heavily gilded too, and not entirely unrepresentative of the changing mood of the Weimar Republic, of its development and its aberrations, its contradictions and its instability resulting from political inexperience (which even Preuss, the framer of the Weimar Constitution, admitted).[38]

This may sound uncharitable – one should also remember the personal tragedy of it all – Hauptmann's personal tragedy –, and that martyrs are not born every day. But the tragedy has other aspects as well. Not the least of them is the fact that the movements of national weathervanes of such royal distinction tend to be regarded as directional or rather as directive signals by the electorate. And there was no doubt during the 1930's about the direction in which it was pointing.

---

[37] Peter de Mendelssohn, *S. Fischer und sein Verlag*, Frankfurt a. M., 1970, p. 1307.
[38] Eyck, I, 66.

Rainer Rumold

Ein kleines Ja und ein großes Nein.
George Grosz im Spiegel seiner Begegnung
mit Gottfried Benn und Bertolt Brecht

I »Lederstrumpf« und »Giselher«

In Else Lasker-Schülers verschlüsselt autobiographischem Phantasieroman *Der Malik. Eine Kaisergeschichte* (1913–1917) begegnen sich Gottfried Benn als »Giselher der Nibelunge« und George Grosz als »Lederstrumpf« im abendländischen Heer, das das Reich des orientalischen Dichter- und Friedensfürsten Jussuf Abigail Malik, des selbsternannten Gegenkaisers zu Wilhelm II, für eine Teilnahme am »Weltkrieg« gewinnen, ja schließlich dazu zwingen will. »Lederstrumpf« – mit dieser Namensgebung spielt Lasker-Schüler auf Georg Grosz' Amerikabegeisterung und cow-boy Romantik im Zeichen seiner Lieblingslektüre James Fenimore Coopers und Karl Mays an – wird in der morgenländischen Welt alsbald von seiner abendländisch geprägten »menschenfeindlichen Verbitterung« befreit. Als Bekehrter kehrt er seine im Herzensgrund verborgen gehaltene phantastisch spielerische, ja kindliche Menschenliebe hervor: »Lederstrumpf« wird schließlich von Malik als ein »Treuer« zum Emir von Theben ernannt. Der martialische »Arierfürst« Giselher hingegen läßt sich nicht davon abbringen, Malik und den Thebanern ein Ultimatum zu stellen. Der Dichterfürst, den eine Haß-Liebe an seinen Feind fesselt, kann den »Nibelungen« nicht für sich und seine Welt gewinnen, sein Reich nicht erhalten; er scheidet endlich freiwillig aus dem Leben.
Nur in der Dichtung Else Lasker-Schülers gewinnt ein derart gegensätzliches Bild des Dichters und des Malers einen gewissen Wahrheitsgehalt, nämlich den einer universal-charaktereologischen Typisierung. Denn in den Jahren der Niederschrift dieses Romans bestand ein solcher Gegensatz der Persönlichkeiten als gesellschaftlich handelnder wohl kaum in dieser unüberbrückbaren Schärfe. Es ist wahr, George Grosz war der imperialistische Geist des wilhelminischen Deutschlands von Anfang an zuwider. Er hatte die allgemeine Kriegsbegeisterung schon in der ersten Stunde nicht geteilt, wenn auch eine gewisse Aufbruchstimmung seinen Haß gegen den

bürgerlichen status quo aufreizte.¹ So schreibt er in einem Rückblick auf seine persönliche und künstlerische Entwicklung im Jahre 1924: »Ich spürte diesen Willen (des Militärs) auch über mir, war aber nicht begeistert, da ich die individuelle Freiheit, in der ich bis dahin lebte, bedroht sah. Ich fühlte mich damals anarchistisch abseits von den Menschen, nun lief ich Gefahr, zur Gemeinschaft mit den mir so verhaßten Menschen gezwungen zu werden.«² Um diesem Zwang gleichsam zuvorzukommen, meldete sich Grosz im November 1914 freiwillig. Er hat nie an den Einsätzen der Fronteinheiten teilgenommen, wurde aber 1916 aus physischen wie psychischen Gründen als dienstuntauglich entlassen, 1917 noch einmal mit noch weniger Erfolg eingezogen. Was Grosz vom Krieg hielt, drückt sich unmittelbar in den Zeichnungen dieser Zeit aus: »Ich zeichnete Soldaten ohne Nase, Kriegskrüppel mit krebsartigen Stahlarmen ... Einen Obersten, der mit aufgeknöpfter Hose eine dicke Krankenschwester umarmt. Einen Lazarettgehilfen, der aus einem Eimer allerlei menschliche Körperteile in eine Grube schüttet. Ein Skelett in Rekrutenmontur, das auf Militärdiensttauglichkeit untersucht wird ...«³ Bereits 1915 bekundete der Zeichner in einem Brief an Robert Bell neben seinem Haß auf den Krieg die Hoffnung, daß der internationale Sozialismus Kraft genug habe, Wilhelm II – in das Schlachthaus zu jagen!⁴

Anders zunächst Benn, so scheint es: Am 8. Oktober 1914 nimmt der Oberarzt im Zuge der allgemeinen Begeisterung an der Erstürmung Antwerpens in vorderster Linie teil, wofür er als einer der ersten Sanitätsoffiziere des Heeres mit dem EK ausgezeichnet wird. Die nächsten drei Jahre verbringt er im Dienst bei der Gouvernementverwaltung in Brüssel. Der Dichter Benn schreibt hier seine Rönne-Prosa, Ausdruck einer der Kriegsaktivität gegenläufigen, wenn auch extrem solipsistischen Selbstfindung allein durch das künstlerische Wort (z.B. »Die Eroberung«, 1915). Hier entsteht aber auch die dramatische Szene »Etappe« (1915), deren Anprangerung und Entlarvung der kriegsführenden Gesellschaft im Grotesken wohl nicht übertroffen werden konnte. Auch nicht von George Grosz, denn die literarische Satire Benns entspricht dem Stil des zeichnenden Satirikers, dessen im »messerharten Zeichenstil« entworfene Proteste in den Grosz-

---
[1] Vgl. George Grosz, *Ein kleines Ja und ein großes Nein. Sein Leben von ihm selbst erzählt*, Hamburg 1955, S. 101.
[2] »Abwicklung« in: *Das Kunstblatt*, VIII, Nr. 2, 1924, S. 35 f.
[3] George Grosz, S. 103.
[4] Vgl. Uwe M. Schneede, Hrsg. *George Grosz, Leben und Werk*, Stuttgart 1975, S. 30. – Zu den biographischen Einzelheiten vgl. auch Lothar Fischer, *George Grosz*, Hamburg 1976.

Mappen von 1917 versammelt wurden. Dort finden sich Benns vaterländische, volkserzieherische Phrasen stammelnde Typen wie Prof. Dr. Kotschnüffel, Graf Vichy, die Offiziere, die Geistlichen und Ordonnanzen vom Zeichenstift des »Misanthropen« aufgespießt wieder.
Im Revolutionsjahr 1918 allerdings sollte Grosz zusammen mit den Brüdern Herzfelde, in deren innigst freundschaftlicher, ganz und gar apolitischer Begleitung ihn Lasker-Schüler in ihrer Kaisergeschichte sah!, der Spartakus-Bewegung beitreten. Erst jetzt wurde das schon durchaus angelegte politische Motiv des Zeichners zum Sujet des agitatorischen Pamphlets. Grosz hatte sich langsam aber stetig immer mehr von einer Bennschen Sehweise, der provokativen Einstellung des Boheme entfernt, sich immer mehr einer Brechtschen Sehweise, der Perspektive des Gesellschaftskritikers genähert. Dies wird gleichsam durch Brechts balladeske Adaptation der Grosz-Skizze »K. V.« (Die Gesundbeter) mit der »Legende vom toten Soldaten« (1918) unterstrichen.[5] Benn hingegen rückte mit Vollendung seines Rönne-Zyklus immer deutlicher vom Proteststil der Groteske wie schließlich von jeglicher »soziologischen Theorie des Dichterischen« ab, fasziniert von der Problematik des »Urgesichts« der menschlichen Welt. Was Brecht später, gegen Ende der zwanziger Jahre, provozierte, ihn als »Pfaffen mit umgekehrten Vorzeichen«, als »Schleim von höchstem Adel« anzugreifen.[6]
Und doch hat die Vision der größten Träumerin Deutschlands – Benn nannte Lasker-Schüler 1952 »die größte Lyrikerin, die Deutschland je hatte« – einen Zugriff, der gleichsam den utopischen Kern traf, aus dem sich mehr oder weniger das Schaffen von Grosz und Benn speiste. In Grosz' später im amerikanischen Exil, auf Cape Cod entstandenen Landschaftsbildern, Ausdruck einer von jeder sozialen Wirklichkeit entrückten naturhaften Ordnung, scheint sich die Innerlichkeit des Künstlers am augenscheinlichsten widerzuspiegeln. Benns Absolutheit von Gefühl und Intellekt hingegen prädestinierte eine Neigung zum Heroischen und – in der Übertragung auf den gesellschaflichen Bereich – den Irrtum darin. Die Zeilen eines Gedichts, das Lasker-Schüler 1916 in der *Neuen Jugend* George Grosz widmete, erkennen das Besondere an ihm, das den Zeichner und Maler von Benn im Persönlichen zutiefst trennt, aber auch das Allgemeinere, das die Künstler des Utopischen angesichts der menschlichen Misere miteinander verbindet:

---

[5] Vgl. Anmerkung 17.
[6] Bertolt Brecht, »Benn« in: *Gesammelte Werke*, Frankfurt a. M. 1967, VIII, S. 62.

> Manchmal spielen bunte Tränen
> in seinen äschernen Augen.
>
> ...
>
> Aber nirgendwo ein Licht im verirrten Märchen
> und doch ist er ein Kind.
>
> Der Held aus dem Lederstrumpf
> Mit dem Indianerstamm auf Duzfuß.
>
> Sonst haßt er alle Menschen,
> Sie bringen ihm Unglück,
>
> Aber George Grosz liebt sein Mißgeschick
> Wie einen anhänglichen Feind.
>
> Er ist ein Meer mit verhängtem Mond
> Sein Gott ist nur scheintot.

Die Gottfried Benn, »Giselher dem Heiden«, der ihr den »Lanzenspeer mitten in das Herz« stieß, dem »Tiger«, dem »Barbaren« gewidmeten Liebesgedichte Lasker-Schülers von 1913 betonen hingegen – nicht nur aus der Sicht einer schließlich an der Unvereinbarkeit zweier grundsätzlich verschiedener Naturen gescheiterten Liebesbeziehung – den heroisch-martialischen Kern des Dichters. Weniger persönlich, damit um so komplexer und damit genauer ist das dem Gedichtzyklus vorausgehende, in Prosa gefaßte Portrait »Dr. Benn«:

> »Er steigt hinunter ins Gewölbe seines Krankenhauses und schneidet die Toten auf. Ein Nimmersatt, sich zu bereichern am Geheimnis. Er sagt: ›tot ist tot.‹ Dennoch fromm im Nichtglauben liebt er die Häuser der Gebete, träumende Altäre, Augen, die von fern kommen. Er ist ein evangelischer Heide, ein Christ mit dem Götzenhaupt, mit der Habichtnase und dem Leopardenherzen ... Jeder seiner Verse ist ein Leopardenbiß, ein Wildtiersprung. Der Knochen ist sein Griffel, mit dem er das Wort auferweckt.«[7]

Es berührt die Einsicht der scheinbar so phantastisch verträumten Dichterin, die in so unterschiedlichen Gestalten wie Grosz und Benn etwas sieht, das doch verbindet: Das kleine Ja im großen Nein. Grosz' Gott ist nur scheintot; Benn ist dennoch fromm im Nichtglauben. Sie sind beide enttäuschte, aber um so fanatischere »evangelische Heiden«. Und wenn Lasker-Schüler in ihrem George Grosz gewidmeten Gedicht sein Menschenbild und die Trauer um ein verlorengegangenes Idealbild beruft, so be-

---

[7] Else Lasker-Schüler, »Dr. Benn« in: *Dichtungen und Dokumente*, hrsg. von Ernst Ginsberg, München 1951, S. 328 f.

schwört sie damit die Erfahrung einer ganzen Generation, der neben Grosz und Benn schließlich auch Brecht angehört:

> Seine Schrift regnet
> Seine Zeichnung: trüber Buchstabe.
>
> Wie lange im Fluß gelegen,
> Blähen seine Menschen sich auf.
>
> Mysteriöse Verlorene mit Quappenmäulern
> und verfaulten Seelen.
>
> ...
> Und seine Traurigkeit ist dionysisch,
> Schwarzer Champagner seine Klage.

Dies ist die nämliche Stimmung des Dichters der Morgue-Gedichte von 1912, der »Kleinen Aster« (»Ein besoffener Bierfahrer wurde auf den Tisch gestemmt./ Irgendeiner hatte ihm eine dunkelhellila Aster/zwischen die Zähne geklemmt ...«), der »Schönen Jugend« (»Der Mund eines Mädchens, das lange im Schilf gelegen hatte,/sah so angeknabbert aus.«) Dies ist aber auch die Stimmung des jungen Brecht, des Dichters »Vom Ertrunkenen Mädchen« (1920), des »armen B. B.« der *Hauspostille* (1927), den kein anderer als Kurt Tucholsky in einer Rezension dieser Gedichtsammlung zusammen mit Gottfried Benn unter »die größten lyrischen Begabungen, ... die heute in Deutschland leben«, zählte[8]:

> ...
> Als ihr bleicher Leib im Wasser verfaulet war
> geschah es (sehr langsam), daß Gott sie allmählich vergaß.
> Erst ihr Gesicht, dann die Hände und ganz zuletzt erst ihr Haar.
> Dann ward sie Aas in Flüssen mit vielem Aas.

Es ist die Klage um den verlorengegangenen Menschen, die in gar nicht so unterschiedlicher Verschlüsselung beim Benn, Grosz und Brecht des »expressionistischen Jahrzehnts« hinter dem Angriff auf den Zivilisationsmenschen und seine Institutionen steht. Aus diesem Grund leitet sich bei letzteren auch utopisch gegenläufig die Hoffnung auf eine bessere Gesellschaft ab, wie immer gebrochen und reflektiert. Grosz lernte als Sohn eines Gastwirtes im Berliner Arbeiterviertel auch die Masse Mensch aus unmittelbarer Anschauung kennen und grundsätzlich verachten[9], während Brecht das Proletariat gegen Ende der zwanziger Jahre aus der Distanz der marxisti-

---

[8] Kurt Tucholsky, *Gesammelte Werke*, hrsg. von Mary Gerold-Tucholsky und Fritz J. Raddatz, Reinbek bei Hamburg 1961, II, S. 1065.
[9] Vgl. George Grosz, S. 91.

schen Theorie zum Agenten geschichtlicher Spekulation erhob. Als Spartakus-Mitglied, 1918 bis Mitte der zwanziger Jahre, protestierte Grosz jedoch mit sehr viel mehr moralischer Überzeugung gegen die pervertierte Macht von Staat und Militär, als Brecht ihm später zubilligen wollte.[10] Dennoch war Grosz in gesellschaftlichen Fragen zeitlebens zu skeptisch, als daß er an die Ideale des Kommunismus oder gar eines Bruno Franks geglaubt hätte: »Der Mensch ist nicht gut, sondern ein Vieh.« (George Grosz, 1922)

Es ist der Boheme Grosz, der vom Weltschmerz gezeichnete voyeur (vgl. »Der Liebeskranke«, Öl 1916), dessen Einsicht in die Masse Mensch sich mit dem seit 1909 häufig aufgegriffenen Motiv der Kaffeehausszene zu schärfen beginnt. Zunächst bevölkert der Zeichner das Kaffeehaus mit im Jugendstil gehaltenen schlanken Gestalten bei Kaffee und Tabak, im Stil der französischen Impressionisten mit weitausladene Hüte tragenden Damen und zeitungslesenden Herren (Bleistiftzeichnung von 1912). Bis sich Blick und Stift zu spitzen beginnt und er den Bürger in den Grosz-Mappen und in *Ecce Homo* (1922) mit allem aufgestauten Zynismus und aller provokativen Aggressivität, die noch einen Daumier übertraf, erbarmungslos aufspießt. Gottfried Benn widmete 1921 George Grosz das Gedicht »Cafe«:

> »Ich bekomme ein Brüh', Herr Ober!«
> Saldo-crack mit Mensch ist gut von Frank –
> Hoch die Herren Seelenausbaldower
> Breakfast-dämon, Tratten-überschwang.
>
> »Laß dir mal von Hedwig was erzählen«
> Reise-Hedwig! Aufbau, Sitten, Stand –
> Wurm, Gomorrha, cyanäres Schwälen
> über das verfluchte Abendland.

Dieses Benn-Gedicht findet das Original seiner Sprache und Bilder offensichtlich in der Welt der Berliner Boheme, die im »Cafe des Westens« und im »Romanischen Cafe« verkehrte – darunter auch Benn und Grosz. Darüber hinaus hat es Teil an einer »zitierten« Welt, der auch die Zeichnungen des Satirikers entsprechen. Grosz hat die Themen seiner Zeichnungen wiederholt auch in die Sprache der Literatur »übersetzt«. So wurde 1918 in den *Neuen Blättern für Kunst und Dichtung* (hrsg. von Wieland Herzfelde) sein Gedicht »Kaffeehaus« veröffentlicht.[11] Unter dem Einfluß von »Cognac,

---

[10] Vgl. Anmerkung 24.
[11] *Neue Blätter für Kunst und Dichtung*, Jg. I, Oktober 1918, S. 155.

Whisky, Schwedenpunsch« sieht der Dichter »entsetzliche Masken«; Menschen und Gegenstände lösen sich auf in »Brandstreifen«, »Feuer«, verselbständigen sich in beziehungsloser Verdinglichung. Das Gedicht endet – der gemeinsamen Interpretation des seit den französischen Impressionisten und van Gogh traditionellen Sujets entsprechend – ähnlich wie Benns Gedicht anhebt:

> ...
> Herr Ober! – bitte Selterwasser –
> Ich bin eine Maschine, an der der
> Manometer entzwei ist –!
> Und alle Walzen spielen im Kreis –
> Siehe: *wir sind allzumal Neurastheniker!*

In der Verquickung kapitalistisch-technologischer Motive mit der Kontrafaktur biblischer Zitate wird das Kaffeehaus zum *locus foedus* des Ausverkaufs der christlich-humanistischen Kultur. Nun hat das Bennsche Gedicht »Cafe« von 1921 allerdings Vorläufer, die noch vor den in die Grosz-Mappen von 1917 aufgenommenen Kaffeehauszeichnungen entstanden. Benn schrieb nämlich in den Jahren 1912 bis 1914 eine Serie von fünf »Nachtcafé«-Gedichten, die einen gleichsam »Groszschen« Stil schon ganz vorwegnehmen – wie zum Beispiel »Nachtcafé I« von 1912:

> Die Patentante liest das Universum
> Frau Schlächtermeister sickert übers Sofa
> unten am Arm aus einem Ballen Fett
> arbeitet sich der Daumen hervor.
>
> Erni plätschert in einer Frau, die er auf
> dem Eis gesehen hat.
> Sie ist braun, mütterlich und wird ihn küssen.
>
> Ich sitze im Geruche einer Frau.
> Der klingt aus Heliotrop und Unterleib zusammen.
> Und scheint mir süß, da diese Frau mir fremd ist.
> Ihr Freund arbeitet in der Hosentasche.
> Vielleicht handelt es sich um einen ausgetretenen Bruch.

Was das Gedicht des Zeichners grundsätzlich subjektiv aussagt, das wurde vom Dichter bereits grundsätzlich anschaulich, ja bildlich dargestellt: Die Menschen der Großstadt reagieren wie Maschinen und sind allzumal Neurastheniker. Dies gelangt in Benns »Café des Westens« (1913) noch deutlicher zur Anschauung:

> Ein Mann tritt mit einem Mädchen in Verhandlung
> Deine Stimme, Augenausdruck, Ohrläppchen
> sind mir ganz piepe.
> Ich will dir in die Schulter stoßen.
> ...

Wie die menschlichen Handlungen in den Gedichten Benns und in den Zeichnungen Grosz' als »maschinell« entlarvt werden, so werden auch die Menschen selbst in ihre Teile zerlegt, um sie besser als Automaten ihrer Triebe definieren zu können. Mynonas Beschreibung des Groszschen Ölbildes »Das Caféhaus« (1916) bezeichnet das Wesentliche nicht nur des Dargestellten, sondern auch der Darstellungstechnik: »Vorn, schauerlichvornehm distanziert, sitzt wieder so ein bekleidetes Skelett, Zigarette im tödlich blasierten Kiefer, Schädel von knochenmagerer Hand gestützt.«[12] Eine solche apokalyptische Vivisektion wird bei Benn schon im Gedicht »Nachtcafé III« (1914) auf die Spitze getrieben. Wir erblicken nicht mehr ganze Menschen, sondern nur noch ihre abstoßenden Attribute, in der Synechdoche gleichsam im Stile eines zynisch analytischen Futurismus vorgezeigt. Ein paar Zeilen mögen dies auszugsweise illustrieren:

> Ein Medaillon des Mittelstandes staunt
> von Fett umträumt das Kinn: da bist du ja.
>
> Ein Schnäuzchen schmiert ein Lachen in die Luft:
> ...

Die schon in »Nachtcafé I« angelegte Technik findet hier und schließlich im letzten Gedicht des Zyklus ihre Vollendung. Es tritt das ganze Personal der Grosz-Bosch-Breugelschen Maschinenmenschenwelt von Philistern, Ehepartnern, Ordensträgern und Herren:

> Der Bürgerpfuhl tritt auf die Bänke aus:
> Pack, Pickel, Ehe, Bärte und Medaillen:
> viele vier Liter Blut, von denen dreie
> am Darm sich mästen: und der vierte
> strotzt am Geschlecht.
>
> Die Hure To entkleidet eine Hand:
> weich, wie aus Fleisch vom Schoße, angelehnt,
> wo sich die Lust befühlt.

---

[12] Mynona, *Über George Grosz*, Makol Verlag, Frankfurt a. M. (o. J.) – Neuausgabe Rudolf Kämmerer Verlag, Dresden 1922, S. 46.

Die Ähnlichkeit der bei Benn und Grosz auftauchenden Bilder und ihres Arrangements sind oft so verblüffend, daß man in der Tat von einem ursprünglich vom Dichter ausgehenden und schließlich wechselseitigen Einfluß sprechen kann. So findet sich eine Hure, ja die Hure To, in einer Groszschen »Nachtcafé«-Zeichnung von 1915, also ein Jahr später, in eben diesem Milieu und in dieser bezeichnenden Position![13] Für die Berliner Boheme wie für den Expressionismus allgemein war die Hure, wie Grosz in seiner Autobiographie bestätigt, eine »Idealgestalt« geworden. In diesem Sinne ließ Benn im Alaska-Zyklus (1913) das Gedicht »Einer Sang:« eine Hure – »Sie heißt To« – besingen. In den frühen Gedichten Benns wimmelt es von Freudenmädchen, die jedoch zumeist wie stets bei Grosz negativ gezeichnet sind. Wenn Benn 1917 in höchstem Zynismus und in anti-christlicher Provokation in einem Gedicht der Sammlung *Fleisch* sein Menschenbild proklamiert: »Der Mensch, die Krone der Schöpfung, das Schwein«, so findet sich ein Echo nicht nur in den bitteren Capriccios sondern auch ausdrücklich in einem Essay des Zeichners: »Die Menschen sind Schweine, das Gerede von Ethik ist Betrug, bestimmt für die Dummen« (1924).[14] Der Zusatz »bestimmt für die Dummen«, das mutet allerdings schon sehr Brechtisch an. Man wird an Kraglers kleine Verweigerung großer Ideen erinnert, die Brecht während der ersten Niederschrift von *Trommeln in der Nacht* Anfang 1919 noch akzeptierte: »... ich bin ein Schwein, und das Schwein geht heim.«

Der gemeinsame Nenner des Bennschen wie des Groszschen Frühwerks läßt sich vielleicht mit einer Formulierung des hintergründigen Dadaphilosophen Mynona am präzisesten bestimmen: »Es ist lange nicht so barbarisch, wie es Aestheten vorkommt«, schreibt er über George Grosz, »die stumme Gesetzgebung der Kunst auch einmal gellend aufschreien zu lassen«.[15] Das trifft den provokatorischen Kern einer »Kunst« – Grosz setzte hier stets selbst Anführungsstriche – die sich gegen die bürgerliche Gesellschaft richtete und dabei auch an ihren Kunstidealen und Kunstdenkmälern rüttelte. Das gilt auch für den jungen Brecht, der mit dem Zeichner und dem Dichter der *Morgue*- und *Fleisch*-Gedichte, der dramatischen Szenen die Ablehnung aller bürgerlich romantischer Kunst einschließlich des pathetischen »Oh-Mensch«-Expressionismus teilt. Nicht nur der *Baal* son-

---

[13] Vgl. Abdruck in: Uwe M. Schneede Hrsg., *George Grosz, Leben und Werk* S. 45. – Alle andern von mir erwähnten Zeichnungen und Gemälde von George Grosz sind in Lothar Fischer, *George Grosz* reproduziert.
[14] »Abwicklung«, S. 34.
[15] Mynona, S. 11.

dern auch das Drama *Trommeln in der Nacht* sind als Gegenentwurf und literarische Parodie dieser idealisierenden aber auch sehr marktbewußten Bewegung zu verstehen.[16]

II Der Zeichner und der Stückeschreiber

Im Jahre 1916/1917, das nach den Materialschlachten vor Verdun und an der Somme den Kriegseintritt der Vereinigen Staaten sah, fertigte Grosz seine Zeichnung »K. V.« an, die zu einem berühmten Dokument des Protests gegen den Krieg werden sollte. Im Musterungsbüro steht ein von Würmern zerfressenes Skelett, das von einem Militärarzt k. v. befunden wird, während eine Ordonnanz unter den an den Tischen ringsum sitzenden, monokelbewaffneten Offizieren den Befund notiert. Bezeichnenderweise für die sich von nun an radikalisierende Entwicklung des Künstlers wurde diese Zeichnung später unter dem Titel »Die Gesundbeter oder die K. V. Maschinen« in Grosz' großen agitatorischen Sammelband *Das Gesicht der herrschenden Klasse* (1921) aufgenommen. Auf die Parallelität zu Bertolt Brechts »Legende vom toten Soldaten« (1918) wird allgemein hingewiesen.[17] Wieland Herzfelde zufolge soll Brecht ihm in den zwanziger Jahren gesprächsweise mitgeteilt, haben, daß die Groszsche Zeichnung ihn zum Schreiben der Ballade angeregt habe. Allgemeiner entsprach die Zeichnung Grosz' wie die Ballade Brechts dem in diesen Jahren in Deutschland umlaufenden Spruch »Man gräbt die Toten aus«.[18]

> ...
> Es zog die ärztliche Kommission
> zum Gottesacker hinaus.
> Und grub mit geweihtem Spaten
> den gefallenen Soldaten aus.
>
> Der Doktor besah den Soldaten genau
> Oder was von ihm noch da war.
> Und der Doktor fand, der Soldat wär k. v.
> und er drückte sich vor der Gefahr.
> ... (Strophe 4/5)

---

[16] Vgl. David Bathrick, »›Anschauungsmaterial‹ for Marx: Brecht returns to *Trommeln in der Nacht*.« in: *Brecht Heute. Brecht Today. Jahrbuch der Internationalen Brecht-Gesellschaft*, Jg. II/1972, S. 137.
[17] Vgl. Lothar Fischer, S. 39. – Karl Riha, »Notizen zur ›Legende vom toten Soldaten‹. Ein Paradigma der frühen Lyrik Brechts.« in: *Bertolt Brecht II*, hrsg. v. Heinz Ludwig Arnold, München 1973, S. 38f.
[18] Vgl. Lothar Fischer, S. 39f.

Bezeichnenderweise wurde die Ballade in der Propyläen-Ausgabe von *Trommeln in der Nacht* (1929) in Ergänzung der Regieanweisung zum Vierten Akt, die sie den Schnapshändler Glubb zur Klampfe singen läßt, als Anhang abgedruckt. In einem Motto, das Brecht Mitte der fünfziger Jahre der »Durchsicht meiner ersten Stücke« vorausschickt, stellt er selbst die Zeichnungen George Grosz' und seine Stücke in einen inneren Zusammenhang, der durchaus auch als Bekenntnis zu einem Einflußverhältnis verstanden werden kann. Sie würden »nicht als Darstellungen einer bösen Welt, sondern als die Werke böser Menschen angesehen«, »zersetzend« genannt, »da sie die allgemeine Zersetzung der Moral und der alten Institutionen zeigten«. In diesem Bezug weist Brecht auf ein Beispiel einer solchen »niedrigen« Gesinnung hin, auf seine »Legende vom toten Soldaten«, die zu seiner Ausbürgerung geführt habe, weil das Gedicht »den Soldaten des Weltkrieges beleidigte«.[19]

Während Grosz mit Benn seit den Tagen des »Café des Westens« eine noch in den fünfziger Jahren wiederaufgenommene Bekanntschaft pflegte, sollten die Beziehungen zu Brecht weniger persönlich sein, aber zu gemeinsamen künstlerischen Vorhaben führen. Grosz nahm 1927 an der Vorbereitung von Erwin Piscators Schwejk-Inszenierung teil, während Brecht eingeladen worden war, an der Umarbeitung des Manuskripts des dramatisierten Hašek-Romans mitzumachen. Ein Kritiker berichtet über die während der Vorstellung selbst stattfindende Illustrationstätigkeit Grosz', die man ganz und gar als eine Entsprechung zu Piscators und insbesondere zu Brechts sich in dieser Zeit entwickelnden Verfremdungshandhabe aller künstlerischen Mittel wie des künstlerischen Prozesses selbst verstehen kann:

> »Neben dem bewegten (meist landschaftlichen) Szenenbild gibt es die ›Illustration‹. Für sie hat George Grosz die keck eigenartige, zeichnerische Vorlage geliefert. Karikaturen. Aber Karikaturen in Entstehen und Vergehen. Nichts anders als der Schnellzeichner auf der Varietébühne. Hier eine Linie, da ein Punkt. Und die Punkte sind plötzlich zu einem Augenpaar geworden, und die Linien klettern so um sie herum, daß jetzt ein Gesicht, jetzt eine Figur dasteht – und plötzlich ist alles verschwunden, und der Zeichner hebt zu neuem Spiel an. So ist jeden Augenblick die Aufmerksamkeit gespannt. Es gibt in diesem ›Theater‹ keine toten Momente.«[20]

---

[19] Anmerkungen zu Stücken und Aufführungen 1918 bis 1956 in: Bertolt Brecht, *Gesammelte Werke*, VII, S. 944.
[20] Zitiert nach Lothar Fischer, S. 97.

Eine direkte Zusammenarbeit zwischen dem Zeichner und dem Stückeschreiber schien sich nach dem Prozeß anzubahnen, der 1928–1930 gegen Grosz und Herzfelde wegen »Gotteslästerung«, u. a. wegen Grosz' Protestzeichnung »Christus mit der Gasmaske« (»Maul halten und weiterdienen«) von staatlicher Seite angestrengt wurde. So trug sich Brecht 1931 mit dem Plan, ein Theater in einen Gerichtssaal umzufunktionieren. Jeweils zwei Prozesse pro Abend sollten laut Brecht ausgetragen werden:

> Nehmen wir an, der Prozeß Sokrates ist zu Ende. Wir organisieren dann einen kurzen Hexenprozeß, mit Rittern in voller Rüstung als Richter, die die Hexe zum Scheiterhaufen verurteilen. Dann beginnt der Prozeß gegen George Grosz, aber wir vergessen, die Ritter von der Bühne zu nehmen. Wenn dann der Staatsanwalt gegen den Künstler loszieht, daß er unseren milden barmherzigen Gott beleidigt hat, lassen sich die Ritter zu lautem Beifall hinreißen ...[21]

Das Projekt, an dessen Idee ein späteres Grosz-Aquarell, das Brecht in Ketten zeigt, erinnern mag, kam nicht zur Verwirklichung. Der Stückeschreiber sah sich aufgrund der zugespitzten politischen Lage alsbald zur Emigration gezwungen. Grosz selbst wollte einmal alle Brecht-Stücke illustrieren. Es erschien jedoch lediglich das Kinderbuch *Die drei Soldaten* (1932), das er mit 25 Zeichnungen illustriert hatte. Es war wohl, wie Grosz selbst später in einem Brief an Brecht schreibt, die nunmehr bestehende allzu große innere Nähe zu dessen Werk, das ihn das Gesamtvorhaben nie durchführen ließ:

> Wie wenige wirklich großen Malerknechte trauen sich da überhaupt ran ... Vielen überkommt ja schon ein Schauer beim Lesen ... und bei manchen hört das nervöse ängstliche Gezitter der Hände niemals auf beim Illustrieren. Und wie soll da ein begabter Mann zeichnen, wenn ihm vor Gefühlen, die er doch nur schwer kontrollieren kann, die Hände zittern.[22]

Merkwürdigerweise geht Grosz in seiner 1946 in den USA, 1955 in der deutschen Ausgabe erschienenen Autobiographie *Ein Kleines Ja und ein Großes Nein* gar nicht auf sein künstlerisches Verhältnis zu Brecht ein. Während Benn ganz und gar unerwähnt bleibt, spricht er mehr über den »seltsamen Mann« Brecht, seine kultiviert saloppe Kleidung, seine Vorliebe zu seinem »schlotternden« Ford usw. Er denkt – drei Jahre vor seinem Tod und ein Jahr vor Brechts Tod – »gern an jene ferne Zeit«, die unvergeßlichen Gespräche mit Brecht in Langeland/Dänemark. Doch zeugt die Ironie, mit der er über Brechts Jahre in Hollywood schreibt, von einer für den

---

[21] Ibid., S. 103. – Vgl. auch Marin Esslin, *Bertolt Brecht*, Frankfurt a. M. 1962, S. 95.
[22] Zitiert nach Lothar Fischer, S. 103 f.

Grosz der amerikanischen Jahre typisch apolitischen Einstellung, die auch die revolutionäre Überzeugung des Stückeschreibers den Marktgesetzen unterworfen sah:

> Er ließ sich in Hollywood nieder, doch gelang es ihm nicht, in dieser Maßschneiderei einen Zuschneiderposten zu bekommen, obwohl er doch immer für Maßschneiderei und die Umarbeitung des Menschen gewesen war ... Nach dem Krieg ging er nach Deutschland zurück; mit einem amerikanischen Literaturpreis in der Tasche und dem Dank eines amerikanischen Untersuchungsausschusses für die Bereitwilligkeit, mit der er schwor, er sei nie Kommunist gewesen.[23]

Der Stückeschreiber sollte sein einstmaliges Solidaritätsgefühl mit dem Zeichner schon sehr viel früher revidiert haben. Brechts nach 1928 entstandenes »Vorwort zu ›Trommeln in der Nacht‹« entspricht seiner schon mit den ersten Aufführungen des publikumswirksamen Dramas (uraufgeführt 1922) empfundenen Abneigung gegen dessen verfehlte, konterrevolutionäre Tendenz. Diese suchte er in Überarbeitungen, zuletzt noch 1953 im Sinne des sozialistischen Realismus durch die Einführung eines »positiven Helden«, des Neffen Glubbs, der für die Revolution fällt, wohl vergebens zu korrigieren. Das »Vorwort zu ›Trommeln in der Nacht‹« wird durch ein »Gespräch mit George Grosz« eröffnet. Hier scheint er gleichsam mittels einer Kritik des Zeichners die eigene Position bei der Entstehung des Stückes verwerfen zu wollen:

> Die Stellung der Kunst ist in unseren Tagen die Ihre: der Typus, den Sie als Objekt lieben, kann Ihnen nicht gefallen als Publikum. Ihre politische Feindschaft gegen die Bourgeoisie kommt nicht daher, weil sie Proletarier, sondern weil sie Künstler sind.

Des Stückeschreibers Dialektik will dem Zeichner nicht nur jegliche klassenbewußte Einstellung sondern auch den Antrieb durch die menschliche Misere absprechen. Im Grunde seien seine Werke Produkte einer kulinarisch künstlerischen Disposition:

> »... Ich glaube nicht, Grosz, daß Sie eines Tages aus unbezwinglichem Mitleid mit einem Ausgebeuteten oder aus Zorn gegen einen ausbeutenden Mann eine unbezwingliche Lust verspürten, mit einer Feder etwas dies Betreffendes auf Papier zu zeichnen. Ich denke mir, daß Zeichnen eine Unterhaltung für Sie war und die Physiognomie von Leuten Gelegenheit dazu. Ich stelle mir vor, wie Sie eines Tages eine heftige und unwiderstehliche Liebe zu einer bestimmten Visage in sich entdeckten als einer fabelhaften Gelegenheit für Sie, Ihrer Unterhaltung zu frönen. Es war die ›Visage der herrschenden Klasse‹.«[24]

---

[23] George Grosz, S. 182.
[24] Anmerkungen zu Stücken und Aufführungen, S. 961.

Brecht will keineswegs des Zeichners »Lust am Protest« unterschätzen, wenn er die Elite, die sich nur als solche »Schweinereien« erlauben konnte, auch als »faktische Schweine« darstellte. Aber Grosz komme nicht über einen bürgerlichen Protestantismus hinaus, der zudem recht »ertragsreich« sei. Was Lasker-Schüler an Grosz mit großem Verständnis als Künstlertum aus fundamentaler Enttäuschung intuierte, das muß der marxistische Künstler ganz anders sehen. Aber mußte er Grosz mißverstehen, indem er ihm sogar die bürgerliche Qualität des Mitleids und Mitleidens absprach? Geht es Brecht hier nicht viel eher darum – auf das »Gespräch mit George Grosz« folgt die bemerkenswerte Selbstkritik »Der Erfolg von ›Trommeln in der Nacht‹ bei der Bourgeoisie« – die »Groszschen« Elemente seines Stückes von 1919 zunächst auf Kosten eines anderen zu verurteilen? George Grosz muß ihn zu dieser Zeit – offensichtlich mehr als ihm später lieb war – stark beeinflußt haben. So verglich schon Kurt Tucholsky den Ton der Gedichte der *Hauspostille* mit den Jugendgedichten von George Grosz![25] In der Brecht-Literatur wird allgemein auf die Ähnlichkeit der personae von *Trommeln in der Nacht* mit den Figuren des Zeichners hingewiesen. Brechts Selbstkritik »Der Erfolg von ›Trommeln in der Nacht‹ bei der Bourgeoisie« ist die marxistische Kritik eines Stückes, dessen Szenen in Balickes »dunkler Stube mit Mullgardinen« und in der »Picadillybar« die Verquickung von verlogener Erotik und Kriegsgewinnlertum, die »Familienoberhäupter«, den Liebhaber Murk, auch Anna, ja schließlich auch den »kleinen Realisten« Kragler in ein in der Tat »Groszsches«, das heißt sehr komplexes, jede eindeutige Tendenz brechendes Licht stellten. Und es verwundert nicht, daß Brecht sich hier die Vorwürfe macht, die er auch gegen Grosz erhob: Er kritisiert seine damalige persönliche und künstlerische Spontaneität und Hemmungslosigkeit wie seinen geschäftlichen Spürsinn: »Die Revolution, die als Milieu dienen mußte, interessierte mich nicht mehr, als der Vesuv einen Mann interessiert, der darauf seinen Suppentopf stellen will.«[26]

Grosz suchte seit 1935 im amerikanischen Exil seine Zuflucht bei der Landschaftsmalerei auf Cape Cod. Hier fand er die Entsprechung zu einer immer schon in ihm angelegten »inneren« Landschaft, wie er in seiner Autobiographie schreibt. Es war zum Teil seine von jung auf bestehende, nie ermüdende Amerikabegeisterung, die ihn, wie er selbst zugibt, schließlich umstimmte, ja die sozialen Mißstände dieses Landes mit allzu großer Nach-

---

[25] Kurt Tucholsky, S. 1065.
[26] Anmerkungen zu Stücken und Aufführungen, S. 965.

sicht übersehen ließ. Er sah sich schließlich als ein Künstler an, der der satirischen Phase entwachsen sei.[27] Auch dem Spartakus-Pamphletisten, der seine »Kunst« als »Revolver und Schwert« definierte, der die bürgerliche Kunst anläßlich einer Auseinandersetzung mit Oskar Kokoschka radikaler noch als je Brecht ablehnte[28], war es eigener Aussage nach nie ernst damit gewesen, die marxistische Idee als zulängliches Weltbild anzunehmen.[29] Schon ein Brief an Robert Bell von 1916 (!) präfiguriert dieses gespaltene Verhältnis zum kommunistischen Gedanken: Zwar habe der Sozialismus einen individuellen Gedanken für die Menschheit; er persönlich sei allerdings der kollektivistischen Doktrin von der Mehrheit entwachsen und sei ein höchst ausgeprägter Individualist.[30] Es war seinem Temperament nicht gegeben, in irgendeiner Theorie eine systematische Distanz zum Leben zu nehmen. Dies signierte der Zeichner in seinen Werken selbst, indem er in zahlreichen Milieuillustrationen der Weimarer Republik mehr oder weniger versteckt sein eigenes Profil unterbrachte: »... in Wirklichkeit war ich damals jeder, den ich zeichnete ... Ich zerfiel gleichsam in zwei Teile. Mit anderen Worten: Ich nahm am Leben teil.«[31] Grosz gewann immer mehr Freude am Besitz, von dem er zwar nie viel aufwies, den er aber als Garanten eines höchst individuellen Freiheitsbedürfnisses ansah. Das »große Nein« galt nicht – wie bei Brecht – dem Kapitalismus als System. Es galt wie bei Benn dem entindividuierten Massenmenschen, den er in Berlin, wie noch mehr in der Sowjetunion, wo er sich 1922 sechs Monate lang aufhielt, erblickte. War Brecht schon von den Moskauer Verhältnissen für eine revolutionäre Kunst wenig begeistert, so war es Grosz noch weniger, was eine »individualistische« Kunst und den Menschen überhaupt angeht. Das »kleine Ja« des George Grosz ist wohl am eindringlichsten in der Portrait-Dichtung Else Lasker-Schülers zum Verständnis gebracht worden.

---

[27] George Grosz, S. 225.
[28] Vgl. George Grosz/John Heartfield, »Der Kunstlump« in: *Der Gegner*, 1/10–12, 1919/1920, S. 48 f.
[29] George Grosz, S. 111.
[30] Vgl. Uwe M. Schneede, S. 44.
[31] George Grosz, S. 122.

Egon Schwarz

Reiseliteratur und Ideologie:
Zum Deutschlandbild Julio Cambas

Julio Camba ist ein liebenswürdiger, anspruchsloser, aus Villanueva de Arosa in Galicia stammender Schriftsteller, der im ersten Drittel unseres Jahrhunderts in der Welt herumreiste und in spanischen Zeitungen Berichte über fremde Länder und Sitten veröffentlichte. Diese Artikel wurden schon bei ihrem ersten Erscheinen begierig aufgenommen, fanden aber später, in billigen Sammelbänden vereinigt, allerweiteste Verbreitung. Titel wie »La rana viajera« (»Der Frosch auf Reisen«), »Playas, ciudades y montañas« (»Strände, Städte und Berge«) und »Aventuras de una Peseta (»Abenteuer einer Pesete«) sind jedermann, der sich mit der spanischen Literatur jener Epoche beschäftigt hat, geläufig. Cambas Beobachtungsgabe, seine einfache, aber geschickt auf den treffenden Ausdruck hinsteuernde Schreibweise und die Fähigkeit, an jedem Gegenstand, jeder Begebenheit eine komische, bisweilen groteske Seite aufzudecken, machten ihn nicht nur in der breiten Öffentlichkeit beliebt, sondern erwarben ihm auch bei ernstzunehmenden Intellektuellen aufrichtige Sympathien.
Niemand wird freilich in den betont amüsanten Improvisationen Cambas nach verborgenen Erkenntnisschätzen schürfen wollen. Niemals hat er sich für etwas anderes als einen Journalisten ausgegeben, dem seine täglichen Gedankenspielereien ein angenehmes Auskommen sicherten. Stets war ihm ein witziges Bonmot, eine scharfe Pointe, eine geglückte Formulierung wichtiger als das mehr oder minder zufällige Anschauungsmaterial, dem sie abgewonnen waren. Wenn man davon ausgeht, daß das jeweilige Mischungsverhältnis der Horazischen Elemente des Angenehmen und des Nützlichen den Charakter literarischer Werke mitbestimmt, dann wird man nicht umhin können, bei Julio Cambas luftigen Wortgespinsten dem »dulci« über das »utile« und dem »delectare« über das »prodesse« den Vorrang einzuräumen.
Wenn wir dennoch darangehen, Cambas Äußerungen über Deutschland, wie sie uns namentlich aus einem Buch *Alemania: Impresiones de un español* (Deutschland: Eindrücke eines Spaniers) und »La peseta en Teutonia« (»Die Pesete in Teutonien«), einem langen Abschnitt des Sammelbandes

Aventuras de una peseta, entgegentreten, nach Ursprung, Sinn und Wirkung zu befragen, so geschieht das vor allem aus zwei Gründen: erstens um der Vermutung willen, daß Cambas Feststellungen dank ihrer leichten Faßlichkeit und sowohl zeitlich wie räumlich ausgedehnten Aufnahme die spanischen Vorstellungen von deutscher Art und deutschem Leben nachhaltig beeinflußt haben[1], aber noch mehr, weil sie typisch sind für eine Geisteshaltung, die man nicht unkritisch hinnehmen sollte. Fügt man nämlich die einzelnen Steinchen seiner täglichen Beobachtungen zu einem Mosaik zusammen und entkleidet es seines humoristischen Beiwerks, dann starrt einem eine wohlbekannte Fratze entgegen, die förmlich nach unserer ideologie-kritischen Analyse verlangt. Die Einsicht, daß es sich dabei um völkerpsychologische Denkschablonen handelt, um ganz bestimmte sozio-historische Vorurteile, ein damals oft geübtes, heute allerdings diskreditiertes Gesellschaftsspiel mit potentiell durchaus konkreten Folgen, erledigt ja das Problem in keiner Weise, sondern fordert die Erkenntnisleidenschaft des Historikers erst recht heraus.

Sieht man also von den individuellen Beigaben, der gutmütig-humorvollen Versöhnlichkeit des Schriftstellers Julio Camba ab, die seinen Aussagen jede ätzende Schärfe nehmen, so steht man einem aus wenigen überdeutlichen, klischeehaften Zügen verfertigten Konterfei des Deutschen gegenüber, das wir hier, in weiterer Vereinfachung, die aber dem endgültigen Verständnis nicht abträglich sein wird, reproduzieren müssen.[2] Das so entstehende Bild der Deutschen erinnert ein wenig an die Rolle, die viele Amerikaner den Bewohnern des Staates Texas zuteilen. Cambas Deutsche sind groß, schwergewichtig, sauber, gutaussehend, aber allzu neu, allzu naiv. »Kolossal« ist ihr Lieblingswort, »kolossal« ist alles, was sie anpacken, ersehnen, erbauen. Vor allem betont der iberische Zaungast immer

---

[1] Darum wähle ich auch Cambas Schriften statt einer der anderen, um diese Zeit kursierenden Darstellungen Deutschlands durch Spanier, wie etwa die von Vicente Gay, *De Alemania: Recuerdos de un estudiante español* (Über Deutschland: Erinnerungen eines spanischen Studenten) (Madrid: Francisco Beltran, ohne Jahr) oder die von Ricardo León, in *Europa tràgica* (Tragisches Europa) (Madrid: Editorial Pueyo, 1919) tomo tercero. Natürlich hört die Beschäftigung der Spanier mit Deutschland nicht auf. Aus der Zeit des zweiten Weltkriegs stammen z.B. die Aufzeichnungen *Alemania y yo* (Deutschland und ich) von Manuel Pombo Angulo (Madrid: Ediciones Rumbos, 1952). Auf das Werk Salvador de Madariagas, das schon im Jahr davor veröffentlicht wurde, aber die Nachkriegszeit widerspiegelt, wird noch eingegangen.

[2] Da heute eine allgemeine Vertrautheit mit Camba nicht vorauszusetzen ist, habe ich mich der etwas simplistischen, aber immer noch verläßlichen Methode bedient, die Meinungen des zu untersuchenden Schriftstellers durch reichliche Zitate zu belegen und diesen meine Kommentare hinzuzufügen.

wieder die beiden für ihn zentralen Merkmale der deutschen Wirklichkeit, Militarismus und Gelehrsamkeit. Alles andere läßt sich von diesen dialektisch komplementären Gegenpolen ableiten. Die Pfeiler, auf denen das Gebäude der deutschen Gesellschaft ruht, verkörpern sich in zwei grundlegenden Typen, dem Soldaten und dem Professor. Camba wird nicht müde, diese beiden Personifizierungen zu beschwören, abzuwandeln, zu verspotten und zu definieren. »Ganz verstehe ich einen Deutschen nur in Uniform«, gesteht er. »Erst dann entspricht er dem echt deutschen Typus.«[3] Ebenso wie später Erich Kästner, der spottete, ein Deutscher käme mit gezogenem Scheitel und kleinen Sporen zur Welt, vermutet Camba: »Man möchte meinen, daß er mit angewachsenem Helm geboren ist und am Abend Kopf mitsamt dem Helm vor die Türe seines Schlafzimmers stellt, damit ihm der Hausdiener das Ganze mit derselben Paste und derselben Bürste ordentlich wichst.« (30) Und umgekehrt, wirke ein deutscher Zivilist ... wie als ein Bürger verkleideter Soldat. Seine höflichsten Begrüßungen haben etwas Militärisches. Seine Schritte sind völlig militärisch (30). Daher rührt die Macht der Deutschen ebenso wie ihr blinder Gehorsam. Und darum wird ihnen, was ihnen auch sonst fehlen möge, bestätigt: »Sie haben die Macht.« (22) Aus demselben Grund wird dem deutschen Volk nachgesagt, daß sein Ideal nicht wie aller anderen Völker »darin bestünde, zu regieren, sondern regiert zu werden«. (200)

Auf der anderen Seite begegnet man dem deutschen Intellektualismus, den ewig freischwebenden Ideen der Deutschen, die mit der Wirklichkeit wenig zu tun haben und nur von den deutschen Gehirnen gewohnheitsmäßig abgesondert werden, als hätten sie eigene Drüsen dafür. Deswegen fallen sie dem Spott anheim: »Hier sieht man die Menschen mit gewaltigen Ideen spielen, ohne daß sie deswegen irgendjemand für Gedankenfürsten hielte.« (20) Wie schon Voltaire sagt jetzt auch Camba, sich auf seinen Vorgänger berufend, hier habe jeder seine hohen Gedanken wie die Kinder in Eldorado ihre Edelsteine. Das ist es ja gerade, was die Spanier nach Deutschland ziehe: »Darum kommen wir nach Deutschland: um der Ideen willen. Einer kommt, schnürt sich ein Bündel Ideen und bringt sie nach Spanien, wo sie großen Wert haben.« (21) Aus diesem Sachverhalt gewinnt Camba seine wirksamsten, das Deutschtum enthaltenden Gegensatzpaare »das Pulver und die Druckerpresse, das Heer und die Philosophie«, womit er die deut-

---

[3] Zitiert wird nach *Alemania: Impresiones de un español* (Madrid: Espasa Calpe, 1956) Segunda Edición, Colección Austral (erstmalig 1916 erschienen). Die Seitenangaben erscheinen in Klammern nach den betreffenden Zitaten. Die Übersetzungen sind von mir.

sche Geistigkeit zwar anerkennt, aber zur humanen Bedeutungslosigkeit verdammt. Diese entlarvenden Paradoxien verdankt er der Lektüre Heines, den er kennt und gelegentlich zitiert. Die Zusammenfassung seiner Erkenntnisse: »Hier ist das Land des Bieres, der Würstchen und der Ideen« (20) ist zweifellos vom Beginn der Harzreise inspiriert, ja geht, wie wir sogleich sehen werden, auf noch ältere Modelle zurück. Ich versage es mir, noch weitere Nuancen hinzuzufügen. Dieses Deutschlandbild könnte man, anhand Hunderter von Seiten, die Camba in Berlin und München verfaßt hat, noch beträchtlich vermehren und verfeinern. Damit hätten wir aber sehr wenig gewonnen, solange wir nicht den literarischen und gesellschaftlichen Impulsen nachforschen, die dieser Denkweise zugrunde liegen. Ich möchte hier, obgleich die beiden natürlich ineinander verfließen, aus darstellerischen Gründen die diachronischen von den synchronischen Quellen unterscheiden.

Die diachronische Betrachtungsweise wähle ich nicht ausschließlich, um die Einflüße auf Camba zu untersuchen. Es wird jedoch nützlich sein, zu zeigen, wie sehr er sich auf gewisse Vorgänger stützen konnte. Von Voltaire und Heine – besonders auf den letzteren beruft er sich immer wieder gern – war schon die Rede; aber die weitaus engsten Beziehungen, ja eine ausgesprochene Abhängigkeit, binden ihn an das berühmte Deutschlandbuch der Madame de Staël, auf das er als rechtschaffener Journalist selbst hinweist (198). Wir werden uns hier auf einige wenige Übereinstimmungen beschränken. Sie müssen genügen, die scheinbare Spontaneität Cambas in Frage zu stellen und zu zeigen, daß es sich bei seinen Reiseberichten und nationalcharakterologischen Deutungsversuchen, einschließlich derjenigen natürlich, die Deutschland zum Gegenstand haben, um eine historische Bemühung der europäischen Literatur handelt, eine so häufige schriftstellerische Praxis, daß es ohne weiteres statthaft ist, von einer eigenen Gattung zu sprechen, zu der man schwerlich beitragen kann, ohne sich der vorhandenen Tradition bewußt zu werden.

Es hat sich gezeigt, daß Camba Militarismus und abstrakte Spekulationen zu den Hauptmerkmalen der Deutschen erhebt. Diese Diagnose ist bei Madame de Staël bereits vorgeprägt. Wenn bei ihr von der »prééminance de l'état militaire«[4] (46) unter den Deutschen die Rede ist, von dem »aspect guerrier de l'Allemagne entière« (40), den quasi militärischen »distinctions

---

[4] Ich zitiere nach *De L'Allemagne* in: *Œuvres Complètes* de Mme la Baronne de Staël, publiées par son fils (Paris: Treuttel et Würtz, 1820) Tome dixième. Die den französischen Zitaten folgenden Ziffern sind Seitenangaben.

de rang«, der »soumission la plus exacte« (46), an die sich die Deutschen auch im gesellschaftlichen Leben gewöhnt hätten, und von ihrem »respect pour la puissance« (34), und wenn Madame de Staël auf der anderen Seite erklärt, die »réflection est ... l'un des traits distinctifs de la nation allemande« (33) und daß sich diese Nachdenklichkeit vor allem literarisch und philosophisch niederschlägt, dann erkennt man, daß Camba nicht viel Neues zu entdecken brauchte, sondern seine Perzeptionen von diesen klassisch-romantischen, mit Prestige überladenen Überlieferungen konnte anregen lassen. Im wesentlichen brauchte er ihnen bloß sein eigenes Vokabular und die für ihn charakteristischen naiven Wendungen zu leihen. Von Madame de Staëls großen Determinanten wie etwa der Ergebenheit der Deutschen gegenüber einer jedweden Autorität, ihrer Hinneigung zur Musik, der Vorherrschaft der Kritik über die Literatur, bis zu den kleinen Anmerkungen über die Langsamkeit des deutschen Geistes, seinem methodischen, ja pedantischen Verhalten, bis zur deutschen Vorliebe für Tabakrauch und Bier, findet sich alles bei Camba wieder. Dabei sind das nur einige, beinahe willkürlich herausgegriffene Exemplare der reichhaltigen Flora Staëlscher und Cambascher Gemeinsamkeiten.

Der Hauptvorteil der diachronischen Untersuchung ist aber die von ihr vermittelte Einsicht in die eigentlichen Ziele der Völkerpsychologie. Von Tacitus bis Madame de Staël, und wie wir jetzt sehen, über sie hinaus, geht es bei diesen Beschreibungen gar nicht in erster Linie um die Erfassung der fremden Wesensart, sondern einer ihrer vordringlichsten Zwecke ist es immer gewesen, der eigenen Nationalität einen satirischen Spiegel vorzuhalten, an den wirklichen oder angeblichen Vorzügen der fremden Nation die eigenen Schwächen, an deren Mängeln die eigene Überlegenheit deutlicher zu machen. Julio Camba bildet da keine Ausnahme. Und wenn man seine Deutschlandskizzen in dieser Erwartung durchstöbert, ist man überrascht, wie oft er, und sei es auch nur in einem Nebensatz, die Spanier mit ins Spiel bringt. Charakteristisch für die spanische Identitätssuche ist allerdings auch, daß Frankreich, der bewunderte, beneidete oder verhaßte Nachbar, oft als für Spaniens Selbstverständnis zuständiger Vergleichsmaßstab herangezogen wird, so daß ein Dreiecksverhältnis mit vielerlei Brechungen und Spiegelungen entsteht.[5]

Braucht es uns wunderzunehmen, wenn Frankreich in diesem Spiel das

---

[5] Gelegentlich, aber seltener, fallen auch Streiflichter auf England. Cambas Beobachtungen über England sind in dem Kapitel »La Peseta en Britania« in *Aventuras de una Peseta* niedergelegt. Siehe Anmerkung 19.

genaue Gegenteil von Deutschland zu sein hat? »Welche Leichtigkeit, welche Grazie, welche Beweglichkeit des französischen Geistes?« (28) ruft Camba bewundernd aus, während, wie wir gesehen haben, die Deutschen sich durch »Schwere, Langsamkeit und Ernst« (27) auszeichnen. Natürlich müssen die Sprachen zum Kontrast herhalten, auch in ihnen setzt sich der Nationalcharakter unweigerlich durch.[6] »Dieses feine, leichte und subtile Französisch« steht einer ungeschlachten, schwerfälligen Sprache gegenüber: »Jedes deutsche Wort wiegt viele Kilos« (33). Camba geht so weit, zu behaupten, »den Deutschen fehle die Fähigkeit, leichte Dinge zu verstehen« (42), »Das Leben in Deutschland ... ist gotisch und absurd« (43). Auf die Spanier und ihr Anliegen kommen wir noch zurück, müssen aber hier schon bemerken, daß ihm das deutsche Leben, die Küche, die Sprache[7], die ganze Kultur nicht bekommt: »Um sich die deutsche Kultur einzuverleiben, bedarf es vor allem eines großen Magens« (72).

Aber wir sollten den Eindruck vermeiden, als sei Camba ein ganz primitiver und ungerechter Parteigänger der einen und unversöhnlicher Gegner der anderen Nation, jemand, der alle Tugenden den Franzosen, alle Laster den Deutschen zuteilt. Ich glaube nicht, daß man ihm vorwerfen darf, er betrachte die ihn interessierenden Phänomene einseitig. Haben die Franzosen Vorzüge, die den Deutschen abgehen, so haften ihnen dafür Mängel an, die den Deutschen fremd sind und umgekehrt. So wollen die Franzosen fürs Leben gern gelehrt sein wie die Deutschen, aber sie können nicht. Wie immer sie es anstellen, um sich einen gelehrten Anstrich zu geben, sie erzielen lediglich komische Wirkungen. Dafür streben die Deutschen vergeblich nach französischem Esprit. Sie wünschen sich Leichtigkeit und versuchen, Sprünge zu machen, aber es gelingt ihnen nicht. Andererseits können die Franzosen nichts erfinden, und die Deutschen hinwiederum verstehen die hohe Kunst der Nachahmung nicht (28). Und so geht der Wettstreit hin und her, nahezu *ad infinitum*. Dort, wo Camba das Gebiet der spekula-

---

[6] Seine Überzeugung, daß die Sprache widerstandsloses Ausdrucksmaterial für den Nationalcharakter ist, äußert Camba einmal besonders kraß: »Die Engländer haben ihre Sprache aus dem gleichen Stoff geformt wie die Deutschen die ihre, und dennoch ist das Englische leicht und einfach« (44). Eine solche Äußerung zeigt aber auch blitzartig, daß derlei Vorstellungen nur unter Verzicht auf Historizität gezüchtet werden können. Eine Reihe seiner komischsten Anmerkungen zur deutschen Sprache verdankt Camba dem amerikanischen Humoristen Mark Twain, den er auch namentlich erwähnt (156).

[7] Für Cambas Abscheu gegen deutsches Kochen gibt es reichlich Belege. Seine Meinung über die deutsche Sprache ist auch unschwer zu erkennen: »Beim Studium der deutschen Sprache ist einmal ein spanischer Student verrückt geworden« (171).

tiven Allgemeinheiten verläßt und seine Doktrin auf einen Einzelfall anwendet, fällt er erstaunlich scharfsinnige Urteile. Er berichtet z. B. von einem Veröffentlichungsprojekt:

> »Ein Verlag in Jena hat begonnen, Bergson auf Deutsch herauszubringen. Bergson wird aber in Deutschland niemals als Philosoph anerkannt werden. Dazu ist er zu klar, unterhaltsam und elegant ... Sein Stil ist einfach, leicht, durchsichtig, Bergson verfügt über eine Menge Kravatten und Adjektive. Mit solchen literarischen und sartorischen Ausstattungsstücken kann man in Deutschland Journalist, Verfasser von Gesellschaftschroniken in Zeitschriften, ja sogar Autor von Romanen oder Filmkomödien werden, aber niemals ein Philosoph. Ein deutscher Philosoph ist etwas Ernsteres und Fetteres als das. Die Würde der Wissenschaft verbietet jede Vergnüglichkeit ... Worauf es ankommt, ist ja gerade, sich außerhalb der Reichweite eines frivolen, leichtsinnigen Publikums, in einen philosophischen Bereich zu begeben. Die deutschen Philosophen befinden sich in ihren Büchern wie die wilden Tiere in ihren Käfigen. Man sieht sie von fern, man hört sie brüllen; aber niemand tritt ihnen nahe.« (165)

Wenn man die Rezeption solcher Autoren wie eben Bergson oder etwa Ortega y Gasset, die wegen ihres glänzenden Stils bekannt sind, in Deutschland untersucht, dann kann man nicht leugnen, daß Camba hier ein Körnchen Wahrheit ausgegraben hat. Jedenfalls ist das Mißbehagen der deutschen gelehrten Welt gegenüber allzu betonter Brillanz immer wieder und von nicht unberufener Seite bemerkt worden. Ich greife eine beliebige Stelle heraus, wo selbst ein namhafter Gelehrter, diesmal ein Deutscher, in anderen Zusammenhängen zu ähnlichen Schlüssen gelangt wie Camba: »Dem protestantischen und insonderheit dem deutschen Geist ist ein tiefes Mißtrauen gegen die Anmut eingewurzelt. Er ist eher geneigt, das Dunkle und Schwere als das zu Lichte und Leichte zu verzeihen. Er ist ungern bereit, Ernst und Tiefe da anzuerkennen, wo nicht auch ein lautes Pathos und der Geist der Schwere herrscht. Es geht ihm schwer ein, daß etwas Gold sein könne, das glänzt.«[8]

Freilich darf man nicht außer acht lassen, daß solche Urteile meist auch einen verborgenen Sinn haben, daß Richard Alewyn, von dem die zitierte Äußerung stammt, bestimmt auch pro domo spricht, wenn er den deutschen Argwohn gegen Anmut und Glanz anprangert, ebenso wie Camba, wenn er den Deutschen Unverständnis für einen als klar, unterhaltend, elegant, einfach, leicht und durchsichtig charakterisierten Stil vorwirft. Ob nun ausgesprochen oder uneingestanden, der Bezug auf die Spanier, als

---

[8] Richard Alewyn, über Hugo von Hofmannsthal (Göttingen: Vandenhoeck & Ruprecht, 1960), S. 64.

deren Repräsentanten er sich sieht, und die spanischen Verhältnisse schwingt als Bedeutungsresonanz immer mit, auch wenn er sich ganz in das deutsche Milieu hineinzuversetzen scheint. Belegen kann man diese Tendenz natürlich nur dort, wo sie ihren Weg ins Bewußtsein, in den formulierten Gedanken gefunden hat, was freilich oft genug geschieht, so daß man beinahe auf Schritt und Tritt Spuren davon antrifft. Kehren wir zu einer Stelle zurück, die uns schon aufgefallen ist. Wir haben gesehen, daß Camba die Deutschen als »groß, schwer, sauber und wohlgebildet« erscheinen, dafür aber genau wie die von ihnen errichteten Gebäude als »zu neu« (13).[9] Bei genauerem Zusehen stellt sich aber heraus, daß es sich keineswegs um eine autonome und unabhängige Beobachtung des Reisenden handelt. Die Äußerung – und, man kann sich des Eindrucks nicht erwehren, auch die zugrundeliegende Wahrnehmung – macht der spanische Schriftsteller nur, um unverzüglich die Reflexion daran zu knüpfen, daß dies alles in direktem Gegensatz zu Spanien stünde, wo Gebäude und Menschen »schmutzig und verschlissen« (13) seien. Wir berühren hier einen jener sensitiven Punkte, wo die Abhängigkeit der Erkenntnis vom Interesse offenkundig wird. Handelt es sich um spanische Minderwertigkeitskomplexe? Die Antwort auf diesen unvermeidlich auftauchenden Verdacht lautet sowohl ja als nein. Camba ist von vielem, was ihm in Deutschland begegnet, zweifellos beeindruckt, manches erregt seinen Neid, denn er kann sich nicht verhehlen, daß sein eigenes Land in mehr als einer Hinsicht zurückgeblieben ist. Um aber dem daraus resultierenden Gefühl der Unterlegenheit nicht wehrlos ausgeliefert zu sein, besinnt er sich alsbald auf eine die deutschen Vorteile überwiegende heimatliche Tugend: mögen die spanischen Dinge weniger Solidität aufweisen, möge ihnen, wie Camba sich ausdrückt, weder »die Zähigkeit noch der Glanz, die sie hier haben« zueigen sein, sie besitzen statt dessen »Stil, Charakter, Geist« (13). Die psychologische Strategie ist also schon nach diesem einen Beispiel durchschaubar: Deutsche Überlegenheiten materieller Art werden zwar zugegeben, aber gegenüber den geistigen Vorzügen der Spanier abgewertet. Der deutsche Vorrang im Physischen wird von spanischer Humanität in den Schatten gestellt. Auf diese Formel kann man fast alle Vergleiche zurückführen, ja in ihr den Auftrieb hinter der ganzen schriftstellerischen Tätigkeit Julio Cambas vermuten.

---

[9] In logischer Entsprechung kommt er, der spanische Besucher, sich »chiquito, flaco, débil« (klein, mager, schwächlich) (136) vor. Hier zeigt sich etwas von dem Überwältigtsein durch das »Kolossale«.

Herausgefordert wird er dazu durch einen ganz simplen Tatbestand, durch den Einfluß, den Deutschland auf Spanien auszuüben beginnt. »Sobald die Jugend, die sich gegenwärtig in Deutschland ausbildet, uns regeneriert haben wird« (48), spottet er, und bei anderer Gelegenheit: »Gottseidank beginnt man jetzt, ein paar deutsche Ideen in Spanien einzuführen« (118), oder er spricht nüchterner von den »deutschen Ideen, die seit einigen Jahren in Madrid umgehen« (48).[10] Ganz evident ist Cambas Fixierung auf diesen Punkt auch in folgender Äußerung: »Die Spanier kommen nach Deutschland, um gelehrt zu werden ... Heutzutage gilt nur deutsche Wissenschaft« (175). Der Gegensatz zwischen deutschem Materialismus und spanischem Idealismus auf allen möglichen Gebieten des menschlichen Lebens zieht sich durch das gesamte Cambasche Denken, wenn auch die Beurteilung der betrachteten Erscheinungen schwankt und nicht immer leicht auszumachen ist, ob er die eine oder die andere Lösung vorzieht. Dies ist durchaus in der Gattung der völkerpsychologischen und sittengeschichtlichen Satire, mit der wir es hier zu tun haben, angelegt und findet sich bei Tacitus, Montesquieu und Madame de Staël nicht minder als bei unserem bescheideneren Julio Camba. Die fremden Verhältnisse dienen bald zum Vorbild, bald als Schreckmittel, konstant bleibt nur der unverrückbare auf die eigene Gesellschaft gerichtete Blick. Eine Bemerkung wie die, daß der Preuße auf etwas Bestimmtes stolz sei, daß der Stolz des Spaniers aber sich gerade dann äußere, wenn er nichts habe (109)[11], hält sich noch in einer neutralen Lage,

---

[10] Namentlich erwähnt werden Ortega, Hermann Cohen und die Marburger Schule.
[11] Preußentum ist für Camba meist gleichbedeutend mit Deutschtum. Der Madame de Staël folgend, teilt er sein Buch in einen norddeutschen und einen süddeutschen Teil ein. Der Berichterstatter beginnt mit Berlin, wendet sich nach München und kehrt am Ende nach Berlin zurück. Bayern stilisiert er in bewußtem Gegensatz zu Preußen in eine vorindustrielle Idylle. »Das Bier macht sie demokratisch« (97), behauptet er von den Münchnern, Demokratie mit Volkstümlichkeit verwechselnd. Ganz deutlich wird die idyllische Mythisierung, wenn er auf die Berge zu sprechen kommt. »Hier am Fuß der bayerischen Alpen, die sich 3 000 Meter über die Politik und Literatur erheben, fühlt man sich gesünder, ehrlicher und großzügiger als in der Ebene« (128). Charakteristisch für diese Gefühle ist, daß Politik und Literatur sozusagen zu den Zivilisationskrankheiten gerechnet werden. Cambas Antimodernismus findet seine Entsprechung in einem antiurbanen Affekt: »Ich finde mich überzeugt, daß man über die Berge keine Witze machen soll, sondern nur über die Stadt. Besonders in Spanien, wo wir herrliche Berge und lächerliche Städte haben, ist Spotten über das Gebirge idiotisch« (128). Was mich an dieser Äußerung interessiert, ist weniger die satirische Rolle, die er seinem »Humorismus« zuweist – mit ebenso gutem Recht könnte man dessen versöhnliche Funktion herausstreichen – sondern die ganz klar eingestandene Übertragung der aus deutschen Verhältnissen gezogenen Lehre auf Spanien. In Deutschland repräsentieren ihm die Preußen Verstädterung und die Bayern ländliche Tugend: »Hier sieht man den Bayern, wie er leibt und lebt, riesenhaft, gütig, patriar-

wo Lob und Tadel in der Schwebe sind. Eindeutiger wird Camba, wenn er auf die Antinomie zwischen deutscher und spanischer Geschlechtsmoral zu sprechen kommt. Nicht genug kann er sich über die Freizügigkeit und Leichtlebigkeit der Münchner Mädchen wundern. »Lädt man sie zum Tanzen ein, dann tanzen sie, wenn Sie sie zum Essen einladen, essen sie, und lädt man sie ein zum Lieben, nun, so lieben sie« (104). Es gibt keinen Zweifel, daß dem ausgehungerten Reisenden[12] das Wasser im Munde zusammenläuft. Aber schon ist der von uns beobachtete Rechtfertigungsmechanismus am Werke, das ideale spanische Gegenbild wird gesucht und gefunden, zunächst metaphorisch, wenn er sagt: »Wenn Sie ein Don Juan sind, bleiben Sie ja in Spanien. Vielleicht gelingt Ihnen dort die eine oder andere Eroberung, aber hier werden sie keine machen. Einen Don Juan in München stelle ich mir so vor wie einen großen Pianisten, der ein elektrisches Klavier spielt« (104); und schließlich mit nicht mehr zu übertreffender Ausdrücklichkeit: »Moral für Moral ziehe ich die spanische vor ... In Spanien verbringt einer drei Jahre und wird nur mit seinen Freunden reden; wenn er sich aber ein Mädchen zulegt, na dann hat diese Liebe Würze und Leidenschaft, Reiz und Seele« (104/105).

So verlockend es sein mag, Camba noch öfter auf seinen wahrscheinlich ganz unbewußt geübten Balancierkunststücken zu ertappen, ich muß mich beschränken und nur noch des zentralen Gleichnisses gedenken, in dem seine ganze Nationalcharakterologie gipfelt. Europa ist für ihn ein großes Wohnhaus, wo die Deutschen das Erdgeschoß innehaben. »Sie sind gut eingerichtet, wenn auch mit offenkundig schlechtem Geschmack. Sie sind neue Mieter, die sich noch mit keinem angefreundet haben. Sie arbeiten viel und verdienen gut, aber zu leben verstehen sie nicht« (37). Die anderen von Camba apostrophierten europäischen Nationen können wir hier nicht berücksichtigen, aber auf die Spanier wollen wir natürlich eingehen:

> »Wir Spanier bewohnen den Dachboden. Wir sind von Spinnweben und altem Gerümpel umgeben. Jeden Tag geloben wir uns, die Wohnung zu renovieren, aber wir tun es nie. Wir stehen spät auf und haben den völlig berechtigten Ruf von Taugenichtsen, ... Zuweilen will einer von uns die Spinnweben wegwischen; aber die anderen erheben Einspruch. Wir haben keinen Pfennig. Wir kommen vor Hunger um. Warum arbeitet ihr nicht? – fragen uns die anderen Mitbewohner. Als ob Leute unseres Ranges einfach arbeiten könnten. Für wen haltet ihr

---

chalisch und dekorativ ... Von diesen dörflichen Häusern, die so sauber sind, so hübsch und so fröhlich, und deren Farben immer mit der Landschaft in Einklang stehen« (130). Auf der Alm da gibt's ka Sünd'!

[12] Er selbst gebraucht den Ausdruck »hungrig« (104).

uns eigentlich? Ich schreibe diese Zeilen im Erdgeschoß, wo ich eine Zeitlang zu Besuch bin. Wirklich, diese Leute sind sehr viel besser gestellt als wir, sie essen mehr und sind viel viel kräftiger; und doch beneide ich sie nicht. Wir Dachbodenbewohner sind Edelleute und wir beneiden niemand« (38/39).

Arbeit ist das Lebenselement der Bürger, Bauern und unteren Volksschichten, der Adelige aber verachtet die Arbeit. Ich zitiere hier als Gewährsmann einen Gesellschaftshistoriker, um zu zeigen, daß diese Beobachtung zu den von der Sozialwissenschaft anerkannten Einsichten gehört: »The aristocrat looks down with contempt upon productive and, especially, manual labor, an attitude that is also extended to trade and moneymaking. Not only does he not need to engage in such activities, but to do so would obliterate the line between him and the peasant and others in society. While saving and hard work are considered dishonorable, conspicuous consumption and display of wealth and generosity are regarded as noble and worthy of the aristocrat. These, too, serve to set him apart from nonaristocrats and thus to protect his position.«[13]

In der Welt, die Camba beschreibt, ist aber diese aristokratische Position bereits angefochten. In der feudalen Epoche brauchte der Aristokrat nicht zu arbeiten, weil es andere für ihn taten, in einer kapitalistisch-bürgerlichen Ordnung jedoch verhungert er, mag er seine Vornehmheit noch so sehr betonen und sich über den vorherrschenden plebejischen Materialismus noch so erhaben fühlen. Um dieser Aporie zu entgehen, verschiebt Camba das soziale Problem auf die nationale Ebene.

Das müssen wir näher beleuchten, weil wir hier auf die Kernfrage der Untersuchung gestoßen sind. Zuvor wollen wir uns aber Rechenschaft darüber ablegen, daß wir mit diesen Überlegungen schon mitten in das synchronische Bezugsnetz hineingeraten sind, in das System der weltanschaulichen und ideologischen Interessen, das jede intellektuelle Bemühung um Erkenntnis umspannt, sei der zu untersuchende Gegenstand nun mehr künstlerisch-metaphorischer oder denkerisch-diskursiver Natur. Cambas Essayistik hat an beiden Bereichen ihren Anteil. Der Madame de Staël und anderen Vorgängern (wir haben bereits Voltaire, Heine und Mark Twain – s. Anm. 6 – genannt) verdankt er die Gattung, die literarische Tradition mit allen ihren Möglichkeiten und Anregungen. Dieses Eintauchen in literarische Modelle erkennt die diachronische Analyse, was sie gleichzeitig befähigt, das Vorgegebene von dem Eigenen des Schriftstellers zu sondern. Die

---

[13] John Kautsky, *The political consequences of modernization* (New York: Wiley, 1972) S. 29.

synchronische Betrachtungsweise enthüllt seine zeitgenössischen Interessen, seine ideologische Verstricktheit in die Gegenwart.

Wir sind jetzt in der Lage, die verstreuten, scheinbar zufälligen, meist scherzhaft vorgetragenen Anmerkungen Cambas in eine Art System zu bringen. Viel besser als zu Anfang verstehen wir nun, was er eigentlich im Sinn, hat, wenn er mit monotoner Insistenz von der »Neuheit« der Deutschen spricht, wenn er den Berlinern vorwirft, »zu neu« zu sein, bedauert, daß ihnen »der letzte Schliff der Zeit«, die »Patina« (13) abginge, oder wenn er ihnen ihre allzu große Jugend ankreidet: »Ein Volk kann in seiner Jugend nicht vollkommen zivilisiert sein« (22). Kann sich diese Jugendlichkeit auf die historisch-ethnische Präsenz der Deutschen in Europa beziehen? Weiß denn Camba nicht, daß sich die Geschichte der Völker in grauen Vorzeiten verliert, wo die Identitäten verschwimmen? Wenn man genau hinhorcht, merkt man sehr bald, daß eine andere Art »Neuheit« hinter diesen völkischen Klischees angegriffen wird, daß die Barbarei, gegen die sich Camba auflehnt, keine der Rasse, sondern eine solche des Zivilisationstypus ist. Wir kommen einen Schritt weiter, wenn wir uns genau ansehen, was die Errungenschaften sind, die er gleich bei seiner ersten Ankunft in Berlin als distinktiv erkennt und bedingt gelten läßt: »Hier ... fehlt es an nichts, weder am Aufzug, noch am Bad, am elektrischen Licht, am warmen Wasser.« Es ist offenbar: es geht hier um lauter Neuzeitliches, Mechanisches, Materielles nicht nur in den Häusern, denn die Menschen sind mit einer entsprechenden Ausrüstung versehen, die ihnen das Überleben in dieser materialistischen Umwelt ermöglicht: »Im allgemeinen ... haben die Leute etwas Geld und eine allgemeine Bildung« (13).

Camba kann noch deutlicher werden. In anderem Zusammenhang – aber gerade das ist aufschlußreich für die Echtheit seiner Empfindung, daß er stets von neuem auf dieselben Erscheinungen zurückkommt – schleudert er, nachdem er mit Entsetzen gewisse Mechanisierungstendenzen im Berliner Verkehrs- und Kommunikationswesen beschrieben hat (die uns heutzutage als unentbehrlich erscheinen würden), den Lesern die ebenso passionierte wie rhetorische Frage entgegen: »Können Sie sich etwas Gräßlicheres vorstellen als dieses wissenschaftliche Leben? (52). Erkennend, daß die neuen Apparate den Menschen nicht als Individuum behandeln, kommt er zu dieser Diagnose: »Dieses wissenschaftliche Leben, diese mechanischen Einrichtungen, die alle gleich machen, passen gut zum Land des Sozialismus und werden es noch völlig überlaufen« (53). Diese Jeremiaden sind uns wohlbekannt. Sie werden von Myriaden Konservativer aller Schattierungen im Namen des Humanismus angestimmt. Es mag uns sonderbar anmuten, wenn uns das Wilhelminische Reich als das Land des Sozialismus vorgestellt und die Übel der Industrialisierung den Sozialisten in die Schuhe geschoben werden. Aber wir beginnen Camba zu begreifen. Er rebellierte gegen die Industrierevolution und ihre Nebenerscheinungen wie Rationalisierung, Mechanisierung, Automatisierung, Entindividualisierung, Spezialisierung. Ein Beispiel für seine Abneigung gegen die letztere sind die Betrachtungen, die er über die deutsche Medizin anstellt. Ein Arzt, »der sich auf Krankheiten ... der rechten Hand spezialisiert, wird ein Genie auf seinem Gebiet«, höhnt er, »aber wenn Sie eine Frostbeule auf der linken Hand kriegen, dann lassen sie es sich ja nicht einfallen, ihn um Rat zu fragen; er wird nicht wissen, was zu tun ist« (63). Wer an die enthüllende Macht der Sprache glaubt, der wird einer alltäglichen Redewendung besonderes Gewicht beimessen, mit der Camba, eine spanische Doppelbedeutung ausnützend, Zusammenfassendes über die deutschen Ärzte aussagt: sie wüßten eine »barbaridad« (was gleichzeitig »monströse Menge« und »Barbarei« heißt) (62). Das Wort ist geeignet, zur Formel für seine Einstellung zu den Deutschen im allgemeinen zu werden. Ihr großes Wissen wird zugegeben, aber sein menschlicher Wert umgangssprachlich verworfen.

Wie unzählige seiner Zeitgenossen muß Camba dieses Überhandnehmen der Maschine, diese Entwicklung von der Humanität zur Barbarität als tödliche Bedrohung seines individualistischen Menschentums empfunden haben. Daran ist bestimmt nichts Merkwürdiges. Man kann die gesamte neuere Kultur als die kollektive Reaktion des menschlichen Geistes auf die verschiedenen, unter dem Druck der Industrialisierung auftretenden Veränderungen der Welt verstehen. Uns interessieren hier natürlich vor allem die Abwehrmechanismen eines Einzelnen, des spanischen Essayisten Julio Camba, der dem beunruhigenden Spuk des »Neuen« nur die humanen Werte eines vorindustriellen, noch halb feudalen Agrarstaates entgegenzuhalten hatte. »Hier verstehen die Ärzte nichts als Medizin«, rügte er. »Genau das Gegenteil trifft auf Spanien zu« (63). Dieser Scherz ist entwaffnend, denn, indem er die Gegenseite auch nicht ungeschoren läßt, stellt er Gerechtigkeit her. Aber dahinter verbirgt sich eine ganz ernst gemeinte Affirmation. Unermüdlich ruft Camba die Humanität einer Gesellschaft ohne Arbeitseinteilung zu Hilfe gegen den vernichtenden Angriff auf sein aristokratisches Wertsystem durch die Maschine. »In Deutschland machen wir alles mit Maschinen« informiert man den widerstrebenden Besucher, selbst solche Lappalien wie die Bedienung in den Restaurants. Und er reagiert auf diesen vergewaltigenden Eingriff in die althergebrachte personale Ordnung durch die Überbetonung der spanischen Menschlichkeit und Spontaneität, wenn nötig unter Hinnahme der Rückständigkeit seines Landes als eines geringeren Übels. »In Spanien, einem Land ohne Ansprüche, lassen wir uns von einem sehr menschlichen Kellner bedienen, der Juan oder Gutiérrez oder sonst irgendwie sehr menschlich heißen wird, und um sich so sehr wie möglich von einem Automaten zu unterscheiden, wird er politische Ansichten und dergleichen haben« (53). Die Deutschen haben »selbst in ihrem Vergnügen Methode«, die Spanier »improvisieren alles: unser Vergnügen ebenso wie unsere Arbeit. In Spanien arbeiten selbst die Maurer auf Eingebung. Hier haben sogar die Dichter Methode (65).

Jetzt verstehen wir auch, daß das Denken in nationalen Kategorien nicht nur eine Unart frivoler, unwissenschaftlicher Köpfe ist, sondern eine intellektuelle Verlockung, der Versuch, erkannte Mißstände zu lokalisieren und zu isolieren. Wenn gewisse gefährliche Erscheinungen mit dem Charakter einer bestimmten Nation gegeben sind[14], dann läßt sich das Übel vielleicht eindämmen und die Zivilisation retten. »Ich sehe keine Zivilisation«, sagt Camba bereits nach einem ersten flüchtigen Rundblick in Deutschland.[15] »Die Franzosen zum Beispiel sind viel zivilisierter als ihr. Sie beherrschen die Kunst, gut zu leben. Ihre Musik, ihre Philosophie, alles ist leichter.

---

[14] Die beschuldigten Nationen wechseln, das Prinzip bleibt das gleiche. Hofmannsthal und J. Roth haben wie Camba die Mechanisierung Preußen angekreidet. Hesse hielt sich an Amerika. Auch Stefan Zweig schob die »Monotonisierung der Welt« (in einem gleichnamigen Essay) auf Amerika; ebenso Rilke, dessen Abneigung so groß war, daß er, in einem berühmten Brief an seinen polnischen Übersetzer Hulewics, einem amerikanischen Apfel die erdhaften, vorindustriellen Eigenschaften absprach, die ein europäischer für ihn besaß. Andere, wie wir noch sehen werden, lenken ihren antiindustriellen Haß auf das sich industrialisierende Rußland. Spengler und seine Jünger versuchten das, was für sie europäische Kultur ist, gegen die beiden Barbaren der Zukunft, Rußland und USA abzugrenzen.

[15] Für den vergleichenden Historiker ist es interessant zu beobachten, daß Camba die Begriffe »Zivilisation« und »Kultur« anders versteht als ein konservativer Deutscher, etwa ein Spenglerianer, der gleichen Epoche. Für Camba ist »civilización« die große, schöpferische, humanistisch veredelnde Macht, während »cultura« nicht mehr als persönliche Bildung, ja weniger noch: neuzeitliches Schulwissen bedeutet; daher billigt er den einzelnen Deutschen »cultura« zu, aber spricht ihnen allen kollektiv »civilización« ab. Freilich geht es ganz ohne Widersprüche auch innerhalb von Cambas eigenem Vokabular nicht ab. Die Deutschen seien langsam. Zivilisation sei eine langsame Sache. Aber die Deutschen haben keine Zivilisation. England hat sich verändert. England hat sich nicht verändert. Und wie paßt die harte Selbstdisziplin der Deutschen zu ihrer erotischen Lässigkeit? »Ich habe wiederholt von der deutschen Vorliebe für die Stärke gesprochen. Die deutsche Zivilisation, die ganz aus Zucht und Ordnung besteht, ließe sich symbolisch als ein sehr gestärktes Hemd mit einem beinahe eisern anmutenden Kragen darstellen« (143). Wie verträgt sich das aber mit ihrer laxen Moral, den »wohlgepolsterten Mädchen« (143), den deutschen Frauen mit dem »deutschen, schwellenden doch zarten Busen« (65)?

Eure Musik und Philosophie ist viel mehr wert, aber weder so angenehm noch so zivilisiert« (22/23). Alles läuft auf den Gegensatz zwischen Geist und Macht hinaus: »Ihr habt die Macht, aber die Zivilisation ist im Süden« (22). Etwas vom Dekadenzdenken des 19. Jahrhunderts ist in diese Vorstellungen eingedrungen, die Idee der Sozialdarwinisten, daß die Zeit der alten verfeinerten romanischen Völker vorbei sei und die der barbarischen Germanen gekommen. Camba fühlt sich als Repräsentant des guten Alten: »Sehen Sie mich an. Von Philosophie weiß ich nichts, von der Integralrechnung habe ich keine Ahnung, und doch bin ich zivilisiert ... Ich habe weder Kanonen noch Maschinengewehre, nicht einmal einen automatischen Revolver, und trotz allem wird niemand meine Zivilisation in Zweifel ziehen« (23/24). »Die Zivilisation ist etwas sehr Langsames« (22) insistiert er. Aber es ist nur allzu klar, was ihm in Deutschland zu schnell gegangen ist: »Deutschland hat eine große Industrie aufgebaut und einen großen Handel, und sobald beides vorhanden war, haben sich die Deutschen in Händler und Industrielle umgewandelt. Und dann hat sich Deutschland auf die Suche nach Märkten begeben« (199). In ihrer Überstürzung haben die Deutschen die Entwicklung auf den Kopf gestellt und auf diese Verkehrtheit läßt sich vieles zurückführen, was ihm an Deutschland mißfällt. Hier bekommt Cambas atmosphärischer Impressionismus den Anstrich der Wahrheit. Seine Beobachtung stimmt mit dem Urteil jener Historiker überein, die in der konvulsiven Geschichte Deutschlands die Dislokationen einer »verspäteten Nation« zu erkennen meinen. Der Wahrheit nähert sich Camba dann, wenn seine nationalcharakterologischen Beobachtungen mit der sozio-historischen Wirklichkeit, die sie letzten Endes hervorbringt, in Beziehung treten. Aber es läßt sich schwer leugnen, daß im Ganzen und Grundsätzlichen die nationalphysiognomische Betrachtungsweise eine einzige große Illusion ist. Die Heraufkunft des Faschismus in Europa, die unaufhaltsame industrielle Entwicklung, denen auch die spanische Idylle zum Opfer gefallen ist, beweisen es. Camba hat ein hohes Alter erreicht und einiges davon miterlebt.[16] Erklärungen wie die seinigen ändern erfahrungsgemäß so wenig den unerschütterlichen Gang der Geschichte wie das Wunschdenken des Ausflüglers das wirkliche Wetter. Für Camba erzeugt der Nationalcharakter, was in Wirklichkeit das Resultat der Sozial- und Wirtschaftsgeschichte ist. Wenn er im Anschluß über die militärischen Neigungen der Deutschen behauptet, »selbst der deutsche Sozialismus ist militärisch. Alle seine Vorzüge sind militärisch: Ordnung, Zucht, Organisation

---

[16] Er ist 1962 in Madrid gestorben.

...« und meint, dies käme davon, daß »die ganze deutsche Bevölkerung ein Heer ist« (31), so steckt in diesen Übertreibungen ein Quentchen wilhelminischer Wirklichkeit, denn Umwelt, Gepflogenheiten, Traditionen, Erziehung und Propaganda spielen eine unbezweifelbare Rolle, aber im Zusammenhang der Cambaschen Weltanschauung bedeuten solche Aperçus doch nur eines: daß der Nationalcharakter stärker ist als alle Politik und alles Klasseninteresse. Eine solche Geschichtsauffassung trägt den vielen Fragwürdigkeiten, in die der Begriff Nationalcharakter unweigerlich führt, keinerlei Rechnung. Auch bei Camba fehlt das Bewußtsein, daß es sich bei all dem um geschichtlich wandelbare Verhaltensmuster handeln könnte, in der Form der Einsicht etwa, daß soziale Gruppen desselben Landes verschiedene psychologische Reaktionsweisen entwickeln, so daß italienische Industriearbeiter mit ihren französischen Klassengenossen eine größere Verwandtschaft aufweisen als mit der Aristokratie ihrer eigenen Gesellschaft und umgekehrt; daß Agrarstaaten nicht so sehr durch den Nationalcharakter wie durch das ganze Wirtschaftssystem von Industrieländern verschieden sind, und daß diese wieder untereinander Ähnlichkeiten ausbilden, denen gegenüber nationale Besonderheiten kaum ins Gewicht fallen; daß die großen Städte eine andere Kultur hervorbringen als Kleinstadt, Land und Dorf[17]; daß kein einziges Individuum den allgemeinen Kategorien entspricht, so daß der beliebige Franzose keineswegs leichtfüßiger ist als sein deutscher Widerpart und der einzelne Deutsche nicht disziplinierter; und daß schließlich das ganze feingesponnene Spekulieren über nationale Wesenheiten äußert suspekt geworden ist, denn man sollte nicht vergessen, daß die nationalcharakterologische Mode selbst ein historisch isolierbares und einzuordnendes Phänomen darstellt. Seine signifikanten Ursprünge reichen ins siebzehnte, achtzehnte Jahrhundert, das Zeitalter des aufstrebenden Bürgertums, des erstarkenden Individualismus zurück. Fanatischen Auftrieb erfuhr es in der zweiten Hälfte des neunzehnten Jahrhunderts und im ersten Drittel des zwanzigsten durch die Verbreitung des Imperialismus und Chauvinismus, die verschiedenen Irredentismen, die sozialdarwinisti-

---

[17] Wie schon erwähnt, folgt Camba der Madame de Staël, indem er Preußen kontrastierend von Bayern trennt. Seine Vorgängerin war sich aber der in jeder Generalisierung steckenden Gefährlichkeit viel bewußter als er. Sie schickt also sehr früh in ihrem Buch allen Verallgemeinerungen eine ernst zu nehmende Warnung voraus: »Quelques traits principaux peuvent seuls convenir également à toute la nation allemande:; car les diversités de ce pays sont telles, qu'on ne sait comment réunir sous un même point de vue des religions, des gouvernements, des climats, des peuples même si différents« (30). Auch die Klassenunterschiede betont sie viel stärker: »... la separation des classes, qui est plus prononcée que partout ailleurs« (33).

schen Ideen und den Glauben an Blut und Boden, bis es sich im Faschismus überschlug und verzehrte.

Selbst spielerisches Operieren mit dem Nationalcharakter hat gewöhnlich eine Einbuße an Geschichtsbewußtsein zur Folge. Um die Illusion der nationalen Einheitlichkeit aufrecht zu erhalten muß man diejenige der Unwandelbarkeit der Zeiten hinzunehmen, und um diese zweite Illusion zu stützen und das schwächliche Kartenhaus vor dem Einsturz zu bewahren, wird man sehr bald zur Annahme gezwungen, daß die eigentlichen schöpferischen Kräfte in der Welt irrationale Gewalten sind, die aus der Tiefe der Volksseele hervorbrodeln. Camba ist allen diesen Gefahren erlegen. Schon der erste Satz seines Deutschlandbuches beginnt mit den sinnbefrachteten Worten: »Die Berliner sind ...« (13). Was immer sie sein mögen, sie sind es ein für allemal, ihrem einmal erkannten Wesen entschlüpfen sie nicht mehr. Deswegen werden die Völker auch gerne mit Tieren verglichen, weil sich in der Zoologie die Gattungen über Äonen hinweg gleichbleiben, und so heißt es bei Camba »der deutsche Bär, das englische Kalb, der französische Affe« (28). Camba hat Deutschland 1914 verlassen und kehrt erst 1920 nach Kriegsende wieder zurück. Man möchte meinen, daß sich das Land unter dem Wilhelminismus sehr wohl von der Weimarer Republik unterscheiden ließe. Aber nein, Camba kann keinen geschichtlichen Wandel statuieren. »Die Leute sind wie sie immer waren.« Alle Veränderungen sind etwas Äußerliches, etwas Unerhebliches. Zwar ist das Chaos in Deutschland eingebrochen, aber »was für ein methodisches und wohlgeordnetes Chaos!« Wie immer sitzt ein jeder auf der Bank, »die seinem Geschlecht, seinem Alter entsprach«[18], und wirft pedantischerweise seinen Abfall in den dafür bestimmten Papierkorb, wie die unverbesserlichen Deutschen das eben tun: »Er suchte einen zur Aufnahme von Papieren bestimmten Korb, las das Schild, das erläuterte, wie das Papier in den Korb geworfen werden mußte und schmiß seine Zeitung in den Korb, indem er der Richtung des Pfeiles folgte«[19] (AP 17). Kein Wunder, daß er zu dem Schluß kommt: »Wenn ich in Berlin eingeschlafen wäre, würde ich ohne jede Verwunderung aufwachen. Man möchte meinen, in Berlin sei nichts geschehen« (AP 19). Wer diesen Satz isoliert liest, kann unmöglich auf den Gedanken kommen, daß

---

[18] Ich nehme an, daß Camba hier metaphorisch spricht, denn von solchen Bänken ist mir nichts bekannt.

[19] Diese Zitate sind dem Abschnitt »La Peseta en Teutonia« entnommen, einem Teil des schon erwähnten Buches *Aventuras de una Peseta* (Madrid: Espasa-Calpe, 1942), Colección Austral. Die dieser Ausgabe entsprechenden Seitenangaben sind durch die Buchstaben AP gekennzeichnet. Meine Übertragung.

damit die Zeit von 1914 bis 1920 gemeint sein soll![20] Ganz folgerichtig schickt Camba seinem Buch *Alemania* eine »Mitteilung des Verfassers« voraus, wo er dem Prinzip der Unwandelbarkeit allgemeinen Ausdruck verleiht: »Dieses Buch wurde während der Monate unmittelbar vor dem ersten Weltkrieg geschrieben. So war damals Deutschland und so waren wir. Seit damals haben wir einige Zähne und eine Menge Haare verloren, und Deutschland verlor nicht nur seine Fabriken, Brücken, Hochöfen und Kathedralen, sondern ganze Länder sind ihm verloren gegangen; aber im Grundlegenden haben vielleicht weder Deutschland noch wir uns so verwandelt oder verringert, wie es auf den ersten Blick scheinen könnte« (11). Und was den Irrationalismus betrifft, so braucht man nicht lange zu suchen. Die Entdeckung einer weitgehenden Mechanisierung und Automatisierung der deutschen Wirtschaft zwingt Camba, in unerbittlicher Ableitung von seinen weltanschaulichen Prämissen, zur Annahme, daß es in Deutschland kein richtiges »Volk« gäbe. »Wo ist das deutsche Volk, wenn es sich weder in den Sitten, in den Traditionen, im Geschmack, noch in der Sprache finden läßt? Nein. Volk gibt es in Deutschland keines. Diese ungeheure, tiefe, unbewußte, gefährliche und berauschende Macht, die man das Volk heißt, gibt es nicht« (200). Diese absurden Behauptungen entspringen ganz offensichtlich nicht der empirischen Evidenz, sondern dem Zwang eines Denksystems, wo dem Vorherrschen eines für rational gehaltenen Wirtschaftssystems – es ist typisch für die konterrevolutionäre Rechte, daß sie Sozialismus und Kapitalismus in einen Topf wirft – eine ebenso rationalistische Bevölkerung entsprechen muß.[21] Aufschlußreich für dieses Hinausprojizieren einer abgelehnten Erscheinung von der Gesellschaft ins Nationale und Ethnische ist die Tatsache, daß die deutschen Konservativen

---

[20] Um den Gegensatz herauszuarbeiten, sagt Camba zwar »Frankreich, das Land der Demokratie, hatte sich gewandelt. Gewandelt hatte sich England, das Land der Freiheit ... Wir jedoch, Freundin Deutschland, wir sind die gleichen geblieben« (AP 22). Aber er meint es nicht ernst. Die Statik seines völkischen Weltbildes zwingt ihn immer wieder, gegen jeden Augenschein in die Zeitlosigkeit zurückzufallen. Und so wundert sich niemand, wenn er in einem späteren Kapitel von demselben England, dem er gerade noch Veränderungen bescheinigt hat, sagt: »In England tut man Dinge aus dem einzigen Grund, daß man sie schon unter der römischen Herrschaft getan hatte« (AP 58/59); und auf S. AP 65 noch klarer: »Die Welt änderte sich, aber England blieb sich gleich.«

[21] Für Camba ist die deutsche Sprache völlig logisch aufgebaut ebenso dem Gesetz des »cuello almidonado«, des gestärkten Kragens unterworfen wie der deutsche Nationalcharakter. Das Einzige, was er an ihr nicht versteht, ist ihr gelegentliches Abweichen von der rationalen Norm: »Die Existenz unregelmäßiger Verben im Deutschen kann ich mir nicht erklären« (199).

den verhaßten Rationalismus je nach Bedarf den Juden oder den Franzosen zuschreiben.[22]

Damit haben wir, so steht zu hoffen, Cambas Positionen gerecht umrissen. Man könnte das Porträt zweifellos noch verfeinern, so manchen besonderen Einzelzug einzeichnen, Schatten und Lichter schärfer hervorheben, aber an der Grundstruktur würde sich nicht mehr viel ändern. Eine wichtige Frage bleibt allerdings noch offen. Nachdem Camba sich nach allen Seiten so gut vor der ewigen Beweglichkeit menschlicher Verhältnisse abgesichert, so resolut gegen die Veränderbarkeit der Welt verschanzt hat, wie erklärt er dann die großen Umwälzungen der Geschichte, wenn sie unleugbar stattgefunden haben? Auch auf diese Frage hält er eine mit seiner Nationalcharakterologie vereinbare Antwort parat. Wenn irgendetwas in der Welt grundlegend anders wird, so deswegen, weil eine Nation mit ihren bekannten, stets gleichbleibenden Eigenschaften die Hegemonie über eine andere mit ebenso feststehenden Qualitäten gewinnt. Was für andere Denker durch die unaufhaltsame Fortentwicklung des Industriekapitalismus erklärbar wird, das ist für ihn die Verdrängung Frankreichs als zivilisatorische Weltmacht durch Deutschlsnd. »Es gab eine Zeit, da schien Frankreich die Welt aufzulockern«, erinnert er sich sehnsuchtsvoll. »Alles war Weichheit, Frivolität, Geistigkeit«, beinahe ein goldenes Zeitalter. Seither hat jedoch der deutsche Koloß seinen verheerenden Marsch angetreten:

> »Die Deutschen erzeugen viel mehr, als sie verbrauchen, und so überschwemmen sie die Welt mit ihren Produkten, ihr Bier, ihre Philosophie, ihre Würstchen und ihre Musik, ebenso wie ihre Knöpfe und Messer, ihre Strickwaren und alle ihre

---

[22] Ob Camba aufgrund seines Deutschland- und Frankreichbildes den spanischen Mächten des Fortschritts oder der Bewahrung zuzurechnen ist, bekümmert mich hier wenig. Alles in allem gehört er natürlich ins Lager der Frankophilen, obgleich uns längst klar geworden ist, daß sich in seinem Denken und Empfinden Elemente des Casticismo mit solchen der Europeización mischen. Ich würde ihn politisch als einen Mann der Mitte einstufen. Salvador de Madariagas Äußerungen sind, wie sich noch zeigen wird, meiner Meinung nach mit extremer Skepsis zu behandeln. Wenn er aber sagt, »Wenn sich die liberale öffentliche Meinung in Spanien, die gleichzeitig republikanisch und antiklerikal und natürlich antideutsch war, unter die Fahnen Frankreichs begab und sogar die Marseillaise zu ihrer Hymne machte, so polarisierte sich dagegen die Rechte mit Hilfe einer deutschfreundlichen Haltung, die sich in den Konflikten von 1870, 1914 und 1940 energisch äußerte. Während sich Freimaurer und Freidenker Frankreich näherten, schlossen sich Klerikale und Militaristen an Deutschland an,« (*Bosquejo de Europa*, S. 191, siehe Anmerkung 24), so spricht er damit nur eine vielfach anerkannte historische Einsicht aus. Aber so einfach liegen die Dinge nicht. Im Kräftespiel der spanischen Geschichte waren der prodeutsche Krausismus und seine umwälzenden, schier unabsehbaren Folgeerscheinungen alles andere als klerikaler Konservativismus.

anderen Sachen, werden überall verkauft. Alle diese Erzeugnisse sind praktisch. Selbst in Frankreich haben sie großen Erfolg ... Seither hat die Menschheit ihr Gewicht verdoppelt. Das kommt vom deutschen Ballast« (26).

Und so scheint Cambas Wunschtraum einer leichten, höflichen, mediterranen Kultur mit der Götterdämmerung der lebensfreudigen Franzosen und dem Heraufkommen der mächtigen, aber rohen und barbarischen Teutonen zu enden.
Glücklicherweise sind wir nicht gezwungen, unsere Untersuchung auf einer solch trübseligen Note ausklingen zu lassen. Dazu ist Camba zu heiter, zu freundlich und gutwillig, dazu ist er vor allem zu skeptisch. Es gibt Stellen bei ihm, wo seine Vitalität, sein gesunder Menschenverstand durchbrechen, wo seine köstliche Selbstironie wie eine Sonne aufgeht und die Nebel einer falschen Ideologie zerstreut. Ich kann es mir nicht versagen, einen solchen Abschnitt in extenso hier wiederzugeben, um ihn in seinem vollen Gewicht, also auch mit jenen humoristischen Stilelementen, um derentwillen es sich heute noch lohnt, Camba zu lesen, wirken zu lassen. Diese Stelle muß alle jene anderen vertreten, wo Camba auch Zweifel an seiner eigenen Methode der Wirklichkeitsbewältigung anmeldet:[23]

> Nehmen wir an, der Eiffel-Turm befände sich in Berlin, wo er im Grunde hätte erdacht und errichtet werden sollen. Dieser Turm wäre ... der Stolz der ganzen Stadt. Man würde hier weiter von der Schönheit der französischen Hauptstadt sprechen, von den Ausblicken auf die Seine, von den Denkmälern, die Paris zieren ... Aber in Paris – würden die Berliner sagen – gibt es keinen Eiffel-Turm.

---

[23] Diese Labilität drückt sich öfters aus, z.B. an folgender Stelle: »Das Entscheidende beim Menschen – sagte Federico de Onis – ist nicht das Ethnische sondern die Erziehung und Kultur! Wenn ich mich traute, an so wichtige Dinge zu denken, würde ich wahrscheinlich der gleichen Meinung sein, und dennoch habe ich vor gar nicht so langer Zeit eine anscheinend entgegengesetzte These vertreten: daß man mit einem germanischem Kopf die Welt niemals auf dieselbe Art verstehen kann wie z.B. mit einem semitischen. Wie ich es verstehe, müßte man die Frage so stellen: Sind es die Köpfe, die den Ideen Form geben, oder sind es die Ideen die die Köpfe formen? Und da habe ich das erste behauptet, ich kann aber auch das zweite behaupten.« (AP 24) Hier wird die Unentschiedenheit in anthropologischen Grundfragen bis zur Frivolität getrieben, während Camba in einem anderen Zusammenhang sein eigenes Vorgehen mit einer ans Zynische grenzenden Offenheit beschreibt: »Oft habe ich das Gebirge verleumdet, so wie ich viele andere Dinge verleumdet habe. Was soll ein armer Zeitungsschreiber anders tun als verleumden, da er doch gezwungen ist, ein wenig Heiterkeit ins Leben der Leser zu bringen? ... Die Wirklichkeit bietet uns sehr wenige originelle und malerische Typen, die ein bißchen aus der platten Moral und der herkömmlichen Ordnung herausfallen. Folglich muß man sie erfinden oder übertreiben ...« (127)

Ganz aus Eisen! 300 Meter hoch! *Kolossal!* Man würde einsehen, daß französische Ingenieure unfähig wären, einen Eiffel-Turm zu machen. Als technische Tat – würde man sagen – ist der Eiffel-Turm bewundernswert; aber künstlerisch ... Und überhaupt, wie kann man diesen eisernen Turm ohne Geschichte, ohne Tradition oder sonst etwas mit den herrlichen Steindenkmälern von Paris vergleichen? ... *Le Matin* würde nicht ablassen, vom Eiffel-Turm zu schreiben. »Der Eiffel-Turm – würde er sagen – und das *Völkerschlachtdenkmal* repräsentieren den Geist unseres Nachbarn jenseits des Rheins.« Und ich selbst würde aus dem Eiffel-Turm eine Reihe von allgemeinen Überlegungen zum deutschen Geist ableiten und mir die Entrüstung meiner deutschen Leser zusichern.

An Stellen wie diese, – erlauben wir uns eine Sekunde lang, in Cambas Ton zu verfallen und zu sagen –, wo sich der viel gerühmte spanische Realismus durchsetzt, wollen wir uns halten und ansonsten an Cambas Humor ergötzen, ohne uns deswegen gleich seine weltanschaulichen Voraussetzungen zueigen zu machen.

Ich möchte diese Untersuchung mit einem Koda beschließen. Im Jahre 1951, also auf dem Höhepunkt des »Kalten Krieges« erschien ein Buch von Salvador de Madariaga, *Bosquejo de Europa*[24], in dem die Unarten des Geistes, mit denen wir uns heute beschäftigen, auf eine Spitze getrieben sind, ein geradezu haarsträubendes und in jeder Hinsicht abschreckendes Beispiel für die ungehemmte Lust am Spekulieren über nationale Wesenheiten, ein Buch, das Dank seiner Vielfalt, Brillanz und Freude an phänomenologisch exakten Beobachtungen und trotz des immer wieder proklamierten guten Europäertums seines Autors nur um so gefährlicher ist. Es wäre ungerecht, die Exzesse und Irrealismen dieser Publikation Julio Camba anzukreiden. Was man freilich ohne weiteres sagen kann, ist, daß das Werk einen besonders heftigen Ausbruch der nationalcharakterologischen Krankheit darstellt, diesmal im Dienste der Restauration der fünfziger Jahre, im Dienste der Idee eines sogenannten »christlichen Abendlandes«, die ja auch in Deutschland von den höchsten Regierungsstellen verkündet wurde. Dieses gemeineuropäische Interesse verbot es natürlich, wie das zur Zeit, als Camba in Deutschland lebte, noch möglich war, Partei für die eine oder andere Nation zu ergreifen, die Stimme einer jeden wird jetzt als wertvoller Beitrag zu einem kontinentalen Konzert aufgefaßt, von dem nur die Sowjetunion ausgeschlossen ist.[25] Schon der erste Satz gibt einen beträchtli-

---

[24] (México: Editorial Hermes), später unter dem Titel *Porträt Europas* auch ins Deutsche übersetzt. Die verwendeten Zitate habe ich aber auch wieder selbst übertragen.
[25] Als Relikte des antideutschen Affekts sind nur mehr gewisse, jetzt ganz vereinzelte Stellen zu bewerten, wie etwa diese: »Deutschland ist eine kranke Nation« (S. 138).

chen Teil der Ideologie preis: »Bedroht von außen und von innen, vom mechanisierten Dschingis Khan in Moskau und seinen eigenen selbstmörderischen Tendenzen, befindet sich Europa heute in tödlicher Gefahr« (S. 9). Wir erkennen unschwer ein uns nur zu vertrautes Schema: der europäische Geist wird zum Widerstand gegen einen industriellen Materialismus aufgerufen, der an Bestialität nicht hinter den brutalsten Horden der Völkerwanderung zurücksteht. Es geht aber darum, nach bewährter Sündenbockmanier das wirtschaftliche Übel national zu lokalisieren. Darum heißt es später ganz konsequent, daß Bewegungen wie Anarchismus und Kommunismus »etwas zutiefst Antieuropäisches« (S. 40) seien, eine Behauptung, die geschichtlicher Analyse wohl schwerlich standhielte, aber geschichtliche Analyse ist ja das letzte, was Madariaga anzustellen bereit ist.[26] Ganz kurz ist am Anfang bei ihm die Rede von einigen, die »die Existenz des Nationalcharakters leugnen« (24), aber um diese Toren keiner Widerlegung würdigen zu müssen, wird ihr Diskussionsbeitrag durch die Beigabe eines »vergeblich« von vornherein abgetan. Statt einer Auseinandersetzung liefert Madariaga dem Leser Metaphern, diesmal aus dem Bereich der Botanik: der Mensch, die Nation – zwischen Individuum und Kollektiv wird nicht die geringste Unterscheidung getroffen – ist ein Baum, mit Entsprechungen für Wurzeln, Stamm und Krone. Dann wird es literarisch: Hamlet wird an Don Quijote und Faust an Don Juan gemessen; und das Ganze ist gewürzt mit Anekdoten von Engländern, die mit Franzosen, und Spaniern, die mit Italienern zusammenstoßen. Schließlich setzt der Autor zu einem tollen Ritt kreuz und quer durch Europa an. In neunzehn Kapiteln wird jeder europäische Zusammenklang nationalcharakterologisch abgehaspelt, in einem irren Reigen, von dem einem Hören und Sehen vergehen kann. Was wir bei Camba noch hingenommen haben, weil es durch Humor,

---

[26] Mit den historischen Zweiflern wird kurzer Prozeß gemacht: »Eines ihrer liebsten Argumente lautet, daß das Volk selbst in verschiedenen Epochen verschiedene Merkmale gehabt hat; daß z. B. die Engländer der elisabethanischen Zeit wortgewandt und keineswegs gehemmt waren, während diejenigen der viktorianischen Ära zurückhaltend und von Gärten und Zäunen umgeben lebten. Nun, und was weiter? Als ob ein Charakter existieren könnte, ohne sich zu verändern, oder sich verändern, ohne zu existieren. Nein. Mögen die Farbenblinden die Rose und Nelke leugnen; die Gärten bestätigen sie, das genügt. Europa ist ein Garten mit nationalen Blüten ... (S. 25). Die Flucht in botanische, zoologische, biologische und überhaupt organizistische Gleichnisse ist charakteristisch für diese Denkweise. Der Einwurf ist ja nicht beantwortet worden: Charakter kann nur angenommen werden, wo man auch Kontinuität annimmt. Und wo Wandlungsmöglichkeiten eingeräumt werden, müssen auch die Bedingungen, unter denen sie auftreten, genannt und die Beziehungen zwischen dem Neuen und dem Gleichbleibenden definiert werden.

Selbstironie und das Zugeständnis möglichen Irrens relativiert war, das reizt durch Übertreibung und Arroganz, durch eine Art Hysterie, Besserwissen und Steigerung ins Absurde bei Madariaga zu Widerstand und Widerwillen. Und dennoch ist eine Verbindung zu Camba vorhanden. Daß Madariaga sich schon auf der zweiten Seite auf Camba, den »großen Camba« (S. 10) beruft, ist zwar bestimmt kein Zufall, aber auch nicht das Ausschlaggebende. Schlüssig wird der Zusammenhang durch den Nachweis, daß er sich durchaus auf Camba berufen *darf*. Wenn Madariaga vom »gescheiten und langsamen Teutonen« (S. 18) spricht, wenn er die Sprache selbst, in einer bisher nicht dagewesenen, ungeheuerlichen verzerrenden Überspitzung, zur Enthüllung des Nationalcharakters gebraucht, dann bewegt er sich lediglich wie Camba auch in jener alten Tradition, die ich anzudeuten versucht habe. Wenn er aber schon sehr früh seine »spanische Perspektive« (S. 15) betont, wenn er den »ungehorsamen ... Spanier« eines heimlichen »Verlangens nach der herdenhaften Folgsamkeit der Deutschen« (S. 191) verdächtigt, wenn er in den Deutschen ein »erfolgreiches imperiales Volk« sieht (S. 141), dann bewegt er sich ganz im Fahrwasser Cambas.[27] Vor allem aber hat Madariaga seine ganze Gegenüberstellung Deutschland–Frankreich auf einer Idee Cambas aufgebaut. »Allem Anschein zum Trotz ist der Europäer, den der Deutsche am meisten liebt und bewundert, der Franzose ... Von Zeit zu Zeit tritt der deutsche Strom aus seinem Bett und bedeckt Frankreich mit seinen katastrophalen, zerstörerischen Überschwemmungen« (S. 121): in diesem Ton geht es bei Madariaga seitenlang weiter. Bei Camba hieß es einfacher, aber unverkennbar ähnlich: »Deutschland betet Frankreich an, und wenn diese Anbetung den höchsten Grad erreicht, dann erklärt es Krieg und stürzt sich darauf (auf spanisch heißt es drastischer: »stürzt sich auf *sie*«, da die Länder weiblich sind). (AP 46).

Eine eingehende Analyse des Madariagaschen Werkes würde den hier gesteckten Rahmen sprengen.[28] Es kam nur darauf an, zu zeigen, daß das

---

[27] Was den letzten Punkt betrifft, so hat Madariaga den Vergleich, in dem Camba Deutschland und Portugal zusammenstellt, umgedreht, denn bei Camba hieß es: »Deutschland ist ein siegreiches Portugal, und nur weil es siegreich ist, können wir keinen Gefallen daran finden« (114).

[28] Aber ich möchte nicht darauf verzichten, ein paar krasse Blüten der Madariagaschen Rhetorik anzuführen: »Für das Leben, wie die Geschichte halten wir uns an die Ausdrücke *englisch, französisch, spanisch, italienisch, polnisch und schwedisch*. Wenn man uns vorwirft, diese Begriffe seien nicht wissenschaftlich, dann lächeln wir und sagen: *um so schlimmer für die Wissenschaft.*« Die Unterstreichungen sind von Ma-

Rätselraten zum Nationalcharakter überaus ansteckend zu sein scheint, daß in dieser Tradition selbst ein simpler, scheinbar unverbindlicher Einfall immer wieder aufgegriffen und bis zu einer für ungeschulte Gehirne keineswegs ungefährlichen Absurdität gesteigert werden kann, und daß daher als sicherste Verwahrung gegen Mißbrauch totale Abstinenz empfohlen werden muß. Und so beende ich meine Ausführungen mit einem Zitat, das ich als Motto verstanden wissen möchte. Es entstammt einer einfacheren Zeit als der unsren, einer Zeit in der man selbstverständliche humane Erkenntnisse noch in kunstloser Direktheit aussprechen konnte, ohne gleich ver-

---

dariaga. »Die Kunst steckt im Blut« (S. 11) »Ein Töpfer, der ... eine Kurve von zarter Vollkommenheit ... entstehen läßt (der Geist besiegt die Materie), gehorcht einem Impuls, den ihm Generationen von Vorfahren in seinem Blut mitgegeben haben ...« (26). »Das geistige Laub des Menschen drückt sich auf wunderbare Weise im Hut aus« (S. 32).
Es ist vom Italiener die Rede: »Seine Leidenschaft macht es ihm schwer, das Gleichgewicht seiner Intellektualität zu erzielen, was sich in der Häufigkeit des spitzen »i« in seiner Sprache ausdrückt, statt des mittleren »e«, von dem wir wissen, daß es das Zeichen für Gleichgewicht und Maß ist« (100). »Der Haß, die Verachtung, mit denen der Deutsche mitunter den Franzosen verletzt, sind nichts als die Dornen an der Rose seiner Liebe zu Frankreich; und da der Deutsche linkisch und tölpelhaft zu sein pflegt, kommt es vor, daß er den Strauß mit den Dornen nach vorne überreicht« (121). »Dem Deutschen mangelt es nicht an Sinnlichkeit; aber es ist, als wäre sie verkrampft, verwirrt und versunken in dem ungesunden Sumpf seiner Gemütsbewegungen. Das zeigt sich in der Widernatürlichkeit, aus der die Sonne ein Femininum (auf spanisch ist »*el* sol« maskulin), aus dem Mond ein Maskulinum (»la luna« ist feminin) und aus dem Fräulein ein Neutrum (»la doncella«) zu machen. Solche Verirrungen der Sprache werfen mehr Licht auf die Tiefen der deutschen Seele als ganze Bücher« (137).
»Dieser brutale Starrsinn der Deutschen zeigt sich sogar in den Allergrößten. Zuweilen tritt er in Beethoven zutage; vor allem in jenen furchtbaren Kämpfen mit dem Klangmaterial seiner Symphonien, in die er sich mit der Wut der Verzweiflung verstrickt. Dies steigert sich zum Paroxysmus in seinen endlosen Kodas, den Ausbrüchen unerhörter Gewaltsamkeit, wo man sagen möchte, er knüppelt seine arme Symphonie zu Tode. Hier erscheint uns der deutsche Wille als blinde Naturgewalt und nicht als methodische, von einem vernünftigen, beherrschten Wesen angewandte Kraft (144). »Was verursacht diese Verfolgungen (der Juden)? Die Antwort ist klar: die Spannung zwischen Zeit und Raum« (263). »Faust und Don Juan ... zwei europäische Symbole, die die beiden männlichen Kräfte par excellence repräsentieren: Intellekt und Sexualität« (77).
»Das erbarmungslose Betragen (Don Juans) gegenüber den Frauen ... wäre allein schon genug, um ihm den Erfolg beim schönen Geschlecht zu sichern« (77).
»Daher ist die Liebe bei Engländern eine beschämende Schwäche; eine körperliche Auseinandersetzung beim Franzosen; ein intelligentes Spiel beim Italiener; beim Spanier ein Brand; eine Überschwemmung beim Deutschen; eine mystische Perversion beim Russen. Und das Denken ist beim Engländer eine Affektation; beim Franzosen eine natürliche Funktion; beim Italiener Genuß und Begehrlichkeit; beim Deutschen eine Spezialisierung; Laster beim Russen und Folter beim Spanier« (S. 268). Eine Folter ist das aber auch für den Leser!

höhnt und der Gefühlsduselei bezichtigt zu werden. Der naive, aber immer noch beherzigenswerte Ausspruch, den ich meine, stammt von Lessing und lautet:

> Ich bin kein Freund allgemeiner
> Urteile über ganze Völker.[29]

---

[29] *Die Juden*, 6. Auftritt (1749), in *Gotthold Ephraim Lessings Werke*, I. Bd. (Darmstadt: Wissenschaftliche Buchgemeinschaft, 1970). S. 389.

Helmut Kreuzer

Biographie, Reportage, Sachbuch

Zu ihrer Geschichte seit den zwanziger Jahren[1]

1932 hat Georg Lukács mit Bestimmtheit erklärt, daß »die grundlegenden Darstellungsmethoden von Wissenschaft und Kunst« sich ausschlössen.[2] Wenige Jahre, bevor er mit dieser These sein Verdikt über den Reportageroman der Weimarer Linken begründete, bekämpften in einer außergewöhnlichen Gemeinschaftsaktion prominente deutsche Historiker, unter Anführung dezidierter Vertreter der politischen Rechten, die sogenannte »Historische Belletristik« der zwanziger Jahre als illegitimen Einbruch ins eigene Revier.[3] Zielscheibe war die unzünftlerische Biographie romancée, repräsentiert von Autoren wie Emil Ludwig, Herbert Eulenberg, Stefan Zweig (u.a.m.), deutschen Pendants zu Autoren wie Lytton Strachey in England oder André Maurois in Frankreich. In beiden Kontroversen ging es sowohl um das Verhältnis literarischer und historisch-sozialer Wirklichkeit wie um *das Verhältnis von Dichtung und Wissenschaft*. Diese gleichzeitigen Frontbildungen in so gegensätzlichen Lagern sind eines der Indizien dafür, daß in den zwanziger Jahren die theoretische und praktische Neubestimmung dieser Verhältnisse besondere Aktualität, ja epochengeschichtliche Signifikanz gewonnen hatte. Ich beschränke mich (in den vorgegebenen Umfangsgrenzen) auf Literatur und Wissenschaft (und zwar im Hinblick

---

[1] Dieser Vortrag, ursprünglich nicht für die Publikation bestimmt, entstand 1979 in Houston/Texas und wurde erstmals im Februar 1980 auf einer interdisziplinären Tagung zum Verhältnis von Literatur und Geschichte an der University of Texas at Austin gehalten und an der kanadischen University of Waterloo, der FU Berlin und der Universität Wien wiederholt. Er wurde für den Druck überarbeitet, der auf Wunsch der Herausgeber erfolgt und mir eine Beteiligung an der Festschrift für Walter Sokel ermöglicht. Unbehebbar blieb der mehrfache Bezug auf Publikationen, die ich selbst (u.a. in LiLi, Reihe Siegen, Reihe Q) herausgegeben oder als akademischer Lehrer angeregt und betreut habe. Ich bitte dafür ebenso um Nachsicht wie für die Diskrepanz zwischen Thema und Umfangsbegrenzung, die sich beim mündlichen Vortrag durch die Beiträge der Diskussionsrunde einigermaßen ausgleichen ließ.

[2] Georg Lukács: »Reportage oder Gestaltung?« (1932) Hier zitiert nach Lukács: *Schriften zur Literatursoziologie*, Ausgewählt und eingeleitet von Peter Ludz. Neuwied 1961, S. 128.

[3] *Historische Belletristik. Ein kritischer Literaturbericht*. Hrsg. von der Schriftleitung der *Historischen Zeitschrift*. München/Berlin 1928.

auf Entwicklungen der Literatur). Ihre Entgegensetzung ließ sich offenbar als historisch geworden und damit als historisch veränderbar betrachten; sie konnte derart zu Kombinationsversuchen provozieren. Verstand man sie jedoch als fundamental und irreversibel, von der Geschichte nur ans Licht gebracht, dann erschien es geboten, sie gegen Vermischungen in ›unreinen‹ Formen zu verteidigen.

Blicken wir einen Augenblick auf den *historischen Trennungsprozeß* zurück.[4] Bis ins 18. Jahrhundert sind beide Bereiche praktisch benachbart und verflochten, auch wenn (in aristotelischer Tradition) der Wissenschaft mehr das Wirkliche, der Dichtung mehr das Mögliche als spezielle Domäne zugewiesen wird. Im 19. Jahrhundert zerbricht diese »Harmonie«.[5] Zwar wurde die Geschichtsschreibung, die von altersher eine Gattung der Rhetorik war, in der Romantik »mit hochpoetischen Erwartungen erneuert«.[6] Aber die romantische »Konzeption einer alles, auch Kunst und Wissenschaft, vereinigenden Universalpoesie« war historisch unhaltbar und dürfte ein »Grund dafür sein, daß sich in Deutschland, dialektisch reagierend, Wissenschaft und Dichtung besonders streng voneinander schieden und die früher durch die ›Kunst der Prosa‹ gebildete Brücke zwischen Literatur und Wissenschaft vergessen wurde«.[7] Zunächst allerdings wirkten sich in der Restaurationsepoche nach den Napoleonischen Kriegen noch einmal die spekulative Philosophie des deutschen Idealismus und die fortwirkende Rhetorik als wenigstens partiell bindende Kräfte aus; nach der März-Revolution von 1848, in der Dominanzzeit des Bürgerlichen Realismus wurde beiden das Wasser vollends abgegraben, damit zugleich die Spaltung zwischen Literatur und Wissenschaft vertieft und durch wachsende Spezialisierung und Formalisierung in vielen Wissenschaftszweigen besiegelt.

Alexander von Humboldt hatte noch im Vormärz »Weltbeschreibung« und »Weltgeschichte«[8], Natur- und Geisteswissenschaften einander als empiri-

---

[4] Literaturangaben dazu bei Berthold Emrich: »Literatur und Geschichte.« In: *Reallexikon der deutschen Literaturgeschichte*, 2. Aufl. Bd. 2, hrsg. von Werner Kohlschmidt und Wolfgang Mohr. Berlin 1965.

[5] Vgl. Helmut Scheuer: *Biographie. Studien zur Funktion und zum Wandel einer literarischen Gattung vom 18. Jahrhundert bis zur Gegenwart*. Stuttgart 1979, S. 231. Das Folgende ist teilweise eine schriftliche Fortführung älterer Dialoge mit Scheuer, darüber hinaus ein Versuch, genregeschichtliche und epochengeschichtliche Überlegungen zu kombinieren.

[6] Vgl. Friedrich Sengle: *Biedermeierzeit. Deutsche Literatur im Spannungsfeld zwischen Restauration und Revolution 1815–1848*, Bd. 2: *Die Formenlehre*. Stuttgart 1977, S. 278.

[7] Ebda.

[8] Alexander von Humboldt: *Kosmos*, Bd. 1. Stuttgart 1869, S. 32 f.

sche Wissenschaften gleichgeordnet und es selber unternommen, die Ergebnisse der Naturwissenschaft mit den kompositorischen und sprachlichen Mitteln der ›klassischen‹ Literaturtradition über den Kreis der Fachleute hinaus einem ernstgenommenen Publikum zu vermitteln. Er bejahte die Verbindung eines literarischen und eines szientifischen Zweckes, den »Wunsch, gleichzeitig die Phantasie zu beschäftigen und durch Vermehrung des Wissens das Leben mit Ideen zu bereichern«.[9] Über sein Werk »Kosmos« das nach der Behauptung seines Verlegers Cotta 1869 – d.h. im Jahr des 100. Geburtstags von Humboldt – nach der Bibel »das verbreitetste Buch«[10] gewesen sein soll – über »Kosmos« also sagte Humboldt selber 1841 voller Stolz, daß an seiner Sprache »nichts die stört, die weniger wissen (...)«.[11]

Zwar wandten sich auch nach 1850 nicht wenige Professoren mit großer Wirkung an das allgemeine Lesepublikum – z.B. Historiker wie Treitschke und Theodor Mommsen, Naturwissenschaftler wie Ernst Haeckel –, und es gab immer noch Genres wie die akademisch-historische Biographik und Essayistik, die als Überlappungszonen zwischen Literatur und Wissenschaft galten; aber in der Praxis der Wissenschaften insgesamt beschleunigte sich der Entfremdungsprozeß zwischen Wissenschaft und Laienpublikum (zu dem nun auch der Wissenschaftler aus den jeweils entfernteren Disziplinen zu zählen begann). Gleichzeitig befestigte sich ein Selbstverständnis von Wissenschaft und Dichtung, das scharfe Grenzen zwischen beiden zog und ihre feindliche Antithetik implizierte. In beiden Bereichen gab es Tendenzen (wahrgenommen schon in der Zeit der Romantik) zur wechselseitigen Abwertung, zur Selbstüberhöhung in ihrem Verhältnis. Auf dem einen Pol tendierte man dazu, Literatur als reine Kunst zu feiern, Kunst als Zuflucht der Persönlichkeit, des Gemüts und der Phantasie, aller höheren Werte und tieferen Wahrheiten, die durch die entfremdenden Gegenmächte der Wissenschaft, Technik und Wirtschaft gefährdet seien. Auf dem Gegenpol verkehren sich die Vorzeichen. ›Kunst‹ erscheint als die Sphäre des irrealen Scheins und des folgenlosen Spiels, der Freizeit und dem Feiertag der Tätigen zugeordnet, ein verklärender Schmuck des Daseins, aber ohne

---

[9] Vgl. Humboldts Vorwort zur 3. Aufl. (1849) seiner *Ansichten der Natur* (1808), zit. bei Ulf Diederichs: »Annäherungen an das Sachbuch. Zur Geschichte und Definition eines umstrittenen Begriffs.« In: *Kindlers Literaturgeschichte der Gegenwart. Die deutschsprachige Sachliteratur*. Hrsg. von Rudolf Radler, München/Zürich 1978, S. 9.
[10] Vgl. Alexander von Humboldt: *Kosmos*, Bd. 1. Stuttgart 1869, S. VIII.
[11] Aus einem Brief Humboldts vom 28. April 1841 an Varnhagen von Ense, zit. bei Sengle (s. Anm. 6) S. 290.

zwingende Notwendigkeit. Die Gegenmacht Wissenschaft gilt hier als ernste Arbeit, Motor der zivilisatorischen Entwicklung, Inbegriff rationaler Methodik, von überpersönlicher Objektivität. ›Kunst‹ und ›Wissenschaft‹ schienen sich in diesem Konzept gegenüberzustehen wie die Welt der Kindheit – mit ihrer Spannung von Spiel und Ernst – und die der Erwachsenen – mit ihrer Spannung von Theorie und Praxis. ›Kunst‹ in der Wissenschaft schien reduziert auf die Eleganz der Darstellung, ›Wissenschaft‹ in der Dichtung auf Faktentreue im Detail, Vermeidung von Anachronismen und ähnliche inhaltliche Momente.

In Wirklichkeit gibt es in allen Epochen des 19. Jahrhunderts produktive Wechselbeziehungen zwischen Literatur und Wissenschaft (wie es Wechselbeziehungen zwischen beiden und der Politik gibt). Die Literatur erfüllt im Spannungsfeld unterschiedlicher Traditionsstränge, die sich vielfältig miteinander verschlingen, gegensätzliche Funktionen: sie erschafft Gegenwelten der Phantasie und des Traums in einem prosaischen Alltag, und sie hilft andererseits dem Leser, der sich in den Figuren der Literatur wiedererkennt, sich in der empirischen Wirklichkeit zu orientieren. Der historische Roman des 19. Jahrhunderts erschließt seinem Publikum die Vergangenheit als Vorgeschichte der Gegenwart und verbündet sich mit den historischen Wissenschaften, um dem deutschen Bürgertum ein Bewußtsein der Bestimmung zur Reichsgründung in nationalliberalem Geist zu vermitteln. Phantastische Zukunfts- und Weltraumromane reagieren auf die wissenschaftlich-technische Entwicklung mit »didaktischen Utopien, frühen Science Fiction-Abenteuern, ausschweifenden Erfindungen technischer und kosmischer Wunder«.[12] Der soziale Gegenwartsroman nützt Erklärungsmuster der Naturwissenschaften, der Ökonomie, der marxistischen und der positivistischen Philosophie. Dabei arbeitet die Literatur der ›Außenwelt‹ der Soziologie, die der ›Innenwelt‹ der Psychologie voraus.

---

[12] Diese Formulierung übernehme ich aus meinem Einleitungsaufsatz »Eine Epoche des Übergangs« in: *Jahrhundertende - Jahrhundertwende*, I. Teil (= Neues Handbuch der Literaturwissenschaft Bd. 18). Wiesbaden 1976, S. 17. Sie bezieht sich auf die »Breite und Vielfalt des Spektrums erzählerischer Formen«, das durch die wissenschaftlich-technische Entwicklung mitausgelöst wurde und sich »durch Namen wie H. G. Wells und Edward Bellamy, Jules Verne und Curd Laßwitz, Raymond Roussel und Paul Scheerbart« andeuten läßt. Auf die wichtige Rolle, die der Science Fiction-Roman und der utopische Roman in der Gegenwart übernommen haben (sie übertrifft die Rolle des historischen Romans weit), kann im gegenwärtigen Zusammenhang leider ebenso wenig eingegangen werden wie auf das Verhältnis zwischen dem Science Fiction-Roman und dem naturwissenschaftlich-technischen Sachbuch, vor allem in seiner futurologischen Spielart. Daß die vorliegenden Bemerkungen einer Ergänzung in dieser Richtung bedürften, sei jedoch ausdrücklich angemerkt.

Daß die literarhistorische Empirie jene antithetischen Konzepte nur partiell bestätigt, brachte diese nicht zu Fall. Ihrem Einfluß konnten sich selbst oppositionelle Gegenkonzepte zwischen den Polen nicht völlig entziehen, wie sich etwa am Künstlerbild und der Literaturtheorie des deutschen Naturalismus ablesen läßt.[13] In Deutschland wirkten dabei nationalgeschichtliche Faktoren mit. Daß der bürgerliche Emanzipationsprozeß in der Arena der deutschen Politik in relativ enge Grenzen gebannt blieb, hatte zur Folge, daß ästhetische und historische Bildung als Surrogat zu dienen vermochte, das Entschädigung verhieß für Entsagungen und Versagungen im politisch-sozialen Leben. Teile des Bildungsbürgertums sahen sich von der ökonomischen Macht des Wirtschaftsbürgertums ebenso ausgeschlossen wie von der politisch-militärischen der Aristokratie. Sie favorisierten humanistische Bildung gegenüber der Realschule, bekannten sich zu anti-utilitaristischen Kulturbegriffen und öffneten sich dem Theorem des Gegensatzes von Geist und Leben, sei es in einer mehr pessimistisch-fatalistischen oder in einer mehr aktivistisch-kritischen Version. In der Wilhelminischen Epoche setzte sich die Entgegensetzung von Wissenschaft und Kunst als Spaltung innerhalb der Wissenschaften selber fort. Nachdem sich die Geisteswissenschaften im Positivismus noch an den Siegeswagen der Naturwissenschaften angehängt hatten, betonten die Träger beider Wissenschaftsgruppen um die Jahrhundertwende ihre Gegensätze stärker als ihre Gemeinsamkeiten. Die Entfremdung zwischen den »zwei Kulturen« (im späteren Begriffssinn C. P. Snows) trat ins öffentliche Bewußtsein. Die Kulturwissenschaften wurden an die Geschichte und ans Individuelle verwiesen und rückten damit näher an die Künste heran, die ›Bildungsgüter‹ produzierten; die Naturwissenschaften rückten als anwendbare Wissenschaften näher an die Technik heran und gaben mit dieser der Industrie die Mittel an die Hand, Gebrauchsgüter zu produzieren. Die Antithese von Kultur und Zivilisation fand wachsende Resonanz und wurde zu einem Mittel des ideologischen Kampfes auch auf der internationalen Bühne. Die ›tiefere‹ Kultur wurde für Deutschland reklamiert, die ›flachere‹ Zivilisation den westlichen Demokratien zugeschrieben.

Aber in den Material- und Propagandaschlachten des Weltkriegs trium-

---

[13] Daß und wie das Postulat der ›Verwissenschaftlichung‹ der Literatur bzw. der Ästhetik im deutschen Naturalismus sich verbindet »mit einer Art ästhetischer Besitzstandswahrung, der Verteidigung der schriftstellerischen Individualprodukte als ›Kunst‹«, ist einer der Gegenstände bei Jutta Kolkenbrock-Netz: *Fabrik, Experiment, Schöpfung. Strategien ästhetischer Legitimation im Naturalismus*. Heidelberg 1981 (Reihe Siegen Bd. 28), S. 333.

phierte der Westen. Die ›machtgeschützte Innerlichkeit‹ sah sich vom Gang der Geschichte ebenso desavouiert wie das expansive Machtbewußtsein der Wilhelminischen Ära. Die Nichtigkeit des Einzelwillens und die Massenhaftigkeit des Einzelschicksals im modernen Krieg wie in den Klassenkämpfen und Wirtschaftskrisen der Nachkriegsjahre lädierten den Persönlichkeitskult, der sich im Zusammenspiel klassisch-romantischer, bürgerlich-liberaler und preußisch-aristokratischer Traditionen herausgebildet hatte. Eben darauf führt Siegfried Kracauer den internationalen *Biographien-Boom* der zwanziger Jahre zurück. Er eröffne dem bürgerlichen Publikum eine Ausflucht vor der fälligen Abdankung des Individualismus und sei der vergebliche Versuch, diesen noch einmal zu retten. »Wenn es eine Bestätigung für das Ende des Individualismus gibt, ist sie in dem Museum der großen Individuen zu erblicken, das die Literatur der Gegenwart hochführt. Und die Auswahllosigkeit, mit der sie sich aller Staatspersonen bemächtigt, bezeugt (...) die Eile des Retters. Es gilt einen Bildersaal einzurichten, in dem sich die Erinnerung ergehen kann, der jedes Bild gleich wert ist. Wie fragwürdig immer die eine oder die andere Biographie sei: der Glanz des Abschieds ruht auf ihrer Gemeinschaft.«[14] (Die Blüte der Biographie in der Gegenwart relativiert wohl die Gültigkeit dieser Diagnose; diese selbst ist aber charakteristisch für die Krise der individualistischen Tradition in den zwanziger Jahren und für den kollektivistischen Trend in der antibürgerlichen und linksbürgerlichen Literatur der Zeit.)
Die historische Biographie tritt nach Kracauer an die Stelle des individualistisch-psychologischen Romans, »weil sie zum Unterschied von diesem, der frei schwebt, Stoffe verarbeitet, die ihre Form bedingen. Die Moral der Biographie ist: daß sie im Chaos der gegenwärtigen Kunstübungen die einzige scheinbar notwendige Prosaform darstellt«.[15] Der »Ablauf eines historisch wirksamen Lebens« gibt die Komposition mit Anfang, Höhepunkt und Ende vor und entgeht den Legitimationsproblemen ungebundener Fiktion.[16]
Die literarische Biographie als »neubürgerliche Kunstform«[17] indiziert damit eine *Krise des traditionellen Romans*.[18] Aus dieser sucht der Roman der

---

[14] Vgl. Siegfried Kracauer: »Die Biographie als neubürgerliche Kunstform.« (1930). Hier zit. nach Kracauer: *Das Ornament der Masse. Essays.* Frankfurt a. M. 1963, S. 79.
[15] Ebda. S. 77.
[16] Ebda.
[17] Ebda. S. 75.
[18] Vgl. Dietrich Scheunemann: *Romankrise. Die Entstehung der modernen Romanpoetik in Deutschland.* Heidelberg 1978 (= medium literatur Bd. 2).

älteren Generation – im Falle Thomas Manns, Musils, Brochs – einen Ausweg im philosophischen Essay- und Reflexionsroman mit zeitgeschichtlicher Thematik. Der historische Roman behauptete sich am ehesten im Lager der politischen Rechten. An deren Spitze aber tritt mit Ernst Jünger ein Autor von Kriegstagebüchern, essayistischer Zeitdiagnose, politischer Publizistik. Liberale und linke Autoren vor allem der jüngeren Generation versuchen, Montage- und Collageverfahren der Avantgarde statt für ästhetische Schocks zu politischen Zwecken zu nutzen, durch Dokumente, Statistiken, Fotos und Filmbilder den geschlossenen Rahmen der Fiktion aufzubrechen und die Suggestion psychologischer Stimmigkeit durch Aufklärung oder agitatorischen Effekt zu ersetzen. Die rezeptionsgeschichtlich wichtigste Romanform um 1930 ist der autobiographisch fundierte Frontroman, der vom Publikum wie von der Kritik am Maßstab der Authentizität gemessen wird. Literaturautoren, die mit Lyrik oder Dramen und Romanen vor dem Krieg begonnen hatten, reüssierten nun mit nichtfiktionalen Prosagenres und trugen fiktionalisierende Techniken in sie hinein. Belletristikverlage vermittelten ihre Werke ans Literaturpublikum und ins aktuelle Zeitgespräch der Literaturkritik. Ihre Erfolge waren der Anlaß für die Kontroversen um 1930, von denen wir ausgegangen sind. Die historisch-psychologisch interessierte Biographie romancée, die soziologisch-politisch interessierte Reportage, das technologisch-naturwissenschaftlich interessierte Sachbuch (eine Faktographie romancée) sind drei Exempel der zwanziger und dreißiger Jahre für neue literarische Gattungsformen und sind Indizien für eine epochengeschichtliche Zäsur. Wer diese Gattungstypen nur an der Wissenschaft und Kunst der Vorkriegsepoche mißt, verfehlt ihren historischen Ort und damit die ihnen historisch angemessenen Kriterien.
Die Geburt der neuen Republik mit ihrer liberaldemokratischen Verfassungsform machte es notwendig, möglichst viele am kulturellen Wissen zu beteiligen, die oppositionelle Subkultur der Sozialdemokratie und des Proletariats der Vorkriegszeit in den Hauptstrom des kulturellen Lebens einzuschleusen, die neue Gesellschaft wachsam zu durchforschen und mit sich selbst bekanntzumachen. Dies bedingte u. a. eine neue historische Perspektive, ein umfassenderes soziales Interesse, aber auch neue Vermittlungsformen zwischen der unverständlich gewordenen Wissenschaft und einer Gesellschaft, in der sie mit ihren Anwendungen und Folgen allgegenwärtig war. Darin lag die politisch-soziale Legitimation der genannten neuen Genres (wie anderer neuer Tendenzen der zwanziger Jahre) und ein Grund für die öffentliche Resonanz, die ihnen zuteil wurde. Sie alle beanspruchen

wissenschaftliche Fundierung, literarische Mittel, eine aktuelle Funktion. Nicht nur die praktische Grenzziehung zwischen Dichtung, Wissenschaft und Publizistik, auch ihr hierarchisches Verhältnis zueinander wird vom literarischen Durchbruch der neuen Genres betroffen, wie alsbald eine Umfrage in der »Literarischen Welt« ergab.[19] »Die alte Stufenleiter, auf deren unterster Stufe der Journalist, dann Kritiker, Schriftsteller, Essayist, Romancier, Historiker und schließlich oben der Dichter stand«, wird nun als morsch befunden, als Relikt »deutschen Kastengeistes«.[20] Daß die zünftige Geschichtswissenschaft der zwanziger Jahre dem breiten Publikum keine neue historische Perspektive auf die deutsche Geschichte vermitteln konnte, lag auf der Hand. Sie war dafür im Ganzen noch zu konservativ in der Gesinnung, zu akademisch-esoterisch in der Form. Hierin sieht Eckart Kehr, marxistischer Außenseiter der damaligen Historikergilde, die Chance der neuen historisch-biographischen Belletristik. Daß sie sie mit ihrer Beschränkung auf die vita intima ihrer Gegenstände verfehlt habe, ist der Vorwurf, den er ihr 1930 macht.[21] Ich beschränke mich im Folgenden auf den vielgeschähten *Emil Ludwig* als Exempel.

In den zwanziger und dreißiger Jahren gehörte er international zu den bekanntesten Repräsentanten der literarischen Intelligenz. Hilde Domin, die ihm in ihrer Exilzeit begegnete, wundert sich in ihren Memoiren von 1974 darüber, daß trotz der früheren Prominenz Ludwigs ein neueres Literaturlexikon ihm nur noch einen winzigen Artikel widmet. »Man würde kaum denken, daß bei einem großen Fußballspiel in den USA 1941 der Sprecher verkündete: ›Unter Ihnen sitzt Emil Ludwig und sieht sein erstes amerikanisches Fußballspiel‹, und daß die Tausende aufstanden zu seiner Begrüßung. Ganz wie sie in Buenos Aires oder in Rio aufgestanden wären, wo er heute noch gelesener ist als bei uns, ähnlich wie der andere internationale Erfolgsautor, Stefan Zweig.«[22] Ludwig hatte in der Wilhelminischen Epoche als erfolgloser Dramatiker begonnen; später folgten Essays, Romane, Reportagen. 1920 erschien seine erste aufsehenerregende Biographie »Goethe. Geschichte eines Menschen«; 14 Übersetzungen folgten. Fast

---

[19] Vgl. *Die literarische Welt* v. 26. Februar 1926. Die Umfrage und die Antworten sind auch dort ein Indiz der veränderten Einschätzung, wo die Verteidigung der traditionellen Hierarchisierung für nötig gehalten wird.

[20] Emil Ludwig: *Geschenke des Lebens. Ein Rückblick.* Berlin 1931, S. 351.

[21] Vgl. Eckart Kehr: »Der neue Plutarch. Die ›historische Belletristik‹, die Universität und die Demokratie.« In: *Die Gesellschaft. Internationale Revue für Sozialismus und Politik.* Jg. 7, 1930.

[22] Hilde Domin: *Von der Natur nicht vorgesehen – Autobiographisches.* München 1974, S. 93.

Jahr für Jahr schrieb er neue vielübersetzte Biographien mit breiter Resonanz: über Rembrandt (1924), Napoleon (1925), Wilhelm II. (1925), Bismarck (1927), den »Menschensohn« Jesus (1928), Michelangelo (1929), Lincoln (1930), Schliemann (1931) usf.[23] So »purzeln« – spottete Leo Löwenthal im Rückblick auf Zweig und Ludwig – »Feldherren, Dichter, Polizeichefs, Monarchen, Komponisten, Entdecker und Religionsstifter in einen großen Topf, aus dem Zufall und Konjunktur sie dann herauslesen«.[24] Ludwigs Interesse galt weniger dem spezifisch Historischen als dem spezifisch Psychologischen, das er ahistorisch als »Ewig-Menschliches« verstand.[25] »Meine Schriften, ob dramatisch oder biographisch, wollen nichts anderes sein als Beiträge zur Erkenntnis des menschlichen Herzens«[26]; dieses erschien ihm in allen »Epochen, Sprachen, Völkern« identisch.[27] »Ob ich meine stummen Dialoge mit Bismarck führe oder mit unserem Gärtner, gilt mir gleich, denn mich gehen die Reaktionen des Herzens an, und das wird von denselben Leidenschaften bewegt, ob nun das Reis auf Quitten gepfropft wird oder auf Völker.«[28]

Diese Überzeugung von der Gleichartigkeit und Zugänglichkeit alles ›Menschlichen‹ hinter der historischen Mannigfaltigkeit und bis in die höchsten Aufgipfelungen von Geist und Macht ist es offenbar, was ihm die Wahl und die Darstellung seiner biographischen Objekte leicht macht, die so viel kritisierte Beliebigkeit in der Abfolge seiner ›Modelle‹ und sein frappierend rasches Arbeitstempo ermöglicht. Er erschließt seinem Publikum (in Darstellungsformen, die an den Film erinnerten) das ganze Panorama der Geschichte als Spielraum möglicher Identifikationserlebnisse und

---

[23] Zu Ludwig vgl. seine Autobiographie *Geschenke des Lebens* (s. Anm. 20), den Gedenkband *In memoriam Emil Ludwig*. Moscia 1950, und die Bibliographie *Books by Emil Ludwig*. Moscia 1947, die internationale Ausgaben in insgesamt 27 Sprachen verzeichnet. Zu seiner Korrespondenz mit der internationalen politischen und intellektuellen Prominenz der Zeit vgl. H. Kreuzer: »Von Bülow zu Bevin. Briefe aus dem Nachlaß Emil Ludwigs.« In: *Rice University Studies*. vol. 55, Nr. 3, Houston/Texas 1969. Zur Biographie als Gattung und zur gattungsgeschichtlichen Einordnung Ludwigs vgl. (außer Scheuer, s. Anm. 5) vor allem das Buch von Jan Romein: *Die Biographie. Einführung in ihre Geschichte und Problematik*. Bern 1948 (= Slg. Dalp 59) und den Aufsatz von Friedrich Sengle: »Zum Problem der modernen Dichterbiographie.« In: *Deutsche Vierteljahrsschrift für Literaturwissenschaft und Geistesgeschichte* 26, 1952.
[24] Leo Löwenthal: »Die biographische Mode.« In: *Sociologica. Aufsätze, Max Horkheimer zum 60. Geburtstag gewidmet*. Frankfurt a. M. 1955, S. 374.
[25] Vgl. Kreuzer (s. Anm. 23), S. 95.
[26] Ludwig: *Geschenke des Lebens* (s. Anm. 20), S. 732.
[27] Ebda. S. 731.
[28] Ebda. S. 735.

deutet ihm das Leben historischer Künstler und Täter nach dem Muster alltäglicher Erfahrung in seiner eigenen Zeit. »Sollte ich die Gefühle eines Königs mir vor- und anderen darstellen, der zwischen zwei streitenden Ministern zu entscheiden hatte, so dachte ich an meine Lage, als sich einmal der Gärtner mit der Köchin verzankt hatte (...). Gelingt es mir, Streben und Ehrgeiz Bismarcks in menschliche Elemente (...) aufzulösen (...), so fühlt sich der Lehrer, der Schankwirt, die Näherin getroffen; denn wenn sie auch nicht nach der Macht über das Deutsche Reich streben und nicht nach der Einigung der deutschen Stände, so strebt doch einer nach dem Rektorposten, der andere nach der Vereinigung mit dem Café nebenan (...), und die Näherin denkt vielleicht, daß ihr Chef manchmal auch (...) unausstehlich ist, wie König Wilhelm in diesem Kapitel.«[29]

Ludwigs »Seelenporträts« dienten der ideologiekritisch orientierten Germanistik der siebziger Jahre (soweit sie sich überhaupt mit ihm befaßte) als Exempel einer biographischen Trivialliteratur, die verhängnisvollerweise mit ihrem historischen Individualismus und Psychologismus den Weg des deutschen Kleinbürgertums in den Faschismus wider Willen mitgepflastert habe.[30] Diese These erscheint mir nicht plausibel, zumal auch die empirisch belegbare Rezeption dagegen spricht. Ludwigs Erfolg war gerade in ver-

---

[29] Ebda. S. 745.
[30] Vgl. Michael Kienzle: »Biographie als Ritual. Am Fall Emil Ludwig.« In: *Trivialliteratur*. Hrsg. von Annamaria Rucktäschel und Hans Dieter Zimmermann. München 1976; ferner Scheuer (s. Anm. 5) S. 207–217 und passim. Meine Skepsis gegenüber der These, St. Zweig und Ludwig hätten »eine verhängnisvolle Wirkung auf das zu entwickelnde demokratische und republikanische Bewußtsein des verunsicherten Mittelstandes« ausgeübt (Scheuer S. 163), besteht unbeschadet einer besonderen Wertschätzung der weitausholenden Arbeit Scheuers, die von mir angeregt und als Siegener Habilitationsschrift gefördert worden ist. Auch hinsichtlich Kienzles richten sich meine Einwände nicht primär gegen den literaturkritischen Aspekt seiner Studie (und nur beiläufig soll auf einen Fehler hingewiesen werden, der auf S. 236 und S. 247 in einer etwaigen Neuauflage zu verbessern wäre: die Zuschreibung eines Briefes des Ex-Kanzlers und Zentrumspolitikers Joseph Wirth vom 31. Juli 1926 an den schon 1922 ermordeten Walther Rathenau). Was mir methodisch bedenklich erscheint, ist der spekulative Schluß von der ideologiekritischen Textanalyse auf eine angeblich faschismusfördernde Wirkung der Biographien Zweigs und Ludwigs, eine unterstellte Wirkung, gegen die nichtfaschistische Leser von damals doch möglicherweise so immun sein konnten wie germanistische Kritiker von heute. Was reale Leser mit einem Text ›machen‹, kann ein Kritiker aus dem Text allein nicht zwingend erschließen, und besonders dann nicht, wenn der Kritiker die an ihm selbst zu beobachtenden Leserreaktionen anderen schlechterdings nicht zutraut. Verfehlt erscheint mir auch die Überlegenheitsattitüde, mit der Kienzle vom Publikumserfolg mechanisch auf falsches Bewußtsein schließt und mit der er auf »Unterhaltungsliteraten« (so S. 242) wie Remarque hinabblickt.

gleichsweise demokratischen Ländern des Westens groß.[31] Die nazistische Rechte hat sich nur feindlich über ihn geäußert[32]; positive Urteile[33] kom-

---

[31] Nach einer Auflistung in Ludwigs *Geschenke des Lebens* zum Stand von 1926–1930 betrug die Auflage der Bismarck-Biographie in »Amerika« (gemeint sind wohl die Vereinigten Staaten) 104 000, in Deutschland 54 000, die Auflage der Napoleon-Biographie in »Amerika« 508 000, in Deutschland 189 000.

[32] Vgl. etwa Niels Hansen: *Der Fall Emil Ludwig*. Oldenburg 1930, S. 148 u. S. 172, wo Ludwig als ein »Führer der Gasse« bezeichnet wird, der den Geist einer »radikalen Pazifistenclique« verbreite. Siegfried Trebitsch meint in seiner Autobiographie *Chronik eines Lebens*. Zürich 1951, S. 464, Ludwig sei der »von den Nazis bestgehaßte, meistgesuchte deutsche Autor« gewesen.

[33] Vgl. die beiden Bände des Rowohlt-Verlags: *Emil Ludwig im Urteil der deutschen Presse*. Berlin 1928, und *Emil Ludwig im Urteil der Weltpresse*. Berlin 1928, sowie die Briefzitate bei Kreuzer (s. Anm. 23). Zu den literarkritischen Fürsprechern Ludwigs in der Presse gehörten Hermann Hesse, Stefan Zweig, Julius Bab, Ernst Lissauer, Wolfgang Goetz, Ivan Goll, Samuel Saenger, Otto Flake, O. M. Fontana, H. E. Jacob, Willy Hellpach. Die Urteile in der internationalen Presse sind zum Teil superlativisch; Ludwig wird nicht nur als Darsteller von ›Genies‹, sondern selber als ›Genie‹ gefeiert. Zum Ansehen Ludwigs im Ausland vgl. die Presseberichte über seine Besuche in London und Paris: »Die englischen Übersetzungen des Wilhelm II. und des Napoleon lagen im Augenblick der Ankunft ihres Verfassers in London auf dem Tische zahlloser englischer Staatsmänner, Schriftsteller und Persönlichkeiten des öffentlichen Lebens. Einzelne Leihbibliotheken hatten Hunderte und aber Hunderte Exemplare erworben, und die Presse hatte diesen Büchern so hohe Anerkennung gezollt, daß Ludwig mit einem Schlage in England zum berühmtesten lebenden deutschen Schriftsteller wurde. Ludwig hat (...) in ungezählten Meinungsäußerungen, Interviews, Vorträgen und Artikeln für die deutsche Republik Freunde geworben und sie dem Verständnis vieler Hunderttausender nahegebracht. Das offizielle England hat bei Ludwig vielfach zum ersten Mal den persönlichen Kontakt mit einem ihm bisher völlig fremden Deutschland vollzogen.« – »Vom Augenblick an wo Emil Ludwigs Ankunft signalisiert war, floß ihm ein Strom von so viel und so unerwarteter Gastfreundschaft entgegen, daß selbst der ständig in London lebende Deutsche (...) vor einem erstaunlichen Phänomen stand. (...) In den paar Wochen, die Ludwig in London verbrachte, war ihm die Gelegenheit gegeben, Staatsmänner, wie Churchill, Lord Balfour, Lord Grey, Lloyd George und Ramsay Mac-Donald zu sehen; von der Literatur Bernhard Shaw und H. G. Wells.« – Ludwig kam im Juni 1927 »lediglich als Privatmann nach London, aber sein (...) Aufenthalt (...) wurde – unerwartet und ungewollt – zu einem kulturellen Ereignis und zu einem moralischen Erfolg für das Deutschland der Republik«. – »Kein anderer Ort der Welt ist so geeignet (wie Paris) auf einen Weltruhm das feierlichste Siegel zu drücken, den Arrivierten zu bestätigen, daß sie in Wahrheit angekommen sind. Das zeigt der Fall Emil Ludwig, der von Empfang zu Empfang, von Interview zu Interview gereicht, in Liebenswürdigkeit und Huldigung fast erstickt wird, er mag wollen oder nicht.« *Emil Ludwig im Urteil der Weltpresse*, S. 22f und S. 44f. In deskriptiver Hinsicht ist für die Urteile der liberalen und der sozialdemokratischen Presse (international) der Hinweis charakteristisch, daß das jeweils besprochene Werk (im Unterschied zur professoralen Biographie) spannend wie ein Roman oder Drama sei und dennoch (wie die akademische Biographie) vollkommen auf Tatsachen beruhe, daß sie wirke wie eine griechische Tragödie oder ein Epos und doch überwiegend aus authentischem Material, aus geschickt arrangierten, chronologisch geordneten Quellenzitaten (hinter denen der Au-

men aus anderen Lagern, die Linke ist in ihrem Urteil gespalten. Ludwigs Verfahren, seine historischen ›Helden‹ als ›Menschen wie du und ich‹ erscheinen zu lassen (wie noch seine heutigen Kritiker spotten), disponierte den Leser nicht zum rassistischen Faschismus und Herrenmenschentum des Dritten Reiches, sondern führte einerseits zu der Enthistorisierung und Entpolitisierung historisch-politischer Objekte, die die Linke kritisierte, andererseits zu der Entmythisierung und (wenn auch z. T. unpolitischen) ›Demokratisierung‹, die der Rechten mißfiel. Es gibt gute Gründe, sowohl biographische und interpretatorische wie rezeptionshistorische, die »Historische Belletristik« im wesentlichen teils der republikanischen Mitte, teils dem linksliberalen Lager der zwanziger Jahre zuzuordnen. So sahen es auch die meisten ihrer Gegner unter den zeitgenössischen Historikern.[34] 1933

---

tor zurücktrete) zusammengesetzt sei. Das Lob bezieht sich auf die Kombination beider Aspekte. Regelmäßig kehren die Vergleiche mit Carlyle, Plutarch und Lytton Strachey wieder; auch Vergleiche mit Georg Brandes, Macaulay, Sandburg und Emerson kommen vor. Auch die Hinweise auf die Nähe zum Kinostil und zum Impressionismus wiederholen sich. Daß das Werk der Dargestellten hinter ihrer Person, die Umwelt hinter der Psychographie zurücktritt, wird gesehen, aber meist akzeptiert. Zentral ist die Bewunderung für das ›Nahebringen‹ der ›innersten Motive‹ des jeweiligen Helden und die Anerkennung der ›Unvoreingenommenheit‹ des Autors (z. B. der nationalen im Falle Napoleons, der »partei- oder rassenpolitischen« im Vergleich mit H. St. Chamberlains *Goethe* usw.). Die Differenz zu einem »banalen Geniekults« wird betont: »Er sieht im Genie immer einen Menschen.« – »Ludwig beschreibt vor allem das Menschliche in seiner Natürlichkeit und dann erst in seiner Größe.« (*Weltpresse* S. 79 u. S. 57). Zur Funktion und vermuteten Wirkung einige Zitate: »Alle Schichten der Bevölkerung (...) lesen Ludwig. Leute, die des morgens mit der Bahn in ihr Büro fahren, haben seine Bücher auf den Knien (...)«. – »Ludwig findet zugleich beim Publikum Europas und der ganzen Welt Anklang, weil er mit seinen psychologischen Untersuchungen das ins rechte Licht rückt, was an den Deutschen, die er schildert, das Allgemeinste und Menschlichste ist.« (*Weltpresse* S. 39 u. S. 50). Zu den biographischen Essays in *Genie und Charakter* meint der *Berliner Lokal-Anzeiger*, sie seien »Ruhepunkte für den Mann der hastenden Großstadt«, wie geschaffen für »unsere schnelldahinlebende Zeit«. (*Emil Ludwig in der deutschen Presse* S. 26).

[34] Der Historiker Wilhelm Schüßler macht im Vorwort der Broschüre *Historische Belletristik* (s. Anm. 3) eine »demokratisch-sozialistische Tendenz« den neuen Biographen zum Vorwurf und charakterisiert sie als »höhnende, ungerechte, deshalb verständnislose und jetzt noch haßerfüllte Gegner des alten Kaiserreichs, das Bismarck errichtet hat«. Für Eckart Kehr zielt der Historikerangriff auf die neuen Biographen mittelbar auch auf die »politische Demokratie der Weimarer Verfassung«. Vgl. Kehr (s. Anm. 21) S. 184. Vgl. auch Otto Westphals Ludwig-Kritik in seinem Buch *Feinde Bismarcks* (München 1930, S. 19): »So ist es recht eigentlich der Boden der ›Weimarer Koalition‹, von dem aus Ludwig sein Bismarckbild entworfen hat.« – Die internationale Presse ist sich darin einig, daß sich Ludwig »sehr um die Republik verdient gemacht habe« und seine »historische Tätigkeit« geeignet sei, »eine republikanisch-demokratische Gesinnung zu befestigen«. (Vgl. *Weltpresse* S. 76 f.).

wurden Ludwigs Bücher bei der öffentlichen Verbrennung in Berlin mit den Worten ins Feuer geworfen: »Gegen Verfälschung unserer Geschichte und Herabwürdigung ihrer großen Gestalten, für Ehrfurcht vor unserer Vergangenheit! Ich übergebe der Flamme die Bücher von Emil Ludwig und Werner Hegemann.«[35]

Hegemann, den die Bücherverbrenner mit dem bürgerlichen Ludwig im gleichen Lager sahen, unterscheidet sich als Biograph in Zielen und Methoden von diesem beträchtlich. Seine kritischen Fridericus- und Napoleon-Biographien 1924 und 1927 sollen »dem *republikanischen, großdeutschen, demokratischen Deutschland* von morgen dienen«.[36] Es sind keine individualistischen Einfühlungsbiographien; vielmehr bedienen sie sich einer Quellen- und Zitatenmontage, die in den fiktiven Rahmen einer diskutierenden Expertenrunde eingebunden ist. Für die literarische Biographik wird hier ein Weg gewiesen, der zum Dokumentarismus der sechziger und siebziger Jahre weiterführt. Auch Ludwig Marcuses Heine-Biographie von 1932 zielt auf politische Aktualisierung der historischen Objekte für das literarische Publikum; Marcuse bezieht Heine ausdrücklich auf die zeitgenössische Situation zwischen Konservatismus, Kommunismus und Faschismus: »zwischen Hugenberg, Rote Fahne und Goebbels«.[37] Der Sozialdemokrat Hermann Wendel, ein früherer Reichstagsabgeordneter, hat in seiner politischen Danton-Biographie von 1930 eine eindrucksvolle »Umweltbiographie«[38] vorgelegt, die – von zeitgenössischen Erfahrungen gespeist – den Zusammenhang zwischen dem Einzelnen und den Verhältnissen, persönlichen und überpersönlichen Faktoren zum Prinzip der Darstellung macht. Siegfried Kracauers ›Gesellschaftsbiographie‹ »Jacques Offenbach und seine Zeit« (1937) führt diesen Typus im Exil fort.

Daß die politische oder betont historisierende Biographik der Linken in den zwanziger Jahren den großen Erfolg Zweig und Ludwig überlassen mußte, zeigt, daß das zeitgenössische Publikum in seiner Mehrheit seine historisch-politische Orientierung für die Gegenwart nun einmal nicht in der historisch-kritischen Auseinandersetzung mit biographisch dargestellten Per-

---

[35] Hier zit. nach Franz Schonauer: *Deutsche Literatur im Dritten Reich*. Olden/Freiburg/Breisgau S. 162.
[36] So urteilt Veit Valentin in der *Frankfurter Zeitung*; vgl. Scheuer (s. Anm. 5) S. 161 u. S. 277.
[37] Vgl. Franz Schonauer: »Autobiographische und biographische Literatur.« In: *Kindlers Literaturgeschichte* (s. Anm. 9) S. 406.
[38] Vgl. das Nachwort Scheuers im Neudruck der Danton-Biographie Wendels als Bd. 6 der von mir hrsg. »Reihe Q. Quellentexte zur Literatur- und Kulturgeschichte«, Königstein/Ts. 1978.

sönlichkeiten älterer Epochen suchte, die ihm vielmehr zur Befriedigung emotionaler Bedürfnisse, mitmenschlicher Identitätsempfindung und allgemein menschenkundlich-psychologischer Interessen dienen mußten (ähnlich wie wohl heute, beim Boom populärhistorischer Sachbücher[39], deren Gegenstände – Germanen, Griechen, Kelten, Römer, Ägypter, Phönizier, Hethiter, Etrusker, Inkas und Mayas – geographisch oder zeitlich gar nicht weit genug entfernt sein können). Das historisch-politische Interesse der breiten Leserschichten befriedigt sich dagegen – damals wie heute – vorwiegend an der *Zeitgeschichte*. Und in dieser – wie in seiner politisch-aktuellen Publizistik[40] – ist das prorepublikanische Engagement Ludwigs unverkennbar. Kurt Tucholsky bescheinigt ihm auch prorepublikanische Wirkung: Ludwigs »Wilhelm II.« sei die »schwerste Niederlage, die der Kaiser jemals erlitten hat (...)«. »Nur die vollendetste Instinktlosigkeit wird verkennen, wie nötig, wie nützlich, wie dankenswert ein solches Buch ist.«[41] Womög-

---

[39] Vgl. Maria Harig: »Beobachtungen zum historischen Sachbuch der Gegenwart.« In: *Sachliteratur*. Hrsg. v. H. Kreuzer. Heft 40 der *Zeitschrift für Literaturwissenschaft und Linguistik (LiLi)* Jg. 10 1980; Wolfgang Birkenfeld: »Abschied von der Krise? Zur Situation der Geschichte am Ausgang der siebziger Jahre.« In: Helmut Kreuzer und Karl Walter Bonfig (Hrsg.): *Entwicklungen der siebziger Jahre*. Gerabronn/Crailsheim 1978.

[40] Vgl. z.B. die bemerkenswerte (fingierte) Rede »Was in Weimar nicht gesagt wurde« in der *Zukunft* vom 12. Juli 1919.
Ludwig selber hat in einer kurzen Autobiographie von 1928 seine politische Entwicklung so gekennzeichnet: »In meiner Lebensform war ich immer, im Politischen nicht revolutionär; ich war es zu wenig. Erst die klägliche Haltung einer Klasse, an deren Ethos ich gegen Ende des Krieges zu zweifeln begann (...), zeigt auch mir, daß die Zeit der Privilegien vorüber sein müsse (...). Der Anblick schuldlos fallender und hungernder Menschen, die für Torheit und Ehrgeiz einer geschützten, regierenden Minderheit geopfert wurden: dieses europäische Schicksal warf mich auf die radikale Seite, vor allem in den sozialen Fragen. Kein Schreibender, so erkannte ich, kann heute etwas Besseres tun, als im Sinne Voltaires die wenigen Ideen zu fördern, zu deren Verwirklichung die Revolte durch die Welt geht; es ist gleich, ob er sich dazu des Verses oder des Leitartikels, der Geschichte oder der Bühne bedient. (...) In anderer Form suche ich gegen den Krieg zu wirken, dessen heutige Technik den Heroismus ausschließt. Europa ist ein höheres Vaterland geworden; seit das Flugzeug Berlin und Paris zu Nachbarstädten gemacht hat, sind europäische Kriege Bürgerkriege geworden. Ich gehöre einigen vernünftigen Ausschüssen, nationalen und europäischen an, aber keiner Partei, ebensowenig einer Konfession; als Jude geboren, trat ich, nach einigen Jahrzehnten formeller Zugehörigkeit zum Christentum, aus diesem in den Tagen des Rathenaumordes aus, um in der Zeit der Verfolgungen zu meinem Stamme zu halten.« (*Weltpresse* S. 9) Ludwig trat nach dem Krieg der »Liberalsozialistischen Partei« der Schweiz bei.

[41] Vgl. Kurt Tucholsky: »Das Buch vom Kaiser« (1925). In: *Gesammelte Werke* Bd. 4: *1925–1926*. Reinbek 1975, S. 296 ff. Tucholsky beurteilt das Buch ausdrücklich »nach seiner Wirkung«; er beruft sich auf »viele Briefe«, die ihm gezeigt hätten, »wer dieses

lich noch enthusiastischer reagiert er auf »Juli 14«, eine »historische Reportage« über den Weg der Kabinette in den Krieg, der er *noch* mehr Leser wünscht »als Domela und Remarque zusammen«.[42] Vergleicht man »Wilhelm II.« (1926), »Juli 14« (1929), »Hindenburg und die Legende von der deutschen Republik« (1935), »Der Mord von Davos« (1936) mit vergleichbaren Büchern der heutigen »Hitler-Welle«, etwa von Joachim Fest oder Sebastian Haffner, schneiden die genannten Arbeiten Ludwigs besser ab[43], – sicherlich besser, als die landläufigen Verdikte erwarten lassen. Es gibt m. E. keinen zureichenden Grund, ihnen einen legitimen Platz in der Geschichte der prorepublikanischen bzw. antifaschistischen Literatur der zwanziger und dreißiger Jahre zu versagen.[44] Versteht man Zeitgeschichte

---

Buch liest«: nämlich auch »Leute, die sonst an solche Fragen überhaupt nicht mehr herangingen«, auch »Frauen«, ganze »Schichten, die wir niemals erreichen (...).« – »Es gibt keinen Leser, der nicht zum mindesten zum Nachdenken veranlaßt wird – und das ist viel für viele.« – Die ausländische Presse spricht nicht nur *Wilhelm II.*, sondern auch *Bismarck* eine demokratisierende Wirkung zu, zuweilen mit weit übertriebenen Erwartungen: »Dieses Kaiserbildnis dürfte in seiner psychologischen Wirkung ebenso schwer in die Wagschale fallen, wie alle Programme der republikanischen deutschen Partei und der gesamte Journalismus der deutschen Linkspresse zusammen.« – »Mit tiefer Trauer müssen wir uns fragen, was im Ablauf der letzten 20 Jahre sich anders gestaltet hätte, wenn – nicht etwa Bücher wie – eben grade die beiden Ludwig-Bücher Wilhelm II. und Bismarck zu Beginn des Jahrhunderts erschienen wären.« (*Weltpresse*, S. 81 u. S. 72; vgl. auch S. 21, 31, 34f., 75ff.). Rudolf Olden erklärt in einer Wiener Zeitung sogar zu *Bismarck*: »Ich habe Ludwig Dank abzustatten für ein Werk, von dem ich die größte Wirkung erwarte, eine politische, politisch-erzieherische Wirkung: Niederlegung schädlicher Vorstellungen, Aufbau nützlicher Kräfte, den wertvollsten Beitrag zur Errichtung der deutschen Republik.« (*Weltliteratur* S. 69).

[42] Kurt Tucholsky: »Juli 1914.« In: *Gesammelte Werke* Bd. 7: *1929*. Reinbek 1975, S. 139–146: »Dieses Werk ist eine Tat; es ist doppelt dankenswert, daß Ludwig sie auf sich genommen hat – er weiß, welche Dreckfluten sich nun auf ihn ergießen werden. Der Mann hat Zivilcourage.« (S. 145) Tucholsky urteilt so, obwohl er die Konzentration Ludwigs auf die Kriegsschuld der Kabinette im Juli 1914 und damit die indirekte Entlastung der vorangegangenen Entwicklungen und der kriegsbereiten Massen für falsch hält. Das Gewicht der Bemerkung zu »Domela und Remarque« wird erst deutlich, wenn man das Lob Tucholskys für beide in Rechnung stellt. Zu Domela vgl. Bd. 7 der *Gesammelten Werke* von 1975, S. 284ff.

[43] Daher hat es seinen guten Sinn, daß Neuausgaben von *Juli 14* (Hamburg 1961) und *Wilhelm II.* (München 1964) von einem Historiker der progressistischen Tradition, Fritz Fischer, und seinem Schüler Immanuel Geiss mit verständnisvollen Nachworten herausgegeben wurden. *Der Mord in Davos* konnte 1936 nur in Amsterdam erscheinen, in der Schweiz erst 1945. In Deutschland ist es bis heute unbekannt.

[44] Damit soll nicht geleugnet werden, daß Ludwigs ästhetisierende und psychologisierende Einstellung zu politisch Fragwürdigem geführt hat. Ein Beispiel sind die *Gespräche mit Mussolini* (1932). Ludwig wähnte, dem italienischen Diktator aufgrund der geographischen Distanz zur deutschen Situation mit so unparteilich-›menschlichem‹ Interesse als Interviewer begegnen zu können wie als Biograph historisch di-

als kritische Aufhellung der Vorgeschichte der eigenen kollektiven Gegenwart, dann kann sie mit fließenden Grenzen in die literarische Reportage übergehen, die die bestehenden Zustände und gegenwärtige Probleme kritisch durchdringt.

Die Reportage[45] hatte vor dem Krieg nach literarisch-bürgerlichem Maßstab als journalistisch-pragmatisches Genre gegolten, ohne wissenschaftliche Ambition und ohne literarisches Prestige, ein Plebejer in der Hierarchie der Textsorten. Nun wird sie von einer Zeitstimmung nach oben getragen, die in dem kulturellen Hauptschlagwort der zweiten Hälfte der zwanziger Jahre, »Neue Sachlichkeit«[46], ihre Parole findet und von Karl Jaspers 1931 so

stanzierten ›Tyrannen‹. Die Kritik Kienzles (s. Anm. 30) an entsprechenden Äußerungen ist so berechtigt (vgl. Kienzle S. 237) wie die Kritik deutscher Emigranten an der Wendung ins Antideutsche, die Ludwigs Antifaschismus in der Zeit des Dritten Reiches nahm – als er sich mangels adäquaterer zeit- und sozialhistorischer Erklärungskategorien den Erfolg Hitlers und der NSDAP aus Grundtendenzen des deutschen Nationalcharakters und der deutschen Nationalgeschichte zu erklären versuchte. Zur Abgrenzung der politischen Einstellung von der ästhetisierend-psychologischen Ludwigs vgl. den Brief Willi Münzenbergs (in dessen kommunistischer Buchgemeinschaft »Universum Bücherei für Alle« auch Ludwig als Autor vertreten war) vom 23. August 1939; zit. bei Kreuzer (s. Anm. 23) S. 113.

[45] Vgl. zur modernen Reportage – und zu ihrem ›Klassiker‹ Egon Erwin Kisch – Christian Ernst Siegel: *Die Reportage*. Stuttgart 1978 (mit zahlreichen Literaturhinweisen); ders.: *Egon Erwin Kisch. Reportage und politischer Journalismus*. Bremen 1973; Erhard H. Schütz: *Kritik der literarischen Reportage. Reportagen und Reiseberichte aus der Weimarer Republik über die USA und die Sowjetunion*. München 1977; Theresa Mayer-Hammond: *American Paradise. German Travel Literature from Duden to Kisch*. Reihe Siegen Bd. 18. Heidelberg 1980. Vgl. ferner die von Friedrich G. Kürbisch hrsg. Anthologien zur Geschichte der Sozialreportage seit 1880: *Der Arbeitsmann, er stirbt, verdirbt, wann steht er auf? Sozialreportagen 1880–1945*. Berlin/Bonn 1982; *Dieses Land schläft einen unruhigen Schlaf. Sozialreportagen 1918–1945*. Berlin/Bonn 1981; *Erkundungen in einem unbekannten Land. Sozialreportagen von 1945 bis heute*. Berlin/Bonn 1981. Daß, wie z.B. Kürbisch belegt, die Sozialreportage der zwanziger Jahre eine Vorgeschichte in der deutschen Arbeiterbewegung hat, ist ebenso unbestreitbar wie die Tatsache einer Vorgeschichte der Reportage in der literarisch anerkannten Reiseliteratur (z.B. Georg Forsters) von der Aufklärung bis zum Vormärz. Das ändert nichts daran, daß gegenüber der wilhelminischen Vorkriegsliteratur mit der Weimarer Republik auch ein gattungsgeschichtlicher Umbruch für die Reportage zu konstatieren ist, der epochengeschichtliche Signifikanz hat und zur (wenn auch stets umstrittenen) Anerkennung der literarischen Reportage auch im bürgerlichen literarischen Zeitgespräch der zwanziger Jahre führt.

[46] Zur »Neuen Sachlichkeit« vgl.: Horst Denkler: »Die Literaturtheorie der zwanziger Jahre. Zum Selbstverständnis des literarischen Nachexpressionismus in Deutschland.« In: *Monatshefte* (Wisconsin) 1959/1967; ders.: »Sache und Stil, in Theorie der ›Neuen Sachlichkeit‹ und ihre Auswirkungen auf Kunst und Dichtung.« In: *Wirkendes Wort* 1918/1968; Helmut Lethen: *Neue Sachlichkeit. Studien zum Weißen Sozialismus*. Stuttgart 1970; Karl Prümm: *Die Literatur des Soldatischen Nationalismus der 20er Jahre (1918–1933). Gruppenideologie und Epochenproblematik*, 2 Bde. (= Theorie

gekennzeichnet wird: »Die innere Haltung in dieser technischen Welt hat man Sachlichkeit genannt. Man will nicht Redensarten, sondern Wissen, nicht Grübeln über Sinn, sondern geschicktes Zugreifen, nicht Gefühl, sondern Objektivität (...). In der Mitteilung verlangt man den Ausdruck knapp, plastisch, ohne Sentiment (...). Man verwirft Umständlichkeit der Worte und fordert Konstruktion des Gedankens (...). Das Individuum ist aufgelöst in Funktion. Sein ist sachlich sein.«[47]
Der Reporter erscheint in der Programmatik der »Neuen Sachlichkeit« als menschliche Kamera, die einen Wirklichkeitsausschnitt unbestechlich ausleuchtet, weder anklagend noch verteidigend. In Wahrheit steht die Reportage, auch die formal neusachliche Reportage, den unterschiedlichsten weltanschaulich-politischen Tendenzen offen. Der Welterfolg einer amerikanischen Reportage über die Russische Revolution hat Signalwirkung: John Reeds »Ten Days that Shook the World«, 1919. Auf Reed beruft sich ausdrücklich der berühmteste deutsche Reportagen-Autor, Egon Erwin Kisch[48] aus Prag. Beide debütieren mit Gedichtbänden in der Literaturboheme der Vorkriegszeit; beide haben außer Reportagen auch fiktionale Erzählprosa geschrieben, Kisch außer Erzählungen auch einen Roman aus dem Milieu der Prostituierten und Zuhälter, »Der Mädchenhirt«, 1914. Literarisch berühmt wird Kisch aber erst mit dem Reportagen-Band »Der rasende Reporter«, der 1924 (mit der Angabe 1925) auf den Markt kommt. Sein Vorwort enthält einen der typischen Slogans der Zeit: »Nichts ist verblüffender als die einfache Wahrheit, nichts ist exotischer als unsere Umwelt, nichts ist phantasievoller als die Sachlichkeit. Und nichts Sensationelleres gibt es in der Welt als die Zeit, in der man lebt!« Die Formulierung enthüllt den exotistischen Aspekt der Neuen Sachlichkeit, die detektivische Entdeckung der Alltagswelt als Thriller, die die Reportage instandsetzt, mit dem Roman wie dem Kino zu konkurrieren. Kisch entwickelte die Reportage zu einem operativen Genre mit vielfältigsten (auch vom Film beeinflußten) Darstellungsmitteln weiter, zur »Reportage als Kunstform und

---

Kritik Geschichte Bd. 3/1 u. 3/2). Kronberg 1974; Wolfgang Rothe (Hrsg.): *Die deutsche Literatur in der Weimarer Republik*. Stuttgart 1974; Jost Hermand und Frank Trommler: *Die Kultur der Weimarer Republik*. München 1978; H. Kreuzer: »Kultur und Gesellschaft in der Weimarer Republik.« In: *Text u. Kontext*, Sonderreihe Bd. 11: *Kultur und Gesellschaft in Deutschland von der Reformation bis zur Gegenwart*. Hrsg. von Klaus Bohnen et al. Kopenhagen/München 1981 (mit weiteren Literaturhinweisen).

[47] Karl Jaspers: *Die geistige Situation der Zeit*. Berlin 1931, S. 29.
[48] Vgl. Kischs Vorwort (S. V–XXIII) zu einer der deutschen Ausgaben des Buches in den zwanziger Jahren: Reed: *Zehn Tage, die die Welt erschütterten*. Wien/Berlin 1927.

Kampfform«[49] von wissenschaftlichem Geltungsanspruch. »Der Anspruch auf wissenschaftliche, überprüfbare Wahrheit ist es, was die Arbeit des Reporters so gefährlich macht.«[50] Die politische ›Gefährlichkeit‹ Kischs bescheinigt ihm Sergei Tretjakov 1935: »So oft gereizt eine Stimme von kapitalistischem Timbre ertönt: ›Wieder steckt das Proletariat seine Nase in fremde Geschäfte‹ frage ich mich: was ist das für eine Nase? Und gebe zur Antwort: diese Nase ist Egon Erwin Kisch (...).«[51]

Die charakteristischste Anthologie der »Neuen Sachlichkeit«, Ernst Glaesers »Fazit« (1929) ist bezeichnenderweise keine Lyrikanthologie wie Kurt Pinthus' expressionistische »Menschheitsdämmerung«, sondern ein »Querschnitt durch die deutsche Publizistik« in Berichten. Das Vorwort deklariert: »Es geht um Vorfälle und oft um Situationen, die praktisch vorhanden sind. Es geht um Meinungen, die sich auf Kenntnisse stützen, nicht um die landesüblichen Erzählungen und Romane. Bei jeder Impression ist der Gegenstand nachweisbar, das Kontrollrecht des Lesers ist auf keiner Seite durch Metaphern beschränkt. Die Zeit ist vorhanden, denn es wird über sie *nachgedacht*. (...) Man sichtet die Vorgänge. Man läßt sich nicht ästhetisch treiben. Man ordnet ein. So ergibt sich aus diesem Buch (...) die unumstößliche These: Es gilt heute nicht mehr die Herzen – sondern den *Verstand* zu rühren.«[52]

Reportageelemente dringen in ältere Literaturgattungen ein und tragen zur Herausbildung neuer Textarten bei. Siegfried Kracauer schafft sich für »Die Angestellten« 1929 eine eigene neue Form zwischen sozialer Studie, Textcollage und literarischer Reportage. Ernst Bloch beschreibt sie als »überlegtes Ineinander von Bericht, Interview, Genre-Szenen, Porträts, Ortsbestimmungen, Expedition«.[53] Der Verleger Ernst Rowohlt erklärte 1931 kategorisch: »Die junge Literatur wird immer mehr Tatsachen-Literatur werden, und nur nach dieser Richtung sehe ich für sie Erfolge.«[54] Wie die neue Biographie Funktionen des historischen Romans, so übernimmt die neue

---

[49] Vgl. Kisch: »Reportage als Kunstform und Kampfform.« In: *Reporter und Reportagen. Texte zur Theorie und Praxis der Reportage der zwanziger Jahre. Ein Lesebuch.* Hrsg. von Erhard H. Schütz. Gießen 1974, S. 45 ff.
[50] Ebda. S. 47.
[51] Tretjakov: »Brief an Kisch.« In: *Internationale Literatur* V/4, 1935, S. 5. Zit. bei Siegel (vgl. Anm. 45) S. 9 (1973) und S. 89 (1978).
[52] Ernst Glaeser (Hrsg.): *Fazit. Ein Querschnitt durch die deutsche Publizistik*. Mit einem Nachwort von Helmut Mörchen. Reihe Q, Bd. 4. Kronberg 1977, S. 7.
[53] Ernst Bloch: »Künstliche Mitte.« In: *Die Neue Rundschau* 1930; zit. nach Siegel: Die Reportage (s. Anm. 45) S. 76.
[54] Ernst Rowohlt: *Von Paul Scheerbart zu Siegfried von Kardorff*. Berlin 1930; zit. nach Diederichs (s. Anm. 9) S. 18.

Reportage Funktionen des Sozialromans der naturalistischen Tradition (Kisch sieht sich daher auch an der Spitze einer Tradition, die sich auf Zola zurückführen läßt); wie die Verzauberung durch das Kino der ›Literatur der Innenwelt‹, so konkurrieren die nichtfiktionalen Genres der ›Literatur der Außenwelt‹. Die Mischform des Reportage*romans* verbindet Dokumentation und Fiktion im Versuch, das Verhältnis von Subjektivität und bedingender Faktizität auch formal erfahrbar zu machen. Beispiele sind Erik Regers Schlüsselroman über die Ruhrindustrie »Union der festen Hand« (1932), Rudolf Brunngrabers Arbeitslosenroman »Karl und das 20. Jahrhundert«, der den Einzelnen als Opfer indifferenter unpersönlicher Prozesse zeigt, Edlef Köppens Weltkriegsroman »Heeresbericht« (1930), mit seiner Kontrastierung von Erfahrung und Ideologie, subjektivem Erlebnis der individuell Betroffenen und offizieller Verlautbarung.[55] Einen Justizroman des Kommunisten Ernst Ottwalt »Denn sie wissen, was sie tun« (1931) nahm Lukács zum Anlaß für seinen Angriff auf die neuen Montage- und Reportagetendenzen innerhalb der fiktionalen Literatur[56], den er später im Exil in dem berühmten Aufsatz »Erzählen oder Beschreiben?« fortsetzte. Lukács wählt literarisch relativ unbedeutende Einzelwerke als Zielscheiben und Demonstrationsexempel, zielt aber zugleich auf repräsentative Autoren sozialkritischer Literatur im Amerika, Rußland und Deutschland der zwanziger Jahre – auf Dos Passos und Upton Sinclair, auf Ilja Ehrenburg und Tretjakov, nicht zuletzt auf Bertolt Brechts Theorie des epischen Theaters. Anklagend verweist er auf die ihm zeittypisch erscheinende Begeisterung Ehrenburgs über »das Aufblühen der Reportagen, Skizzen, das gewaltige Interesse des Künstlers für lebendige Menschen, all diese stenographischen Aufzeichnungen, Beichten, Protokolle und Tagebücher«[57] (– eine Formulierung, die sich unverändert auf die deutsche Gegenwartsliteratur übertragen ließe).

Ehrenburg ist einer der Autoren, die einem neuen *Sachbuch*-Typ[58] den Weg bahnten, und zwar mit seinem Buch »Das Leben der Autos« (1930). Darin

---

[55] Vgl. die Neudrucke der von mir herausgegebenen Reihe Q: als Bd. 1 Köppen: *Heeresbericht*. Mit einem Nachwort von Michael Gollbach. Kronberg/Ts. 1976; als Bd. 3 Reger: *Union der festen Hand*. Mit einem Nachwort von Karl Prümm. Kronberg/Ts. 1976; als Bd. 5 Brunngraber: *Karl und das 20. Jahrhundert*. Mit einem Nachwort von Thomas Lange und Karl Ziak. Kronberg/Ts. 1978.

[56] Vgl. die Diskussion in mehreren Ausgaben der *Linkskurve* 1932; Auszüge u. a. in: *Romantheorie. Dokumente ihrer Geschichte in Deutschland seit 1880*. Hrsg. v. Eberhard Lämmert et al. Köln 1975.

[57] Vgl. Lämmert (s. Anm. 56) S. 276.

[58] Zum Begriff des Sachbuchs vgl. Diederichs (s. Anm. 9) und meine Einleitung zu dem von mir hrsg. LiLi-Heft 40 *Sachliteratur* (s. Anm. 39) S. 7.

kombiniert er Information über einen technisch-industriellen Bereich, kritisches Engagement und fiktionale Elemente. Anhand von Szenen mit teils erfundenen, teils realhistorischen Personen erzählt er die Geschichte und Vorgeschichte der Automobilindustrie. Dem Buch des Russen waren amerikanische Exempel vorausgegangen, z. B. die populären Sachbücher von Hendrik Willem van Loon, die die »Story« im Titel zum Markenzeichen machten: »The Story of Mankind« (1921), »The Story of the Bible« (1923), »The Story of America« (1927), usw. Einflußreich war besonders Paul de Kruif mit seinem Buch »Microbe Hunters« (1926, dt. »Mikrobenjäger«, 1927). Die Geschichte einer Wissenschaft – in diesem Fall der Bakteriologie – wird erzählt, indem die Lebensläufe der Forscher romanhaft um die Fortschritte der Wissenschaft gruppiert werden. (Auf de Kruifs Vorbild berief sich später Ceram mit seinem sogenannten »Tatsachen-Roman« über »Götter, Gräber und Gelehrte«, 1949, dem erfolgreichsten unter den Sachbüchern, die den Weg ins Unpolitische in der Adenauer-Ära einschlugen). Sergei Tretjakov wünschte sich 1930 sogenannte ›Ding-Biographien‹, Bücher mit Titeln wie »Der Wald«, »Das Brot«, »Die Kohle« usw. In den dreißiger Jahren erschienen nicht wenige Bücher dieser Art, z. B. Sachbücher von Heinrich Eduard Jacob und Rudolf Brunngraber über Lebensmittel wie Brot und Kaffee, Rohstoffe wie Radium und Kautschuk.

Die linke Sachbuchliteratur wurde nach 1933 in Deutschland weitgehend unterdrückt, die faschistische oder rein technologische Spielart dieses Genres dagegen gefördert. Denn mit einem offiziellen Bauernkult verband sich faktisch ein Prozeß angestrengter Technisierung. Die Hauptvertreter des faschistischen Sachbuchs wurden Anton Zischka und Karl Aloys Schenzinger, deren Wirkung sich in die Bundesrepublik hineinerstreckt. Schenzingers Buch »Anilin« über die Farbenindustrie erschien 1936 und hatte 1943 eine Auflage von 890 000 Exemplaren, 1951 eine deutsche Auflage von 1 630 000 Exemplaren. Sein zweiter großer Bestseller »Metall« erschien 1939, hatte 1943 eine Auflage von 570 000 Exemplaren, 1951 von 930 000. Während de Kruif mit seiner Technik des ›debunking‹ sich vor Monumentalisierung und Heroisierung der Individuen schützt, »ächzen« die Wissenschaftler bei Schenzinger »immer zugleich unter dem Gewicht der nationalen und der Weltgeschichte«. Sie werden »in Szene gesetzt: als Helden der Forschung und als Karyatiden der Weltgeschichte«.[59] »Erfindungen sind nicht groß, groß sind Erfinder«, heißt das neue Motto in »Anilin«, das

---

[59] Thomas Lange: »Literatur des technokratischen Bewußtseins. Zum Sachbuch im Dritten Reich.« In: *LiLi* 40 (s. Anm. 39) S. 67. Dort auch die Auflagenzahlen zu Schenzinger. Zu Brunngraber vgl. ebda. S. 73 ff.

nach 1945 den früheren Vorspruch eines NS-Ministers ersetzte. Das linke und linksliberale Gegenlager im Sachbuch-Genre der Bundesrepublik repräsentieren bekanntlich Autoren wie Robert Jungk im ökologisch-technischen, Bernt Engelmann im sozialkritisch-politischen Bereich, während sich zwischen Rechts und Links populärwissenschaftliche Star-Autoren der Fernsehszene (H. von Ditfurth, Grzimek, Haber usf.) mit ihren Buchpublikationen plazieren lassen.

Die Reportage und der Reportageroman der Weimarer Linken mündeten in den dreißiger Jahren in den großen internationalen Komplex der *Spanienkriegsliteratur*, deren historische Bedeutung, auch unter epochengeschichtlichem Aspekt, in der Bundesrepublik noch nicht zureichend bewußt geworden ist und in der sich im Bereich der Prosaformen keine feste Grenze zwischen Journalismus, Reportage, Autobiographie, Tagebuch und Romanwerk ziehen läßt, wie sich auch die Zielsetzungen von Kunst, Information und Propaganda in vielen Fällen untrennbar verbinden. Dokumentation, Montage, Bericht, Reflexion und Fiktionalisierung werden als Verfahren genutzt, teils getrennt, teils in systematischer Kombination. Es mag an dieser Stelle genügen, als Exempel unter vielen die Namen von Arthur Koestler, Alfred Kantorowicz, Bodo Uhse, Eduard Claudius und Gustav Regler zu nennen. Die Kette dieser Werke beschränkt sich nicht auf die Spanienkriegszeit selbst, sondern erstreckt sich – auch was das Erscheinungsdatum der Erstausgaben betrifft – bis in die Gegenwart. Erst 1955 erschien z. B. Ludwig Renns Bericht »Der spanische Krieg«, erst 1976 die deutsche Originalfassung von Gustav Reglers autobiographischem Roman »Das große Beispiel«, erst 1977 Willi Bredels Chronikwerk zur Geschichte der 11. Internationalen Brigade. Während die NS-Reportagen zum Spanienkrieg von Autoren wie Beumelburg, Dwinger, Stackelberg 1945 vom Buchmarkt verschwanden, wurde die kommunistische Spanienkriegsliteratur ins literarische Leben der DDR integriert, soweit sie nicht von sogenannten Renegaten, Anarchisten oder Trotzkisten stammte. In der Bundesrepublik blieb die Rezeption der deutschen Spanienkriegsliteratur in den fünfziger Jahren weitgehend aus. Die Sozialreportagen, die im Zusammenhang der Protest- und Emanzipationsbewegungen der sechziger und siebziger Jahre geschrieben wurden (z.B. von Günter Wallraff, Erika Runge, dem »Werkkreis Literatur der Arbeitswelt«), schlossen sich daher an die Traditionen der Weimarer Linken an; Wallraff stellte sich ausdrücklich in die Nachfolge Egon Erwin Kischs, dessen eigene Bücher im Kontext der neuen Reportageliteratur in neuen Auflagen heute neue Leser finden und das Forschungsinteresse engagierter junger Germanisten auf sich ziehen.

Die Weimarer Biographie romancée hat quantitativ eine weit stärkere Nachfolge; aber diese liegt zum größeren Teil außerhalb der ›anerkannten Literatur‹. Stefan Zweig findet zwar bis heute Leser und auch Fürsprecher; aber auch er spielt im literarischen Zeitgespräch kaum noch eine Rolle. Max von der Grün hat sich zu ihm bekannt, steht aber selber in ganz anderen Traditionen. Alle Versuche, die Bestseller-Erfolge Emil Ludwigs aus der Zwischenkriegszeit zu erneuern, blieben vergeblich. Die literarische *Biographie* ist erst *in den siebziger Jahren* wieder zu einer der epochengeschichtlich zentralen Gattungen avanciert. Die Autoren, die sie seither tragen, hatten zuvor fast alle als literarisch anerkannte Romanautoren an der Geschichte des modernen Erzählens partizipiert, das »die Teleologie der epischen Fabel abgebaut und Erzähltechniken entwickelt hat, um den offenen Horizont der Zukunft in die vergangene Geschichte wieder einzuführen, den alleswissenden Erzähler durch standortbezogene Perspektiven zu ersetzen und die Illusion der Vollständigkeit durch überraschende, querlaufende Details zu zerstören (...)«.[60] Dieter Kühn etwa bestreitet den notwendigen Ablauf einer Biographie, »indem er in N (1970) Varianten zu Napoleons realem Lebenslauf erfindet. (...) N als Landwirt, N als Geistlicher, N als Erzieher, N (...) gestorben mit 30 Jahren«[61] usw. Kühn verwendet hier ein Verfahren, das im modernen Roman schon vorher gebräuchlich war. Es werden alternative Möglichkeiten durchgespielt, die das einheitliche Bild auflösen und den realen Lebenslauf als nicht-notwendig erscheinen lassen. Der Leser wird bei Kühn – wie auch im »Kohlhaas«-Roman Elisabeth Plessens – in den Entstehungsprozeß einbezogen; die Biographie reflektiert auf sich selbst, ihren Ermittlungs- und Entwurfscharakter, auf ihre Quellen, auf die Distanz zwischen Autor, Gegenstand und Leser, die die Einfühlungsbiographie aufzuheben trachtet. Statt einer Lebensgeschichte teleologische Bestimmtheit, innere Notwendigkeit und äußere Geschlossenheit abzugewinnen und das vieldeutige historische Material hinter einer dramatisierten Erzählform zu verbergen, wie es Zweig und Ludwig (der seine Biographien in 5 »Akte« zu teilen pflegte) in den zwanziger Jahren taten, exponiert Enzensberger in den siebziger Jahren in einer Biographie des spanischen Anarchisten Durruti sein Material mit ungelösten Widersprüchen vor dem Leser. »Der Roman als Collage nimmt in sich Reportagen und Reden, Interviews und Proklamationen auf; er speist sich

---

[60] Hans Robert Jauss: »Kunst und Geschichte.« In: *Literaturgeschichte als Provokation.* Frankfurt a. M. 1970, S. 230.
[61] Rosmarie Zeller: »Zur literarischen Biographie der siebziger Jahre.« In: *LiLi* 40 (s. Anm. 39) S. 112.

aus Briefen, Reisebeschreibungen, Anekdoten, Flugblättern, Polemiken, Zeitungsnotizen, Autobiographien, Plakaten und Propagandabroschüren. Die Widersprüchlichkeit der Formen kündigt aber nur die Risse an, die sich durch das Material selber ziehen. Die Rekonstruktion gleicht einem Puzzle, dessen Stücke nicht nahtlos ineinander sich fügen lassen. Gerade auf den Fugen des Bildes ist zu beharren. Vielleicht steckt in ihnen die Wahrheit (...).«[62] Enzensberger appelliert hier an den Leser, sich mit dem sperrigen Material und seinen Widersprüchen selber auseinanderzusetzen.

Ein Teil dieser literarischen Biographien firmiert ausdrücklich als Roman und schlägt damit die Brücke zu einem seiner literarischen Nachbar- und zugleich Gegentypen: der fingierten Biographie (die auf so unterschiedliche Werke wie Thomas Manns »Doktor Faustus« oder Bertolt Brechts Cäsar-Roman zurückverweist). In ihnen treffen wir auf Lebensläufe, die erfunden sind, sich aber dem Leser in der Form des dokumentarischen Berichts oder der (scheinbar) nichtfiktionalen historischen Biographie präsentieren. Sie werden im Bannkreis der Neuen Linken geschrieben wie im Bannkreis der alten Avantgarde. Das eine kann das Beispiel Alexander Kluges belegen, das andere das Beispiel von Wolfgang Hildesheimers jüngstem Roman »Marbot«.

Die neue Biographie der siebziger Jahre ist z.T. (wie etwa Enzensbergers Durruti-Buch) eine modifizierte Fortsetzung der politischen Literatur der späten sechziger Jahre, z.T. eine gegenläufige Reaktion auf deren aktionistische und kollektivistische Programmatik. Autobiographische und biographische Schreibweisen erlaubten, das Interesse der sechziger Jahre am Faktischen und Dokumentarischen mit dem erneuerten Interesse an der subjektiven Erfahrung zu verbinden. Wie bei Zweig und Ludwig fehlt es nicht an Künstlern als Helden (Oswald von Wolkenstein, Rousseau, Mozart, Jean Paul, Hölderlin, Schubert, Gottfried Keller etc.). Wie in den zwanziger Jahren dominiert entweder ein psychologischer oder ein sozialgeschichtlicher Ansatz. Die neue Biographie hat unter keiner öffentlichen Kontroverse zum Verhältnis von Literatur und Wissenschaft zu leiden; sie erreicht aber auch kein so breites internationales Publikum aus allen Leserschichten wie die »Historische Belletristik« der zwanziger Jahre. Als ›modernistische‹ Variante in der Gattungsgeschichte der literarischen Biographie findet sie die Anerkennung der engeren literarischen Szene, aber meist keine Resonanz und Rezeption außerhalb dieser. Daher gibt es heute nicht

---

[62] Enzensberger: *Der kurze Sommer der Anarchie. Buenaventura Durrutis Leben und Tod.* Frankfurt a. M. 1972, S. 14.

nur *einen* dominanten Typ biographisch-historischer Belletristik. Neben dem modernistisch-literarischen (den Autoren wie Hildesheimer, Peter Härtling, Ludwig Harig, Kühn, Enzensberger repräsentieren), steht ein zweiter, dessen Autoren nicht aus der Literatur im engeren Sinne kommen, sondern prominente Journalisten sind, die dennoch historisches Interesse und gelehrten Ehrgeiz haben, oder prominente Professoren der Geschichte, die dennoch Interesse an Individuen und an der Kunst des Erzählens haben. Dieser Typ setzt ältere Traditionen fort. Er kombiniert mit wechselnden Akzenten Züge der älteren akademischen Biographik mit Zügen der »Historischen Belletristik« der zwanziger Jahre. Er enthält sich im allgemeinen formaler Experimente und ist politisch-weltanschaulich nicht festgelegt. Unter seinen Vertretern seit den dreißiger Jahren sind Friedrich Sieburg, Journalist des Dritten Reiches, Carl Jakob Burckhardt, Schweizer Diplomat, Richard Friedenthal, Exilautor und Nachlaßverwalter Stefan Zweigs, der »Spiegel«-Herausgeber Rudolf Augstein und die Professoren Arno Borst und Golo Mann. (Der letztere wirft seinen Historiker-Kollegen vor, nur noch an Strukturen, nicht mehr an Personen interessiert zu sein, »Hamlet ohne den Prinzen von Dänemark« zu spielen.)[63]

Der dritte Typ, repräsentiert z. B. durch Philip Vandenbergs »Nero« (1981, Erstauflage 100 000), ist ein Teilphänomen des populärhistorischen Sachbuch-Booms, der bereits erwähnt worden ist und der auf ähnliche Kritik junger Germanisten stößt wie Zweig und Ludwig. Maria Harig kommt zu folgendem Generalverdikt: »Ideologiekritisch gesehen weist das historische Sachbuch eindeutig affirmative Züge auf (...).« Sie begründet dieses Urteil daraus, daß »in den Wesensmerkmalen des Sachbuches, dem Bestreben nach menschlicher Verständlichmachung, nach psychologischer Deutung, Vergegenwärtigung und Individualisierung zugleich die Gefahren und Grenzen dieser Gattung (liegen). Indem nämlich geschichtliche Personen, Vorgänge und Ereignisse ›menschlich‹ gezeigt und gedeutet werden, erscheinen sie zugleich in persönlichen Motiven, Eigenarten und Entscheidungen verankert; historische Erscheinungen werden reduziert auf private, individuelle Ursprünge und Motivationen, denen gegenüber die politische

---

[63] Zit. n. Fritz Martini: »Über die gegenwärtigen Schwierigkeiten des historischen Erzählens.« In: *Geschichte und Geschichtsbewußtsein*. Göttingen 1981. Der Vortrag Martinis enthält wichtige Gesichtspunkte auch für unser Thema. Er wurde mir erst nach Abschluß dieses Manuskripts zugänglich. Daß das Interesse an der Biographie (und ihren gewohnten ›alten‹ Objekten) auch unter Fachhistorikern wieder zuzunehmen scheint, können vielleicht die Exempel von Lothar Galls *Bismarck* (1980) und Christian Meiers *Cäsar* (1982) belegen. Vgl. auch Birkenfeld (s. Anm. 39). Für die Germanistik vgl. den Erfolg von Wolfgang Leppmanns Rilke-Biographie (1981).

und soziale Dimension völlig zurücktritt (...) die ›Nahaufnahme‹, die Konzentration auf Personen (...) läßt bei der Mehrzahl der Bücher die Einbettung des Geschilderten in größere politisch-soziale Zusammenhänge vergessen.«[64] Aber wenn diese Kritik nur die Mehrheit (»Mehrzahl«) der historischen Sachbücher trifft, nicht jedoch alle, dann kann sie sich auch nicht auf »Wesensmerkmale« beziehen, sondern nur auf im Prinzip vermeidbare Eigenschaften, so daß ein historisch-politisch akzeptabler Sachbuchtyp möglich ist, auch wenn selbstverständlich mit einem Absterben der ›privatistischen‹ Biographie nicht zu rechnen ist, solange das Publikum den Raum der ferneren Geschichte nicht als historisch-politischen Orientierungsraum betrachtet, sondern als Spielraum psychologisch-menschlicher Möglichkeiten, von »persönlichen Motiven, Eigenarten und Entscheidungen«, und sich damit in ihm einer anderen Art von Identität vergewissert als in den historisch-kollektiven Zusammenhängen der Zeitgeschichte.

Fassen wir zusammen: Im Laufe des 19. Jahrhunderts setzte sich in Deutschland eine begriffliche Antithese von Kunst und Wissenschaft durch. In ihr erschien Literatur allein als Kunst, Kunst als Selbstzweck. Literatur als Kunst wurde auf die klassische Trias von Drama, Epik und Lyrik eingeschränkt, als Schein und Spiel definiert, dem Feiertag zugeordnet und mit der Kategorie der Individualität, der Persönlichkeit, der irrationalen Intuition verknüpft. Wissenschaft galt als ihr Gegensatz, dem Werktag zugeordnet, Inbegriff rationaler Methode, Träger objektiver Wirklichkeitserkenntnis und Motor technisch-zivilisatorischer Entwicklung. Daß das tatsächliche Verhältnis von Literatur und Wissenschaft auch im 19. Jahrhundert diesen Vorstellungen teilweise nicht entsprach, verhinderte deren ideologische Geltung nicht. Die Material- und Propagandaschlachten des Ersten Weltkriegs überstand jedoch keines dieser Konzepte unlädiert. Wissenschaft und Technik hatten die Instrumente militärischer Massenvernichtung hervorgebracht. Der Kontrast von wissenschaftlich-technischem Fortschritt und realem sozialen Elend verlangte nach einer Antwort. Das traditionelle Selbstverständnis des Individuums geriet zusammen mit den Autonomiekonzeptionen von Dichtung und Wissenschaft in eine Krise. Literatur wie Wissenschaft erwiesen sich in ihren Zielsetzungen und Funktionen als nicht unabhängig von dem gesellschaftlichen und kulturellen System, in dem sie jeweils existierten. Das drängte die Frage nach ihrer politisch-sozialen Verantwortung auf. Damit spalteten sie sich in weltanschauliche und politische Lager, von denen mittelbar auch noch die Versu-

---

[64] Vgl. Maria Harig (s. Anm. 39) S. 100f.

che geprägt waren, eine betont un- oder antipolitische Haltung einzunehmen. (Die Verfolgung bzw. Emigration jüdischer und antifaschistischer Wissenschaftler und Schriftsteller besiegelte diese Spaltung später in den dreißiger Jahren.) Im literarischen Bereich wurde nach dem Krieg die Antithese von autonomer Dichtung und funktionaler Nichtdichtung obsolet. Die traditionelle Kunst verlor ihre ›Aura‹ angesichts der neuen Massenmedien des Films und des Funks. Die Schreibkunst geriet in eine Konkurrenz mit der Mündlichkeit des Funks und dem visuellen Erzählen des Films. Das Kino appellierte stärker an die Affekte und erleichterte die Einfühlung; es übernahm Funktionen, die bisher dem Roman zugesprochen worden waren. In der Buchliteratur wurde die Grenze zwischen Fiktion und Nichtfiktion durchlässig und verlor an Bedeutung für die Bestimmung der ›Literarität‹. Die Illusionszerstörung und der Dokumentarismus, die Statistik und die Reflexion drangen in fiktionale Genres ein. Essay, Montage und Collage brachen die narrative Geschlossenheit älterer Erzählformen auf; die geschlossene Form des Einfühlungstheaters wurde gesprengt. Autoren der Belletristik übernahmen ›Faktengenres‹ und trugen literarische Ambitionen, Konventionen und Techniken in sie hinein. Belletristische Verlage vermittelten ihre Werke ans literarische Publikum und ins aktuelle Zeitgespräch der Kritik. Die historisch-psychologisch orientierte Biographie, die politisch-soziologisch orientierte Reportage, das technologisch-naturwissenschaftlich orientierte Sachbuch sind drei Exempel für Gattungsformen mit neuer Bedeutung für breite Leserschichten der Nachkriegsrepublik. Sie schließen teils an impressionistische und neuromantisch-neuklassische, teils an naturalistische und kritisch-realistische Traditionen der Vorweltkriegsliteratur an und nehmen ›filmische‹ Techniken auf. In einer Zeit des Krisenbewußtseins kommt die belletristische Biographie einem Verlangen entgegen, in der Lebensgeschichte historischer Individuen möglichst auf ein identifizierbar und gleichbleibend ›Menschliches‹ jenseits der sozialen Rollen zu stoßen, während Reportagen und Sachbücher zur Zeitgeschichte und ihr Publikum sich auf eine Auseinandersetzung mit den spezifischen ›Verhältnissen‹ und kollektiven Veränderungsprozessen der eigenen Lebenszeit einlassen. Diese ›Faktengenres‹ stehen unterschiedlichsten politisch-weltanschaulichen Tendenzen offen. Die Entwicklungsstränge, die von ihnen ausgehen, lassen sich in manchen Modifikationen bis heute verfolgen und haben sich in den sechziger und siebziger Jahren in teilweise neuen Formen verbreitet und verstärkt. In ihnen begegnen sich Wissenschaft, Publizistik und fiktionale Literatur und wirken aufeinander.

Sie gehören in ein literarisches Gattungsspektrum, das weniger als je von der traditionellen Trias Epik, Dramatik, Lyrik abzudecken und das unablösbar mit dem Gattungsspektrum anderer Künste und Medien verflochten ist. Wie das Erzählen, so hat auch die Reportage, das Sachbuch und die Biographie außerhalb von Presse und Buch orale und visuelle Ausdrucksformen im Medium von Funk, Kino und Fernsehen gefunden. Wie Filme und Fernsehserien nach Büchern gedreht werden, so werden Bücher nach Filmen und Fernsehserien geschrieben. Heutige Erzähler konstruieren dieselben Handlungen und Charaktere für den Druck, die Radiosendung, die Verfilmung. Fiktionale Erzählweisen imitieren nichtfiktionale Formen oder legitimieren sich durch authentische Erfahrung und autobiographischen Gehalt. Nichtfiktionale Berichte nutzen Techniken der Fiktion und der literarischen Stilisierung. Autoren biographischer und autobiographischer Texte werden sich der ›dichtend‹-fiktionalen Aspekte ihres Tuns ebenso bewußt wie theoretisierende Historiker (im Gefolge des Amerikaners Hayden White), die auf die Erzählfunktion ihrer Wissenschaft reflektieren (sei es, daß sie diese wieder bewußt akzeptieren oder mittels empirischer Methoden der Sozialwissenschaften rigoros zu überwinden versuchen).[65]

Für die Rezeption und teilweise auch für die Produktion verfließt die Grenze zwischen literarischen Sachbüchern, die ohne Forschungsanspruch *über* Wissenschaft geschrieben werden, und theoretisch-wissenschaftlicher Literatur, die mit eigenem Erkenntnisanspruch auftritt, aber sich in ihren Darstellungsmitteln nicht mehr dem Verständnis der literarischen Intelligenz entzieht und von dieser in das Repertoire der anerkannten Literatur und des literarischen Zeitgesprächs der Kritik integriert wird. So ist in der Bundesrepublik der siebziger Jahre die französische Gegenwartsliteratur vorwiegend durch Theoretiker und Philosophen repräsentiert. Unter den Favoriten des allgemeinen Lesepublikums und des literarischen Zeitgesprächs sind in der Bundesrepublik der letzten Jahrzehnte auch Philosophen wie die Vertreter der Frankfurter Schule, Theologen wie Guardini, Rahner und Küng, Biologen wie Karl von Frisch, Konrad Lorenz, Adolf Portmann, Sozialpsychologen wie Erich Fromm, Alexander Mitscherlich, H. E. Richter. Entsprechend zählen wir zur amerikanischen Literatur der letzten Jahr-

---

[65] Die eingangs erwähnte Tagung in Austin reflektierte diese Situation ebenso wie eine Turiner Historiker-Tagung, die nach Abschluß dieses Manuskripts stattfand und über die Eberhard Straub: »Der Roman der Völker. Geschichtsschreibung zwischen Erzählung und Statistik« in der *Frankfurter Allgemeinen Zeitung* v. 15. Juni 1982, Nr. 135, S. 25 berichtet. Vgl. auch die Bände der Reihe »Poetik und Hermeneutik«, vor allem Bd. 5 Reinhard Koselleck/Wolf-Dieter Stempel (Hrsg.): *Geschichte – Ereignis und Erzählung*. München 1973 und Bd. 8 *Identität*. Hrsg. von Odo Marquardt und Karlheinz Stierle. München 1979.

zehnte nicht nur, aber auch die Werke der »black autobiography«, Sachbücher der Frauenbewegung und der Ökologie (wie Rachel Carsons »Silent Spring«), soziologische Werke von David Riesman und Vance Packard, nicht zuletzt natürlich die ›Tatsachen-Romane‹ von Truman Capote und Norman Mailer. Es ist eine Vielfalt scheinbar aliterarischer Gattungsformen, die in den historisch gesteuerten Lichtkegel des literarischen Interesses geraten und dadurch beeinflußt worden sind, seit die hier skizzierte Entwicklung begonnen hat, d. h. seit unsere Exempel: die Biographie, die Reportage und das Sachbuch der zwanziger Jahre sich als innerliterarische Genres in der beschriebenen Form etabliert, sich Leser erobert und auch Feinde gemacht haben. Helmut Scheuer zitiert am Schluß seiner Siegener Habilitationsschrift über die Biographie eine Frage, die sich Robert Musils Held Ulrich im »Mann ohne Eigenschaften« (1930) einmal stellt. Es ist eine Frage, die sich noch aus der Antithetik der Vorkriegsepoche speist, aber sich nicht mehr mit ihr zufrieden gibt: »Ein Mann, der die Wahrheit will, wird Gelehrter; ein Mann, der seine Subjektivität spielen lassen will, wird vielleicht Schriftsteller; was aber soll ein Mann tun, der etwas will, was dazwischen liegt?«[66] Diese Frage hat seither viele zeittypische Antworten gefunden. Eine der möglichen und besonders charakteristischen aber lautete schon damals: Er schreibt vielleicht eine Biographie, eine Reportage, ein Sachbuch.

---

[66] Robert Musil: Gesammelte Werke I, *Der Mann ohne Eigenschaften*, hrsg. von Adolf Frisé, Reinbek bei Hamburg, Rowohlt Verlag 1978, S. 254; vgl. auch Scheuer (s. Anm. 5) S. 248.

Walter Hinderer

»Ist das epische Theater etwa eine ›moralische Anstalt‹?«
Bemerkungen zu Brechts kritischer Aneignung von Schillers Dramaturgie

Mit der ihm eigenen lässigen Ironie rezensierte Bertolt Brecht am 29. September 1920 eine Aufführung von Schillers *Kabale und Liebe* dergestalt wohlwollend: »Ein unvergleichliches Stück. Zwischen Erzengeln und Teufeln eine wilde Balgerei, bis über dem Liebestod mit Limonade die bezwungenen Teufel den zerfleischten Engeln Beifall klatschen (und in die Binsen gehen ...).« (15, 17). Deutlicher zeigt sich die Distanz zu dem Weimarer Klassiker in einer anderen Augsburger Theaterkritik, die dem *Don Carlos* gilt und in Klammern folgende Anmerkung enthält: »Auch ist die Freiheit beim Schiller immer nur gefordert, in anerkannt schönen Arien, zugegeben, aber sie könnte vielleicht auch dasein, in irgendeinem Menschen, aber Posa und Carlos und Philipp: Opernsänger, gratis für Beifall« (15, 10). In eine ähnliche Richtung, allerdings weitaus schärfer, zielt die Notiz vom 21. August 1920 über Friedrich Hebbel, in der Brecht gleichzeitig seine eigene Perspektive verdeutlicht: »Es gilt also nicht, große ideelle Prinzipiendramen zu schaffen, die das Getriebe der Welt und die Gewohnheiten des Schicksals darstellen, sondern einfache Stücke, die die Schicksale von Menschen schildern, Menschen, die die Gewinne der Stücke sein sollen« (15, 50). Noch in *Der Messingkauf* knüpft der Philosoph indirekt an diese Ansicht an, wenn er gegenüber dem Dramaturgen konstatiert: »Ihr stellt nicht Prinzipien dar, sondern Menschen« (16, 615).
Bedeutet ein solches Theater mit dem Abschied von Ideen und Prinzipien eine bewußte Beschränkung auf das, was ist, also einen Verzicht auf Didaxe und Lehre? Daß dies für Brechts Dramaturgie ebensowenig gelten kann wie für seine dramatische Praxis, versteht sich von selbst. Nichtsdestoweniger wird die Lehre, für die sich Brecht nachweisbar ab 1926 zu interessieren und auch bald einzusetzen beginnt, immer wieder dialektisch mit der Wirklichkeit konfrontiert und von dorther überprüft. Zuweilen kommt es geradezu zu einem Konflikt von Theorie und Praxis, Lehre und Wirklichkeit, wie es der junge Genosse in der *Maßnahme* erlebt. Er mißt den Wert der marxistischen Klassiker ähnlich wie Schiller die Güte politischer Verfassungen daran, was sie für die Beförderung der menschlichen Sache leisten, und

denunziert die papierenen Prinzipien mit der bekannten, durchaus humanitären Begründung: »denn der Mensch, der lebendige, brüllt, und sein Elend zerreißt alle Dämme der Lehre«. Wenn in der *Maßnahme* auch das kurzfristige Mitleid zugunsten einer ebenso langfristigen wie grundsätzlichen Änderung der gesellschaftlichen Verhältnisse abgelehnt werden soll, die Argumentation des jungen Genossen läßt trotz allem im Rezipienten den Stachel des Zweifels zurück. Nicht von ungefähr war es gerade Brecht, der die »kritische Haltung« als »die einzig produktive, menschenwürdige« (19, 393) bezeichnet und außerdem vor »tendenziösen Darstellungen« gewarnt hat, weil »diese allerhand auslassen, die Realität vergewaltigen, Illusionen erzeugen sollen« (19, 394).

Aber ist nicht jede Art von dogmatischer Ideologie, sei sie nun idealistisch oder materialistisch, auf das Theater angewandt, in Gefahr, die Zustände so darzustellen, »als könnten sie gar nicht anders sein«? Oder anders ausgedrückt: Gehen solcherart ideologisch bestimmte Darstellungen nicht »immer auf die Verschmierung der Widersprüche, auf die Vortäuschung von Harmonie, auf die Idealisierung aus« (16, 706)? Genau das aber macht Brecht im *Kleinen Organon* dem bürgerlichen Theater zum Vorwurf. Die Frage wäre nun, ob nicht dem Verfahren nach das idealistische und materialistische Theater in Theorie und Praxis ähnlicher sind, als ihre Repräsentanten wahrhaben wollen. Verdinglichen die Agitatoren in der *Maßnahme*, wie Reinhold Grimm näher analysiert hat[1], nicht auf die gleiche Weise den jungen Genossen wie Schillers Prosa in *Don Carlos* den Königssohn? Wird nicht bei Brecht zu einer Tragödie der Ideologie, was Schiller als Tragödie des Idealismus aufgeführt hat? In der Tat: so wie hier die Ideologen direkt oder indirekt einer Kritik unterzogen werden, werden dort die Idealisten (von Verrina im *Fiesco* bis zu Max im *Wallenstein*) in ihrem fehlerhaften Verhalten gezeigt, woraus nur zu schließen wäre, daß weder Brecht noch Schiller dogmatisch eine Ideologie ästhetisch umsetzten, sondern sie jeweils dialektisch in den Widerspruch mit der Wirklichkeit trieben. Oder handelt es sich hier nur um die List der ästhetischen Praxis gegenüber den theoreti-

---

Die Belegstellen zu Schillers Werken werden in Klammern im Text nachgewiesen, jeweils mit der Angabe des Bandes und der Seitenzahl. Dabei werden folgende Abkürzungen verwendet: Na = Schillers Werke. Nationalausgabe. Weimar 1943ff.; Ha = Schillers Werke. Hrsg. v. G. Fricke, H. G. Göpfert und H. Stubenrauch. 5 Bde. München² 1960. Brechts Werke werden zitiert nach den Gesammelten Werken in 20 Bänden (werkausgabe edition suhrkamp. Frankfurt a. M. 1967) mit Nennung der Bandziffer und der Seite.

[1] Reinhold Grimm, Ideologische Tragödie und Tragödie der Ideologie. In: Deutsche Dramen von Gryphius bis Brecht. Hrsg. von Jost Schillemeit. Frankfurt a. M. 1965. S. 309–339 (330).

schen Intentionen, wie das Problem etwa Esslin[2] zu erklären versuchte, oder widerlegt bloß die Humanitätsideologie, das heißt die »Ethik« die »eigene Dialektik, gerade indem sie sich deren Mittel bedient«[3]? Das würde freilich implizieren, daß in beiden Fällen individuelle Moralvorstellungen mit den in der Ideologie eingelagerten kollidierten. Man könnte dann schnell im Hinblick auf Schiller Nietzsches Schlagwort vom »Moral-Trompeter von Säckingen«[4] tilgen und die allgemeine Auffassung von Schillers »Schaubühne als moralische Anstalt betrachtet« korrigieren. Doch wie sähe die Korrektur im Hinblick auf Brechts Theater aus, das ebenso wie das von Schiller nichts anderes beabsichtigt, als »ein Laboratorium von richtiger Theorie-Praxis im kleinen, in Spielform, gleichsam im Bühnenfall zu sein, der dem Ernstfall experimentierend unterlegt wird«[5]? Sowohl Schiller als Brecht haben deshalb ihre Stücke auch als dramatische Experimente oder Versuche aufgefaßt. Denn nicht nur Brechts Schaubühne war eine »paradigmatische Anstalt«, wie Ernst Bloch den Gegensatz zur »moralischen Anstalt« kenntlich macht[6], sondern gerade auch die von Schiller. Wie sehr beide das »Theater als *Probe aufs Exempel*«[7] verstanden haben, als Einübung in die richtige Verhaltensweise, soll zuerst an einigen Grundzügen ihrer Theorie (I, II) und dann an ein paar signifikanten Beispielen erkundet werden, in denen Brechts kritische Aneignung von Schillers Dramaturgie evident ist (III).

I

Das oft gegen Schiller und die didaktischen Tendenzen seiner Dramen ausgespielte Schlagwort von der »Schaubühne als moralische Anstalt betrachtet« beruht in mehr als einer Hinsicht auf einem Mißverständnis. Erstens lautet der Titel in der ursprünglichen Fassung: »Was kann eine gute stehende Schaubühne eigentlich wirken?« (1784) und versteht Schiller dann bei der Änderung im Jahre 1802 das Adjektiv »moralisch« weniger in einer ethischen als vielmehr in der zeitgemäßen anthropologischen Konnotation:

---

[2] Martin Esslin, Das Theater des Absurden. Reinbek bei Hamburg 1965. S. 318.
[3] Grimm (Anm. 1) S. 333.
[4] Friedrich Nietzsche, Werke in drei Bänden. Hrsg. v. Karl Schlechta. München 1960². Bd. 2, S. 991.
[5] Ernst Bloch, Das Prinzip Hoffnung. Frankfurt a. M. 1959. S. 482.
[6] Ebd., S. 478 ff.
[7] Ebd., S. 482.

die moralischen sind im Gegensatz zu den niederen (physischen) die höheren Vermögen, die specifica differentia zwischen Mensch und Tier. Bereits in seinen philosophischen Jugendschriften, in denen er sowohl die zeitgenössische »Philosophie der Physiologie«, die naturwissenschaftliche Version der Anthropologie, als auch die Vollkommenheits- und Glückseligkeitsideologie kritisch rezipierte, spricht Schiller von dem doppelten Bürgerrecht des Menschen in der geistigen und physischen Welt. In der Dichotomie der menschlichen Natur zwischen Engel und Tier, Geist und Materie sieht er früh die eigentliche anthropologische Problematik und sucht schon als Karlsschüler diesen »Riß zwischen Welt und Geist« mit einer »Mittelkraft« zu versöhnen (Na 20, 13). Ideologisch-philosophisch drückte sich dieser Gegensatz zu seiner Zeit in der Antinomie von Idealismus und Realismus (Materialismus) aus, die er beide als Extrempositionen schon in seiner Studie *Über den Zusammenhang der tierischen Natur des Menschen mit seiner geistigen* (Na 20, 40) ablehnt. Er will das »Gleichgewicht der beiden Lehrmeinungen halten« und strebt als übergeordnetes Ideal, wie er dann näher in *Über naive und sentimentalische Dichtung* ausführt, eine Synthese dieser Dichotomie an; denn nur in der Vereinigung dieser menschlichen Grundbedingungen läßt sich für ihn eine problematische, das heißt vorstellungsmäßige Realisierung der klassischen Totalitätsidee denken, welche den Menschen seiner Bestimmung, nämlich der »Gottgleichheit« (NA 20, 10) näherbringt. Bereits in der Mannheimer Rede *Was kann eine gute stehende Schaubühne eigentlich wirken?* (Na 20, 87–100) nennt Schiller diese »Mittelkraft« ganz praxisbezogen »ästhetischer Sinn« oder genauer: der »ästhetische Sinn«, später der »ästhetische Zustand« (*Über die ästhetische Erziehung*, Na 20, 375), leistet den notwendigen Ausgleich und vereinigt die »widersprechenden Enden«, die »harte Spannung« zwischen Geist und Sinnlichkeit in einem sogenannten »mittleren Zustand« (Na 20, 90).

Die Funktion der Schaubühne sieht Schiller einmal in der Befreiung der menschlichen Möglichkeiten aus den »oft niederdrückenden Geschäften des Berufs« (Na 20, 90), dann in der didaktischen Erweiterung des individuellen Horizonts. Er nennt das Theater geradezu »eine Schule der praktischen Weißheit, einen Wegweiser durch das bürgerliche Leben, einen unfehlbaren Schlüssel zu den geheimsten Zugängen der menschlichen Seele« (Na 20, 95). Es vereinigt nicht nur »alle Stände und Klassen in sich«, bahnt den »Weg zum Verstand und zum Herzen«, sondern befreit den Menschen von allen Zwängen, Fesseln und »jedem Drange des Schicksals« (Na 20, 100) zu seiner höchsten Bestimmung. Diese »Veranstaltung zur moralischen Volksbildung«, wie Nietzsche in der *Geburt der Tragödie*[8] Schillers Programm denunziert, ist aber nichts weniger als ethische Unterweisung. Im Gegenteil: In der Schrift *Über das Pathetische* betont er nachdrücklich: »In ästhetischen Urteilen sind wir also nicht für die Sittlichkeit an sich selbst, sondern bloß für die Freyheit interessiert ...« (Na 20, 221). Wenn Nietzsche daher in *Menschliches, Allzumenschliches* feststellt »Der Moralismus Kants – woher kommt er? Er gibt es wieder und wieder zu verstehen: von Rousseau und dem wiedererweckten stoischen Rom. Der Moralismus Schillers: gleiche Quelle, gleiche Verherrlichung der Quelle«[9], so trifft diese Einschätzung Schillers Intention nicht einmal oberflächlich. Ästhetische Erziehung ist für ihn eben nicht moralisch-ethische Erziehung, sondern prinzipiell Ich- oder Bewußtseinserweiterung. Es geht Schiller in seiner Anthropologie ebenso um die Verbesserung der politischen Institutionen wie um die Totalität des Charakters als der Bedingung der Möglichkeit von menschlicher Freiheit. Im vierten Brief *Über die ästhetische Erziehung* heißt es deshalb sinngemäß: »*Totalität* des Charakters muß also bey dem Volke gefunden werden, welches fähig und würdig seyn soll, den Staat der Noth mit dem Staat der Freyheit zu vertauschen« (Na 20, 318).

Weil individuelle und öffentliche Freiheit für Schiller nur zwei verschiedene Seiten einer Medaille sind, beurteilt er auch politische Gesellschaften und Herrschaften danach, was sie für die Beförderung der Totalität des menschlichen Wesens leisten, »zur Ausbildung aller Kräfte des Menschen« (Ha 4, 815). An Solon rühmt er beispielsweise, daß er »*nie den Menschen dem Staat*, nie *den Zweck dem Mittel* aufopfert« (Ha 4, 832). Die negativen Elemente der politischen und gesellschaftlichen Entwicklung finden ihre entsprechenden Korrelate in der psychischen Individualgeschichte: Gefühlswerte wie Liebe oder Haß bedeuten eben nicht nur Icherweiterung (Annäherung ans Totalitätsideal) oder Ichverkleinerung (Entfernung vom Totalitätsideal), Verabsolutierungen von Sinnlichkeit oder Verstand, nicht nur Einstellungen des Wilden (bei dem die Gefühle über Grundsätze herrschen: Na 20, 318) oder Barbaren (bei dem die Grundsätze die Gefühle zerstören: Na 20, 318), sondern auch gesellschaftlich-politisch entweder einen »blühenden Freistaat« oder »Despotismus« (Na 20, 123), entweder Naturstaat oder moralischen Staat (Na 20, 313 ff.). Schon früh gefährden in Schillers Perspektive Herrschsucht und Despotismus in der Ideologie wie in den politisch-gesellschaftlichen Systemen die menschliche Bestimmung zur

---

[8] Nietzsche (Anm. 4) Bd. 1, S. 123.
[9] Ebd., S. 964 f.

»Gottgleichheit«, das heißt die freie Entwicklung der Person und aller in ihr angelegten Möglichkeiten. Wenn er später vom »moralischen Staat« oder im Zusammenhang mit dem »Gebiet der Geschichte« von »moralischer Welt« spricht (Ha 4, 749f.), so meint er auch hier ganz anti-rousseauistisch eine höhere Stufe, den Bereich der Person, deren »Independenz von Naturgesetzen« (Na 20, 196) er nicht zuletzt in seinen Jugenddramen von den *Räubern* bis zu *Don Carlos* demonstrieren will. Es geht ihm erstens um die Darstellung des »Übersinnlichen« (Na 20, 196f.), der »Idee des absoluten, in sich selbst gegründeten Seyns, d.i. die Freyheit« (Na 20, 342), zweitens um die Aufhebung der menschlichen Dichotomie von Realität und Formalität (Na 20, 344), Realismus und Idealismus (Na 20, 491) in einer Synthese (Begriff des »Spiels« und »ästhetischen Zustands«). »Freiheit« wird dramaturgisch als eben jene »moralische Independenz von Naturgesetzen im Zustand des Affekts« (Na 20, 196) verstanden, universalhistorisch als ein »erhabenes Objekt«, insofern die Welt »im Grunde nichts anders [ist] als der Konflikt der Naturkräfte untereinander selbst und mit der Freyheit des Menschen« (Na 21, 49).

Schiller überträgt zunächst einfach den Autonomiebegriff der menschlichen Person auf die Geschichte, um dann auf Grund empirischer Erfahrung diese Projektion zu korrigieren: er stellt die Diskrepanz von geschichtsphilosophischer Axiomatik und der realen historischen Faktizität fest (Na 21, 49). Was bedeutet das nun für seine sowohl kulturhistorisch als anthropologisch-individualgeschichtlich begründete Dreistufentheorie, die schließlich über 1) den physischen Zustand (Naturstaat) und 2) den moralischen Zustand (Vernunftstaat) zum 3) *ästhetischen* Zustand (Staat der Freiheit) führen (Na 20, 388; vgl. auch Na 20, 375f., Anm.) soll? Er macht jetzt die prinzipielle »Unbegreiflichkeit« der Geschichte zum Standpunkt seiner Beurteilung und verlegt seine utopischen Hoffnungen auf die ästhetische, d.h. anthropologische Erziehung durch die Kunst. Mit Hilfe von Kunst sollte dann möglich werden, was in seiner Zeit mißlang: jene »*Totalität* des Charakters« zu schaffen, welche die Voraussetzung zum »Staat der Freyheit« (Na 20, 318) darstellt, dessen Grundgesetz eben lautet »*Freyheit zu geben durch Freyheit*« (Na 20, 410). Der ästhetische Staat, der in den Briefen *Über die ästhetische Erziehung* entworfen wird, beruht also auf dem Prinzip des *ästhetischen Zustands*, bei dem ebenso die Abhängigkeit von Stoff- und Formtrieb wie die Dichotomie der menschlichen Natur aufgehoben ist. Das politische Ziel wird in Schillers philosophischen Schriften eindeutig mit ästhetisch-anthropologischen Mitteln verfolgt oder umgekehrt: es geht in ihnen nicht um eine moralische, sondern um eine paradigmatische Anstalt, in der die ästhetische Theorie schon eindeutig (wie ähnlich bei Brecht) einer politischen Praxis dient.

II

So wie Schiller sich im 18. Jahrhundert bewußt gegen das klassizistische Theater Frankreichs abgehoben und betont hat, keine »idealische Affektationen, keine Kompendienmenschen« liefern zu wollen, sondern »eine Kopie der wirklichen Welt« (Ha 1, 485), ein Bild der »Menschheit in ihrer Wahrheit« (Na 20, 197), so setzte sich Georg Büchner im 19. Jahrhundert unmißverständlich von den »sogenannten Idealdichtern« à la Schiller ab, die »fast nichts als Marionetten mit himmelblauen Nasen und affectiertem Pathos, aber nicht Menschen von Fleisch und Blut«[10] geben. Es handelt sich hier nicht nur um ein produktives Mißverständnis, sondern wie später bei Brecht um eine bewußte Abgrenzung der eigenen Theorie und ästhetischen Praxis gegenüber der Tradition. Nicht von ungefähr posierte der Stückeschreiber Brecht, wie sein Freund Hans Otto Münsterer überliefert[11], im Jahre 1917 als »neuer Schiller«; ja gerade weil er unter den deutschen Klassikern »vor allem Schiller« geschätzt zu haben scheint[12], wird es verständlich, daß Brecht sich mit ihm verglichen hat, das heißt ein »anderer Schiller« werden wollte.[13] Nicht nur verarbeitete er kritisch Ansätze[14] von Schillers Dramen (*Die Räuber, Don Carlos, Die Jungfrau von Orleans, Maria Stuart*) und benutzte sie als Anregungen für die eigene Produktion (*Im Dikkicht der Städte, Die Heilige Johanna der Schlachthöfe, Übungsstücke für Schauspieler: Der Streit der Fischweiber*), sondern er formulierte ähnlich wie der Weimarer Klassiker eine spezifische Theatertheorie, die auf einer eingehenden Auseinandersetzung mit den philosophisch-wissenschaftlichen Ansichten seiner Zeit beruhte. Der Gegensatz von idealistischer und materialistischer Anthropologie spiegelt sich auch in den so ganz anderen Auffassungen des Theaters wieder, obwohl Bertolt Brecht schon 1920 beabsichtigte, Schiller theoretisch und praktisch zu korrigieren und zu über-

---

[10] Georg Büchner, Sämtliche Werke und Briefe. Hrsg. v. Werner R. Lehmann. Darmstadt 1971. S. 444.
[11] Vgl. Gudrun Schulz, Die Schillerbearbeitungen Bertolt Brechts. Tübingen 1972. S. 6 (Anm.)
[12] Ebd., S. 8.
[13] Ebd., S. 6.
[14] Vgl. dazu die ausführlichen Analysen bei Gudrun Schulz, S. 59–74, 88–153, 166–173.

holen.[15] Abgesehen von seiner zunächst behavioristischen, dann marxistischen Einstellung verdankte Brecht nicht zuletzt der Beschäftigung mit der Tradition, vor allem der Theatertheorie Schillers, entscheidende Impulse zur Entwicklung seiner eigenen Ästhetik. Im Kontext der Debatte über Formalismus und Realismus hat er nicht von ungefähr in den dreißiger Jahren angemerkt: »Das proletarische Schrifttum bemüht sich, von alten Werken formal zu lernen ... Es wird erkannt, daß man nicht einfach vorhergegangene Phasen überspringen kann. Das Neue muß das Alte überwinden, aber es muß das Alte überwunden in sich haben, es ›aufheben‹ ... Es gibt Neues, aber es entsteht im Kampf mit dem Alten, nicht ohne es, nicht in der freien Luft« (19, 314).

Schon die Einsicht, daß man notwendigerweise neue Formen entwickeln muß, um »den immer neuen Anforderungen der sich immer ändernden sozialen Umwelt« auch inhaltlich (Bd. 19, 291) gerecht zu werden, führt Brecht zu der Überzeugung, daß Kunst ohne Experimentiercharakter die Wirklichkeit verfehlt. Experiment in diesem Sinne bedeutet nichts anderes als der anhaltende Versuch, für jeden neuen Gegenstand ein adäquates ästhetisches Modell zu finden, was ähnlich auch Schiller mit seinen Dramen intendierte. In einer späteren Notiz *Verschiedene Bauarten von Stücken* (16, 937 ff.) rät Brecht seinen Zunftgenossen: »Wir müssen vor allem die unaufhörlichen Experimente unserer Klassiker studieren. Welche Unterschiede zwischen den ›Räubern‹ und dem ›Tell‹, zwischen dem ›Faust‹ und der ›Iphigenie‹ und dem ›Bürgergeneral‹, zwischen ›Woyzeck‹ und ›Leonce und Lena‹!«. Für Brecht gibt es ohnedies nur dort »Fortschritte« in der Theater- oder Dramentechnik, wo sie der »Verwertung der Stoffe« (15, 185) dienen. Da jedoch die klassischen Dramenformen »auf die Verwertung der Stoffe für die ›Ewigkeit‹ gerichtet« sind, sind sie »für die jetzigen Stoffe nicht geeignet« (15, 185). Im Hinblick auf den Zuschauer bedeutet das neue ästhetische Modell, wie es Brecht vorschwebt, eine Aufkündigung der alten ästhetischen Illusionswirkung zugunsten einer Distanzierung. Die epische »große Form«, so heißt es am 1. Februar 1929, »muß nicht glauben, daß man sich einfühlen kann in unsere Welt, sie muß es auch nicht wollen« (15, 186). Brecht will nicht den »genießenden«, sondern den »spekulativen Zuschauer« (15, 140), was keineswegs bedeutet, daß er jedes Genußverhältnis aus dem Theater verbannen will.

Die Gegenbegriffe zur aristotelischen Ästhetik der »Einfühlung« und Identifikation heißen bei Brecht kritische Distanz und Appell an die Ratio. Wie

---

[15] Ebd., S. 18.

Schiller betont er den grundsätzlichen Abstand von Kunst und Wirklichkeit[16], ja er erklärt ihn als sogenannten »V-Effekt« geradezu zu einem Prinzip seiner neuen Ästhetik. Man braucht nur auf den *Prolog* und das *Lager* der *Wallenstein*-Trilogie hinzuweisen[17], wo Schiller den Modellcharakter seiner ästhetischen Unternehmung betont und schon bewußt die dramatis personae vom Publikum trennt, um ähnliche Verhältnisse konstatieren zu können. Auch Brechts Weimarer Kontrapost ist weniger an Identifikation oder Einfühlung als vielmehr an der kritischen Reaktion des Zuschauers interessiert. Es gehört außerdem zu einem Kernstück seiner Anthropologie, daß der Zuschauer »frei«, ohne dem »Lebensdrang« oder anderen »Zwängen« (auch nicht denen der Affektregie seiner Jugenddramen) ausgesetzt zu sein, über die dargestellten Gegenstände emotional oder intellektuell befinden soll. Daß Brecht mit der *Wallenstein*-Trilogie vertraut war, beweisen nicht nur Hinweise wie diese, daß man hier »Stückebau« und »Rhetorik« studieren (16, 939) könne, sondern auch eine direkte Bezugnahme auf die »Heiterkeit der Kunst« (15, 120). »Keine *Situation* darf uns vergessen lassen, daß die Kunst heiter ist«, heißt es hier und es fällt dann eine Formulierung, wie sie der Klassiker nicht besser hätte erfinden können: »Ein Künstler ist derjenige, bei dem der Augenblick der größten Leidenschaft mit dem der größten Klarheit zusammenfällt« (15, 120).

So wie Schiller eine »neue Ära« des Drames begründen (*Prolog* zum *Wallenstein*, 50 ff.) und das Bewußtsein des Zuschauers verändern wollte, was bereits die verschiedenen Kommentare zu seinen Jugenddramen signalisieren, möchte auch Brecht die gewohnte Einstellung des Zuschauers durch eine totale ästhetische »Umstellung« (15, 125 ff.; 131) revolutionieren. Er nennt das neue Modell *episches*, auch wissenschaftliches oder dialektisches Theater und hebt es vom klassischen Typ des Dramas (K-Typus) ab. Schon die Augsburger Theaterkritiken (1918–1922) enthalten Winke für eine Umfunktionierung von Inhalten, wie sie Schiller in seinen Dramen vorgestellt hatte; es handelt sich im Falle der *Räuber* oder des *Don Carlos* gleichzeitig um die Transposition der sogenannten »großen Form« auf die Ebene der Moritat oder »Deuxière« oder gar der Revue, des Sporttheaters.[18] Eine solche Transposition mit deutlich parodistischen Zügen nimmt Brecht auch hinsichtlich der Dramaturgie vor, und zwar in der fragmentarischen Notiz der zwanziger Jahre: *Das Theater als sportliche Anstalt* (15, 47–49).

---

[16] Vgl. Jan Knopf, Brecht-Handbuch. Theater. Stuttgart 1980. S. 384 f.
[17] Vgl. Walter Hinderer, Der Mensch in der Geschichte. Königstein/Ts. 1980. S. 31 ff.
[18] Vgl. Schulz (Anm. 11) S. 22 ff.

Dieses Fragment ist insofern interessant, als es in einer Phase Brechts entstand, in der er sich von dem bürgerlichen Theater der Weimarer Republik, den idealistischen Tendenzen und der Renaissance der »pathetischen Rhetorik« (15, 44f.) im Expressionismus abwandte und für einen kritischen Realismus plädierte. Wenn der junge Schiller einst monierte, daß der »frostige Ton der Deklamation ... alle wahre Natur« im französischen Trauerspiel ersticke (Ha 5, 513), daß die »angebetete *Dezenz*« es unmöglich mache, »die Menschheit in ihrer Wahrheit zu zeigen«, so setzt sich auch Brecht mit dem »falschen Begriff vom Theater« (15, 47) auseinander, der ihm den »Spaß« am Theatergehen verdirbt. In einer anderen Notiz verkündet er ähnlich polemisch wie einst Schiller: »Die Worte sind die Kinder der Gehirne: Sie sind lebensfähig oder kränklich oder gar nur dekorative Puppen« (15, 53). Über das Theater seiner Zeit stellt er fest, daß nicht nur »die politische Komödie großen Ausmaßes« fehle, sondern daß kaum »die Grundlagen des Bürgertums untersucht« seien, »weite Bezirke menschlicher Angelegenheiten ... verödet« lägen, »die Phantasie dieses Volkes ... erstarrt«, »seine Erfindungsgabe versiegt« sei (15, 55f.), und faßt ebenso lakonisch wie abschätzig seinen Befund zusammen: »Sie erfinden kaum noch neue Krawattenmuster. Es gibt im großen ganzen da, wo es überhaupt noch Profil gibt, zum Beispiel nur zwei Arten der Betrachtung bürgerlicher Probleme: eine satirische und eine pathetische. Sonst gibt es keine« (15, 56). Man versteht, daß Brecht in diesem Zusammenhang, nachdem er den Einakter *Alkohol und Liebe* mit Charlie Chaplin gesehen hatte, am 29. Oktober 1921 begeistert vermerkt: »Aber es ist das Erschütterndste, was es gibt, es ist eine ganz reine Kunst.« Obwohl er um diese Zeit »den Formendienst der Klassik« (15, 58) gegenüber der »journalistischen Tendenz dieser Leute à la Kaiser« in Schutz nimmt, ist er bereits auf der Suche nach neuen dramatischen Darstellungsmöglichkeiten. So wie er später in seinen Texten *über eine nichtaristotelische Dramatik* (1933–1941), die weniger die *Poetik* von Aristoteles einer Kritik unterziehen als vielmehr nur einige Grundbegriffe daraus, die wesentlich die Tradition der bürgerlichen Dramaturgie bestimmt haben, so dienen ihm nun bestimmte Ansätze in der dramatischen Theorie und Praxis Schillers, die zur Grundlage auch späterer »Ideendichtung« (15, 50, 55) gehören, als negative Demonstrationsobjekte. Hinzu kommt im Falle Brechts noch die deutliche Ablehnung der vielen Aktualisierungsversuche des klassischen Dramas durch Leopold Geßner, Erwin Piscator und Erich Engel (vgl. 15, 105–108; 111–113, 121). Angesichts des »Untergangs des alten Theaters« (1924–1928; 15, S. 73–121) fordert er Einbeziehung der zeitgenössischen Spaß- und Vergnügensveranstaltungen (15,

76), wie Sport, die Filme Chaplins und Jazz; statt für klassischen »Gips« (15, 108–111) plädiert er für *Mehr guten Sport* (15, 81–84). »Wer im Sportpalast war, der weiß, daß das Publikum jung genug ist für ein scharfes und naives Theater«, heißt es beispielsweise in einer Notiz (15, 77).
Gegen die sogenannte Interesselosigkeit der Kunst, welche die idealistische Kunsttheorie seit Kant propagierte, setzt Brecht, darin durchaus den Intentionen von Schillers theoretischen Schriften folgend, die Notwendigkeit der »großen Interessen«. »*Große Kunst dient großen Interessen*«, formuliert er an bezeichnender Stelle (15, 91 f.) und leitet daraus ein Qualitätskriterium ab: »*Wollen Sie die Größe eines Kunstwerkes feststellen, fragen Sie: Welchen großen Interessen dient es? Zeitläufte ohne große Interessen haben keine große Kunst.*« Auch bei Brecht sind dies zunächst »geistige Interessen« (allerdings: »soweit sie auf materielle Interessen zurückgeführt werden können«; 15, 91), aber er generalisiert sie nicht mehr zu einem allgemeinen Humanitätsprogramm wie Schiller, sondern spricht auch von klassenrelevanten Interessen. Die Unterschiede und Gegensätze der »verschiedenen Schichten« sollen im neuen Theater zu Wort kommen. Gegen Schillers bekanntes theatralisches Einheitserlebnis von »Menschen aus allen Kreisen und Zonen und Ständen« (Na 20, 100) und dessen zeitgenössischen Epigonen schickt Brecht diese ironische Formulierung: »Das Theater einigt die Klassen, Generationen und Geister dadurch, daß es jeden Ernst einfach opfert und nichts mehr berührt, was an wahrhaftigen Interessen vorhanden ist« (15, 90).
Spricht Schiller von dem »großen überwältigenden Interesse des Staats, der besseren Menschheit, das in denselbigen athmete« (Na 20, 99), so hat Brecht in diesem Stadium seiner Entwicklung, also vor seinen marxistischen Studien, noch recht undeutliche Vorstellungen von den Interessen der zeitgenössischen Gesellschaft und der Art und Weise, wie sie zu bewerten sind. Sie scheinen sich hier auf mehr oder weniger undifferenzierte Begriffe von Wirklichkeit (ihrer dialektischen Beschaffenheit) und Unterhaltung (Spaß; 15, 83) zu richten, wie das etwa auch folgender bekannten Äußerung zu entnehmen ist: »Das Theater muß als Theater jene faszinierende Realität bekommen, [die] der Sportpalast hat, in dem geboxt wird« (15, 79). Statt eines »Theaters als moralischer Anstalt« wird hier im polemischen Gegenzug das *Theater als sportliche Anstalt* (15, 47 ff.) propagiert.

III

Wenn Schiller bei den herrschenden falschen moralischen Begriffen ansetzt, womit er auch die falsche psychologische und geistige Einstellung (Na 20, 97f.) korrigieren will, so fängt Brecht gleich beim »falschen Begriff vom Theater« an, als dem Grund, daß er »keinen rechten Spaß am Theater« haben kann (15, 47). Er attackiert aber nicht Schiller, sondern die zeitgenössischen Dramatiker und Regisseure, die das »Theater aus einem Hörsaal für Biologie oder Psychologie in einen Tempel umbauen wollen« (15, 48), und leitet aus dieser »Tempelidee« auch die Wirkungslosigkeit der dramatischen Inhalte ab. Schillers Hinweise auf die »Folter der Geschäfte« (Na 20, 90, 99), die »einförmigen, oft niederdrückenden Geschäfte des Berufs« und ihre Gefahren für die menschliche Existenz (Na 20, 323f.) formuliert Brecht zu einem rezeptionsästhetischen Argument um. »Und dann kamen die guten Leute aus ihren Geschäften, ihren Kämpfen um Eier, Geliebte und Ehren, in ihren besten Anzügen« (15, 48), so schildert er das zeitgenössische Publikum und konfrontiert es mit den neuen Themen der Theaterstücke (Erneuerung des Menschen, neue Moral, neue Gesellschaft), die im falschen Kontext der theatralischen »Kirche« keine Initialzündung auslösen können. Deshalb will Brecht an die Stelle des ästhetischen Tempels den Zirkus gesetzt wissen und ermuntert er: »Ihr ladet die Leute in den Zirkus ein! Und da dürfen sie in Hemdärmeln dasitzen und Wetten abschließen. Und sie müssen nicht auf seelische Erschütterungen lauern und mit den Zeitungen übereinstimmen, sondern sie schauen zu, wie es mit einem Mann gut geht oder abwärts, wie er unterdrückt wird oder wie er Triumphe feiert ...« (15, 49).

In nuce wird hier bereits das Prinzip der Verfremdung, nämlich »unsere Gewohnheitsassoziationen in Unordnung zu bringen« (15, 99), wie Brecht im Zusammenhang mit Shaws Theater beobachtet, zumindest angedeutet. Eine detaillierte Kritik am Illusionstheater entwickelt Brecht allerdings erst zwischen 1927 und 1931 und später in den Textgruppen *Der Weg zum zeitgenössischen Theater* und *Über eine nichtaristotelische Dramatik* (zwischen 1933 und 1941), als er seine Vorstellungen vom »epischen« und »dialektischen Theater« dem dramatischen Theater der Tradition gegenüberstellt. Ja, er sucht den Weg zum zeitgenössischen Theater jetzt nicht mehr über die Klassiker, sondern erklärt ihre Produktion im Gegenzug zu einem politisch negativen Modellfall[19] und wertet sie dergestalt ab: »Die Klassik

---
[19] Vgl. dazu Knopf (Anm. 16) S. 438.

diente dem Erlebertum. Der Nutzen der Klassiker ist zu gering. Sie zeigen nicht die Welt, sondern sich selber. Persönlichkeiten für den Schaukasten. Worte in der Art von Schmuckgegenständen. Kleiner Horizont, bürgerlich. Alles mit Maß und *nach* Maß.« (15, 181f.)

An diesem Punkt wäre freilich die Frage zu stellen, in welchem Ausmaß Brecht mit diesem Urteil auch Schillers Theorie und dramatische Praxis treffen will. Der Themenkomplex *Das epische Theater*, in dem das dramatische und epische Theater und die verschiedenen Einstellungen des Zuschauers miteinander konfrontiert werden (z.B. 15, 265), enthält dazu einen relevanten Abschnitt, der überschrieben ist: *Ist das epische Theater etwa eine ›moralische Anstalt‹?* (15, 270ff.) Brecht beginnt hier mit der bereits zitierten Abwertung Schillers durch Nietzsche, wobei er sowohl die Moralisierungstendenz des Klassikers als auch die heftige Kritik dieser Moralisierung durch den Philosophen auf historische Bedingungen zurückführt. Während Schiller nichts kannte, so interpretiert Brecht, »was amüsanter und befriedigender sein konnte, als Ideale zu propagieren« (15, 270) und auf diese Weise die »Ideen der Nation« zu antizipieren, sah Nietzsche die Kehrseite der Medaille, nämlich den »Verfall« des Hauses, das zu Schillers Zeit eingerichtet wurde. Nietzsche fand den Idealismus eines Schiller, Wilhelm von Humboldt, Schleiermacher, Hegel, Schelling, wie er im dritten Buch der *Morgenröte*[20] näher ausführt, ebenso »unausstehlich« wie »bemitleidenswert«. »Es ist ein weicher, gutartiger, silbern glitzernder Idealismus«, so meint er abschätzig, »welcher vor allem edel verstellte Gebärden und edel verstellte Stimmen haben will, ein Ding, ebenso anmaßlich als harmlos, beseelt vom herzlichsten Widerwillen gegen die ›kalte‹ oder ›trockene‹ Wirklichkeit, gegen die Anatomie, gegen die vollständigen Leidenschaften, ... zumal aber gegen die Naturerkenntnis, sofern sie sich nicht zu einer religiösen Symbolik gebrauchen ließ«.

Daß dieser Vorwurf Nietzsches Schiller nicht treffen konnte, war Brecht sicher bewußt; außerdem sah er sich mit Schiller im gleichen Boot, denn man hatte auch gegenüber dem epischen Theater den Vorwurf erhoben, »es sei zu moralisch« (15, 271). Zwar verteidigt sich Brecht mit dem Hinweis, daß das epische im Gegensatz zum dramatischen Theater »weniger moralisieren als studieren« wolle, aber das läßt sich ebenso für Schillers dramatische Intentionen reklamieren. Nichtsdestoweniger verschweigt Brecht die »moralischen Erörterungen« seines epischen Theaters nicht, er betrachtet sie allerdings als etwas Sekundäres. »Hunger, Kälte und Bedrückung erträgt

---

[20] Nietzsche (Anm. 4) Bd. 1, S. 1137f.

man nicht nur aus moralischen Bedenken heraus schwer« (15, 271), behauptet er nicht ohne Herausforderung. Brecht knüpft damit an seine *Don Carlos*-Rezension aus dem Jahre 1920 an (15, 9f.), in der er die Freiheit des Königssohns mit der des Arbeiters aus Sinclairs Roman *Sumpf* vergleicht und feststellt: »Es handelt sich um einfachen Hunger, Kälte, Krankheit, die einen Mann unterkriegen, so sicher, als ob sie von Gott eingesetzt seien« (15, 10). Wie bereits dieses frühe Beispiel zeigt, geht es Brecht nicht primär um Erregung »moralischer Bedenken gegen gewisse Zustände«, sondern um die Erkundung von Mitteln, »welche die betreffenden schwer ertragbaren Zustände beseitigen konnten« (15, 271). Er will in seinem Theater »nicht im Namen der Moral, sondern im Namen der Geschädigten« sprechen.

Aber dieser indirekte Vorwurf Brechts trifft gleichermaßen an Schillers anthropologischer Ästhetik vorbei wie Nietzsches Schlagwort vom »Moral-Trompeter von Säckingen«. Denn Schiller spricht ebensowenig »im Namen der Moral« wie Brecht, sondern vornehmlich im Namen des geschädigten Individuums und der Idee der Menschheit. Er sieht »das mittelmäßige Talent verzehrt in dem Geschäfte, das ihm zum Antheil fiel« (Na 20, 323f.), und beklagt, daß man heute »von Individuum zu Individuum herumfragen muß, um die Totalität der Gattung zusammenzulesen« (Na 20, 322). Da für den Klassiker die Beschaffenheit von Staat und Gesellschaft vom Zustand der Menschheit (vgl. Na 20, 314ff.) abhängt, bedeutet für ihn ästhetische Progression eben gerade auch politischen und sozialen Fortschritt. Mit anderen Worten: der Mensch bei ihm verhält sich im positiven Modell zu sich selbst »als einem *universellen*, darum freien Wesen«, wie Marx dann die Totalitätsidee im Humanitätsprogramm des 18. Jahrhundert umformuliert.[21] Auch für Schiller sind die Menschen nicht »für die Moral« da, wie Brecht die Intentionen der Moralisten kritisiert, sondern »die Moral für die Menschen«. Im Hinblick auf den Staat hat das Schiller so formuliert: »Der Staat ist niemals Zweck, er ist nur wichtig als eine Bedingung, unter welcher der Zweck der Menschheit erfüllt werden kann, und dieser Zweck der Menschheit ist kein andrer als Ausbildung aller Kräfte des Menschen, Fortschreitung« (Ha 4, 815). Deshalb rühmte er auch an Solon, daß dieser »Achtung hatte für die menschliche Natur und *nie den Menschen dem Staat*, nie *den Zweck dem Mittel* aufopferte, sondern den Staat dem Menschen dienen ließ« (Ha 4, 832).

---

[21] Karl Marx/Friedrich Engels, Werke. Berlin (Ost) 1973. Ergänzungsband. Schriften bis 1844. Erster Teil. S. 514ff.

Allerdings lassen sich in diesen Beispielen neben Ähnlichkeiten in der Verfahrensweise auch deutlich die Unterschiede zwischen Schiller und Brecht in der ideologischen Perspektive greifen. Während Schiller die gesellschaftliche Erneuerung über die Erweiterung und Selbstbestimmung des Individuums, über die vollständige Ausbildung der ihm inhärenten Möglichkeiten erreichen will, dient Brecht die ästhetische Erfahrung zur Demonstration der Notwendigkeit gesellschaftlicher Veränderung. Das Individuum kann nach Brecht heute kaum noch vom Individuum her gestaltet werden, sondern »leichter von der Gesellschaft her« (16, 850); für ihn erhält es seine Bedeutung erst aus der »Sozialität mit anderen«.[22] Das traditionelle Theater, so kritisiert Brecht im *Kleinen Organon*, »zeigt die Struktur der Gesellschaft (abgebildet auf der Bühne) nicht als beeinflußbar durch die Gesellschaft (im Zuschauerraum)« (16, 676f.). Es geht »auf die Verschmierung der Widersprüche, auf die Vortäuschung von Harmonie, auf die Idealisierung aus« (16, 706). Nach Brecht lassen sich »gesellschaftliche Bewegungsgesetze« nirgends an den »Idealfällen« des bürgerlichen Theaters demonstrieren. Er will deshalb nicht »Taten auf den Charakter und den Charakter auf Taten« (16, 686) abpassen, sondern die Widersprüche, »welche Taten und Charakter wirklicher Menschen aufweisen«, aufzeigen.
Wie Walter Sokel in einer genauen Studie über die Dramentheorie Bertolt Brechts[23] näher erläuterte, bedeutet bei ihm der Charakter der dramatis personae »nicht Einheit, sondern Ensemble«[24]; es geht Brecht um den »Vorrang des Pragmatischen vor dem Innerlichen«[25] und Ideellen. Schillers Autonomie der Person ist hier relativiert und reduziert zu der widerspruchsvollen Summe ihrer Tätigkeit.[26] Versucht der Weimarer Klassiker in seiner dramatischen Praxis beispielsweise »die kalte, unfruchtbare Staatsaktion aus dem menschlichen Herzen herauszuspinnen« (Ha 1, 64), die Handlung auf den Charakter zurückzuführen (vgl. Na 20, 219), so definiert Brecht die dramatis personae aus ihrem Verhalten, also aus der Art und Weise ihres Handelns. Am bündigsten hat er das im *Messingkauf* am Beispiel der »Straßenszene« exemplifiziert; sein neues Theater bricht, so definiert er hier, »weitgehend mit der Gewohnheit des üblichen Theaters, aus den Charakteren die Handlungen zu begründen« (16, 551).[27]

---

[22] Knopf (Anm. 16) S. 437.
[23] Walter Sokel, Figur - Handlung - Perspektive. Die Dramentheorie Bertolt Brechts. In: Deutsche Dramentheorien. Hrsg. v. Reinhold Grimm. Frankfurt a. M. 1971. Bd. 2, S. 548–577.
[24] Ebd., S. 549.   [25] Ebd., S. 551.   [26] Ebd., S. 550.   [27] Vgl. ebd., S. 550.

Nun läßt sich aber bei Brecht nicht das Primat der Handlung einfach gegen das Primat der Person oder des Charakters bei Schiller ausspielen; er lenkt vielmehr die Energien des Zuschauers vom Stoffinteresse an der Handlung auf das Verhalten der dramatischen Figuren. Sokel stellt in diesem Zusammenhang fest: »Statt eines Ideendramas und ›Denkspiels‹ à la Hebbel, Kaiser und selbst noch Shaw, in dem die Figuren die Sprecher fixierter Ansichten sind und ihr Dialog somit Arena der Weltanschauungen wird, ergibt sich bei Brecht ein ›dialektisches Theater‹, in welchem die Figur zum ›Lehrproblem‹ wird.«[28] Mit anderen Worten: Brecht will »nicht Prinzipien« darstellen, sondern »Menschen« (16, 615), was aber genaugenommen ebenso in den Argumentationsrahmen des jungen und selbst noch des älteren Schiller gehört. Brecht teilt mit Schiller außerdem die Überzeugung, daß zwischen Theater und den anderen Lebensbereichen[29], zwischen Theater und Philosophie (15, 184), Theater und Wissenschaft (15, 267 ff.), Theater und Psychologie, Soziologie und Ökonomie ein notwendiger Zusammenhang besteht, ja er verweist in dieser Hinsicht sogar nachdrücklich auf das Vorbild der Klassiker. Es versteht sich von selbst, daß auch für Brecht jedes Wissen »völlig umgesetzt sein [muß] in Dichtung« (15, 270), aber andererseits darf die Dichtung nicht hinter den Wissensstand der Epoche zurückfallen. Schon weil sich der Wissenshorizont im Laufe der Geschichte ebenso verändert wie die Lebensfragen, muß sich auch Dichtung notwendigerweise sowohl formal als auch inhaltlich auf die neuen Aufgaben einstellen. Deshalb kann auch das dramatische Theater der Klassiker nicht mehr die Bedürfnisse von heute erfüllen. Im Gegenteil: Brecht bewertet die »moralischen Anschauungen« von Schillers *Wallenstein* nach ihrer soziologischen Funktion (16, 531) und läßt sich dann zu dem Trugschluß verleiten, daß der marxistische Theaterschriftsteller im Gegensatz zum idealistischen »den Fall als historischen Fall darstellen« würde, »mit Ursachen aus der Epoche und Folgen in der Epoche«. Aber genau diese keineswegs marxistische Tugend rühmen auch die Historiker von Theodor Schieder bis Golo Mann an Schillers *Wallenstein*-Perspektive, so daß man den Unterschied in den Positionen darauf beschränken könnte, daß Schiller an die »Gesellschaft der Menschheit« denkt, während Brecht für eine bestimmte »menschliche«, d.h. sozialistische Gesellschaft optiert.
Doch das hieße die Position Brechts auf ähnliche Weise simplifizieren, wie dieser zuweilen die Intentionen in Schillers Theorie und Praxis vereinfacht.

---

[28] Ebd., S. 553.
[29] Vgl. für den Zusammenhang beispielsweise schon Schillers Mannheimer Rede (Na 20, 87–100).

Walter Sokel hat in seiner Studie *Brechts marxistischer Weg zur Klassik* ebenso einleuchtend wie differenziert die Dramaturgie des Augsburgers mit dem Programm der ästhetischen Diätetik des Klassikers parallelisiert.[30] Auch Brechts »Lehrtheater«, das prinzipiell nicht Wissen, sondern Einsicht vermitteln will, die es an menschlichen Verhaltensmustern demonstriert, bewegt sich auf dem Boden von Schillers ästhetischer Erziehung, auch wenn Brecht an ihr kritisiert, daß sie in »allen Menschen« nur »*den* Menschen« sieht (16, 575) und dadurch versäumt, die Notwendigkeit der Gesellschaftsveränderung evident zu machen.[31]

Schillers Schaubühne ist nicht weniger »paradigmatische Anstalt« als die von Brecht, dem »anderen Schiller«. Die idealistische Dialektik des einen wird mit der materialistischen Dialektik des anderen fortgesetzt und entsprechend verändert. Gewiß, Schiller propagiert in seiner Dialektik das Ideal »eines völlig aufgelösten Kampfes sowohl in dem einzelnen Menschen, als in der Gesellschaft« (Na 20, 472) und Brecht den Konflikt, das heißt »den Kampf des Neuen mit dem Alten (16, 927), aber eigentlich geht es auch dem verspäteten Aufklärer aus Augsburg um einen im Grunde utopischen Weg zur besten aller möglichen Welten. Was den Einfluß von Schillers Theorie auf Brechts Theaterschriften betrifft, so läßt sich dieser ganz gut mit der bereits zitierten Äußerung aus der Themengruppe *Über den Realismus* beschreiben und zusammenfassen. Brecht spricht hier allgemein von dem Verhältnis des proletarischen Schrifttums zu den alten Werken und stellt dabei die Forderung auf: »Das Neue muß das Alte überwinden, aber es muß das Alte überwunden in sich haben, es ›aufheben‹ ... Es gibt Neues, aber es entsteht im Kampf mit dem Alten, nicht ohne es, nicht in der freien Luft.« (19, 314)

---

[30] Walter H. Sokel, Brechts marxistischer Weg zur Klassik. In: Die Klassik-Legende. Hrsg. v. Reinhold Grimm und Jost Hermand. Frankfurt a. M. 1971. S. 176–199 (bes. 197f.)
[31] Vgl. Knopf (Anm. 16). S. 402ff.

Herbert Lehnert

Realismus, Symbolismus, Demokratie und Faschismus
Zur Interpretation des frühen deutschen Exilromans

Wer die deutsche Literaturgeschichte als Teil der allgemeinen und der Sozialgeschichte begreift, als Wandlung des imaginativen Spielfeldes, auf dem die Wünsche, Hoffnungen und Ängste der Autoren und Leser sich in formalisierter Sprache ausspielen und niederschlagen, der muß sowohl die Wendungen der politischen und sozialen Geschichte in die Literaturgeschichte hineinnehmen als auch die Wechselwirkung der Literatur mit den vorhandenen Ideologien betrachten.
Die Literatur des Exils entstand aus einer handfesten Wechselwirkung zwischen der nationalsozialistischen Herrschaft, deren Ideologie und den ihr feindlichen Schriftstellern. Jedoch ist die Feindschaft zwischen dieser Ideologie und den vertriebenen Schriftstellern keine so eindeutige Frontstellung wie diese selbst es sehen mußten. Vielleicht beweisen einzelne Fälle von Schriftstellern wie Gottfried Benn und Ernst Glaeser, die zumindestens zeitweise Affinitäten zwischen ihrer Welt und der nationalsozialistischen Ideologie fanden, nicht allzu viel, sie sind aber doch indikativ. Der Nationalsozialismus war zu eklektisch und, was ich ungerne sage, auf seine primitive Weise doch zu sehr in deutschen Vorstellungsweisen befangen, um Gemeinsamkeiten mit seinen vertriebenen Feinden auszuschließen. Spezifischer gesagt, der Nationalsozialismus war zwar ein nationalistisches Machtsystem und seine Ideologie wurde dominiert von primitivem antisemitischen Ressentiment, dennoch finden sich in den Teilen der Ideologie, mit denen er seine Anhänger gewann, auch politische Ausprägungen der antibürgerlichen, antiliberalen, irrationalistischen, vitalistischen Tendenzen, die sich in der deutschen Literatur, wie in der europäischen überhaupt, im 19. Jahrhundert entwickelt haben und die in der großen Epoche der deutschen Literatur seit etwa 1890 dominant sind. Es sei schnell hinzugefügt, daß die nationalsozialistische Gestalt dieser Tendenzen auf niedrigem Niveau sich entfalteten, daß sie als ihre verhunzende Nachäffungen angesprochen werden müssen.
Die Affinitäten selbst sollten niemanden überraschen, denn Literatur spielt mit Alternativen zur Wirklichkeit. Der Nationalsozialismus bot sich einem

gedemütigten und politisch ratlosem Volk an als Erfüllung seiner Wünsche und als Rettung vor der harschen und entfremdenden Realität der modernen Welt. Dieses Angebot hatte einen quasi-literarischen Charakter. Das heißt natürlich nicht, daß der Nationalsozialismus als politisch-soziale, historische Erscheinung durch Literatur erklärbar wäre. Jedoch kann die Betrachtung der Kontinuität der deutschen Literatur des 20. Jahrhunderts beitragen zur Erklärung des merkwürdigen Phänomens, daß das Bildungsbürgertum überwiegend nach 1933 weiter funktionierte, daß Hitler und seine Kumpane viel ernster genommen wurden, als man es von dem gebildeten Teil des deutschen Volkes hätte erwarten müssen. Natürlich hat dies soziale und historisch-traditionelle Ursachen: die Schocks der Niederlage 1918 und der Inflation auf das Bürgertum, die Stärke der landesväterlich-patriarchalischen Tradition, der Rechtspositivismus und die Hoffnung auf Zähmung der Arbeitermassen. Dennoch müssen wir damit rechnen, daß der bürgerlich-antibürgerliche Charakter der deutschen Literatur mitgewirkt hat, die Weimarer Republik zu untergraben, ihr Prestige zu entziehen und die Wunschwelten der Phantasie in undemokratische Richtung zu lenken.

Die Wissenschaft von der deutschen Literatur des Exils darf sich also nicht mit der Rolle des Konservators begnügen, muß vielmehr die Kontinuität der deutschen Literatur des 20. Jahrhunderts bedenken. Ist der bürgerliche Charakter und die antibürgerliche Tendenz der deutschen Literatur des 20. Jahrhunderts ein Teil dieser Kontinuität und soll deren Affinität zum Faschismus untersucht werden, so genügt es nicht, die Haltung des jeweiligen Schriftstellers zum Nationalsozialismus als alleiniges oder hauptsächliches Wertkriterium einzuführen. Ebensowenig genügt der Marxismus und nicht nur, weil dieser im Stalinismus Entartungserscheinungen zeigte, die die Positionen der Exilliteratur verwirrten, sondern weil der Marxismus selbst als eine in der Bürgerlichkeit und von Bürgern konzipierte antibürgerliche Tendenz angesehen werden muß. Das gilt in anderer Form auch für die kritische Theorie, die überdies noch mit der in Rede stehenden Literatur die gravierende Beeinflussung durch Nietzsche teilt. Vielmehr schlage ich vor, die Mitwirkung der deutschen Literatur des Exils an der Kontinuität vor einem Horizont zu beschreiben, der in ihrer eigenen humanitären Tradition begründet liegt. Ihr politischer Wertmaßstab muß sich vor den Erfahrungen dieses Jahrhunderts bewähren. Der aufgeklärte Humanismus, mit dem die deutsche Literatur gewachsen ist, verstand sich als Ausgang aus der selbstverschuldeten Unmündigkeit, also als Emanzipation von religiöser Autorität. Das hatte zur Folge, daß die Literatur selbst in die Versuchung kam, sich als ersatzreligiöse Autorität zu setzen, wozu die kleinstaatlich-patriarchalische Autorität beitrug, die das deutsche politische Leben lange bestimmte und sich noch in dem Bedürfnis nach der Führerschaft des Geistigen, nach der richtigen Utopie oder dem perfekten Sozialsystem äußert. Das Führersystem des Nationalsozialismus stellt eine besonders perverse Manifestation des Autoritätsbedürfnisses dar. Ein gleicher Verdacht muß auch gegen Ideologien gerichtet werden, die gestatten, Menschen zu erniedrigen. Die folgende Formulierung will sowohl Autorität als auch Ideologie unter eine schlichte moralische Forderung stellen: Moralisch ist, was das friedliche und freundliche Zusammenleben von Menschen ermöglicht, fördert und erhält; unmoralisch ist jede Handlung, in deren Konsequenz die Tötung, Verletzung oder Erniedrigung von Menschen liegt. Ein großer Teil der politisch bewußten deutschen Literatur seit dem Zweiten Weltkrieg legte einen solchen schlichten moralischen Maßstab an die Handlungen ihrer fiktiven Personen. Das war eine leicht verständliche Reaktion auf die Perversion von Staat und Kultur, die ihre Verfasser erlebt hatten. Die literarische Darstellung solcher Reaktionen auf den Nationalsozialismus begann in der Exilliteratur. Aus der Kritik und dem bis zum Nihilismus gehenden Mißtrauen gegen die Werte und Gesetze der Gesellschaft, die den Roman der Neuen Sachlichkeit bestimmten, entwickelte sich eine moralisch-politische Kulturkritik. Diese Tendenz wurde aber vielfach durchkreuzt. Denn der artistische Maßstab fuhr fort, Autorität zu beanspruchen. Dieser artistische Maßstab ist mit der antibürgerlichen Tendenz verknüpft und ist elitär. Seine moderne Form ist der Symbolismus, der sich während der Bewegung des sogenannten Expressionismus in der deutschen Literatur geltend machte.

Die deutsche Literatur unterscheidet sich prinzipiell wenig von den anderen westlichen Literaturen. Sie hat jedoch eine stärkere Neigung, sich als Ersatzreligion brauchen zu lassen. Diese Neigung, die schon in der Goethezeit auftritt, verstärkte den artistischen Wertmaßstab, den der Symbolismus mitbrachte, als er in die deutsche Literatur aufgenommen wurde. Realismus wurde langsam aber sicher zu einem negativen Wertkriterium. Ich trete dafür ein, daß dieses Übergewicht ausgeglichen wird, nicht aber dafür, daß der Realismus als alleiniger Wertmaßstab eingeführt werde, etwa im Sinne von Lukács. Vielmehr ist die bürgerliche Literatur charakterisiert von einem Nebeneinander und einem Ineinander von realistischen und formalistisch-artistischen Tendenzen. Man kann ihr nur so gerecht werden.

Der Wiederaufstieg der deutschen Literatur in der zweiten Hälfte des 18. Jahrhunderts war begleitet von mitbürgerlicher Wirkungsästhetik, sie war getragen von der bürgerlichen Ideologie von Humanität und Liberalität, aber auch erfüllt von einem artistischen Ehrgeiz, der leicht ersatzreligiösen Charakter annahm. Deutsche Kultur wurde im 19. Jahrhundert sowohl zu einem Mittel nationaler Integration als auch zu einer quasi-religiösen Orientierung der literarisch gebildeten Oberklasse.

Das Bismarckreich wurde sowohl gegen wie mit dem deutschen bürgerlichen Liberalismus gegründet. Sein halb-demokratisches halb-autoritäres politisches System, sein geschmackloser imperialer Prunk, sein Militarismus schreckte die Jugend ab, die in ihm aufwuchs und mit Phantasie begabt war. Die Literatur, die von Schriftstellern produziert wurde, die im neuen Reich aufgewachsen waren, Hauptmann, George, die Brüder Mann und die Expressionisten, war von einem nachliberalen Reform-Impetus erfüllt. Dem angepaßten, patriarchalischen Bürger mit liberaler Ideologie und konservativer Praxis stand der visionäre Künstler gegenüber, der die neue Liebe, die neue Gemeinschaft verkündete, den Anschluß an das in der Kunst erhöhte Leben, sei es in nervös-vergeistigter Dekadenz, sei es in vitaler Steigerung, sei es in tragischer Würde, sei es in Zukunftshoffnung. Die nachliberale Vitalitätsideologie verband sich mit der Artistik der symbolistischen Tradition. Daneben behauptete sich der bürgerliche Realismus, der im 19. Jahrhunder in der deutschen Novelle und in wenigen Romanen ausgebildet worden war und im naturalistischen Drama und Roman auf das Industriezeitalter hin aktualisiert wurde.

Die Tendenz zur Abwertung der realistischen und naturalistischen Antriebe als unkünstlerisch dürfte mit der mangelnden Autorität des deutschen bürgerlichen Liberalismus zusammenhängen. Der realistische Erzähler oder Dramatiker wendet sich an sein Publikum in der Rolle des Mitbürgers, der Symbolist dagegen beansprucht Überlegenheit. Die antibürgerliche Haltung, die ein großer Teil der deutschen Literatur des 20. Jahrhunderts einnahm, oft gesteigert zu prophetischem Führungsanspruch, versprach Erhebung über den beschränkten Provinzbürger, beanspruchte nationale Prominenz und eine quasi-religiöse Funktion. Autoren und Leser dieser antibürgerlichen kulturellen Erhebung waren natürlich paradoxerweise selbst Bürger.

Der Erste Weltkrieg, die soziale und politische Entwicklung der Weimarer Republik und die nationalsozialistische Diktatur warfen den Führungsanspruch von Kultur und Literatur in Krisen. Die Exilliteratur mußte sich mit der Diskrepanz zwischen kulturellem Führungsanspruch und dem offensichtlichen Versagen der deutschen Politik auseinandersetzen und hat es getan. Diese Auseinandersetzung ist dadurch kompliziert, daß der artistische Wertmaßstab der deutschen Literatur mehr von der symbolistischen Tradition bestimmt wird und daß diese Tradition eine Affinität zum Faschismus hat.

Die symbolistische Schreibweise appelliert an die Bereitschaft des Lesers, geformte Sprache zu genießen. Während in der realistischen Schreibweise der Autor seinen Leser in dessen Welt anspricht, Wörter und Bilder benutzt, die an die Welt des Lesers anschließen, auch dann noch, wenn diese Welt sozial oder geographisch von der seinen entfernt ist, bietet der symbolistische Dichter Bedeutungen seiner sprachlichen Bilder an, die sich von der alltäglichen Welt absetzen. Wenn auch der uralte Form-Konstruktivismus an der symbolistischen Schreibweise mitwirkt, so wird dieser von zwei romantischen Tendenzen weitergetrieben: von dem Bewußtsein von der Verfügbarkeit aller Dinge und Werte für den Dichter, der romantischen Ironie, und von der religiösen Nostalgie, verbunden mit der Benutzung der Literatur als Ersatzreligion. Der Leser symbolistischer Dichtung dekodiert das Gemeinte nicht, indem er sich in die fiktive Welt des Gedichtes durch Vergleich mit seiner alltäglichen einfühlt, sondern indem er die Form, das heißt die Beziehung der Teile untereinander auf sich wirken läßt. Der Sinn ist nicht an der wirklichen Welt zu verifizieren, sondern in einem Beziehungssystem enthalten, das dem jeweiligen Werk innewohnt. Der Sinn, der sich aus den Beziehungen von Teilen, Bildern, Motiven, fiktiven Personen, ergibt, ist oft wie in einem Rätsel verschlüsselt. Nur wer dieses Rätsel lösen kann, darf sich zur artistischen Elite zählen und auf den banalen Normalbürger hinabsehen. Das Muster des symbolistischen Kunstwerks ist das Gedicht in der Nachfolge Baudelaires; aber das Prinzip wurde übertragen auf Systeme motivischer Beziehungen in Prosa und Drama. Kafkas Romane sind symbolistisch in diesem Sinne, während die Prosa Thomas Manns eine Doppelstruktur hat. Unter der realistischen Motivierung liegt ein symbolischer Sinnzusammenhang und auf den kommt es eigentlich an. Diese Kunst ist nicht nur Kunst für die Kunst, sondern oft auch Dichtung über Dichtung, weil ihr Reiz in der Erhebung über die platte bürgerliche Wirklichkeit zur poetisch-schöpferischen Weltsicht besteht. Diesen Reiz herzustellen und bewußt zu machen, kann der Zweck von Dichtung werden.

Die realistische Schreibweise kann konservativ, aber auch kritisch sein und sich so als links und progressiv verstehen. Dennoch wird sie leicht mit bürgerlicher Stabilität in Verbindung gebracht. Die symbolistische Schreibweise ist, trotz ihrer romantisch-nostalgisch-ersatzreligiösen Anlehnungen, keinen Traditionen verpflichtet, verfügt also über Bilder, Dinge, Werte, Figuren. Teufel oder Engel bieten sich als Symbole der genialen Berufung des Dichters oder Künstlers an, bei Baudelaire, Thomas Mann, Rilke. Der apokalyptische feurige Untergang wird den bürgerlichen Massen in Stefan Georges und Georg Heyms Gedichten provozierend als ihr verdientes Schicksal hingestellt, ein Ausbrecher aus der bürgerlichen Gesellschaft ist, in Georg Kaisers *Von morgens bis mitternachts*, zugleich Verbrecher und Messias. Diese Verfügbarkeit entspricht dem entleerten Himmel, dem verlorenen Substanzbegriff, dem Umsturz der Geschlechtsmoral, der Beliebigkeit der Ideologien, der Anomie. Als Erlösung von der Anomie bietet sich die Dichtung selbst an. Wie die Form die Welt erledigt, so rechtfertigt sie das menschliche Dasein, gibt ihm einen überweltlichen Wert, der den Tod transzendiert.

Auch der Faschismus versprach Erlösung von der Anomie, auch er gab sich antibürgerlich. Wie ein großer Teil der vom Symbolismus tangierten Literatur war der Faschismus dem bürgerlichen Verfassungsstaat feind: Gleichheit unter dem Gesetz, Parteien, Mehrheitsentscheidungen, Schutz der Minderheit, Toleranz, vor allem der Kompromiß: das waren Eigenschaften des verhaßten Systems, waren bürgerliche Halbheiten und Schwäche. Demgegenüber bot der Faschismus eine politische Konzeption an, die auf der Genialität beruhte, nämlich die Staatslenkung durch einen visionär begabten Führer. Die vitalistische, irrationalistische und schicksalsgläubige Ideologie hatte den Charakter der Ersatzreligion. Wie ein großer Teil des Symbolismus zelebrierte diese Ideologie die Faszination vom Gedanken des Todes.

Der Faschismus ist allerdings eine Massenbewegung, die elitäre Artisten abstoßen mußte. Sein Antisemitismus schloß Deutsche jüdischer Herkunft aus, die an der deutschen Literatur seit 1890 in großem Umfang teilgenommen hatten, als Schriftsteller, Kritiker, Verleger, Theaterleiter, Leser, Zuschauer. So kommt es, daß die Anzahl von wirklich bedeutenden Schriftstellern, die sich dem Faschismus näherten, gering war, besonders in Deutschland. Es wäre ungerecht, zu behaupten, die Literatur unter dem Zeichen des Symbolismus habe ihre schlechte, verhunzte Nachahmung in der politischen Wirklichkeit verschuldet. Der Nationalsozialismus war eklektisch und trägt auch rassistische, militaristische, antichristliche, antiaristokratische und sogar populistische Züge. Es gab auch Unterschiede zwischen Ideologie und Praxis. Jedoch war der Nationalsozialismus nicht einfach bürgerlich, vielmehr richtete der Umsturz von 1933 sich spezifisch gegen den bürgerlich-demokratischen Rechtsstaat. Deshalb ist es relevant, daß die Literatur im wilhelminischen Reich und in Österreich sich nachliberal und antibürgerlich gab. Sie hat das Ansehen der auf Gewaltenteilung und Parteienkompromissen beruhenden Demokratie jahrzehntelang bei der lesenden gebildeten Schicht untergraben helfen. Der weit verbreitete Glaube an die Erlösung von der verächtlichen Kuhhandel-Demokratie durch eine heilsame Diktatur mußte von einer Literatur genährt werden, die auf den Bürger hinabsah mitsamt seiner liberalen, demokratischen und humanistischen Tradition, die traditionelle Ordnungen und Werte als verfügbare Versatzstücke und Spielelemente betrachtete, Visionen einen großen Wert beimaß und die Möglichkeit einer vitaleren authentischen Welt suggerierte, die nach dem Untergang des verhaßten bürgerlichen Systems entstehen würde.

Thomas Manns *Doktor Faustus* spielt mit der Affinität zwischen Faschismus und konstruktivem Symbolismus, indem der Roman den Verfall der deutschen Politik mit der Wendung eines repräsentativen deutschen Künstlers zur absoluten Kunst in Parallele setzt. *Dotor Faustus* enthält eine Selbstanklage seines Autors gegen die weltlose, weltferne, überbürgerliche Kunst, an der er selbst Teil hatte. Diese Selbstanklage, so ehrenwert sie ist, impliziert, daß der große Künstler seine Führungsaufgabe verfehlt habe. Der elitäre Anspruch der Kultur bleibt herrschend. In *Joseph und seine Brüder* war er zu einem glücklicheren Ende geleitet worden. Heinrich Manns Romane einschließlich der Exilromane sind auf andere Weise ebenfalls von dem Führungsanspruch des »Geistigen«, das heißt des Schriftstellers, erfüllt. Während die Henri-Quatre-Romane auf weite Strecken hin als realistische historische Romane zu lesen sind, nur hier und da grotesk verfremdet, sind die späteren Exilromane Heinrich Manns vorwiegend der symbolistischen Tradition zuzurechnen, was ihre Rezeption bisher erschwert hat.

Lion Feuchtwanger schrieb historische Romane, die mit aktuellen Durchblicken spielen, und Zeitromane, die an die Neue Sachlichkeit anschließen. Sein Zeitroman *Erfolg* (1930) ist einer der bedeutendsten neusachlichen Erzählwerke. Die Neue Sachlichkeit ist eigentlich weniger als Epochenstil denn als ein Zurückschwingen in die realistische Schreibweise zu verstehen, wobei eine nihilistische Ideologiemüdigkeit nach den Kriegs- und Revolutionsjahren mitwirkte. *Erfolg* kritisierte die Oberschicht, weil sie die Rechtssicherheit untergrabe. Feuchtwangers *Die Geschwister Oppermann*[1],

---

[1] Die Erstveröffentlichung 1933 geschah unter der Titelvariante: *Die Geschwister Oppenheim*. ›Die Geschwister Oppermann‹ ist aber der ursprüngliche Titel. Für die Gründe zur zeitweisen Titeländerung siehe Lothar Kahn, *Insight and Action: The Life of Lion Feuchtwanger* (Cranbury N. J.: Associated University Presses, 1975), S. 178.

1933 geschrieben und veröffentlicht, setzt diese Kritik fort und erweitert sie zu einer der deutschen Kultur, die mit der Ausscheidung der jüdischen Kulturbürger sich selbst schweren Schaden zufügt. Der Roman muß überwiegend zur realistischen Tradition gerechnet werden. Er kommt allerdings dem symbolistischen Beziehungssystem entgegen, indem er den Leser veranlaßt, sich ein Gesellschaftsbild aus mehreren Handlungssträngen aufzubauen. Jedoch dominiert die Geschichte eines deutschen Kulturbürgers jüdischer Herkunft, dessen Umwelt sich beim Beginn der nationalsozialistischen Herrschaft entstellt. Mit ihm soll sich der Leser emotional identifizieren.

Die Entstellung der bürgerlichen Welt, die der Romanleser miterlebt, geschieht durch die Außerkraftsetzung des bürgerlichen Rechtssystems. Die »Völkischen«, wie die Nationalsozialisten in diesem Roman heißen, maßen sich willkürliche Verfügungsgewalt über Bürger jüdischer Herkunft an. Es sind also die Nationalsozialisten, die Anomie herstellen, während der assimilierte Kulturbürger Gustav Oppermann in Frieden ein Buch über Lessing schreiben möchte. Den assimilierten deutschen Juden wird ihre nationale Identität und ihre Würde genommen. Der Verlust der Menschenwürde muß den emotional engagierten Leser auf eine Weise ansprechen, die nur in der realistischen Schreibweise möglich ist. Einer der Handlungsstränge wird durch den Selbstmord eines Schülers, eines Neffen Gustav Oppermanns, beschlossen. Dieser vermeidet so eine Demütigung, die den Verlust seiner Nationalität impliziert. Die Frage, ob die Menschenwürde so extrem zu verteidigen wäre oder ob flexibles, sachliches Nachgeben zur Selbstverteidigung erlaubt und geboten ist, wird gestellt. Entgegen der damals üblichen linken Faschismustheorie stellt Feuchtwangers *Die Geschwister Oppermann* den Nationalsozialismus nicht als Fortsetzung des bürgerlichen Systems, sondern sehr entschieden als gegenbürgerlich dar.

Der Individualismus des Kulturbürgertums bietet gegen politische Bedrängnisse den Ausweg der Verinnerlichung an. Bevor Oppermann widerwillig ins Exil geht, sagt ihm ein nichtjüdischer Freund: »da du ein guter Deutscher bist, ist Deutschland da, wo du bist«.[2] Ähnliche Formulierungen hat Thomas Mann auf sich selbst angewendet.[3] Feuchtwangers Oppermann

---

[2] Lion Feuchtwanger, *Die Geschwister Oppermann* (Berlin: Aufbau, 1976), S. 209 (In der Ausgabe Amsterdam 1935: S. 254).

[3] »Wo ich bin, ist Deutschland« aus »Tagebuchblätter«, ungedruckte Einleitung zu »Bruder Hitler«. Zitiert in Herbert Lehnert, »Thomas Mann in Exile, 1933–1938«, *Germanic Review*, 38 (1963), 291. Eine mündliche Äußerung wurde von Heinrich Mann so überliefert: »Wo ich bin, ist die deutsche Kultur.« Heinrich Mann, *Ein Zeitalter wird besichtigt* (Berlin: Aufbau, 1973), S. 215.

begnügt sich nicht mit der Innerlichkeit. Nachdem er im Exil von Rechtsbrüchen der Nationalsozialisten erfahren hat, kehrt er mit dem Paß eines Nichtjuden nach Deutschland zurück. In Gesprächen von Bürger zu Bürger will er weiteres Material sammeln und sich persönlich für die Erhaltung des Rechtsgefühls einsetzen. Als »Miesmacher« in ein Konzentrationslager eingeliefert, wird seine Gesundheit ruiniert. Sein moralischer Entschluß, sein Leben für seine kulturbürgerliche Überzeugung, für Recht und Menschenwürde einzusetzen, wird begraben unter der nationalsozialistischen Praxis, die dem Menschen durch sinnlose Sklavenarbeit Lebenssinn und Lebensmöglichkeit entzieht.

Bevor das geschieht, eröffnet der Roman eine Kontroverse über den Sinn eines individuellen Selbstopfers, also über den Sinn individueller Moral. Freunde halten Gustav Oppermanns individualistischen Widerstand für unzeitgemäß. Es gelte, für eine Idee zu leben und nicht romantisch für sie zu sterben. Galileis Widerruf, die Verweigerung seines Martyriums, beweise dessen Größe.[4] Es ist sehr wohl möglich, daß diese Stelle Brechts Drama angeregt hat. Feuchtwangers Oppermann setzt sich über die Abwertung der Märtyrerrolle hinweg und spielt sie trotzdem, empfindet aber dann im Lager Reue, weil das Martyrium wirkungslos ist. Der Autor gibt seiner Figur tragische Würde, weil Oppermann sich nicht mit der Verinnerlichung begnügt, sondern seine Zugehörigkeit zur deutschen humanen Kultur durch den Einsatz seiner Person besiegelt. Aber die Zweifel, ob das Opfer sinnvoll ist, untergraben die tragische Erhöhung. Nach der Befreiung des Todkranken findet ein Gespräch mit dem Mitglied einer Widerstandsbewegung statt, wahrscheinlich einer kommunistischen. Oppermann sei zwar ein gutes Beispiel gewesen, habe aber die Wahrheit nicht gehabt und »keinen nützlichen Rat gewußt, was zu tun sei«.[5]

Die bürgerlich-individualistische liberale Kultur integriert ihre Anhänger nicht zu politischer Macht. Ein liberaler Gymnasialdirektor, der sich aus Geschmacksgründen dem Nationalsozialismus am Ende verweigert, ist lange zu schwächlichen Kompromissen bereit. Die Figur des schwächlichen Liberalen wird in Thomas Manns Zeitblom fortgesetzt werden, der auch Pädagoge ist. Ein naiv-weltfremder Dichter stimmt mit apokalyptischer Begeisterung und mit dionysischer Sprache dem neuen Reich zu, empfindet keinen Bruch zwischen der kulturbürgerlichen Freundschaft mit Gustav Oppermann und seiner irrationalen Begeisterung. Beide Nebenfiguren sind

---

[4] *Oppermann*, 333 f.
[5] *Oppermann*, 357.

realistisch gezeichnet, obwohl groteske Überzeichnung nahegelegen hätte. Die realistische Tradition entspricht am besten der beabsichtigten Darstellung des Kulturbürgertums für Kulturbürger. Jedoch erregt sie zugleich Angst um Wert und Bestand der bürgerlichen Kultur in Deutschland. Dem tapferen Individualisten muß der sympathisierende Leser Achtung entgegenbringen, aber der individuelle Widerstand ohne leitende Idee wird zugleich für politisch wertlos erklärt. Die Wahrheit, von der am Schluß andeutend die Rede ist, ist nicht mehr bürgerlich-individualistisch.

Kurt Tucholsky, in einem privaten Brief an Walter Hasenclever vom 14. Dezember 1933, sagte dem Roman *Die Geschwister Oppermann* zwar Wirkung voraus, hielt ihn aber künstlerisch für »ganz schlecht« und fügte hinzu: »Das ist gut genug für Engländer.«[6] Der Seitenhieb auf die englischen Leser deutet darauf hin, daß Tucholsky die Tradition des realistischen Romans seinen künstlerischen Ansprüchen nicht angemessen genug fühlte, wobei er vermutlich seine eigenen Romane nicht rechnete. Im deutschen Sprachraum gilt weithin für künstlerisch anspruchsvoll, was die realistische Schreibweise verschmäht.

Vielleicht standen Tucholsky die dargestellten Wirklichkeiten des Romans zu nahe, vielleicht wurde er auch von einer Widersprüchlichkeit des Romans gequält, die ihn selbst zu sehr betraf. Denn die individuelle Entscheidung Oppermanns, seine private Humanität, sollen vom Leser sowohl bewundert als auch in ihrer Begrenztheit beurteilt werden. Dem entspricht, daß die deutsche Bildungsbürgerkultur, der Gustav Oppermann zugehört, als rechtfertigende Krone bürgerlichen Erwerbsstrebens und als Quelle persönlichen Wert- und Würdegefühls dem Leser nahegebracht und zugleich auch kritisiert wird, weil sie unfähig ist, die deutschen Mitbürger zur Erhaltung ihres Rechtsstaates zu inspirieren. Die Kritik der sich ideologisch sicher fühlenden Widerstandskämpfer an Oppermann am Ende muß eine ambivalente Wirkung auf die Leser haben. Wenn sie Oppermanns individu-

---

[6] Kurt Tucholsky, *Ausgewählte Briefe* (Reinbek: Rowohlt, 1962), S. 274. Auch in ›Politische Briefe‹ (Reinbek: Rowohlt, 1969), S. 39. Zitiert bei Marcel Reich-Ranicki, »Lion Feuchtwanger oder Der Weltruhm des Emigranten« in: Manfred Durzak, (Hg.) *Die deutsche Exilliteratur 1933–1945* (Stuttgart: Reclam, 1973), S. 444. Reich-Ranicki kommentiert: »Im Laufe der Jahre hat sich an dem Verhältnis der deutschen Schriftsteller zu Feuchtwanger nicht viel geändert.« Vgl. auch Hans Mayer, »Lion Feuchtwanger oder Die Folgen des Exils«, *Neue Rundschau*, 76 (1965), 120–129, der meint, der Grund dafür, daß Feuchtwanger im Osten Leser habe und im Westen nicht, läge daran, daß seine Leser im Osten »weder Proust noch Kafka, weder Joyce noch Virginia Woolf, weder Camus noch Günter Grass« kennten (1965!). Die Gewöhnung an die realistische Schreibweise erleichtere also den Zugang zu Feuchtwanger.

elle Entscheidung mitverurteilen, dann verurteilen sie bürgerlich-individuelle moralische Entscheidungen überhaupt und damit die bildungsbürgerliche Kultur. Deren Ende droht, bleibt aber eine offene Frage. Wäre das nicht so, hätte der Roman wenig Sinn. Daß die bildungsbürgerliche Existenz Gustav Oppermanns auch positiv gemeint ist, wird dadurch bestätigt, daß Oppermann autobiographische Züge aufweist. Die Tragik, die dem Selbstmord des jungen Oppermann Würde verleiht, soll offensichtlich den Leser anrühren. Der Roman ist teils nostalgisch preisende, teils kritische Erinnerung an Wert, Würde und Hoffnungen der Epoche des humanen deutschen Bildungsbürgertums und der von ihm untrennbaren deutsch-jüdischen Assimilation.[7]

Feuchtwangers Roman *Exil* entstand 1935–1939, wurde 1938–1939 in der Moskauer Exilzeitschrift *Das Wort* vorabgedruckt und erschien als Buch 1940; die Handlung spielt 1935. Dieser Roman läßt den Leser realistisch an mehreren Handlungssträngen teilnehmen, die um den Kontrast zweier deutscher Kulturbürger gruppiert sind. Der nichtjüdische Komponist Trautwein hat aus Widerwillen gegen die Nationalsozialisten seine Münchener Professur verlassen. Dieser politische Akt ist mit der Einsicht verbunden, »daß man Musik ohne Politik nicht machen kann«.[8] Jedoch zeigt der lange Roman, daß es mit dem Entschluß nicht getan ist, daß vielmehr eine Anstrengung nötig ist, sich von den elitären Gewohnheiten zu lösen,

---

[7] Siehe die ausführliche und wertvolle Interpretation des Romans in Sigrid Schneider, *Das Ende Weimars im Exilroman* (München: Saur, 1979), S. 125–217. Sie hebt die kritischen Züge hervor und mißt den Roman am Maßstab einer links engagierten Soziologie, mit häufiger Berufung auf Brecht. Daß Feuchtwanger am Ende nur die Notwendigkeit von »Einstellungsänderungen« zeigen und seine Leser »zu vernünftigem Handeln motivieren« wolle, verurteilt sie als »Hilflosigkeit«. (S. 217). In der Faschismuskritik gelange Feuchtwanger »nicht über eine Analyse der Symptome hinaus zur Erkenntnis und Sichtbarmachung der Zusammenhänge und Hintergründe« (S. 202f.), womit die marxistische Faschismustheorie von der Verwurzelung des Faschismus im Bürgertum gemeint sein dürfte. Ich glaube nicht, daß man von einem Roman eine Analyse der Symptome, oder eine stringente Faschismustheorie erwarten darf. Der Romanschriftsteller muß Leser ansprechen, die Alternativen ihrer Wirklichkeit lesend erfahren wollen, nicht aber Analysen und Erkenntnis von Hintergründen historischer Phänomene, schon gar nicht, wenn das Phänomen gerade auf der historischen Bühne erschienen ist. Der Interpret muß nach der hinter der Darstellung erkennbaren Theorie fragen, darf aber nicht eine ausgebildete verlangen. Brecht schrieb nach der damals gängigen marxistischen Faschismustheorie ›Die Rundköpfe und die Spitzköpfe‹ ohne damit ein überzeugendes Ergebnis zu erzielen. Dagegen schrieb er ein Meisterwerk, als sich ihm die Ambivalenz des nicht-kämpfen-wollenden Lehrers aufdrängte (vielleicht durch Feuchtwanger). Das Urteil »Hilflosigkeit« verrät im Grunde die romantische Verächtlichmachung des Bürgers, des schwachen Philisters.

[8] Lion Feuchtwanger, *Exil* (Berlin: Aufbau, 1974), S. 11.

die Produktion und Rezeption von Kunst in Deutschland vor 1933 bestimmten. Dieser artistische Elitismus wird durch zwei Dichter demonstriert, deren esoterische Kunst ihnen keinen Ausweg aus zynischem Nihilismus läßt. Sie raten der Hauptfigur, dem Komponisten Trautwein, von seiner politischen Wendung ab, können sich aber selbst nur durch Aufgabe ihrer ästhetisch-elitären Existenz aus dem Obdachlosenasyl zurück in die Bürgerlichkeit retten. Der eine kommt in einer trivialen Eifersuchtsszene im betrunkenen Halbweltmilieu um, Opfer eines Zu-Kurz-Gekommenen, Unbegabten. Die gemeinte Aussage ist deutlich: Der elitäre Künstler kann nur von einer elitären Schicht von Rezipienten, von Kulturbürgern, die Bücher kaufen oder als Mäzene wirken, vor der Übermacht der Dummen geschützt werden. Die Unbürgerlichkeit des elitären Dichters hat sich als eine fatale Illusion gezeigt. Aber der elitistische Maßstab bleibt zunächst wirksam, weswegen der Komponist Trautwein sich noch lange von Beifall nicht bestätigt, sondern beunruhigt fühlt. Nur mit Mühe kann er dazu gebracht werden, seine Lieder, die er auf politische Texte von Walther von der Vogelweide gedichtet hat, öffentlich singen zu lassen. Diese Lieder werden vom Erzähler durch Wörter wie »Frische«, »Humor«, »Volkstümlichkeit«, »kämpferisch«, »revolutionär«, positiv charakterisiert.[9] Ähnlich, nämlich heiter-bescheidene Musik sagt Thomas Manns Adrian Leverkühn für ein zukünftiges, neues Kunstzeitalter voraus.[10] Am Ende von Feuchtwangers *Exil* schreibt Trautwein an einer Sinfonie, »Der Wartesaal«. Das ist derselbe Titel, den Feuchtwanger für den Romanzyklus einführte, zu dem *Erfolg*, *Die Geschwister Oppermann* und *Exil* gehören sollten. Das realistische Programm der fiktiven Figur dürfte also dem des Autors nahekommen. Die Unerträglichkeit des Wartens im Exil will er »malen und zum Tönen bringen, auf daß die Menschen diese Unerträglichkeit recht spüren und auf daß sie nicht länger warten, sondern das Ihre dazu tun, dem Unerträglichen ein Ende zu machen«. Seine bisherige Kunst sei »Nur-Kunst« gewesen, »zwecklose Kunst, grundlose Kunst und also krank«.[11] Den Übergang vom artistischen Elitismus zu einer bürgerlich-humanistischen Wirkungsästhetik hat Trautwein gefunden, weil er sich als Journalist für die Befreiung eines Exiljournalisten einsetzte, der von den Deutschen entführt worden war. Seine Arbeit ist nicht vergeblich: die Weltöffentlichkeit erzwingt die Auslieferung des Entführten an die Schweiz, deren Souveränität verletzt war. Dieses fiktive Ereignis ist nach einem wirklichen Vorfall gebil-

---

[9] *Oppermann*, S. 651.
[10] Thomas Mann, *Gesammelte Werke* (Frankfurt a. M.: S. Fischer, 1960), VI, S. 429.
[11] *Exil*, S. 696.

det. Im fiktionalen Zusammenhang des Romans soll es den Durchgang des Künstlers durch die Politik bestätigen. Er wendet sich von der schweren, auf sich bezogenen, symbolistischen Kunst ab und der Welt, seinem Publikum zu. Trautwein findet Zugang zu französischen Oberklassen-Bürgern, während der falsche Intellektuelle Wiesener, der sich den Nationalsozialisten anschloß, seine Kontakte verliert.

Diese optimistischen Züge werden durch andere Motive reduziert, durch Exil-Elend, Heimweh, menschliche Katastrophen, insbesondere durch den Selbstmord von Trautweins Frau, die sich aufreibt, um ihrem Mann das Komponieren zu ermöglichen. Dieser Selbstmord soll sinnlos erscheinen und die Depression des Exils unterstreichen. Zugleich vermittelt das Motiv die Einsicht, daß Selbstaufopferung für die Produktion von Kunst ihren Sinn verliert, wenn die Kunst ihren ersatzreligiösen Charakter aufgibt und soziale Funktion gewinnt.

Der Roman bekennt sich aber nur sehr vorsichtig und eingeschränkt zu der Möglichkeit einer realistischen und volkstümlichen Kunst im Rahmen einer humanistischen Demokratie. Deren Traditionen sind gefährdet. Der eine der elitistischen Dichter klagt über die Unmöglichkeit des reinen Individualismus: »In unserer Epoche, da auf der einen Seite der Welt ein despotischer Kapitalismus, auf der anderen ein diktatorischer Sozialismus herrscht, ist der einzelne verloren ...«[12] Trautwein selbst bleibt der Humanität verpflichtet. Er bringt Bedenken vor gegen den Sowjetstaat, den »Sozialismus ohne Humanität«.[13] Jedoch läßt er seinen Sohn in die Sowjetunion gehen, bekennt sich selbst am Ende als »Sympathisierender«[14] des Marxismus. Er kann allerdings seine Musik seinem Sohn nicht verständlich machen. Das soll wohl Zweifel anmelden über die Möglichkeit, westliche Kultur in Stalins Sowjetunion fortzusetzen. Der Optimismus des zukünftigen Sowjetbürgers behauptet sich gegen das Schwanken Trautweins. Sein Sohn hält »die Sowjetleute« für die »ersten Menschen des dritten Jahrtausends«.[15] Er will Architekt werden und so den Sozialismus aufbauen helfen, natürlich in einer führenden Funktion.

Ein Bedürfnis nach der idealen politischen Zukunft, zu dem der Dichter den Zugang weise, einem goldenen Zeitalter, in dem alle Negationen negiert sind, steckt tief im deutschen Abschnitt unserer Kultur, ist sein idealistisches Erbe, wirkt als Ersatzreligion, an der auf seine Art auch der Faschismus partizipierte. Der konstruktive Symbolismus, auch die Aufnahme apokalyptischer Motive im Expressionismus unterstützten die Illusionen

---

[12] *Exil*, S. 387.   [13] *Exil*, S. 667.   [14] *Exil*, S. 781.   [15] *Exil*, S. 641.

über den Aufbau einer neuen Welt im stalinistischen Kommunismus, die sich auch sonst in der Exilliteratur finden, so bei Heinrich Mann. Sie sind nicht bloß als Reflektion der Pariser Exil-Volksfront zu erklären. Vielmehr hat das Schwinden der Kultur in ihrer Eigenschaft als Ersatzreligion für den Kulturbürger eine Leerstelle hinterlassen. Die Möglichkeit, daß der Kommunismus sie ausfüllen könnte, wollte Feuchtwanger nicht ganz fahren lassen, worin ihn sicher sein alter Freund Brecht bestärkte. Feuchtwangers leise zweifelnde Sympathie für Stalins Sowjetunion spiegelt auch sein Reisebericht *Moskau 1937*, trotz der Moskauer Prozesse. Von dem harten Realismus Arthur Koestlers, der *Sonnenfinsternis* 1938 auf deutsch zu schreiben begann, ist Feuchtwanger weit entfernt.

Übrigens stellt *Exil* den Besitzwechsel einer deutschen Exilzeitung in Paris in Anlehnung an die Fälschungen einer Verleumdungskampagne Willi Münzenbergs dar.[16] Vielleicht hat Feuchtwanger die Wahrheit nicht gekannt und außerdem hat er das Recht, seine Romanhandlung zu erfinden. Aber das Ergebnis ist doch eine Beschönigung, ein Ausweichen vor der Realität der fragwürdigen Manipulationen der deutschen Kommunisten in Paris, die zum Bild des Pariser Exils gehören und übrigens nicht ohne historische Konsequenzen waren. Absichtlich und unabsichtlich zeigt Feuchtwangers *Exil* die Schwierigkeiten, die dem guten Willen eines Künstlers in der deutschen Tradition gegenüberstanden, wenn er die ernüchternden Exilerfahrungen in Form von realistischen Fiktionen auf seinen Leser übertragen wollte. Die Einsicht, daß eine Reduktion der kulturellen Arroganz, des prophetischen kulturellen Führertums durch die Exilerfahrung nahegelegt war, erfüllt beide besprochenen Romane Feuchtwangers, jedoch bleibt ein zweifelndes Bedürfnis, die Ersatzreligion Kultur durch die kommunistische Ideologie zu ersetzen.

Daß Feuchtwangers Figuren auf die kulturelle Führerrolle verzichten, weist auf den deutschen Nachkriegsroman voraus, auf Günter Grass, der diese Führungsrolle mit satirischen Symbolen wie Blechtrommel und Vogelscheuchen (*Hundejahre*) belegt. Dagegen sind Heinrich Manns Henri-Quatre-Roman, Thomas Manns *Joseph und seine Brüder* und auch Brechts *Leben des Galilei* noch von der kulturellen Führungsproblematik erfüllt.

Werfen wir noch einen Blick auf Klaus Manns Roman *Der Vulkan* (1939), der mit Feuchtwangers *Exil* konkurriert. Das Titelmotiv soll die tödliche Gefahr andeuten, die der Faschismus über die Welt gebracht hat. Auch hier

---

[16] Siehe Lothar Kahn (siehe Anm. 1), S. 220.

wird das Elend des Exils durch einen Selbstmord unterstrichen und der Verlust von Heimat und Resonanz erweckt sympathische Traurigkeit im Leser. Die Geschichte der Hauptfigur tritt aus dem Gewebe der Episoden weniger hervor als Trautweins Politisierung in *Exil*, hat aber auch eine positive Richtung. Marion von Kammer, bürgerliche Emigrantin, Schauspielerin, nach Erika Mann modelliert, vermag ein Publikum für deutsche Gedichte zu gewinnen, am Ende bringt sie in Amerika ein Kind zur Welt, an dessen Existenz drei antifaschistische Väter beteiligt sind. Positive Entwicklungen werden gerne betont: Politische Solidarität zwischen Kommunisten und Sozialdemokraten in Konzentrationslagern, unermüdliche Tätigkeit eines sozialdemokratischen Widerstands-Organisators in Paris, zunehmende Abkehr vom nationalsozialistischen Regime in Bürgerkreisen, tapfere freiwillige Kämpfer in Spanien. Am Ende erfährt ein junger Mann, Kikjou, sogar göttliche Inspiration durch den Kuß eines Engels. So wird er befähigt sein, den Roman des Exils zu schreiben, für den sein Freund und Liebhaber Martin nur ein Vorwort geschrieben hat, unter Drogeneinfluß. Martin, ein Bürgersohn und hoffnungsloser Dichter, dem Klaus Mann autobiographische Züge leiht, ist melancholisch an seiner Drogenabhängigkeit zugrundegegangen, wobei er Verse seines »verruchten« Lieblingsdichters zitierte, Gottfried Benn. Kikjou dagegen rettet sich vor Nihilismus und dem Drogenelend durch christliche Gläubigkeit, die ihn glücklicherweise nicht hindert, Franco-Spanien zu opponieren. Diese Gläubigkeit und die Engel-Symbolik soll offenbar dem Entschluß Kikjous Nachdruck verleihen, sich von der schmarotzenden schein-antibürgerlichen Boheme zu lösen. Jedoch ist das nicht glaubhaft, weil der Autor den melancholisch-schwachen Martin glorifiziert, wofür der kritische Leser keinen Grund findet.

Wie der alte kulturelle Hochmut in diesem Roman nachwirkt, sei an einigen Details gezeigt: Ein französischer Schriftsteller, Marcel Poiret, von Klaus Mann nach seinem Freund René Crevel konzipiert, will seine bürgerliche Mutter schockieren, indem er sich mit einem Neger zeigt. Die große Wirkung von Marions Gedichtrezitationen aus Heines *Deutschland, ein Wintermärchen*, wird unter anderem so demonstriert: »... und selbst der Neger, dessen Daseinszweck es war, Madame Poiret zu schockieren, ließ ein Grunzen hören«.[17] An einer anderen Stelle wird ein Spanienkämpfer beschrieben, der zuerst wie ein Bauernbursche aussieht. »Erst bei genauerem Hinschauen war festzustellen, daß dies Antlitz doch nicht dem eines ge-

---

[17] Klaus Mann, *Der Vulkan* (München: Ellermann, 1977), S. 190.

wöhnlichen Burschen vom Lande glich; es gab in ihm jene Zeichen und Male, die nur der Geist einem Menschengesicht aufprägt.«[18] Zweimal schwängern Proletarier Exil-Bürgerinnen, beidemale mit erheblicher erotischer Energie, einem verbreiteten Vorurteil entsprechend. Beidemale sind es flüchtige Begegnungen, die nicht zu Vaterschaft und Anerkennung von Familienbindungen führen. Sie lösen fiktive Schicksale aus, an denen der Leser teilnehmen soll, nicht aber die fiktiven Proletarier.

Auch *Der Vulkan* zeigt, wie schwer die Lösung von der elitistischen kulturellen Ersatzreligion selbst im Exilroman wurde. Eine Diskussion über die Frage, wie es nach dem Nationalsozialismus in Deutschland aussehen werde, läuft auf einen Sozialismus hinaus, bei dessen Herstellung man »Blutvergießen nicht scheuen darf«. Eine solche »echte« Demokratie müsse »Selbsterhaltungstrieb« haben, und dürfe deshalb »autoritativ« sein.[19] Das ist zwar nur eine Diskussion, zeigt aber, wie Klaus Mann an der wohlwollenden Ordnung von oben, an einem politischen Modell festhält, das von artistischer Konstruktion bestimmt ist, wie auch sein Vater im Josephsroman. Von einer zukünftigen deutschen Republik, deren Gesicht von Formeln wie »autoritäre Demokratie« und »militanter Humanismus« bestimmt sei, spricht Klaus Mann brieflich in eigenem Namen.[20] Der gute Wille ist deutlich, aber auch die naive Annahme, es werde möglich sein, Politiker guten Willens die Autorität ausüben zu lassen. Dabei war Klaus Mann tief in die Streitigkeiten zwischen Gruppierungen deutscher Exilschriftsteller verwickelt, hätte also eigentlich Furcht vor der Autorität einer Gruppe haben sollen.

Klaus Mann hat Verdienste um die Kontinuität der deutschen Literatur im Exil. Sein Briefwechsel erweckt Sympathie für sein Bemühen, sich als verantwortlicher, freier Schriftsteller zu behaupten. Auch kann man seiner Absicht Sympathie entgegenbringen, wenn er in dem Roman *Der Vulkan* seiner eigenen Melancholie Optimismus abgewinnen will. Dennoch muß gesagt werden, daß Klaus Mann und sein Roman tief in der elitären bürgerlich-antibürgerlichen deutschen Literaturtradition stecken und ihre autoritär-konstruktiven Neigungen reflektieren. Die Engelszenen setzen dem Elend des Exils eine autorisierte Kreativität entgegen. Es ist der artistische Charakter, der gestaltete Wunschtraum, der den Glauben an die autoritäre Demokratie nährt, und die politischen Gegensätze zurücktreten läßt, die in der Realität das deutsche literarische Exil aufwühlten.

---

[18] *Vulkan*, S. 331.
[19] *Vulkan*, S. 336.
[20] Klaus Mann, *Briefe und Antworten*, II (München: Ellermann, 1975), S. 67.

Die hier besprochenen Romane aus dem deutschen Exil machen von der realistischen Schreibweise Gebrauch, weil sie von ihrem Leser Sympathie für das Dargestellte erwarten. Der Erzähler im realistischen Roman spricht zu Mitbürgern einer allen gemeinsamen Welt. Das könnte eine Reduktion des artistischen Elitismus bedeuten, der mit Hilfe der symbolistischen Schreibweise die Realitäten verfügbar macht. Solch eine Reduktion ist Feuchtwangers, auch Klaus Manns Absicht. Jedoch wird sie durchkreuzt von dem Bedürfnis, einen Ausweg aus der elenden Exil-Realität zu zeigen. Da der konstruktive Kommunismus als Ausweg in Frage kommt, wird der Stalinismus, der tatsächlich im deutschen Exil heftig diskutiert wurde, aus der zu zeigenden Realität ausgeklammert. Das Bedürfnis, einen Ausweg zu sehen, wurde durch den Glauben der deutschen antibürgerlichen Literatur bestärkt, das Bürgertum sei entweder am Ende oder geistig wertlos. Ein solcher Gedanke muß aber wieder die erzählerische Zuwendung zum Mitbürger behindern. Die Bildung eines mitbürgerlich-demokratischen Bewußtseins in der deutschen Literatur ist im Exilroman noch immer behindert. Die literarische Kommunikation hat Eigengewicht, wir müssen lernen, sie mit zu bedenken.

Erleichtert die realistische Schreibweise den Zugang zum Mitbürger und die Kritik am elitären Ästhetizismus, so dürfen wir nicht vergessen, daß dieselbe Schreibweise auch dazu diente, die »Volksgemeinschaft« des Nationalsozialismus zu propagieren. Der dissoziative Charakter der symbolistischen Schreibweise wiederum vermag Traditionsbrüche zu unterstreichen. Das Spiel mit dem Bruch zwischen den eigentlich zusammengehörigen »Margarete« und »Sulamith« in Celans *Todesfuge* ist ein hervorragendes Beispiel.

Das Vorstehende darf also nicht normativ mißverstanden werden. Es handelt sich darum, daß die Kritik der deutschen apolitischen, ästhetizistischen Kultur, die in der deutschen Literatur, besonders in der Exilliteratur stattfindet, nicht durch einen kritischen Maßstab zurückgenommen wird, der sich einseitig nach dem Symbolismus als der einzig legitimen modernen Schreibweise ausrichtet. Ebensowenig darf ein marxistisch verstandener soziologischer Realismus das Urteil über die Selbstkritik bürgerlicher Dichter eindeutig machen. Bürgerliche Literatur lebt von ihren Widersprüchen. Dagegen darf der Prozeß der Selbstbefreiung bürgerlicher Literatur von elitären und autoritären Vorstellungen als Wertmaßstab zu ihrer Beurteilung dienen, vorausgesetzt, daß der Kritiker dem Schriftsteller ein großes Maß an Freiheit zubilligt.

Tabula gratulatoria

KAREN ACHBERGER
St. Olaf College, Northfield, Minnesota

BEDA ALLEMANN
Universität Bonn

LORE M. AMLINGER
University of Virginia, Charlottesville

GEORGE C. AVERY
Swarthmore College

EHRHARD BAHR
University of California, Los Angeles

MANFRED BANSLEBEN
University of Virginia, Charlottesville

THOMAS BARRY und GAIL HART
University of Southern California,
Los Angeles

DAVID BATHRICK
University of Wisconsin, Madison

ROGER BAUER
Universität München

DIANA BEHLER
Seattle, Washington

CLIFFORD BERND
University of California, Davis

THOMAS W. BEST
University of Virginia, Charlottesville

B. BETH BJORKLUND
New York

MARTIN BOLLACHER
Universität Tübingen

FRANK L. BORCHARDT
Duke University, Durham

ALEXANDER VON BORMANN
Universität Amsterdam

BRIGITTE L. BRADLEY
Barnard College of Columbia University,
New York

RICHARD BRINKMANN
Universität Tübingen und
University of California, Berkeley

GEORGE C. BUCK
Redmond, Washington

PETER J. BURGARD
University of Virginia, Charlottesville

ELISABETH BUXTON
University of Virginia, Charlottesville

JAMES CAMPBELL
Charlottesville, Virginia

STANLEY CORNGOLD
Princeton University, New Jersey

SVETA DAVÉ
University of Virginia, Charlottesville

PETER DEMETZ
Yale University

JOHN M. ELLIS
University of California, Santa Cruz

GAIL FINNEY
Harvard University, Cambridge

Peter Frank
Stanford University

Wolfgang Freese
University of Natal, South Africa

Ulrich Fülleborn
Universität Erlangen-Nürnberg

Bernhard Gajek
Universität Regensburg

Gerald Gillespie
Stanford University

Rolf Johannes Goebel
The University of Alabama, Huntsville

André von Gronicka
Philadelphia

Klaus Haberkamm
Johns Hopkins University, Baltimore

Diether Haenicke
Ohio State University, Columbus

Beverly Harris-Schenz
University of Pittsburgh

Robert Helbling
Salt Lake City, Utah

Erich Heller
Northwestern University, Evanston, Illinois

Peter Heller
Williamsville, New York

Jost Hermand
University of Wisconsin, Madison

Claude Hill
Princeton, New Jersey

Gerd Hillen
University of California, Berkeley

Sigfrid Hoefert
University of Waterloo, Ontario

Walter Höllerer
Berlin

Alfred Hoelzel
University of Massachusetts, Boston

Charles W. Hoffmann
The Ohio State University, Columbus

Donna L. Hoffmeister
University of Pittsburgh, Pennsylvania

Janette C. Hudson
University of Virginia, Charlottesville

William E. Jackson
University of Virginia, Charlottesville

Hans Robert Jauss
Universität Konstanz

Michael W. Jennings
Princeton University, New Jersey

Ilsedore und Klaus Jonas
Pittsburgh, Pennsylvania

Ulrich Karthaus
Universität Gießen

Julie Grover Klassen
Northfield, Minnesota

Eva Knodt
University of Virginia, Charlottesville

Renate Knoll
Universität Münster

Agnes D. Langdon
Colgate University, Hamilton

Herbert Lederer
Storrs, Connecticut

Alan C. Leidner
University of Louisville, Kentucky

Wolfgang Leppmann
University of Oregon, Eugene

Tabula gratulatoria

Ralph J. Ley
Rutgers University, New Brunswick,
New Jersey

Gisela Luther
Case Western Reserve University,
Cleveland, Ohio

Ursula Mahlendorf
University of California, Santa Barbara

Joseph T. Malloy
Hamilton College, Clinton,
New York

Gustave B. Mathieu
California State University, Fullerton

Wolfram Mauser
Universität Freiburg

William H. McClain
Johns Hopkins University, Baltimore

William C. McDonald
University of Virginia, Charlottesville

Joseph Mileck
University of California, Berkeley

Kathy C. Moreau
University of Virginia, Charlottesville

Kurt Mueller-Vollmer
Stanford University

Clark S. Muenzer
Pittsburgh, Pennsylvania

Kathleen O'Connor
Charlottesville, Virginia

Norbert Oellers
Universität Bonn

Helmut Pfanner
University of New Hampshire, Durham

Gertrud B. Pickar
University of Houston, Texas

Edith Potter
Scripps College, Claremont, California

Wolfgang Preisendanz
Universität Konstanz

Joanna M. Ratych
Rutgers University

Claus Reschke
University of Houston, Texas

John F. Reynolds
Colby College, Waterville, Maine

Jens Rieckmann
University of Washington, Seattle

James Rolleston
Duke University, Durham,
North Carolina

Lawrence Ryan
University of Massachusetts, Amherst

Thomas P. Saine
University of California, Irvine

Ronald Salter
Tufts University, Medford,
Massachusetts

Jeffrey L. Sammons
Yale University, New Haven,
Connecticut

Thomas G. Sauer
University of Virginia, Charlottesville

Eva Schiffer
University of Massachusetts, Amherst

Marvin und Roslyn Schindler
Warren, Michigan

Henry J. Schmidt
Ohio State University, Columbus

Hugo Schmidt
Boulder, Colorado

Sylvia M. Schmitz-Burgard
University of Virginia, Charlottesville

Albrecht Schöne
Universität Göttingen

Ernst Schürer
The Pennsylvania State University

Stefan H. Schultz
Durham, North Carolina

Hinrich Seeba
University of California, Berkeley

Oskar Seidlin
Indiana University, Bloomington

Eckehard Simon
Harvard University, Cambridge

Johan F. Snapper
Moraga, California

Guy Stern
Detroit, Michigan

Wayne Stith
Richmond, Virginia

Wolfgang Taraba
University of Minnesota, Minneapolis

Rolf Tarot
Universität Zürich

Maria M. Tatar
Harvard University, Cambridge

Don C. Travis, Jr.
Austin, Texas

Bruce I. Turner
Loyola College, Baltimore,
Maryland

Hans Rudolf Vaget
Smith College, Northampton,
Massachusetts

Renate Voris
University of Virginia, Charlottesville

Maria Wagner
Princeton, New Jersey

Kenneth D. Weisinger
University of California, Berkeley

Gerhard H. Weiss
University of Minnesota, Minneapolis

Ulrich W. Weisstein
Indiana University, Bloomington

Elizabeth Welt Trahan
Monterey Institute of
International Studies
Monterey, California

Androne B. Willeke
Cincinnati, Ohio

Hans Wysling
Thomas-Mann-Archiv, Zürich

Theodore Ziolkowski
Princeton, New Jersey

Harry Zohn
Brandeis University, Waltham